企业会计准则培训指定用书

企业会计准则案例讲解

2019年版

企业会计准则编审委员会 编

立信会计出版社
LIXIN ACCOUNTING PUBLISHING HOUSE

图书在版编目（CIP）数据

企业会计准则案例讲解：2019年版/企业会计准则编审委员会编.—上海：立信会计出版社，2019.1
ISBN 978-7-5429-6031-3

Ⅰ.①企… Ⅱ.①企… Ⅲ.①企业—会计制度—案例—中国 Ⅳ.①F279.23

中国版本图书馆CIP数据核字(2018)第298649号

责任编辑　蔡伟莉

企业会计准则案例讲解（2019年版）

出版发行　立信会计出版社
地　　址　上海市中山西路2230号　　邮政编码　200235
电　　话　（021）64411389　　传　　真　（021）64411325
网　　址　www.lixinaph.com　　电子邮箱　lxaph@sh163.net
网上书店　www.shlx.net　　电　　话　（021）64411071
经　　销　各地新华书店

印　　刷　北京鑫海金澳胶印有限公司
开　　本　710毫米×1000毫米　1/16
印　　张　39
字　　数　806千字
版　　次　2019年1月第1版
印　　次　2019年1月第1次
书　　号　ISBN978-7-5429-6031-3/F
定　　价　92.00元

前　言

新企业会计准则的发布，是我国财政部为适应新形势下国内外经济环境发展需要作出的重大会计政策改革决策，目标在于：建立与我国国情相适应的、与国际财务报告准则趋同的、涵盖各类企业的各项经济业务、独立实施的准则体系。本次企业会计准则体系的构建，比以往更强调对资产负债表日的企业财务状况的真实反映，而不是仅仅简单地关注企业的损益情况。这是一种会计理念的变化，其强调的是企业盈利模式和资产运营效率，而不仅仅是效果；更关注企业今后的增长潜能而不仅仅是对历史的总结；更重视资产质量以及揭示可能存在的风险和权利义务，而不仅仅是一个数字。因此，新企业会计准则的实施，对会计人员的职业判断和综合能力都提出了更高的要求。

新准则及应用指南的规定主要是原则性的内容。作为会计人员，不但要了解企业会计准则及应用指南的条文要求，更要充分理解和掌握准则的本质，恰当地运用新准则进行职业判断。同时，由于企业会计准则与税收紧密相连，新准则下会计和税收的差异进一步扩大，会计人员还需要处理好新准则下的税务问题，充分、合理地运用新准则进行税收筹划。

2017 年 3 月，财政部修订发布了金融工具相关会计准则，包括《企业会计准则第 22 号——金融工具确认和计量》《企业会计准则第 23 号——金融资产转移》和《企业会计准则第 24 号——套期保值》。2017 年 5 月，财政部修订发布了《企业会计准则第 16 号——政府补助》和《企业会计准则第 37 号——金融工具列报》。2017 年 6 月，财政部新发布了《企业会计准则解释第 9 号——关于权益法下投资净损失的会计处理》《企业会计准则解释第 10 号——关于以使用固定资产产生的收入为基础的折旧方法》《企业会计准则解释第 11 号——关于以使用无形资产产生的收入为基础的摊销方法》和《企业会计准则解释第 12 号——关于关键管理人员服务的提供方与接受方是否为关联方》。2017 年 7 月，财政部又对《企业会计准则第 14 号——收入》进行了修订。为了更好地帮助企业会计人员领会新企业会计准则的精髓，掌握新准则下会计及税务实务问题的处理，帮助广大读者更深入地了解企业会计改革、掌握新旧变化、开阔视野，更迅速地掌握新准则体系，更熟练地运用新准则进行职业判断和账务处理，协调处理好新准则下的税务问题，我们组织相关人员对前版作了全面修订，尤其是对各章中“案例分析及操作实务”部分的内容，作了更新和补充，另外对金融工具准则和收入准则的主要内容和重大变化作出重点介绍。

由于本书涉及面广、内容层次多，错漏之处在所难免，恳请读者和专家批评指正，以便进一步修正和完善。

本书编写组

2019 年 1 月

目　录

第一章　基本准则

第一节　基本准则概述

我国企业会计准则体系包括企业会计基本准则、具体准则和应用指南等。基本准则是企业会计准则体系的概念基础，是具体准则及应用指南等的制定依据，具有重要的地位。基本准则在1992年发布的《企业会计准则》的基础上，根据形势发展的需要于2006年2月15日和2014年7月23日分别作出了修订和调整，这对于规范企业会计行为，提高会计信息质量，报告企业财务状况、经营成果和现金流量，供投资者等财务报告使用者作出决策，完善资本市场和市场经济将发挥积极的作用。

一、基本准则的地位

国际会计准则理事会、美国财务会计准则委员会等会计准则制定者在其会计准则制定中，通常都制定"财务会计概念框架"，它既是制定国际财务报告准则和有关国家或地区会计准则的概念基础，也是会计准则制定应当遵循的基本法则。

我国的基本准则类似于国际会计准则理事会的《编报财务报表的框架》和美国财务会计准则委员会的《财务会计概念公告》，在企业会计准则体系建设中扮演着与其同样的角色，在整个企业会计准则体系中具有统驭地位，同时，我国会计准则属于法规体系的组成部分。根据《中华人民共和国立法法》的规定，我国的法规体系通常由四个部分构成：一是法律；二是行政法规；三是部门规章；四是规范性文件。其中，法律由全国人民代表大会常务委员会通过，由国家主席签发。行政法规由国务院常务委员会通过，由国务院总理签发。部门规章由国务院主管部门以部长令签发。我国企业会计准则体系中，基本准则属于部门规章，是由财政部金人庆部长于2006年2月15日以第33号部长令签发的，并于2014年7月23日根据《财政部关于修改〈企业会计准则——基本准则〉的决定》修改；具体准则及其应用指南属于规范性文件，分别于2006年2月15日和2006年10月30日以财政部文件印发。

二、基本准则的作用

基本准则在企业会计准则体系中具有重要的地位，其作用主要表现为两个方面：

一是统驭具体准则的制定。基本准则规范了包括财务报告目标、会计基本假设、会计信息质量要求、会计要素的定义及其确认、计量原则、财务报告等在内的基本问题，是制定具体准则的基础，对各具体准则的制定起着统驭作用，可以确保各具体准则的内在一致性。为此，我国《企业会计准则——基本准则》第三条明确规定："企业会计准则包括基本准则和具体准则，具体准则的制定应当遵循本准则。"在企业会计准则体系的建设中，各项具体准则也都严格按照基本准则的要求加以制定和完善，并且在各具体准则的第一条中作了明确规定。

二是为会计实务中出现的具体准则尚未完全规范的新问题提供会计处理依据。在会计实务中，由于经济交易或者事项的不断发展、创新，具体准则的制定有时会出现滞后的情况，会出现一些新的交易或者事项在具体准则中尚未规范但又急需处理的问题，这时，企业不仅应当对这些新的交易或者事项及时进行会计处理，而且在处理时应当严格遵循基本准则的要求，尤其是基本准则关于会计要素的定义及其确认与计量等方面的规定。因此，基本准则不仅扮演着具体准则制定依据的角色，也为会计实务中出现的、具体准则尚未作出规范的新问题提供了会计处理依据，从而起到了企业会计准则体系对所有会计实务问题的规范作用。

第二节　基本准则的主要内容

我国基本准则的制定吸收了当代财务会计理论研究的最新成果，反映了当前会计实务发展的内在需要，体现了国际上财务会计概念框架的发展趋势，构建起了完善的、统一的财务会计概念体系。它规范的核心内容包括以下几个方面：

一是关于财务报告目标。基本准则明确了我国财务报告的目标是向财务报告使用者提供决策有用的信息，并反映企业管理层受托责任的履行情况。

二是关于会计基本假设。基本准则强调了企业会计确认、计量和报告应当以会计主体、持续经营、会计分期和货币计量为会计基本假设。

三是关于会计基础。基本准则坚持了企业会计确认、计量和报告应当以权责发生制为基础。

四是关于会计信息质量要求。基本准则建立了企业会计信息质量要求体系，规定企业财务报告中提供的会计信息应当满足会计信息质量要求。

五是关于会计要素分类及其确认、计量原则。基本准则将会计要素分为资产、负债、所有者权益、收入、费用和利润六个要素，同时，对有关要素建立了相应的确认和计量原则，规定会计要素在确认时，均应满足相应条件。会计要素在计量时可供选择的计量属性包括历史成本、重置成本、可变现净值、现值和公允价值等。

六是关于财务报告。基本准则明确了财务报告的基本概念、应当包括的主要内容和应反映信息的基本要求等。

第二章　存货

第一节　案例分析及操作实务

一、会计科目的设置

新准则涉及的主要会计科目如下：

科目序号	科目编号	科目名称
26	1401	材料采购
27	1402	在途物资
28	1403	原材料
29	1404	材料成本差异
30	1405	库存商品
31	1406	发出商品
32	1407	商品进销差价
33	1408	委托加工物资
34	1411	周转材料
117	5001	生产成本
118	5101	制造费用
119	5201	劳务成本
40	1471	存货跌价准备
25	1321	代理业务资产
92	2314	代理业务负债

二、主要会计处理方法的解释

（一）现值的应用

现值是新准则中引入的新计量属性之一。在存货的会计核算中，当购入材料超过正常信用条件延期支付价款（比如，分期付款购买原材料），实质上具有融资性质的，应按购买价款的现值金额，借记“材料采购”科目（按照计划成本进行核算时）或“在途物资”科目（按照实际成本核算时）。按可抵扣的增值税额，借记“应交税费——应交增值税（进项税额）”科目；按应付金额，贷记“长期应付款”科目；按其差额，借记“未确认融资费用”科目。在计算现值时，折现率的选择应当考虑本货币的时间价值和相关期间通货膨胀等因素的影响。

（二）未确认融资费用

在新准则中，“未确认融资费用”科目编号为2702，科目性质为负债类，在编制财务报表时作为长期应付款的抵减项目，即在资产负债表上，“长期应付款”项目以“长期应付款”科目余额减掉“未确认融资费用”科目余额填列。

（三）代理业务资产和代理业务负债

“代理业务资产”科目核算企业代理业务形成的除以企业自身名义存放的货币资金以外的其他资产，如受托理财业务进行的证券投资、受托贷款等。企业（证券）的代理买卖证券、代理承销证券、代理兑付证券不在本科目核算。企业受托代销的商品，可将本科目改为“受托代销商品”科目，并按照委托单位进行明细核算。

与代理业务资产相对应，因代理业务形成的负债在“代理业务负债”科目中核算。本科目核算企业的代理业务收到的各类款项，如受托投资资金、受托贷款资金等。企业的代理买卖证券款、代理承销证券款、代理兑付证券款，不在本科目核算。

企业受托代销商品取得的收入，可将本科目改为“受托代销商品款”科目，并按照委托单位进行明细核算。

在编制财务报表时，“代理业务资产”科目余额减掉“代理业务负债”科目余额后的金额记入“存货”项目。

（四）“库存商品”科目的核算范围

本科目核算企业库存的各种商品的实际成本（或进价）或计划成本（或售价），包括库存产成品、外购商品、存放在门市部准备出售的商品、发出展览的商品以及寄存在外的商品等。

对企业（房地产开发）的开发产品，可将本科目改为“开发产品”科目进行核算。

对企业（农业）收获的农产品，可将本科目改为“农产品”科目进行核算。

对于房地产开发企业，企业在将开发的营业性配套设施用于本企业从事第三产业经营用房时，应视同自用固定资产进行处理，并将营业性配套设施的实际成本，借记“固定资产”科目，贷记本科目（配套设施）。

（五）“发出商品”科目的核算

本科目核算企业商品销售不满足收入确认条件但已发出商品的实际成本（或进价）或计划成本（或售价）。

企业委托其他单位代销的商品，也在本科目核算，企业也可以将本科目改为“委托代销商品”科目，并按照受托单位进行明细核算。

需要明确的是，“发出商品”科目与旧准则中“分期收款发出商品”科目的核算内容大相径庭。旧准则中分期收款发出商品业务确认收入和成本都是根据收款进度进行的。因此尚未确认为成本的存货在资产负债表上体现为“分期收款发出商品”（包含在存货中）。新准则重新规范了分期收款发出商品的收入确认的时间，即要求在当期确认为收入（对应为长期应收款和未实现融资收益），同时结转成本。因此，资产负债表上存货项目中不再存在“分期收款发出商品”项目。

而新准则中，“发出商品”科目在主要核算库存商品已经发出、尚不具备确认收入的条件时，对该库存商品借记“发出商品”科目，并在资产负债表“存货”项目中进行列示。

（六）包装物和低值易耗品“五五摊销法”的核算

包装物或低值易耗品价值较高、采用“五五摊销法”核算的，还应分别“库存”“摊销”进行明细核算。这种核算方法与固定资产和累计折旧的核算相类似，有利于加强对包装物和低值易耗品（实物资产）的控制与监督。

（七）劳务成本的理解

当企业对外提供劳务时，应当归集劳务成本。劳务成本的主要构成为直接人工、其他直接费用和能够归属的间接费用。例如，软件开发企业为客户提供定制软件的开发服务，那么执行这一合同的所有开发人员的工资构成直接人工成本，差旅食宿以及其他开发人员为满足履行合同的直接支出费用构成其他直接费用。如果该公司的开发部门同时负责若干客户的软件定制开发任务（同时可能分为若干个项目组），那么开发部的管理人员支出的费用构成间接费用。该间接费用应在各个项目之间进行合理分摊。

下列劳务成本在资产负债表中列报：

（1）项目收入未确认之前，相应的劳务成本也未结转，此时的“劳务成本”科目的余额。

（2）项目收入按照完工百分比法进行结转，相应的劳务成本也按照比例进行结转，在结转后的“劳务成本”科目的余额。

上述应在资产负债表中列报的劳务成本，包含在资产负债表的“存货”项目中。

（八）计入存货成本的财务费用

根据新准则规定，应计入存货成本的财务费用，按照《企业会计准则 17 号——借款费用》处理。

三、新准则运用举例

例 2-1 2016 年 12 月 20 日，甲、乙、丙、丁、戊五方共同投资设立了兴业股份有限公司（以下简称“兴业公司”）。甲以其生产的产品作为投资（兴业公司作为原材料管理和核算），五方确认该批原材料的价值为 5 000 000 元（不含税）。兴业公司取得的增值税专用发票上注明的不含税价款为 5 000 000 元，增值税税额为 850 000 元。同时，假定兴业公司的实收资本总额为 30 000 000

元，甲在兴业公司享有的份额为 10％。兴业公司为一般纳税人，要求采用实际成本法核算存货。

分析：在这个例子中，由于兴业公司为一般纳税人，且投资各方确认的原材料的价值为 5 000 000 元，因此，兴业公司接受的这批原材料的入账价值为 5 000 000 元，将增值税税额 850 000 元单独作为可以抵扣的进项税额进行核算。

会计分录如下：

借：原材料　　5 000 000

　　应交税费——应交增值税（进项税额）　　850 000

　　贷：实收资本——甲　　3 000 000

　　　　资本公积——实收资本溢价　　2 850 000

例 2-2　2016 年 12 月 31 日，兴业公司库存原材料——A 材料的账面价值（成本）为 3 000 000 元，市场购买价格总额为 2 800 000 元，假设不发生其他购买费用。用 A 材料生产的产成品——W1 型机器的可变现净值高于成本。

要求：确定 2016 年 12 月 31 日 A 材料的价值。

根据上述资料可知，2016 年 12 月 31 日，A 材料的账面价值（成本）高于其市场价格，但是，由于用其生产的产成品——W1 型机器的可变现净值高于成本，也就是用该原材料生产的最终产品此时并没有发生减值。在这种情况下，A 材料即使其账面价值（成本）已高于市场价格，也不应计提存货跌价准备，仍应按 3 000 000 元列示在 2016 年 12 月 31 日的资产负债表的“存货”项目中。

如果材料价格的下降表明产成品的可变现净值低于成本，则该材料应当按可变现净值计量。

例 2-3　2016 年 12 月 31 日，兴业公司库存“原材料——B 材料”科目的账面价值（成本）为 1 200 000 元，市场购买价格总额为 1 100 000 元，假设不发生其他购买费用。由于 B 材料市场销售价格下降，市场上用 B 材料生产的 W2 型机器的市场销售价格也发生了相应下降，下降了 10％。由此造成兴业公司 W2 型机器的市场销售价格总额由 3 000 000 元降为 2 700 000 元，但产成品成本仍为 2 800 000 元。另已知，将 B 材料加工成 W2 型机器尚需投入 1 600 000 元，估计销售费用及税金为 100 000 元。

要求：确定 2016 年 12 月 31 日 B 材料的价值。

根据上述资料，可按照以下步骤进行确定：

第一步，计算用该原材料所生产的产成品的可变现净值。

W2 型机器的可变现净值＝W2 型机器估计售价－估计销售费用及税金

＝2 700 000 － 100 000 ＝ 2 600 000（元）

第二步，将用该原材料所生产的产成品的可变现净值与其产成品成本进行比较。

W2 型机器的可变现净值 2 600 000 元小于其成本 2 800 000 元，即 B 材料价格的下降表明 W2 型机器的可变现净值低于成本，因此 B 材料应当按可变现净值计量。

第三步，计算该原材料的可变现净值，并确定其期末价值。

$$\text{B 材料的可变现净值} = \text{W2 型机器的售价总额} - \text{将 B 材料加工成 W2 型机器尚需投入的成本} - \text{估计销售费用及税金}$$

$$= 2\ 700\ 000 - 1\ 600\ 000 - 100\ 000 = 1\ 000\ 000（元）$$

B 材料的可变现净值 1 000 000 元小于其成本 1 200 000 元，因此 B 材料的期末价值应为其可变现净值 1 000 000 元，即 B 材料应计提 200 000 元的存货跌价准备，按 1 000 000 元列示在 2014 年 12 月 31 日的资产负债表的“存货”项目之中。

例 2-4 双安百货 2016 年 1 月份的期初存货成本为 300 000 元，售价总额为 360 000 元；当期购货成本为 500 000 元，售价总额为 640 000 元；当期销售收入为 800 000 元。计算月末存货成本和当月销售成本。本例中不考虑相关税费。

采用售价金额核算法核算存货，会计分录如下：

（1）记录当月购入的存货时：

借：库存商品 640 000
　　贷：在途物资 500 000
　　　　商品进销差价 140 000

（2）记录当月的销售收入时：

借：银行存款 800 000
　　贷：主营业务收入 800 000

（3）结转商品销售成本时：

借：主营业务成本 800 000
　　贷：库存商品 800 000

（4）计算当月已销商品应分摊的进销差价时：

$$\text{差价率} = (60\ 000 + 140\ 000) \div (360\ 000 + 640\ 000) \times 100\% = 20\%$$

$$\text{已销商品应分摊的进销差价} = 800\ 000 \times 20\% = 160\ 000（元）$$

根据已销商品应分摊的进销差价结转商品销售成本：

借：商品进销差价 160 000
　　贷：主营业务成本 160 000

经过转账，当月商品销售成本调整为实际成本 640 000 元（800 000 − 160 000）。

商品零售企业在会计期末编制资产负债表时，存货项目中的商品存货部分，应根据“库存商品”科目的期末余额扣除“商品进销差价”科目的期末余额，按其差额列示（假设其可变现净值高于成本）。

在国际上通常采用的是零售价法。零售价法是指用销售成本率计算期末存货成本的一种方法。采用这种方法的基本内容如下：

（1）期初库存存货和本期购进存货同时按成本和售价记录，以便计算可供销售的存货成本和售价总额。

（2）本期销售只记录零售价，从本期可供销售的存货售价总额中减去本期销售的售价总额，计算出期末库存存货的售价总额。

（3）计算销售成本率，计算公式如下：

$$销售成本率=\frac{期初库存存货成本+本期购进存货成本}{期初库存存货售价+本期购进存货售价}\times 100\%$$

（4）计算期末库存存货成本，计算公式如下：

$$期末库存存货成本=期末库存存货售价总额\times 销售成本率$$

（5）计算当期销售存货成本，计算公式如下：

$$\begin{aligned}当期销售存货成本=&期初库存存货成本+当期购进存货成本\\&-期末库存存货成本\end{aligned}$$

第二节　首次执行日的会计处理

在首次执行新准则时，需要进行以下几项工作。

一、前后账目衔接

在首次执行日，企业应当根据《企业会计准则第38号——首次执行企业会计准则》第四条及其应用指南的规定，结合本单位的实际情况，对首次执行日前的存货项目及相关账目的各项余额进行分析，按照新准则规定重新分类、确认和计量，设置新旧会计科目余额对照表，结束旧账，建立新账，形成期初资产负债表存货余额，作为执行企业会计准则体系的起点。

二、资本化借款费用的处理

处于生产过程中的、需要经过相当长时间才能达到预定可销售状态的存货（如飞机和船舶），首次执行日之前未予资本化的借款费用，不应追溯调整；

首次执行日及以后发生的借款费用，应当将符合《企业会计准则第 17 号——借款费用》资本化条件的部分予以资本化。

三、具有融资性质的购销业务的处理

具有融资性质的购销业务是指超过正常信用条件延期付款（或收款）、实质上具有融资性质的购销业务。

对于首次执行日处于收款过程中采用递延收款方式、实质上具有融资性质的销售商品或提供劳务收入，如分期收款发出商品销售，首次执行日前已确认的收入和结转的成本不再追溯调整。在首次执行日后的第一个会计期间，企业应当将销售合同或协议剩余价款作为长期应收款，尚未收取的合同或协议价款的公允价值即现值确认为主营业务收入，两者的差额作为未实现融资收益，在剩余收款期限内按照实际利率法进行摊销。同时将分期收款发出商品转为当期损益。

首次执行日之前购买的存货在超过正常信用条件的期限内延期付款，实质上具有融资性质的，在首次执行日，企业应当以尚未支付的款项与其现值之间的差额，减少存货的账面价值，同时增加未确认融资费用。首次执行日后，企业应当以调整后的存货账面价值作为认定成本，未确认融资费用的按实际利率法进行摊销。

第三节　新准则对企业的影响

新准则的变化是明显的，企业如何适应新准则的变化呢？

一、对财务方面的影响

企业应当关注新旧准则的差异，调整会计核算方式和方法：

（1）对于商品流通企业来讲，需要变更采购成本包括的内容。

（2）对于存在分期收款发出商品的企业，需要在当期全部确认销售收入，并结转相关成本。

（3）对于采用分期付款方式购置的存货，需要以现值入账。

（4）符合《企业会计准则第 17 号——借款费用》规定条件的，借款利息计入存货成本。

（5）对于提供劳务的企业，需要核算劳务成本，在未确认收入之前，作为存货列示。

（6）以前采用后进先出法的企业，需要按照新准则要求变更存货发出计价方法。

（7）包装物和低值易耗品摊销方法的调整，新准则确定了两种方法，即

一次转销法和五五摊销法。凡是在实务中采用其他方法的，需要进行调整。

二、对内部控制方面的影响

1. 建立动态存货市场价值数据库

新准则要求按照成本与可变现净值孰低法进行会计期末计量。对企业来讲最难以确定的是对未来售价的估计。如果能够建立该数据库，不仅能够有效估计售价，而且有利于跟踪市场价格的变化，加强对采购价格的控制。

2. 建立提供劳务过程中的控制制度

新准则要求核算劳务成本，并作为存货的内容，那么企业应当：

（1）从服务合同进入执行期开始进行成本核算。

（2）每个合同应该建立独立账户进行成本核算。

（3）建立服务工时或其他核算方法，以便对其他间接费用进行分摊。

（4）完善报销凭证，明确费用归属。

（5）完善合同预算制度，为每个合同建立费用预算，严格控制成本的发生。

第三章　长期股权投资

第一节　案例分析及操作实务

一、会计科目的设置

新准则主要涉及的会计科目如下：

科目序号	科目编号	科目名称
44	1511	长期股权投资
45	1512	长期股权投资减值准备
132	6111	投资收益

（一）长期股权投资

“长期股权投资”科目应当按照被投资单位明细核算企业所持有的、采用成本法和权益法核算的长期股权投资。长期股权投资核算采用权益法的，应当分别以“投资成本”“损益调整”及“其他权益变动”进行明细核算。本科目期末借方余额，反映企业长期股权投资的价值。

长期股权投资的主要账务处理如下：

（1）企业合并形成的长期股权投资。同一控制下企业合并形成的长期股权投资，应在合并日按取得被合并方所有者权益账面价值的份额，借记本科目（投资成本）；按支付的合并对价的账面价值，贷记或借记有关资产、负债科目；按其差额，贷记“资本公积”科目；如为借方差额，借记“资本公积——资本溢价或股本溢价”科目，资本公积（资本溢价或股本溢价）不足冲减的，应依次借记“盈余公积”“利润分配——未分配利润”科目。

非同一控制下的控股合并中，购买方应当按照确定的企业合并成本作为长期股权投资的初始投资成本。企业合并成本包括购买方付出的资产、发生或承担的负债、发行的权益性证券的公允价值之和，购买方为企业合并发生的审计、法律服务、评估咨询等中介费用以及其他相关管理费用，应当于发生时计入当期损益；购买方作为合并对价发行的权益性证券或债务性证券的交易费用，应当计入权益性证券或债务性证券的初始确认金额。

（2）以支付现金、非现金资产等其他方式取得的长期股权投资，应根据长期股权投资准则确定的初始投资成本，借记本科目，贷记“银行存款”等科目。初始投资成本包括与取得长期股权投资直接相关的费用、税金及其他必要支出。

（3）采用成本法核算的长期股权投资的处理。长期股权投资采用成本法核算的，应按被投资单位宣告发放的现金股利或利润中属于本企业的部分，借记“应收股利”科目，贷记“投资收益”科目。

（4）采用权益法核算的长期股权投资的处理。企业的长期股权投资采用权益法核算的，应当分别下列情况进行处理：

第一，长期股权投资的初始投资成本大于投资时应享有被投资单位可辨认净资产公允价值份额的，不调整已确认的初始投资成本；长期股权投资的初始投资成本小于投资时应享有被投资单位可辨认净资产公允价值份额的，应按其差额，借记本科目（投资成本），贷记“营业外收入”科目。

第二，资产负债表日，企业应根据被投资单位实现的净利润或经调整的净利润计算应享有的份额，借记本科目（损益调整），贷记“投资收益”科目。被投资单位发生亏损、分担亏损份额超过长期股权投资而冲减长期股权投资账面价值的，借记“投资收益”科目，贷记本科目（损益调整）。

被投资单位以后宣告发放现金股利或利润时，企业计算应分得的部分，借记“应收股利”科目，贷记本科目（损益调整）。收到被投资单位发放的股票股利，不进行账务处理，但应在备查簿中登记。

第三，发生亏损的被投资单位以后实现净利润的，企业计算应享有的份额，如有未确认投资损失的，应先弥补未确认的投资损失，弥补损失后仍有余额的，借记本科目（损益调整），贷记“投资收益”科目。

第四，在持股比例不变的情况下，被投资单位除净损益以外所有者权益的其他变动，企业按持股比例计算应享有的份额，借记本科目（其他综合收益），贷记“其他综合收益”科目。

（5）处置长期股权投资的处理。出售长期股权投资时，应按实际收到的金额，借记“银行存款”等科目；原已计提减值准备的，借记“长期股权投资减值准备”科目；按其账面余额，贷记本科目；按尚未领取的现金股利或利润，贷记“应收股利”科目；按其差额，贷记或借记“投资收益”科目。出售采用权益法核算的长期股权投资时，还应按处置长期股权投资的投资成本比例结转原记入“其他综合收益”科目的金额，借记或贷记“其他综合收益”科目，贷记或借记“投资收益”科目。

（二）长期股权投资减值准备

“长期股权投资减值准备”科目核算按照被投资单位明细核算的企业长期股权投资发生减值时计提的减值准备。本科目期末贷方余额，反映企业已计提但尚未转销的长期股权投资减值准备。长期股权投资减值准备的主要账务处理如下：

（1）资产负债表日，企业根据资产减值或金融工具确认和计量准则确定长期股权投资发生减值的，按应减记的金额，借记“资产减值损失”科目，贷记本科目。

（2）处置长期股权投资时，应同时结转已计提的长期股权投资减值准备。

（三）投资收益

“投资收益”科目应当按照投资项目明细核算企业根据本准则确认的投资收益或投资损失。期末，应将本科目余额转入“本年利润”科目，本科目结转后应无余额。

投资收益的主要账务处理如下：

（1）长期股权投资采用成本法核算的，企业应按被投资单位宣告发放的现金股利或利润中属于本企业的部分，借记“应收股利”科目，贷记本科目。

（2）长期股权投资采用权益法核算的，资产负债表日，应根据被投资单位实现的净利润或经调整的净利润计算应享有的份额，借记“长期股权投资——损益调整”科目，贷记本科目。

被投资单位发生亏损、分担亏损份额超过长期股权投资而冲减长期股权投资账面价值的，借记“投资收益”科目，贷记“长期股权投资——损益调整”科目。发生亏损的被投资单位以后实现净利润的，企业计算的应享有的份额，如有未确认投资损失的，应先弥补未确认的投资损失，弥补损失后仍有余额的，借记“长期股权投资——损益调整”科目，贷记本科目。

（3）出售长期股权投资时，应按实际收到的金额，借记“银行存款”等科目；原已计提减值准备的，借记“长期股权投资减值准备”科目；按其账面余额，贷记“长期股权投资”科目；按尚未领取的现金股利或利润，贷记“应收股利”科目；按其差额，贷记或借记本科目。

出售采用权益法核算的长期股权投资时，还应按处置长期股权投资的投资成本比例结转原记入“其他综合收益”科目的金额，借记或贷记“其他综合收益”科目，贷记或借记本科目。

二、初始成本计量

长期股权投资的取得方式不同，其初始成本的计量方式也不同。

（一）同一控制下的企业合并形成的长期股权投资

（1）同一控制下的企业合并时，合并方以支付现金、转让非现金资产或承担债务方式作为合并对价的，应当在合并日按照取得被合并方所有者权益账面价值的份额作为长期股权投资的初始投资成本。

长期股权投资初始投资成本与支付的现金、转让的非现金资产以及所承担债务账面价值之间的差额，应当调整“资本公积——资本溢价或股本溢价”科目，“资本公积——资本溢价或股本溢价”科目不足冲减的，应依次借记“盈余公积”“利润分配——未分配利润”科目。其账务处理如下：

借：长期股权投资（被合并方所有者权益账面价值的份额）
　　贷：银行存款
　　　　非现金资产（合并方资产的账面价值）
　　　　资本公积——资本溢价或股本溢价

（2）同一控制下的企业合并时，合并方以发行权益性证券（如换股合并）

作为合并对价的，应当在合并日按照取得被合并方所有者权益账面价值的份额作为长期股权投资的初始投资成本。按照发行股份的面值总额作为股本，长期股权投资初始投资成本与所发行股份面值总额之间的差额，应当调整“资本公积——资本溢价或股本溢价”科目；“资本公积——资本溢价或股本溢价”科目不足冲减的，应依次借记“盈余公积”“利润分配——未分配利润”科目。

例 3-1 甲、乙两家公司同属于丙公司的子公司。甲公司于 2016 年 3 月 1 日以发行股票的方式从乙公司的股东手中取得乙公司 60％的股份。甲公司发行 1 500 万股普通股股票，该股票每股面值 1 元。乙公司 2016 年 3 月 1 日所有者权益为 2 000 万元，甲公司在 2016 年 3 月 1 日资本公积为 180 万元，盈余公积为 100 万元，未分配利润为 200 万元。

该投资的初始投资成本 1 200 万元（2 000×60％）。该成本与所发行股票的面值 1 500 万元的差额 300 万元应首先调减资本公积 180 万元，然后再调减盈余公积 100 万元，最后再调减未分配利润 20 万元。其会计处理如下：

借：长期股权投资 12 000 000
　　资本公积——资本溢价或股本溢价　　1 800 000
　　盈余公积　　1 000 000
　　未分配利润　　200 000
　　贷：股本　　15 000 000

（3）同一控制下企业合并的相关费用，包括为进行企业合并而支付的审计费用、评估费用、法律服务费用等，应当在发生时记入管理费用各费用明细账中，而不能作为长期股权投资的入账价值。

（二）非同一控制下的企业合并取得的长期股权投资

（1）非同一控制下的企业合并，购买方在购买日初始投资成本的计量应该包括两部分：①购买方在购买日为取得对被购买方的控制权而付出的资产、发生或承担的负债以及发行的权益性证券的公允价值之和；②在合并合同或协议中对可能影响合并成本的未来事项作出约定的，购买日如果估计未来事项很可能发生并且对合并成本的影响金额能够可靠地计量，购买日应当将其计入合并成本。

（2）对于购买方在购买日作为企业合并对价付出的资产、发生或承担的负债的公允价值与其账面价值的差额，计入当期损益。

（3）购买方为进行企业合并发生的各项相关费用，直接计入当期损益。

例 3-2 甲、乙两家公司属非同一控制下的独立公司。甲公司于 2016 年 3 月 1 日以本公司的固定资产对乙公司投资，取得乙公司 60％的股份。该固定资产原值 1 500 万元，已提折旧 400 万元，已提减值准备 50 万元。乙公司 2016 年 1 月 12 日可辨认净资产公允价值为 2 000 万元。在投资当日该设备的公允价值为 1 250 万元，则该投资的初始投资成本为该固定资产的公允价值 1 250 万元，该成本与固定资产的账面价值 1 050 万元（1 500 − 50 − 400）的差额 200 万元应作为营业外收入。其会计处理如下：

借：长期股权投资	12 500 000
累计折旧	4 000 000
固定资产减值准备	500 000
贷：固定资产	15 000 000
营业外收入——处置非流动资产利得	2 000 000

（三）对其他方式获得的长期股权投资初始成本的确认

总体来说，以其他方式取得的长期股权投资的初始成本计量强调以公允价值入账。

（1）以支付现金取得的长期股权投资，应当按照实际支付的购买价款作为初始投资成本。

（2）以发行权益性证券取得的长期股权投资，应当按照发行权益性证券的公允价值作为初始投资成本。为发行权益性证券支付给有关承销机构的手续费、佣金等与权益性证券发行直接相关的费用，不构成取得长期股权投资的成本，这部分费用应自权益性证券的溢价发行收入中扣除，溢价收入不足冲减的，应冲减盈余公积和未分配利润。

例 3-3 甲公司于 2016 年 3 月 1 日通过发行普通股股票 800 万股与乙公司股东进行交换并取得乙公司有表决权的股份 20%，对乙公司具有重大影响。甲公司准备长期持有该股份。该股票面值为每股 1 元，市场价格为每股 3 元，甲公司向证券承销机构支付相关费用 20 万元。

该股票的公允价值为 2 400 万元，应作为获取投资的成本。而甲公司为发行股票支付的相关费用 20 万元，应冲减溢价收入。其会计处理如下：

借：长期股权投资——投资成本	24 000 000
贷：股本	8 000 000
资本公积——股本溢价	16 000 000
借：资本公积——股本溢价	200 000
贷：银行存款	200 000

（3）投资者投入的长期股权投资，应当按照投资合同或协议约定的价值作为初始投资成本，但合同或协议约定价值不公允的除外。

投资者在合同或协议中约定的价值明显不公允的，应当按照取得长期股权投资的公允价值作为其初始投资成本，所确认的长期股权投资初始投资成本与计入企业实收资本金额之间的差额，应调整资本公积（资本溢价）。长期股权投资存在活跃市场的，应当参照活跃市场中的价格确定其公允价值；不存在活跃市场、无法参照市场价格取得其公允价值的，应当按照一定的估价技术等合理的方法确定其公允价值。

（4）通过非货币性资产交换取得的长期股权投资，如果该项交换具有商业实质，应该以换出资产的公允价值和应支付的相关税费，作为长期股权投资的初始投资成本，但有确凿证据表明换入资产的公允价值更加可靠的除外。对于换出资产的公允价值与换出资产账面价值的差额计入当期损益。

（5）通过债务重组取得的长期股权投资，其初始投资成本应当将享有股份的公允价值确认为对债务人的投资，重组债权的账面价值与股份的公允价值之间的差额，计入当期损益（营业外支出——债务重组损失，或冲减资产减值损失）。企业无论以何种方式取得长期股权投资，实际支付的价款或对价中包含的已宣告但尚未领取的现金股利或利润，应作为应收项目单独核算，不作为取得的长期股权投资的成本。

（6）以外币投入取得的长期股权投资，长期股权投资采用投入日按即期汇率折算的金额用记账本位币入账，以外币投入的长期股权投资不会产生外币资本折算差额。

三、长期股权投资的后续计量

新准则规定的长期股权投资后续计量方法依然分为成本法和权益法，但成本法与权益法核算范围发生了较大变化。

（一）成本法

1. 适用范围

对于子公司的长期股权投资采用成本法核算。不具有控制、共同控制和重大影响的其他投资，适用《企业会计准则第22号——金融工具确认和计量》。

2. 成本法核算的会计处理

（1）长期股权投资应当按照初始投资成本计价。追加或收回投资应当调整长期股权投资的成本。

（2）采用成本法核算的长期股权投资，除取得投资时实际支付的价款或对价中包含的已宣告但尚未发放的现金股利或利润外，投资企业应当按照享有被投资单位宣告发放的现金股利或利润确认投资收益，不再划分是否属于投资前和投资后被投资单位实现的净利润。

例 3-4 华远公司 2016 年 1 月 5 日购入乙公司有表决权资本的 65％，并准备长期持有，其投资成本为 715 000 元。乙公司于 2016 年 5 月 5 日宣告分派 2015 年度的现金股利 150 000 元。假设乙公司 2016 年 1 月 1 日股东权益合计为 1 800 000 元；2016 年实现净利润 600 000 元；2017 年 5 月 5 日宣告分派现金股利 450 000 元。华远公司有关会计分录如下：

（1）2016 年 1 月 5 日投资时：

借：长期股权投资——股票投资（乙公司）　　715 000

　　贷：银行存款　　715 000

（2）2016 年 5 月 5 日宣告分派 2015 年度的现金股利时：

借：应收股利（150 000×65％）　　97 500

　　贷：投资收益　　97 500

（3）2017 年 5 月 5 日宣告分派现金股利时：

借：应收股利（450 000×65%）　　292 500

　　贷：投资收益　　292 500

（二）权益法

1. 适用范围

投资企业对被投资单位具有共同控制或重大影响的长期股权投资，应当采用权益法核算。这主要是针对合营企业和联营企业而言。

2. 权益法核算的会计处理

1）投资成本的调整。

长期股权投资的初始投资成本大于投资时应享有被投资单位可辨认净资产公允价值份额的，不调整长期股权投资的初始投资成本；长期股权投资的初始投资成本小于投资时应享有被投资单位可辨认净资产公允价值份额的，其差额应当计入当期损益。

例 3-5　续例 3-3，假设乙公司在购买日可辨认净资产的公允价值为 15 000 万元，则该股票的公允价值 2 400 万元为获取投资的成本。而乙公司 20％的净资产的公允价值为 3 000 万元（15 000×20％），其差额 600 万元，应确认为当期损益。其会计处理如下：

借：长期股权投资——投资成本　　6 000 000

　　贷：营业外收入　　6 000 000

2）投资收益的确认。

第一，投资企业取得长期股权投资后，应当按照应享有或应分担的被投资单位实现的净损益的份额，确认投资损益并调整长期股权投资的账面价值。投资企业按照被投资单位宣告分派的利润或现金股利计算应分得的部分，相应减少长期股权投资的账面价值。

第二，被投资单位净利润调整事项。

a. 以取得投资时被投资单位各项可辨认资产等的公允价值为基础对被投资单位的净利润进行调整。

基于重要性原则，通常应考虑的调整因素为：以取得投资时被投资单位固定资产、无形资产的公允价值为基础计提的折旧额或摊销额对被投资单位净利润的影响。其他项目如为重要的，也应进行调整。

无法可靠确定取得投资时被投资单位各项可辨认资产公允价值的；或者投资时被投资单位可辨认资产的公允价值与其账面价值相比，两者之间的差额较小的；以及因为其他原因导致无法对被投资单位净损益进行调整的，可以按照被投资单位的账面净利润与持股比例计算的结果确认投资收益，但应在附注中说明这一事实及其原因。

例 3-6　某投资企业于 2016 年 1 月 1 日取得对联营企业 30％的股权，取得投资时被投资单位的固定资产公允价值为 1 200 万元，账面价值为 600 万元，固定资产的预计使用年限为 10 年，净残值为零，按照直线法计提折旧。被投资单位 2016 年度利润表中净利润为 500 万元，其中，被投资单位当期利润表中已按其账面价值计算扣除的固定资产折旧费用为 60 万元，按照取得投资时固定资产的公允价值计算确定的折旧费用为 120 万元，不考虑所得税影响，按照被投资单位的账面净利润计算确定的投资收益应为 150 万元（500×30％）。

按该固定资产的公允价值计算的净利润为 440 万元（500 － 60），投资企业按照持股比例计算确认的当期投资收益应为 132 万元（440×30％）。

例 3-7 A 公司于 2016 年 1 月 1 日购入 B 公司 40％的股份，支付价款为 2 000 万元，并自取得日起派人参与 B 公司的生产经营决策。取得投资当日，B 公司可辨认净资产的公允价值为 6 000 万元，除表 3-1 所列项目外，B 公司其他资产、负债的公允价值与账面价值相同。

表 3-1 资产项目资料表

单位：万元

项　目	账面原价	累计折旧或摊销	公允价值	B 公司预计使用年限（年）	A 公司取得投资后剩余使用年限（年）
存货	500		650		
固定资产	1 400	350	1 500	20	15
无形资产	700	280	600	10	6
合　计	2 600	630	2 750		

假定 B 公司 2016 年实现净利润 500 万元，其中，在 A 公司取得投资时的账面存货有 70％对外销售。A、B 两公司的会计年度与采用的会计政策相同。固定资产与无形资产均按直线法提取折旧或摊销。预计净残值均为零。A 公司在确定其应享有的投资收益时，应在 B 公司实现净利润的基础上，根据取得投资时 B 公司有关资产的账面价值与其公允价值差额的影响进行调整（假定不考虑所得税的影响）。

存货账面价值与公允价值的差额应调减的利润 ＝（650 － 500）×70％ ＝ 105（万元）

固定资产公允价值与账面价值差额与调增的折旧额 ＝ 1500 ÷ 15 － 1400 ÷ 20 ＝ 30（万元）

无形资产公价值与账面价值差额应调增的摊销额 ＝ 600 ÷ 6 － 700 ÷ 10 ＝ 30（万元）

调整后的净利润＝ 500-105-30 － 30 ＝ 335（万元）

A 公司应享有的份额＝ 335×40％ ＝ 134（万元）

会计分录如下：

借：长期股权投资——损益调整　　1 340 000

　　贷：投资收益　　1 340 000

b. 当被投资单位采用会计政策及会计期间与投资企业不一致的，应当按照投资企业的会计政策及会计期间对被投资单位的财务报表进行调整，并据以确认投资损益。

第三，被投资单位超额亏损的处理。投资企业确认被投资单位发生的净亏损，应当以长期股权投资的账面价值以及其他实质上构成对被投资单位净投资的长期权益减记至零为限，投资企业负有承担额外损失义务的除外。其他实质上构成对被投资单位净投资的长期权益，通常是指长期性的应收项目，如企业对被投资单位的长期债权，该款项没有明确的清收计划，且在可预见的未来期间不准备收回的，实质上构成对被投资单位的净投资。

在确认应分担被投资单位发生的亏损时，应当按照以下顺序进行处理：①减记长期股权投资的账面价值；②长期股权投资的账面价值不足冲减的，应当以其他实质上构成对被投资单位净投资的长期权益账面价值为限继续确认投资损失，冲减长期应收项目等的账面价值；③经过上述处理，按照投资合同或协议约定企业仍承担额外义务的，应按预计承担的义务确认预计负债，计入当期投资损失。

被投资单位以后期间实现盈利的，企业扣除未确认的亏损分担额后，应按上述相反的顺序处理，减记预计负债的账面余额、恢复其他实质上构成对被投资单位净投资的长期权益及长期股权投资的账面价值，同时确认投资收益。

例 3-8 甲企业持有乙企业 40％的股权，2015 年 12 月 31 日投资的账面价值为 2 000 万元，假定取得投资时点被投资单位各资产公允价值等于账面价值，双方采用的会计政策和会计期间相同。

假设 1：乙企业 2016 年亏损额为 3 000 万元，则甲企业 2016 年应确认投资损失 1 200 万元，长期股权投资账面价值降至 800 万元。

借：投资收益　　12 000 000

　　贷：长期股权投资——损益调整　　12 000 000

假设 2：乙企业 2016 年亏损额为 6 000 万元，当年度甲企业应分担损失 2 400 万元，长期股权投资账面价值减至零，如果甲企业账上有应收乙企业长期应收款 800 万元，则应进一步确认损失 400 万元（2 400 － 2 000）。

借：投资收益　　24 000 000

　　贷：长期股权投资——损益调整　　20 000 000

　　　　长期应收款　　4 000 000

假设 3：乙企业 2016 年亏损额为 10 000 万元，当年度甲企业应分担损失 4 000 万元。若按照投资合同或协议约定甲企业仍承担额外义务的，先冲减长期股权投资账面价值至 0，如甲企业账上有应收乙企业长期应收款 800 万元，则应进一步确认损失 800 万元，差额 1 200 万元计入预计负债。

借：投资收益　　40 000 000

　　贷：长期股权投资——损益调整　　20 000 000

　　　　长期应收款　　8 000 000

　　　　预计负债——承担超额亏损　　12 000 000

如若按照投资合同或协议约定甲企业不承担额外义务的，则应作账务处理如下：

借：投资收益　　　　　　　　　　　　　　　　28 000 000
　　贷：长期股权投资——损益调整　　　　　　　　　20 000 000
　　　　长期应收款　　　　　　　　　　　　　　　　8 000 000

未确认的 1 200 万元（4 000-2 800）的差额，甲企业记入备查账簿，但乙企业盈利后，先恢复备查的未入账的 1 200 万元，之后按上述相反的顺序处理。

3. 被投资单位其他净资产变动的处理

对于被投资单位除净损益以外所有者权益的其他变动，在持股比例不变的情况下，企业按照持股比例计算应享有或承担的部分，调整长期股权投资的账面价值，同时增加或减少“其他综合收益”科目的金额。

例 3-9　甲公司 2016 年 1 月 1 日用现金 50 万元购买了乙公司 20％的股权，并具有重大影响，投资时，乙公司净资产账面价值为 200 万元，公允价值为 280 万元。当年乙公司因持有的可供出售金融资产公允价值上升，增加资本公积 16 万元。根据上述资料，甲公司应作相应的会计处理如下：

（1）2016 年 1 月 1 日：

借：长期股权投资——投资成本　　　　　　　　560 000
　　贷：银行存款　　　　　　　　　　　　　　　　500 000
　　　　营业外收入　　　　　　　　　　　　　　　　60 000

（2）2016 年 12 月 31 日：

借：长期股权投资——其他权益变动　　　　　　　32 000
　　贷：其他综合收益　　　　　　　　　　　　　　　32 000

（三）成本法与权益法相互转换

长期股权投资在持有期间，因各方面情况的变化，可能导致其核算需要由一种方法转换为另外的方法。

1. 以公允价值计量转换为按权益法核算

投资方因追加投资等原因能够对被投资单位施加重大影响或实施共同控制但不构成控制的，应当按照《企业会计准则第 22 号——金融工具确认和计量》确定的原持有的股权投资的公允价值加上新增投资成本之和，作为改按权益法核算的初始投资成本。原持有的股权投资分类为可供出售金融资产的，其公允价值与账面价值之间的差额，以及原计入其他综合收益的累计公允价值变动应当转入改按权益法核算的当期损益。

在具体转换时，要比较上述计算所得的初始投资成本，与按照追加投资后新的持股比例计算确定的应享有被投资单位在追加投资日可辨认净资产公允价值份额之间的差额，如果前者大于后者，则不需要调整长期股权投资的账面价值；如果前者小于后者，则应当按照其差额调整长期股权投资的账面价值，并计入当期营业外收入。

例 3-10　A 公司于 2×15 年 4 月取得 B 公司 10% 的股权，成本为 600 万元，A 公司将该项投资归类为可供出售金融资产。2×15 年 12 月 31 日，该项投资的市场价值为 700 万元。

2×16 年 4 月 10 日，A 公司又以 1 200 万元的价格取得 B 公司 12% 的股权。

取得该部分股权后，按照B公司章程规定，A公司能够派人参与B公司的生产经营决策，对该项长期股权投资转为采用权益法核算。本例中，假定A公司在取得对B公司10%股权后至新增投资日，未派发现金股利或利润。

（1）2×15年4月，取得B公司股权时：

借：可供出售金融资产——投资成本　　6 000 000

　　贷：银行存款　　6 000 000

（2）2×15年12月31日，确认公允价值变动损益：

借：可供出售金融资产——公允价值变动　　1 000 000

　　贷：其他综合收益　　1 000 000

（3）2×16年4月10日，A公司应确认对B公司的长期股权投资：

借：长期股权投资　　12 000 000

　　贷：银行存款　　12 000 000

借：长期股权投资（12 000 000÷12%×10%）　　10 000 000

　　贷：可供出售金融资产——投资成本　　6 000 000

　　　　　　　　　　　——公允价值变动　　1 000 000

　　　　投资收益　　3 000 000

借：其他综合收益　　1 000 000

　　贷：投资收益　　1 000 000

2. 公允价值计量或权益法转换为成本法

投资方因追加投资等原因能够对非同一控制下的被投资单位实施控制的，在编制个别财务报表时，应当按照原持有的股权投资账面价值加上新增投资成本之和，作为改按成本法核算的初始投资成本。购买日之前持有的股权投资因采用权益法核算而确认的其他综合收益，应当在处置该项投资时采用与被投资单位直接处置相关资产或负债相同的基础进行会计处理。购买日之前持有的股权投资按照《企业会计准则第22号——金融工具确认和计量》的有关规定进行会计处理的，原计入其他综合收益的累计公允价值变动应当在改按成本法核算时转入当期损益。在编制合并财务报表时，应当按照《企业会计准则第33号——合并财务报表》的有关规定进行会计处理。

例3-11　甲公司持有乙公司30%的有表决权股份，因能够对乙公司的生产经营决策施加重大影响，采用权益法核算。2×16年10月，甲公司支付3 600万元对乙公司追加30%股权的投资。追加投资后，甲公司对乙公司能实施控制。追加投资时，该项长期股权投资的账面价值为3 400万元，其中，投资成本为2 600万元，损益调整为600万元，其他权益变动为200万元。

甲公司追加投资时相关的会计分录如下：

借：长期股权投资　　36 000 000

　　贷：银行存款　　36 000 000

追加投资后，甲公司对乙公司的长期股权投资账面价值为7 000万元。

3. 权益法转换为公允价值计量

投资方因处置部分权益性投资等原因导致不能再对被投资单位实施共同

控制或重大影响的，在编制个别财务报表时，处置后的剩余股权不能对被投资单位实施共同控制或施加重大影响的，应当改按《企业会计准则第22号——金融工具确认和计量》的有关规定进行会计处理，其在丧失共同控制或重大影响之日的公允价值与账面价值之间的差额计入当期损益。

例 3-12 A公司持有B公司30%的有表决权股份，能够对B公司施加重大影响，对该股权投资采用权益法核算。2×16年10月，A公司将该项投资中的50%出售给非关联方，取得价款1 800万元。相关手续于当日完成。A公司无法再对B公司施加重大影响，将剩余股权投资转为可供出售金融资产。出售时，该项长期股权投资的账面价值为3 200万元，其中投资成本为2 600万元，损益调整为300万元，其他综合收益为200万元（性质为被投资单位的可供出售金融资产的累计公允价值变动），除净损益、其他综合收益和利润分配外的其他所有者权益变动为100万元。剩余股权的公允价值为1 800万元。不考虑相关税费等其他因素影响。

A公司有关会计处理如下：

（1）确认有关股权投资的处置损益。

借：银行存款	18 000 000	
贷：长期股权投资		16 000 000
投资收益		2 000 000

（2）由于终止采用权益法核算，将原确认的相关其他综合收益转入当期损益。

借：其他综合收益	2 000 000	
贷：投资收益		2 000 000

（3）由于终止采用权益法核算，将原计入资本公积的其他所有者权益变动全部计入当期损益。

借：其他综合收益	1 000 000	
贷：投资收益		1 000 000

（4）剩余股权投资转为可供出售金融资产，当天公允价值为1 800万元，账面价值为1 600万元，两者的差异应计入当期投资收益。

借：可供出售金融资产	18 000 000	
贷：长期股权投资		16 000 000
投资收益		2 000 000

4. 成本法转权益法

投资方因处置部分权益性投资等原因丧失对被投资单位控制的，在编制个别财务报表时，处置后的剩余股权能够对被投资单位实施共同控制或施加重大影响，应当改按权益法核算，并对该剩余股权视同自取得时即采用权益法核算进行调整。

在具体转换时，首先应当按处置投资的比例终止确认相应的长期股权投资成本。然后，计算剩余的长期股权投资成本与按照剩余持股比例计算原投资时应享有被投资单位可辨认净资产公允价值之间的差额，如果前者大于后者，则不需要调整长期股权投资的账面价值；如果前者小于后者，则应当按照其差额调整长期股权投资的账面价值，同时调整留存收益。

例 3-13　A 公司持有 B 公司 80% 的股权，并能对 B 公司实施控制。2×15 年 12 月 31 日，A 公司对 B 公司的长期股权投资的账面价值为 8 000 万元，并未计提减值准备。2×16 年 1 月 1 日，A 公司将其持有的对 B 公司长期股权投资中的 1/2 出售给非关联方，取得价款 4 600 万元，当日被投资单位可辨认净资产公允价值总额为 16 000 万元。减持之后，A 公司不再对 B 公司实施控制，但具有重大影响。A 公司在取得 B 公司 80% 的股权时，B 公司可辨认净资产公允价值总额为 9 000 万元（假定公允价值与账面价值相同）。自 A 公司取得对 B 公司长期股权投资后至减持之前，B 公司实现净利润 6 000 万元。假定 B 公司一直未进行利润分配。除所实现净损益外，B 公司未发生其他计入资本公积的交易或事项。A 公司按净利润的 10% 提取盈余公积。不考虑相关税费等其他因素的影响。

在本案例中，在出售 40% 股权之后，A 公司对 B 公司的持股比例为 40%，对 B 公司施加重大影响。对 B 公司长期股权投资应由成本法改为按照权益法核算。有关会计处理如下：

（1）确认长期股权投资处置损益。

借：银行存款	46 000 000
贷：长期股权投资	40 000 000
投资收益	6 000 000

（2）调整长期股权投资账面价值。

剩余长期股权投资的账面价值为 4 000 万元，与原投资时应享有被投资单位可辨认净资产公允价值份额之间的差额 400 万元（4 000 − 9 000×40%）为商誉，该部分商誉的价值不需要对长期股权投资的成本进行调整。

减持以后按照持股比例计算享有被投资单位自购买日至减持日之间实现的净损益为 2 400 万元（6 000×40%），应调整增加长期股权投资的账面价值，同时调整留存收益。企业应进行会计处理如下：

借：长期股权投资——损益调整	24 000 000
贷：盈余公积	2 400 000
利润分配——未分配利润	21 600 000

5. 成本法核算转为公允价值计量

投资方因处置部分权益性投资等原因丧失了对被投资单位的控制的，在编制个别财务报表时，处置后的剩余股权不能对被投资单位实施共同控制或施加重大影响的，应当改按《企业会计准则第 22 号——金融工具确认和计量》的有关规定进行会计处理，其在丧失控制之日的公允价值与账面价值间的差额计入当期损益。在编制合并财务报表时，应当按照《企业会计准则第 33 号——合并财务报表》的有关规定进行会计处理。

例 3-14　A 公司持有 B 公司 80% 的有表决权股份，能够对 B 公司实施控制，对该股权投资采用成本法进行核算。2×16 年 10 月，A 公司将该项投资中的90%出售给非关联方，取得价款9 000万元。相关手续于当日完成。A公司无法再对B公司实施控制，也不能施加共同控制或重大影响，将剩余股权投资转为可供出售金融资产。出售时，该项长期股权投资的账面价值为9 000万元，剩余股权投资的公允价值为1 000万元。不考虑相关税费等其他因素的影响。

A公司有关会计处理如下：

（1）确认有关股权投资的处置损益。

借：银行存款　　90 000 000

　　贷：长期股权投资　　81 000 000

　　　　投资收益　　9 000 000

（2）剩余股权投资转为可供出售金融资产，当天公允价值为1 000万元，账面价值为900万元，两者的差异应计入当期损益。

借：可供出售金融资产　　10 000 000

　　贷：长期股权投资　　9 000 000

　　　　投资收益　　1 000 000

四、长期股权投资的期末计价

资产负债表日，长期股权投资的可收回金额低于其账面价值的，应当将资产的账面价值减值至可收回金额，减记的金额确认为资产减值损失，计入当期损益，同时计提相应的资产减值准备。资产减值损失一经确认，在以后会计期间不得转回。

其账务处理如下：

借：资产减值损失——长期股权投资

　　贷：长期股权投资——减值准备

新准则分两种情形对长期股权投资减值准备进行了规定：一种是按照本准则规定的成本法核算，在活跃市场中没有报价、公允价值不能可靠地计量的长期股权投资；另一种是其他按照本准则核算的长期股权投资。

（1）按成本法核算，在活跃市场中没有报价、公允价值不能可靠地计量的长期股权投资。

对于此类情形的长期股权投资的减值准备，新准则规定应根据《企业会计准则第22号——金融工具确认和计量》进行处理。按照该准则第四十五条的规定，在活跃市场上没有报价且其公允价值不能可靠地计量的权益工具投资，应当将该权益工具投资的账面价值，与按类似金融资产当时市场收益率对其未来现金流量折现确定的现值之间的差额，确认为减值损失，计入当期损益，同时该准则第四十八条规定，该减值损失不得转回。

是否计提减值准备，应根据下列情形进行判断：第一，影响被投资企业经营的政治或法律等环境的变化（如税收、贸易等法规的颁布或修订），而导致被投资单位出现巨额亏损；第二，被投资单位提供的商品或劳务因产品过时或消费者偏好改变，使其市场份额减少甚至丧失，而导致被投资单位财务状况和现金流量发生严重恶化；第三，被投资企业所从事产业的生产技术或竞争者数量等发生变化，被投资单位已失去竞争能力，而导致财务状况和现金流量发生严重恶化；第四，被投资单位进行清理整顿、清算或出现其他不能持续经营的迹象。当投资企业持有此类型的长期股权投资出现上述情形之一的，即可视为该项投资已发生减值损失，可以计提减值准备。

例 3-15　甲公司占乙公司有表决权股份的 70%，对乙公司构成控制。至 2016 年 12 月 31 日，甲公司该项长期股权投资的账面价值为 3 000 万元，由于没有公开市场价格且不能可靠地计量其公允价值，按市场收益率计算，该项长期股权投资在 2016 年 12 月 31 日预计未来现金流量现值为 2 580 万元。甲公司该项长期股权投资发生减值 420 万元。其会计处理如下：

借：投资收益　　4 200 000

　　贷：长期股权投资减值准备　　4 200 000

（2）其他按本准则核算的长期股权投资。

其他按本准则核算的长期股权投资的减值应当按照《企业会计准则第 8 号——资产减值》处理。长期股权投资的减值是指长期股权投资可回收金额低于其账面价值所发生的损失。可回收金额应根据该长期股权投资的公允价值减去处置费用后的净额与资产预计未来现金流量的现值两者之间的较高者来决定。按资产减值准则的规定，企业应当在资产负债表日判断长期股权投资是否存在可能发生减值的迹象。如果由于市价持续下跌或被投资单位经营状况变化等原因导致长期投资的可收回金额低于账面价值，应将可收回金额低于账面价值的差额，确认为当期投资损失，并计提减值准备，以抵减长期投资的账面价值。该资产减值损失一经确认，在以后会计期间不得转回。

是否对长期股权投资计提减值准备，应根据下列情形进行判断：第一，市场价格持续 2 年低于账面价值；第二，该项投资暂停交易 1 年；第三，被投资单位当年发生严重亏损；第四，被投资单位持续 2 年发生亏损；第五，被投资单位进行清理整顿、清算或出现其他不能持续经营的情形。当投资企业持有的长期股权投资出现上述情形之一的，即可视为该项投资已发生减值损失，可以计提减值准备。

五、长期股权投资的处置

处置长期股权投资，应按实际收到的价款与长期股权投资账面价值的差额，确认为当期损益。在采用权益法核算时，因被投资单位前期作为所有者权益的其他变动而计入本企业所有者权益的，处置该项投资时应将原计入所有者权益的部分相应地转入当期损益，即将原计入资本公积准备的项目金额转入“投资收益”科目。部分处置某项长期股权投资时，应按该项投资的总平均成本确定其处置部分的成本，并按相应比例结转已计提的减值准备和资本公积准备项目。

例 3-16 甲公司拥有乙公司有表决权股份的 30%，对乙公司构成重大影响。2016 年 12 月 30 日，甲公司出售乙公司的全部股权，所得价款 2 300 万元全部存入银行，当日该项长期股权投资的账面价值为 2 000 万元，其中投资成本为 1 500 万元，损益调整为 400 万元，其他权益变动为 300 万元，长期股权投资减值准备为 200 万元。假设不考虑相关税费，该业务的会计处理如下：

借：银行存款　　23 000 000
　　长期股权投资减值准备　　2 000 000
　　贷：长期股权投资——乙公司（投资成本）　　15 000 000
　　　　　　　　　　——乙公司（损益调整）　　4 000 000
　　　　　　　　　　——乙公司（其他权益变动）　　3 000 000
　　　　投资收益　　3 000 000

同时，将原记入资本公积准备项目的金额转入投资收益。其会计处理如下：

借：其他综合收益　　3 000 000
　　贷：投资收益　　3 000 000

例 3-17 2015 年年初，A 公司从二级市场购买 B 公司股票 50 万股，每股价格 1 元，占 60% 股权，并支付税费 7 500 元。2015 年年初，B 公司所有者权益合计为 240 万元（与可辨认净资产公允价值相等）。2015 年 5 月，B 公司分配 2014 年度的现金股利，每股 0.1 元。2015 年，B 公司实现净利润 20 万元，期末，其持有的可供出售金融资产因公允价值升值增加资本公积 6.7 万元。2016 年 5 月，B 公司分配 2015 年度的现金股利，每股 0.12 元。2016 年度，B 公司发生净亏损 5 万元，其持有的可供出售金融资产公允价值下降减少资本公积 4.02 万元。2017 年年初，A 公司收回投资 45 万元，存入银行。

根据资料，按成本法编制 A 公司相关的会计分录如下：

（1）2015 年年初，购买 B 公司股票时：

借：长期股权投资　　507 500
　　贷：银行存款　　507 500

（2）2015 年 5 月，B 公司分配 2014 年现金股利时：

借：应收股利　　50 000
　　贷：投资收益　　50 000
借：银行存款　　50 000
　　贷：应收股利　　50 000

（3）2016 年 5 月，B 公司分配 2015 年现金股利时：

借：应收股利　　60 000
　　贷：投资收益　　60 000
借：银行存款　　60 000
　　贷：应收股利　　60 000

（4）2017 年年初，收回投资时：

借：银行存款　　　　450 000
　　投资收益　　　　57 500
　　贷：长期股权投资　　　　507 500

六、长期股权投资的披露

投资企业应当在附注中披露与长期股权投资有关的下列信息：

（1）子公司、合营企业和联营企业清单，包括企业名称、注册地、业务性质、投资企业的持股比例和表决权比例。

（2）合营企业和联营企业当期的主要财务信息，包括资产、负债、收入和费用等合计金额。

（3）被投资单位向投资企业转移资金的能力受到严格限制的情况。

（4）当期及累计未确认的投资损失金额。

（5）与对子公司、合营企业及联营企业投资相关的或有负债。

七、长期股权核算的其他要求

（1）由于权益法核算时，对被投资单位的投资收益核算，需要按照被投资单位公允价值调整后的净利润进行确认，所以各公司要建立备查簿，详细登记具有共同控制及重大影响的长期股权投资在取得投资时被投资单位各项可辨认资产的公允价值。

（2）取得具有同一控制及重大影响的长期股权投资的被投资单位所采用的会计政策及其变动情况。

（3）企业应当设置备查簿，记录非同一控制下的企业合并形成母子公司关系的子公司各项可辨认资产、负债及或有负债等在购买日的公允价值。编制合并财务报表时，应当以购买日确定的各项可辨认资产、负债及或有负债的公允价值为基础对子公司的财务报表进行调整。

（4）期末要对“长期股权投资”科目进行核查。

一是对成本法核算的“长期股权投资”科目的核查。检查按成本法核算的长期股权投资被投资单位的利润分配方案，检查投资收益确认是否正确。

二是对权益法核算的“长期股权投资”科目的核查：①检查企业计算投资收益所采用的被投资单位实现的净利润是否已经按照取得投资时被投资单位各项可辨认资产的公允价值进行了调整，调整金额是否正确；②检查被投资单位使用的会计政策、采用的会计期间是否与投资企业一致，对于不一致的情况是否已经对被投资单位的财务报表按照投资企业的会计政策、会计期间进行了调整，在调整过程中调整金额是否正确；③检查对于被投资单位除净损益以外所有者权益的其他变动，企业是否正确地调整了长期股权投资账面价值和所有者权益项目；④检查投资收益的确认是否正确；⑤检查投资成本与应享有的被投资单位净资产的账面价值的份额或应享有被投资单位可辨认净资产的公允价值份额的差额处理是否正确。

三是检查权益法改为成本法、成本法改为权益法核算的投资成本确认是否正确。

四是检查长期股权投资减值准备的计算是否正确、是否足额计提、有无转回的情况。

五是对于当期处置的长期股权投资，应检查企业处置长期股权投资损益确认是否正确，检查对于被投资单位除净损益以外所有者权益的其他变动记入所有者权益项目的是否转入当期损益，结转金额是否正确。

六是检查长期股权投资的披露是否真实、完整。

第二节　首次执行日的会计处理

按照《企业会计准则第 38 号——首次执行企业会计准则》的规定，长期股权投资在首次执行日的会计处理（报表项目衔接、期初调整方法、未来适用项目）有两个方面。

一、应当采用追溯调整法的处理事项

对于首次执行日的长期股权投资，应当分别下列情况处理。

（一）同一控制下企业合并产生的长期股权投资

根据《企业会计准则第 20 号——企业合并》，属于同一控制下企业合并产生的长期股权投资，尚未摊销完毕的股权投资差额应全额冲销，并调整留存收益，以冲销股权投资差额后的长期股权投资账面余额作为首次执行日的认定成本。

根据《国际财务报告准则第 1 号——首次采用国际财务报告准则》的规定，认定成本是“在某一给定的日期，被用作成本或折余成本替代金额的金额。此后的折旧或摊销是在假定主体在给定日期以等于认定成本的成本初始确认资产或负债的基础上进行的”。

（1）对于首次执行日尚未摊销完毕的“长期股权投资——股权投资差额”科目是借方差额的会计处理如下：

借：利润分配——未分配利润原结余的股权投资差额的借差金额

　　贷：长期股权投资——股权投资差额原结余的股权投资差额的借差金额

（2）对于首次执行日尚未摊销完毕的“长期股权投资——股权投资差额”科目是贷方差额的会计处理如下：

借：长期股权投资——股权投资差额原结余的股权投资差额的贷差金额

　　贷：利润分配——未分配利润原结余的股权投资差额的贷差金额

（3）首次执行日的认定成本：以冲销股权投资差额后的长期股权投资账

面余额作为首次执行日的认定成本。首次执行日成本在完成上述调整后，应进一步作会计处理如下：

借：长期股权投资——投资成本首次执行日的认定成本

　　贷：长期股权投资——投资成本首次执行日调整前原制度下结余

　　　　　　　　　　——损益调整首次执行日调整前原制度下结余

　　　　　　　　　　——投资准备首次执行日调整前原制度下结余

（二）其他采用权益法核算的长期股权投资

（1）存在股权投资贷方差额的，应冲销贷方差额，调整留存收益：

借：长期股权投资——股权投资差额

　　贷：利润分配——未分配利润

并以冲销贷方差额后的长期股权投资账面余额作为首次执行日的认定成本，并作会计处理如下：

借：长期股权投资——投资成本

　　贷：长期股权投资——投资成本、损益调整、投资准备

（2）存在股权投资借方差额的，应当按长期股权投资的账面余额作为首次执行日的认定成本，不作任何调整，其会计处理如下：

借：长期股权投资——投资成本首次执行日的认定成本

　　贷：长期股权投资——投资成本首次执行日调整前原制度下结余

　　　　　　　　　　——损益调整首次执行日调整前原制度下结余

　　　　　　　　　　——投资准备首次执行日调整前原制度下结余

　　　　　　　　　　——股权投资差额首次执行日调整前原制度下结余

除了上述调整外，其他项目不应进行追溯调整，即应当采用未来适用法的处理方法。

二、执行新准则新旧科目对照表

有关长期股权投资核算中新旧准则规定的会计科目使用情况对照如表3-2所示。

表3-2　新旧准则会计科目对照表

旧　科　目	新　科　目	备注
长期债权投资	持有至到期日投资 ——成本 ——利息调整 ——应计利息	由其他准则规范
短期投资 ——股票投资 ——债券投资	可供出售的金融资产	由其他准则规范
长期股权投资 ——投资成本	长期股权投资 ——投资成本	本准则规范

（续表）

旧　科　目	新　科　目	备注
——损益调整 ——投资减值准备 ——股权投资差额	——损益调整 ——所有者权益其他变动	

第三节　新准则对企业的影响

财政部自 2006 年发布《企业会计准则第 2 号——长期股权投资》及其应用指南以后，又根据国际财务报告准则（IFRS）的相关变动，通过准则解释等文件陆续修订了部分长期股权投资准则的内容。2014 年 3 月 13 日，财政部完成长期股权投资准则的修订工作，并发布了《关于印发修订〈企业会计准则第 2 号——长期股权投资〉的通知》（财会〔2014〕14 号），对《企业会计准则第 2 号——长期股权投资》（2006）进行了整体修订。新修订的《企业会计准则第 2 号——长期股权投资》自 2014 年 7 月 1 日起在所有执行企业会计准则的企业范围内施行，鼓励在境外上市的企业提前执行，原《企业会计准则第 2 号——长期股权投资》（2006）同时废止。

一、执行新准则对经营业绩的影响

与现行会计法规相比，执行新准则，将对经营业绩产生重大影响，进而间接影响投资决策、筹资决策和股利分配决策等。执行新准则，直接对单独财务报表的长期股权投资、资本公积、投资收益以及公允价值变动损益等相关报表项目产生重大影响，但是，相对于单独财务报表而言，合并财务报表所受的影响相对小一些。例如，投资企业能够对被投资单位实施控制的长期股权投资，在单独财务报表中改按成本法核算，将极大地影响单独财务报表所列的净利润；但是，在合并财务报表上，母公司首先应对上述投资按权益法进行调整，然后予以合并或抵销。总体而言，可能导致利润增加的因素较多，可能导致利润减少的因素较少。

（一）可能导致利润增加的主要因素

（1）同一控制下的企业合并形成的长期股权投资，其初始投资成本（在合并日所取得的被合并方所有者权益账面价值的份额）与支付的现金、转让的非现金资产以及所承担债务账面价值之间的差额，应当调整资本公积；资本公积不足冲减的，调整留存收益。参照现行会计法规，上述差额为借方的，通常确认为股权投资差额并分期摊销；差额为贷方的，通常确认为资本公积。

（2）非同一控制下的企业合并形成的长期股权投资，按照所支付合并对价的公允价值确定初始投资成本，借方差额确认为商誉，然后仅作减值测试但不摊销；贷方差额经复核后计入当期损益。参照现行会计法规，上述差额的处理类似同一控制下的企业合并形成的长期股权投资。

（3）采用权益法核算的长期股权投资，因被投资单位除净损益以外所有者权益的其他变动而计入所有者权益的，处置该项投资时应当将原计入所有者权益的部分按相应比例转入当期损益，改变了现行会计法规将其转入其他资本公积的做法。

（4）新准则规定长期股权投资的减值准备一经计提，不得转回。

（二）可能导致利润减少的主要因素

现行会计法规规定，投资企业确认被投资单位发生的净亏损，以投资账面价值减记至零为限。新准则在此基础上增加了两点规定：①除了长期股权投资账面价值外，还应包括其他实质上构成对被投资单位净投资的长期权益；②投资企业负有承担额外损失的情况除外。

（三）既有可能导致利润增加也有可能导致利润减少的主要因素

投资企业能够对被投资单位实施控制的长期股权投资，在单独财务报表中改按成本法核算。子公司经营盈利的，改按成本法将减少母公司利润；子公司经营亏损的，改按成本法将增加母公司利润。

通过非货币性资产交换取得的长期股权投资，符合一定条件的，应当以公允价值和应支付的相关税费作为换入资产的成本，公允价值与换出资产账面价值的差额计入当期损益。现行会计法规不涉及公允价值。因此，公允价值高于账面价值的，将可能导致利润增加；否则可能导致利润减少。

通过债务重组取得的长期股权投资，情况类似于上述非货币性资产交换。

投资企业在按照权益法确认应享有被投资单位净损益的份额时，应当以取得投资时被投资单位各项可辨认资产等的公允价值为基础，对被投资单位的净利润进行适当调整后确认。可辨认净资产公允价值高于账面价值的，该调整可能导致净利润减少；可辨认净资产公允价值低于账面价值的，该调整可能导致净利润增加。

此外，首次执行新准则时，根据《企业会计准则第 38 号——首次执行企业会计准则》，除了同一控制下企业合并产生的长期股权投资差额摊销后余额和其他情形产生的长期股权投资贷方差额摊销后余额调整留存收益外，其他项目不应追溯调整。因此，前述不予追溯调整的项目涉及的按照《企业会计准则第 2 号——长期股权投资》应归属于首次执行日以前期间的损益，将计入首次执行日所属会计期间。

以下是可能产生该类影响的例子。由于考虑了潜在表决权，投资企业认定其对某被投资单位由不具有重大影响变为具有重大影响，因此按照新准则应对其采用权益法核算。因该被投资单位以前年度大量盈利，故按照权益法应分享的以前年度利润全部确认为首次执行日所属会计期间，从而大幅增加了首次执行日所属会计期间的经营业绩。

某联营企业由于连年亏损，早已资不抵债，按照现行会计法规，投资企业确认被投资单位发生的净亏损，以长期股权投资账面价值减记至零为限。但是，由于投资企业对其另有大额长期应收款，按照新准则，投资企业确认被投资单位发生的净亏损，应当以长期股权投资的账面价值以及其他实质上构成对被投资单位净投资的长期权益减记至零为限，故投资企业继续确认有关投资损失于首次执行日所属会计期间，从而减少首次执行日所属会计期间的经营业绩。

二、执行新准则的相关影响

（一）对企业运营、交易策略、公司治理等方面的影响

新准则相对于旧准则变化较大，主要变化是：①母公司报表对子公司投资采用成本法核算；②引入可辨认的净资产的公允价值的概念；③规定投资成本低于可辨认的净资产的公允价值的，确认为收益；④按权益法核算的时候要考虑可辨认的净资产的公允价值与被投资单位账面价值的差额对投资收益的影响；⑤非同一控制的合并初始投资成本按公允价值计价。

以上变化虽然大，但从根本上说不会影响企业未来的现金流量，如果一项决策完全是出于真实的商业目的，则不会受准则改变的影响。也就是说，公司正常的商业行为不会因为采用公允价值计价和账面价值计价而改变，因为一项交易产生的实际的利益并无变化。但是，如果公司进行交易的本身有其他的考虑，如为了使交易产生账面利润或亏损，以便达到融资、业绩评价，或分配股利等目的，则准则的变化会对相关决策产生影响。具体来看主要有如下影响：

（1）母公司报表对子公司投资采用成本法核算，与原处理方法比较，会导致母公司报表的利润，因被投资单位盈利、亏损而减少或增加。对以母公司利润为基础的利润分配会产生影响，同时从业绩的评价来看，公司管理层应充分理解母公司报表及合并报表的区别和联系，合理制定业绩考核评价体系。

（2）公允价值的引入使得公司在非货币性资产交换、债务重组及合并取得投资（非同一控制）时，会产生利润或亏损，在公司有融资、业绩评价，或分配股利等目的时，不排除人为地创造交易以调节利润。

（二）促进企业提高对内部会计控制的要求

（1）要求企业应结合自身资产负债的特点，合理确定资产、负债的公允价值。

（2）企业合并形成母子公司关系的，母公司应当设置备查簿，记录企业合并中取得的子公司各项可辨认资产、负债及预计负债等在购买日的公允价值。编制合并财务报表时，应当以购买日确定的各项可辨认资产、负债及预计负债的公允价值为基础对子公司的财务报表进行调整。

（三）其他影响

（1）由于公允价值的大量使用，要求较高的专业判断力，对企业财务人员的专业胜任能力提出更高的要求。

（2）对财务报表其他使用者而言，信息的相关性有所增强，但可靠性相对下降，这两种会计信息质量要素的水平此消彼长。

第四章　投资性房地产

第一节　案例分析及操作实务

一、会计科目的设置

新准则涉及的主要会计科目如下：

科目序号	科目编号	科目名称
46	1521	投资性房地产
129	6051	其他业务收入
131	6101	公允价值变动损益
138	6402	其他业务成本
111	4002	资本公积

二、投资性房地产的初始计量核算

投资性房地产应当按照成本进行初始计量。不同渠道取得的投资性房地产，其成本构成有所不同。

企业应设置“投资性房地产”科目核算投资性房地产的价值，包括采用成本模式计量的投资性房地产和采用公允价值模式计量的投资性房地产。投资性房地产采用成本模式计量的，企业应当按照投资性房地产类别和项目进行明细核算；投资性房地产采用公允价值模式计量的，企业应当按照投资性房地产类别和项目并分别“成本”和“公允价值变动”进行明细核算。

（一）外购的投资性房地产

外购投资性房地产的成本，包括购买价款、相关税费和可直接归属于该资产的其他支出。企业外购取得的投资性房地产，按应计入投资性房地产成本的金额，借记“投资性房地产”科目，贷记“银行存款”等科目。

例 4-1　甲企业购入土地使用权用于出租，价款为 7 856 万元，款项以银行存款转账支付。该企业对投资性房地产采用成本模式进行后续计量。假定不考虑其他相关税费。甲企业的会计处理如下：

借：投资性房地产　　78 560 000

　　贷：银行存款　　78 560 000

（二）自行建造的投资性房地产

自行建造投资性房地产的成本，由建造该项房地产达到预定可使用状态前发生的必要支出构成。企业自行建造取得的投资性房地产，按应计入投资性房地产成本的金额，借记“投资性房地产”科目，贷记“在建工程”等科目。

例 4-2 企业在拥有使用权的一块土地上自行建造一幢办公楼，准备用于出租。工程期间投入工程物资 6 800 万元，发生人工费 400 万元，假定无相关税费。现工程完工达到预定可使用状态并开始出租。该土地使用权成本为 4 800 万元。应作会计处理如下：

（1）工程领用物资时：

借：在建工程　　68 000 000

　　贷：工程物资　　68 000 000

（2）发生工程人员薪酬时：

借：在建工程　　4 000 000

　　贷：应付职工薪酬　　4 000 000

（3）工程完工并出租时：

借：投资性房地产——办公楼　　72 000 000

　　贷：在建工程　　72 000 000

借：投资性房地产——土地使用权　　48 000 000

　　贷：无形资产　　48 000 000

企业自行建造房地产达到预定可使用状态后一段时间才对外出租或用于资本增值的，应当先将自行建造的房地产确认为固定资产或无形资产，自租赁期开始日或用于资本增值之日开始，从固定资产或无形资产转换为投资性房地产。

（三）以其他方式取得的投资性房地产

以其他方式取得的投资性房地产，其成本参照固定资产、无形资产的相关规定确定。

三、投资性房地产的后续计量核算

投资性房地产的后续计量有成本模式和公允价值模式两种。企业通常应当采用成本模式对投资性房地产进行后续计量，也可以采用公允价值模式对投资性房地产进行后续计量。但是，同一企业只能采用一种模式对所有投资性房地产进行后续计量，不得同时采用两种计量模式。

（一）采用成本模式进行后续计量

采用成本模式进行后续计量的投资性房地产，可比照固定资产和无形资产进行后续会计处理：

投资性房地产取得的租金收入，借记“银行存款”等科目，贷记“其他业务收入”科目。

投资性房地产按期（月）计提折旧或进行摊销，借记“其他业务成本”科目，贷记“投资性房地产累计折旧（摊销）”科目。

投资性房地产存在减值迹象的，应当适用资产减值的有关规定。经减值测试后确定发生减值的，应当计提减值准备，借记“资产减值损失”科目，贷记“投资性房地产减值准备”科目。

例 4-3 承上述例 4-1 的资料，假定该企业购入的土地使用权预计使用寿命为 50 年，预计净残值为零，采用直线法按年摊销。年末取得租金收入为 240 万元，已存入银行。假定不考虑其他相关税费。应作有关会计处理如下：

（1）每年计提摊销额：

借：其他业务成本　　1 571 200

　　贷：投资性房地产累计摊销　　1 571 200

（2）取得租金收入：

借：银行存款　　2 400 000

　　贷：其他业务收入　　2 400 000

（二）采用公允价值模式进行后续计量

企业只有在存在确凿证据表明投资性房地产的公允价值能够持续可靠取得，并且同时满足下列条件时，才可以采用公允价值模式对投资性房地产进行后续计量：①投资性房地产所在地有活跃的房地产交易市场；②企业能够从活跃的房地产交易市场上取得同类或类似房地产的市场价格及其他相关信息，从而对投资性房地产的公允价值作出估计。

采用公允价值模式进行后续计量的，不需要投资性房地产计提折旧或进行摊销，应当以资产负债表日投资性房地产的公允价值为基础调整其账面价值，公允价值与原账面价值之间的差额计入当期损益（公允价值变动损益）。资产负债表日投资性房地产的公允价值高于其账面余额的差额，借记“投资性房地产——公允价值变动”科目，贷记“公允价值变动损益”科目；公允价值低于其账面余额的差额，作相反的会计分录。投资性房地产取得的租金收入，确认为其他业务收入，借记“银行存款”等科目，贷记“其他业务收入”科目。

例 4-4 丙企业对投资性房地产采用公允价值进行后续计量。其出租的办公楼账面价值为 9 200 万元，年末公允价值为 9 500 万元，当年取得租金收入为 1 500 万元，已存入银行，假定不考虑其他相关税费。该企业应作有关会计处理如下：

（1）取得租金收入时：

借：银行存款　　15 000 000

　　贷：其他业务收入　　15 000 000

（2）年末，以公允价值为基础调整其账面价值时：

借：投资性房地产——公允价值变动　　3 000 000

　　贷：公允价值变动损益　　3 000 000

（三）后续计量模式的变更

企业对投资性房地产的计量模式一经确定，不得随意变更。以成本模式转为公允价值模式的，应当作为会计政策变更处理，将计量模式变更时公允价值与账面价值的差额，调整期初留存收益。企业变更投资性房地产计量模式时，应当按照计量模式变更日投资性房地产的公允价值，借记“投资性房地产——成本”科目，按照已计提的累计折旧或累计摊销，借记“投资性房地产累计折旧（摊销）”科目，已计提减值准备的，还应同时借记“投资性房地产减值准备”科目，按原账面余额，贷记“投资性房地产”科目，按照公允价值与其账面价值之间的差额，贷记或借记“利润分配——未分配利润”“盈余公积”等科目。

已采用公允价值模式计量的投资性房地产，不得从公允价值模式转为成本模式。

例 4-5 A 企业原采用成本模式计量出租的办公楼，其所在地的房地产交易市场已比较成熟，具备了采用公允价值模式计量的条件，决定对该项投资性房地产从成本模式转换为公允价值模式计量。该办公楼购入时的成本为 982.8 万元，已计提折旧 32.76 万元，账面价值为 950.04 万元。2016 年 12 月 31 日，该办公楼的公允价值为 1 080 万元。假设该企业按净利润的 10％计提盈余公积。该企业应作会计处理如下：

借：投资性房地产——成本	10 800 000	
投资性房地产累计折旧	327 600	
贷：投资性房地产		9 828 000
盈余公积		129 960
利润分配——未分配利润		1 169 640

四、投资性房地产的转换和处置核算

（一）房地产的转换

1. 成本模式计量下的转换

在成本模式下，应当将房地产转换前的账面价值作为转换后的入账价值。

（1）将采用成本模式计量的投资性房地产转为自用房地产时，应按该项投资性房地产在转换日的账面余额、累计折旧（摊销）、减值准备等，分别转入“固定（无形）资产”“累计折旧（摊销）”“固定（无形）资产减值准备”等科目。按其账面余额，借记“固定资产”或“无形资产”科目，贷记“投资性房地产”科目；按已计提的折旧或摊销，借记“投资性房地产累计折旧（摊销）”科目，贷记“累计折旧”或“累计摊销”科目；原已计提减值准备的，借记“投资性房地产减值准备”科目，贷记“固定资产减值准备”或“无形资产减值准备”科目。

例 4-6 2016 年 10 月 16 日，B 企业原采用成本模式计量的一幢出租用办公楼收回，作为企业办公用房。该办公楼账面原值为 980 万元，已计提折旧 350 万元。

企业有关会计处理如下：

借：固定资产　　9 800 000
　　投资性房地产累计折旧　　3 500 000
　　贷：投资性房地产　　9 800 000
　　　　累计折旧　　3 500 000

（2）将作为存货的房地产改为采用成本模式计量的投资性房地产时，应按该存货在转换日的账面价值，借记“投资性房地产”科目，已计提跌价准备的，还应借记“存货跌价准备”科目，按其账面余额，贷记“开发产品”等科目。

例 4-7　2016 年 12 月 18 日，C 房地产开发企业与甲公司签订一项租赁协议，将自行开发的一幢办公楼出租给甲公司使用，起租日为 2016 年 12 月 31 日，租期为 3 年。2016 年 12 月 31 日，该办公楼的账面余额为 36 000 万元。出租后采用成本模式进行后续计量。应作会计处理如下：

借：投资性房地产　　360 000 000
　　贷：开发产品　　360 000 000

（3）将自用的建筑物或土地使用权转换为以成本模式计量的投资性房地产时，企业应当按该项建筑物或土地使用权在转换日的原价、累计折旧、减值准备等，分别转入“投资性房地产”“投资性房地产累计折旧（摊销）”“投资性房地产减值准备”科目。按其账面余额，借记“投资性房地产”科目，贷记“固定资产”或“无形资产”科目；按已计提的折旧或摊销，借记“累计折旧”或“累计摊销”科目，贷记“投资性房地产累计折旧（摊销）”科目；原已计提减值准备的，借记“固定资产减值准备”或“无形资产减值准备”科目，贷记“投资性房地产减值准备”科目。

例 4-8　2016 年 11 月 30 日，D 企业将一块自用的土地使用权作为投资性房地产对外出租。经营租赁协议规定，起租日为 2016 年 12 月 1 日，租期为 3 年。2016 年 12 月 1 日，该土地使用权的账面余额为 6 000 万元，已计提摊销 2 000 万元。假设该企业所在地区没有活跃的房地产交易市场。应作会计处理如下：

借：投资性房地产　　60 000 000
　　累计摊销　　20 000 000
　　贷：无形资产　　60 000 000
　　　　投资性房地产累计摊销　　20 000 000

2. 公允价值模式计量下的转换

（1）采用公允价值模式计量的投资性房地产转换为自用房地产时，应当以其转换当日的公允价值作为自用房地产的账面价值，公允价值与原账面价值之间的差额计入当期损益。在转换日，按该项投资性房地产的公允价值，借记“固定资产”“无形资产”等科目，按该项投资性房地产的成本，贷记“投资性房地产——成本”科目，按该项投资性房地产的累计公允价值变动，贷记或借记“投资性房地产——公允价值变动”科目，按其差额，贷记或借记“公允价值变动损益”科目。

例 4-9 2016 年 12 月 31 日，由于租赁期满，E 企业收回原出租的办公楼正式投入自用。当日该办公楼的公允价值为 9 800 万元，账面成本为 9 150 万元，公允价值变动为增值 450 万元。

企业的会计处理如下：

借：固定资产　　98 000 000
　　贷：投资性房地产——成本　　91 500 000
　　　　　　　　　——公允价值变动　　4 500 000
　　　　公允价值变动损益　　2 000 000

如转换日其公允价值为 9 500 万元，则其会计处理如下：

借：固定资产　　95 000 000
　　公允价值变动损益　　1 000 000
　　贷：投资性房地产——成本　　91 500 000
　　　　　　　　　——公允价值变动　　4 500 000

（2）作为存货的房地产转换为采用公允价值模式计量的投资性房地产时，应当按该项房地产在转换日的公允价值，借记“投资性房地产——成本”科目；原已计提跌价准备的，借记“存货跌价准备”科目，按其账面余额，贷记“开发产品”等科目。同时，转换日的公允价值小于账面价值的，按其差额，借记“公允价值变动损益”科目；转换日的公允价值大于账面价值的，按其差额，贷记“其他综合收益”科目。待该项投资性房地产处置时，因转换计入资本公积的部分应转入当期的其他业务收入，借记“其他综合收益”科目，贷记“其他业务收入”科目。

例 4-10 承上述例 4-7 资料，假定转换后采用公允价值模式进行计量。2016 年 12 月 31 日，该幢办公楼的公允价值为 36 600 万元。

该房地产开发企业 2016 年 12 月 31 日的会计处理如下：

借：投资性房地产——成本　　366 000 000
　　贷：开发产品　　360 000 000
　　　　其他综合收益　　6 000 000

（3）自用土地使用权或建筑物转换为采用公允价值模式计量的投资性房地产时，应当按该项土地使用权或建筑物在转换日的公允价值，借记“投资性房地产——成本”科目，按其账面余额，贷记“固定资产”或“无形资产”科目；按已计提的累计折旧或累计摊销，借记“累计折旧”或“累计摊销”科目，原已计提减值准备的，借记“固定资产减值准备”“无形资产减值准备”科目。同时，转换日的公允价值小于账面价值的，按其差额，借记“公允价值变动损益”科目；转换日的公允价值大于账面价值的，按其差额，贷记“其他综合收益”科目。待该项投资性房地产处置时，因转换计入资本公积的部分应转入当期的其他业务收入，借记“其他综合收益”科目，贷记“其他业务收入”科目。

例 4-11 F 企业将一幢自用的办公楼对外出租，并采用公允价值模式对其进行后续计量。该办公楼的账面原值为 9 800 万元，已计提折旧 1 200 万元，转换当日的公允价值为 8 500 万元。应作会计处理如下：

借：投资性房地产——成本	85 000 000
累计折旧	12 000 000
公允价值变动损益	1 000 000
贷：固定资产	98 000 000

如果转换当日该办公楼的公允价值为 9 000 万元，则应作会计处理如下：

借：投资性房地产——成本	90 000 000
累计折旧	12 000 000
贷：固定资产	98 000 000
其他综合收益	4 000 000

（二）投资性房地产的处置

1. 成本模式计量的投资性房地产处置

采用成本模式计量的投资性房地产处置时，应当按实际收到的金额，借记“银行存款”等科目，贷记“其他业务收入”科目；按已计提的累计折旧或累计摊销，借记“投资性房地产累计折旧（摊销）”科目；按账面余额，贷记“投资性房地产”科目；按其差额，借记“其他业务成本”科目。已计提减值准备的，还应同时结转减值准备。

例 4-12　G 企业将一幢出租用房出售，取得收入 3 200 万元，款已存入银行。企业对该厂房采用成本模式计量，其账面原值为 5 600 万元，已计提折旧 3 000 万元，假定不考虑相关税费。应作会计处理如下：

借：银行存款	32 000 000
贷：其他业务收入	32 000 000
借：其他业务成本	26 000 000
投资性房地产累计折旧	30 000 000
贷：投资性房地产	56 000 000

2. 公允价值模式计量的投资性房地产处置

采用公允价值模式计量的投资性房地产处置时，应按实际收到的金额，借记“银行存款”等科目，贷记“其他业务收入”科目。按该项投资性房地产的账面价值，借记“其他业务成本”科目，贷记“投资性房地产——成本”科目，贷记或借记“投资性房地产——公允价值变动”科目；同时，按该项投资性房地产的公允价值变动，借记或贷记“公允价值变动损益”科目，贷记或借记“其他业务收入”科目。按该项投资性房地产在转换日计入资本公积的金额，借记“其他综合收益”科目，贷记“其他业务收入”科目。

例 4-13　H 企业将一幢出租房出售，取得收入 7 200 万元，款已存入银行。企业对该投资性房地产采用公允价值模式计量。处置当日，出租房的成本和公允价值变动明细科目分别为 6 400 万元和 200 万元（借方），原自用转为出租时产生的资本公积为 100 万元，假定不考虑相关的税费。应作会计处理如下：

借：银行存款　　72 000 000
　　贷：其他业务收入　　72 000 000
借：其他业务成本　　66 000 000
　　贷：投资性房地产——成本　　64 000 000
　　　　　　　　　——公允价值变动　　2 000 000
借：公允价值变动损益　　2 000 000
　　贷：其他业务收入　　2 000 000
借：其他综合收益　　1 000 000
　　贷：其他业务收入　　1 000 000

例 4-14　甲公司为房地产开发企业，对投资性房地产采用公允价值模式进行后续计量。2016 年 1 月 1 日，甲公司以 30 000 万元总价款购买了一栋已达到预定可使用状态的公寓。该公寓总面积为 1 万平方米，每平方米单价为 3 万元，预计使用寿命为 50 年，预计净残值为零。甲公司计划将该公寓用于对外出租。2016 年，甲公司出租上述公寓实现租金收入 750 万元，发生费用支出（不含折旧）150 万元。由于市场发生变化，甲公司出售了部分公寓，出售面积占总面积的 20%，取得收入 6 300 万元，所出售公寓于 2016 年 12 月 31 日办理了房产过户手续。2016 年 12 月 31 日，该公寓的公允价值为每平方米 3.15 万元。甲公司所有收入与支出均以银行存款结算。

根据税法规定，在计算当期应纳所得税时，持有的投资性房地产可以按照其购买成本、根据预计使用寿命 50 年按照年限平均法自购买日起至处置时止计算的折旧额在税前扣除，持有期间公允价值的变动不计入应纳税所得额；在实际处置时，处置取得的价款扣除其历史成本减去按照税法规定计提折旧后的差额计入处置或结算期间的应纳税所得额，甲公司适用的所得税税率为 25%。甲公司当期不存在其他收入或成本费用，当期所发生的 150 万元费用支出可以全部在税前扣除，不存在未弥补亏损或其他暂时性差异。不考虑除所得税外其他相关税费。

甲公司的会计处理如下：

（1）2016 年 1 月 1 日，甲公司以 30 000 万元购买公寓：

借：投资性房地产——成本　　300 000 000
　　贷：银行存款　　300 000 000

2016 年 12 月 31 日，公寓的公允价值上升至 31 500 万元（3.15 万 / 平方米 ×1 万平方米），增值 1 500 万元。

借：投资性房地产——公允价值变动　　15 000 000
　　贷：公允价值变动损益　　15 000 000

甲公司确认租金收入和成本：

借：银行存款　　7 500 000
　　贷：其他业务收入（或主营业务收入）　　7 500 000
借：其他业务成本（或主营业务成本）　　1 500 000
　　贷：银行存款　　1 500 000

甲公司12月31日出售投资性房地产的会计分录如下：

借：银行存款　　63 000 000

　　贷：其他业务收入（或主营业务收入）　　63 000 000

借：其他业务成本（或主营业务成本）（300 000 000×20%）　　60 000 000

　　公允价值变动损益（15 000 000×20%）　　3 000 000

　　贷：投资性房地产——成本（300 000 000×20%）　　60 000 000

　　　　——公允价值变动（15 000 000×20%）　　3 000 000

（2）2016年12月31日，公寓剩余部分的账面价值为25 200万元（31 500×80%）。

公寓剩余部分的计税基础＝（30 000 － 30 000 ÷ 50）×80% ＝ 29 400×80%

＝ 23 520（万元）

应纳税暂时性差异＝ 25 200 － 23 520 ＝ 1 680（万元）

甲公司的当期所得税＝（应税收入－可予以税前扣除的成本费用）× 所得税税率＝（出售收入－出售成本＋租金收入－费用－折旧）×25%

＝（6 300－29 400×20%＋750－150－30 000÷50）×25%

＝（6 300 － 5 880 ＋ 600 － 600）×25%

＝ 420×25% ＝ 105（万元）

递延所得税负债＝ 1 680×25% ＝ 420（万元）

所得税相关会计分录如下：

借：所得税费用　　5 250 000

　　贷：应交税费——应交所得税　　1 050 000

　　　　递延所得税负债　　4 200 000

第二节　新准则对企业的影响

投资性房地产是一个崭新的概念，其在实务界中的应用，将产生重大影响。

一、对财务方面的影响

企业应当关注新旧准则的差异，调整财务核算方式和方法：

首先，公允价值的采用是新准则的亮点，目前已经发表的论著中似乎有一种炒作的倾向，认为只要在北京、上海或广州有一块地皮，就可以产生源源不断的利润。这是十分危险的倾向。

（1）公允价值的采用有着十分严格的要求，在大多数情况下，取得符合新准则指南中要求的条件（文件）是比较困难的。因为需要说明什么是活跃市场、相似环境、用途、新旧等资产的交易价格。而因涉及商业机密或者大宗大额交易（商业用房地产项目）不常见，交易价格的取得是有难度的。

（2）除非是在不正常的状态下，否则即便是房地产项目，其价值的增长也是缓慢的，不会若干年持续地暴涨，期望以一块地皮或一座楼年年带来丰厚利润是不现实的。

（3）如果公允价值应用时证据不全面，就难以说服会计师事务所，获取无保留意见的可能性就比较小。即便获取了无保留意见的审计报告，将来依然有可能涉嫌欺诈。因为一旦卷入司法调查，依然无法提供相关证据支持公允价值的存在。

（4）如果能够取得确凿证据，建议进行公允价值的处理，以便让财务报表使用者获取更加有用的信息。

其次，采用公允价值模式，不再计提折旧和摊销，必然相应增加利润。但是投资性房地产一旦转换持有目的，转回固定资产或无形资产，其带入的公允价值如果是正值的话，以后的折旧和摊销金额将相应增大，成为减少利润的因素。

再次，目前税务部门不承认公允价值的税前列支或税前收入，因此对于以公允价值模式计量的投资性房地产公允价值变动进入利润表的部分应进行纳税调整。

另外，因为采用公允价值模式计量的投资性房地产不提取折旧或进行摊销处理，因此提取当期末计提的折旧或摊销应调减应纳税所得额，确保公司的税务收益不受损失。

最后，因为按照公允价值模式处理的投资性房地产其账面价值与计税基础不一致，需要按照《企业会计准则第18号——所得税》的要求进行递延税款的处理。

二、对内部控制方面的影响

针对投资性房地产，应建立相关的市场调查、分析、决策、构建、经营、估值和处置等内部控制制度。

1.把握投资前期的调研工作

投资性房地产，作为资产的性质与其他资产相同，其为企业带来利益的方式是获取租金和静待升值。因此，投资性房地产的风险与整个房地产市场的风险系统相关。企业在制定决策之前，必须进行细致的市场调查，充分分析目前房地产市场的现状、在可预见的期间房地产市场的供求状况、租金价格及房产销售价格的走向、目标客户群的定位等，只有在调查研究的基础上才能作出科学的决策。

2. 把握构建过程，降低建造成本

房地产的构建不外乎自营和出包，进行投资之前，应充分考虑自身能力决定构建方式，聘请中介机构编制概算，采取招投标方式确定建筑公司或包工队，聘请合格监理公司，主要原材料由甲方供货，完工时聘请中介机构进行基建决算审计等。在任何一个环节都应该本着降低成本的目的进行活动，以降低经营期间的风险。

3. 建立科学的估值系统

首先，应判断是否能够取得确凿证据支持采用公允价值模式计量，在采用公允价值计量时，要科学地估计投资性房地产的价值；其次，采用公允价值模式进行后续计量的，新准则要求每年年末对投资性房地产进行估值，因此应随时按照新准则的要求监控周边类似房地产价值的变动，并随时取得确凿证据，以支持资产负债表日对投资性房地产的估值；最后，建立完善的处置程序：大宗资产的处置需要董事会乃至股东（大）会的批准，在此之前应做好充分的论证以及证据的搜集工作，以备董事会和股东（大）会询问。

第五章　固 定 资 产

第一节　案例分析及操作实务

一、会计科目的设置

新准则涉及的主要会计科目如下：

科目序号	科目编号	科目名称
50	1601	固定资产
51	1602	累计折旧
52	1603	固定资产减值准备（在建工程减值准备）
53	1604	在建工程
55	1606	固定资产清理
69	1901	待处理财产损溢——固定资产
100	2701	长期应付款——分期付款购入资产
101	2702	未确认融资费用——分期付款购入资产
150	6602	管理费用——固定资产折旧费
151	6603	财务费用——未确认融资费用摊销
138	6402	其他业务成本——出租固定资产折旧
136	6301	营业外收入——处置非流动资产利得
154	6711	营业外支出——处置非流动资产损失

二、固定资产的核算范围

1. 固定资产确认的一般标准

一项资产确认为固定资产需要满足两项标准：一是符合固定资产的定义；二是符合确认条件。固定资产的确认条件为：①该固定资产包含的经济利益很可能流入企业；②该固定资产的成本能够可靠地计量。

会计实务中，判断固定资产包含的经济利益是否很可能流入企业，主要依据与该固定资产所有权相关的风险和报酬是否转移到了企业。凡是所有权已属企业，无论企业是否收到或持有该固定资产均应作为企业的固定资产；反之，如果企业没有取得所有权，即使存放在企业，也不能作为企业的固定资产。有时，企业虽然不能取得固定资产的所有权，但与固定资产所有权相关风险和报酬实质上已转移给企业，此时，企业能够控制该固定资产所包含的经济利益流入企业。比如，融资租入固定资产，企业虽然不拥有固定资产的所有权，但与固定资产所有权相关的风险和报酬实质上已经转移到企业（承租方），此时，企业能够控制该固定资产所包含的经济利益。

同时，符合固定资产特征的确认条件的有形资产，应当确认为固定资产，不符合的应确认为存货。值得关注的是，新准则取消了固定资产单位价值 2 000 元的限制，不再给出固定资产具体的价值判断标准。

2. 固定资产确认的特殊规定

固定资产的各组成部分具有不同使用寿命或者以不同方式为企业提供经济利益，适用不同折旧率或折旧方法的，应当分别将各组成部分确认为单项固定资产。

在实务中，除了生产经营用的房屋、设备、办公设施等常见固定资产外，下列各项若满足固定资产确认条件的，也应作为固定资产核算：①企业以经营租赁方式租入的固定资产发生的改良支出，如满足固定资产确认条件的装修费用等，详见后续计量；②企业购置计算机硬件所附带的、未单独计价的软件，与所购置的计算机硬件一并作为固定资产；③企业为开发新产品、新技术购置的符合固定资产定义和确认条件的设备。

未作为固定资产管理的工具、器具等，可单独在“低值易耗品”科目中核算。

三、固定资产的初始计量

固定资产初始计量的基本原则是应按照固定资产的成本进行初始计量。

1. 外购固定资产的初始计量

（1）外购固定资产的成本包含的内容：①购买价款；②进口关税和其他税费；③使固定资产达到预定可使用状态前所发生的可归属于该项资产的场地管理费、运输费、装卸费、安装费和专业人员服务费等。

例 5-1　某公司购入一批生产用车辆，作会计分录如下：

借：固定资产——生产运输车辆

　　贷：银行存款

（2）以一笔款项购入多项没有单独标价的固定资产时的入账价值。此时应当按照各项固定资产公允价值比例对总成本进行分配，分别确定各项固定资产的成本。

例 5-2　2016 年 6 月，某公司一揽子从某汽车销售公司购入 A、B 两个型号的汽车各一辆，给管理部门使用，取得的发票中注明两辆车的总价款为 60 万元，并未标明各自的价格，为购入车辆发生的购置税等税费共计 10 万元，款项已转账支付。目前与这两辆车相同车型的市场价格分别为 A 车 45 万元、

B 车 20 万元，则账务处理如下：

A 车的公允价值比例＝ 45÷（45 ＋ 20）×100% ＝ 69.23%
B 车的公允价值比例＝ 20÷（45 ＋ 20）×100% ＝ 30.77 %
A 车的入账价值＝（60 ＋ 10）×69.23 % ＝ 48.46（万元）
B 车的入账价值＝（60 ＋ 10）×30.77 % ＝ 21.54（万元）

作会计分录如下：
借：固定资产——管理用（载人交通车辆 A 型号）　　484 600
　　　　　　——管理用（载人交通车辆 B 型号）　　215 400
　贷：银行存款　　700 000

（3）购买固定资产的价款超过正常信用条件延期支付的处理。这种情况下实质上具有融资性质的，固定资产的成本应以购买价款的现值为基础确定。

实际支付的价款与购买价款的现值之间的差额，先记入“未确认融资费用”科目，然后在信用期间内以实际利率法分摊计入财务费用。

例 5-3 假定 A 公司 2014 年 1 月 1 日从 C 公司购入一座仓库，无须建造，产权已过户。购货合同约定，此仓库的总价款为 1 000 万元，分 3 年支付，2014 年 12 月 31 日支付 500 万元，2015 年 12 月 31 日支付 300 万元，2016 年 12 月 31 日支付 200 万元。假定 A 公司 3 年期银行借款年利率为 6％。

第一步，计算总价款的现值。

总价款的现值＝ 500÷（1＋ 6％）＋ 300÷（1 ＋ 6％）2 ＋ 200÷（1 ＋ 6％）^{3}
＝ 471.70 ＋ 267.00 ＋ 167.92 ＝ 906.62（万元）

第二步，确定总价款与现值的差额＝ 1 000-906.62 ＝ 93.38（万元）

第三步，确定每年的利息费用金额如表 5-1 所示。

表 5-1　各年利息费用计算表

单位：万元

年　份	总价款	每年应确认的利息费用	每年支付的价款金额	总价款现值的期初余额	未确认融资费用	利　率
	1	2 ＝上期 4 ×6	3	4 ＝上期 4 ＋本期 2 －本期 3	5	6
初始	1 000			906.62	93.38	6%
2012		54.40	500.00	461.02		
2013		27.66	300.00	188.68		
2014		11.32	200.00	—		

第四步，编制会计分录。

（1）2014 年年初，固定资产入账时：

借：固定资产——操作用（仓储房）	9 066 200	
未确认融资费用——分期付款购入资产	933 800	
贷：长期应付款——分期付款购入资产		10 000 000

（2）2014 年年底：

借：长期应付款——分期付款购入资产	5 000 000	
贷：银行存款		5 000 000
借：财务费用——未确认融资费用摊销	544 000	
贷：未确认融资费用——分期付款购入资产		544 000

（3）2015 年年底：

借：长期应付款——分期付款购入资产	3 000 000	
贷：银行存款		3 000 000
借：财务费用——未确认融资费用摊销	276 600	
贷：未确认融资费用——分期付款购入资产		276 600

（4）2016 年年底：

借：长期应付款——分期付款购入资产	2 000 000	
贷：银行存款		2 000 000
借：财务费用——未确认融资费用摊销	113 200	
贷：未确认融资费用——分期付款购入资产		113 200

2. 自行建造固定资产的初始计量

建造固定资产的成本，由建造该项资产达到预定可使用状态前所发生的必要支出构成。

例 5-4 自行建造一栋办公楼，验收合格后作为固定资产，会计分录如下：

借：固定资产——管理用（办公楼房）

　　贷：在建工程——基建（办公楼房）

3. 投资者投入的固定资产的初始计量

投资者投入固定资产的成本，应当按照投资合同或协议约定的价值确定，但合同或协议约定价值不公允的除外。

例 5-5 某公司接受外资股东作为资本投入的一座生产用房屋，投资合同确定的价格为 1 000 万元，取得等额的股份，经评估该房屋的价格为 1 100 万元，会计处理如下：

借：固定资产——操作用（生产楼房）	10 000 000	
贷：股本——普通股（外资股）		10 000 000

4. 接受捐赠的固定资产的初始计量

（1）接受新固定资产捐赠。①捐赠方提供了有关凭据的，按凭据上标明的金额加上应当支付的相关税费，作为入账价值；②捐赠方没有提供有关凭据的，应按其公允价值入账。

（2）接受旧固定资产捐赠。如接受捐赠的系旧的固定资产，则按上述方法确定的新固定资产价值，减去按该项资产的新旧程度估计的价值损耗后的余额，作为入账价值。

例 5-6 某公司接受固定资产捐赠时，作会计分录如下：

借：固定资产

贷：营业外收入——捐赠利得

5. 盘盈的固定资产初始计量

盘盈固定资产应作为会计差错更正来处理，具体见《会计政策、会计估计变更和差错更正》一章。

6. 应资本化借款费用的计量

应计入固定资产成本的借款费用，参见“借款费用”一章的规定。

7. 其他方式取得的固定资产的核算

企业合并、非货币性资产交换、债务重组、融资租赁取得的固定资产的成本，分别参见《企业合并》《非货币性资产交换》《债务重组》《租赁》各章的规定。

四、固定资产的后续计量

固定资产的后续计量包括：固定资产折旧计提、固定资产后续支出和会计期末固定资产调整。

1. 需要计提折旧的固定资产范围

企业应对除下列各项外的所有固定资产计提折旧：

（1）已提足折旧仍继续使用的固定资产。

（2）单独计价入账的土地（股份公司所有的土地使用权在无形资产及投资性房地产中核算，没有作为固定资产核算的土地）。

另外，对于以下两类固定资产，也不应再继续计提折旧：①未提足折旧而提前报废的固定资产；②已全额计提固定资产减值准备的固定资产。

2. 固定资产应计折旧额的计算方法

（1）应计折旧额的计算，其计算公式如下：

应计折旧额＝固定资产原价 - 预计净残值 - 固定资产减值准备累计金额

企业应当根据固定资产的性质和使用情况，合理确定固定资产的使用寿命和预计净残值。固定资产的使用寿命、预计净残值一经确定，不得随意变更。

企业确定固定资产的使用寿命应当考虑下列因素：①预计生产能力或实物产量；②预计有形损耗和无形损耗；③法律或者类似规定对资产使用的限制。

（2）影响折旧额因素变动时的处理。值得注意的是，当应计折旧额的各项因素有一项发生变化时，应当重新调整应计折旧额及以后各期的折旧金额，原先已计提的折旧不再调整。具体处理及例题见本章的“会计期末固定资产的调整”中的内容。

3. 固定资产折旧计提的有关规定

（1）企业一般应按月计提折旧，当月增加的固定资产，当月不计提折旧，从下月起计提折旧；当月减少的固定资产，当月仍计提折旧，从下月起不计提折旧。

（2）固定资产提足折旧后，不论能否继续使用，均不再计提折旧；提前报废的固定资产，也不再补提折旧。所谓提足折旧，是指已经提足该项固定资产的应计折旧额。

（3）已达到预定可使用状态、但尚未办理竣工决算的固定资产，应当按照估计价值确认为固定资产，并计提折旧；待办理了竣工决算手续后，再按实际成本调整原来的暂估价值，但不需要调整原已计提的折旧额。

4. 固定资产的折旧方法及计算公式

企业应当根据固定资产所包含的经济利益预期实现方式，合理选择固定资产折旧方法。可选用的折旧方法包括年限平均法、工作量法、双倍余额递减法和年数总和法等。固定资产的折旧方法一经确定，不得随意变更。固定资产应当按月计提折旧，并根据用途计入相关资产的成本或者当期损益。

（1）年限平均法。

$$\text{年折旧率}=(1-\text{预计净残值})\div\text{预计使用年限}\times 100\%$$
$$\text{月折旧率}=\text{年折旧率}\div 12$$
$$\text{月折旧额}=\text{固定资产原值}\times\text{月折旧率}$$

（2）工作量法。

$$\text{每一工作量折旧额}=\left[\frac{\text{固定资产原值}\times(1-\text{残值率})}{\text{预计总工作量}}\right]\times 100\%$$

$$\text{某项固定资产月折旧额}=\text{该项固定资产当月工作量}\times\text{每一工作量折旧额}$$

（3）双倍余额递减法。

$$\text{年折旧率}=2\div\text{预计折旧年限}\times 100\%$$
$$\text{月折旧率}=\text{年折旧率}\div 12$$
$$\text{月折旧额}=\text{固定资产账面净值}\times\text{月折旧率}$$

由于双倍余额递减法不考虑固定资产的净残值，因此，在应用这种方法时必须注意不能使固定资产的账面折余价值降低到预计净残值之下，即实行双倍余额递减法计提折旧的固定资产，应当在其固定资产折旧年限到期以前2年内，固定资产净值扣除预计净残值后的余额平均摊销。

（4）年数总和法。

$$\text{年折旧率}=\text{尚可使用年限}\div\text{预计使用年数总和}$$
$$\text{月折旧率}=\text{年折旧率}\div 12$$
$$\text{月折旧额}=(\text{固定资产原值}-\text{预计净残值})\times\text{月折旧率}$$

五、固定资产后续支出的处理

固定资产的后续支出是指固定资产在使用过程中发生的更新改造支出、修理费用等。

（1）固定资产后续支出的处理原则。企业与固定资产有关的后续支出，同时符合固定资产两个确认条件的，应当计入固定资产成本；不符合确认条件的，应当在发生时计入当期损益。

（2）不得计入固定资产成本的后续支出。固定资产的日常修理费用，不符合固定资产的确认条件，应当在发生时计入当期管理费用，不得采用预提或待摊方式处理。

（3）可计入固定资产成本的后续支出。固定资产更新改造支出、房屋装修费用若符合固定资产确认条件，应当计入固定资产成本，同时将被替换部分的账面价值扣除；不符合固定资产确认条件的，应当在发生时计入当期管理费用。

在实务操作中，将更新改造支出计入固定资产成本应修改系统中的固定资产卡片信息。

（4）经营租入固定资产改良支出的处理。企业以经营租赁方式租入的固定资产发生的改良支出应资本化，作为长期待摊费用合理进行摊销。可计入固定资产成本的后续支出，在未完工前在“在建工程”科目核算，待完工后转入“固定资产”科目。

例 5-7 某公司对其所属的码头仓库进行更新改造，该仓库资产原值为1 000万元，累计折旧为600万元，共花费改造资金400万元，作会计分录如下：

（1）将仓库转入在建工程：

借：在建工程——基建（仓储房）	4 000 000	
累计折旧——操作用（仓储房）	6 000 000	
贷：固定资产——操作用（仓储房）		10 000 000

（2）支付更新改造款：

借：在建工程——基建（仓储房）	4 000 000	
贷：银行存款		4 000 000

（3）工程完工后转入固定资产：

借：固定资产——操作用（仓储房）	8 000 000	
贷：在建工程——基建（仓储房）		8 000 000

六、会计期末固定资产的调整

（1）对固定资产折旧的调整。企业应当至少于每年年度终了，对固定资产的使用寿命、预计净残值和折旧方法进行复核：①使用寿命预计数与原先估计数有差异的，应当调整固定资产折旧年限；②预计净残值预计数与原先估计数有差异的，应当调整预计净残值；③固定资产包含的经济利益预期实现方式有重大改变的，应当改变固定资产的折旧方法。

上述内容的改变应当作为会计估计变更处理，采用未来适用法，不需进行追溯调整。

（2）固定资产减值准备的计提。固定资产减值的处理，参见《资产减值》一章。企业计提的固定资产减值准备在以后期间不得转回。

（3）固定资产减值准备对折旧的影响。由于“应计折旧额＝固定资产原价－预计净残值－固定资产减值准备累计金额”，因此，当对固定资产计提减值准备后，需重新计算固定资产的应计折旧额，按原先的折旧方法在剩余折旧年限中进行摊销。

例 5-8 2011 年 12 月 15 日，某公司外购一台动力设备，实际支付的价款为 400 万元，无其他费用。该设备的使用年限为 20 年，预计净残值为 20 万元，采用直线法计提折旧。2013 年年底，该资产出现减值迹象，经计算其可收回金额为 326 万元。2016 年年底，该资产再次发生减值，其可收回金额估计为 230 万元。

（1）资产入账时：

借：固定资产——操作用（动力设备）　　4 000 000
　　贷：银行存款　　4 000 000

（2）2012 年开始计提折旧，每年折旧额为 19 万元［（400 － 20）÷ 20］，2012 年和 2013 年计提折旧的会计分录如下：

借：制造费用——固定资产折旧费用　　190 000
　　贷：累计折旧——操作用（动力设备）　　190 000

（3）2013 年年底，发生减值金额为 36 万元（400 － 19×2 － 326）：

借：资产减值损失——固定资产减值准备　　360 000
　　贷：固定资产减值准备——操作用（动力设备）　　360 000

（4）重新计算每年折旧额为 17 万元［（326 － 20）÷ 18］，2014—2016 年计提折旧的会计分录如下：

借：制造费用——固定资产折旧费用　　170 000
　　贷：累计折旧——操作用（动力设备）　　170 000

（5）2016 年年底发生减值金额为 45 万元（326 － 17×3 － 230）：

借：固定资产减值损失——固定资产减值准备　　450 000
　　贷：固定资产减值准备——操作用（动力设备）　　450 000

（6）重新计算每年折旧额为 14 万元［（230-20）÷ 15］，2017 年开始计提折旧的会计分录如下：

借：制造费用——固定资产折旧费用　　140 000
　　贷：累计折旧——操作用（动力设备）　　140 000

七、固定资产处置的核算

1. 固定资产终止确认的条件

固定资产满足下列条件之一的，应当予以终止确认：①该固定资产处于处置状态；②该固定资产预期通过使用或处置不能产生未来经济利益。

2. 持有待售固定资产的核算

（1）确认持有待售固定资产的条件（由公司规定）：①确认时点为中期、年末的资产负债表日；②已经签订实质性的出售合同；③在资产负债表日前预计无法处置出售完成。

（2）持有待售固定资产的处理方式：①调整预计净残值。企业对于持有待售的固定资产，应当调整该项固定资产的预计净残值，使该项固定资产的预计净残值等于其目前公允价值减去处置费用后的金额，但不得超过此时该项固定资产的账面价值。②确认减值损失。账面价值高于预计净残值的差额，应作为资产减值损失计入当期损益。③停止折旧与减值。持有待售的固定资产从划归为持有待售之日起停止计提折旧和减值测试。

例 5-9 某公司有一辆生产专用车准备进行出售，2015 年 12 月 15 日已与买方签订转让合同，合同规定在合同签订后 3 个月内办理完成车辆交接。企业估计 2016 年 1 月底会完成转让。此车原值 200 万元，已提折旧 30 万元。2015 年 12 月 31 日，估计目前此车辆的公允价值为 150 万元，预计转让及处置费用为 5 万元。2015 年 12 月 31 日会计处理如下：

（1）调整车辆的预计净残值＝ 150 － 5 ＝ 145（万元）。

（2）计提资产减值损失＝ 200 － 30 － 145 ＝ 25（万元）。

借：资产减值损失——固定资产减值准备　　250 000
　　贷：固定资产减值准备——操作用（专用车辆）　　250 000

（3）将固定资产转为持有待售：

借：固定资产——持有待售固定资产　　1 450 000
　　累计折旧——操作用（专用车辆）　　300 000
　　固定资产减值准备——操作用（专用车辆）　　250 000
　　贷：固定资产——操作用（专用车辆）　　2 000 000

例 5-10 某公司有座管理用办公楼准备出售，2016 年 6 月 10 日已与买方签订转让合同，合同规定在合同签订后 3 个月内办理完成产权过户手续，过户手续完成时买方全额支付价款。此办公楼原值为 1 000 万元，已提折旧 300 万元。2016 年 6 月 30 日，估计目前此办公楼的价值为 1 500 万元，预计转让及处置费用为 50 万元。

期末，该办公楼的公允价值减处置费用后的金额为 1 450 万元（1 500 － 50），高于原账面价值 700 万元（1 000 － 300），因此，此资产应按账面价值转入待售，会计分录如下：

借：固定资产——持有待售固定资产　　7 000 000
　　累计折旧——管理用（办公楼房）　　3 000 000
　　贷：固定资产——管理用（办公楼房）　　10 000 000

3. 固定资产出售、转让及报废、毁损

企业出售、转让、报废固定资产或发生固定资产毁损，应当将处置收入扣除账面价值和相关税费后的金额计入当期损益（营业外收入、营业外支出）。

4. 固定资产盘亏的处理

企业固定资产盘亏造成的损失，应当计入当期损益（营业外支出——资产盘亏损失）。在实务中，一般通过“待处理财产损溢——固定资产”科目进行核算。

5. 处理步骤

在实务中，固定资产出售、报废、毁损的会计处理一般可分为以下几个步骤：

（1）将固定资产账面价值转入“固定资产清理”科目借方。

（2）发生的清理费用、税金等记入“固定资产清理”科目借方。

（3）出售收入、残料变价收入记入“固定资产清理”科目贷方。

（4）保险赔偿或责任人赔偿记入“固定资产清理”科目贷方。

（5）清理净损益转入相应的损益科目。具体来说：若为清理净损失，属于筹建期间的，记入“管理费用——筹建期间资产清理净损失”科目；属于生产经营期间由于自然灾害等非正常原因造成的损失，记入“营业外支出——非常损失”科目；属于生产经营期间正常的处理损失，记入“营业外支出——处置非流动资产损失”科目。若为清理净收益，属于筹建期间的，记入“管理费用——筹建期间资产清理净收益”科目贷方；属于生产经营期间的，记入“营业外收入——处置非流动资产利得”科目。

例 5-11 某公司有一批旧的生产运输车辆，原值 100 万元，已提折旧 95 万元，因使用期满经批准报废。在清理过程中，支付清理费用 2 万元，残料变卖收入 1 万元。此项固定资产的清理会计分录如下：

（1）固定资产转入清理：

借：固定资产清理　　50 000

　　累计折旧——操作用（生产运输车辆）　　950 000

　　贷：固定资产——操作用（生产运输车辆）　　1 000 000

（2）支付清理费用：

借：固定资产清理　　20 000

　　贷：银行存款　　20 000

（3）收到材料变价收入：

借：银行存款　　10 000

　　贷：固定资产清理　　10 000

（4）结转固定资产清理净损益：

借：营业外支出——处置非流动资产损失　　60 000

　　贷：固定资产清理　　60 000

八、弃置费用的会计处理

特殊行业的特定固定资产的会计处理，还应当考虑弃置费用。弃置费用通常是指根据国家法律和行政法规、国际公约等规定，企业承担的环境保护和生态恢复等义务所确定的支出，如油气资产、核电站核设施等的弃置和恢复环境义务。

在初始计量时，企业应当将弃置费用的现值计入相关固定资产的成本，同时确认相应的预计负债。在固定资产的使用寿命内，按照预计负债的摊余成本和实际利率计算确定的利息费用，应当在发生时计入财务费用。由于技术进步、法律要求或市场环境变化等原因，特定固定资产在履行弃置义务时可能发生支出金额、预计弃置时点、折现率等变动而引起的预计负债变动，应按照以下原则调整该固定资产的成本：①对于预计负债的减少，以该固定资产账面价值为限扣减固定资产成本。如果预计负债的减少额超过该固定资产账面价值，超出部分确认为当期损益。②对于预计负债的增加，增加该固定资产的成本。按照上述原则调整的固定资产，在资产剩余使用年限内计提折旧。一旦该固定资产的使用寿命结束，预计负债的所有后续变动应在发生时确认为损益。

例 5-12 经国家相关部门审批，A 公司计划建造一座核电站，其主体设备核反应堆将会对当地的生态环境产生一定的影响。根据法律规定，企业应在该项设备使用期满后将其拆除，并对造成的污染进行整治。2016 年 1 月 1 日，该项设备建造完成并交付使用，建造成本共 80 000 000 元。预计使用寿命 10 年，预计弃置费用为 1 000 000 元。假定折现率（即为实际利率）为 10%。

（1）计算已完工的固定资产的成本

核反应堆属于特殊行业的特定固定资产，确定其成本时应考虑弃置费用。

2016 年 1 月 1 日，弃置费用的现值 = 1 000 000 ×（P/F，10%，10）= 1 000 000 × 0.385 5 = 385 500（元）

固定资产入账价值 = 80 000 000 + 385 500 = 80 385 500（元）

借：固定资产　　80 385 500
　　贷：在建工程　　80 000 000
　　　　预计负债　　385 500

（2）计算第 1 年应负担的利息：

借：财务费用　　38 550
　　贷：预计负债　　38 550

（3）计算第 2 年应负担的利息（按实际利率法计算）=（385 500 + 38 550）× 10% = 42 405（元）。

借：财务费用　　42 405
　　贷：预计负债　　42 405

以后会计年度的会计处理从略。

九、固定资产的披露

应当在附注中披露与固定资产有关的信息如下：

（1）固定资产的确认条件、分类、计量基础和折旧方法。

（2）各类固定资产的使用寿命、预计净残值和折旧率。

（3）各类固定资产的期初和期末原价、累计折旧额及固定资产减值准备累计金额。

（4）当期确认的折旧费用。

（5）对固定资产所有权的限制及其金额和用于债务担保的固定资产账面价值。

（6）准备处置的固定资产名称、账面价值、公允价值、预计处置费用和预计处置时间。

十、新准则运用举例

例 5-13 2016 年 6 月 5 日，某公司一揽子购入甲、乙两部机床，取得的增值税专用发票注明的机床价款总额为 1 000 000 元，增值税进项税额为 170 000 元，支付的运杂费为 30 000 元，款项已经银行转账支付。两部机床不需要安装即可投入使用。经评估后得知，甲机床的公允价值为 750 000 元，乙机床的公允价值为 500 000 元，公司的账务处理如下：

第一步，计算确定甲、乙机床公允价值总额的比例。

甲机床公允价值占甲、乙机床公允价值总额的比例为：

$$750\,000 \div (750\,000 + 500\,000) \times 100\% = 60\%$$

乙机床公允价值占甲、乙机床公允价值总额的比例为：

$$500\,000 \div (750\,000 + 500\,000) \times 100\% = 40\%$$

第二步，计算确定甲、乙机床的入账价值。

甲机床的入账价值为：

$$(1\,000\,000 + 30\,000) \times 60\% = 618\,000（元）$$

乙机床的入账价值为：

$$(1\,000\,000 + 30\,000) \times 40\% = 412\,000（元）$$

第三步，进行账务处理：

借：固定资产——甲机床　　618 000

　　　　　　——乙机床　　412 000

　　应交税费——应交增值税（进项税额）　　170 000

　　贷：银行存款　　1 200 000

例 5-14 某公司进口一条流水线，原价 1 600 000 元，预计使用 8 年，预计报废时净残值为 40 000 元。该设备采用双倍余额递减法计提的各年折旧如表 5-2 所示。

表 5-2 设备计提折旧情况表

金额单位：元

年序	年初固定资产账面净值	年折旧率（%）	年折旧额	累计折旧额	年末固定资产账面净额
1	1 600 000	25 ①	400 000	400 000	1 200 000
2	1 200 000	25	300 000	700 000	900 000

（续表）

年序	年初固定资产账面净值	年折旧率（%）	年折旧额	累计折旧额	年末固定资产账面净额
3	900 000	25	225 000	925 000	675 000
4	675 000	25	168 750	1 093 750	506 250
5	506 250	25	126 562.5	1 220 312.5	379 687.5
6	379 687.5	25	94 921.88	1 315 234.38	284 765.62
7	284 765.62		122 382.82 ②	1 437 617.2	162 382.8
8	162 382.8		122 382.8 ③	1 560 000	40 000

注：① 折旧率＝（2÷8）×100％＝25％
② 第 7 年折旧额＝（284 765.62-40 000）÷2≈122 382.82（元）
③ 第 8 年折旧额＝162 382.8-40 000＝122 382.8（元）

例 5-15 2016 年 6 月 1 日，某股份有限责任公司对现有的一台生产用汽车进行修理。修理过程中支付银行存款 15 000 元，领用本企业原材料一批，价值 32 500 元（实际成本），适用的增值税税率为 17％，应支付维修人员的工资为 15 000 元。

在本例中，对汽车的维修工作属于为保证汽车的正常使用而发生的日常维护，这项后续支出并不会使可能流入企业的经济利益超过原先的估计，因此，应将这项固定资产的后续支出确认为发生当期的费用。该股份有限责任公司的账务处理如下：

借：管理费用 68 025
　贷：银行存款　15 000
　　原材料 32 500
　　应交税费——应交增值税（进项税额转出）　5 525
　　应付职工薪酬　15 000

例 5-16 2012 年 12 月 31 日，某股份有限公司购入一条流水线用于生产产品，其入账价值为 1 500 000 元，预计使用年限为 8 年，净残值为零。2015 年 12 月 31 日，由于市场需求大幅减弱，致使该固定资产发生减值，估计可收回金额为 500 000 元，固定资产价值变化如表 5-3 所示。

表 5-3　固定资产价值变化情况表

单位：元

时间	内容	金额
2013 年 1 月 1 日	原价	1 500 000
2013 年	折旧	187 500
2013 年 12 月 31 日	账面价值	1 312 500

（续表）

时间	内容	金额
2014 年	折旧	187 500
2014 年 12 月 31 日	账面价值	1 125 000
2015 年	折旧	187 500
	减值	437 500
2015 年 12 月 31 日	账面价值	500 000
2016 年	折旧	100 000
2016 年 12 月 31 日	账面价值	400 000

该股份有限公司的账务处理如下：

（1）2012 年 12 月 31 日，购入时：

借：固定资产　　1 500 000

　　贷：银行存款　　1 500 000

（2）2013 年 12 月 31 日和 2014 年 12 月 31 日，计提折旧时：

借：制造费用　　187 500

　　贷：累计折旧　　187 500

（3）2015 年 12 月 31 日，计提固定资产减值准备时：

借：资产减值损失　　437 500

　　贷：固定资产减值准备　　437 500

（4）2016 年 12 月 31 日，计提折旧时：

借：制造费用　　100 000

　　贷：累计折旧　　100 000

例 5-17　某股份有限责任公司有旧厂房一栋，原值 1 200 000 元，已提折旧 1 180 000 元，因使用期满经批准报废。在清理过程中，以银行存款支付清理费用 40 000 元。回收的残料一部分作价 32 000 元，由仓库作维修材料；另一部分变卖收入 14 000 元存入银行，支付的相关税费为 700 元。则该股份有限责任公司的相关账务处理如下：

（1）固定资产转入清理：

借：固定资产清理　　20 000

　　累计折旧　　1 180 000

　　贷：固定资产　　1 200 000

（2）支付清理费用：

借：固定资产清理　　40 000

　　贷：银行存款　　40 000

（3）材料入库并收到变价收入：

借：原材料　32 000
　　银行存款　14 000
　　贷：固定资产清理　46 000

（4）结转相关税费：

借：固定资产清理　700
　　贷：银行存款　700

（5）结转固定资产清理净损益：

借：营业外支出——处置非流动资产损失　14 700
　　贷：固定资产清理　14 700

第二节　首次执行日的会计处理

一、前后账目要衔接

在首次执行日，企业应当根据《企业会计准则第38号——首次执行企业会计准则》第四条及其应用指南，结合本单位的实际情况，对首次执行日前的固定资产项目及相关账目的各项余额进行分析，按照新准则规定重新分类、确认和计量，设置新旧会计科目余额对照表，结束旧账，建立新账，形成期初资产负债表固定资产余额，作为执行企业会计准则体系的起点。

尤其需要注意的是，企业应该对照《企业会计准则第3号——投资性房地产》区分企业持有的该类资产，按照要求加以区分。

二、弃置费用的处理

在首次执行日，对于满足预计负债确认条件且该日之前尚未计入资产成本的弃置费用，应当增加该项资产成本，并确认相应的负债；同时将补提的折旧（折耗）调整留存收益。因为税法不承认税前列支预提的弃置费用，因此应当按照《企业会计准则第18号——所得税》进行递延税款的处理。

在计算弃置费用折现值时，选择该项资产初始确认开始至首次执行日期间适用的折现率，以该项预计负债折现后的金额增加资产成本，据此计算确认应补提的资产折旧（或油气资产的折耗），同时调整期初留存收益。

折现率的选择应当考虑货币的时间价值和相关期间通货膨胀等因素的影响。

三、资本化借款费用的处理

处于建设过程中的需要经过相当长时间才能达到预定可销售状态的固定

资产（如飞机和船舶），首次执行日之前未予资本化的借款费用，不应追溯调整；首次执行日及以后发生的借款费用，应当将符合《企业会计准则第 17 号——借款费用》资本化条件的部分予以资本化。

四、具有融资性质的购销业务的处理

首次执行日之前购买的固定资产在超过正常信用条件的期限内延期付款，实质上具有融资性质的，在首次执行日，企业应当以尚未支付的款项折现后的现值与固定资产账面价值的差额，减少固定资产的账面价值，同时增加未确认融资费用。首次执行日后，企业应当以调整后的固定资产账面价值作为认定成本，未确认融资费用按照实际利率法进行摊销。

第三节 新准则对企业的影响

新准则的变化是明显的，企业应适应新准则的变化。

一、对财务方面的影响

企业应当关注新旧准则的差异，调整财务核算方式和方法：

第一，对企业资产结构产生影响，因为原在固定资产内列报的投资性房地产将重新分类到投资性房地产项目列报，并按照该准则的要求进行处理。如果投资性房地产按照公允价值计量，则折旧费用将减少，同时带来账面价值和净资产的波动。

第二，固定资产标准中取消了价值认定，给企业以比较大的权限。对于那些单位价值不高，但构成企业重要资产的劳动手段，将被按照固定资产管理和列报；相反，有些单位价值较高的资产有可能被确认为低值易耗品或包装物，同时相应的进项税也有可能被抵扣，但需要取得税务方面的认可。

第三，符合固定资产确认条件的后续支出，应进行资本化处理。

第四，已经提取的固定资产减值准备不能转回。

第五，明确了固定资产终止确认的条件，满足条件的固定资产将不会被包含在固定资产中列报。财务报表使用者看到的固定资产都是处于正常使用状态中的固定资产。

第六，因债务重组、非货币资产交换取得或处置的固定资产，按照公允价值计量，将会引起企业业绩的波动。

二、对内部控制方面的影响

（1）建立动态固定资产市场价值数据库。新准则要求每年年末对固定资

产折旧方法、使用寿命、预计净残值进行复核，数据库的建立，有利于进行上述工作。另外需要同时建立与复核相关的内部控制制度，有关固定资产使用部门、管理部门、财务部门和采购部门应相互配合，完成该项工作。

（2）约束投资者投入资产的价值确定过程，形成公允的固定资产投入价值，否则将会按照公允价值调整固定资产投入价值。

（3）对于不符合固定资产标准的大额资产，需要进一步完善相关资产的内部控制制度，以确保这部分资产的安全和完整。

第六章　生 物 资 产

第一节　案例分析及操作实务

一、生物资产的特征

（一）生物资产是有生命的动物或植物

生产资产是指与农业生产相关的、有生命的（即活的）动物和植物。有生命的动物和植物具有能够进行生物转化的能力。生物转化是指导致生物资产质量或数量发生变化的生长、蜕化、生产和繁殖的过程。其中，生长是指动物或植物体积、重量的增加或者质量的提高，例如，农作物从种植开始到收获前的过程；蜕化是指动物或植物产出量的减少或质量的退化，例如，奶牛产奶能力的不断下降；生产是指动物或植物本身产出农产品，例如，蛋鸡产蛋、奶牛产奶、果树产水果等；繁殖是指产生新的动物或植物，例如，奶牛产牛犊、母猪生小猪等。

这种生物转化能力是其他通常意义上的资产（如存货、固定资产、无形资产等）所不具有的，也正是生物资产的特性。因此，生物资产的形态、价值以及产生经济利益的方式，都会随着自身的出生、成长、衰老、死亡等自然规律和生产经营活动的变化而变化，尽管其在所处生命周期中的不同阶段而具体拥有类似于常规资产（存货或固定资产）的特点。但是其会计处理与存货、固定资产等常规资产有所不同，因此有必要对生物资产的确认、计量和披露等会计处理进行单独规范，以更准确地反映企业的生物资产信息。

将生物资产定义为“有生命的动物和植物”，意味着一旦原有动植物停止其生命活动就不再是“生物资产”。这一界限对生物资产和农产品进行了本质的区分。农产品与生物资产密不可分，当其附着在生物资产上时，作为生物资产的一部分，不需要单独进行会计处理，而当其从生物资产上收获时开始，离开生物资产这一母体，一般具有鲜活、易腐的特点，因此应该区别于工业企业一般意义上的产品单独核算。基于此，生物资产准则对收获时点的农产品的会计处理进行了规范，即应该采用规定的方法，从消耗性生物资产或生产性生物资产生产成本中转出，确认为收获时点的农产品的成本；而收获时点之后的农产品的加工、销售等会计处理，应该适用《企业会计准则第 1 号——存货》。

（二）生物资产与农业生产密切相关

生物资产准则所称“农业”是广义的范畴，即“农林牧渔”，包括种植业、畜牧养殖业、林业和水产业等行业。企业从事农业生产就是要增强生物转化能力，最终获得更多的符合市场需要的农产品。例如，种植业作物的生长和收获而获得稻谷、小麦等农产品的活动过程；畜牧养殖业试验和收获而获得林产品、经济林木的生产和管理获得水果等的活动过程；水产业中的养殖获得水产品等活动过程，都属于将生物资产转化为农产品的活动。

农业生产与收获时点的农产品密切相关，但必须与对收获后的农产品进行加工的活动（以下简称“加工活动”）严格区分。农业生产活动针对的是有生命的生物资产，而加工活动针对的是收获后的农产品，例如，将绵羊产出的羊毛加工成毛毯、将收获的甘蔗加工成蔗糖、将奶牛产出的牛奶加工成奶酪、将从果树采摘的水果加工成水果罐头、将用材林采伐下的原木用于盖厂房等。因此，加工活动并不包含在生物资产准则所指的农业生产范畴之内。

二、生物资产的分类

为了会计核算的方便，生物资产通常分为消耗性生物资产、生产性生物资产和公益性生物资产三大类。

（一）消耗性生物资产

消耗性生物资产，是指为出售而持有的，或在将来收获为农产品的生物资产。消耗性生物资产是劳动对象，包括生长中的大田作物、蔬菜、用材林以及存栏等待售的牲畜等。消耗性生物资产通常是一次性消耗并终止其服务能力或未来经济利益，因此在一定程度上具有存货的特征，应当作为存货在资产负债表中列报。

（二）生产性生物资产

生产性生物资产，是指为产出农产品、提供劳务或出租等目的而持有的生物资产。生产性生物资产具备自我生长性，能够在持续的基础上予以消耗并在未来的一段时间内保持其服务能力或未来经济利益，属于劳动手段，包括经济林、薪炭林、产畜和役畜等。

与消耗性生物资产相比较，生产性生物资产的最大不同在于，生产性生物资产具有能够在生产经营中长期、反复使用，从而不断地产出农产品或者是长期役用的特征。消耗性生物资产收获农产品之后，该资产就不复存在；而生产性生物资产产出农产品之后，该资产仍然保留，并可以在未来期间继续产出农产品。因此，通常认为生产性生物资产在一定程度上具有固定资产的特征，例如，果树每年产出水果、奶牛每年产奶等。

一般而言，生产性生物资产通常需要生长到一定阶段才开始具备生产的能力。根据其是否具备生产能力（即是否达到预定生产经营目的），可以对生产性生物资产进行进一步划分。所谓达到预定生产经营目的，是指生产性生物资产进入正常生产期，可以多年连续稳定产出农产品、提供劳务或出租。由此，生产性生物资产可以划分为未成熟和成熟两类，前者指尚未达到预定生产经营目的、还不能够多年连续稳定产出农产品、提供劳务或出租的生产性生物资产，例如，尚未开始挂果的果树、尚未开始产奶的奶牛等；后者则指已经达到预定生产经营目的的生产性生物资产。

（三）公益性生物资产

公益性生物资产，是指以防护、环境保护为主要目的的生物资产，包括防风固沙林、水土保持林和水源涵养林等。公益性生物资产与消耗性生物资产和生产性生物资产有本质不同。后两者的目的是为了直接给企业带来经济利益，而公益性生物资产主要是出于防护、环境保护等目的，尽管其不能直接给企业带来经济利益，但具有服务潜能，有助于企业从相关资产获得经济利益，如防风固沙林和水土保持林能带来防风固沙、保持水土的效能，风景林具有美化环境、休息游览的效能等，因此应当确认为生物资产，并且应当单独核算。

生物资产准则着重解决了生物资产的确认和初始计量、后续计量以及收获和处置的会计处理问题。

三、生物资产会计准则的运用举例

（一）会计科目的设置

新准则涉及的主要会计科目如下：

科目序号	科目编号	科目名称
35	1421	消耗性生物资产
57	1621	生产性生物资产
58	1622	生产性生物资产累计折旧
59	1623	公益性生物资产

（二）主要处理方法的解释

1. 消耗性生物资产的核算

消耗性生物资产通过“消耗性生物资产”科目核算，“消耗性生物资产”科目应当按照消耗性生物资产的种类、群别进行明细核算。消耗性生物资产的主要账务处理如下：

（1）外购的消耗性生物资产，按应计入消耗性生物资产成本的金额，借记“消耗性生物资产”科目，贷记“银行存款”“应付账款”“应付票据”等科目。

（2）自行栽培的大田作物和蔬菜，应按收获前发生的必要支出，借记“消耗性生物资产”科目，贷记“银行存款”等科目。自行营造的林木类消耗性生物资产，应按郁闭前发生的必要支出，借记“消耗性生物资产”科目，贷记“银行存款”等科目。自行繁殖的育肥畜，应按出售前发生的必要支出，借记“消耗性生物资产”科目，贷记“银行存款”等科目。水产养殖的动物和植物，应按出售或入库前发生的必要支出，借记“消耗性生物资产”科目，贷记“银行存款”等科目。

（3）以其他方式取得的消耗性生物资产，按不同方式下确定的应计入消耗性生物资产成本的金额，借记“消耗性生物资产”科目，贷记有关科目。天然起源的消耗性生物资产，应按名义金额，借记“消耗性生物资产”科目，贷记“营业外收入”科目。

（4）产畜或役畜淘汰转为育肥畜时，按转群时的账面价值，借记“消耗性生物资产”科目，按已计提的累计折旧，借记“生产性生物资产累计折旧”科目，按其账面余额，贷记“生产性生物资产”科目。已计提减值准备的，还应同时结转已计提的减值准备。

育肥畜转为产畜或役畜时，应按其账面余额，借记“生产性生物资产”科目，贷记“消耗性生物资产”科目。已计提跌价准备的，还应同时结转跌价准备。

（5）择伐、间伐或抚育更新性质采伐而补植林木类消耗性生物资产发生的后续支出，借记“消耗性生物资产”科目，贷记“库存现金”“银行存款”“其他应付款”等科目。

林木类消耗性生物资产达到郁闭后发生的管护费用等后续支出，借记“管理费用”科目，贷记“银行存款”等科目。

（6）农业生产过程中发生的应归属于消耗性生物资产的费用，按应分配的金额，借记“消耗性生物资产”科目，贷记“农业生产成本”科目。

（7）消耗性生物资产收获为农产品时，应按其账面余额，借记“农产品”科目，贷记“消耗性生物资产”科目。已计提跌价准备的，还应同时结转跌价准备。

（8）出售消耗性生物资产，应按实际收到的金额，借记“银行存款”等科目，贷记“主营业务收入”等科目；应按其账面余额，借记“主营业务成本”等科目，贷记“消耗性生物资产”科目。已计提跌价准备的，还应同时结转跌价准备。

（9）有确凿证据表明消耗性生物资产的公允价值能够持续可靠地取得的，应当对消耗性生物资产采用公允价值计量，比照“投资性房地产”科目的相关规定进行处理。

2. 生产性生物资产的原价在“生产性生物资产”科目中进行核算

“生产性生物资产”科目应当分别“未成熟生产性生物资产”和“成熟生产性生物资产”以及生产性生物资产的种类、群别、所属部门等进行明细核算。

生产性生物资产发生减值的，应在生产性生物资产科目设置“减值准备”明细科目进行核算，也可以单独设置“生产性生物资产减值准备”科目进行核算。生产性生物资产的主要账务处理如下：

（1）外购的生产性生物资产，按应计入生产性生物资产成本的金额，借记“生产性生物资产”科目，贷记“银行存款”“其他应付款”“应付票据”等科目。

（2）自行营造的林木类生产性生物资产、自行繁殖的产畜和役畜，应按达到预定生产经营目的前发生的必要支出，借记“生产性生物资产（未成熟生产性生物资产）”科目，贷记“银行存款”等科目。

（3）以其他方式取得的生产性生物资产，按不同方式下确定的应计入生产性生物资产成本的金额，借记“生产性生物资产”科目，贷记有关科目。

天然起源的生产性生物资产，应按名义金额，借记“生产性生物资产”科目，贷记“营业外收入”科目。

（4）育肥畜转为产畜或役畜时，应按其账面余额，借记“生产性生物资产”科目，贷记“消耗性生物资产”科目。已计提跌价准备的，还应同时结转已计提的跌价准备。

产畜或役畜淘汰转为育肥畜时，按结转时的账面价值，借记“消耗性生物资产”科目，按已计提的累计折旧，借记“生产性生物资产累计折旧”科目，按其账面余额，贷记“生产性生物资产”科目。

（5）未成熟生产性生物资产达到预定生产经营目的时，按其账面余额，借记“生产性生物资产（成熟生产性生物资产）”科目，贷记“生产性生物资产（未成熟生产性生物资产）”科目。未成熟生产性生物资产已计提减值准备的，还应同时结转已计提的减值准备。

（6）择伐、间伐或抚育更新性质采伐而补植林木类生产性生物资产发生的后续支出，借记“生产性生物资产”科目，贷记“库存现金”“银行存款”“其他应付款”等科目。

林木类生产性生物资产达到预定生产经营目的后发生的管护费用等后续支出，借记“管理费用”科目，贷记“银行存款”等科目。

（7）出售生产性生物资产时，应按实际收到的金额，借记“银行存款”等科目，按已计提的累计折旧，借记“生产性生物资产累计折旧”科目，按其账面余额，贷记“生产性生物资产”科目，按其差额，借记“营业外支出——处置非流动资产损失”科目或贷记“营业外收入——处置非流动资产利得”科目。已计提减值准备的，还应同时结转已计提的减值准备。

（8）有确凿证据表明生产性生物资产的公允价值能够持续可靠地取得的，应当对生产性生物资产采用公允价值计量，比照“投资性房地产”科目的相关规定进行处理。

3. 生产性生物资产累计折旧的核算

设置“生产性生物资产累计折旧”科目核算企业（农业）对成熟生产性生物资产计提的累计折旧。

“生产性生物资产累计折旧”科目应当按照生产性生物资产的种类、群别、所属部门等进行明细核算。

企业对成熟生产性生物资产按期计提折旧时，借记“农业生产成本”“管理费用”等科目，贷记“生产性生物资产累计折旧”科目。

4. 设置“公益性生物资产”科目核算企业（农业）持有的公益性生物资产的价值

“公益性生物资产”科目应当按照公益性生物资产的种类或项目进行明细核算。公益性生物资产的主要账务处理如下：

（1）外购的公益性生物资产，按应计入公益性生物资产成本的金额，借记“公益性生物资产”科目，贷记“银行存款”“其他应付款”“应付票据”等科目。

（2）自行营造的公益性生物资产，应按郁闭前发生的必要支出，借记“公益性生物资产”科目，贷记“银行存款”等科目。

（3）以其他方式取得的公益性生物资产，按不同方式下确定的应计入公益性生物资产成本的金额，借记“公益性生物资产”科目，贷记有关科目。天然起源的公益性生物资产，应按名义金额，借记“公益性生物资产”科目，贷记“营业外收入”科目。

（4）消耗性生物资产、生产性生物资产转为公益性生物资产时，应按其账面余额或账面价值，借记“公益性生物资产”科目，按已计提的生产性生物资产累计折旧，借记“生产性生物资产累计折旧”科目，按账面余额，贷记“消耗性生物资产”“生产性生物资产”科目。已计提跌价准备、减值准备的，还应同时结转跌价准备或减值准备。

（5）择伐、间伐或抚育更新性质采伐而补植林木类公益性生物资产发生的后续支出，借记“公益性生物资产”科目，贷记“库存现金”“银行存款”“其他应付款”等科目。林木类公益性生物资产郁闭后发生的管护费用等其他后续支出，借记“管理费用”科目，贷记“银行存款”等科目。

（6）有确凿证据表明公益性生物资产的公允价值能够持续可靠地取得的，应当对公益性生物资产采用公允价值计量，比照“投资性房地产”科目的相关规定进行处理。

四、账务处理举例

（一）外购的生物资产

无论是消耗性生物资产、生产性生物资产还是公益性生物资产，外购的生物资产的成本包括购买价款、相关税费、运输费、保险费以及可直接归属于购买该资产的其他支出。其中，可直接归属于购买该资产的其他支出包括场地整理费、装卸费、栽植费和专业人员服务费等。

企业外购的生物资产，按应计入生物资产成本的金额，借记“消耗性生物资产”“生产性生物资产”或“公益性生物资产”科目，贷记“银行存款”“应付账款”“应付票据”等科目。

企业一笔款项一次性购入多项生物资产时，购买过程中发生的相关税费、运输费、保险费等可直接归属于购买该资产的其他支出，应当按照各项生物资产的价款比例进行分配，分别确定各项生物资产的成本。

例 6-1 2016 年 4 月 3 日，甲农业公司购入 10 头实行分群核算的种猪，支付的购买价款为 20 000 元，发生的运输费为 5 000 元、保险费为 400 元、装卸费为200元，款项全部以银行存款支付。假定不考虑其他相关税费。

甲农业公司的会计处理如下：

甲农业公司购买的10头种猪的成本＝20 000＋5 000＋400＋200
＝25 600（元）

借：生产性生物资产　　25 600
　　贷：银行存款　　25 600

例6-2　2016年2月，甲农业企业从市场上一次性购买了6头种牛、15头种猪和600头猪苗，单价分别为4 000元、1 400元和250元，支付的价款共计195 000元，此外，发生的运输费为4 500元、保险费为3 000元、装卸费为2 250元，款项全部以银行存款支付。

有关计算如下：

（1）确定应分摊的运输费、保险费和装卸费：

分摊比例＝（4 500＋3 000＋2 250）÷195 000＝5%

因此，6头种牛应分摊：6×4 000×5%＝1 200（元）

15头种猪应分摊：15×1 400×5%＝1 050（元）

600头猪苗应分摊：600×250×5%＝7 500（元）

（2）确定种牛、种猪和猪苗的入账价值：

6头种牛的入账价值＝6×4 000＋1 200＝25 200（元）

15头种猪的入账价值＝15×1 400＋1 050＝22 050（元）

600头猪苗的入账价值＝600×250＋7 500＝157 500（元）

甲农业企业的账务处理如下：

借：生产性生物资产——种牛　　25 200
　　　　　　　　　——种猪　　22 050
　　消耗性生物资产——猪苗　　157 500
　　贷：银行存款　　204 750

（二）自行营造的生物资产

对于企业自行营造的生物资产，应当按照不同的种类核算，分别按照消耗性生物资产、生产性生物资产和公益性生物资产确定其取得的成本，并分别借记“消耗性生物资产”“生产性生物资产”或“公益性生物资产”科目，贷记“银行存款”等科目。

1. 自行营造的消耗性生物资产

对于自行栽培、营造、繁殖或养殖的消耗性生物资产而言，其成本确定的一般原则是按照自行繁殖或营造（即培育）过程中发生的必要支出确定，既包括直接材料、直接人工、其他直接费，也包括应分摊的间接费用。

1）不同种类消耗性生物资产的成本构成。

（1）自行栽培的农作物和蔬菜的成本，包括在收获前耗用的种子、肥料、农药等材料费、人工费和应分摊的间接费用等必要支出。

（2）自行营造的林木类消耗性生物资产的成本，包括郁闭前发生的育林费、抚育费、园林设施费、良种试验费、调查设计费和应分摊的间接费用等必要支出。

（3）自行繁殖的育肥畜的成本，包括出售前发生的饲料费、人工费和应分摊的间接费用等必要支出。

（4）水产养殖的动物和植物的成本，包括在出售或入库前耗用的苗种、饲料、肥料等材料费、人工费和应分摊的间接费用等必要支出。

例 6-3 甲企业 2016 年 3 月使用一台拖拉机翻耕土地 100 公顷用于小麦和玉米的种植，其中 60 公顷种植玉米、40 公顷种植小麦。该拖拉机原值为 60 300 元，预计净残值为 300 元，按照工作量法计提折旧，预计可以翻耕土地 6 000 公顷。

有关计算如下：

应当计提的拖拉机折旧＝（60 300-300）÷6 000×100 ＝ 1 000（元）
玉米应当分配的机械作业费＝ 1 000÷（60 ＋ 40）×60 ＝ 600（元）
小麦应当分配的机械作业费＝ 1 000÷（60 ＋ 40）×40 ＝ 400（元）

甲公司的账务处理如下：

借：消耗性生物资产——玉米	600
——小麦	400
贷：累计折旧	1 000

2）林木类消耗性生物资产成本确定的特殊问题。

（1）郁闭及郁闭度的概念。郁闭是林木类消耗性生物资产成本确定中的一个重要界限。郁闭为林学概念，通常是指一块林地上的林木的树干、树冠生长达到一定标准，林木成活率和保持率达到一定的技术规程要求。郁闭通常指林木类消耗性资产的郁闭度达 0.20 以上（含 0.20）。郁闭度是指森林中乔木树冠遮蔽地面的程度，它是反映林分密度的指标，以林地树冠垂直投影面积与林地面积之比表示，以十分数表示，完全覆盖地面为 1。根据联合国粮农组织规定，郁闭度达 0.20 以上（含 0.20）的为郁闭林[其中一般以 0.20 ~ 0.70（不含 0.70）为中度郁闭，0.70 以上（含 0.70）为密郁闭；0.20 以下（不含 0.20）的为疏林（即未郁闭林）]。

不同林种、不同林分等对郁闭度指标的要求有所不同，比如，生产纤维原料的工业原材料林一般要求郁闭度相对较高；而以培育珍贵大径材为主要目标的林木要求郁闭度相对较低。企业应当结合历史经验数据和自身实际情况，确定林木类消耗性生物资产的郁闭度及是否达到郁闭。各类林木类消耗性生物资产的郁闭度一经确定，不得随意变更。

（2）林木类消耗性生物资产郁闭前的相关支出应予资本化，郁闭后的相关支出计入当期费用。郁闭是判断消耗性生物资产相关支出（包括借款费用）资本化或者是费用化的时点。郁闭之前的林木类消耗性生物资产处在培植阶段，需要发生较多的造林费、抚育费、营林设施费、良种试验费、调查设计费相关支出，这些支出应予以资本化计入成本；郁闭之后的林木类消耗性生物资产进入稳定的生长期，基本上可以比较稳定地成活，主要依靠林木本身的自然生长，一般只需要发生较少的管护费用，从重要性和谨慎性考虑应当计入当期费用。

2. 自行繁殖、营造的生产性生物资产

对自行繁殖、营造的生产性生物资产而言，如企业自己繁育的奶牛、种猪，自行营造的橡胶树、果树、茶树等，其成本确定的一般原则是按照其达到预定生产经营目的前发生的必要支出确定，包括直接材料、直接人工、其他直接费用和应分摊的间接费用。自行营造的林木类生产性生物资产的成本，包括达到预定生产经营目的前发生的造林费、抚育费、营林设施费、良种试验费、调查设计费用和应分摊的间接费用等必要支出；自行繁殖的产畜和役畜的成本，包括达到预定生产经营目的（成龄）前发生的饲料费、人工费和应分摊的间接费用等必要支出。达到预定生产经营目的是区分生产性生物资产成熟和未成熟的分界点，同时也是判断其相关费用停止资本化的时点，是区分其是否具备生产能力，从而是否计提折旧的分界点。企业应当根据具体情况结合正常生产期的确定，对生产性生物资产是否达到预定生产经营目的进行判断。例如，一般就海南橡胶园而言，同林段内离地 100 厘米处、树围 50 厘米以上的芽接胶树，占林段总株数的 50％以上时，该橡胶园就属于进入正常生产期，即达到预定生产经营目的。

生产性生物资产在达到预定生产经营目的之前发生的必要支出在“生产性生物资产——未成熟生产性生物资产”科目归集。未成熟生产性生物资产达到预定生产经营目的时，按其账面余额，借记“生产性生物资产——成熟生产性生物资产”科目，贷记“生产性生物资产——未成熟生产性生物资产”科目，未成熟生产性生物资产已计提减值准备的，还应同时结转已计提的减值准备。

生产性生物资产在达到预定生产经营目的之前，其用途一般是已经确定的，如尚未开始挂果的果树、未开始产奶的奶牛等；但是，如果其未来用途不确定，应当作为消耗性生物资产核算和管理，待确定用途后，再按照用途转换进行处理。

例 6-4 甲企业自 2010 年开始自行营造 100 公顷橡胶树，当年发生种苗费 189 000 元，平整土地和定植所需的机械作业费 55 500 元，定植当年抚育发生肥料及农药费 250 500 元、人员工资等 450 000 元。该橡胶树达到正常生产期为 6 年，从定植后至 2016 年共发生管护费用 2 415 000 元，以银行存款支付。

甲企业的账务处理如下：

借：生产性生物资产——未成熟生产性生物资产
（橡胶树） 945 000
贷：原材料——种苗 189 000
——肥料及农药 250 500
应付职工薪酬 450 000
累计折旧 55 500
借：生产性生物资产——未成熟生产性生物资产
（橡胶树） 2 415 000
贷：银行存款 2 415 000

因此，该100公顷橡胶树的成本如下：

189 000 + 55 500 + 250 500 + 450 000 + 2 415 000 = 3 360 000（元）

借：生产性生物资产——成熟生产性生物资产
（橡胶树） 3 360 000
贷：生产性生物资产——未成熟生产性生物资产
（橡胶树） 3 360 000

（三）天然起源的生物资产

天然林等天然起源的生物资产，仅在企业有确凿证据表明能够拥有或者控制该生物资产时，才能予以确认。

天然起源的生物资产公允价值通常无法可靠地取得，应当按照名义金额确定生物资产的成本，同时计入当期损益，名义金额为1元人民币，即借记“生产性生物资产”“消耗性生物资产”“公益性生物资产”等科目，贷记“营业外收入”科目。

（四）生物资产相关的后续支出

1. 生物资产郁闭或达到预定生产经营目的之后的管护费用

生物资产在郁闭或达到预定生产经营目的之前，经过培植或饲养，其价值能够继续增加，因此饲养、管护费用应资本化计入生物资产成本；而生物资产在郁闭或达到预定生产经营目的后，为了维护或提高其使用效能，需要对其进行管护、饲养等，但此时的生物资产能够产出农产品，带来现实的经济利益，因此所发生的这类后续支出应当予以费用化，计入当期损益。借记“管理费用”科目，贷记“银行存款”等科目。

管护费用是指为了维持郁闭后的消耗性林木资产或公益性生物资产的正常存在或为了维持已经达到预定生产经营目的的成熟生产性生物资产进行正常生产而发生的有关费用，如为果树剪枝发生的费用、为果树灭虫发生的人工和药物费用、对产奶奶牛的饲养管理费用等。

2. 林木类生物资产补植

在林木类生物资产的生长过程中，为了使其更好地生长，往往需要进行择伐、间伐或抚育更新性质采伐（这些采伐并不影响林木的郁闭状态），并且在采伐之后进行相应的补植。在这种情况下发生的后续支出，应当予以资本化，计入林木类生物资产的成本。借记“消耗性生物资产”“生产性生物资产”或“公益性生物资产”科目，贷记“库存现金”“银行存款”“其他应付款”等科目。

例 6-5 2016 年 5 月，甲林业有限责任公司对某用材林进行择伐补植，应支付临时人员工资 15 000 元，领用材料 20 000 元。

甲企业的账务处理如下：

借：消耗性生物资产——用材林 35 000
　　贷：应付职工薪酬 15 000
　　　　原材料 20 000

例 6-6 甲林业有限责任公司下属的乙林班统一组织培植管护一片森林，2016 年 3 月，发生森林管护费用共计 40 000 元，其中人员工资 20 000 元，尚未支付；使用库存肥料 16 000 元；管护设备折旧 4 000 元。管护总面积为 5 000 公顷，其中作为用材林的杨树林共计 4 000 公顷，已郁闭的占 75％，其余的尚未郁闭；作为水土保持林的马尾松共计 1 000 公顷，全部已郁闭。假定管护费用按照森林面积比例进行分配。

有关计算如下：

未郁闭杨树林应分配共同费用的比例＝4 000×（1-75％）÷5 000＝0.2
已郁闭杨树林应分配共同费用的比例＝4 000×75%÷5 000＝0.6
已郁闭马尾松应分配共同费用的比例＝1 000÷5 000＝0.2
未郁闭杨树林应分配的共同费用＝40 000×0.2＝8 000（元）
已郁闭杨树林应分配的共同费用＝40 000×0.6＝24 000（元）
已郁闭马尾松应分配的共同费用＝40 000×0.2＝8 000（元）

甲公司的账务处理如下：

借：消耗性生物资产——用材林（杨树） 8 000
　　管理费用 32 000
　　贷：应付职工薪酬 20 000
　　　　原材料 16 000
　　　　累计折旧 4 000

（五）采用成本模式计量的生物资产的后续计量

在我国，处于不同生长阶段的各类生物资产的公允价值一般难以取得，因此，生物资产准则规定一般应当采用历史成本对生物资产进行后续计量，但有确凿证据表明其公允价值能够持续可靠地取得的除外。

生物资产采用历史成本进行计量的情况下，消耗性生物资产按成本减累计跌价准备计量；未成熟的生产性生物资产按成本减累计减值准备计量，成熟的生产性生物资产按成本减累计折旧及累计减值准备计量；公益性生物资产按成本计量。

1. 成熟生产性生物资产折旧的计提

成熟的生产性生物资产进入正常生产期，可以多年连续稳定产出农产品、提供劳务或出租。因此，应当按期计提折旧，以便与其给企业带来的经济利益流入相配比。例如，已经开始挂果的苹果树的折旧额与从苹果树上采摘的苹果取得的收入相配比，役牛每期的折旧额与其犁地为企业带来的经济利益流入相配比等。

生产性生物资产的折旧，是指在生产性生物资产的使用寿命内，按照确定的方法对应计折旧额进行系统分摊。其中，应计折旧额是指应当计提折旧的生产性生物资产的原价扣除预计净残值后的余额；如果已经计提减值准备，还应当扣除已计提的生产性生物资产减值准备累计金额。预计净残值是指预计生产性生物资产使用寿命结束时，在处置过程中所发生的处置收入扣除处置费用后的余额。

1）需要计提折旧的生产性生物资产的范围。

当期增加的成熟生产性生物资产应当计提折旧，一旦提足折旧，不论能否继续使用，均不再计提折旧。需要注意的是，以融资租赁租入的生产性生物资产和以经营租赁方式租出的生产性生物资产，应当计提折旧；以融资租赁租出的生产性生物资产和以经营租赁方式租入的生产性生物资产，不应计提折旧。

2）预计生产性生物资产的使用寿命。

企业确定生产性生物资产的使用寿命，应当考虑下列因素：①该资产的预计产出能力或实物产量；②该资产的预计有形损耗，如产畜和役畜衰老、经济林老化等；③该资产的预计无形损耗，如因新品种的出现而使现有的生产性生物资产的产出能力和产出农产品的质量等方面相对下降、市场需求的变化使生产性生物资产产出的农产品相对过时等。

在实务中，企业应在考虑这些因素的基础上，结合不同生产性生物资产的具体情况作出判断，例如，在考虑林木类生产性生物资产的使用寿命时，可以考虑诸如温度、湿度和降雨量等生物特征、灌溉特征、嫁接和修剪程序、植物的种类和分类、植物的株间距、所使用初生主根的类型、采摘或收割的方法、所生产产品的预计市场需求等。在相同的环境下，同样的生产性生物资产的预计使用寿命应该基本相同。

3）生产性生物资产的折旧方法。

生物资产准则规定了企业可选用的折旧方法包括年限平均法、工作量法和产量法等。在具体运用时，企业应当根据生产性生物资产的具体情况，合理选择相应的折旧方法。

4）合理确定生产性生物资产的使用寿命、预计净残值和折旧方法。

企业应当结合本企业的具体情况，根据生产性生物资产的类别，制定适合本企业的生产性生物资产目录、分类方法。对于达到预定经营目的的生产性生物资产，还应根据生产性生物资产的性质、使用情况和有关经济利益的预期实现方式，合理确定生产性生物资产的使用寿命、预计净残值和折旧方法，作为进行生产性生物资产核算的依据。

企业制定的生产性生物资产目录、分类方法、预计使用寿命、预计净残值、折旧方法等，应当编制成册，并按照管理权限，经股东大会或董事会，或经理（场长）会议或类似机构批准，按照法律、行政法规的规定报送有关各方备案，同时备置于企业所在地，以供投资者等有关各方查阅。企业已经确定并对外报送，或备置于企业所在地的有关生产性生物资产目录、分类方法、预计净残值、预计使用寿命、折旧方法等，一经确定不得随意变更，如需变更，应仍然按照上述程序，经批准后报送有关各方备案，并在报表附注中予以说明。

此外，生物资产准则规定，企业至少应当于每年年度终了对生产性生物资产的使用寿命、预计净残值和折旧方法进行复核。如果生产性生物资产的使用寿命或预计净残值的预期数与原先估计数有差异的，或者有关经济利益预期实现方式有重大改变的，企业应当作为会计估计变更，按照《企业会计准则第 28 号——会计政策、会计估计变更和差错更正》的规定进行会计处理，调整生产性生物资产的使用寿命或预计净残值或者改变折旧方法。

5）生产性生物资产计提折旧的账务处理。

企业应当按期对达到预定生产经营目的的生产性生物资产计提折旧，并根据受益对象分别计入将收获的农产品成本、劳务成本、出租费用等。对成熟生产性生物资产按期计提折旧时，借记“农业生产成本”“管理费用”等科目，贷记“生产性生物资产累计折旧”科目。

2. 生物资产减值

生物资产准则规定，企业至少应当于每年年度终了对消耗性生物资产和生产性生物资产进行检查，有确凿证据表明上述生物资产发生减值的，应当计提生物资产跌价准备或减值准备。企业首先应当注意消耗性生物资产和生产性生物资产是否有发生减值的迹象，如有，在此基础上计算确定消耗性生物资产的可变现净值或生产性生物资产的可收回金额。

1）判断消耗性生物资产和生产性生物资产减值的主要迹象。

生物资产准则对消耗性生物资产和生产性生物资产的减值采取了易于判断的方式，即企业至少应当于每年年度终了对消耗性生物资产和生产性生物资产进行检查，有确凿证据表明在遭受自然灾害、病虫害、动物疫病侵袭或市场需求变化等原因的情况下，上述生物资产才可能存在减值迹象。具体来说，消耗性生物资产和生产性生物资产存在下列情形之一的，通常表明可变现净值或可收回金额低于账面价值：

（1）因遭受火灾、旱灾、水灾、冻灾、台风、冰雹等自然灾害，造成消耗性生物资产或生产性生物资产发生实体损坏，影响该资产的进一步生长或生产，从而降低其产生经济利益的能力。

（2）因遭受病虫害或者疯牛病、禽流感、口蹄疫等动物疫病的侵袭，造成消耗性生物资产或生产性生物资产的市场价格大幅度持续下跌，并且在可预见的未来无回升的希望。

（3）因消费者偏好改变而使企业的消耗性生物资产或生产性生物资产收获的农产品的市场需求发生变化，导致市场价格逐渐下跌。与工业产品不同，一般情况下技术进步不会对生物资产的价值产生明显的影响。

（4）因企业所处经营环境，如动植物检验检疫标准等发生重大变化，从而对企业产生不利影响，导致消耗性生物资产或生产性生物资产的市场价格逐渐下跌。

（5）其他足以证明消耗性生物资产或生产性生物资产实质上已经发生减值的情形。

2）计提减值准备。

消耗性生物资产的可变现净值或生产性生物资产的可收回金额低于其账面价值时，企业应当按照可变现净值或可收回金额低于账面价值的差额，计提生物资产跌价准备或减值准备，借记“资产减值损失”科目，贷记“存货跌价准备——消耗性生物资产减值准备”或“生产性生物资产减值准备”科目。

消耗性生物资产的可变现净值是指在日常活动中，消耗性生物资产的估计售价减去至出售时估计将要发生的成本、估计的销售费用以及相关税费后的金额，其确定应当遵循《企业会计准则第1号——存货》。生产性生物资产的可收回金额根据其公允价值减去处置费用后的净额与资产预计未来现金流量的现值两者之间较高者确定，应当遵循《企业会计准则第8号——资产减值》。

例6-7 甲农业企业种植玉米150公顷，已发生成本330 000元。2014年7月遭受冰雹，致使玉米严重受灾，期末玉米的可变现净值估计为300 000元。

甲企业的账务处理如下：

借：资产减值损失——消耗性生物资产（玉米） 30 000

　　贷：存货跌价准备——消耗性生物资产（玉米） 30 000

例6-8 2014年8月，甲企业的橡胶园曾遭受过一次台风袭击，12月31日，甲企业对橡胶园进行检查时认为可能发生减值。该橡胶园销售净价总额为1 200 000元，尚可使用5年，预计在未来5年内产生的现金净流量分别为400 000元、360 000元、320 000元、250 000元、200 000元（其中2019年的现金流量已经考虑使用寿命结束时进行处置的现金净流量）。在考虑有关风险的基础上，甲企业决定采用5％的折现。该橡胶园2014年12月31日的账面价值为1 500 000元，以前年度没有计提减值准备。有关计算过程如表6-1所示。

表6-1 橡胶园未来现金流量现值计算表

年度	预计未来现金流量（元）	折现率（%）	折现系数	现值（元）
2015	400 000	5	0.952 4	380 960
2016	360 000	5	0.907 0	326 520
2017	320 000	5	0.863 8	276 416
2018	250 000	5	0.822 7	205 675
2019	200 000	5	0.783 5	156 700
合　计				1 346 271

未来现金流量现值 1 346 271 元＞销售净价 1 200 000 元，因此该橡胶园的可收回金额为 1 346 271 元。

应计提的减值准备＝1 500 000 － 1 346 271 ＝ 153 729（元）

甲企业的账务处理如下：

借：资产减值损失——生产性生物资产（橡胶）　　153 729

　　贷：生产性生物资产减值准备——橡胶　　153 729

3）已确认的消耗性生物资产跌价损失的转回。

企业在每年年度终了对消耗性生物资产进行检查时，如果消耗性生物资产减值的影响因素已经消失的，减记金额应当予以恢复，并在原已计提的跌价准备金额内转回，转回的金额计入当期损益，借记“存货跌价准备——消耗性生物资产”科目，贷记“资产减值损失”科目。

此外，值得注意的是，根据《企业会计准则第 8 号——资产减值》的规定，生产性生物资产减值准备一经计提，不得转回。

3. 公益性生物资产不计提减值准备

对于公益性生物资产而言，由于其持有目的与消耗性生物资产和生产性生物资产有本质不同，主要是出于防护、环境保护等特殊公益性目的，具有非经营性的特点，因此，公益性生物资产不计提减值准备。

（六）采用公允价值模式计量的生物资产的后续计量

1. 采用公允价值计量的条件

生物资产通常按照成本计量，但有确凿证据表明其公允价值能够持续可靠取得的除外。对于采用公允价值计量的生物资产，应当同时满足下列两个条件：

（1）生物资产有活跃的交易市场，即该生物资产能够在交易市场中直接交易。从我国目前的情况而言，生长中的生物资产尚不存在活跃市场，可验证的市场价格尚难以取得，比如生长中的果园、生长中的林木等。因此，企业在对生物资产应用公允价值时应当特别注意。

（2）能够从交易市场上取得同类或类似生物资产的市场价格及其他相关信息，从而对生物资产的公允价值作出科学合理的估计。同类或类似的生物资产，是指品种相同、质量等级相同或类似、生长时间相同或类似、所处气候和地理环境相同或类似的有生命的动物和植物。这一规定表明，企业能够客观而非主观随意地使用公允价值。

2. 公允价值模式下的会计处理

在公允价值模式下，企业不再对生物资产计提折旧和计提减值准备，应当以资产负债表日生物资产的公允价值减去估计销售时所发生费用后的净额计量，各期变动计入当期损益。一般情况下，企业对生物资产的计量模式一经确定，不得随意变更。

例 6-9 2016 年 4 月 30 日，乙农业公司某生产性生物资产账面余额为 23 000 元，公允价值 22 000 元；某消耗性生物资产账面余额为 12 000 元，公允价值为 14 000 元；某公益性生物资产账面余额为 2 100 元，公允价值为 2 300 元。假定乙农业公司对生物资产采用公允价值计量，不考虑其他因素。乙农业公司的会计处理如下：

借：公允价值变动损益　　1 000
　　贷：生产性生物资产　　1 000
借：消耗性生物资产　　2 000
　　公益性生物资产　　200
　　贷：公允价值变动损益　　2 200

（七）生物资产的收获

收获，是指消耗性生物资产生长过程的结束，如收割小麦、采伐用材林等，以及农产品从生产性生物资产上分离，如从苹果树上采摘下苹果、奶牛产出牛奶、绵羊产出羊毛等。

1. 收获农产品的会计处理

1）消耗性生物资产收获农产品的会计处理。

从消耗性生物资产上收获农产品后，消耗性生物资产自身完全转为农产品而不复存在，如肉猪宰杀后的猪肉、收获后的蔬菜、用材林采伐后的木材等，企业应当将收获时点消耗性生物资产的账面价值结转为农产品的成本。借记“农产品”科目，贷记“消耗性生物资产”科目，已计提跌价准备的，还应同时结转跌价准备，借记“存货跌价准备——消耗性生物资产”科目；对于不通过入库直接销售的鲜活产品等，按实际成本，借记“主营业务成本”科目。

例 6-10 甲种植企业 2016 年 6 月入库小麦 20 吨，成本为 12 000 元。甲企业的账务处理如下：

借：农产品——小麦　　12 000
　　贷：消耗性生物资产——小麦　　12 000

2）生产性生物资产收获农产品的会计处理。

生产性生物资产具备自我生长性，能够在生产经营中长期、反复使用，从而不断产出农产品。从生产性生物资产上收获农产品后，生产性生物资产这一母体仍然存在，如奶牛产出牛奶、从果树上采摘下水果等。农业生产过程中发生的各项生产费用，按照经济用途可以分为直接材料、直接人工等直接费用以及间接费用，企业应当区别处理：

（1）农产品收获过程中发生的直接材料、直接人工等直接费用，直接计入相关成本核算对象，借记“农业生产成本——农产品”科目，贷记“库存现金”“银行存款”“原材料”“应付职工薪酬”“生产性生物资产累计折旧”等科目。

例 6-11 甲奶牛养殖企业 2016 年 1 月发生奶牛（已进入产奶期）的饲养费用如下：领用饲料 5 000 千克，计 1 200 元，应付饲养人员工资 3 000 元，以现金支付防疫费 500 元。甲企业的账务处理如下：

借：生产成本——农业生产成本（牛奶）　　4 700
　　贷：原材料　　1 200
　　　　应付职工薪酬　　3 000
　　　　库存现金　　500

（2）农产品收获过程中发生的间接费用，如材料费、人工费、生产性生物资产的折旧费等应分摊的共同费用，应当在生产成本归集，借记“农业生产成本——共同费用”科目，贷记“库存现金”“银行存款”“原材料”“应付职工薪酬”“生产性生物资产累计折旧”等科目；在会计期末按一定的分配标准，分配计入有关的成本核算对象，借记“农业生产成本——农产品”科目，贷记“农业生产成本——共同费用”科目。

在实务中，常用的间接费用分配方法通常以直接费用或直接人工为基础，直接费用比例法以生物资产或农产品相关的直接费用为分配标准，直接人工比例法以直接从事生产的工人工资为分配标准，其计算公式如下：

$$\text{间接费用分配率}=\frac{\text{间接费用总额}}{\text{分配标准（即直接费用总额或直接人工总额）}}\times 100\%$$

$$\text{某项生物资产或农产品应分配的间接费用额}=\text{该项资产相关的直接费用或直接人工}\times\text{间接费用分配率}$$

除此之外，还可以直接材料、生产工时等为基础进行分配，企业可以根据实际情况加以选用。例如，蔬菜的温床费用分配计算公式如下：

$$\text{蔬菜应分配的温床（温室）费用}=\frac{\text{温床（温室）费用总数}}{\text{实际使用的格日（平方米日）总数}}\times\text{该种蔬菜占用的格日（平方米日）数}$$

其中，温床格日数是指某种蔬菜占用温床格数和在温床生产日数的乘积，温室平方米日数是指某种蔬菜占用的平方米数和在温室生长日数的乘积。

例 6-12　甲农场利用温床培育丝瓜、西红柿两种秧苗，温床费用为 3 200 元，其中丝瓜占用温床 40 格，生长期为 30 天；西红柿占用温床 10 格，生长期为 40 天。秧苗育成移至温室栽培后，发生温室费用 15 200 元，其中丝瓜占用温室 1 000 平方米，生长期为 70 天；西红柿占用温室 1 500 平方米，生长期为 80 天。两种蔬菜发生的直接生产费用为 3 000 元，其中丝瓜 1360 元，西红柿 1 640 元。应负担的间接费用共计 4 500 元，采用直接费用比例法分配。丝瓜和西红柿两种蔬菜的产量分别为 38 000 千克和 29 000 千克。

有关计算如下：

$$\text{丝瓜应分配的温床费用}=3\,200\div(40\times30+10\times40)\times40\times30$$
$$=2\,400\text{（元）}$$
$$\text{丝瓜应分配的温室费用}=15\,200\div(1\,000\times70+1\,500\times80)$$

$\times 1\ 000 \times 70 = 5\ 600$（元）

丝瓜应分配的间接费用 $= 4\ 500 \div (1\ 360 + 1\ 640) \times 1\ 360 = 2\ 040$（元）

西红柿应分配的温床费用 $= 3\ 200 \div (40 \times 30 + 10 \times 40) \times 10 \times 40$

$= 800$（元）

西红柿应分配的温室费用 $= 15\ 200 \div (1\ 000 \times 70 + 1\ 500 \times 80)$

$\times 1\ 500 \times 80 = 9\ 600$（元）

西红柿应分配的间接费用 $= 4\ 500 \div (1\ 360 + 1\ 640) \times 1640 = 2\ 460$（元）

2. 成本结转方法

在收获时点企业应当将该时点归属于某农产品生产成本的账面价值结转为农产品的成本，借记“农产品”科目，贷记“农业生产成本——农产品”科目。具体的成本结转方法包括加权平均法、个别计价法、蓄积量比例法、轮伐期年限法等。企业可以根据实际情况选用合适的成本结转方法，但是一经确定，不得随意变更。

例 6-13 甲畜牧养殖企业 2016 年 5 月月末养殖的肉猪账面余额为 24 000 元，共计 40 头；6 月 6 日花费 7 000 元新购入一批肉猪养殖，共计 10 头；6 月 30 日屠宰并出售肉猪 20 头，支付临时工屠宰费用 100 元，出售取得价款 16 000 元；6 月份共发生饲养费用 500 元（其中，应付专职饲养员工资 300 元，饲料 200 元）。甲企业采用移动加权平均法结转成本。

甲企业的账务处理如下：

平均单位成本 $= (24\ 000 + 7\ 000 + 500) \div (40 + 10) = 630$（元）

出售猪肉的成本 $= 630 \times 20 = 12\ 600$（元）

借：消耗性生物资产——肉猪	7 000	
贷：银行存款		7 000
借：消耗性生物资产——肉猪	500	
贷：应付职工薪酬		300
原材料		200
借：农产品——猪肉	12 700	
贷：消耗性生物资产——肉猪		12 600
库存现金		100
借：库存现金	16 000	
贷：主营业务收入		16 000
借：主营业务成本	12 700	
贷：农产品——猪肉		12 700

蓄积量比例法、轮伐期年限法、折耗率法等方法都是林业中通常使用的方法，具有林业的特殊性，以下分述之。

1）蓄积量比例法。

蓄积量比例法以达到经济成熟可供采伐的林木为“完工”标志，将包括已成熟和未成熟的所有林木按照完工程度（林龄、林木培育程度、费用发生程度等）折算为达到经济成熟可供采伐的林木总体蓄积量，然后，按照当期采伐林木的蓄积量占折算的林木总体蓄积量的比例，确定应该结转的林木资产成本。该方法主要适用于择伐方式和林木资产由于择伐更新使其价值处于不断变动的情况下。其计算公式如下：

$$\text{某期应结转的林木资产成本}=\frac{\text{当期采伐林木的蓄积量}}{\text{林木总体蓄积量}}\times\text{期初林木资产账面总值}$$

2）轮伐期年限法。

轮伐期年限法将林木原始价值按照可持续经营的要求，在其轮伐期的年份内平均摊销，并结转林木资产成本。其中，轮伐期是指将一块林地上的林木均衡分批、轮流采伐一次所需要的时间（通常以年为单位计算）。其计算公式如下：

$$\text{某期应结转的林木资产成本}=\text{林木资产原值}\div\text{轮伐期}$$

3）折耗率法。

折耗率法也是林业上常用的方法之一。该方法按照采伐林木所消耗林木蓄积量占到采伐为止预计该地区、该树种可能达到的总蓄积量摊销、结转所采伐林木资产成本。其计算公式如下：

采伐的林木应摊销的林木资产价值＝折耗率 × 所采伐林木的蓄积量

折耗率＝林木资产总价值 ÷ 到采伐为止预计的总蓄积量

其中的折耗率应分树种、地区分别测算；林木资产总价值是指该地区、该树种的营造林历史成本总和；预计总蓄积量是指到采伐为止预计该地区、该树种可能达到的总蓄积量。

（八）生物资产的处置

1. 生物资产出售

生物资产出售时，企业应按实际收到的金额，借记“银行存款”等科目，贷记“主营业务收入”等科目；应按其账面余额，借记“主营业务成本”等科目，贷记“生产性生物资产”“消耗性生物资产”等科目，已计提跌价准备、减值准备或折旧的，还应同时结转跌价准备或减值准备或累计折旧。

例 6-14 甲畜牧养殖企业于 2016 年 1 月将育成的 40 头仔猪出售给乙食品加工厂，价款总额为 20 000 元，货款尚未收到。出售时仔猪的账面余额为 12 000 元，未计提跌价准备。

甲企业的账务处理如下：

借：应收账款——乙食品加工厂　　20 000
　　贷：主营业务收入　　20 000
借：主营业务成本　　12 000
　　贷：消耗性生物资产——育肥猪　　12 000

2. 生物资产盘亏或死亡、毁损

生物资产盘亏或死亡、毁损时，应当将处置收入扣除其账面价值和相关税费后的余额先记入“待处理财产损溢”科目，待查明原因后，根据企业的管理权限，经股东大会、董事会、经理（场长）会议或类似机构批准后，在期末结账前处理完毕。生物资产因盘亏或死亡、毁损造成的损失，在减去过失人或者保险公司等的赔款和残余价值之后，计入当期管理费用；属于自然灾害等非常损失的，计入营业外支出。

例 6-15　甲企业于 2016 年 8 月 4 日丢失 3 头种牛，账面原值为 11 600 元，已经计提折旧 600 元；8 月 29 日经查实，饲养员赵五应赔偿 3 000 元。甲企业的账务处理如下：

借：待处理财产损溢　　11 000
　　生产性生物资产累计折旧　　600
　　贷：生产性生物资产——种牛　　11 600
借：其他应收款——赵五　　3 000
　　管理费用　　8 000
　　贷：待处理财产损溢　　11 000

3. 生物资产转换

生物资产改变用途后的成本应当按照改变用途时的账面价值确定，也就是说，将转出生物资产的账面价值作为转入资产的实际成本。通常包括如下情况：

（1）产畜或役畜淘汰转为育肥畜，或者林木类生产性生物资产转为林木类消耗性生物资产时，按转群或转变用途时的账面价值，借记“消耗性生物资产”科目，按已计提的累计折旧，借记“生产性生物资产累计折旧”科目，按其账面余额，贷记“生产性生物资产”科目。已计提减值准备的，还应同时结转已计提的减值准备。

育肥畜转为产畜或役畜，或者林木类消耗性生物资产转为林木类生产性生物资产时，应按其账面余额，借记“生产性生物资产”科目，贷记“消耗性生物资产”科目。已计提跌价准备的，还应同时结转跌价准备。

例 6-16　2016 年 4 月，甲企业自行繁殖的 200 头种猪转为育肥猪，此批种猪的账面原价为 500 000 元，已经计提的累计折旧为 200 000 元，已经计提的资产减值准备为 30 000 元。

甲企业的账务处理如下：

借：消耗性生物资产——育肥猪　　270 000
　　生产性生物资产累计折旧　　200 000
　　生产性生物资产减值准备　　30 000
　　贷：生产性生物资产——成熟生产性生物资产（种猪）　　500 000

（2）消耗性生物资产、生产性生物资产转为公益性生物资产时，应当按照相关准则规定，考虑其是否发生减值，发生减值时，应首先计提减值准备，并以计提减值准备后的账面价值作为公益性生物资产的入账价值。转换时，应按其扣除减值准备后的账面价值，借记“公益性生物资产”科目，按已计提的生产性生物资产累计折旧，借记“生产性生物资产累计折旧”科目，按已计提的减值准备，借记“存货跌价准备”“生产性生物资产减值准备”科目，按账面余额，贷记“消耗性生物资产”“生产性生物资产”科目。

例 6-17 2016 年 7 月，由于区域生态环境的需要，甲林业有限责任公司的 12 公顷造纸原料林（杨树）被划为防风固沙林，仍由公司负责管理，该林的账面余额为 80 000 元，已经计提的跌价准备为 5 000 元。甲企业的账务处理如下：

借：公益性生物资产——防风固沙林（杨树） 75 000
　　存货跌价准备——消耗性生物资产 5 000
　　贷：消耗性生物资产——造纸原料林（杨树） 80 000

公益性生物资产转为消耗性生物资产或生产性生物资产时，应按其账面余额，借记“消耗性生物资产”或“生产性生物资产”科目，贷记“公益性生物资产”科目。

例 6-18 2016 年 9 月，甲林业有限责任公司根据所属区域的林业发展规划相关政策调整，将以马尾松为主的 800 公顷防风固沙林，全部转为以采脂为目的的商品林，该马尾松的账面价值为 2 000 000 元。其中，已经具备采脂条件的为 600 公顷，账面价值为 1 600 000 元，其余的尚不具备采脂条件。2016 年 11 月，甲公司根据国家政策规定，将 100 公顷作为防风固沙林的杨树转为造纸原料的商品林，该杨树账面余额为 180 000 元。

甲企业的账务处理如下：

2016 年 9 月：

借：生产性生物资产——成熟生产性生物资产
　　　　（马尾松） 1 600 000
　　——未成熟生产性生物资产
　　　　（马尾松） 400 000
　　贷：公益性生物资产——防风固沙林（马尾松） 2 000 000

2016 年 11 月：

借：消耗性生物资产——造纸原料林（杨树） 180 000
　　贷：公益性生物资产——防风固沙林（杨树） 180 000

第二节 新准则对企业的影响

一、对财务方面的影响

首先，公允价值的采用需具备的条件：

（1）公允价值的采用有着十分严格的要求，在大多数情况下，取得符合新准则应用指南中要求的条件（文件）是比较困难的。因为需要说明什么是活跃市场，什么是相似资产，而根据中国目前农产品市场状况，取得公允价值是比较困难的。

（2）如果公允价值在应用时，证据不全面，难以说服会计师事务所，获取无保留意见报告的可能性就比较小。即便获取到无保留意见的审计报告，将来依然有可能涉嫌欺诈。因为一旦卷入司法调查，依然无法提供相关证据支持公允价值的存在。

（3）如果能够取得确凿证据，建议进行公允价值的处理，以便让财务报表使用者获取更加有用的信息。

其次，采用公允价值模式，不再计提折旧和摊销，必然相应增加利润。但是生物资产一旦转换持有目的，转回生产性生物资产或消耗性生物资产，其带入的公允价值如果是正值，以后的折旧和摊销金额或者是单项资产的成本将相应增大，成为减少利润的因素。

再次，目前税务部门不承认公允价值的税前列支或税前收入，因此对于以公允价值模式计量的生物资产公允价值变动进入利润表的部分应进行纳税调整。

另外，因为采用公允价值模式计量的生物资产不提取折旧或进行摊销处理，因此应提取未提取的折旧或摊销应调减应纳税所得额，确保公司的税务收益不受损失。

同时，因为按照公允价值模式处理的生物资产其账面价值与计税基础不一致，需要按照《企业会计准则第 18 号——所得税》的要求进行递延税款的处理。

二、对企业内部控制要求的影响

针对生物资产应建立相关的市场调查、分析、决策、构建、经营、估值和处置等内部控制制度。

1. 明确持有的生物资产的用途

生物资产用途不同，会导致会计核算方面的不同，进而导致财务报表列报的不同分类。因此，企业的业务部门和管理层，应当明确所持有的生物资产的用途，以便于进行会计处理和披露。

2. 严格掌握生物资产郁闭时点和预计使用状态时点

对于各种用途的生物资产来讲，都需要划分资本化和费用化处理的时点，该时点需要企业的内部控制系统提供信息加以确定。

3. 减值相关要求

新准则要求于会计期末对生物资产进行减值测试，企业应建立相关制度，确保取得减值因素的可靠证据，以便支持财务部门的减值处理。

第七章　无 形 资 产

第一节　案例分析及操作实务

一、会计科目的设置

新准则涉及的主要会计科目如下：

科目序号	科目编号	科目名称
62	1701	无形资产
63	1702	累计摊销
64	1703	无形资产减值准备
120	5301	研发支出

二、主要处理方法的解释

1. 现值的应用

现值是新准则中引入的新计量属性之一。在无形资产的核算中，当购入无形资产超过正常信用条件延期支付价款（如分期付款购买），实质上具有融资性质的，应按购买价款的现值金额，借记“无形资产”科目；按应付金额，贷记“长期应付款”科目；按其差额，借记“未确认融资费用”科目。

折现率的选择应当考虑货币的时间价值和相关期间通货膨胀等因素的影响。

2. 未确认融资费用

在新准则中“未确认融资费用”科目编号为 2702，科目性质为负债类，在编制财务报表时作为长期应付款的抵减项目，即在资产负债表中，“长期应付款”项目以“长期应付款”科目余额减掉“未确认融资费用”科目余额填列。

3. 设置“无形资产”科目

“无形资产”科目核算企业持有的无形资产，包括专利权、非专利技术、商标权、著作权和土地使用权等。采用成本模式计量的已出租的土地使用权和持有并准备增值后转让的土地使用权，在“投资性房地产”科目核算，不在“无形资产”科目核算。企业应当按照无形资产项目进行明细核算。

4. 无形资产的主要账务处理

（1）外购的无形资产，按应计入无形资产成本的金额，借记“无形资产”科目，贷记“银行存款”等科目。

（2）自行开发的无形资产，借记“无形资产”科目，贷记“研发支出”科目。

（3）企业合并中取得的无形资产，应按其在购买日的公允价值，借记“无形资产”科目，贷记有关科目。

（4）其他方式取得的无形资产，按不同方式下确定应计入无形资产成本的金额，借记“无形资产”科目，贷记有关科目。

（5）无形资产预期不能为企业带来经济利益的，应按已计提的累计摊销，借记“累计摊销”科目；原已计提减值准备的，借记“无形资产减值准备”科目；按其账面余额，贷记“无形资产”科目；按其差额，借记“营业外支出”科目。

（6）出售无形资产时，应按实际收到的金额，借记“银行存款”等科目；按已计提的累计摊销，借记“累计摊销”科目；原已计提减值准备的，借记“无形资产减值准备”科目；按应支付的相关税费，贷记“应交税费”等科目；按其账面余额，贷记无形资产科目；按其差额，贷记“营业外收入——处置非流动资产利得”科目或借记“营业外支出——处置非流动资产损失”科目。

5. 累计摊销的主要账务处理

（1）企业应当设置“累计摊销”科目，核算企业对使用寿命有限的无形资产计提的累计摊销。

（2）“累计摊销”科目应按无形资产项目进行明细核算。

（3）企业按月计提无形资产摊销，借记“管理费用”“其他业务成本”等科目，贷记本科目。

6. 无形资产减值准备的主要账务处理

（1）企业应当设置“无形资产减值准备”科目，核算企业无形资产发生减值时计提的减值准备。

（2）本科目应按无形资产项目进行明细核算。

（3）资产负债表日，企业根据资产减值准则确定无形资产发生减值的，按应减记的金额，借记“资产减值损失”科目，贷记本科目。处置无形资产时，应同时结转已计提的无形资产减值准备。

7. 研发支出的主要账务处理

（1）“研发支出”科目核算企业进行研究与开发无形资产过程中发生的各项支出。该科目应当按照研究开发项目，分别“费用化支出”与“资本化支出”进行明细核算。

（2）企业自行开发无形资产发生的研发支出，不满足资本化条件的，借记“研发支出（费用化支出）”科目；满足资本化条件的，借记“研发支出（资本化支出）”科目，贷记“原材料”“银行存款”“应付职工薪酬”等科目。

（3）企业以其他方式取得的正在研究开发的项目，应按确定的金额，借记“研发支出（资本化支出）”科目，贷记“银行存款”等科目。以后发生的研发支出，应当比照上述（2）规定进行处理。

（4）研究开发项目达到预定用途形成无形资产的，应按本科目（资本化支出）的余额，借记“无形资产”科目，贷记“研发支出（资本化支出）”科目。

期末，企业应将“研发支出”科目归集的费用化支出金额转入“管理费用”科目，借记“管理费用”科目，贷记“研发支出（费用化支出）”科目。

8. 特别说明：土地使用权的处理

新准则和应用指南指出，企业取得的土地使用权通常应确认为无形资产，但改变土地使用权用途，用于赚取租金或资本增值的，应当将其转为投资性房地产。

自行开发建造厂房等建筑物，相关的土地使用权与建筑物应当分别进行处理。外购土地及建筑物支付的价款应当在建筑物与土地使用权之间进行分配；难以合理分配的，应当全部作为固定资产。

企业（房地产开发）取得土地用于建造对外出售的房屋建筑物，相关的土地使用权账面价值应当计入所建造的房屋建筑物成本。

三、新准则运用举例

例 7-1 2016 年 1 月 8 日，某 A 上市公司从 B 公司购买一项商标权，由于 A 公司资金周转比较紧张，经与 B 公司协议采用分期付款方式支付款项。合同规定，该项商标权总计 6 000 000 元，每年年末付款 3 000 000 元，2 年付清。假定银行同期贷款利率为 6％，2 年期年金现值系数为 1.833 4。有关会计处理如下：

无形资产现值＝3 000 000×1.833 4＝5 500 200（元）
未确认融资费用＝6 000 000－5 500 200＝499 800（元）
第 1 年应确认的融资费用＝5 500 200×6％＝330 012（元）
第 2 年应确认的融资费用＝499 800-330 012＝169 788（元）

借：无形资产——商标权　　5 500 200
　　未确认融资费用　　499 800
　　贷：长期应付款　　6 000 000

第 1 年年底付款时：

借：长期应付款　　3 000 000
　　贷：银行存款　　3 000 000

借：财务费用　　330 012
　　贷：未确认融资费用　　330 012

第 2 年年底付款时：

借：长期应付款　　3 000 000
　　贷：银行存款　　3 000 000
借：财务费用　　169 788
　　贷：未确认融资费用　　169 788

例 7-2　某企业自行研究开发一项新产品专利技术，在研究开发过程中发生材料费 40 000 000 元、人工工资 10 000 000 元，以及其他费用 30 000 000 元，总计 80 000 000 元，其中，符合资本化条件的支出为 50 000 000 元，期末，该专利技术已经达到预定用途。有关会计处理如下：

借：研发支出——费用化支出　　30 000 000
　　　　　　——资本化支出　　50 000 000
　　贷：原材料　　40 000 000
　　　　应付职工薪酬　　10 000 000
　　　　银行存款　　30 000 000

期末：

借：管理费用　　30 000 000
　　无形资产　　50 000 000
　　贷：研发支出——费用化支出　　30 000 000
　　　　　　　　——资本化支出　　50 000 000

例 7-3　某股份有限公司从外单位购得一项商标权，支付价款 30 000 000 元，款项已支付，该商标权的使用寿命为 10 年，不考虑残值因素。有关会计处理如下：

借：无形资产——商标权　　30 000 000
　　贷：银行存款　　30 000 000
借：管理费用（30 000 000 ÷ 10）　　3 000 000
　　贷：累计摊销　　3 000 000

例 7-4　某股份有限公司接受 A 公司以其所拥有的专利权作为出资，双方协议约定的价值为 30 000 000 元，按照市场情况估计其公允价值为 20 000 000 元，已办妥相关手续。某股份有限公司的会计处理如下：

借：无形资产　　20 000 000
　　资本公积　　10 000 000
　　贷：实收资本　　30 000 000

例 7-5　某企业 2016 年年初无形资产情况如下：专利权入账价值 200 000 元，专门用于新产品的生产，摊销期 8 年；商标权入账价值 300 000 元，摊销期 10 年。本年无形资产摊销额计算过程如下：

专利权年摊销额 = 200 000 ÷ 8 = 25 000（元）
商标权年摊销额 = 300 000 ÷ 10 = 30 000（元）

根据计算结果，编制无形资产摊销额计算如表 7-1 所示。

表 7-1 无形资产摊销明细表

单位：元

项 目	应借科目		金 额
	总账科目	明细科目	
专利权	制造费用	无形资产摊销	25 000
商标权	管理费用	无形资产摊销	30 000

根据表 7-1 编制会计分录如下：

借：制造费用——无形资产摊销　　25 000
　　管理费用——无形资产摊销　　30 000
　　贷：累计摊销——专利权　　25 000
　　　　　　　　——商标权　　30 000

例 7-6　某股份有限公司将某项专利权出租给甲公司，每年获取租金收入 500 000 元，应交的增值税为 30 000 元。该专利权的账面价值为 1 200 000 元，剩余摊销年限为 4 年，假定出租专利权应交增值税税率为 6%。该公司出租专利权的账务处理如下：

（1）每年收取租金：

借：银行存款　　530 000
　　贷：其他业务收入　　500 000
　　　　应交税费——应交增值税（销项税额）　　30 000

（2）摊销专利权成本：

借：其他业务成本　　300 000
　　贷：累计摊销　　300 000

例 7-7　某企业将拥有的一项非专利技术出售，取得收入 10 000 000 元，应交的增值税为 600 000 元。该非专利技术的账面余额为 9 000 000 元，累计摊销额为 5 000 000 元，已计提的减值准备为 2 000 000 元。

借：银行存款　　10 000 000
　　累计摊销　　5 000 000
　　无形资产减值准备　　2 000 000
　　贷：无形资产　　9 000 000
　　　　应交税费——应交增值税（销项税额）　　600 000
　　　　营业外收入——处置非流动资产利得　　7 400 000

例 7-8　某企业拥有的一项专利技术预期不能为企业带来经济利益，将其予以转销。该专利技术的账面余额为 450 000 元，累计摊销额为 300 000 元，已计提的减值准备为 120 000 元。

假定不考虑其他相关因素，企业的会计处理如下：

借：营业外支出——处置非流动资产损失　30 000
　　累计摊销　300 000
　　无形资产减值准备　120 000
　　　贷：无形资产　450 000

第二节　首次执行日的会计处理

一、前后账目衔接

在首次执行日，企业应当根据《企业会计准则第 38 号——首次执行企业会计准则》第四条及其应用指南，结合本单位的实际情况，对首次执行日前的无形资产项目及相关账目的各项余额进行分析，按照新准则规定重新分类、确认和计量，设置新旧会计科目余额对照表，结束旧账，建立新账，形成期初资产负债表中无形资产余额，作为执行企业会计准则体系的起点。

对于存在商誉的企业，原在无形资产中列报的应当进行重分类，单独列报。

二、正在开发的无形资产

对于首次执行日企业正在开发过程中的内部开发项目，已经费用化的开发支出，不应追溯调整；根据新准则及相关解释规定，首次执行日及以后发生的开发支出，符合无形资产确认条件的，应当予以资本化。

对于处在开发阶段的内部开发项目，首次执行日之前未予资本化的借款费用，不应追溯调整；上述尚未完成开发或尚未完工的各项资产，首次执行日及以后发生的借款费用，应当将符合《企业会计准则第 17 号——借款费用》资本化条件的部分予以资本化。

三、超过正常信用条件延期付款、实质上具有融资性质的无形资产购置业务

首次执行日之前购买的无形资产在超过正常信用条件的期限内延期付款，实质上具有融资性质的，首次执行日之前已计提的折旧和摊销额，不再追溯调整；在首次执行日，企业应当以尚未支付的款项折现后的现值与无形资产账面价值的差额，减少资产的账面价值，同时增加未确认融资费用。首次执行日后，企业应当以调整后的资产账面价值作为认定成本并以此为基础进行摊销，未确认融资费用按照实际利率法进行摊销。

第三节 研究开发费用的税前加计扣除政策

一、《关于完善研究开发费用税前加计扣除政策的通知》（财税〔2015〕119号）

为进一步鼓励企业加大研发投入，有效促进企业研发创新活动，2015年10月21日国务院第109次常务会议决定，进一步完善企业研发费用税前加计扣除政策。2015年10月30日，财政部、国家税务总局和科技部制定下发了《关于完善研究开发费用税前加计扣除政策的通知》（财税〔2015〕119号，以下简称《通知》），对研发费用税前加计扣除政策进行了明确。

（一）研发活动及研发费用归集范围

本通知所称研发活动，是指企业为获得科学与技术新知识，创造性运用科学技术新知识，或实质性改进技术、产品（服务）、工艺而持续进行的具有明确目标的系统性活动。

1. 允许加计扣除的研发费用

企业开展研发活动中实际发生的研发费用，未形成无形资产计入当期损益的，在按规定据实扣除的基础上，按照本年度实际发生额的50%，从本年度应纳税所得额中扣除；形成无形资产的，按照无形资产成本的150%在税前摊销。研发费用的具体范围包括：

（1）人员人工费用。直接从事研发活动人员的工资薪金、基本养老保险费、基本医疗保险费、失业保险费、工伤保险费、生育保险费和住房公积金，以及外聘研发人员的劳务费用。

（2）直接投入费用。①研发活动直接消耗的材料、燃料和动力费用。②用于中间试验和产品试制的模具、工艺装备开发及制造费，不构成固定资产的样品、样机及一般测试手段购置费，试制产品的检验费。③用于研发活动的仪器、设备的运行维护、调整、检验、维修等费用，以及通过经营租赁方式租入的用于研发活动的仪器、设备租赁费。

（3）折旧费用。用于研发活动的仪器、设备的折旧费。

（4）无形资产摊销。用于研发活动的软件、专利权、非专利技术（包括许可证、专有技术、设计和计算方法等）的摊销费用。

（5）新产品设计费、新工艺规程制定费、新药研制的临床试验费、勘探开发技术的现场试验费。

（6）其他相关费用。与研发活动直接相关的其他费用，如技术图书资料费、资料翻译费、专家咨询费、高新科技研发保险费，研发成果的检索、分析、评议、论证、鉴定、评审、评估、验收费用，知识产权的申请费、注册费、代理费，差旅费、会议费等。此项费用总额不得超过可加计扣除研发费用总额的10%。

（7）财政部和国家税务总局规定的其他费用。

2. 下列活动不适用税前加计扣除政策。①企业产品（服务）的常规性升级。②对某项科研成果的直接应用，如直接采用公开的新工艺、材料、装置、产品、服务或知识等。③企业在商品化后为顾客提供的技术支持活动。④对现存产品、服务、技术、材料或工艺流程进行的重复或简单改变。⑤市场调查研究、效率调查或管理研究。⑥作为工业（服务）流程环节或常规的质量控制、测试分析、维修维护。⑦社会科学、艺术或人文学方面的研究。

（二）特别事项的处理

（1）企业委托外部机构或个人进行研发活动所发生的费用，按照费用实际发生额的80%计入委托方研发费用并计算加计扣除，受托方不得再进行加计扣除。委托外部研究开发费用实际发生额应按照独立交易原则确定。

委托方与受托方存在关联关系的，受托方应向委托方提供研发项目费用支出明细情况。

企业委托境外机构或个人进行研发活动所发生的费用，不得加计扣除。

（2）企业共同合作开发的项目，由合作各方就自身实际承担的研发费用分别计算加计扣除。

（3）企业集团根据生产经营和科技开发的实际情况，对技术要求高、投资数额大，需要集中研发的项目，其实际发生的研发费用，可以按照权利和义务相一致、费用支出和收益分享相配比的原则，合理确定研发费用的分摊方法，在受益成员企业间进行分摊，由相关成员企业分别计算加计扣除。

（4）企业为获得创新性、创意性、突破性的产品进行创意设计活动而发生的相关费用，可按照本通知规定进行税前加计扣除。

创意设计活动是指多媒体软件、动漫游戏软件开发，数字动漫、游戏设计制作；房屋建筑工程设计（绿色建筑评价标准为三星）、风景园林工程专项设计；工业设计、多媒体设计、动漫及衍生产品设计、模型设计等。

（三）会计核算与管理

（1）企业应按照国家财务会计制度要求，对研发支出进行会计处理；同时，对享受加计扣除的研发费用按研发项目设置辅助账，准确归集核算当年可加计扣除的各项研发费用实际发生额。企业在一个纳税年度内进行多项研发活动的，应按照不同研发项目分别归集可加计扣除的研发费用。

（2）企业应对研发费用和生产经营费用分别核算，准确、合理地归集各项费用支出，对划分不清的，不得实行加计扣除。

（四）不适用税前加计扣除政策的行业

（1）烟草制造业。

（2）住宿和餐饮业。

（3）批发和零售业。

（4）房地产业。

（5）租赁和商务服务业。

（6）娱乐业。

（7）财政部和国家税务总局规定的其他行业。

上述行业以《国民经济行业分类与代码（GB/4754—2011）》为准，并随之更新。

（五）管理事项及征管要求

（1）本通知适用于会计核算健全、实行查账征收并能够准确归集研发费用的居民企业。

（2）企业研发费用各项目的实际发生额归集不准确、汇总额计算不准确的，税务机关有权对其税前扣除额或加计扣除额进行合理调整。

（3）税务机关对企业享受加计扣除优惠的研发项目有异议的，可以转请地市级（含）以上科技行政主管部门出具鉴定意见，科技部门应及时回复意见。企业承担省部级（含）以上科研项目的，以及以前年度已鉴定的跨年度研发项目，不再需要鉴定。

（4）企业符合本通知规定的研发费用加计扣除条件而在2016年1月1日以后未及时享受该项税收优惠的，可以追溯享受并履行备案手续，追溯期限最长为3年。

（5）税务部门应加强研发费用加计扣除优惠政策的后续管理，定期开展核查，年度核查面不得低于20%。

（六）执行时间

本通知自2016年1月1日起执行。《国家税务总局关于印发〈企业研究开发费用税前扣除管理办法（试行）〉的通知》（国税发〔2008〕116号）和《财政部国家税务总局关于研究开发费用税前加计扣除有关政策问题的通知》（财税〔2013〕70号）同时废止。

二、关于企业研究开发费用税前加计扣除政策有关问题的公告

国家税务总局于2015年12月发布了《关于研究开发费用税前加计扣除政策有关问题的公告》（国家税务总局公告2015年第97号，以下简称《公告》），对研发费加计扣除的政策进行了总体扩围、引入负面清单的重大调整。

（一）研究开发人员范围

企业直接研发活动人员包括研究人员、技术人员、辅助人员。研究人员是指主要从事研究开发项目的专业人员；技术人员是指具有工程技术、自然科学和生命科学中一个或一个以上领域的技术知识和经验，在研究人员指导下参与研发工作的人员；辅助人员是指参与研究开发活动的技工。企业外聘研发人员是指与本企业签订劳务用工协议（合同）和临时聘用的研究人员、技术人员、辅助人员。

（二）研发费用归集

1. 加速折旧费用的归集

企业用于研发活动的仪器、设备，符合税法规定且选择加速折旧优惠政

策的，在享受研发费用税前加计扣除时，就已经进行会计处理计算的折旧、费用的部分加计扣除，但不得超过按税法规定计算的金额。

2. 多用途对象费用的归集

企业从事研发活动的人员和用于研发活动的仪器、设备、无形资产，同时从事或用于非研发活动的，应对其人员活动及仪器设备、无形资产使用情况作必要记录，并将其实际发生的相关费用按实际工时占比等合理方法在研发费用和生产经营费用间分配，未分配的不得加计扣除。

3. 其他相关费用的归集与限额计算

企业在一个纳税年度内进行多项研发活动的，应按照不同研发项目分别归集可加计扣除的研发费用。在计算每个项目其他相关费用的限额时应当按照以下公式计算：

其他相关费用限额＝《通知》第一条第一项允许加计扣除的研发费用中的第 1 项至第 5 项的费用之和 ×10%÷（1-10%）。

当其他相关费用实际发生数小于限额时，按实际发生数计算税前加计扣除数额；当其他相关费用实际发生数大于限额时，按限额计算税前加计扣除数额。

4. 特殊收入的扣减

企业在计算加计扣除的研发费用时，应扣减已按《通知》规定归集计入研发费用，但在当期取得的研发过程中形成的下脚料、残次品、中间试制品等特殊收入；不足扣减的，允许加计扣除的研发费用按零计算。

企业研发活动直接形成产品或作为组成部分形成的产品对外销售的，研发费用中对应的材料费用不得加计扣除。

5. 财政性资金的处理

企业取得作为不征税收入处理的财政性资金用于研发活动所形成的费用或无形资产，不得计算加计扣除或摊销。

6. 不允许加计扣除的费用

法律、行政法规和国务院财税主管部门规定不允许企业所得税前扣除的费用和支出项目不得计算加计扣除。

已计入无形资产但不属于《通知》中允许加计扣除研发费用范围的，企业摊销时不得计算加计扣除。

（三）委托研发

企业委托外部机构或个人开展研发活动发生的费用，可按规定税前扣除；加计扣除时按照研发活动发生费用的 80% 作为加计扣除基数。委托个人研发的，应凭个人出具的发票等合法有效凭证在税前加计扣除。

企业委托境外研发所发生的费用不得加计扣除，其中受托研发的境外机构是指依照外国和地区（含港澳台）法律成立的企业和其他取得收入的组织。受托研发的境外个人是指外籍（含港澳台）个人。

（四）不适用加计扣除政策行业的判定

《通知》中不适用税前加计扣除政策行业的企业，是指以《通知》所列行业业务为主营业务，其研发费用发生当年的主营业务收入占企业按税法第六条规定计算的收入总额减除不征税收入和投资收益的余额50%(不含)以上的企业。

（五）核算要求

企业应按照国家财务会计制度要求，对研发支出进行会计处理。研发项目立项时应设置研发支出辅助账，由企业留存备查；年末汇总分析填报研发支出辅助账汇总表，并在报送《年度财务会计报告》的同时随附注一并报送主管税务机关。研发支出辅助账、研发支出辅助账汇总表可参照本公告所附样式编制。

（六）申报及备案管理

（1）企业年度纳税申报时，根据研发支出辅助账汇总表填报研发项目可加计扣除研发费用情况归集表，在年度纳税申报时随申报表一并报送。

（2）研发费用加计扣除实行备案管理，除"备案资料"和"主要留存备查资料"按照本公告规定执行外，其他备案管理要求按照《国家税务总局关于发布〈企业所得税优惠政策事项办理办法〉的公告》（国家税务总局公告2015年第76号）的规定执行。

（3）企业应当不迟于年度汇算清缴纳税申报时，向税务机关报送《企业所得税优惠事项备案表》和研发项目文件完成备案，并将下列资料留存备查：

a. 自主、委托、合作研究开发项目计划书和企业有权部门关于自主、委托、合作研究开发项目立项的决议文件；

b. 自主、委托、合作研究开发专门机构或项目组的编制情况和研发人员名单；

c. 经科技行政主管部门登记的委托、合作研究开发项目的合同；

d. 从事研发活动的人员和用于研发活动的仪器、设备、无形资产的费用分配说明（包括工作使用情况记录）；

e. 集中研发项目研发费决算表、集中研发项目费用分摊明细情况表和实际分享收益比例等资料；

f. "研发支出"辅助账；

g. 企业如果已取得地市级（含）以上科技行政主管部门出具的鉴定意见，应作为资料留存备查；

h. 省税务机关规定的其他资料。

（七）后续管理与核查

税务机关应加强对享受研发费用加计扣除优惠企业的后续管理和监督检查。每年汇算清缴期结束后应开展核查，核查面不得低于享受该优惠企业户数的20%。省级税务机关可根据实际情况制订具体核查办法或工作措施。

（八）执行时间

本公告适用于2016年度及以后年度企业所得税汇算清缴。

三、研究开发费用税前加计扣除政策的核心要点

（一）明确从事研发活动人员的范围

新政策明确研发人员包括研究人员、技术人员和辅助人员三类。研发人

员既可以是本企业的员工，也可以是外聘的。外聘研发人员明确为与本企业签订劳务用工协议（合同）或临时聘用的研究人员、技术人员、辅助人员，劳务派遣的研究人员、技术人员、辅助人员也包括在内。上述人员中的辅助人员不应包括为研发活动从事后勤服务的人员。

先前的国税发〔2008〕116号文享受优惠的研发费用只是限于专职研发人员的费用，以及专门用于研发的材料费用、仪器设备折旧费、无形资产的摊销等，不包括外聘研发人员的劳务费等。这导致了一些研发活动包括企业共同承担的一些研发活动，不能完整地计入研发费用的范围之内。《通知》在原来允许扣除费用的范围基础上，又将外聘人员劳务费、试制产品检验费、专家咨询费、高新科技研发保险费以及与研发直接相关的差旅费、会议费等，也纳入了研发费用加计扣除的范围。

（二）明确同时享受加速折旧的固定资产加计扣除折旧额的计算

企业开展研发活动中实际发生的研发费用可按规定享受加计扣除，因此，新政策规定，企业用于研发活动的仪器、设备，符合税法规定且选择享受加速折旧优惠政策的，在享受研发费用加计扣除政策时，就已经进行会计处理计算的折旧、费用的部分加计扣除，且不得超过按税法规定计算的金额。

例 7-9 甲汽车制造企业2015年12月购入并投入使用一专门用于研发活动的设备，单位价值1 200万元，在会计处理上按8年计提折旧，税法上规定的最低折旧年限为10年，不考虑残值。甲企业对该项设备选择缩短折旧年限的加速折旧方式，折旧年限缩短为6年（10×60%）。2016年，甲企业会计处理计提的折旧额为150万元（1 200÷8），税收上因享受加速折旧优惠可以扣除的折旧额是200万元（1 200÷6）。在申报研发费用加计扣除时，就其会计处理上的“仪器、设备的折旧费”150万元可以进行加计扣除75万元（150×50%）。若该设备8年内用途未发生变化，每年均符合加计扣除政策规定，则企业8年内每年均可对其会计处理的“仪器、设备的折旧费”150万元进行加计扣除75万元。

例 7-10 承接例7-9，如甲企业在会计处理上按4年进行折旧，其他情形不变。则2016年甲企业在会计处理上计提的折旧额为300万元（1 200÷4），税收上可扣除的加速折旧额为200万元（1 200÷6）。在申报享受研发费用加计扣除时，对其在实际会计处理上已确认的“仪器、设备的折旧费”，但未超过税法规定的税前扣除金额200万元可以进行加计扣除100万元（200×50%）。若该设备6年内用途未发生变化，每年均符合加计扣除政策规定，则企业未来6年内每年均可对其会计处理的“仪器、设备的折旧费”200万元进行加计扣除100万元。

（三）明确多用途对象的费用归集要求

考虑到企业尤其是中小企业，从事研发活动的人员同时也会承担生产经营管理等职能，用于研发活动的仪器、设备、无形资产同时也会用于非研发活动，新政策对允许加计扣除的研发费用不再强调“专门用于”。为有效划分这类情形，新政策要求，企业应对此类人员活动情况及仪器、设备、无形资产的使用情况作必要记录，并将其实际发生的相关费用按实际工时占比等合理方法在研发费用和生产经营费用间分配，未分配的不得加计扣除。

（四）明确其他相关费用的归集与限额计算

研发费用的归集范围除其他相关费用外仅限于《通知》列举的项目，考虑到其他相关费用名目不一，不能穷尽列举，因此，《通知》参照高新技术企业研发费用的相关规定，明确与研发活动直接相关的其他相关费用，不得超过可加计扣除研发费用总额的10%。公告进一步明确了该限额的计算：应按项目分别计算，每个项目可加计扣除的其他相关费用都不得超过该项目可加计扣除研发费用总额的10%。按照《通知》规定，假设某一研发项目的其他相关费用的限额为X，《通知》第一条允许加计扣除的研发费用中的第1项至第5项费用之和为Y，那么$X \leqslant (X+Y) \times 10\%$，即$X \leqslant Y \times 10\% \div (1-10\%)$。

例7-11 某企业2×16年进行了二项研发活动A和B。A项目共发生研发费用100万元，其中，与研发活动直接相关的其他费用12万元。B共发生研发费用100万元，其中，与研发活动直接相关的其他费用8万元。假设研发活动均符合加计扣除相关规定。A项目其他相关费用限额＝（100－12）×10%÷（1－10%）＝9.78（万元），小于实际发生数12万元，则A项目允许加计扣除的研发费用应为97.78万元（100－1＋9.78）。B项目其他相关费用限额＝（100-8）×10%÷（1-10%）＝10.22（万元），大于实际发生数8万元，则B项目允许加计扣除的研发费用应为100万元。

该企业2×16年可以享受的研发费用加计扣除额为98.89万元［（97.78＋100）×50%］。

（五）明确特殊收入应扣减可加计扣除的研发费用

企业开展研发活动中实际发生的研发费用可按规定享受加计扣除政策，实务中常有已归集计入研发费用、但在当期取得的研发过程中形成的下脚料、残次品、中间试制品等特殊收入，此类收入均为与研发活动直接相关的收入，应冲减对应的可加计扣除的研发费用。为简便操作，公告明确，此类收入应冲减当期可加计扣除的研发费用，不足冲减的，允许加计扣除的研发费用按零计算。

生产单机、单品的企业，研发活动直接形成产品或作为组成部分形成的产品对外销售，产品所耗用的料、工、费全部计入研发费用加计扣除不符合政策鼓励本意。考虑到材料费用占比较大且易于计量，为强化政策导向，公告明确，研发活动直接形成产品或作为组成部分形成的产品对外销售的，研发费用中对应的材料费用不得加计扣除。

（六）明确财政性资金用于研发形成的研发费支出不得加计扣除

《企业所得税法实施条例》规定，企业的不征税收入用于支出所形成的费用或者资产，不得扣除或者计算对应的折旧、摊销扣除。据此，《公告》明确，企业取得作为不征税收入处理的财政性资金用于研发活动所形成的费用或无形资产，不得计算加计扣除。未作为不征税收入处理的财政性资金用于研发活动所形成的费用或无形资产，可按规定计算加计扣除。

（七）明确允许加计扣除的研发费用的基本要求

研发费用的核算无论是计入当期损益还是形成无形资产，可加计扣除的研发费用都应属于《通知》及公告规定的范围，同时应符合法律、行政法规和国家税务总局的税前扣除的相关规定，即不得税前扣除的项目也不得加计扣除。对于研发支出形成无形资产的，按照无形资产成本的150%摊销，其摊销年限应符合企业所得税法实施条例规定，即除法律另有规定外，摊销年限不得低于10年。

（八）明确委托开发过程中委托方可加计扣除的研发费用金额

委托开发情形下，考虑到涉及商业秘密等原因，《通知》规定，企业委托外部机构或个人进行研发活动所发生的费用，按照费用实际发生额的80%由委托方加计扣除，受托方不得再进行加计扣除；除关联方外委托方加计扣除时不再需要提供研发项目的费用支出明细情况。公告进一步明确，委托方发生的费用，可按规定全额税前扣除，加计扣除时按照委托方发生费用的80%计算加计扣除。公告特别强调委托个人研发的，应凭个人出具的发票等合法有效凭证计算税前加计扣除。

《通知》规定企业委托境外研发不得加计扣除，公告进一步对受托研发的境外机构或个人的范围作了解释，受托研发的境外机构是指依照外国和地区（含港澳台）法律成立的企业和其他取得收入的组织。受托研发的境外个人是指外籍（含港澳台）个人。

（九）明确不适用加计扣除优惠政策行业企业的具体判定

《通知》列明了不适用加计扣除优惠政策的七个行业，考虑到当前企业经营多元化的情况，为合理判断纳税人所属行业，《公告》明确，《通知》所列七个行业企业是指以上述行业业务为主营业务，其研发费用发生当年的主营业务收入占企业按税法第六条规定计算的收入总额减除不征税收入和投资收益的余额50%（不含）以上的企业。

先前的国税发〔2008〕116号要求，享受优惠的研发活动必须符合《国家重点支持的高新技术领域》和《当前优先发展的高技术产业化重点领域指南》两个目录。财税〔2015〕119号第一条第二项列举了税前加计扣除政策的负面清单，除了负面清单列举的不宜计入的研发活动之外，其他的都可以作为加计扣除的研发活动纳入优惠范围里来。因此，财税〔2015〕119号实施后，加计扣除政策不再受两个目录的限制，一些新兴业态只要不在负面清单范围之内，都可以实行加计扣除。

（十）明确研发项目辅助账的式样及日常管理

《通知》规定对享受加计扣除的研发费用按研发项目设置辅助账，准确归集核算当年可加计扣除的各项研发费用实际发生额。为引导企业准确核算，同时便于税务机关后续管理与核查，公告对允许加计扣除的研发费用项目设置了“研发支出”辅助账和“研发支出”辅助账汇总表样式，企业在研发项目立项时参照样式设置研发支出辅助账，年末按样式填报“研发支出”辅助账汇总表。

例 7-12　2×14 年度，某科技公司立项并开展研发活动项目 22 个，研发费用 900 多万元，但该企业在财务处理上仅仅在材料零用环节注明研发活动使用领料，后续未作任何的核算，更没有专账核算，因此在纳税评估中被税务机关全额剔除。当时的依据是没有建立专账、没有准确汇集研发费用。同样的情况如果发生在 2×16 年度，该企业同样会因为没有设置辅助账而不得享受研发费加计扣除。

（十一）明确企业享受加计扣除优惠的申报及备案管理

为保证优惠政策正确执行，公告明确，年度纳税申报时，根据研发支出辅助账汇总表，填报研发项目可加计扣除研发费用情况归集表，在年度纳税申报时随申报表一并报送。

研发费用加计扣除实行备案管理，除"备案资料"和"主要留存备查资料"按照本公告规定执行外，其他备案管理要求按照《国家税务总局关于发布〈企业所得税优惠政策事项办理办法〉的公告》（国家税务总局公告 2015 年第 76 号）的规定执行。

根据《技术合同认定登记管理办法》（国科发政字〔2000〕63 号）第六条规定，未申请认定登记和未予登记的技术合同，不得享受国家对有关促进科技成果转化规定的税收、信贷和奖励等方面的优惠政策。据此，涉及委托、合作研究开发的合同需经科技主管部门登记，该资料需要留存备查。

若企业的研发项目已取得地市级（含）以上科技行政主管部门出具的鉴定意见，也应作为资料留存备查。

第四节　新准则对企业的影响

新准则的变化是明显的，企业应适应新准则的变化。

一、对财务方面的影响

企业应当关注新旧准则的差异，调整财务核算方式的方法：

（1）新准则允许在符合条件的情况下，企业内部研究开发的无形资产在开发阶段的费用予以资本化。这条规定将大大改变那些高新技术企业以及研究开发费用比较大的企业的资产结构和损益结构，相当一部分费用将以资产的形式体现在资产负债表上，相应地将减少利润表上列报的费用，增加利润。

（2）取消旧准则"为首次发行股票而接受投资者投入的无形资产，应以该无形资产在投资方的账面价值作为入账价值"这条规定，企业就可以按照投资双方议定的（公允）价格作为入账价值，增加企业的资产和权益；也改变了企业的资产结构。

（3）增加有关不确定使用寿命无形资产的会计处理规定，明确规定了此类无形资产不再采用摊销的办法，而是采用减值测试的办法，这可能改变企业的资产和损益状况。

（4）无形资产的后续支出，在符合无形资产确认条件的情况下，允许进行资本化处理。这一点同样改变了企业的资产结构和损益情况。

（5）"研发支出""累计摊销"科目的设置，将改变企业的会计核算方法。

（6）当自用房产项目购建时，土地使用权依然列报在无形资产项目内，改变了企业的资产结构。

（7）无形资产减值准备不可转回，将限制企业调节利润的空间。

二、对内部控制方面的影响

（1）建立区分研究阶段和开发阶段的有效办法。因为研究阶段和开发阶段费用处理的不一致，导致企业必须提供确凿证据证明研究阶段和开发阶段的明显标志，否则将按照研究阶段处理所有的费用。因此企业必须建立行之有效的办法，向投资者说明研究与开发阶段的重要标志。

（2）对于使用寿命不确定的无形资产，应建立比较可靠的价值测试系统；应从该无形资产的市场价值、目前和将来为企业获取利益的能力、最新技术的影响等几个方面综合评价其价值，以便符合准则的要求。

第八章　非货币性资产交换

第一节　案例分析及操作实务

一、新准则运用解释

1. 具有商业实质且公允价值能够可靠地计量时

非货币性资产交换具有商业实质且公允价值能够可靠地计量的，在发生补价的情况下，支付补价方应当以换出资产的公允价值加上支付的补价（或换入资产的公允价值）和应支付的相关税费，作为换入资产的成本；收到补价方，应当以换入资产的公允价值（或换出资产的公允价值减去补价）和应支付的相关税费，作为换入资产的成本。

换出资产公允价值与其账面价值的差额，应当分别下列情况处理：

（1）换出资产为存货的，应当作为销售处理，按照《收入》一章的规定，以其公允价值确认收入，同时结转相应的成本。

（2）换出资产为固定资产、无形资产的，换出资产公允价值和换出资产账面价值的差额，计入营业外收入或营业外支出。

（3）换出资产为长期股权投资、可供出售金融资产的，换出资产公允价值和换出资产账面价值的差额，计入投资收益。可供出售金融资产原在资本公积中确认的前期公允价值变动，也应当一并转入投资收益。

2. 不具有商业实质或公允价值不能可靠地计量时

涉及支付补价的，应当以换出资产的账面价值，加上支付的补价和应支付的相关税费，作为换入资产的成本；收到补价的，应当以换出资产的账面价值，减去收到的补价并加上应支付的相关税费，作为换入资产的成本，双方均不确认损益。

3. 同时换入多项资产的处理

同时换入多项资产时，在确定各项换入资产的成本时，应当分别下列情况处理：

（1）非货币性资产交换具有商业实质，且换入资产的公允价值能够可靠地计量的，应当按照换入各项资产的公允价值占换入资产公允价值总额的比例，对换入资产的成本总额进行分配，确定各项换入资产的成本。

（2）非货币性资产交换不具有商业实质，或者虽具有商业实质但换入资产的公允价值不能可靠地计量的，应当按照换入各项资产的原账面价值占换入资产原账面价值总额的比例，对换入资产的成本总额进行分配，确定各项换入资产的成本。

二、具体业务举例

（一）不涉及补价情况下的非货币性资产交换

不涉及补价的非货币性资产交换可以分两种情况进行会计处理。

1. 以库存商品换入固定资产

例 8-1 A 股份有限公司以生产经营过程中使用的锻压设备交换 B 股份有限公司库存商品办公家具，换入的办公家具作为固定资产进行管理。锻压设备的账面原值为10万元，在交换日的累计折旧为5万元，公允价值为7万元。办公家具的账面价值为 8 万元，在交换日的公允价值为 7 万元，计税价格等于公允价值。假设 A 股份有限公司没有为固定资产计提资产减值准备；整个交易过程中除支付运杂费 1 000 元外，没有发生其他相关税费。假设 B 股份有限公司没有为库存商品计提存货跌价损失准备；销售办公家具的增值税税率为 17%，其换入 A 股份有限公司的锻压设备作为固定资产进行管理，在整个交易过程中没有发生除增值税以外的其他税费。

设双方交易具有商业实质，且锻压设备、办公家具的公允价值是可靠的，采用公允价值计价：

（1）A 股份有限公司的会计处理如下：

a. 换出锻压设备转入清理：

借：固定资产清理	50 000	
累计折旧	50 000	
贷：固定资产——锻压设备		100 000

b. 支付相关费用：

借：固定资产清理	1 000	
贷：银行存款		1 000

c. 换入办公家具：

借：固定资产——办公家具（70 000 + 1 000）	71 000	
贷：固定资产清理		71 000

d. 确认收益：

借：固定资产清理（70 000 − 50 000）	20 000	
贷：营业外收入		20 000

（2）B 股份有限公司的会计处理如下：

第一步，计算换出办公家具的增值税销项税额。

根据增值税的有关规定，企业以库存商品换入其他资产，视同销售行为发生，应计算增值税销项税额，缴纳增值税。换出资产办公家具的增值税销项税额为 11 900 元（70 000×17%）。

第二步，会计处理。

a. 换出存货确认收入：

借：固定资产——锻压设备（70 000 + 11 900）　　81 900
　　贷：主营业务收入　　70 000
　　　　应交税费——应交增值税（销项税额）　　11 900

b. 换出存货确认成本：

借：主营业务成本　　80 000
　　贷：库存商品　　80 000

例 8−2　沿用例 8−1 资料，并假定 A 股份有限公司换入办公家具非其所用，双方交易不具有商业实质，采用账面价值计价。

（1）A 股份有限公司的会计处理如下：

借：固定资产清理　　50 000
　　累计折旧　　50 000
　　贷：固定资产——锻压设备　　100 000
借：固定资产清理　　1 000
　　贷：银行存款　　1 000
借：固定资产——办公家具　　51 000
　　贷：固定资产清理　　51 000

（2）B 股份有限公司的会计处理如下：

借：固定资产——锻压设备　　91 900
　　贷：库存商品——办公家具　　80 000
　　　　应交税费——应交增值税（销项税额）　　11 900

即 A、B 公司均不确认非货币性资产交换损益。

2. 以库存商品换入库存商品

例 8−3　A 公司决定以账面价值为 9 000 元、公允价值为 10 000 元的甲材料，换入 B 公司账面价值为 11 000 元、公允价值为 10 000 元的乙材料，A 公司支付运费 300 元，B 公司支付运费 200 元。A、B 两家公司均未对存货计提跌价准备，增值税税率均为 17%。

设双方交易具有商业实质，且甲、乙材料公允价值是可靠的，采用公允价值计价：

（1）A 公司会计处理如下：

借：原材料——乙材料（10 000 + 300）　　10 300
　　应交税费——应交增值税（进项税额）
　　　　（换入乙材料增值税）　　1 700
　　贷：主营业务收入　　10 000
　　　　应交税费——应交增值税（销项税额）
　　　　　　（换出甲材料增值税）　　1 700
　　　　银行存款　　300
借：其他业务成本　　9 000
　　贷：原材料——甲材料　　9 000

（2）B公司会计处理如下：

借：原材料——甲材料（10 000 + 200）　　10 200
　　应交税费——应交增值税（进项税额）
　　　　　　（换入甲材料增值税）　　1 700
　　贷：其他业务收入　　10 000
　　　　应交税费——应交增值税（销项税额）
　　　　　　（换出乙材料增值税）　　1 700
　　　　银行存款　　200
借：其他业务成本　　11 000
　　贷：原材料——乙材料　　11 000

例8-4　仍用例8-3资料，假设双方交易不具有商业实质，采用账面价值计价。

（1）A公司会计处理如下：

借：原材料——乙材料（9 000 + 300）　　9 300
　　应交税费——应交增值税（进项税额）
　　　　　　（换入乙材料增值税）　　1 700
　　贷：原材料——甲材料　　9 000
　　　　应交税费——应交增值税（销项税额）
　　　　　　（换出甲材料增值税）　　1 700
　　　　银行存款　　300

（2）B公司会计处理如下：

借：原材料——甲材料（11 000 + 200）　　11 200
　　应交税费——应交增值税（进项税额）
　　　　　　（换入甲材料增值税）　　1 700
　　贷：原材料——乙材料　　11 000
　　　　应交税费——应交增值税（销项税额）
　　　　　　（换出乙材料增值税）　　1 700
　　　　银行存款　　200

即A、B公司均不确认非货币性资产交换损益。

（二）涉及补价情况下的非货币性资产交换

例8-5　A公司以生产经营过程中使用的一辆货运汽车交换B公司生产经营过程中使用的一台运输机械，换入的运输机械作为固定资产进行管理。货运汽车的账面原值为50万元，在交换日的累计折旧为20万元，公允价值为35万元。运输机械的账面原值为35万元，在交换日的累计折旧为3万元，公允价值为30万元。在这项交易中，双方协议，B公司支付A公司5万元补价，A公司负责运输，共支付运费及相关税费4万元。B公司支付相关税费2万元。假设A公司未对货运汽车计提资产减值准备，B公司为运输机械计提资产减值准备1万元；B公司换入A公司的货运汽车作为固定资产进行管理；A公司和B公司在整个交易过程中都没有发生其他相关税费。计算 A 公司换入资产的入账价值。

从收到补价的 A 公司来看，收到的补价 5 万元占换出资产公允价值 35 万元的比例为 14.25%（5 ÷ 35 × 100％），该比例小于 25％，属非货币性资产交换，应按照非货币性资产交换会计准则核算。

（1）设交易具有商业实质，双方公允价值可靠，采用公允价值计价。

A 公司：换入资产运输机械入账价值为 340 000 元（350 000 － 50 000 ＋ 40 000），作会计分录如下：

a. 换出货运汽车转入清理：

借：固定资产清理	300 000	
累计折旧	200 000	
贷：固定资产——货运汽车		500 000

b. 支付相关税费（应交税费步骤略）：

借：固定资产清理	40 000	
贷：银行存款		40 000

c. 换入运输机械并收到补价：

借：固定资产——运输机械（350 000 － 50 000 ＋ 40 000）	340 000	
银行存款	50 000	
贷：固定资产清理		390 000

d. 确认收益：

借：固定资产清理（340 000 ＋ 50 000 － 300 000 － 40 000）	50 000	
贷：营业外收入		50 000

账务处理合并（把几个核算步骤合一，略去固定资产清理步骤）：

借：固定资产——运输机械（350 000 － 50 000 ＋ 40 000）	340 000	
银行存款（50 000 － 40 000）	10 000	
累计折旧	200 000	
贷：固定资产——货运汽车		500 000
营业外收入		50 000

（2）设交易双方的公允价值均不可靠，采用账面价值计价。

换入资产运输机械入账价值为 290 000 元（300 000 － 50 000 ＋ 40000），作会计分录如下：

借：固定资产清理	300 000	
累计折旧	200 000	
贷：固定资产——货运汽车		500 000
借：固定资产清理	40 000	
贷：银行存款		40 000

借：固定资产——运输机械 290 000
　　银行存款 50 000
　　贷：固定资产清理 340 000

账务处理合并（把几个核算步骤合一，略去固定资产清理步骤）：

借：固定资产——运输机械
　　（300 000 − 50 000 + 40 000） 290 000
　　银行存款（50 000 − 40 000） 10 000
　　累计折旧 200 000
　　贷：固定资产——货运汽车 500 000

从支付补价的B公司来看，要关注的条件是：换入资产货运汽车的公允价值35万元，换出资产运输机械原值35万元，累计折旧3万元，计提减值准备1万元，公允价值30万元，支付补价5万元，支付相关税费2万元。

支付的补价5万元占换出资产的公允价值30万元及补价5万元之和的比例为14.25％［5÷（30＋5）×100％］，该比例小于25％，属非货币性资产交换，应按照非货币性资产交换会计准则核算。

B公司会计处理如下：

（1）双方交易具有商业实质，且公允价值可靠，采用公允价值计价。

换入资产货运汽车入账价值＝30＋5＋2＝37（万元）

确认的非货币性资产交换利得＝30－（35－3－1）＝－1（万元）

作会计分录如下：

a.换出运输机械转入清理：

借：固定资产清理 310 000
　　累计折旧 30 000
　　固定资产减值准备 10 000
　　贷：固定资产——运输机械 350 000

b.支付相关税费（应交税费步骤略）：

借：固定资产清理 20 000
　　贷：银行存款 20 000

c.换入货运汽车并支付补价：

借：固定资产——货运汽车
　　（300 000 + 50 000 + 20 000） 370 000
　　贷：固定资产清理 320 000
　　　　银行存款 50 000

d.确认收益：

借：营业外支出（350 000 − 30 000 − 300 000 − 10 000） 10 000
　　贷：固定资产清理 10 000

账务处理合并（把几个核算步骤合一，略去固定资产清理步骤）：

借：固定资产——货运汽车　370 000
　　固定资产减值准备　10 000
　　累计折旧　30 000
　　营业外支出　10 000
　　贷：固定资产——运输机械　350 000
　　　　银行存款　70 000

（2）设双方交易公允价值计量不可靠，采用账面价值计价。

换入资产设备入账价值＝31＋5＋2＝38（万元）

不确认非货币性资产交换损失。

作会计分录（设备清理过程略）如下：

借：固定资产——货运汽车　380 000
　　固定资产减值准备　10 000
　　累计折旧　30 000
　　贷：固定资产——运输机械　350 000
　　　　银行存款　70 000

（三）同时换入多项资产的情况

例 8-6　A 公司决定以持有的某公司的长期股票投资交换 B 公司一辆小轿车和一台机床，在交换日，A 公司持有的长期股票投资账面余额 300 万元，计提减值准备 40 万元，公允价值 250 万元。B 公司的小轿车账面价值 60 万元，公允价值 80 万元；一台机床账面价值 200 万元，公允价值 180 万元。A 公司支付 B 公司补价 10 万元，A 公司支付相关运费 1 万元。假设不考虑其他税费。

从 A 公司来看，支付补价 10 万元占换出资产公允价值与支付补价之和 260 万元的 3.85％，小于 25％，则按照非货币性资产交换准则核算。

假设交易双方具有商业实质，且公允价值是可靠的。

换入资产入账价值总额＝250＋10＋1＝261（万元）
小轿车占公允价值的比例＝80÷（80＋180）×100%＝30.77%
则换入资产小轿车的入账价值＝261×30.77％＝80.3097（万元）
机床占公允价值的比例＝180÷（80＋180）×100%＝69.23%
换入资产机床的入账价值＝261×69.23％＝180.6903（万元）
非货币资产交换确认的损失＝260-250＝10（万元）

A 公司会计处理如下：

借：固定资产——小轿车　803 097
　　　　　——机床　1 806 903
　长期股权投资减值准备　400 000
　投资收益　100 000
　贷：长期股权投资　3 000 000
　　银行存款　110 000

（四）综合举例

例 8-7　A 公司以一辆小汽车换取 B 公司一辆小型中巴，A 公司小汽车的账面原价为 30 万元，累计折旧为 11 万元，公允价值为 16 万元；B 公司小型中巴账面原价为 40 万元，累计折旧为 15 万元，公允价值为 20 万元；A 公司支付了 4 万元现金，不考虑相关税费（经分析，该交换具有商业实质）。

$4 \div 20 = 20\% < 25\%$ 属非货币性资产交换

A 公司会计处理如下：

借：固定资产清理　190 000
　累计折旧　110 000
　贷：固定资产——小汽车　300 000
借：固定资产——小型中巴（160 000 + 40 000）　200 000
　营业外支出　30 000
　贷：固定资产清理　190 000
　　库存现金　40 000

B 公司会计处理如下：

借：固定资产清理　250 000
　累计折旧　150 000
　贷：固定资产——小型中巴　400 000
借：固定资产——小汽车（200 000 − 40 000）　160 000
　库存现金　40 000
　营业外支出　50 000
　贷：固定资产清理　250 000

例 8-8　沿用例 8-7 资料，假定两辆车的公允价值均不能可靠地计量，A 公司按照两者账面价值的差额支付了 6 万元的现金（不考虑相关税费）。

A 公司会计处理如下：

借：固定资产清理　190 000
　累计折旧　110 000
　贷：固定资产——小汽车　300 000
借：固定资产——小型中巴　250 000
　贷：固定资产清理　190 000
　　库存现金　60 000

B 公司会计处理如下：

借：固定资产清理　　250 000
　　累计折旧　　150 000
　　贷：固定资产——小型中巴　　400 000
借：固定资产——小汽车（250 000 – 60 000）　　190 000
　　库存现金　　60 000
　　贷：固定资产清理　　250 000

第二节　新准则对企业的影响

一、相关规定

非货币性资产交换准则着重解决了以非货币性资产交换方式换入资产的成本确定和资产交换损益的确认问题。与旧准则相比，主要差异表现在：

（1）以换出资产的公允价值作为换入资产的成本。

（2）以换出资产的公允价值与其账面价值的差额确认当期损益。

二、新准则的适用

非货币性资产交换计量属性的变更属于会计政策变更，但涉及的交易是一次性完成的，而且以前的公允价值难以重新认定，因此在首次执行企业会计准则之前已经完成的非货币性资产交换，不需要追溯调整，应当采用未来适用法。在首次执行企业会计准则之后发生的非货币性资产交换，按照新准则处理。

三、新准则对企业的影响

新准则的变化是明显的，企业应适应新准则的变化。

（1）新准则最核心的变化是在满足交换具有商业实质并且满足公允价值计量条件的情况下，换入换出资产采用公允价值计量，改变了传统的计量模式。

（2）对财务方面的影响。企业应当关注新旧准则的差异对损益的影响，调整财务核算方式和方法：非货币性资产交换将采用公允价值计量模式，将公允价值与账面价值确认为当期损益。企业应在操作该类业务之前评估这种收益对整体收益的影响。

（3）对内部控制方面的影响。非货币性资产交换将采用公允价值计量模式。这是一把双刃剑，既可以为报表的使用者提供相关的信息，同时也留出了利润操作的空间。对企业来讲，在操作该类业务时需要注意公允价值的适用条件，避免涉嫌欺诈的指控。

如何建立完善的判断交易是否具有商业实质的评价制度，如何采用估值技术确认公允价值是摆在每一个企业面前最紧迫的任务。

第九章　资 产 减 值

第一节　案例分析及操作实务

一、涉及资产减值准备的会计科目

除了新准则规范的资产减值，加上由其他会计准则规范的资产减值，涉及与资产减值有关的会计科目主要有："坏账准备""贷款损失准备""存货跌价准备""持有至到期投资减值准备""长期股权投资减值准备""固定资产减值准备""无形资产减值准备""商誉减值准备""资产减值损失"等。

二、经济业务举例

在具体实务操作中，一是要把握一个判断资产减值的原则，即应确保资产以不超过其可收回金额的前提下进行计量，如果资产账面价值超过其可收回金额，该资产视为已经减值，则该项资产应确认减值损失。

一般按以下三个步骤评估减值：①评估一项资产是否存在减值迹象；②分别通过公允价值减去处置费用净额和预计未来现金流量现值估量有减值迹象资产的金额；③将通过两种方式估量的金额进行比较，将金额较高的作为可收回金额并与账面价值进行比较，确定资产减值损失，同时对资产减值损失进行会计处理。

（一）资产组的认定

例 9-1　企业 E 生产一种产品，并拥有工厂 A、B、C。各工厂位于世界上不同的洲。A 生产一种组件，由 B 或 C 进行组装。B 和 C 的联合生产能力未被充分利用。E 的产品由 B 或 C 销往世界各地。B 和 C 的利用程度依赖于销售在两地之间的分配。

（1）A 的产品存在活跃市场：① A 很可能是一个单独的资产组，因为其产品存在活跃市场；②即使 B 和 C 组装的产品存在活跃市场，B 和 C 的现金流入依赖于产品在两地之间的分配。B 和 C 的未来现金流入不可能单独确定。因此，B 和 C 组合在一起足可成为能产生基本上独立的现金流入的可认定为最小的资产组合。

（2）A 的产品不存在活跃市场：① A、B、C 的价值很可能不能单独估定，原因在于：a.A 工厂的产品不存在活跃市场，因此，A 工厂的现金流入依赖于 B 和 C 最终产品的销售；b.B 和 C 组装的产品虽然存在活跃市场，但 B

和 C 的现金流入依赖于产品在两个工厂之间的分配，B 和 C 的未来现金流入不可能单独地确定。②结果：A、B、C 组合在一起（即 E 作为一个整体）很可能是一个基本上产生独立的现金流入的可认定为最小的资产组合。

又如，甲公司下设三个分厂，拥有 A、B 两项专利技术。其中，A 专利技术相关的产品生产主要由一分厂和二分厂负责；而 B 技术相关的产品生产主要由三分厂负责。两种产品均可以在活跃的市场上进行销售。由于根据两种专利技术生产的产品均有活跃市场，也就是说，其可以独立地产生现金流入。由此可以认定，A 专利技术和一分厂、二分厂资产很有可能是一个资产组，B 专利技术和三分厂的资产也很有可能是一个资产组。

如果一分厂、二分厂生产的产品属于中间产品，需要通过三分厂的继续加工才能形成最终的产品，且所指的中间产品没有活跃市场，那么在这种情况下，应将 A、B 专利技术、一分厂、二分厂、三分厂合起来作为一个资产组。

（二）资产组的可收回金额和账面价值的确定

例 9-2　一公司在某国开矿，该国法律要求矿产所有者必须在完成开采后将该地区恢复原貌。恢复费用包括表土覆盖层的重置，因为其在矿山开发前必须移走。表土覆盖层一旦移走，就应确认一笔表土覆盖层重置准备。该准备计入矿山成本，并在矿山使用期限内提取折旧。假设为恢复费用所提取的准备的账面价值为 500 万元，等于恢复费用现值。

企业正在对矿山进行减值测试。矿山所属资产组是整座矿山，企业已收到愿以约 800 万元的价格购买该矿山的订单，该价格已考虑了重置表土覆盖层成本。矿山的处置费用可忽略。矿山使用价值约 1 200 万元，不包括恢复费用。矿山账面价值 1 000 万元。

资产组的销售净价为 800 万元，该价格考虑了恢复费用，资产组的使用价值在考虑恢复费用后估计为 700 万元（1 200 − 500），因此资产组的可收回金额为两者的较高者 800 万元。资产组的账面价值为 500 万元，即矿山的账面价值（1 000 万元）减去重置准备（500 万元）。

（三）使用价值的计算和减值损失的确认

例 9-3　本例中不考虑税的影响。

（1）背景资料。2014 年年末，A 主体以 10 000 万元购入 M 企业。M 在三个国家拥有制造工厂，资料数据如表 9-1 所示。

表 9-1　2014 年年末的数据

单位：万元

制造工厂	购买价格的分摊	可辨认资产的公允价值	商誉
在 A 国的工厂	3 000	2 000	1 000
在 B 国的工厂	2 000	1 500	500

（续表）

制造工厂	购买价格的分摊	可辨认资产的公允价值	商誉
在 C 国的工厂	5 000	3 500	1 500
合　计	10 000	7 000	3 000

注：商誉是在各国工厂的经营活动代表最低的层次，在这个层次上对商誉的监控是出于内部管理的目的（如收购协议规定的那样，按照各国工厂的购买价格与可辨认资产公允价值之间的差额进行确定）。

因为商誉已经被分摊到各国工厂的经营活动中，各个经营活动必须按年或者在出现减值迹象的情况下更加频繁地进行减值测试；现金产出单元的可收回金额（即使用价值和公允价值减出售费用孰高）是在计算使用价值的基础上确定的。在 2014 年和 2015 年年末，每个现金产出单元使用价值都超过了其账面余额。因此可以认为在各国工厂的经营活动以及该活动所分担的商誉都没有出现减值。

在 2016 年年初，A 国进行了新一届政府选举。新政府通过了有关立法，严格限制 A 主体主要产品的出口。结果，在可预见的将来，A 主体在 A 国的产量将减少 40％。重大的出口限制和产量的减少，要求 A 主体在 2016 年年初对 A 国经营的可收回金额进行估计。A 主体使用直线法在 12 年内对 A 国工厂的可辨认资产进行折旧和摊销，并预期没有残值。

为了确定 A 国现金产出单元的使用价值（见表 9—2），A 主体的处理如下：①应根据管理层批准的最近编制的未来 5 年（2016—2020 年）的财务预算或预测编制现金流量预测；②按递减的增长率估计以后的现金流量（2021—2020 年）。2021 年的增长率估计是 3％。该增长率低于 A 国市场的长期平均增长率；③选择 15％作为折现率，它代表了货币时间价值和对 A 国现金产出单元的特定风险的当前市场评价的税前折现率。

表 9-2　计算 2016 年年初 A 国现金产出单元的使用价值

单位：万元

年　份	长期增长率（％）	未来现金流量	折现率为 15％的现值系数	折现后的未来现金流量
2016（n－1）		230*	0.869 57	200
2017		253*	0.756 14	191
2018		273*	0.657 52	180
2019		290*	0.577 5	167
2020		304*	0.497 18	151

（续表）

年　　份	长期增长率（%）	未来现金流量	折现率为 15% 的现值系数	折现后的未来现金流量
2021	3	313 +	0.432 33	135
2022	－2	307 +	0.375 94	115
2023	－6	289 +	0.326 90	94
…	…	…	…	…
2027	－15	245 +	0.284 26	70
2028	－25	184 +	0.247 19	45
2029	－67	61 +	0.214 94	13
使用价值				1 361

注：* 以管理层对净现金流量预计的最佳估计为基础（产量减少 40% 以后）。
　　＋以应用递减增长率对以前年度现金流量的推断为基础。

（2）减值损失的确认和计量。①A 国现金产出单元的可收回金额是 1 361 万元；② A 主体对 A 国现金产出单元的可收回金额与其账面金额进行了比较（见表 9–3）；③由于账面金额超过可收回金额 1 472 万元，A 主体立即在损益中确认了 1 472 万元的减值损失。在减少 A 国现金产出单元的其他可辨认资产的账面金额之前，先将与 A 国工厂有关的商誉的账面金额减记至零。

现值系数的计算公式是：k＝1÷（1＋a）n，a＝折现率，n＝折现年数。

表 9–3　2016 年年初 A 国现金产出单元减值损失的计算和分摊

单位：万元

项　　目	商誉	可辨认资产	总计
历史成本	1 000	2 000	3 000
累计折旧（2015 年）	—	（167）	（167）
账面金额	1 000	1 833	2 833
减值损失	（1 000）	（472）	（1 472）
减值后的账面金额	—	1 361	1 361

（四）固定资产的减值准备

例 9–4　2016 年 12 月 31 日，M 出租汽车公司对购入的时间相同、型号相同、性能相似的出租车进行检查时发现其可能发生减值。该类出租车销售净价总额为 1 200 000 元；尚可使用 5 年，预计其在未来 4 年内产生的现金流量分别为：400 000 元、360 000 元、320 000 元和 250 000 元；第 5 年产生的现金流量以及使用寿命结束时处置形成的现金流量合计为 200 000 元；在考虑相关风险的基础上，公司决定采用 5％的折现率。企业在具体的计提固定资产减值准备工作中，按下列步骤进行：

第一步，考虑固定资产发生减值的迹象。

第二步，计算确定固定资产可收回金额。

在计算确定固定资产可收回金额时，首先，企业应计算固定资产的销售净价；其次，企业应计算预期从该资产的持续使用和使用寿命结束时的处置中形成的现金流量的现值；最后，企业应比较固定资产的销售净价和预期从该资产的持续使用和使用寿命结束时的处置中形成的现金流量的现值，取其较高者作为固定资产的可收回金额。其中，企业预期从该资产的持续使用和使用寿命结束时的处置中形成的现金流量的现值主要取决于该固定资产的预计使用寿命、未来所产生的现金流量和折现率的选择。预计使用寿命应以该项固定资产的尚可使用寿命为限；该资产未来所产生的现金流量一般应参照该资产在过去使用期间所产生的经济利益预计；折现率应反映货币时间价值的当前市场评价和资产特有风险。由于计算资产的未来现金流量现值均通过预计才能得到，因此，企业在预计固定资产未来现金流量时，需运用职业判断，并根据谨慎性原则的要求，充分考虑固定资产尚可使用寿命内的风险因素。

假设 2016 年 12 月 31 日该出租车的账面价值为 1 500 000 元，以前年度没有计提固定资产减值准备。有关计算过程见表 9-4。

表 9-4　固定资产未来现金流量现值计算表

年　份	预计未来现金流量（元）	折现率（％）	现值系数	现值（元）
2017	400 000	5	0.952 4	380 960
2018	360 000	5	0.907 0	326 520
2019	320 000	5	0.863 8	276 416
2020	250 000	5	0.822 7	205 675
2021	200 000	5	0.783 5	156 700
合　计				1 346 271

由表 9-4 可见，企业预期从该资产的持续使用和使用寿命结束时的处置

中形成的现金流量的现值为 1 346 271 元，大于其销售净价 1 200 000 元，所以，其可收回金额为 1 346 271 元。

第三步，比较固定资产账面价值与可收回金额。

出租汽车公司出租汽车的账面价值为 1 500 000 元，可收回金额为 1 346 271 元，其账面价值大于可收回金额的差额为 153 729 元（1 500 — 000 — 1 346 271）。

第四步，进行账务处理。

在具体计提固定资产减值准备时，企业应按固定资产账面价值超过其可收回金额的部分计提减值准备。计提的固定资产减值准备，借记“资产减值损失——固定资产减值损失”科目，贷记“固定资产减值准备”科目。如果当期应计提的固定资产减值准备金额高于已计提的固定资产减值准备的账面余额，企业应按其差额补提减值准备，借记“资产减值损失——固定资产减值损失”科目，贷记“固定资产减值准备”科目。但是，如果已计提减值准备的固定资产价值回升，其原计提的减值准备不能转回。M 出租汽车公司的账务处理如下：

借：资产减值损失——固定资产减值损失　　153 729

　　贷：固定资产减值准备　　153 729

（五）固定资产减值测试

例 9–5　2016 年 12 月 31 日，甲公司发现 2014 年 12 月 31 日购入的一项专利技术设备，类似的专利技术设备在市场上已经出现，此项设备可能减值：①如果该企业准备出售，市场上公允价值为 2 200 000 元；②如果继续使用，尚可使用 5 年，未来 5 年的现金流量为 500 000 元、480 000 元、460 000 元、440 000 元和 420 000 元，第 6 年现金流量及使用寿命结束时预计处置带来现金流量为 380 000 元；③折现率 5％，假设该项设备 2016 年账面原值为 3 000 000 元，已经计提折旧 500 000 元，以前年度已计提减值准备 200 000 元。要求对该专利设备进行减值测试，如发生减值损失，对其进行会计处理。

第一步，计算该项设备的账面价值。

该项设备 2016 年 12 月 31 日的账面价值 ＝原值－折旧－已计提资产减值

＝ 3 000 000 － 500 000 － 200 000

＝ 2 300 000（元）

第二步，通过公允价值减去处置费用净额估量可收回金额。

销售净价 2 200 000 元。

第三步，通过计算预计未来现金流量现值，来估量该项资产的可收回金额（见表 9–5）。

表 9-5　预计未来现金流量现值计算表

年　　份	预计未来现金流量（元）	折现率（%）	现值系数	现值（元）
2017	500 000	5	0.952 4	476 190
2018	480 000	5	0.907 0	435 374
2019	460 000	5	0.863 8	397 365
2020	440 000	5	0.822 7	361 989
2021	420 000	5	0.783 5	329 081
2022	380 000		0.746 2	283 562
合　计				2 283 561

第四步，该设备账面价值已经超过销售净价，因此该设备存在资产减值损失。

该项设备未来现金流量现值与销售净价中的较高金额为 2 283 561 元，则可收回金额为 2 283 561 元，低于该项设备的账面价值，故该项设备存在减值损失。该项设备应确认的资产减值损失为 16 439 元（2 300 000 − 2 283 561）。

第五步，资产损失的会计处理。

借：资产减值损失——固定资产减值损失　　　　16 439

　　贷：固定资产减值准备　　　　　　　　　　　16 439

例 9−6　2016 年 12 月 31 日，A 公司对购入的大型车辆进行检查时发现，目前车辆整体设施已经比较陈旧，同时近年来此类车辆的市场价值不断下降，根据此等迹象，判断车辆可能已经发生减值，因此决定对车辆设备进行减值测试，测试过程及相关数据如下：

（1）根据目前同类车型的市场售价及目前车辆的新旧程度，确定此设备目前的公允价值为 130 万元，预计处置中会发生税费 6.5 万元，处置中的人工、材料等费用为 3.5 万元。

（2）经测算，目前该车辆尚可使用 5 年，此后给企业带来的现金流量的现值很可能会高于设备的公允价值减处置费用后的金额。

（3）根据资产的目前情况，企业估计明年此车辆给企业带来的现金流入量金额取决于运输市场的环境，具体预测数据见表 9−6。

表 9–6　现金流入量预测表

运输市场状况	市场情况的可能性（%）	不同市场情况所带来的现金流入（万元）
较好	60	80
一般	30	50
较差	10	20

在以后 5 年中，由于此车辆的逐渐老化，估计此车辆带来的现金流入量将以每年 10% 的负增长率变动。

（4）该设备带来的现金流出量主要为修理费、燃料费等，下 1 年预算为 15 万元，由于设备的老化，预计在以后 5 年中，现金流出每年会以 20% 的增长率增长。

（5）5 年后报废时，预计报废收入减去报废成本的现金净流量为－8 万元。

（6）目前的资产市场利率为 5%，该车辆账面原值为 350 万元，累计折旧为 200 万元。

减值损失金额的计算如下：

资产的公允价值减去处置费用后的净额＝130－6.5－3.5＝120（万元）

下 1 年估计现金流入量的期望值＝80×60%＋50×30%＋20×10%

＝65（万元）

下 1 年估计现金流出量＝15（万元）

按预计的增长率，以后 5 年中各年的现金流入量与现金流出量及现金净流量见表 9–7。

表 9–7　5 年现金流量预测表

单位：万元

年　份	预计现金流入	预计现金流出	预计现金净流量	折现率（%）	现值系数	现值
2017	65.00	15.00	50.00	5	0.952 4	47.62
2018	58.50	18.00	40.50	5	0.907 0	36.73
2019	52.65	21.60	31.05	5	0.863 8	26.82
2020	47.39	25.92	21.47	5	0.822 7	17.66
2021	42.65	39.10	3.55	5	0.783 6	2.78
合　计						131.61

由于预计未来现金流量的现值＝131.61（万元）>120（万元）＝资产的公允价值减去处置费用后的净额，因此，资产可回收金额为131.61万元。

车辆减值损失＝350－200－131.61＝18.39（万元）

会计分录如下：

借：资产减值损失——固定资产减值损失　　183 900

　　贷：固定资产减值准备　　183 900

（六）无形资产的减值准备

例9-7 如果无形资产将来为企业创造的经济利益还不足以补偿无形资产成本（摊余成本），则说明无形资产发生了减值，具体表现为无形资产的账面价值超过了其可收回金额，其确认和计量步骤如下：

（1）检查账面价值。新准则规定，企业应定期对无形资产的账面价值进行检查，至少于每年年末检查一次。其中，"定期"通常指每隔1年、6个月或3个月。对于不同的企业，所适用的财务会计报告对外披露的时间间隔规定可能存在差异，因此新准则没有确切地规定企业应何时检查无形资产的账面价值。但是，无论是股份有限公司还是其他类型的企业，都至少应于每年年末对无形资产的账面价值进行检查。在检查时，如果发现有新准则规定的资产减值迹象中任何一种或几种情况时，则应对无形资产的可收回金额进行估计，并将无形资产的账面价值超过可收回金额的部分确认为减值准备。

（2）确定可收回金额。新准则规定，无形资产的可收回金额是指以下两项金额中的较大者：①无形资产的公允价值减去处置（出售）该无形资产所发生的律师费和其他相关税费后的余额；②预期从无形资产的持续使用和使用年限结束时的处置中产生的预计未来现金流量的现值。

比如，2016年年末，甲企业在对外购专利权的账面价值进行检查时，发现市场上已存在类似专利技术所生产的产品，从而对甲企业产品的销售造成重大不利影响。当时，该专利权的摊余价值为6 000万元，剩余摊销年限为5年。按2016年年末的技术市场的行情，如果甲企业将该专利权予以出售，则在扣除发生的律师费和其他相关税费后，可以获得5 000万元。但是，如果甲企业打算持续利用该专利权进行产品生产，则在未来5年内预计可以获得的未来现金流量的现值为4 500万元（假定使用年限结束时处置收益为零）。在这个例子中，该专利权的可收回金额应是5 000万元。

（3）计提减值准备。如果无形资产的账面价值超过其可收回金额，则应按超过部分确认无形资产减值准备。根据以上资料，假定甲企业所拥有专利权在2016年的减值准备期初余额为零，那么在2016年年末，甲企业应计提的减值准备为1 000万元（账面价值6 000万元超过可收回金额5 000万元的部分）。

（七）资产组的减值

（1）资产组的认定。资产组认定应以资产组产生的主要现金流入是否独立于其他资产或者资产组的现金流入为依据。也就是说，认定资产组最关键的因素是该资产组能否独立产生现金流入。

企业的某一生产线、营业网点、业务部门等，如果能够独立于其他部门或者单位等创造收入、产生现金流，或者其创造的收入和现金流入绝大部分独立于其他部门或者单位的，并且属于可认定的最小的资产组合的，通常应将该生产线、营业网点、业务部门等认定为一个资产组。

例 9-8 公交公司根据同政府签订的合同提供服务，该合同要求公司在六条单独的线路上提供最低限度的服务。投入每条线路上的资产和每条线路产生的现金流量能够分别认定。其中一条线路发生重大亏损。由于企业没有权力提早结束任何一条行车线路，因此，从持续使用中产生的、基本上独立于其他资产或资产组合所产生的现金流入的可认定的最小现金流入量是六条线路合并产生的现金流入。六条线路所涉及的资产为一独立单元，即一个资产组合。

（2）认定资产组需考虑的其他因素：

一是资产组合生产的产品是否存在活跃市场。当几项资产的组合生产的产品（或者其他产出）存在活跃市场的，即使部分或者所有这些产品（或者其他产出）均供内部使用，也应当在符合前述规定的情况下，将这几项资产的组合认定为一个资产组。

二是企业对生产经营活动的管理或者监控方式，以及对资产使用或者处置的决策方式。

例如，某服装企业有童装、西装、衬衫三个工厂，每个工厂在核算、考核和管理 等方面都相对独立，在这种情况下，每个工厂通常为一个资产组。

某家具制造商有 A 车间和 B 车间，A 车间专门生产家具部件，生产完后由 B 车间负责组装，该企业对 A 车间和 B 车间资产的使用和处置等决策是一体的。在这种情况下，A 车间和 B 车间通常应当认定为一个资产组。

（3）资产组减值损失的计算公式如下：

资产组减值损失＝资产组可收回金额 - 资产组账面价值

资产组的可收回金额，为以下两者之间较高者：①资产组公允价值减去处置费用后的净额；②资产组预计未来现金流量的现值。资产组账面价值包括：①直接归属于资产组的资产账面价值；②分摊至资产组的总部资产和商誉的账面价值。

（4）资产组减值损失的抵减步骤：①抵减商誉的账面价值；②根据资产组中除商誉之外的其他各项资产的账面价值所占比重，按比例扣减其他各项资产的账面价值；③确认抵减后的各资产的账面价值不得低于以下三者之最高者：该资产的公允价值减去处置费用后的净额（如可确定的）、该资产预计未来现金流量的现值（如可确定的）和零；④因上述原因而未能分摊的减值损失金额，按照相关资产组中其他各项资产的账面价值所占比重进行分摊。

例 9-9 开华公司 2016 年的资产资料如下：

（1）有一条生产线，生产某精密仪器，由 A、B、C 三部机器构成，初始成本分别为 40 万元、60 万元和 100 万元。使用年限为 10 年，预计净残值为零，以年限平均法计提折旧。

（2）三部机器均无法单独产生现金流量，但整条生产线构成完整的产销单位，属于一个资产组。

（3）2016 年，该生产线所生产精密仪器有替代产品上市，到年底导致公司精密仪器销路锐减 40%，因此，公司于年末对该条生产线进行减值测试。

（4）2016 年年末，A 机器的公允价值减去处置费用后的净额为 15 万元，B、C 机器都无法合理估计其公允价值减去处置费用后的净额以及未来现金流量的现值。

（5）整条生产线预计尚可使用 5 年。

减值测试过程如下：

一是确定 2016 年 12 月 31 日资产组账面价值：

资产组账面价值＝20＋30＋50＝100（万元）

二是估计资产组可收回金额。

经估计生产线未来 5 年现金流量及其折现率，得到其现值为 60 万元。而公司无法合理估计其公允价值减去处置费用后的净额，则以预计未来现金流量的现值作为其可收回金额。

资产组可收回金额＝60（万元）

减值损失分摊过程见表 9-8。

表 9-8　资产组减值测算明细表

单位：元

项　　目	机器 A	机器 B	机器 C	整条生产线
账面价值	200 000	300 000	500 000	1 000 000
可收回金额				600 000
减值损失				400 000
减值损失分摊比例	20%	30%	50%	100%
分摊减值损失	50 000	120 000	200 000	370 000
分摊后账面价值	150 000	180 000	300 000	630 000
尚未分摊减值损失				30 000

（续表）

项　　目	机器 A	机器 B	机器 C	整条生产线
二次分摊比例		37.5%	62.5%	100%
二次分摊减值损失		11 250	18 750	30 000
二次分摊后应确认减值损失总额	50 000	131 250	218 750	400 000
二次分摊后账面价值	150 000	168 750	281 250	600 000

三是比较资产组的账面价值及其可收回金额，并确认相应的减值损失。

借：资产减值损失——固定资产减值损失——机器 A　　50 000
　　　　　　　　　　　　　　　　　　——机器 B　　131 250
　　　　　　　　　　　　　　　　　　——机器 C　　218 750
　贷：固定资产减值准备——机器 A　　50 000
　　　　　　　　　　　——机器 B　　131 250
　　　　　　　　　　　——机器 C　　218 750

（八）商誉的减值测试与处理

1. 商誉的含义及减值测试的要求

商誉是指非同一控制下的企业合并，购买方对合并成本大于合并中取得的被购买方可辨认净资产公允价值份额的差额。

企业合并所形成的商誉，至少应当在每年年度终了进行减值测试。商誉应当结合与其相关的资产组或者资产组组合进行减值测试。

相关的资产组或者资产组组合应当是能够从企业合并的协同效应中受益的资产组或者资产组组合，不应当大于分部报告中的报告分部。

2. 商誉减值测试的步骤

第一，减值测试的前提——商誉分摊。自购买日起，商誉应按照合理的方法分摊至相关的资产组，难以分摊至相关的资产组的，应当将其分摊至相关的资产组组合。

分摊方法为：①应当按照各资产组或者资产组组合的公允价值占相关资产组或者资产组组合公允价值总额的比例进行分摊；②公允价值难以可靠地计量的，按照各资产组或者资产组组合的账面价值占相关资产组或者资产组组合账面价值总额的比例进行分摊；③企业因重组等原因改变了其报告结构，从而影响到已分摊商誉的一个或者若干个资产组或者资产组组合构成的，应当按以上方法将商誉重新分摊至受影响的资产组或者资产组合。

第二，商誉减值的一般处理方法。与商誉相关的资产组或者资产组组合存在减值迹象的情况如下：①应当对不包含商誉的资产组或者资产组组合进行减值测试，计算可收回金额，并与相关账面价值相比较，确认相应的减值损失；②再对包含商誉的资产组或者资产组组合进行减值测试，比较这些相关资产组或者资产组组合的账面价值（包括所分摊的商誉的账面价值部分）与其可收回金额，如相关资产组或者资产组组合的可收回金额低于其账面价值的，应当确认商誉的减值损失。

第三，存在少数股东权益情况下的商誉减值测试：①应当调整资产组（或者资产组组合）的账面价值。由于合并财务报表中反映的商誉，不包括子公司归属于少数股东的商誉。但对相关资产组或资产组组合进行减值测试时，应当调整资产组的账面价值，将归属于少数股东权益的商誉包括在内，然后根据调整后的资产组账面价值与其可收回金额（可收回金额的预计包括了少数股东在商誉中的权益价值部分）进行比较，以确定资产组（包括商誉）是否发生了减值；②商誉减值损失应当在母公司和少数股东权益之间进行分摊。

上述资产组如已发生减值的，由于根据上述步骤计算的商誉减值损失包括了应由少数股东权益承担的部分，应当将该损失在可归属于母公司和少数股东权益之间按比例进行分摊，以确认归属于母公司的商誉减值损失。

例 9-10 假设 A 企业从 2015 年 1 月 1 日开始执行新的企业准则，在 2016 年 1 月 1 日以 2 400 万元的价格收购了 B 企业 80％股权。在购买日，B 企业可辨认资产的公允价值为 2 250 万元，没有负债和或有负债。A 企业在合并财务报表中确认：

商誉 600 万元（2 400-2 250×80％）；

B 企业可辨认净资产 2 250 万元；

少数股东权益 450 万元（2 250×20％）。

假定 B 企业所有资产被认定为一个资产组，且该资产组包括商誉。需要至少于每年年度终了进行减值测试。

假定 B 企业可辨认资产综合按 10 年进行折旧或者摊销，B 企业 2016 年年末可辨认净资产的账面价值为 2 025 万元。

（1）企业商誉的减值测试过程。

一是确定在合并报表中 B 企业资产组（B 企业）在 2016 年年末的账面价值：

合并报表中反映 B 企业的账面价值＝2 025＋600＝2 625（万元）

计算归属于少数股东权益的商誉价值＝（2 400÷80％－2 250）×20％

＝150（万元）

或　＝（600－450）＝150（万元）

二是经计算确定 B 企业资产组（B 企业）在 2016 年年末的可收回金额为 1 500 万元。

三是比较 B 企业资产组（B 企业）的账面价值与可收回金额，确认减值损失为 1 275 万元（2 625＋150－1 500），见表 9-9。

表 9-9　2016 年年末对 A 企业进行商誉资产减值测试

单位：万元

项　　目	A 企业商誉	B 企业可辨认净资产	合　计
2016 年 1 月 1 日账面原值	600	2 250	2 850
2016 年累计折旧	—	（225）	（225）
2016 年年末账面价值	600	2 025	2 625
归属于少数股东权益的商誉	150	—	150
账面价值调整	750	2 025	2 775
可收回金额			1 500
减值损失			1 275

公司应当首先将 1 275 万元减值损失分摊到商誉减值损失，其中分摊到少数股东权益的为 150 万元，归属于母公司的商誉减值损失为 600 万元，剩余的 525 万元在 B 企业各项可辨认资产之间进行分摊，见表 9-10。

表 9-10　2016 年年末资产减值的分摊

单位：万元

项　　目	商　誉	可辨认净资产	合　计
账面原值	600	2 250	2 850
累计折旧	—	（225）	（225）
账面价值总额	600	2 025	2 625
减值损失分摊	（600）	（525）	（1 125）
减值后的账面价值	0	1 500	1 500

（2）商誉减值的账务处理。

借：资产减值损失——商誉减值损失　　6 000 000

　　贷：商誉减值准备　　6 000 000

（3）归属于 B 企业可辨认资产的 525 万元减值损失还需要作进一步分摊。

例 9-11　承例 9-10，假定 B 企业 2015 年年末可辨认资产包括两项：一项固定资产账面价值为 1 500 万元；另一项无形资产账面价值为 525 万元。525 万元减值损失应当在上述两项资产之间进行分摊：

固定资产应分摊的减值损失＝525×1 500÷2 025＝389（万元）

无形资产应分摊的减值损失＝525×525÷2 025＝136（万元）

账务处理如下：

借：资产减值损失——固定资产减值损失　　3 890 000
　　　　　　　——无形资产减值损失　　1 360 000
　贷：固定资产减值准备　　3 890 000
　　　无形资产减值准备　　1 360 000

例 9-12　甲公司的相关资料如下：

（1）2016 年 1 月 1 日，以 1 600 万元的价格收购了乙企业 80％股权。在购买日，乙企业可辨认资产的公允价值为 1 500 万元，没有负债和或有负债。因此，甲公司在其合并财务报表中确认：

商誉 400 万元（1 600 － 1 500×80％）；

乙企业可辨认净资产 1 500 万元；

少数股东权益 300 万元（1 500×20％）。

（2）假定乙企业所有资产被认定为一个资产组，且该资产组包括商誉。需要至少于每年年度终了进行减值测试。

（3）乙企业 2016 年年末可辨认净资产的账面价值为 1 350 万元。

减值测试过程如下：

（1）确定资产组（乙企业）在 2016 年年末的账面价值。

合并报表反映的账面价值＝1 350 ＋ 400 ＝ 1 750（万元）

归属于少数股东权益的商誉价值＝（1 600÷80％ － 1 500）×20％
＝100（万元）

资产组账面价值（包括完全商誉）＝1 750 ＋ 100 ＝ 1 850（万元）

（2）经计算确定资产组（乙企业）在 2016 年年末的可收回金额为 1 000 万元。

（3）比较资产组（乙企业）的账面价值与可收回金额，确认减值损失为 850 万元（1 850 － 1 000），见表 9-11。

表 9-11　2016 年年末资产减值测试计算表

单位：万元

项　目	商　誉	可辨认净资产	合　计
账面原值	400	1 350	1 750
未确认归属于少数股东权益的商誉价值	100	—	100
调整后账面价值	500	1 350	1 850
可收回金额			1 000
减值损失			850

（4）甲公司应当首先将850万元减值损失分摊到商誉减值损失，其中分摊到少数股东权益的为100万元，归属于甲公司的商誉减值损失为400万元，剩余的350万元应当在乙企业各项可辨认资产之间进行分摊，见表9-12。

表9-12　2016年年末资产减值损失分摊计算表

单位：万元

	商　誉	可辨认净资产	合　计
账面价值	400	1 350	1 750
确认减值损失	（400）	（350）	（750）
确认减值损失后账面价值	0	1 000	1 000

（5）甲公司在合并层次进行商誉减值的账务处理：

借：资产减值损失——商誉减值损失　　4 000 000

　　贷：商誉减值准备　　4 000 000

（6）归属于乙企业可辨认资产的350万元减值损失还需要作进一步分摊。

假定乙企业2016年年末可辨认资产包括两项：一项固定资产账面价值为1 000万元；另一项无形资产账面价值为350万元。350万元减值损失应当在上述两项资产之间进行分摊：

固定资产应分摊的减值损失 $= 350 \times 1\ 000 \div 1\ 350 = 259$（万元）

无形资产应分摊的减值损失 $= 350 \times 350 \div 1\ 350 = 91$（万元）

乙企业的账务处理如下：

借：资产减值损失——固定资产减值损失　　2 590 000

　　　　　　　　——无形资产减值损失　　910 000

　　贷：固定资产减值准备　　2 590 000

　　　　无形资产减值准备　　910 000

第二节　首次执行日的会计处理

一、执行新准则后报表项目的变化

根据《企业会计准则第30号——财务报表列报》第七条第二款资产项目按扣除减值准备后的净额列示，不属于抵销。财务报表在列示资产项目时按扣除计提资产减值准备后的净额列示，在利润表中增列“资产减值损失”项目。

二、首次执行日的会计调整

（1）相关规定。根据《企业会计准则第38号——首次执行企业会计准则》第十三条规定，在首次执行日对商誉进行减值测试，发生减值的，应当以计提减值准备后的金额确认，并调整留存收益。

（2）会计调整方法。对商誉减值的处理应该采用追溯调整法进行调整，调整分录如下：

借：利润分配、未分配利润或盈余公积

　　贷：商誉减值准备

第三节　新准则对企业的影响

一、相关规定

本准则主要规范了企业非流动资产的减值会计问题。

当资产的可收回金额低于其账面价值，即表明发生了减值，企业应当确认资产减值损失，并把资产的账面价值减记至可收回金额。

企业应当在资产负债表日判断资产是否存在可能发生减值的迹象。在发生减值时，原则上都应当加以确认和计量。

对此前期已确认的资产减值损失一经确认，在以后会计期间不得转回。

二、新准则对企业的影响

（1）报表信息更加客观真实，提高了会计信息质量。我国原会计制度和《国际会计准则第36号——资产减值》都允许对已经确认的资产减值损失予以转回，国际会计准则对于商誉减值损失不允许转回。但是，以我国实际运行情况来看，该规定已经成为一些企业操纵损益的主要手段。新准则实施后，将不会有利用减值准备转回而迅速改善财务状况和经营业绩的现象。

（2）企业应该根据新准则以及其他相关准则，制定计提资产减值准备的会计政策与计提方法，明确提取减值准备核准级次以及实施检查和计算的部门，保证会计报表日可以如实反映资产的状况。

第十章　职 工 薪 酬

第一节　案例分析及操作实务

一、科目设置

在账务处理上，只设置“应付职工薪酬”（以下简称“本科目”）一个统一的一级科目，各种形式的薪酬均体现为二级科目。

本科目核算企业根据有关规定应付给职工的各种薪酬。

本科目应当按照“工资”“职工福利”“社会保险费”“住房公积金”“工会经费”“职工教育经费”“辞退福利”等应付职工薪酬项目进行明细核算。

（一）应付职工薪酬的主要账务处理

（1）企业按照有关规定向职工支付工资、奖金、津贴等，借记本科目，贷记“银行存款”“库存现金”等科目。

（2）企业从应付职工薪酬中扣还的各种款项（代垫的家属药费、个人所得税等），借记本科目，贷记“其他应收款”“应交税费——应交个人所得税”等科目。

（3）企业向职工支付职工福利费，借记本科目，贷记“银行存款”“库存现金”科目。

（4）企业支付工会经费和职工教育经费用于工会运作和职工培训，借记本科目，贷记“银行存款”等科目。

（5）企业按照国家有关规定缴纳社会保险费和住房公积金，借记本科目，贷记“银行存款”科目。

（6）企业因解除与职工的劳动关系向职工给予补偿，借记本科目，贷记“银行存款”“库存现金”等科目。

（二）对发生的职工薪酬应根据职工提供服务的受益对象分别情况处理

（1）生产部门人员的职工薪酬，借记“生产成本”“制造费用”“劳务成本”科目，贷记本科目。

（2）管理部门人员的职工薪酬，借记“管理费用”科目，贷记本科目。

（3）销售人员的职工薪酬，借记“销售费用”科目，贷记本科目。

（4）应由在建工程、研发支出负担的职工薪酬，借记“在建工程”“研发支出”科目，贷记本科目。

（5）因解除与职工的劳动关系给予的补偿，借记“管理费用”科目，贷记本科目。

本科目期末贷方余额，反映企业应付职工薪酬的结余。

二、关于职工福利费用的会计处理

长期以来，企业的职工福利费按照工资总额的14%提取，使用时再冲减提取的福利费。新准则规定，企业发生的职工福利费，应当在实际发生时根据实际发生额计入当期损益或相关资产成本。职工福利费为非货币性福利的，应当按照公允价值计量。

三、关于社保支出的会计处理

新准则规定，企业为职工缴纳的医疗保险费、工伤保险费、生育保险费等社会保险费和住房公积金，以及按规定提取的工会经费和职工教育经费，应当在职工为其提供服务的会计期间，根据规定的计提基础和计提比例计算确定相应的职工薪酬金额，并确认相应负债，计入当期损益或相关资产成本。

四、短期薪酬的会计处理

企业应当在职工为其提供服务的会计期间，将实际发生的短期薪酬确认为负债，并计入当期损益，其他会计准则要求或允许计入资产成本的除外。

（1）所有与职工薪酬相关的支出都必须通过“应付职工薪酬”科目核算。

（2）对于直接发放货币给员工的，也须先贷记“应付职工薪酬”科目，再以银行存款或现金支付。

（3）对于由公司代员工扣缴内容，应从“应付职工薪酬”科目中转出至“其他应付款”“应交税费”等科目。

（4）对于公司为员工发放各类福利支出，均应通过“应付职工薪酬——福利费”科目核算。如此类福利为货币性福利，则在发放货币时直接冲减“应付职工薪酬——福利费”科目余额。若为非货币性福利，应将福利金额从“应付职工薪酬——福利费”科目转出至“应付职工薪酬——非货币性福利”科目，再进行支付或转入其他应付款。若福利发生时福利费提取的余额不足时，须先提取后再按上述方法处理。

（5）对于向外部采购物品发给员工，目前还未付采购款，实际付款对象并非公司员工的非货币性福利，应在记录非货币性福利后立即将记入“应付职工薪酬——非货币性福利”科目的金额转入“其他应付款”等相应科目（参见例10-2）。

（6）“应付职工薪酬”科目不再设“提取”“发放”明细科目，今后所有的与职工薪酬有关的支出，“应付职工薪酬”明细科目的贷方发生额表示提取数，借方发生额表示发放数。特别需注意的是，为了保证提取和发放数与借贷方发生额的一致性，在发现提错或发错的情况下，若对应付职工薪酬科目进行冲销时，必须采用红字冲销方法，而不能采用转换借贷方冲销方法。

（7）“应付职工薪酬”科目的贷方发生额减去“应付职工薪酬——非货币性福利”科目的贷方发生额，即为企业为员工负担的所有薪酬支出。“应付职工薪酬”科目的借方发生额表示发放数与转出数。“应付职工薪酬”科目的余额即为企业未付给职工的薪酬部分。

（8）在工资发放的过程中，若产生会计上根据权责发生制原则确认了应付职工薪酬负债，但在以后期间发放而产生的所得税暂时性差异，应确认递延所得税资产。详见《所得税》一章。

例 10-1　甲企业 2016 年 9 月职工工资总额为 1 260 000 元，其中：产品生产工人 600 000 元，在建工程人员 300 000 元，公司管理人员 225 000 元，产品销售人员 135 000 元。该企业发生的职工福利费为 180 000 元，其中：产品生产工人 84 000 元，在建工程人员 42 000 元，公司管理人员 35 100 元，产品销售人员 18 900 元。并按工资总额的 10％计算应缴纳的住房公积金，按工资总额 2％和 1.5％分别计提工会经费和职工教育经费。另外，应由企业代扣代缴职工个人应负担的住房公积金 63 000 元，工会会费 12 600 元，个人所得税 156 000 元。

根据上述资料，该企业编制有关的会计分录如下：

（1）工资分配进成本、费用时：

借：生产成本	600 000	
在建工程	300 000	
管理费用	225 000	
销售费用	135 000	
贷：应付职工薪酬——工资		1 260 000

（2）发生职工福利费时：

借：生产成本	84 000	
在建工程	42 000	
管理费用	35 100	
销售费用	18 900	
贷：应付职工薪酬——职工福利		180 000

（3）按工资总额 10％计算应缴纳的住房公积金时：

借：生产成本	60 000	
在建工程	30 000	
管理费用	22 500	
销售费用	13 500	
贷：应付职工薪酬——住房公积金		126 000

（4）按工资总额 2％和 1.5％分别计提工会经费和职工教育经费时：

借：生产成本　21 000
　　在建工程　10 500
　　管理费用　7 875
　　销售费用　4 725
　　贷：应付职工薪酬——工会经费　25 200
　　　　　　　　　——职工教育经费　18 900

（5）代扣代缴职工个人应负担的住房公积金、工会经费和个人所得税时：

借：应付职工薪酬——工资　231 600
　　贷：其他应付款——应付住房公积金　63 000
　　　　　　　　——应付工会经费　12 600
　　　　应交税费——应交个人所得税　156 000

五、非货币性福利的会计核算

（1）以自己生产的产品作为非货币性福利提供给职工的，按产品的公允价值和相关税费计量应计入成本或费用的职工薪酬金额，并确认为主营业务收入，其销售成本的结转、相关税费的处理，视同正常销售。

（2）以外购商品作为非货币性福利提供给职工的，应当按照该商品的公允价值确定应付职工薪酬金额。

（3）无偿向职工提供住房等资产使用的，应当根据受益对象，将住房每期应计提的折旧计入相关资产成本或费用。租赁住房等资产供职工无偿使用的，应当根据受益对象，将每期应付的租金计入相关资产成本或费用。

（4）提供给职工整体使用的资产应计提的折旧、应付的租金，应当根据受益对象分期计入相关资产成本或费用；难以认定受益对象的，直接计入管理费用。

例 10-2　甲公司共有职工 200 名，其中 170 名为操作人员，30 名为管理人员。2016 年 2 月，公司将外购的每台购买价为 1 000 元的电暖器作为福利发放给公司的每名职工，目前企业的福利费余额足够支付这笔福利，这批电暖器是向乙公司采购的。电暖器已发给职工，但款项目前尚未支付。则账务处理如下：

（1）从福利费转入非货币性福利时：

借：应付职工薪酬——职工福利　200 000
　　贷：应付职工薪酬——非货币性福利　200 000

（2）转入其他应付款时：

借：应付职工薪酬——非货币性福利　200 000
　　贷：其他应付款——乙公司　200 000

（3）支付乙公司电暖器款项时：

借：其他应付款——乙公司　200 000
　　贷：银行存款　200 000

例 10-3　公司决定为企业的部门经理每人租赁住房一套，并提供轿车一辆免费使用，轿车的月折旧总额为1.8万元，外租住房的月租金总额为3.5万元。

乙公司对该非货币性福利的会计处理如下：

（1）计提轿车折旧时：

借：管理费用	18 000	
贷：应付职工薪酬——非货币性福利		18 000
借：应付职工薪酬——非货币性福利	18 000	
贷：累计折旧		18 000

（2）确认租金费用时：

借：管理费用	35 000	
贷：应付职工薪酬——非货币性福利		35 000
借：应付职工薪酬——非货币性福利	35 000	
贷：银行存款		35 000

六、关于离职后福利的会计处理

企业应当将离职后福利计划分类为设定提存计划和设定受益计划，其中，设定提存计划，是指向独立的基金缴存固定费用后，企业不再承担进一步支付义务的离职后福利计划；设定受益计划，是指除设定提存计划以外的离职后福利计划。

（一）设定提存计划的会计处理

依据新准则的规定，企业应当在职工为其提供服务的会计期间，将根据设定提存计划计算的应缴存金额确认为负债，并计入当期损益或相关资产成本。根据设定提存计划，预期不会在职工提供相关服务的年度报告期结束后12个月内支付全部应缴存金额的，企业应当将全部应缴存金额以折现后的金额计量应付职工薪酬。其中，折现时所采用的折现率应当根据资产负债表日与设定提存计划义务期限和币种相匹配的国债或活跃市场上的高质量公司债券的市场收益率确定。

设定提存计划的会计核算相对较简单，因为报告企业在每一期间的义务取决于该期间提存的金额。因此，在计量义务或费用时不需要精算假设，也没有产生精算利得或损失的可能性。另外，计量该义务时采用非折现基础，但雇员提供相关服务的期末以后12个月内不全部到期的除外。

当雇员在一个期间为企业提供了服务，企业应确认为换取该服务应付给设定提存计划的提存金：

（1）应当将扣除所有已付提存金后余额作为一项负债。若已付提存金超过了资产负债表日之前取得服务应得的提存金，且该预付将导致诸如未来支付的减少或现金返还，企业应将超过部分确认为一项资产（预付项目，同时考虑是否确认递延所得税资产）；

（2）作为一项费用，除非其他会计准则要求或允许将该提存金包括在资产的成本中。若支付给设定提存计划的提存金在雇员提供相关服务的期末以后的 12 个月内尚未全部到期，则应对其折现。

例 10-4 A 公司 2016 年 1 月应付各类职工工资总额 500 000 元，其中：产品生产工人工资 350 000 元，管理人员工资 70 000 元，产品销售人员工资 30 000 元。依据工资总额 12％计算基本养老保险费，缴存当地社会保险机构。则该公司设定提存计划的会计处理如下：

借：生产成本（350 000×12％） 42 000
　　在建工程（50 000×12％） 6 000
　　管理费用（70 000×12％） 8 400
　　销售费用（30 000×12％） 3 600
　　贷：应付职工薪酬（500 000×12％） 60 000

（二）设定受益计划的会计处理

按照新准则的规定，企业对设定受益计划的会计处理通常包括下列四个步骤：

（1）根据预期累计福利单位法，采用无偏且相互一致的精算假设对有关人口统计变量和财务变量等作出估计，计量设定受益计划所产生的义务，并确定相关义务的归属期间。企业应当按照一定的折现率将设定受益计划所产生的义务予以折现，以确定设定受益计划义务的现值和当期服务成本。折现时所采用的折现率应当根据资产负债表日与设定受益计划义务期限和币种相匹配的国债或活跃市场上的高质量公司债券的市场收益率确定。

在预期累计福利单位法下，每一服务期间会增加一个单位的福利权利，并且需对每一个单位单独计量，以形成最终义务。企业应当将福利归属于提供设定受益计划的义务发生的期间。这一期间是指从职工提供服务以获取企业在未来报告期间预计支付的设定受益计划福利开始，至职工的继续服务不会导致这一福利金额显著增加之日为止。

企业应根据预期累计福利单位法确定的本期福利义务，按受益原则进行如下账务处理：

借：管理费用等（现值）
　　未确认融资费用（利息）
　　贷：应付职工薪酬（本期增加的义务）

每期期末，按照实际利率法分摊原先未确认的融资费用：

借：财务费用
　　贷：未确认融资费用

企业养老金计划的支付单位的计算举例如下：

例 10-5 A 公司 2016 年年初新招聘一财务经理，该员工 48 岁，当年年薪 10 万元，以后年均增长 5%，假设公司养老金计算公式为：养老金支付单位＝最后年薪 ×2%（元 / 月），并假设员工福利计算规则是：工资增长从次年开始计算；退休年龄指领取养老金起始年，该年度不计入缴费；养老金月缴费和月支付均计算期初值。请计算该财务经理 60 岁退休时形成的雇主月养老金支付金额。

$$
\begin{aligned}
\text{雇主月养老金支付金额} &= \text{最后年薪} \times 2\% \\
&= 100\,000 \times (1+5\%)^{11} \times 2\% \\
&= 100\,000 \times 1.71 \times 2\% = 3\,420\ (\text{元})
\end{aligned}
$$

（2）设定受益计划存在资产的，企业应当将设定受益计划义务现值减去设定受益计划资产公允价值所形成的赤字或盈余确认为一项设定受益计划净负债或净资产。设定受益计划存在盈余的，企业应当以设定受益计划的盈余和资产上限两项的孰低者计量设定受益计划净资产。其中，资产上限，是指企业可从设定受益计划退款或减少未来对设定受益计划缴存资金而获得的经济利益的现值。

（3）确定应当计入当期损益的金额。应计入当期损益的金额包括：①服务成本，包括当期服务成本、过去服务成本和结算利得或损失。其中，当期服务成本，是指职工当期提供服务所导致的设定受益计划义务现值的增加额；过去服务成本，是指设定受益计划修改所导致的与以前期间职工服务相关的设定受益计划义务现值的增加或减少。②设定受益计划净负债或净资产的利息净额，包括计划资产的利息收益、设定受益计划义务的利息费用以及资产上限影响的利息。

（4）确定应当计入其他综合收益的金额。应当计入其他综合收益的金额主要包括重新计量设定受益计划净负债或净资产所产生的变动，具体又包括：①精算利得或损失，即由于精算假设和经验调整导致之前所计量的设定受益计划义务现值的增加或减少。②计划资产回报，扣除包括在设定受益计划净负债或净资产的利息净额中的金额。③资产上限影响的变动，扣除包括在设定受益计划净负债或净资产的利息净额中的金额。计入其他综合收益的金额，在后续会计期间不允许转回至损益，但企业可以在权益范围内转移这些在其他综合收益中确认的金额。

例 10-6 A 公司拥有一项设定受益计划，财务报告期末为 2016 年 12 月 31 日，有关该计划的信息见表 10-1。假设前期没有任何精算损益，且在 2016 年并没有向该计划支付任何提存金，也没有支付任何福利，参与该计划的雇员的平均剩余寿命为 15 年。该设定受益计划的相关资料如表 10-1 所示。

表 10-1 天津可美食品公司设定受益计划的相关资料

单位：万元

项 目	2016 年 1 月 1 日	2016 年 12 月 31 日
设定受益义务的现值	10 000	15 000
计划资产的公允价值	7 000	8 000

（续表）

项　　目	2016年1月1日	2016年12月31日
设定受益负债的净额	3 000	7 000
服务成本		3 500
折现率（高质量公司债券的收益率）	3%	
计划资产的预期回报率	5%	

该设定受益计划的综合收益计算过程如表10-2所示。

表10-2　综合收益表

单位：万元

项　　目	金　　额
设定受益负债净额	7 000
服务成本	3 500
净利息	90（3000×3%）
损益	3 590
其他综合收益	340
综合收益总额	3 930

其中：

净利息＝期初设定受益负债净额 × 折现率＝3 000×3%＝90（万元）
损益＝服务成本＋净利息＝3 500＋90＝3590（万元）

设定受益义务产生的精算损失＝期末设定受益义务的现值－期初设定受益义务的现值－服务成本－期初设定受益义务的现值 × 折现率
＝15 000－10 000－3 500－10 000×3%＝1 200（万元）

计划资产回报净额＝期末计划资产的公允价值－期初计划资产的公允价值－期初计划资产的公允价值 × 计划资产的预期回报率＋期初计划资产的公允价值 × 折现率
＝8 000－7 000－7 000×5%＋7 000×3%＝860（万元）

其他综合收益＝1 200－860＝340（万元）

综合收益＝损益＋其他综合收益＝3 590＋340＝3 930（万元）

例10-7　设定受益计划的会计处理。（资料来源：财政部准则培训班）

假设2016年1月1日，A公司制定了一项设定受益计划，并于当日开始实施，计划内容如下：

（1）向公司部分员工提供额外退休金，这些员工在退休后每年可以额外获得 10 万元退休金，直至去世。

（2）员工获得该额外退休金基于其自计划开始日起为公司提供的服务，而且应当自该设定受益计划开始一直为公司服务到退休。

（3）假定符合计划的员工为 10 人，当期平均年龄为 51 岁，退休年龄为 60 岁，可以为公司服务 10 年。假定在退休前无人离职，退休后平均计划剩余寿命为 10 年。

（4）假定适用的折现率为 10%，不考虑未来通货膨胀影响因素、离职因素等。

1. 计算在退休日的退休金义务现值，如表 10-3 所示

表 10-3　退休金义务现值

单位：万元

项目	退休后未来 10 年期间									
	第 1 年	第 2 年	第 3 年	第 4 年	第 5 年	第 6 年	第 7 年	第 8 年	第 9 年	第 10 年
年度支付	100	100	100	100	100	100	100	100	100	100
复利现值	91 ＝［100 ÷（1 ＋ 10%）^{1}］	83	75	68	62	56	51	47	42	39 ＝［100 ÷（1 ＋ 10%）^{10}］
退休时点现值合计	614（将上行 10 个数字相加），即年金现值									

需要说明的是：上述 614 ＝［100 ÷（1 ＋ 10%）1］＋［100 ÷（1 ＋ 10%）2］＋…＋［100 ÷（1 ＋ 10%）10］，因此 614 是退休时点现值，即退休后未来 10 年期初的现值。

2. 计算服务期间每年服务成本、设定受益义务如表 10-4

3. 设定受益计划账务处理

服务第 1 年至第 10 年的账务处理如下：

（1）服务第 1 年。

借：管理费用（或资产成本）　　260 000

　贷：应付职工薪酬——设定受益计划义务　　260 000

表 10-4　受 益 义 务

单位：万元

服务年份	1	2	3	4	5	6	7	8	9	10
福利归属										
以前年度	0	61.4	122.8	184.2	245.6	307.0	368.4	429.8	491.2	552.6

（续表）

服务年份	1	2	3	4	5	6	7	8	9	10
当年	61.4 ①	61.4	61.4	61.4	61.4	61.4	61.4	61.4	61.4	61.4
以前＋当年	61.4	122.8	184.2	245.6	307.0	368.4	429.8	491.2	552.6	61.4
期初义务	0	26.0	57.3	94.5	138.6	190.6	251.6	322.9	405.9	502.3
利息	0	2.6	5.7	9.5	13.9	19.1	25.2	32.3	40.6	50.2
当期服务成本	26.0 ②	28.7 ③	31.5	34.6	38.1	41.9	46.1	50.7	55.8	61.4
期末义务	26.0	57.3 ④	94.5	138.6	190.6	251.6	322.9	405.9	502.3	614

① 61.4 = 614 ÷ 10，即退休时点现值在服务期内的年均值；

② 26.0 = 61.4 ÷（1 + 10%）9，即服务第 1 年因职工当期提供服务所导致的设定受益计划义务现值的增加额；

③ 28.7 = 61.4 ÷（1 + 10%）8，即服务第 2 年因职工当期提供服务所导致的设定受益计划义务现值的增加额；

④ 57.3 = 26.0 + 2.6 + 28.7，即服务第 2 年设定受益计划的产生的期末义务总额，包括期初义务＋利息＋当期服务成本。

第 2 年。

借：管理费用（或资产成本）　287 000

　　贷：应付职工薪酬——设定受益计划义务　287 000

借：管理费用（或资产成本）　26 000

　　贷：应付职工薪酬——设定受益计划义务　26 000

第 3 年。

借：管理费用（或资产成本）　315 000

　　贷：应付职工薪酬——设定受益计划义务　315 000

借：管理费用（或资产成本）　57 000

　　贷：应付职工薪酬——设定受益计划义务　57 000

第 4 年至第 10 年，依次类推处理。

（2）如果企业根据每期确认的设定受益计划义务提存资金，成立基金，并进行投资。则第 1 年年末的基金金额为 26 万元，假定在第 2 年的利息收入为 2.86 万元。

借：应付职工薪酬——设定受益计划义务　28 600

　　贷：管理费用　28 600

（3）假定在第 2 年年末重新计量设定受益计划，由于预期寿命等精算假设和经验调整导致设定受益计划义务现值增加，形成精算损失 10 万元。

借：资本公积——其他资本公积

（其他综合收益——设定受益计划精算损失）　　10 000

贷：应付职工薪酬　　10 000

七、辞退福利的会计核算

企业向职工提供辞退福利的，应当在下列两者孰早日确认辞退福利产生的职工薪酬负债，并计入当期损益：①企业不能单方面撤回因解除劳动关系计划或裁减建议所提供的辞退福利时。②企业确认与涉及支付辞退福利的重组相关的成本或费用时。

企业应当按照辞退计划条款的规定，合理预计并确认辞退福利产生的应付职工薪酬。辞退福利预期在其确认的年度报告期结束后 12 个月内完全支付的，应当适用短期薪酬的相关规定；辞退福利预期在年度报告期结束后 12 个月内不能完全支付的，应当适用本准则关于其他长期职工福利的有关规定。

对于企业日常发生的辞退福利，无论职工有无选择权，均应通过"应付职工薪酬——辞退福利"科目进行核算；对于企业重组时发生的辞退福利，当补偿金额确定时，通过"应付职工薪酬——辞退福利"科目核算，当补偿金额不确定时，将预计金额记入"应付职工薪酬——辞退福利"科目中，发放时冲减"应付职工薪酬——辞退福利"科目。

其一，职工无选择权的辞退福利，应当根据辞退计划条款规定的拟解除劳动关系的职工数量、每一职位的辞退补偿等，计提应付职工薪酬（辞退福利）。其会计分录如下：

借：管理费用——辞退福利

贷：应付职工薪酬——辞退福利

其二，职工有选择权的辞退福利，对于自愿接受裁减的建议，因接受裁减的职工数量不确定，企业应当预计将会接受裁减建议的职工数量，根据预计的职工数量和每一职位的辞退补偿等，确认预计负债。其会计分录如下：

借：管理费用——辞退福利

贷：应付职工薪酬——辞退福利

辞退福利支付未在年内完成时的计量。若实质性辞退工作在年内完成，但部分付款推迟到 1 年后支付的，应当选择与预计支付期限相同的银行贷款利率作为折现率，对辞退福利进行折现后计量。

例 10-8　2015 年 9 月，由于业务转型，A 公司管理层制定了一项辞退计划，拟从 2016 年 1 月 1 日起，企业将以职工自愿方式，辞退其服务于某业务板块的部分员工。辞退计划的详细内容均已与职工沟通，并达成一致意见。辞退计划已于当年 12 月 10 日经董事会正式批准，并将于下一个年度内实施完毕。

关于辞退补偿计划的详细内容如表 10-5 所示。

表 10-5　辞退补偿计划的内容

拟裁员职位	工龄（年）	每人补偿（万元）
经理	1 ~ 10	10
	10 ~ 20	20
	20 ~ 30	30
主管	1 ~ 10	8
	10 ~ 20	18
	20 ~ 30	28
员工	1 ~ 10	5
	10 ~ 20	15
	20 ~ 30	25

假定在本例中，工龄在 10 ~ 20 年的经理级别人员接受辞退的各种数量及发生概率如表 10-6 所示。

表 10-6　经理级别人员接受辞退情况表

接受辞退的职工数量	发生概率（%）	最佳估计数
0	0	—
1	3	0.03
2	5	0.10
3	5	0.15
4	20	0.80
5	15	0.75
6	25	1.50

（续表）

接受辞退的职工数量	发生概率（%）	最佳估计数
7	8	0.56
9	12	1.08
10	7	0.70
合　计	100	5.67

企业应确认该职级的辞退福利金额应为 113.4 万元（5.67×20），会计分录如下：

借：管理费用——职工薪酬——辞退福利　　1 134 000

　贷：应付职工薪酬——辞退福利　　1 134 000

例 10-9　因金融危机以及全行业产能过剩，A 公司董事会决定 2015 年 1 月 1 日起拟解除与部分职工的劳动关系。为此管理层制定了一项 3 年支付的辞退计划：公司分别于 2015 年 12 月 31 日支付 50 万元，2016 年 12 月 31 日支付 30 万元，2017 年 12 月 31 日支付 20 万元。假定 3 年期国债年利率为 6%。需要支付的总价款的现值计算如下：

$$
\begin{aligned}
\text{总价款现值} &= 50 \div (16\%) + 30 \div (1+6\%)2 + 20 \div (1+6\%)^3 \\
&= 47.17 + 26.7 + 16.79 \\
&= 90.662\text{（万元）}
\end{aligned}
$$

备注：依据新准则，辞退工作在 1 年内完成但付款时间超过 1 年的，应当选择同期限国债利率作为折现率，以折现后的金额计入当期损益和应付职工薪酬（辞退福利）；不存在与辞退福利支付期相匹配国债利率的，应当以短于辞退福利支付期限的国债利率为基础，并根据国债收益率曲线采用外推法估计超出期限部分的利率，合理确定折现率。

需要支付的总价款的价值是 100 万元，现值是 90.662 万元。会计分录如下：

借：管理费用　　906 620

　　未确认融资费用　　93 380

　贷：应付职工薪酬——辞退福利　　1 000 000

采用实际利率法分摊未确认融资费用：各年分摊费用如下：

第 1 年实际支付时：

借：应付职工薪酬——辞退福利　　500 000

　贷：银行存款　　500 000

2015 年 12 月 31 日采用实际利率法分摊未确认融资费用：

借：财务费用（906 620×6%） 54 397.2
　　贷：未确认融资费用（906 620×6%） 54 397.2
第 2 年实际支付时：
借：应付职工薪酬——辞退福利 300 000
　　贷：银行存款 300 000
2016 年 12 月 31 日采用实际利率法分摊未确认融资费用：
借：财务费用（461 017.2×6%） 27 661.03
　　贷：未确认融资费用（461 017.2×6%） 27 661.03
第 3 年实际支付时：
借：应付职工薪酬——辞退福利 200 000
　　贷：银行存款 200 000
2017 年 12 月 31 日采用实际利率法分摊未确认融资费用：
借：财务费用（188 678.232×6%） 11 321.77
　　贷：未确认融资费用（188 678.232×6%） 11 321.77

八、利润分享计划的会计核算

利润分享计划同时满足下列条件的，企业应当确认相关的应付职工薪酬：①企业因过去事项导致现在具有支付职工薪酬的法定义务或推定义务；②因利润分享计划所产生的应付职工薪酬义务金额能够可靠估计。

属于下列三种情形之一的，视为义务金额能够可靠估计：①在财务报告批准报出之前企业已确定应支付的薪酬金额。②该短期利润分享计划的正式条款中包括确定薪酬金额的方式。③过去的惯例为企业确定推定义务金额提供了明显证据。

职工只有在企业工作一段特定期间才能分享利润的，企业在计量利润分享计划产生的应付职工薪酬时，应当反映职工因离职而无法享受利润分享计划福利的可能性。如果企业在职工为其提供相关服务的年度报告期间结束后 12 个月内，不需要全部支付利润分享计划产生的应付职工薪酬，该利润分享计划应当适用本准则其他长期职工福利的有关规定。

九、其他长期职工福利的会计核算

企业向职工提供的其他长期职工福利，符合设定提存计划条件的，应当适用本准则关于设定提存计划的有关规定进行处理，对于除此以外的情形，企业应当适用本准则关于设定受益计划的有关规定，确认和计量其他长期职工福利净负债或净资产。在报告期末，企业应当将其他长期职工福利产生的职工薪酬成本确认为下列组成部分：①服务成本。②其他长期职工福利净负债或净资产的利息净额。③重新计量其他长期职工福利净负债或净资产所产生的变动。为简化相关会计处理，上述项目的总净额应计入当期损益或相关资产成本。

例 10-10　甲是 A 公司一名员工，在 2015 年 1 月 1 日内部退休（50 岁），将于 2019 年 12 月 31 日正式退休（55 岁）。假设在每年年末应支付甲内退工资和福利 5 万元，并假定折现率为 6%。则 A 公司进行会计处理如下：

2015 年 1 月 1 日，由于甲员工内退，未来 5 年不为 A 公司创造价值，但公司承诺支付 25 万元。按照资产负债观，内退日应将未来 5 年薪酬现值确认为负债。

$$
\begin{aligned}
\text{应付职工薪酬现值} &= 5\times(1+6\%)^{-1}+5\times(1+6\%)^{-2}+5\times(1+6\%)^{-3} \\
&\quad +5\times(1+6\%)-4+5\times(1+6\%)-5 \\
&= 4.72+4.45+4.20+3.96+3.74 \\
&= 21.07\ (\text{万元})
\end{aligned}
$$

借：管理费用　　210 700
　　未确认融资费用　　39 300
　　贷：应付职工薪酬　　250 000

在 2015 年 1 月月末资产负债表中，应列示应付职工薪酬 21.07 万元，因为应付职工薪酬期末摊余成本＝应付职工薪酬账面余额 25 未确认融资费用 3.93＝21.07（万元）。

从 2015 年开始，应确认利息费用，见表 10-7 所示。

表 10-7　各年利息费用计算表单位：万元

日期	支付的职工薪酬	利息费用（6%）	归还的本金	应付职工薪酬摊余成本（本金）
2015 年 1 月 1 日				21.07
2015 年 12 月 31 日	5（本+息）	1.26	3.74	17.33
2016 年 12 月 31 日	5（本+息）	1.04	3.96	13.37
2017 年 12 月 31 日	5（本+息）	0.80	4.20	9.17
2018 年 12 月 31 日	5（本+息）	0.55	4.45	4.72
2019 年 12 月 31 日	5（本+息）	0.28	4.72	0

根据上表，2015 年 12 月 31 日确认利息费用：

借：财务费用　　12 600
　　贷：未确认融资费用　　12 600

2015 年年末支付内退工资和福利：

借：应付职工薪酬　　50 000
　　贷：银行存款　　50 000

2016 年年末：

2016 年 12 月 31 日确认利息费用：

借：财务费用　　10 400
　　贷：未确认融资费用　　10 400

2016 年年末支付内退工资和福利：

借：应付职工薪酬　　50 000
　　贷：银行存款　　50 000

2017 年年末：

2017 年 12 月 31 日确认利息费用：

借：财务费用　　8 000
　　贷：未确认融资费用　　8 000

2017 年年末支付内退工资和福利：

借：应付职工薪酬　　50 000
　　贷：银行存款　　50 000

2018 年年末：

2018 年 12 月 31 日确认利息费用：

借：财务费用　　5 500
　　贷：未确认融资费用　　5 500

2018 年年末支付内退工资和福利：

借：应付职工薪酬　　50 000
　　贷：银行存款　　50 000

2019 年年末：

2019 年 12 月 31 日确认利息费用：

借：财务费用　　2800
　　贷：未确认融资费用　　2800

2019 年年末支付内退工资和福利：

借：应付职工薪酬　　50 000
　　贷：银行存款　　50 000

第二节　新准则的衔接

新准则规定，企业比较财务报表中披露的本准则施行之前的信息与新准则要求不一致的，不需要按照新准则的规定进行调整。对于新准则施行日存在的离职后福利计划、辞退福利、其他长期职工福利，除按上述规定以外，应当按照《企业会计准则第 28 号——会计政策、会计估计变更和差错更正》的规定采用追溯调整法处理。

第十一章　企业年金基金

第一节　案例分析及操作实务

一、企业年金与企业年金基金

企业年金，是指企业及其职工在依法参加基本养老保险的基础上，自愿建立的补充养老保险制度，是社会保障体系的重要组成部分。企业年金采取自愿原则，国家给予税收政策支持，实行完全积累制，采用个人账户管理和市场化运作，其费用由企业和职工个人共同缴纳。

企业年金基金，是指根据依法制定的企业年金计划筹集的资金及其投资运营收益形成的企业补充养老保险基金。由此可以看出，企业年金基金由两部分组成：一是企业和职工依照企业年金计划规定的缴费，即企业年金基金本金。二是企业年金基金投资运营而形成的收益。

我国企业年金采用信托型管理模式，实行以信托关系为核心，以委托代理关系为补充的治理结构。企业和职工作为委托人将企业年金基金财产委托给受托人管理运作，是一种信托行为。企业年金基金作为一种信托财产，独立于委托人、受托人、账户管理人、托管人、投资管理人和其他为企业年金基金提供服务的自然人、法人或其他组织的固有财产及其管理的其他财产，应当作为独立的会计主体，进行确认、计量和披露。

企业年金基金具有以下特征：一是企业年金基金具有长期性、安全性、稳定性，以及追求长期稳定的投资回报；二是企业年金基金只能用于履行企业补充养老保险的义务，不能支付给企业自己的债权人，也不能返还给企业；三是企业年金基金必须存入企业年金专户，企业年金基金的管理、运用或其他情形取得的财产和收益，应当归入企业年金基金；四是企业年金基金不属于委托人等各管理当事人的清算财产；五是企业年金基金不得与各管理当事人自身债务相抵销。

二、企业年金基金管理各方当事人

企业年金基金管理各方当事人包括：委托人、受托人、账户管理人、托管人、投资管理人和中介服务机构等。受托人、托管人和投资管理人根据各自的职责，设置相应的会计科目和账户，对企业年金基金交易或事项进行会计处理。

（一）企业年金基金委托人

企业年金基金委托人，是指设立企业年金基金的企业及其职工。企业和职工是企业年金计划参与者，作为缴纳企业年金计划供款的主体，按规定缴纳企业年金供款，并作为委托人与受托人签订书面合同，将企业年金基金财产委托给受托人管理运作。

（二）企业年金基金受托人

企业年金基金受托人，是指受托管理企业年金基金的企业年金理事会或符合国家规定的养老金管理公司等法人受托机构，是编制企业年金基金财务报表的法定责任人。

受托人主要职责有：选择、监督、更换账户管理人、托管人、投资管理人以及中介服务机构；制定企业年金基金投资策略；编制企业年金基金管理和财务会计报告；根据合同对企业年金管理进行监督；根据合同收取企业和职工缴费，并向受益人支付企业年金待遇；接受委托人、受益人查询，定期向委托人、受益人和有关监管部门提供企业年金基金管理报告等。

（三）企业年金基金账户管理人

企业年金基金账户管理人，是指受托管理企业年金基金账户的专业机构。

账户管理人主要职责有：建立企业年金基金企业账户和个人账户；记录企业、职工缴费以及企业年金基金投资收益；及时与托管人核对缴费数据以及企业年金基金账户财产变化状况；计算企业年金待遇；提供企业年金基金企业账户和个人账户信息查询服务；定期向受托人和有关监管部门提交企业年金基金账户管理报告等。

（四）企业年金基金托管人

企业年金基金托管人，是指受托提供保管企业年金基金财产等服务的商业银行或专业机构。

托管人主要职责有：安全保管企业年金基金财产；以企业年金基金名义开设资金账户和证券账户；对所托管的不同企业年金基金财产分别设置账户，确保基金财产的完整和独立；根据受托人指令，向投资管理人分配企业年金基金财产；根据投资管理人投资指令，及时办理清算、交割事宜；负责企业年金基金会计核算和估值，复核、审查投资管理人计算的基金财产净值；及时与账户管理人、投资管理人核对有关数据，按照规定监督投资管理人的投资运作；定期向受托人提交企业年金基金托管报告和财务会计报告；定期向有关监管部门提交企业年金基金托管报告；保存企业年金基金托管业务活动记录、账册、报表和其他资料等。

（五）企业年金基金投资管理人

企业年金基金投资管理人，是指受托管理企业年金基金投资的专业机构。

投资管理人主要职责有：对企业年金基金财产进行投资；及时与托管人核对企业年金基金会计核算和估值结果；建立企业年金基金投资管理风险准备金；定期向受托人和有关监管部门提交投资管理报告；保存企业年金基金

会计凭证、会计账簿、年度财务会计报告和投资记录等。

（六）中介服务机构

企业年金基金中介服务机构，是指为企业年金基金管理提供服务的投资顾问公司、信用评估公司、精算咨询公司、会计师事务所和律师事务所等专业机构。

三、企业年金基金会计准则及其应用指南

企业年金既是一项重要的经济制度，也是一项十分重要的社会制度。企业年金基金作为职工退休后的“养命钱”，关系到每一位职工的切身利益和社会的和谐稳定，客观上要求企业年金基金日常管理和投资运营必须遵循谨慎、分散风险的原则，确保企业年金基金的安全和保值增值。

《企业会计准则第10号——企业年金基金》（以下简称企业年金基金准则）及其应用指南，明确了企业年金作为独立的会计主体，规范了企业年金基金的确认、计量和报告，以真实反映企业年金基金的财务状况、投资运营情况、净资产变动情况，及时揭示企业年金基金的管理风险等信息。

企业年金基金受托人、托管人、投资管理人应当根据各自的职责，按照企业年金基金准则及其应用指南的规定，设置相应的会计科目和会计账簿，对企业年金基金发生的有关交易或者事项进行会计处理和报告。企业年金基金会计科目名称和编号见表11-1。

表11-1　企业年金基金会计科目名称和编号

顺序号	编号	会计科目名称
一、资产类		
1	101	银行存款
2	102	结算备付金
3	104	交易保证金
4	113	应收利息
5	114	应收股利
6	115	应收红利
7	118	买入返售证券
8	125	其他应收款
9	128	交易性金融资产
10	131	其他资产

（续表）

顺序号	编号	会计科目名称
二、负债类		
11	201	应付受益人待遇
12	204	应付受托人管理费
13	205	应付托管人管理费
14	216	应付投资管理人管理费
15	215	应交税费
16	218	卖出回购证券款
17	221	应付利息
18	223	应付佣金
19	229	其他应付款
三、共同类		
20	301	证券清算款
四、基金净值类		
21	401	企业年金基金
		个人账户结余
		企业账户结余
		净收益
		个人账户转入
		个人账户转出
		支付受益人待遇
22	410	本期收益
五、损益类		
23	501	存款利息收入
24	503	买入返售证券收入
25	505	公允价值变动收益
26	531	投资收益

（续表）

顺序号	编号	会计科目名称
27	533	其他收入
28	534	交易费用
29	539	受托人管理费
30	540	托管人管理费
31	541	投资管理人管理费
32	552	卖出回购证券支出
33	566	其他费用
34	570	以前年度损益调整

四、企业年金基金缴费及其流程

企业年金基金由企业缴费、职工个人缴费和企业年金基金投资运营而形成的收益组成。企业可以根据自身的经济效益情况和目标，在国家统一规定的范围内，自主决定企业缴费的具体比例，并按照企业年金计划约定的参保范围、企业年金种类和缴费方式，定期进行缴费。对企业来说，企业按照企业年金计划进行的缴费，属于企业职工薪酬范围，其确认、计量及报告适用《企业会计准则第 9 号——职工薪酬》。

企业年金基金缴费（供款）一般流程如下：

（1）企业年金计划开始时，委托人将相关职工缴费总额及明细情况通知受托人，受托人将相关信息提供给账户管理人。账户管理人据此进行系统设置和信息录入。

（2）缴费日前，账户管理人计算缴费总额及明细情况，生成企业缴费和职工个人缴费账单，报受托人确认。

（3）受托人收到账户管理人提供的缴费账单后，与委托人核对确认，核对无误后，将签字确认的缴费账单反馈给账户管理人。

（4）缴费日，受托人向委托人下达缴费指令，委托人向托管人划转缴费账单所列缴款总额，并通知受托人。

（5）受托人向托管人送达收账通知及企业缴费总额账单。托管人收到款项后，核对实收金额与受托人提供的缴费总额账单，并向受托人和账户管理人送达缴费到账通知单。

（6）受托人核对托管人转来数据后，通知账户管理人进行缴费的财务处理。账户管理人将缴费明细数据和托管人通知的缴费总额核对无误后，根据企业年金计划的约定在已建立的个人账户之间进行分配。

企业年金基金缴费流程如图 11-1 所示。

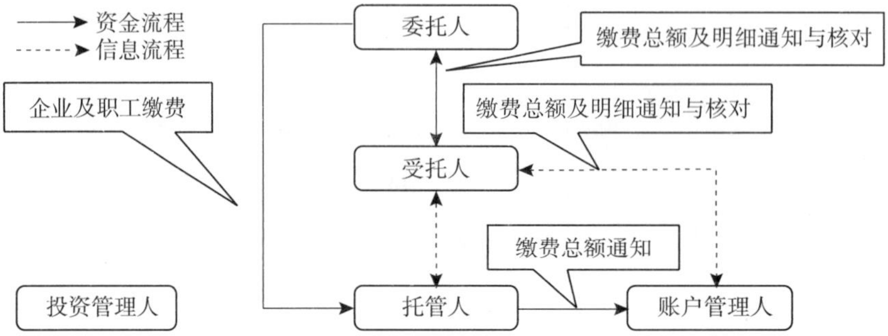

图 11-1　企业年金基金缴费流程

五、企业年金基金收到缴费的账务处理

为了核算企业年金基金收到缴费等业务，企业年金基金作为独立的会计主体，应当设置“企业年金基金”“银行存款”等科目。“企业年金基金”科目核算企业年金基金资产的来源和运用，应按个人账户结余、企业账户结余、净收益、个人账户转入、个人账户转出，以及支付受益人待遇等设置相应的明细科目，本科目期末贷方余额，反映企业年金基金净值。企业年金基金银行账户主要有资金账户、证券账户等。资金账户包括银行存款账户、结算备付金账户等，其中银行存款账户又包括受托财产托管账户、委托投资资产托管账户；证券账户包括证券交易所证券账户和全国银行间市场债券托管账户等。

收到企业及职工个人缴费时，按实际收到的金额，借记“银行存款”科目，贷记“企业年金基金——个人账户结余”“企业年金基金——企业账户结余”科目。

例 11-1　2016 年 1 月 5 日，某企业年金基金收到缴费 350 万元，其中企业缴费 200 万元、职工个人缴费 150 万元，存入企业年金账户，实收金额与提供的缴费总额账单核对无误。按该企业年金计划约定，企业缴费 200 万元中，归属个人账户金额为 110 万元，另 90 万元的权益归属条件尚未实现。该企业年金基金账务处理如下：

借：银行存款	3 500 000
贷：企业年金基金——个人账户结余（个人缴费）	1 500 000
——个人账户结余（企业缴费）	1 100 000
——企业账户结余（企业缴费）	900 000

企业年金基金收到缴费后，如需账户管理人核对后确认，可先通过“其

他应付款——企业年金基金供款”科目核算，确认后再转入“企业年金基金”科目。

六、企业年金基金投资运营原则和范围

企业年金基金来自企业和职工的缴费等，是职工（受益人）退休后的补充养老保险，其安全性要求高，另外，企业年金基金个人账户转入、个人账户转出，以及支付受益人待遇等业务频繁，其流动性要求强。企业年金基金投资运营应当遵循谨慎、分散风险的原则，充分考虑企业年金基金财产的安全性和流动性，实行专业化管理，严格按照国家相关规定进行投资运营。

根据现行制度的规定，企业年金基金投资运营应当选择具有良好流动性的金融产品，其投资范围，限于银行存款、国债和其他具有良好流动性的金融产品，包括短期债券回购、信用等级在投资级以上的金融债和企业债、可转换债、投资性保险产品、证券投资基金、股票等。

《企业年金基金管理试行办法》规定，企业年金基金的投资，按市场价计算应当符合下列规定：

（1）投资银行活期存款、中央银行票据、短期债券回购等流动性产品及货币市场基金的比例，不低于基金净资产的20%。

（2）投资银行定期存款、协议存款、国债、金融债、企业债等固定收益类产品及可转换债、债券基金的比例，不高于基金净资产的50%，其中投资国债的比例不低于基金净资产的20%。

（3）投资股票等权益类产品及投资性保险产品、股票基金的比例，不高于基金净资产的30%。其中，投资股票的比例不高于基金净资产的20%。

企业年金基金有关监管部门将根据金融市场变化和投资运营情况，适时对企业年金基金投资产品和比例等进行调整。如2007年1月31日，中国人民银行、劳动和社会保障部印发《关于企业年金基金进入全国银行间债券市场有关事项的通知》，就企业年金基金进入全国银行间债券市场从事债券投资等问题作出了规定。

七、企业年金基金投资运营流程

企业年金基金投资运营一般流程如下：

（1）受托人通知托管人和投资管理人企业年金基金投资额度。

（2）托管人根据受托人指令，向投资管理人分配基金资产，并将资金到账情况通知投资管理人。

（3）投资管理人进行投资运作，并将交易数据发送托管人；同时，对企业年金基金投资进行会计核算、估值。

（4）托管人将投资管理人发送的数据和交易所及中国证券登记结算公司

发送的数据核对无误后，进行清算、会计核算、估值和投资运作监督，并将清算及估值结果反馈给投资管理人，托管人将交易数据、账务数据和估值数据发送受托人。如果发现投资管理人的违规行为，应立即通知投资管理人，并及时向受托人和有关监管部门报告。

（5）托管人复核投资管理人的估值结果，以书面形式通知投资管理人。

（6）托管人将估值结果（企业年金基金净值和净值增长率）通知受托人和账户管理人。

（7）账户管理人根据企业年金基金净值和净值增长率，将基金投资运营收益按日或按周足额记入企业年金基金企业账户和个人账户。企业年金基金投资运营一般流程如图 11-2 所示。

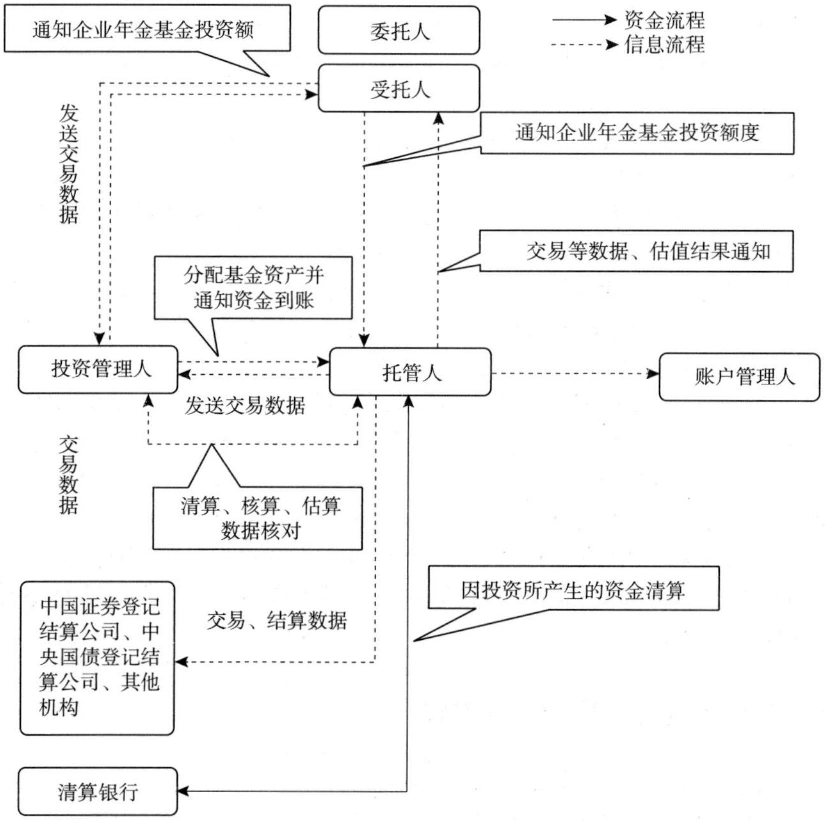

图 11-2 企业年金基金投资运营流程图

八、企业年金基金投资运营的账务处理

企业年金基金准则规定，企业年金基金在投资运营中，根据国家规定的

投资范围取得的国债、信用等级在投资级以上的金融债等具有良好流动性的金融产品，其初始取得和后续估值应当以公允价值计量。企业年金基金投资公允价值的确定，适用《企业会计准则第 22 号——金融工具确认和计量》。

企业年金基金投资运营的会计核算一般需要设置“交易性金融资产”“公允价值变动收益”“证券清算款”“结算备付金”“交易保证金”“投资收益”“交易费用”“应收利息”“应收股利”“应收红利”及“本期收益”等科目。

（一）初始取得投资时的账务处理

企业年金基金初始取得投资的交易日，以支付的价款（不含支付的价款中所包含的、已到付息期但尚未领取的利息或已宣告但尚未发放的现金股利、基金红利）计入投资的成本，借记“交易性金融资产——成本”科目，按发生的交易费用及相关税费直接计入当期损益，借记“交易费用”科目，按支付的价款中所包含的、已到付息期但尚未领取的利息或已宣告但尚未发放的现金股利、红利，借记“应收利息”“应收股利”或“应收红利”科目，贷记“证券清算款”“银行存款”等科目。

资金交收日，按实际清算的金额，借记“证券清算款”科目，贷记“结算备付金”“银行存款”等科目。

例 11-2　2016 年 9 月 1 日，某企业年金基金通过证券交易所购入分期付息，一次还本国债 500 手，每手债券面值为 1 000 元，成交金额 600 000 元（含已到付息期但尚未领取的利息 40 000 元），另发生手续费、佣金等相关税费 2 000 元。票面年利率为 3.56%。

该企业年金基金账务处理如下：

（1）交易日（T 日，即 9 月 1 日）与证券登记结算机构清算应付证券款时：

借：交易性金融资产——成本（债券）　560 000
　　应收利息　40 000
　　交易费用　2 000
　　贷：证券清算款　602 000

（2）资金交收日（T＋1 日，即 9 月 2 日）与证券登记结算机构交收资金时：

借：证券清算款　602 000
　　贷：结算备付金　602 000

例 11-3　2016 年 4 月 1 日，某企业年金基金通过证券交易所以 10.3 元的价格购入公司 10 万股（其中每股含已经宣告但尚未发放的现金股利 0.3 元），成交金额为 103 万元，另发生券商佣金、印花税等 2 万元。

该企业年金基金账务处理如下：

（1）交易日（T 日，即 4 月 1 日）与证券登记结算机构清算应付证券款时：

借：交易性金融资产——成本（A 股票）　1 000 000
　　应收股利——A 股票　30 000
　　交易费用　20 000
贷：证券清算款　1 050 000

（2）资金交收（T＋1日，即4月2日）与证券登记结算机构交收资金时：

借：证券清算款　　1 050 000

　贷：结算备付金　　1 050 000

（二）投资持有期间及估值日的账务处理

1. 投资持有期间的账务处理

企业年金基金投资持有期间，被投资单位宣告发放的现金股利，或资产负债表日按债券票面利率计算的利息收入，应确认为投资收益，借记“应收股利”“应收利息”或“应收红利”科目，贷记“投资收益”科目。期末，将“投资收益”科目余额转入“本期收益”科目。

例 11-4　沿用例 11-2，该企业年金基金持有国债期间，按债券票面价值和票面利率计提债券利息。假设 1 年按 365 日计算，每日计提利息，票面年利率为 3.56％。

该企业年金基金账务处理如下：

$$每日应计利息＝500\ 000\times3.56\%\div365＝48.77（元）$$

每日计提利息时：

借：应收利息　　48.77

　贷：投资收益　　48.77

债券除息日（T日），借记“证券清算款”科目，贷记“应收利息”科目。资金交收日（T＋1日），借记“结算备付金”科目，贷记“证券清算款”科目。

例 11-5　沿用例 11-3，2016 年 4 月 5 日，企业年金基金收到购买 A 股票时已宣告的现金股利，该上市公司发放 A 股票的现金股利为每股 0.3 元，合计 3 万元。

该企业年金基金账务处理如下：

借：结算备付金　　30 000

　贷：应收股利　　30 000

2. 估值日的账务处理

根据企业年金基金准则的规定，企业年金基金的投资应当按日估值，或至少按周进行估值。也就是说，每个工作日结束时，或者每周四或周五工作日结束时为估值日。

估值日对投资进行估值时，应当以估值日的公允价值计量。公允价值与上一估值日公允价值的差额，计入当期损益，并以此调整原账面价值。借记或贷记“交易性金融资产（公允价值变动）”科目，贷记或借记“公允价值变动损益”科目。

例 11-6　沿用例 11-5，2016 年 4 月 12 日，企业年金基金持有的 A 股票证券交易所收盘价为每股 11 元。在估值日和资产负债表日，企业年金基金持有的上市流通的债券、基金、股票等交易性金融资产，以其估值日在证券交易所挂牌的市价（平均价或收盘价）估值；估值日无交易的以最近交易日的市价估值。

估值日公允价值与上一估值日公允价值的差额 =（11 － 10）×100 000 = 100 000（元）

该企业年金基金账务处理如下：

借：交易性金融资产——公允价值变动（A 股票）　　100 000
　　贷：公允价值变动损益　　100 000

（三）投资处置的账务处理

在处置企业年金基金投资时，应在交易日按照卖出投资所取得的价款与其账面价值（买入价）的差额，确定为投资损益。

出售股票时，按应收金额，借记“证券清算款”科目，按买入时原账面价值（初始买价），贷记“交易性金融资产——成本”科目，按出售股票成交价总额与原账面价值（初始买价）的差额，作为投资处置收益金额，贷记或借记“投资收益”科目。同时，将原计入该投资的公允价值变动转出，借记或贷记“公允价值变动损益”科目，贷记或借记“投资收益”科目。

因债券、基金、股票的交易比较频繁，出售债券、基金、股票等证券时，其投资成本应一并结转。出售证券成本的计算方法可采用加权平均法、移动加权平均法和先进先出法等，成本计算方法一经确定，不得随意变更。

例 11-7　沿用例 11-6，2016 年 5 月 30 日，该企业年金基金出售 A 股 5 万股，每股市价 13 元，成交总额为 65 万元，另发生券商佣金、印花税等 1 800 元。

在本例中，成交总额扣减佣金、印花税等为应收证券清算款，共计金额 648 200 元（650 000 － 1 800）。

该企业年金基金账务处理如下：

（1）交易日（T 日，即 5 月 30 日）与证券登记结算机构清算应收证券款时：

借：证券清算款　　648 200
　　交易费用　　1 800
　　贷：交易性金融资产——成本（A 股票）　　500 000
　　　　　　　　　　——公允价值变动（A 股票）　　50 000
　　　　投资收益　　100 000
借：公允价值变动损益　　50 000
　　贷：投资收益　　50 000

（2）资金交收日（T ＋ 1 日，即 5 月 31 日）与证券登记结算机构交收资金时：

借：结算备付金　　648 200
　　贷：证券清算款　　648 200

九、企业年金基金收入的账务处理

企业年金基金收入，是指企业年金基金在投资营运中所形成的经济利益的流入。企业年金基金收入能够带来企业年金基金资产的增加，也可能使企业年金基金负债减少，或两者兼而有之。企业年金基金应每日或每周计算、确认基金收入，并进行账务处理。

企业年金基金收入由以下项目构成：存款利息收入；买入返售证券收入；公允价值变动收益；投资收益；风险准备金补亏等其他收入。

企业年金基金收入项目中，公允价值变动收益、投资收益有关内容及其账务处理已在前面进行了介绍。下面主要介绍存款利息收入、买入返售证券收入和其他收入账务处理有关内容。

（一）存款利息收入的账务处理

存款利息收入包括活期存款、定期存款、结算备付金和交易保证金等利息收入。根据企业年金基金会计准则及其应用指南的规定，企业年金基金应按日或至少按周确认存款利息收入，并按存款本金和适用利率计提的金额入账。按日或按周计提银行存款、结算备付金存款等利息时，借记“应收利息”科目，贷记“存款利息收入”科目。

例 11-8 2016 年 9 月 1 日，某企业年金基金在商业银行的存款本金为 1 500 000 元，假设 1 年按 365 天计算，银行存款年利率为 1.98％，每季季末结息，该企业年金基金逐日估值。

$$\begin{aligned}\text{每日银行存款应计利息} &= \text{存款本金} \times \text{年利率} \div 365\\ &= 1\,500\,000 \times 1.98\% \div 365\\ &= 81.37\text{（元）}\end{aligned}$$

该企业年金基金账务处理如下：

（1）每日计提存款利息时：

借：应收利息　　81.37

　　贷：存款利息收入　　81.37

（2）每季收到存款利息时（假设每季收息 7 425 元）：

借：银行存款　　7 425

　　贷：应收利息　　7 425

（二）买入返售证券收入的账务处理

买入返售证券业务，是指企业年金基金与其他企业以合同或协议的方式，按一定价格买入证券，到期日再按合同规定的价格将该批证券返售给其他企业，以获取利息收入的证券业务。根据企业年金基金准则及其应用指南的规定，企业年金基金应于买入证券时，按实际支付的价款确认为一项资产，在融券期限内按照买入返售证券价款和协议约定的利率逐日或每周计提的利息确认买入返售证券收入。

企业年金基金应设置“买入返售证券”“买入返售证券收入”等科目，对买入返售证券业务进行账务处理。买入证券付款时，按实际支付的款项，借记“买入返售证券——×× 证券”科目，贷记“结算备付金”科目。计提利息时，借记“应收利息”科目，贷记“买入返售证券收入”科目。买入返售证券到期时，按实际收到的金额，借记“结算备付金”科目；按买入时的价款，贷记“买入返售证券”科目；按已计未收利息，贷记“应收利息”科目；按本期应计利息，贷记“买入返售证券收入”科目。期末将“买入返售证券收入”科目余额转入“本期收益”科目。

（三）其他收入的账务处理

其他收入，是指除上述收入以外的收入，如风险准备金补亏。根据《企业年金基金管理试行办法》的规定，投资管理人应当按当期收取的投资管理人管理费的一定比例提取企业年金基金投资管理风险准备金，由托管人专户存储，专项用于弥补企业年金基金投资亏损。企业年金基金投资管理风险准备提取比例为 20％，余额达到投资管理企业年金基金净资产的 10％时可不再提取。

企业年金基金取得投资管理风险准备金用于补亏时，应当按照实际收到金额计入其他收入。

例 11-9　2016 年 1 月 10 日，某企业年金基金估值时确认当日亏损 25 万元。按规定，将企业年金基金投资管理风险准备金 25 万元用于补亏。已知：该企业年金基金按日估值；投资管理人提取的风险准备金结余 60 万元。

该企业年金基金账务处理如下：

借：银行存款	250 000	
贷：其他收入——风险准备金补亏		250 000

十、企业年金基金费用的账务处理构成

企业年金基金费用，是指企业年金基金在投资营运等日常活动中所发生的经济利益的流出。企业年金基金费用可能表现为企业年金基金资产的减少，或企业年金基金负债的增加，或两者兼而有之。企业年金基金每日或每周确认、计算基金费用，并进行相应的账务处理。

企业年金基金费用由以下项目构成：交易费用；受托人管理费；托管人管理费；投资管理人管理费；卖出回购证券支出；其他费用。

（一）交易费用

交易费用，是指企业年金基金在投资运营中发生的手续费、佣金以及相关税费，包括支付给代理机构、咨询机构、券商的手续费和佣金以及相关税费等其他必要支出。企业年金基金应设置“交易费用”科目，按照实际发生的金额，借记“交易费用”科目，贷记“证券清算款”“银行存款”等科目。

（二）受托人管理费、托管人管理费和投资管理人管理费

受托人管理费、托管人管理费和投资管理人管理费，是指根据企业年金计划或合同文件规定的比例，提取的相应管理费。根据《企业年金基金管理试行办法》的规定，受托人、托管人提取的管理费均不得高于企业年金基金净值的0.2％，投资管理人提取的管理费不得高于企业年金基金净值的1.2％。企业年金基金应当设置“受托人管理费”“托管人管理费”“投资管理人管理费”“应付受托人管理费”“应付托管人管理费”“应付投资管理人管理费”等科目，对发生的上述管理费，分别进行账务处理。

企业年金基金计提相关费用时，应当按照应付的实际金额，借记“受托人管理费”“托管人管理费”“投资管理人管理费”科目，同时确认为负债，贷记“应付受托人管理费”“应付托管人管理费”“应付投资管理人管理费”科目。支付相关管理费用时，借记“受托人管理费”“托管人管理费”“投资管理人管理费”科目，贷记“银行存款”等科目。期末，将“受托人管理费”“托管人管理费”“投资管理人管理费”科目的借方余额全部转入“本期收益”科目。

例 11-10 2016 年 4 月 1 日，某企业年金基金市值为 10 000 000 元。投资管理合同中约定：投资管理费年费率为基金净值（市值）的 1.2％；1 年按 365 天计算，按日估值。

$$
\begin{aligned}
\text{当日应计提的投资管理费} &= \text{基金净值} \times \text{年费率} \div \text{当年天数} \\
&= 10\,000\,000 \times 1.2\% \div 365 \\
&= 328.77\text{（元）}
\end{aligned}
$$

该企业年金基金账务处理如下：

借：投资管理人管理费——××投资管理人　　328.77

　　贷：应付投资管理人管理费　　328.77

例 11-11 2016 年 4 月 1 日，某企业年金基金市值为 10 000 000 元。受托管理合同和托管合同中均约定：受托人管理费和托管人管理费年费率均为基金净值（市值）的 0.2％；假设 1 年按 365 天计算，按日估值。

$$
\begin{aligned}
\text{当日应计提的受托人管理费} &= \text{基金净值} \times \text{年费率} \div \text{当年天数} \\
&= 10\,000\,000 \times 0.2\% \div 365 \\
&= 54.79\text{（元）}
\end{aligned}
$$

$$
\begin{aligned}
\text{当日应计提的托管人管理费} &= \text{基金净值} \times \text{年费率} \div \text{当年天数} \\
&= 10\,000\,000 \times 0.2\% \div 365 \\
&= 54.79\text{（元）}
\end{aligned}
$$

该企业年金基金账务处理如下：

借：受托人管理费——××受托人　　54.79

　　贷：应付受托人管理费　　54.79

借：托管人管理费——×× 托管人　　54.79

　　贷：应付托管人管理费　　54.79

（三）卖出回购证券支出

卖出回购证券业务，是指企业年金基金与其他企业以合同或协议的方式，按照一定价格卖出证券，到期日再按合同约定的价格买回该批证券，以获得一定时期内资金的使用权的证券业务。根据企业年金基金准则及其应用指南的规定，企业年金基金应在融资期限内，按照卖出回购证券价款和协议约定的利率每日或每周确认、计算卖出回购证券支出。

企业年金基金应设置“卖出回购证券支出”“卖出回购证券款”等科目，对卖出回购证券业务进行账务处理。卖出证券收到价款时，按实际收到价款，借记“结算备付金”科目，同时确认一笔负债，贷记“卖出回购证券款——×× 证券”科目。证券持有期内计提利息时，按计提的金额，借记“卖出回购证券支出”科目，贷记“应付利息”科目。到期回购时，按卖出证券时实际收款金额，借记“卖出回购证券款——×× 证券”科目，按应计提未到期的卖出回购证券利息，借记“应付利息”科目，按借贷方差额，借记“卖出回购证券支出”科目，按实际支付的款项，贷记“结算备付金”科目。期末将“卖出证券支出”科目余额转入“本年收益”科目。

（四）其他费用

其他费用，是指除上述（一）（二）（三）费用以外的其他各项费用，包括注册登记费、上市年费、信息披露费、审计费用、律师费用等。根据现行法律制度的规定，基金管理各方当事人因未履行义务导致的费用支出或资产的损失以及处理与基金运作无关的事项发生的费用不得列入企业年金基金费用。

企业年金基金应当设置“其他费用”等科目，按费用种类设置明细账，对发生的其他费用进行账务处理。发生其他费用时，应按实际发生的金额，借记“其他费用”科目，贷记“银行存款”等科目。如发生的其他费用金额较大，比如大于基金净值十万分之一，也可以采用待摊或预提的方法，待摊或预提计入基金损益，但一经采用，不得随意变更，且年末一般无余额。

（1）采用待摊方法的，发生时，借记“待摊费用”科目，贷记“银行存款”科目；摊销时，借记“其他费用”科目，贷记“待摊费用”科目。

（2）采用预提方法的，预提时，借记“其他费用”科目，贷记“预提费用”科目；支付费用时，借记“预提费用”科目，贷记“银行存款”科目。期末，应将“其他费用”科目的借方余额全部转入“本期收益”科目。

例 11-12　2016 年 1 月 1 日，某企业年金基金市值为 3.5 亿元，该日发生信息披露费 3 000 元。假设按日估值。该企业年金基金账务处理如下：

借：其他费用　　3 000

　　贷：银行存款　　3 000

十一、企业年金待遇给付及其账务处理

企业年金待遇，是指企业年金计划受益人符合退休年龄等法定条件时，应当享受的企业年金养老待遇。企业年金计划受益人，是指参加企业年金计划并享有受益权的职工及其继承人。企业年金养老待遇支付水平受到缴费金额、缴费时间、投资运营收益情况等因素的影响。企业年金待遇给付方式，由企业年金计划约定，分次或一次支付。

企业年金待遇给付一般流程如下：

（1）委托人向受托人发送企业年金待遇支付或转移的通知。

（2）受托人通知账户管理人计算支付企业年金待遇。

（3）账户管理人将计算支付企业年金待遇结果反馈受托人，并与受托人核对。

（4）受托人核对后通知托管人和投资管理人进行份额赎回。

（5）受托人根据账户管理人提供的待遇支付表，通知托管人支付或转移金额，托管人将相应资金划入受托人指定的专用账户，并向受托人和账户管理人报告。

（6）受托人指令账户管理人进行待遇支付的账户处理，账户管理人与托管人提供的支付结果核对，扣减个人账户资产，并向受益人提供年金基金的最终账户数据或向新年金计划移交账户资料。

企业年金待遇给付运作流程如图 11-3 所示。

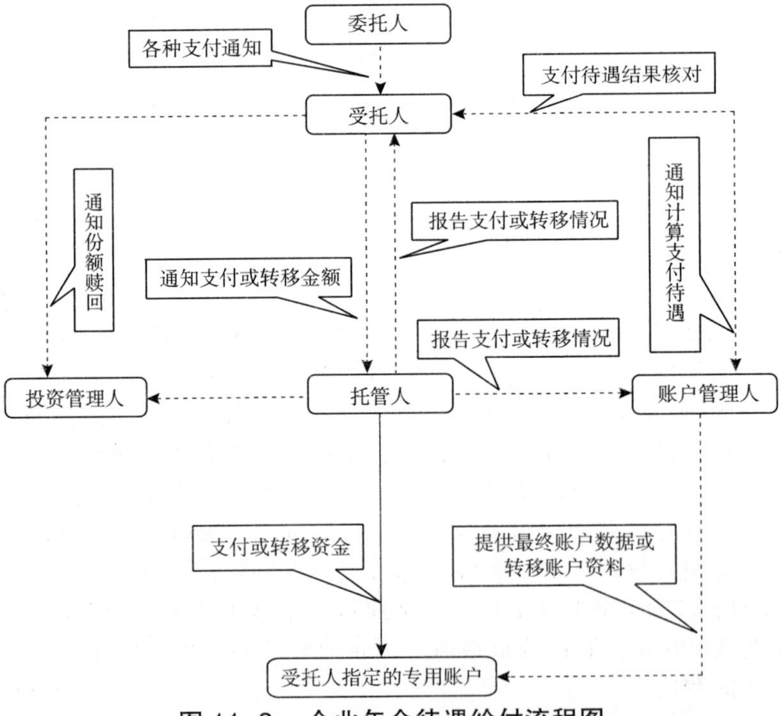

图 11-3　企业年金待遇给付流程图

企业年金基金应设置“企业年金基金——支付受益人待遇”“应付受益人待遇”等科目，按受益人设置明细账进行账务处理。给付企业年金待遇时，按应付金额，借记“企业年金基金——支付受益人待遇”科目，贷记“应付受益人待遇”科目；支付款项时，借记“应付受益人待遇”科目，贷记“银行存款”科目。

例 11-13　2016 年 11 月 5 日，某企业年金基金根据企业年金计划和委托人指令，支付退休人员企业年金待遇，金额共计 70 000 元。该企业年金基金账务处理如下：

（1）计算、确认给付企业年金待遇时：

借：企业年金基金——支付受益人待遇 70 000

贷：应付受益人待遇 70 000

（2）支付受益人待遇时：

借：应付受益人待遇 70 000

贷：银行存款 70 000

此外，根据企业年金基金准则的规定，因职工调离企业而发生的个人账户转出金额，相应减少基金净资产。因职工调入企业而发生的个人账户转入金额，相应增加基金净资产。企业年金基金应设置“企业年金基金——个人账户转入”“企业年金基金——个人账户转出”等科目，按受益人设置明细账进行账务处理。

十二、企业年金基金净资产、净收益及其账务处理

企业年金基金净资产又称年金基金净值，是指企业年金基金受益人在企业年金基金财产中享有的经济利益，其金额等于企业年金基金资产减去基金负债后的余额。

企业年金基金净资产＝期初净资产＋本期净收益＋收取企业缴费
＋收取职工个人缴费＋个人账户转入
－支付受益人待遇－个人账户转出

企业年金基金净收益，是指企业年金基金在一定会计期间已实现的经营成果，其金额等于本期收入减本期费用的余额。其中，本期收入包括：存款利息收入、买入返售证券收入、公允价值变动收益、投资收益和其他收入等。本期费用包括：交易费用、受托人管理费、投资管理人管理费、卖出回购证券支出和其他费用等。企业年金基金净收益直接影响基金净值的变动。

需要说明的是，企业年金基金资产不仅包括委托给投资管理人管理的资产，还包括未委托给投资管理人管理的其他现金资产。

企业年金基金净值增长率，是当期基金净值与前期基金净值的差额除以

前期基金财产净值的比例。计算公式如下：

$$\text{企业年金基金净值增长率} = \frac{\text{当期基金资产} - \text{前期基金净资产}}{\text{前期基金净资产}} \times 100\%$$

企业年金基金账户管理人根据企业年金基金净值和净值增长率，按日或按周足额记入企业年金基金企业账户和个人账户。在收益记入日，账户管理人根据托管人提供的、经受托人复核的企业年金基金净值和净值增长率，并根据企业账户和 职工个人账户前期余额，计算本期各账户应计入的投资运营收益。

其计算公式如下：

个人账户本期余额＝个人账户前期余额 ×（1 ＋企业年金基金净值增长率）
企业账户本期余额＝企业账户前期余额 ×（1 ＋企业年金基金净值增长率）

根据企业年金基金准则的规定，资产负债表日，应当将当期企业年金基金各项收入和费用结转至净资产，并根据企业年金计划按期将运营收益分配记入企业和职工个人账户。

企业年金基金应设置“本期收益”等科目。“本期收益”科目核算本期实现的基金净收益（或净亏损）。期末，结转企业年金基金净收益时，将“存款利息收入”“买入返售证券收入”“公允价值变动收益”“投资收益”“其他收入”等科目的余额转入“本期收益”科目贷方；将“交易费用”“受托人管理费”“托管人管理费”“投资管理人管理费”“卖出回购证券支出”“其他费用”等科目的余额转入“本期收益”科目借方。“本期收益”科目余额，即为企业年金基金净收益（或净亏损）。净收益转入企业年金基金时，借记“本期收益”科目，贷记“企业年金基金——净收益”科目；如为净亏损，作相反分录。将净收益按企业年金计划约定的比例转入个人和企业账户时，借记“企业年金基金——净收益”科目，贷记“企业年金基金——个人账户结余”“企业年金基金——企业账户结余”科目。

十三、企业年金基金财务报表的编制

（一）企业年金基金财务报表编报主体

根据《企业年金基金管理试行办法》的规定，受托人负责编制企业年金基金管理和财务会计报告。这就是说，受托管理企业年金基金的企业年金理事会或符合国家规定的养老金管理公司等法人受托机构是编报企业年金基金财务报表的法定责任人，应当按照企业年金基金会计准则的规定，负责编制和对外报告企业年金基金财务报表。现行相关法规规定，受托人应当在年度结束后45日内向委托人和监管机构提交经会计师事务所审计的企业年金基金年度财务报告。

此外，为了保证企业年金基金财务报表的真实和完整，托管人、投资管理人还要定期向受托人提供相关信息。现行相关法规规定，托管人在每季度结束10日内向受托人提交季度企业年金基金财务报告，并在年度结束后30日内向受托人提交经会计师事务所审计的年度企业年金基金财务报告。投资管理人在每季度结束后10日内向受托人提交经托管人确认的季度企业年金基金投资组合报告；并应当在年度结束后30日内向受托人提交经托管人确认的年度企业年金基金投资管理报告。账户管理人应当在每季度结束后10日内向受托人提交季度企业年金基金账户管理报告，并应当在年度结束后30日内向受托人提交年度企业年金基金账户管理报告。

（二）企业年金基金财务报表构成

企业年金基金财务报表，是指企业年金基金对外提供的反映基金某一特定日期财务状况和一定会计期间的经营成果；净资产变动情况的书面文件。企业年金基金财务报表包括以下几部分内容。

1. 资产负债表

资产负债表，是指反映企业年金基金在某一特定日期的财务状况，应当按资产、负债和净资产分类列示。资产类项目至少应当列示下列信息：①货币资金；②应收证券清算款；③应收利息；④买入返售证券；⑤其他应收款；⑥债券投资；⑦基金投资；⑧股票投资；⑨其他投资；⑩其他资产。负债类项目至少应当列示下列信息：①应付证券清算款；②应付受益人待遇；③应付受托人管理费；④应付托管人管理费；⑤应付投资管理人管理费；⑥应交税费；⑦卖出回购证券款；⑧应付利息；⑨应付佣金；⑩其他应付款。净资产类项目列示企业年金基金净值。

2. 净资产变动表

净资产变动表，是指反映企业年金基金在一定会计期间的净资产增减变动情况的财务报表。净资产变动表应当列示下列信息：①期初净资产；②本期净资产增加数；③本期净资产减少数；④期末净资产。其中，本期净资产增加数包括：本期收入、收取企业缴费、收取职工个人缴费、个人账户转入。本期收入由存款利息收入、买入返售证券收入、公允价值变动收益、投资处置收益、其他收入构成。本期净资产减少数，包括本期费用、支付受益人待遇、个人账户转出。其中，本期费用由交易费用、受托人管理费用、托管人管理费用、卖出回购证券支出、其他费用构成。

3. 附注

附注，是指对资产负债表、净资产变动表中列示项目的文字描述或明细资料，以及对未能在报表中列示其他业务和事项进行的说明。企业年金基金资产负债表、净资产变动表和附注的格式、列示内容参见企业年金基金准则。

（三）企业年金基金财务报表编制

1. 资产负债表的编制说明

（1）“货币资金”项目，反映期末存放在金融机构的各种款项，应根据“银行存款”“结算备付金”“交易保证金”等科目的期末余额填列。

（2）“应收证券清算款”项目，反映期末尚未收回的证券清算款，应根据“证券清算款”科目所属明细科目期末借方余额填列。

（3）“应收利息”项目，反映期末尚未收回的各项利息，应根据“应收利息”科目期末余额填列。

（4）“买入返售证券”项目，反映期末已经买入但尚未到期返售证券的实际成本，应根据“买入返售证券”科目期末余额填列。

（5）“其他应收款”项目，反映除应收证券清算款、应收利息、应收红利、应收股利以外的，期末尚未收回的其他各种应收款、暂付款项等，应根据“其他应收款”等科目的期末余额分析计算填列。

（6）“债券投资”项目，反映期末持有债券投资的公允价值，应根据“交易性金融资产”及其明细科目的期末余额分析填列。

（7）“基金投资”项目，反映期末持有基金投资的公允价值，应根据“交易性金融资产”及其明细科目的期末余额分析填列。

（8）“股票投资”项目，反映期末持有股票投资的公允价值，应根据“交易性金融资产”及其明细科目的期末余额分析填列。

（9）“其他投资”项目，反映期末持有的除上述投资以外的资产的公允价值，应根据“交易性金融资产”等相关科目的期末余额分析填列。

（10）“其他资产”项目，反映除上述资产以外的其他资产，应根据“交易性金融资产”等相关科目的期末余额分析填列。“应收红利”“应收股利”科目期末余额也填列在此项目。

（11）“应付证券清算款”项目，反映期末尚未支付的证券清算款，应根据“证券清算款”科目所属明细科目期末余额填列。

（12）“应付受益人待遇”项目，反映期末尚未支付受益人待遇的款项，应根据“应付受益人待遇”科目所属明细科目期末余额填列。

（13）“应付受托人管理费”项目，反映期末尚未支付受托人的管理费用，应根据“应付受托人管理费”科目期末余额填列。

（14）“应付托管人管理费”项目，反映期末尚未支付托管人的管理费用，应根据“应付托管人管理费”科目期末余额计算填列。

（15）“应付投资管理人管理费”项目，反映期末尚未支付投资管理人的管理费用，应根据“应付投资管理人管理费”科目期末余额计算填列。

（16）“应交税费”项目，反映期末应交未交的相关税费，应根据“应交税费”科目的期末余额填列。

（17）“卖出回购证券款”项目，反映已经卖出但尚未到期回购的证券款，应根据“卖出回购证券款”科目的期末余额填列。

（18）“应付利息”项目，反映期末尚未支付的各项利息，应根据“应付利息”科目期末余额填列。

（19）“应付佣金”项目，反映期末尚未支付券商的佣金，应根据“应付佣金”科目的期末余额填列。

（20）“其他应付款”项目，反映除上述负债以外的其他负债，如暂收款、多收的款项等，应根据“其他应付款”等有关科目期末余额分析填列。

（21）“企业年金基金净值”项目，反映期末企业年金基金净值，应根据“企业年金基金”及其明细科目分析填列。

2. 净资产变动表的编制说明

（1）“期初净资产”项目，反映企业年金基金期初净值，应根据上期期末“企业年金基金”及其明细科目贷方余额分析填列。

（2）“存款利息收入”项目，反映本期存放金融机构各种存款的利息收入，应根据“存款利息收入”科目期末结转“本期收益”科目的数额填列。

（3）“买入返售证券收入”项目，反映本期买入返售证券业务而实现的利息收入，应根据“买入返售证券收入”科目期末结转“本期收益”科目的数额填列。

（4）“公允价值变动收益”项目，反映本期持有债券、基金、股票等投资的公允价值变动情况，应根据“公允价值变动收益”科目期末结转“本期收益”科目的数额填列。

（5）“投资处置收益”项目，反映本期投资处置时实现的收益，以及投资持有期间收到被投资单位发放的现金股利、红利，或按债券票面利率计算的利息收入。应根据“投资收益”科目期末结转“本期收益”科目的数额分析填列。

（6）“其他收入”项目，反映本期除以上收入外的其他收入，应根据“其他收入”科目期末结转“本期收益”科目的数额填列。

（7）“收取的企业缴费”项目，反映本期收到的企业缴费，应根据“企业年金基金”及其明细科目的余额分析填列。

（8）“收取的职工个人缴费”项目，反映本期收到的职工个人缴费，应根据“企业年金基金”及其明细科目的余额分析填列。

（9）“个人账户转入”项目，反映本期从其他企业调入本企业职工个人账户转入的金额，应根据“企业年金基金——个人账户转入”科目的余额填列。

（10）“交易费用”项目，反映本期投资运营中发生的手续费、佣金及其他必要支出，应根据“交易费用”科目期末结转“本期收益”科目的数额填列。

（11）“受托人管理费”项目，反映本期按照合同约定计提的受托人管理费用，应根据“受托人管理费”科目期末结转“本期收益”科目的数额填列。

（12）“托管人管理费”项目，反映本期按照合同约定计提的托管人管理费用，应根据“托管人管理费”科目期末结转“本期收益”科目的数额填列。

（13）“投资管理人管理费”项目，反映本期按照合同约定计提的投资管理人管理费用，应根据“投资管理人管理费”科目期末结转“本期收益”科目的数额填列。

（14）“卖出回购证券支出”项目，反映本期发生的卖出回购证券业务的支出，应根据“卖出回购证券款”科目期末结转“本期收益”科目的数额填列。

（15）“其他费用”项目，反映本期除上述费用之外的其他各项费用，应根据“其他费用”科目期末结转“本期收益”科目的数额填列。

（16）“支付受益人待遇”项目，反映本期支付受益人待遇的金额，应根据“企业年金基金”及其明细科目的期末余额填列。

（17）“个人账户转出”项目，反映本期企业职工调出、离职等原因从个人账户转出的金额，应根据“企业年金基金——个人账户转出”科目的期末余额填列。

3. 附注披露内容和要求

根据企业年金基金准则及其应用指南的规定，企业年金基金在附注中应当披露下列内容：

（1）企业年金计划的主要内容及重大变化。

（2）企业年金基金管理各方当事人（包括委托人、受托人、托管人、投资管理人、账户管理人、中介机构等）名称、注册地、组织形式、总部地址、业务性质和主要经营活动。

（3）财务报表的编制基础。

（4）遵循企业年金基金准则的声明。

（5）重要会计政策和会计估计。

（6）会计政策和会计估计变更及差错更正的说明。包括会计政策、会计估计变更和差错更正的内容、理由、影响数或影响数不能合理确定的理由等。

（7）投资种类、金额及公允价值的确定方法。

（8）各类投资占投资总额的比例。

（9）报表重要项目的说明，包括货币资金、买入返售证券、债券投资、基金投资、股票投资、其他投资、卖出回购证券款、收取企业缴费、收取职工个人缴费、个人账户转入、支付受益人待遇、个人账户转出等。在具体编制时，可参照财务报表列报及其应用指南列示的“证券公司报表附注”的披露格式和要求。

（10）企业年金基金净收益，包括本期收入、本期费用的构成。

（11）资产负债表日后事项、关联方关系及其交易的说明等。

（12）企业年金基金投资组合情况、风险管理政策，以及可能使投资价值受到重大影响的其他事项。

第二节　新准则的税收应用

一、关于企业年金基金税务处理的案例分析

企业年金在我国一般称为补充养老保险，从我国的企业实践来看，国家允许企业建立补充养老保险金制度，并对若干企业的补充养老金的税务处理作出了规定，从中也可以看出税法的处理原则，也能够得出一些结论。

（一）中国海洋石油补充性养老保险的税务处理

1997 年，国家税务总局下发《关于海洋石油若干税收政策问题的通知》（国税发〔1997〕44 号），规范了中国海洋石油总公司职工养老储蓄金的税收处理问题，该文件明确规定：中国海洋石油总公司按照国家建立企业职工养老保险制度的有关规定，对其职工实行养老保险计划。一是基本养老保险；二是企业补充养老保险；三是个人储蓄性养老保险。对上述形式的保险费支出在税收处理上统一规定为：①企业按国家规定为职工缴纳的基本养老保险费不计入职工个人所得，允许企业在税前列支；个人缴纳的基本养老保险费，不计征个人所得税。②企业根据自身经济能力为本企业职工建立的企业补充养老保险，保险费用从企业自有资金中的奖励、福利基金内提取。保险费支出并入职工个人所得征税。③企业为职工以社会保险津贴统一认购的储蓄性养老保险，保险费用应从企业自有资金中的奖励、福利基金内提取，并入职工所得征税。

从该政策规定中我们可以看出，国家认可企业建立投资型的年金基金，中国海洋石油设立了储蓄性养老保险，但对其需并入职工所得征收个人所得税。

（二）吉林邮电系统发放补充养老保险的税务处理

吉林邮电系统将 1998 年实行工效挂钩以来形成的结余工资，以每人 3 000 元的标准发放给在职职工及离退休人员，作为补充养老基金。《国家税务总局关于企业发放补充养老保险金征收个人所得税问题的批复》（国税函〔1999〕615 号）对吉林省邮电系统发放职工补充养老保险金征税问题明确如下：依据财税〔1997〕144 号文件规定，职工取得的该笔所得应按照“工资、薪金所得”应税项目计算缴纳个人所得税，具体办法：①对在职职工取得的该笔所得，应全额计入发放当月个人的工资、薪金收入，合并计征个人所得税；②对离退休职工取得的该笔所得，应单独作为 1 个月的工资、薪金收入，按税法规定计征个人所得税。

从该政策可以看出，企业年金至 1999 年还未享受税收优惠，这与当时我国的经济发展水平是有关系的。

二、中国企业年金基金的现行税收政策演变过程

2001年3月8日，国务院《关于印发完善城镇社会保障体系试点方案的通知》（国发〔2000〕42号）中规定：部分经济效益好的企业为职工建立的补充养老保险，缴纳额在工资总额4%以内的部分，准予在缴纳企业所得税前全额扣除。

2003年2月，财政部下发的《关于企业为职工购买保险有关财务处理问题的通知》（财企〔2003〕61号）规定，有条件的企业可为职工建立补充养老保险。辽宁等省完善城镇社会保障体系试点地区的企业，提取额在工资总额4%以内的部分，作为劳动费列入成本费用；非试点地区的企业，从应付福利费中列支，但不得因此导致应付福利费发生赤字。

财政部、国家税务总局《关于完善城镇社会保障体系试点中有关所得税政策问 题的通知》（财税〔2001〕9号）也明确：①部分经济效益好的企业为职工建立的补充养老保险，缴纳额在工资总额4%以内的部分，以及企业为职工建立的补充医疗保险，提取额在工资总额4%以内的部分，准予在缴纳企业所得税前全额扣除。该项政策适用于在辽宁全省以及其他省、自治区、直辖市按《通知》规定的试点地区。②非试点地区企业为职工建立补充医疗保险，继续执行国务院《关于建立城镇职工基本医疗保险制度的决定》（国发〔1998〕44号）确定的标准，提取额在工资总额4%以内的部分，从职工福利费中列支，福利费不足列支的部分，经同级财政部门核准后列入成本，准予在缴纳企业所得税前全额扣除。

国家对于补充养老保险在2003年之前，仅允许在试点地区税前扣除。2003年，国家税务总局为协调会计与税法之间的差异，制定并颁布了《关于执行〈企业会计制度〉需要明确的有关所得税问题的通知》（国税发〔2003〕45号），该文件规定补充养老保险符合标准的部分允许在税前扣除，并规定了税务处理的基本原则：①企业为全体雇员按国务院或省级人民政府规定的比例或标准缴纳的补充养老保险、补充医疗保险，可以在税前扣除；②企业为全体雇员按国务院或省级人民政府规定的比例或标准补缴的基本或补充养老、医疗和失业保险，可在补缴当期直接扣除；金额较大的，主管税务机关可要求企业在不低于3年的期间内分期均匀扣除。

三、企业年金基金的税前扣除处理技巧

如果单位为个人支付的补充养老保险超过国务院或省级人民政府规定的比例或标准的，应该在缴纳企业所得税时进行纳税调整。《中华人民共和国所得税法实施条例》（2005年12月19日修订）对于单位为个人缴付和个人缴付的基本养老保险，允许从纳税义务人的应纳税所得额中扣除。但对于补充养老保险，没有进一步明确。按照国家的税法精神，对于补充养老保险凡

在省级人民政府规定标准范围以内的部分，也应该属于免税的个人所得，也允许从纳税义务人的应纳税所得额中扣除。

《关于单位为员工支付有关保险缴纳个人所得税问题的批复》（国税函〔2005〕318号）规定：对企业为员工支付各项免税之外的保险金，应在企业向保险公司缴付时（即该保险归入被保险人的保险财产）并入员工当期的工资收入，按“工资、薪金所得”项目计征个人所得税，税款由企业负责代扣代缴。

《财政部、国家税务总局关于个人所得税有关问题的批复》（财税〔2005〕194号）进一步明确了“关于单位为个人办理补充养老保险退保后个人所得税及企业所得税的处理问题”，即当单位为职工个人购买商业性补充养老保险等，在办理投保手续时应作为个人所得税的“工资、薪金所得”项目，按税法规定缴纳个人所得税。当然，补充养老保险计入工资、薪金总额后超过计税工资标准的，也要进行所得税纳税调整。

因各种原因退保，个人未取得实际收入的，已缴纳的个人所得税应予以退回。这一方面遏制了利用补充养老保险避税的问题，另一方面规定退保时个人所得税可予退税，也体现了个人所得税的公平征收原则。

第十二章　股 份 支 付

第一节　案例分析及操作实务

一、以权益结算的股份支付

《企业会计准则第 11 号——股份支付》第六条规定，完成等待期内的服务或达到规定业绩条件才可行权的换取职工服务的以权益结算的股份支付，在等待期内的每个资产负债表日，应当以对可行权权益工具数量的最佳估计为基础，按照权益工具授予日的公允价值，将当期取得的服务计入相关成本或费用和资本公积。

例 12-1　2011 年 12 月，A 公司董事会批准了一项股份支付协议。协议规定，2012 年 1 月 1 日，公司向其 200 名管理人员每人授予 100 份股票期权，这些管理人员必须从 2012 年 1 月 1 日起在该公司连续服务 3 年，服务期满时才能够以每股 4 元购买 100 股 A 公司股票。公司估计该期权在授予日（2012 年 1 月 1 日）的公允价值为 15 元。

第 1 年有 20 名管理人员离开 A 公司，A 公司估计 3 年中离开的管理人员比例将达到 20%；第 2 年又有 10 名管理人员离开公司，公司将估计的管理人员离开比例修正为 15%；第 3 年又有 15 名管理人员离开。

（1）费用和资本公积计算过程见表 12-1。

表 12-1　费用和资本公积计算表

单位：元

年份	计　　算	当期费用	累计费用
2012	200×100×（1 − 20%）×15×1÷3	80 000	80 000
2013	200×100×（1 − 15%）×15×2÷3 − 80 000	90 000	170 000
2014	155×100×15 − 170 000	62 500	232 500

（2）会计处理：

2012 年 1 月 1 日，授予日不作处理。

2012 年 12 月 31 日：

借：管理费用　　80 000

　　贷：其他综合收益　　80 000

2013 年 12 月 31 日：

借：管理费用　　90 000

　　贷：其他综合收益　　90 000

2014 年 12 月 31 日：

借：管理费用　　62 500

　　贷：其他综合收益　　62 500

2015 年 12 月 31 日（第 4 年年末），假设有 10 名管理人员放弃了股票期权，2016 年 12 月 31 日（第 5 年年末），剩余 145 名全部行权，A 公司股票面值为 1 元。

2015 年 12 月 31 日（可行权日之后），不调整成本、费用和资本公积。

2016 年 12 月 31 日（行权日）：

借：银行存款（145×100×4）　　58 000

　　其他综合收益　　232 500

　　贷：股本（145×100×1）　　14 500

　　　　资本公积——资本溢价　　276 000

例 12-2　ABC 公司为其 500 名雇员均授予 100 份股份期权。每一授予均附有要求雇员未来 3 年留在公司工作的条件。公司估计每份股份的公允价值为 15 元。基于加权平均概率，公司估计有 20％的雇员将在未来 3 年内离开，因此他们对股份期权的权利将作废。

如果确实如所期望的那样，公司为作为股份期权的对价而取得的服务在给予期间内确认如表 12-2 所示金额。

表 12-2　薪酬费用计算表

单位：元

年序	计　　算	当期薪酬费用	累计薪酬费用
1	50 000×80％ ×15×1÷3	200 000	200 000
2	（50 000×80％ ×15×2÷3）－200 000	200 000	400 000
3	（50 000×80％ ×15×3÷3）－400 000	200 000	600 000

会计处理如下：

第 1、第 2、第 3 年相同，即：

借：管理费用（对应资本化资产项目）　　200 000

　　贷：其他综合收益　　200 000

第 3 年行权日：

借：其他综合收益　　600 000

　　贷：股本　　40 000

　　　　资本公积——资本溢价　　560 000

如果第 1 年内，有 20 名雇员离开。公司将估计在 3 年中雇员离开率由

20%（100名雇员）修正为15%（75名雇员）。第2年内，又有22名雇员离开。公司将估计在3年中雇员离开率由15%修正为12%（60名雇员）。第3年内，另有15名雇员离开。因此，3年中共有57名雇员对股份期权的权利作废，同时在第3年年末一共给予了44 300份股份期权（443×100），见表12-3。

表12-3　薪酬费用计算表

单位：元

年序	计　　算	当期薪酬费用	累计薪酬费用
1	50 000×85% ×15×1÷3	212 500	212 500
2	（50 000×88% ×15×2÷3）— 212 500	227 500	440 000
3	（44 300×15）— 440 000	224 500	664 500

会计处理如下：

第1、第2、第3年分别如下：

借：管理费用

（对应资本化资产项目）　212 500、227 500、224 500

贷：其他综合收益　212 500、227 500、224 500

第3年行权日：

借：其他综合收益　664 500

贷：股本　44 300

资本公积——资本溢价　620 200

在某些情况下，授予的股份或股份期权也可能附有要求达到特定的业绩目标的条件。

例12-3　以附有业绩条件的授予，说明其给予期间的长度变化。

第1年年初，公司对500名雇员均授予每人100份股份，附有要求雇员在给予期间受雇于公司的条件。股份于第1年年末给予的条件是公司收益的增长超过18%；于第2年年末给予的条件是公司收益2年平均增长超过13%；于第3年年末给予的条件是公司收益3年平均增长超过10%。每股股份在第1年年初的公允价值是30元，等于授予日的股价。在3年中预计不分配股利。

第1年年末，公司收益增长了14%，同时有30名雇员离开。公司预计收益在第2年继续以相似的比例增长，因此预计股份将于第2年年末给予。在加权平均可能性的基础上，公司预计在第2年又会有30名雇员离开，因此预计第2年年末将会给予440名雇员每人100份股份。

第2年年末，公司收益仅仅增长了10%，因此没有给予股份。在当年有28名雇员离开。公司预计在第3年又会有25名雇员离开，同时公司收益至少增长6%，从而达到平均每年增长10%。

第3年年末，有23名雇员离开，公司收益增长了8%，导致每年平均增长10.67%。因此，在第3年年末，有419名雇员收到了100份股份。

按规定条件计算如表 12-4 所示。

表 12-4　薪酬费用计算表

单位：元

年序	计　　算	当期薪酬费用	累计薪酬费用
1	440×100×30×1÷2	660 000	660 000
2	（417×100×30×2÷3）－ 660 000	174 000	834 000
3	（419×100×30×3÷3）－ 834 000	423 000	1 257 000

例 12-4　以附有业绩条件的授予，说明其权益性工具数量的变化。

第 1 年年初，A 公司对于在销售部工作的 100 名雇员每人授予了股份期权。如果雇员一直在公司服务，同时如果特定产品的销售量每年至少增长 5％的话，将于第 3 年年末给予股份期权。如果产品销售量平均每年增长 5％ ~ 10％，每 1 名雇员将取得 100 份股份期权。如果产品销售量平均每年增长 10％ ~ 15％，每 1 名雇员将取得 200 份股份期权。如果产品销售量平均每年增长 15％或更多，每 1 名雇员将取得 300 份股份期权。

在授予日，A 公司估计每一股份期权的公允价值是 20 元。A 公司也估计产品销售平均每年增长 10% ~ 15％，因此预计一直在公司服务的每 1 名雇员都将被给予 300 份股份期权。在加权平均可能性的基础上，公司也估计 3 年中将有 20％的雇员离开。

第 1 年年末，7 名雇员离开，公司仍然预计 3 年中总共将有 20 名雇员离开。因此，公司预计 3 年中会有 80 名雇员一直在公司服务。产品销售增长了 12％，同时公司预计在未来的 2 年中维持着这一增长率。第 2 年年末，又有 5 名雇员离开，到此为止总共有 12 名雇员离开。公司现在预计仅有 3 名雇员将在第 3 年离开，因此预计 3 年中共有 15 名雇员离开，因而会有 85 名雇员一直留在公司。产品销售增长了 18％，导致 2 年平均增长 15％。公司现在预计 3 年的平均增长率为 15％或更高，因此预计每 1 名销售部的雇员将于第 3 年年末取得 300 份的股份期权。

第 3 年年末，又有 2 名雇员离开。因此，3 年中共有 14 名雇员离开，同时有 86 名雇员一直留在公司。公司的销售量 3 年平均增长 16％。因此，86 名雇员中的每 1 位都取得了 300 份股份期权。按规定条件的计算如表 12-5 所示。

表 12-5　薪酬费用计算表

单位：元

年序	计　　算	当期薪酬费用	累计薪酬费用
1	80×200×20×1÷3	106 667	106 667
2	（85×300×20×2÷3）－ 106 667	233 333	340 000
3	（86×300×20×3÷3）－ 340 000	176 000	516 000

例 12-5 以附有业绩条件的授予，说明其行权价格变化。

第 1 年年初，公司授予高级行政人员 10 000 份股份期权，附有要求行政人员 3 年内受雇于公司的条件。行权价格是 40 元。然而，如果 3 年中公司收益平均每年至少增长 10%，行权价格将降为 30 元。在授予日，公司估计当行权价格为 30 元时，股份期权的公允价值为每份期权 16 元。当行权价格为 40 元时，估计股份期权的公允价值为每份期权 12 元。

第 1 年，公司收益增长 12%，同时公司预计在未来 2 年收益以同样的比率增长。因此，公司预计能够达到收益目标，同时股份期权的行权价格将为 30 元。

第 2 年，公司收益增长 13%，同时公司继续预计能够达到收益目标。

第 3 年，公司收益仅增长 3%，因此没有达到收益目标。行政人员完成了 3 年服务，因此满足服务条件。因为没有达到收益目标，给予的 10 000 份股份期权具有 40 元的行权价格。

对规定的应用如下：因为行权价格取决于非市场条件的业绩条件的结果，在估计授予日股份期权的公允价值时没有考虑业绩条件的影响（即行权价格为 40 元的可能性和行权价格为 30 元的可能性）。相反，公司应估计在授予日每种情况中股份期权的公允价值（即 40 元的行权价格和 30 元的行权价格），同时最终修正交易金额以反映业绩条件的结果，如表 12-6 所示。

表 12-6　薪酬费用计算表

单位：元

年序	计　　算	当期薪酬费用	累计薪酬费用
1	10 000×16×1÷3	53 333	53 333
2	（10 000×16×2÷3）－53 333	53 334	106 667
3	（10 000×12×3÷3）－106 667	13 333	120 000

二、以现金结算的股份支付

《企业会计准则第 11 号——股份支付》第十二条规定，完成等待期内的服务或达到规定业绩条件以后才可行权的以现金结算的股份支付，在等待期内的每个资产负债表日，应当以对可行权情况的最佳估计为基础，按照企业承担负债的公允价值金额，将当期取得的服务计入成本或费用和相应的负债。

在资产负债表日，后续信息表明企业当期承担债务的公允价值与以前估计不同的，应当进行调整，并在可行权日调整至实际可行权水平。

例 12-6 2011 年 11 月，B 公司董事会批准了一项股份支付协议。协议规定，2012 年 1 月 1 日，公司向其 200 名中层以上管理人员每人授予 100 份现金股票增值权，这些管理人员则必须在该公司连续服务 3 年，即可自 2014 年 12 月 31 日起根据股价的增长幅度可以行权获得现金。该股票增值权应在

2016年12月31日之前行使完毕。B公司估计，该股票增值权在负债结算之前每一个资产负债表日以及结算日的公允价值和可行权后的每份股票增值权现金支出额如表12-7所示。

表12-7　每份股票增值权的公允价值和现金支出额

单位：元

年　份	公允价值	现金支出额
2012	14	
2013	15	
2014	18	16
2015	21	20
2016		25

第1年，有20名管理人员离开A公司，B公司估计3年中还将有15名管理人员离开；第2年，又有10名管理人员离开公司，公司估计还将有10名管理人员离开；第3年，又有15名管理人员离开。第3年年末，假定有70人行使股份增值权取得了现金，费用和应付职工薪酬计算过程如表12-8所示。

表12-8　应付职工薪酬和费用计算表

单位：元

年份	应付职工薪酬计算	支付现金	应付职工薪酬	当期费用
2012	（200 − 35）×100×14×1÷3 = 77 000		77 000	77 000
2013	（200 − 40）×100×15×2÷3 = 160 000		160 000	83 000
2014	（200 − 45 − 70）×100×18 = 153 000	70×100×16 = 112 000	153 000	105 000
2015	（200 − 45 − 70 − 50）×100×21 = 73 500	50×100×20 = 100 000	73 500	20 500
2016	73 500 − 73 500 = 0	35×100×25 = 87 500	0	14 000
总额		299 500		299 500

授予日不作处理。

（1）2012年12月31日：

借：管理费用　　77 000

　　贷：应付职工薪酬——股份支付　　77 000

（2）2013 年 12 月 31 日：

借：管理费用　　83 000

　　贷：应付职工薪酬——股份支付　　83 000

（3）2014 年 12 月 31 日：

借：管理费用　　105 000

　　贷：应付职工薪酬——股份支付　　105 000

借：应付职工薪酬——股份支付　　112 000

　　贷：银行存款　　112 000

2015 年 12 月 31 日（第 4 年年末），有 50 人行使了股份增值权。2016 年 12 月 31 日（第 5 年年末），剩余 35 人全部行使了股份增值权。

（4）2015 年 12 月 31 日（可行权日之后）：

借：公允价值变动损益　　20 500

　　贷：应付职工薪酬——股份支付　　20 500

借：应付职工薪酬——股份支付　　100 000

　　贷：银行存款　　100 000

（5）2016 年 12 月 31 日：

借：公允价值变动损益　　14 000

　　贷：应付职工薪酬——股份支付　　14 000

借：应付职工薪酬——股份支付　　87 500

　　贷：银行存款　　87 500

例 12-7　公司对 500 名雇员都授予每人 100 份现金股份增值权（SARs），附有雇员未来 3 年受雇于公司的条件。第 1 年，有 35 名雇员离开。公司估计还会有 60 名雇员将在第 2 年和第 3 年离开。第 2 年，有 40 名雇员离开，公司估计还会有 25 名雇员将在第 3 年离开。第 3 年，有 22 名雇员离开。第 3 年年末，150 名雇员行使了股份增值权，另外，140 名雇员于第 4 年年末行使了股份增值权，剩余的 113 名雇员于第 5 年年末行使了股份增值权。

公司估计了作为负债存在的 SARs 在每年年末的公允价值。第 3 年年末，给予了剩余雇员持有的全部 SARs。第 3 年年末、第 4 年年末和第 5 年年末行权日 SARs 的内在价值（与现金支出相等）列示如表 12-9 所示。

表 12-9　SARs 的公允价值和内在价值

单位：元

年　　序	公允价值	内在价值
1	14.40	
2	15.50	
3	18.20	15.00
4	21.40	20.00
5		25.00

按要求计算行权情况如表 12-10 所示。

表 12-10　行权情况计算表

单位：元

年序	计　　算	费　用	负　债
1	（500 － 95）×100×14.40×1 ÷ 3	194 400	194 400
2	（500 － 100）×100×15.50×2 ÷ 3 － 194 400	218 933	413 333
3	（500 － 97 － 150）×100×18.20 － 413 333	47 127	460 460
	＋ 150×100×15.00	225 000	
	总额	272 127	
4	（253 － 140）×100×21.40 － 460 460	（218 640）	241 820
	＋ 140×100×20.00	280 000	
	总额	61 360	
5	0 － 241 820	（241 820）	0
	＋ 113×100×25.00	282 500	
	总额	40 680	
	总额	787 500	

三、回购股票进行职工期权激励

《公司法》第一百四十三条规定，企业可回购本公司股份奖励给本公司职工，用于收购的资金应当从公司的税后利润中支付。这属于权益结算的股份支付，应当进行以下处理：

（1）按照公司法规定预留未分配利润。企业实行职工期权激励所需资金，应控制在当期可供投资者分配的利润数额之内。预留回购股份的全部支出应当通过备查簿入账，借记“利润分配（未分配利润）”科目，贷记“资本公积”科目。

（2）回购股份。企业实际回购股份时，应当按照回购股份的全部支出，借记“库存股”科目，同时，贷记“银行存款”科目。

（3）确认成本费用。按照新准则关于权益结算股份支付换取职工服务的规定，企业应当在等待期内每个资产负债表日，将取得的职工或其他方提供的服务计入成本、费用，同时增加资本公积。会计处理同上述例 12—1。

（4）职工行权。职工在行权日应按照期权激励办法规定的价格，行使购买企业股份的权利。

企业应按职工行权时购买本企业股票收到的价款，借记“银行存款”等科目，同时转销等待期内在其他资本公积中累计确认的金额，借记“其他综合收益”科目；按回购的库存股成本，贷记“库存股”科目；按照上述借贷方差额，贷记“资本公积——资本溢价”科目。

第二节　首次执行日的会计处理

一、相关规定

《企业会计准则第 11 号——股份支付》第七条规定，企业在可行权日之后不再对已确认的相关成本或费用和所有者权益总额进行调整。《企业会计准则第 38 号——首次执行企业会计准则》第十条规定：①对于可行权日在首次执行日或之后的股份支付，应当根据《企业会计准则第 11 号——股份支付》的规定，按照权益工具、其他方服务或承担的以权益工具为基础计算确定的负债的公允价值，将应计入首次执行日之前等待期的成本、费用金额调整留存收益，相应增加所有者权益或负债；②首次执行日之前可行权的股份支付，不应追溯调整。

二、会计调整方法

1. 采用未来适用法的处理方法

采用未来适用法时，作正常会计处理。

2. 采用追溯调整法的处理方法

（1）以权益结算的股份支付：

借：期初未分配利润

相应资产（如存货、无形资产、固定资产）

贷：资本公积

（2）以现金结算的股份支付：

借：期初未分配利润

相应资产（如存货、无形资产、固定资产）

贷：长期应付款

三、过渡到新准则说明的披露

1. 报表比较信息的披露

披露企业执行当期和上年同期的报表比较信息。

2. 相关附注的披露

资本公积——股份支付披露：“公司自 2007 年 1 月 1 日首次采用《企业

会计准则第 11 号——股份支付》，根据该准则，公司对已执行的《××× 管理层激励计划》进行追溯调整，调减期初留存收益 ××× 元，调增资本公积 ××× 元。”

长期应付款及其他科目如上述资本公积披露方式，或作相关索引披露。

第三节　与股份支付相关的税务问题

一、《国家税务总局关于我国居民企业实行股权激励计划有关企业所得税处理问题的公告》

2012 年 5 月 23 日，国家税务总局发布了《国家税务总局关于我国居民企业实行股权激励计划有关企业所得税处理问题的公告》（国家税务总局公告 2012 年第 18 号），明确了我国对于股权激励企业所得税的处理原则。该公告规定，上市公司依照《管理办法》要求建立职工股权激励计划，并按我国企业会计准则的有关规定，在股权激励计划授予激励对象时，按照该股票的公允价格及数量，计算确定作为上市公司相关年度的成本或费用，作为换取激励对象提供服务的对价。上述企业建立的职工股权激励计划，其企业所得税的处理，按以下规定执行：

（1）对股权激励计划实行后立即可以行权的，上市公司可以根据实际行权时该股票的公允价格与激励对象实际行权支付价格的差额和数量，计算确定作为当年上市公司工资、薪金支出，依照税法规定进行税前扣除。

（2）对股权激励计划实行后，需待一定服务年限或者达到规定业绩条件（以下简称等待期）方可行权的。上市公司等待期内会计上计算确认的相关成本、费用，不得在对应年度计算缴纳企业所得税时扣除。在股权激励计划可行权后，上市公司方可根据该股票实际行权时的公允价格与当年激励对象实际行权支付价格的差额及数量，计算确定作为当年上市公司工资、薪金支出，依照税法规定进行税前扣除。

（3）本条所指股票实际行权时的公允价格，以实际行权日该股票的收盘价格确定。

对照国家税务总局 18 号公告和《企业会计准则第 11 号——股份支付》，我们可以看出，税法和会计对于股权激励的处理存在着明显的差异：

（1）根据《企业会计准则第 11 号——股份支付》的规定，除了立即可行权的股份支付外，无论权益结算的股份支付还是现金结算的股份支付，企业在授予日均不作会计处理。企业应当在等待期内的每个资产负债表日，将取得职工或其他方提供的服务计入成本、费用，同时确认所有者权益或负债。对于附有市场条件的股份支付，只要职工满足了其他所有非市场条件，企业就应当确认已经取得的服务。

根据国家税务总局 18 号公告的规定，对于股权激励，在税收处理上，上市公司等待期内会计上计算确认的相关成本、费用，在当期不能在计算企业所得税应纳税所得额时进行扣除。实施股权激励的企业，只有在股权激励计划可行权后，按照该股票实际行权时的公允价格（一般是实际行权日该股票收盘价）与当年激励对象实际行权支付价格的差额及数量，计算确定作为当年上市公司工资、薪金支出，依照税法规定进行税前扣除。

（2）无论是在股权激励成本、费用金额的确认上，还是在扣除时点的确定上，会计和税法都存在明显的差异。由此，导致了企业需要根据《企业会计准则第 18 号——所得税》规定的原则进行所得税会计处理。

对于股权激励的所得税会计处理问题，与股份支付相关的支出在按照会计准则规定确认为成本时，其相关的所得税影响应区别于税法的规定进行处理。如果税法规定与股份支付相关的支出不允许税前扣除，则不形成暂时性差异；如果税法规定与股份支付相关的支出允许税前扣除，在按照会计准则规定确认成本、费用的期间，企业应当根据会计期末取得的信息估计可税前扣除的金额计算确定其计税基础及由此产生的暂时性差异，符合确认条件的情况下应当确认相关的递延所得税。其中预计未来期间可税前扣除的金额超过按照会计准则规定确认的与股份支付相关的成本、费用，超过部分的所得税影响应直接计入所有者权益。

二、《关于完善股权激励和技术入股有关所得税政策的通知》

2016 年 9 月 22 日和 28 日，财政部、国家税务总局相继下发了《关于完善股权激励和技术入股有关所得税政策的通知》（财税〔2016〕101 号，以下称“101 号文”）、《关于股权激励和技术入股所得税征管问题的公告》（国家税务总局公告 2016 年第 62 号，以下称“62 号公告”）和《关于做好股权激励和技术入股所得税政策贯彻落实工作的通知》（税总函〔2016〕496 号，以下称“496 号文”），分别从具体政策、税收征管以及税务系统落实政策要求等方面对股权激励的新的处理方式进行了明确规定。

（一）对符合条件的非上市公司股票期权、股权期权、限制性股票和股权奖励实行递延纳税政策

1）非上市公司授予本公司员工的股票期权、股权期权、限制性股票和股权奖励，符合规定条件的，经向主管税务机关备案，可实行递延纳税政策，即员工在取得股权激励时可暂不纳税，递延至转让该股权时纳税；股权转让时，按照股权转让收入减除股权取得成本以及合理税费后的差额，适用“财产转让所得”项目，按照 20% 的税率计算缴纳个人所得税。

股权转让时，股票（权）期权取得成本按行权价确定，限制性股票取得成本按实际出资额确定，股权奖励取得成本为零。

2）享受递延纳税政策的非上市公司股权激励（包括股票期权、股权期权、限制性股票和股权奖励，下同）须同时满足以下条件：

（1）属于境内居民企业的股权激励计划。

（2）股权激励计划经公司董事会、股东（大）会审议通过。未设股东（大）会的国有单位，经上级主管部门审核批准。股权激励计划应列明激励目的、对象、标的、有效期、各类价格的确定方法、激励对象获取权益的条件、程序等。

（3）激励标的应为境内居民企业的本公司股权。股权奖励的标的可以是技术成果投资入股到其他境内居民企业所取得的股权。激励标的股票（权）包括通过增发、大股东直接让渡以及法律、法规允许的其他合理方式授予激励对象的股票（权）。

（4）激励对象应为公司董事会或股东（大）会决定的技术骨干和高级管理人员，激励对象人数累计不得超过本公司最近 6 个月在职职工平均人数的 30%。

（5）股票（权）期权自授予日起应持有满 3 年，且自行权日起持有满 1 年；限制性股票自授予日起应持有满 3 年，且解禁后持有满 1 年；股权奖励自获得奖励之日起应持有满 3 年。上述时间条件须在股权激励计划中列明。

（6）股票（权）期权自授予日至行权日的时间不得超过 10 年。

（7）实施股权奖励的公司及其奖励股权标的公司所属行业均不属于《股权奖励税收优惠政策限制性行业目录》范围（见附件）。公司所属行业按公司上一纳税年度主营业务收入占比最高的行业确定。

3）本通知所称股票（权）期权是指公司给予激励对象在一定期限内以事先约定的价格购买本公司股票（权）的权利；所称限制性股票是指公司按照预先确定的条件授予激励对象一定数量的本公司股权，激励对象只有工作年限或业绩目标符合股权激励计划规定条件的才可以处置该股权；所称股权奖励是指企业无偿授予激励对象一定份额的股权或一定数量的股份。

4）股权激励计划所列内容不同时满足第（一）条第 2）款规定的全部条件，或递延纳税期间公司情况发生变化，不再符合第（一）条第 2）款第（4）至第（6）项条件的，不得享受递延纳税优惠，应按规定计算缴纳个人所得税。

（二）对上市公司股票期权、限制性股票和股权奖励适当延长纳税期限

（1）上市公司授予个人的股票期权、限制性股票和股权奖励，经向主管税务机关备案，个人可自股票期权行权、限制性股票解禁或取得股权奖励之日起，在不超过 12 个月的期限内缴纳个人所得税。《财政部国家税务总局关于上市公司高管人员股票期权所得缴纳个人所得税有关问题的通知》（财税〔2009〕40 号）自本通知施行之日起废止。

（2）上市公司股票期权、限制性股票应纳税款的计算，继续按照《财政部国家税务总局关于个人股票期权所得征收个人所得税问题的通知》（财税〔2005〕35 号）《财政部国家税务总局关于股票增值权所得和限制性股票所

得征收个人所得税有关问题的通知》（财税〔2009〕5号）《国家税务总局关于股权激励有关个人所得税问题的通知》（国税函〔2009〕461号）等相关规定执行。股权奖励应纳税款的计算比照上述规定执行。

（三）对技术成果投资入股实施选择性税收优惠政策

（1）企业或个人以技术成果投资入股到境内居民企业，被投资企业支付的对价全部为股票（权）的，企业或个人可选择继续按现行有关税收政策执行，也可选择适用递延纳税优惠政策。

选择技术成果投资入股递延纳税政策的，经向主管税务机关备案，投资入股当期可暂不纳税，允许递延至转让股权时，按股权转让收入减去技术成果原值和合理税费后的差额计算缴纳所得税。

（2）企业或个人选择适用上述任一项政策，均允许被投资企业按技术成果投资入股时的评估值入账并在企业所得税前摊销扣除。

（3）技术成果是指专利技术（含国防专利）、计算机软件著作权、集成电路布图设计专有权、植物新品种权、生物医药新品种，以及科技部、财政部、国家税务总局确定的其他技术成果。

（4）技术成果投资入股，是指纳税人将技术成果所有权让渡给被投资企业、取得该企业股票（权）的行为。

（四）相关政策

（1）个人从任职受雇企业以低于公平市场价格取得股票（权）的，凡不符合递延纳税条件，应在获得股票（权）时，对实际出资额低于公平市场价格的差额，按照“工资、薪金所得”项目，参照《财政部国家税务总局关于个人股票期权所得征收个人所得税问题的通知》（财税〔2005〕35号）有关规定计算缴纳个人所得税。

（2）个人因股权激励、技术成果投资入股取得股权后，非上市公司在境内上市的，处置递延纳税的股权时，按照现行限售股有关征税规定执行。

（3）个人转让股权时，视同享受递延纳税优惠政策的股权优先转让。递延纳税的股权成本按照加权平均法计算，不与其他方式取得的股权成本合并计算。

（4）持有递延纳税的股权期间，因该股权产生的转增股本收入，以及以该递延纳税的股权再进行非货币性资产投资的，应在当期缴纳税款。

（5）全国中小企业股份转让系统挂牌公司按照本通知第一条规定执行。

适用本通知第二条规定的上市公司，是指其股票在上海证券交易所、深圳证券交易所上市交易的股份有限公司。

（五）配套管理措施

（1）对股权激励或技术成果投资入股选择适用递延纳税政策的，企业应在规定期限内到主管税务机关办理备案手续。未办理备案手续的，不得享受本通知规定的递延纳税优惠政策。

（2）企业实施股权激励或个人以技术成果投资入股，以实施股权激励或取得技术成果的企业为个人所得税扣缴义务人。递延纳税期间，扣缴义务人应在每个纳税年度终了后向主管税务机关报告递延纳税有关情况。

（3）工商部门应将企业股权变更信息及时与税务部门共享，暂不具备联网实时共享信息条件的，工商部门应在股权变更登记3个工作日内将信息与税务部门共享。

（六）本通知自2016年9月1日起施行。

附件

股权奖励税收优惠政策限制性行业目录

门类代码	类别名称
A（农、林、牧、渔业）	（1）03畜牧业（科学研究、籽种繁育性质项目除外） （2）04渔业（科学研究、籽种繁育性质项目除外）
B（采矿业）	（3）采矿业（除第11类开采辅助活动）
C（制造业）	（4）16烟草制品业 （5）17纺织业（除第178类非家用纺织制成品制造） （6）19皮革、毛皮、羽毛及其制品和制鞋业 （7）20木材加工和木、竹、藤、棕、草制品业 （8）22造纸和纸制品业（除第223类纸制品制造） （9）31黑色金属冶炼和压延加工业（除第314类钢压延加工）
F（批发和零售业）	（10）批发和零售业
G（交通运输、仓储和邮政业）	（11）交通运输、仓储和邮政业
H（住宿和餐饮业）	（12）住宿和餐饮业
J（金融业）	（13）66货币金融服务 （14）68保险业
K（房地产业）	（15）房地产业
L（租赁和商务服务业）	（16）租赁和商务服务业
O（居民服务、修理和其他服务业）	（17）79居民服务业
Q（卫生和社会工作）	（18）84社会工作
R（文化、体育和娱乐业）	（19）88体育 （20）89娱乐业
S（公共管理、社会保障和社会组织）	（21）公共管理、社会保障和社会组织（除第9421类专业性团体和9422类行业性团体）
T（国际组织）	（22）国际组织

说明：以上目录按照《国民经济行业分类》（GB/T 4754—2011）编制。

第四节　新准则对企业的影响

一、新准则的财务影响

财政部于2001年发布的关于印发《实施〈企业会计制度〉及其相关准则问题解答》的通知（财会〔2001〕43号）规定：①公司为对中高层管理人员实施激励机制采用的奖励措施，由公司根据其管理权限，依据法律或者有关规定作出安排。公司无论以何种形式奖励中高层管理人员，其发生的支出，均应计入公司当期的成本、费用。②如果公司以前年度提取的、用于奖励中高层管理人员的激励基金未按上述规定处理的，作为会计差错予以更正。

根据新准则的规定，应作费用化处理，故整体影响不大。

二、执行新准则的相关影响

（一）对企业运营、交易策略、公司治理等方面的影响

中国证监会2006年年初发布的《上市公司股权激励管理办法》（试行）及新准则将使上市公司加快股权激励的实施进程。上市公司实施股权激励是一把“双刃剑”。

高管们为了未来自己的股票升值，不得不勤勉进取，以使公司业绩向好、股价提升；不过，这也使得个别人铤而走险，为了自身利益进行财务舞弊。上市公司高管层股权激励和其他股份支付都对公司治理、风险管理、内部控制提出了新的要求，需要上市公司进一步在股份支付方案的形成、审批权限的设置、股份支付的实施、股份支付的记录、资本管理等方面作出具体规定，以正面的方式及处理方法来使用这一支付形式。

股份支付形式的采用可以使得上市公司在管理费用、相关资产方面减少相应的现金流出，对经营活动、投资活动、融资活动形成一定影响，实施股份支付时应予以考虑。

通常情况下，实施股权激励计入相关成本或费用，将减少公司当期收益，但如果实施股权激励可以激发高管层更加勤勉进取、公司业绩不断攀升，将会抵减计入成本或费用的不利影响。

（二）对企业内部会计控制的要求和影响

上市公司应专门制定相关控制政策与程序，对采用股权激励、股份支付及其他股份支付的流程作出具体规定，以防止部分公司成员谋取私利、弄虚作假，利用股份支付这一形式对公司作出不利的决策与行为。

（三）其他影响

外部审计师应对公司实施的股份支付计划作出全面、有效的测试，包括其方案、审批程序、合规要求、公允价值判断、账务处理等方面。

上市公司董事会下属审计委员会、独立董事及内部审计部门也需要将股份支付列为关注重点。股份支付中股权激励方案将成为投资者进行投资决策的又一重要因素。

第十三章　债　务　重　组

第一节　案例分析及操作实务

一、以资产清偿债务

（1）以现金清偿债务的，债务人应当将重组债务的账面价值与实际支付现金之间的差额，确认为债务重组利得，计入营业外收入。重组债务的账面价值，一般为债务的面值或本金、原值，如应付账款；如有利息的，还应加上应计未付利息，如长期借款等。债权人应当将重组债权的账面余额与收到的现金之间的差额，确认为债务重组损失，计入营业外支出。债权人已对债权计提减值准备的，应当先冲减减值准备，冲减后尚有余额的，计入营业外支出，冲减后减值准备仍有余额的，应予转回并抵减当期资产减值损失。未对债权计提减值准备的，应直接将该差额确认为债务重组损失。

（2）企业以非现金资产清偿债务的，非现金资产类别不同，其会计处理也略有不同。

以非现金资产清偿债务的，债务人应分清债务重组利得与资产转让损益的界限，并于债务重组当期予以确认。债务重组利得，是指重组债务的账面价值超过非现金资产（即抵债资产）的公允价值之间的差额，应计入营业外收入。非现金资产公允价值与账面价值的差额，应按照相关准则规定处理，如：①非现金资产为存货的，应作为销售处理；②非现金资产为固定资产的，应视同固定资产处置处理；③非现金资产为无形资产的，视同无形资产处置处理；非现金资产的账面价值，一般为非现金资产的账面余额扣除其资产减值准备后的金额。其中，非现金资产的账面余额，是指非现金资产账户在期末未扣除其资产减值准备之前的余额。未计提减值准备的非现金资产，其账面价值就是账面余额。

对债权人来说，以非现金资产清偿债务的，债权人应当对受让的非现金资产按其公允价值入账，重组债权的账面余额与受让的非现金资产的公允价值之间的差额，确认为债务重组损失，计入营业外支出。重组债权已经计提了减值准备的，分别以下情况进行处理：①债权人对重组债权个别计提减值准备的，只需要将上述差额冲减已计提的减值准备，减值准备不足以冲减的部分作为债务重组损失，计入营业外支出。②如果减值准备冲完该差额后，仍有余额，应予转回并抵减当期资产减值损失，不再确认债务重组损失。③如果债权人对重组债权不是个别计提减值准备，而是采取组合计提减值准备的方法，则债权人应将对应于该债务人的损失准备倒算出来，再确定是否确认债务重组损失。

例 13-1 2016 年 1 月 1 日，甲公司销售一批材料给乙公司，含税价为 105 000 元。2016 年 7 月 1 日，乙公司发生财务困难，无法按合同规定偿还债务，经双方协议，甲公司同意乙公司用产品抵偿该应付账款。该产品市价为 80 000 元，增值税税率为 17％，产品成本为 70 000 元。乙公司为转让的产品计提了存货跌价准备 500 元，甲公司为债权计提了坏账准备 500 元。假定不考虑其他税费。计算（债务人乙公司）如下：

销售存货收益＝ 80 000 －（70 000 － 500）＝ 10 500（元）
债务重组利得＝ 105 000 － 80 000 －（80 000×17％）＝ 11 400（元）

（1）债务人乙公司的账务处理：

借：应付账款——甲公司　　105 000
　　贷：主营业务收入　　80 000
　　　　应交税费——应交增值税（销项税额）　　13 600
　　　　营业外收入——债务重组利得　　11 400
借：主营业务成本　　69 500
　　存货跌价准备　　500
　　贷：库存商品　　70 000

（2）债权人甲公司的账务处理：

借：应交税费——应交增值税（进项税额）　　13 600
　　坏账准备　　500
　　存货（原材料）　　80 000
　　营业外支出——债务重组损失　　10 900
　　贷：应收账款——乙公司　　105 000

例 13-2 2015 年 12 月 31 日，甲公司销售一批材料给乙公司，含税价为 468 000 元。2016 年 5 月 1 日，乙公司资金周转暂时发生困难，经双方协议，甲公司同意乙公司将其拥有的一项长期股权投资用于抵偿债务。该项长期股权投资的公允价值为 430 000 元，账面价值为 470 000 元，计提的相关减值准备为 51 700 元。乙公司转让该项长期股权投资时发生相关费用 2 000 元，甲公司对相关债权提取了 70 200 元坏账准备。假定不考虑其他相关税费。计算（债务人乙公司）如下：

转让投资收益＝ 430 000-（470 000 － 51 700）－ 2 000 ＝ 9 700（元）
债务重组利得＝ 468 000 － 430 000 ＝ 38 000（元）

（1）债务人乙公司的账务处理：

借：应付账款——甲公司　468 000
　　长期投资减值准备　51 700
　　贷：长期股权投资　470 000
　　　　银行存款　2 000
　　　　投资收益　9 700
　　　　营业外收入——债务重组利得　38 000

（2）债权人甲公司的账务处理：

借：长期股权投资　430 000
　　坏账准备　70 200
　　贷：应收账款——乙公司　468 000
　　　　资产减值损失　32 200

例 13-3　甲公司因购货原因于2016年1月1日产生应付乙公司账款100万元，货款偿还期限为3个月。2016年4月1日，甲公司发生财务困难，无法偿还到期债务，经与乙公司协商进行债务重组。双方同意：以甲公司的2辆小汽车抵偿债务。这2辆小汽车原值为100万元，已提累计折旧20万元，净值80万元，公允价值为50万元。

假定上述资产均未计提减值准备，不考虑相关税费。计算（债务人甲公司）如下：

固定资产处置损失＝80－50＝30（万元）
债务重组利得＝100－50＝50（万元）

（1）债务人的账务处理：

借：固定资产清理　800 000
　　累计折旧　200 000
　　贷：固定资产　1 000 000
借：应付账款——乙公司　1 000 000
　　营业外支出——处置非流动资产损失　300 000
　　贷：固定资产清理　800 000
　　　　营业外收入——债务重组利得　500 000

（2）债权人的账务处理：

借：固定资产　500 000
　　营业外支出——债务重组损失　500 000
　　贷：应收账款——甲公司　1 000 000

二、以债务转为资本

例 13-4　甲公司应收乙公司应收账款的账面余额为200 000元，由于乙公司无法偿付，经双方协商同意，乙公司以普通股偿还，假设普通股面值为 1 元，乙公司以 100 000 股抵偿该债务（不考虑相关税费）。甲公司对应收账款提取坏账准备 10 000 元。乙公司债务重组后股票公允价值为 1.6 元 / 股。

（1）债务人的账务处理：

借：应付账款——甲公司　　200 000
　　贷：股本　　100 000
　　　　资本公积——资本溢价　　60 000
　　　　营业外收入——债务重组利得　　40 000

（2）债权人的账务处理：

借：长期股权投资——乙公司（股权投资成本）　　160 000
　　坏账准备　　10 000
　　营业外支出——债务重组损失　　30 000
　　贷：应收账款——乙公司　　200 000

三、以修改其他债务条件清偿债务

例 13-5　乙公司 2014 年 12 月 31 日应收甲公司账款的账面余额为 65 400 元，其中 5 400 元为累计未付的利息，票面年利率为 9％。由于甲公司连年亏损，现金流量不足，不能偿付应于 2014 年 12 月 31 日前支付的应付账款。经协商，于 2014 年年末进行债务重组。乙公司同意将债务本金减至 50 000 元；免去债务人所欠的全部利息；将年利率从 9％降低至 5％，并将债务到期日延至 2016 年 12 月 31 日，利息按年支付。乙公司已对该项应收账款计提了 8 000 元的坏账准备。如果甲公司在 2015 年或 2016 年中实现盈利，则盈利当年的债务利率按 10％计算。债务重组时预计甲公司在 2015 年实现盈利的概率为 40％，在 2016 年实现盈利的概率为 75％。最终甲公司在 2015 年年末实现盈利，在 2016 年实现盈利。

（1）2014 年，债务人的账务处理：

借：应付账款　　65 400
　　贷：应付账款——债务重组　　50 000
　　　　预计负债——债务重组　　2 500
　　　　营业外收入——债务重组利得　　12 900

债权人的账务处理：

借：应收账款——债务重组　　50 000
　　营业外支出——债务重组损失　　15 400
　　贷：应收账款　　65 400

（2）2015 年，债务人的账务处理：

借：财务费用　　2 500
　　贷：银行存款　　2 500

债权人的账务处理：

借：银行存款　　2 500

　　贷：财务费用　　2 500

（3）2016 年，债务人的账务处理：

借：应付账款——债务重组　　50 000

　　财务费用　　2 500

　　预计负债——债务重组　　2 500

　　贷：银行存款　　55 000

债权人的账务处理：

借：银行存款　　55 000

　　贷：应收账款——债务重组　　50 000

　　　　财务费用　　5 000

（4）若最终甲公司在 2015 年实现盈利：

2015 年，债务人的账务处理：

借：财务费用　　5 000

　　贷：银行存款　　5 000

债权人的账务处理：

借：银行存款　　5 000

　　贷：财务费用　　5 000

四、以混合重组方式进行债务重组

例 13-6　2016 年 5 月 15 日，丙公司销售一批库存商品给丁公司，货款共计 720 000 元，尚未收到。2016 年 10 月 20 日，丙公司与丁公司协商进行债务重组，重组协议如下：丁公司支付现金 18 000 元，其余的款项，部分以一台机器偿还，另一部分转为资本。机器的账面原值为 500 000 元，已提折旧为 350 000 元，公允价值为 180 000 元。丙公司获得丁公司 5％的股权，其对应的注册资本为 300 000 元，公允价值为 510 000 元。假如丙公司没有对该项应收账款计提坏账准备，债务重组过程中没有发生相关税费。

（1）丙公司（债权人）作会计分录如下：

借：银行存款　　18 000

　　固定资产　　180 000

　　长期股权投资　　510 000

　　营业外支出——债务重组损失　　12 000

　　贷：应收账款　　720 000

（2）丁公司（债务人）作会计分录如下：

借：固定资产清理　　150 000

　　累计折旧　　350 000

　　贷：固定资产　　500 000

借：应付账款　　720 000
　　贷：银行存款　　18 000
　　　　固定资产清理　　150 000
　　　　实收资本　　300 000
　　　　资本公积——资本溢价　　210 000
　　　　营业外收入——处置非流动资产利得　　30 000
　　　　　　　　　——债务重组利得　　12 000

第二节　新准则对企业的影响

一、企业应合理选择债务重组方式

例 13-7　2016 年 2 月 1 日，A 企业销售一批材料给 B 公司，含税价格为 1 170 000 元。假定当年 11 月 1 日，B 公司财务发生困难，无法按合同规定偿还债务。经双方协议，A 企业同意减免 B 公司 351 000 元债务，余额 B 公司可用现金或用产品偿还。双方增值税税率均为 17%，企业所得税税率为 25%，当年税前均有利润，没有尚未弥补的税前亏损，均未计提相关资产损失准备。

B 公司选择何种重组方式有利呢？分析如下：

用现金清偿债务，需支付 819 000 元。因为债权人作了 351 000 元债权让步，应作为债务重组所得，当期应纳税所得额调增 351 000 元。用产品清偿，需用不含税市价 700 000 元的产品清偿，较其他正常产品销售而言，该方式可节省收账费用和避免坏账损失，按照目前公司的产品销售回笼情况，收账费用和坏账损失占应收货款的比例为 10%，公司因此项节省收账费用和避免坏账损失可获利 81 900 元，应纳税所得额应调增 351 000 元。经过比较，B 公司认为用产品清偿对企业有利。

上面是对用产品与用现金重组方式的比较。同理，对债务转为资本的重组方式，相对于用现金重组方式而言，可节约股票发行费用等。

二、对公司业绩的影响

新旧准则最大的差异就是公允价值的使用和债务重组收益计入当期损益，而不是计入权益，因此采用新准则以后，发生债务重组将会影响当期损益而不是权益。发生债务重组时，作为债务人是资产和负债同时减少，差额部分计入收益；作为债权人是一项资产的增加和另一项资产的减少，差额部分属于重组损失。按新准则，一些无力清偿债务的公司，一旦获得债务全部或者部分豁免，其收益将直接反映在当期利润表中，可能极大地提升其每股收益水平。对于上市公司中的“T”类公司，债务重组的威力将极大地体现出来，但重组后公司的盈利能力、财务状况若没有得到实质性改善，业绩的增长可能是昙花一现，因此监管部门对于关联交易（关联交易非关联化）中的债务重组、报表重组的行为需制定有关政策加以规范。

三、对公司税务的影响

对于债务重组涉及的税务处理，国家税务总局下发了《企业债务重组业务所得税处理办法》（国家税务总局令〔2003〕6号，以下简称《办法》）。《办法》与旧准则差异很大，主要体现在：旧准则不确认资产转让收益和债务重组收益，而是将其计入资本公积，资产的计价以账面价值为基础；而《办法》则确认资产转让收益和债务重组收益，资产的计价以公允价值为基础。

新准则的出台，大大减少了会计处理与税务处理之间的差异，清偿债务的处理会计与税法基本一致，简化了债务重组业务的纳税调整，给税务人员和企业会计人员带来了方便。

对于债务重组损失的审批程序，新准则未作明确，根据《企业会计制度》的规定，对于确实不能收回的应收款项，按照企业的管理权限，经股东大会或董事会，或经理（厂长）会议或类似机构批准后作为坏账损失。而《企业财产损失所得税前扣除管理办法》（国家税务总局令〔2005〕第13号）则规定，债权人发生的债务重组损失，实质上是应收债权的坏账损失，应向税务机关提供债务重组协议、法院判决等资料，经税务机关审批后才能在申报企业所得税时扣除。

需要注意的是，考虑到债务重组业务中债务人虽然有所得，却没有现金流入，如果一次性计入当期应纳税所得额，企业纳税有可能出现困难，《办法》和国家税务总局《关于做好已取消和下放管理的企业所得税审批项目后续管理工作的通知》（国税发〔2004〕82号）规定，对于企业在债务重组业务中因以非现金资产抵债或因债权人的让步而确认的资产转让所得或债务重组所得，如果数额较大，即纳税人在一个纳税年度发生的上述所得占应纳税所得50%及以上的，可以在不超过5个纳税年度的期间内均摊。

第十四章　或 有 事 项

第一节　案例分析及操作实务

一、或有事项形成或有负债、或有资产和预计负债

例 14-1　甲公司因销售商品取得一张金额为 5 000 万元、到期日为 2016 年 4 月 3 日的商业承兑汇票。2015 年 10 月 5 日，因急需资金，甲公司将所持未到期票据向开户银行申请贴现。经审核，贴现银行同意了甲公司的申请，并办理了有关手续。

在本例中，如果贴现银行到时不能获得付款时，甲公司负有全额偿付的责任，甲公司因应收票据贴现而承担了一项现时义务，但经济利益是否很可能流出企业尚难确定。根据新准则的规定，甲公司应作如下披露：

“或有负债：

2015 年 10 月 5 日，本公司将一张未到期商业承兑汇票向开户银行进行贴现。贴现票据金额为 5 000 万元，到期日为 2016 年 4 月 3 日。开户银行到时不能获得付款时，本公司负有代为付款的义务。”

例 14-2　2015 年 10 月 5 日，乙公司向甲银行提出信用贷款申请。2015 年 11 月 20 日，甲银行批准乙公司的信用贷款（无担保、无抵押）申请，同意向其贷款 1 000 万元，期限 1 年，年利率 7.2％。2016 年 11 月 20 日，乙公司的借款本息到期。乙公司具有还款能力，但因与甲银行之间存在其他经济纠纷，而未按时归还贷款。随后，甲银行与乙公司协商，但没有达成协议。2016 年 12 月 25 日，甲银行向法院提起诉讼。截至 2016 年 12 月 31 日，法院尚未对甲银行提起的诉讼进行审理。

（1）甲银行分析：如无特殊情况，甲银行很可能在诉讼中获胜。因此，从 2016 年 12 月 31 日看，甲银行可以作“很可能胜诉”的判断，并预计除可以收回本金和利息外，还可能获得罚息等。假定甲银行根据规定的标准估计，将来最可能获得包括罚息在内的收入为 12 万元（这项金额在提起诉讼时已估计）。根据本准则的规定，甲银行应在 2016 年 12 月 31 日于资产负债表附注中披露一项或有资产 12 万元，同时说明很可能收回乙公司所欠的贷款本金和利息 1 072 万元。具体如下：

“或有资产：

2016 年 11 月 20 日，乙公司借本行款项到期未还，本金和利息共计 1 072

万元，主要原因在于与本行存在其他经济纠纷。经协商不成，本行遂于2016年12月25日向某法院提起诉讼，要求乙公司偿还所借本金和利息合计1 072万元，并支付罚息等费用12万元。目前，有关诉讼正在审理之中。”

（2）乙公司分析：如无特殊情况，乙公司很可能败诉。为此，乙公司不仅须偿还贷款本金和利息，还需要支付罚息、诉讼费等费用。假定乙公司预计将要支付的罚息、诉讼费等费用估计为10万～12万元。根据新准则的规定，乙公司应在2016年12月31日确认一项负债11万元［（10＋12）÷2］，对方支付的诉讼费为2万元。乙公司除进行相关会计处理外，同时还应在资产负债表附注中作如下披露：

“预计负债：

本公司欠甲银行贷款于2016年11月20日到期，到期本金和利息合计1 072万元。由于与甲银行存在其他经济纠纷，故本公司尚未偿还上述借款本金和利息。为此，甲银行起诉本公司，除要求本公司偿还本金和利息外，还要求支付罚息等费用。由于以上情况，本公司在2016年12月31日确认了一项负债11万元。目前，此案正在审理中。”

二、亏损合同和重组义务

例14-3 甲公司于2015年9月与乙公司签订合同，在2016年4月销售100件商品，单位成本估计为1 100元，合同单价1 600元；如4月未交货，延迟交货的商品单价降为1 000元。2015年12月，甲公司因生产线损坏，尚未投入生产，估计在2016年5月交货。该合同为不可撤销。因此，合同为亏损合同，且不存在标的资产。

2015年12月31日，甲公司应作会计处理如下：

借：营业外支出（100×100）　　10 000

　　贷：预计负债　　10 000

2016年5月，该产品生产完工后，将已确认的预计负债冲减产品成本：

借：预计负债　　10 000

　　贷：库存商品　　10 000

例14-4 甲公司2014年1月采用经营租赁方式租入生产线，租期3年，产品获利。2015年12月，市政规划要求公司迁址，公司决定停产该产品。原经营租赁合同不可撤销，还要持续1年，生产线无法转租。合同变为亏损合同，按2016年应支付租金200万元确认预计负债。

2015年12月31日：

借：营业外支出——预计负债　　2 000 000

　　贷：预计负债　　2 000 000

2016年，实际应支付租金时：

借：预计负债　　2 000 000

　　贷：其他应付款　　2 000 000

例 14-5　甲公司 2015 年 9 月与乙公司签订合同，2016 年 1 月，为乙公司运送一批货物，合同价款为 10 000 元。2015 年 12 月 31 日，甲公司预计该合同的运输成本为 11 000 元。

2015 年 12 月 31 日，甲公司应作会计处理如下：

借：营业外支出——预计负债　　1 000

　　贷：预计负债　　1 000

例 14-6　乙公司生产的 A 产品库存积压较大，产品成本为每件 100 元，为了消化库存，盘活资金，乙公司在 2015 年 12 月 20 日与某商店签订了一项产品销售合同，约定在 2016 年 1 月 10 日，以每件产品 80 元的价格销售 A 产品 10 000 件，合同不可撤销。

乙公司销售的 A 产品成本为每件 100 元，而售价为每件 80 元，每销售 1 件亏损 20 元，共计损失 200 000 元，并且合同为不可撤销。因此，该销售合同为亏损合同。由于该合同签订时即为亏损合同，且存在标的资产，乙公司应当对 A 产品进行减值测试，计提减值准备，如果亏损不超过该减值损失，不需要确认预计负债，如果亏损超过该减值损失，应将超过部分确认为预计负债。

例 14-7　2016 年 11 月，甲公司计划于 2017 年 2 月重组旗下 A 事业部，预计重组义务为 100 000 元。

2016 年 12 月 31 日，甲公司应作会计处理如下：

借：营业外支出——预计负债　　100 000

　　贷：预计负债　　100 000

第二节　首次执行日的会计处理

一、相关规定

《企业会计准则第 38 号——首次执行企业会计准则》第七条规定：在首次执行日，对于符合预计负债确认条件且该日之前尚未计入固定资产成本的弃置费，应当增加该项资产成本和负债；同时，将应补提的折旧调整留存收益。第十一条规定：在首次执行日，企业应当按照《企业会计准则第 13 号——或有事项》的规定，将在该日之前已成为亏损合同和符合确认条件的重组义务，确认为预计负债，并调整留存收益。

二、会计调整方法

不适合采用未来适用法的处理方法，而应采用追溯调整法的处理方法：

（1）补计应计入固定资产成本的弃置费用和相应折旧。在首次执行日，对于满足预计负债条件且该日之前尚未计入固定资产成本的弃置费用，应当增加该项资产成本和负债，借记“固定资产”科目，贷记“预计负债”科目。同时，将应补提的折旧调整留存收益，借记“利润分配——未分配利润”科目，贷记“累计折旧”科目。

（2）补计亏损合同及符合确认条件的重组义务。在首次执行日，对于在该日之前已成为预计亏损合同及符合确认条件的重组义务，应当增加负债并调整留存收益，借记“利润分配——未分配利润”科目，贷记“预计负债”科目。

三、过渡到新准则的说明和披露

（1）报表比较信息的披露（执行当期和上年同期）。比较信息的调整，如追溯调整固定资产弃置费用、补计首次执行日前已成为亏损合同和符合确认条件的重组义务。

（2）相关附注的披露。要求说明会计政策的变更。

第十五章　收　入

第一节　案例分析及操作实务

一、现金折扣的账务处理

现金折扣，是指债权人为鼓励债务人在规定的期限内付款而向债务人提供的债务扣除。企业销售商品涉及现金折扣的，应当按照扣除现金折扣前的金额确定销售商品收入金额。现金折扣在实际发生时计入财务费用。

例 15-1　甲企业在 2016 年 5 月 1 日销售一批商品 100 件，增值税专用发票上注明售价 10 000 元，增值税税额 1 700 元。企业为了及早收回货款，在合同中承诺给予购货方如下现金折扣条件："1/10，n/20"。假定计算现金折扣时不考虑增值税，该销售商品收入符合确认条件，则企业应作账务处理如下：

（1）5 月 1 日，按总售价确认收入（总价法）：

借：应收账款　　11 700

　　贷：主营业务收入　　10 000

　　　　应交税费——应交增值税（销项税额）　　1 700

（2）如 5 月 9 日买方付清货款，则按售价 10 000 元的 1％享受 100 元（10 000×1％）的现金折扣，实际付款 11 600 元（11 700 － 100）：

借：银行存款　　11 600

　　财务费用　　100

　　贷：应收账款　　11 700

（3）如买方在 5 月 11 日以后才付款，则应按全额付款：

借：银行存款　　11 700

　　贷：应收账款　　11 700

二、销售折让的账务处理

销售折让，是指企业因售出商品的质量不合格等原因而在售价上给予的减让。对于销售折让，企业应分别不同情况进行处理：①已确认收入的售出商品发生销售折让的，通常应当在发生时冲减当期销售商品收入；②已确认收入的销售折让属于资产负债表日后事项的，应当按照有关资产负债表日后事项的相关规定进行处理。

例 15-2 甲企业在 2016 年 5 月 1 日销售一批商品 100 件，增值税专用发票上注明售价 10 000 元，增值税税额 1 700 元。货到后买方乙企业发现商品质量不合格，要求在价格上给予 10 % 的折让。经查明，乙企业提出的销售折让要求符合原合同的约定，甲企业同意并办妥了有关手续。假定此前甲企业已确认该批商品的销售收入。甲企业作相关的账务处理如下：

（1）确认销售收入时：

借：应收账款　　11 700

　　贷：主营业务收入　　10 000

　　　　应交税费——应交增值税（销项税额）　　1 700

（2）发生销售折让时：

借：主营业务收入　　1 000

　　应交税费——应交增值税（销项税额）　　170

　　贷：应收账款　　1 170

（3）实际收到款项时：

借：银行存款　　10 530

　　贷：应收账款　　10 530

三、销售退回的账务处理

销售退回，是指企业售出的商品由于质量、品种不符合要求等原因而发生的退货。对于销售退回，企业应分别不同情况进行会计处理：①对于未确认收入的售出商品发生销售退回的，企业应按已记入“发出商品”科目的商品成本金额，借记“库存商品”科目，贷记“发出商品”科目。②对于已确认收入的售出商品发生退回的，企业一般应在发生时冲减当期销售商品收入，同时冲减当期销售商品成本。如该项销售退回已发生现金折扣的，应同时调整相关财务费用的金额；如该项销售退回允许扣减增值税额的，应同时调整“应交税费——应交增值税（销项税额）”科目的相应金额。

已确认收入的售出商品发生的销售退回属于资产负债表日后事项的，应当按照有关资产负债表日后事项的相关规定进行会计处理。

例 15-3 甲企业于 2015 年 12 月 15 日销售一批商品 100 件，增值税专用发票上注明售价 10 000 元，增值税税额 1 700 元，成本 6 000 元。合同规定现金折扣条件为：“1/20，n/30”。买方于 2015 年 12 月 25 日付款，享受现金折扣 100 元。2016 年 5 月 1 日，该批产品因质量严重不合格被退回。甲企业做相关的账务处理如下：

（1）销售商品时：

借：应收账款　　11 700

贷：主营业务收入　　10 000

应交税费——应交增值税（销项税额）　　1 700

借：主营业务成本　　6 000
　　贷：库存商品　　6 000

（2）2015 年 12 月 25 日，收回货款时：

借：银行存款　　11 600
　　财务费用　　100
　　贷：应收账款　　11 700

（3）销售退回时：

借：主营业务收入　　10 000
　　应交税费——应交增值税（销项税额）　　1 700
　　贷：银行存款　　11 600
　　　　财务费用　　100
借：库存商品　　6 000
　　贷：主营业务成本　　6 000

例如，上述销售退回是在 2016 年 1 月份财务报告批准报出前发生的，该项销售退回应作为资产负债表日后事项，在 2015 年年报上做如下调整分录（假定该企业所得税税率为 25％，款未付）：

借：以前年度损益调整　　9 900
　　应交税费——应交增值税（销项税额）　　1 700
　　贷：应付账款　　11 600
借：库存商品　　6 000
　　贷：以前年度损益调整　　6 000
借：应交税费——应交所得税　　975
　　贷：以前年度损益调整　　975

“以前年度损益调整”科目余额 2 925 元应转入“利润分配”科目：

借：利润分配　　2 925
　　贷：以前年度损益调整　　2 925

同时，在 2015 年年度报表中做如下调整：①在资产负债表中增加存货 6 000 元，增加应付账款 11 600 元，冲减应交税费 2 675 元，冲减未分配利润 2 925 元；②在利润表中冲减营业收入 10 000 元、营业成本 6 000 元、财务费用 100 元、所得税费用 975 元。

四、代销的账务处理

（一）视同买断方式

视同买断方式，即由委托方和受托方签订协议，委托方按协议价收取所代销的货款，实际售价可由受托方自定，实际售价与协议价之间的差额归受托方所有的销售方式。如商品销售不出去，受托方可以将商品退还给委托方。

例 15-4　2016 年 4 月 1 日，A 企业委托 B 企业销售甲商品 100 件，协议价为100元/件，该商品成本80元/件，增值税税率为17%。8月1日，A企业收到B企业开来的代销清单时开具增值税专用发票，发票上注明：售价10 000元，增值税税额1 700元。代销货款于8月5日收到。B企业实际销售时开具的增值税专用发票上注明：售价11 000元，增值税税额1 870元。

1）A企业应做的会计分录。

（1）4月1日，将甲商品交付B企业：

借：委托代销商品　　8 000
　　贷：库存商品　　8 000

（2）8月1日，收到代销清单：

借：应收账款——B企业　　11 700
　　贷：主营业务收入　　10 000
　　　　应交税费——应交增值税（销项税额）　　1 700
借：主营业务成本　　8 000
　　贷：委托代销商品　　8 000

（3）8月5日，收到B企业汇来的货款11 700元：

借：银行存款　　11 700
　　贷：应收账款——B企业　　11 700

2）B企业应做的会计分录。

（1）4月1日，收到甲商品：

借：受托代销商品　　10 000
　　贷：受托代销商品款　　10 000

（2）实际销售甲商品：

借：银行存款　　12 870
　　贷：主营业务收入　　11 000
　　　　应交税费——应交增值税（销项税额）　　1 870
借：主营业务成本　　10 000
　　贷：受托代销商品　　10 000
借：受托代销商品款　　10 000
　　贷：应付账款——A企业　　10 000

（3）8月5日，按合同协议将款项付给A企业：

借：应付账款——A企业　　10 000
　　应交税费——应交增值税（进项税额）　　1 700
　　贷：银行存款　　11 700

（二）收取手续费方式

收取手续费方式，即受托方根据所代销的商品数量向委托方收取手续费的销售方式。受托方收取的手续费属于劳务收入。

例15-5　沿用例15-4的资料，并假定：①A企业与B企业签订的代销协议规定，B企业应按每件商品100元的价格对外销售，A企业按售价的

10%支付B企业手续费；②7月28日，B企业对外售出商品，向买方开具的增值税专用发票上注明甲商品售价10 000元，增值税税额1 700元。8月1日，A企业收到B企业交来的代销清单，并向B企业开具了一张相同金额的增值税专用发票。8月5日，A企业收到B企业支付的商品代销款（已扣手续费）。

1）A企业应做的会计分录。

（1）4月1日，将甲商品交付B企业：

借：委托代销商品　　8 000
　　贷：库存商品　　8 000

（2）8月1日，收到代销清单：

借：应收账款——B企业　　11 700
　　贷：主营业务收入　　10 000
　　　　应交税费——应交增值税（销项税额）　　1 700
借：销售费用——代销手续费　　1 000
　　贷：应收账款——B企业　　1 000

（3）8月5日，收到B企业汇来的货款净额10 700元（11 700－1 000）：

借：银行存款　　10 700
　　贷：应收账款——B企业　　10 700

2）B企业应做的会计分录。

（1）4月1日，收到甲商品：

借：受托代销商品　　10 000
　　贷：受托代销商品款　　10 000

（2）实际销售甲商品：

借：银行存款　　11 700
　　贷：应付账款——A企业　　10 000
　　　　应交税费——应交增值税（销项税额）　　1 700
借：应交税费——应交增值税（进项税额）　　1 700
　　贷：应付账款——A企业　　1 700
借：受托代销商品款　　10 000
　　贷：受托代销商品　　10 000

（3）支付甲商品代销款给A企业并计算代销手续费：

借：应付账款——A企业　　11 700
　　贷：银行存款　　10 700
　　　　主营业务收入或其他业务收入　　1 000

五、分期收款销售的账务处理

例15-6　甲公司售出大型设备一套，协议约定采用分期收款方式，从销售当年年末分5年分期收款，每年2 000元，合计10 000元。假定购货方在销售成立日支付货款，只需付 8 000 元即可。

分析：应收金额的公允价值可以认定为 8 000 元，与名义金额 10 000 元差额较大，应采用公允价值计量。

计算得出将名义金额折现为当前售价的利率为 7.93％，如表 15—1 所示。

表 15–1　分期收款销售收现计算表

单位：元

项　　目	未收本金 A	利息收益 B＝A×7.93％	本金收现 C＝D－B	总收现 D
销售日	8 000	0	0	0
第 1 年年末	8 000	634	1 366	2 000
第 2 年年末	6 634	526	1 474	2 000
第 3 年年末	5 160	410	1 590	2 000
第 4 年年末	3 570	283	1 717	2 000
第 5 年年末	1 853	147	1 853	2 000
总　　额		2 000	8 000	10 000

其会计分录（不考虑增值税因素）如下：

销售成立时：

借：长期应收款　　10 000

　　贷：主营业务收入　　8 000

　　　　未实现融资收益　　2 000

第 1 年年末：

借：银行存款　　2 000

　　贷：长期应收款　　2 000

借：未实现融资收益　　634

　　贷：财务费用　　634

第 5 年年末：

借：银行存款　　2 000

　　贷：长期应收款　　2 000

借：未实现融资收益　　147

　　贷：财务费用　　147

六、售后回购的账务处理

售后回购，是指销售商品的同时，销售方同意日后将同样或类似的商品购回的销售方式。在这种方式下，销售方应根据合同或协议的条款判断企业是否已将商品所有权上的主要风险和报酬转移给购货方，以确定是否确认销售商品收入。在大多数情况下，回购价格固定或原销价加合理回报，售后回购交易属于融资交易，商品所有权上的主要风险和报酬没有转移，企业不应确认销售商品收入；回购价格大于原售价的差额，企业应在回购期间按期计提利息，计入财务费用。

例 15-7 甲公司和乙公司均为增值税一般纳税企业，适用的增值税税率为 17%。2016 年 3 月 1 日，甲公司与乙公司签订协议，向乙公司销售一批商品，增值税专用发票上注明销售价格为 5 000 000 元，增值税税额为 850 000 元。该批商品的实际成本为 4 000 000 元。协议同时规定，甲公司应在 2016 年 8 月 1 日将所售商品购回，回购价格为 5 500 000 元，增值税税额为 935 000 元。商品已发出，货款已收到。甲公司的账务处理如下：

（1）3 月 1 日，发出商品时：

借：银行存款	5 850 000	
贷：其他应付款		5 000 000
应交税费——应交增值税（销项税额）		850 000
借：发出商品	4 000 000	
贷：库存商品		4 000 000

（2）3~7 月的每月月末，计提利息费用时：

借：财务费用	100 000	
贷：其他应付款		100 000

（3）8 月 1 日，购回商品时：

借：其他应付款	5 500 000	
应交税费——应交增值税（进项税额）		935 000
贷：银行存款		6 435 000
借：库存商品	4 000 000	
贷：发出商品		4 000 000

七、提供劳务收入的账务处理

企业在资产负债表日提供劳务交易的结果能够可靠估计的，应当采用完工百分比法确认提供劳务收入。企业在资产负债表日提供劳务交易结果不能够可靠估计的，企业应正确预计已经发生的劳务成本能够得到补偿和不能得到补偿，分别进行会计处理：①已经发生的劳务成本预计能够得到补偿的，应按已经发生的能够得到补偿的劳务成本金额确认提供劳务收入，并结转已经发生的劳务成本。②已经发生的劳务成本预计全部不能得到补偿的，应将已经发生的劳务成本计入当期损益，不确认提供劳务收入。

例 15-8 某劳务公司于 2015 年 7 月 1 日与客户签订一项劳务合同，合同规定，劳务期为 2 年，劳务费为 100 000 元，客户分三次支付，第一次在劳务开始时支付30 000元，第二次在中期支付50 000元，第三次在劳务结束时支付20 000元。估计总成本80 000元，假定成本估计十分准确，不会发生变化，不考虑相关税费。

成本发生的情况如表15-2所示。

表15-2　成本发生情况表

单位：元

项目	2015年	2016年	2017年	合计
发生的成本	20 000	40 000	20 000	80 000

此项劳务应按时间比例确定劳务的完成程度。

1. 2015年，实际发生成本

借：劳务成本　　20 000

　　贷：应付职工薪酬（等）　　20 000

（1）预收账款时：

借：银行存款　　30 000

　　贷：预收账款　　30 000

（2）12月31日，按完工百分比法确认收入：

劳务的完成程度＝6÷24×100％＝25％

确认收入＝100 000×25％－0＝25 000（元）

结转成本＝80 000×25％－0＝20 000（元）

借：预收账款　　25 000

　　贷：主营业务收入　　25 000

（3）结转成本时：

借：主营业务成本　　20 000

　　贷：劳务成本　　20 000

2. 2016年，实际发生成本

借：劳务成本　　40 000

　　贷：应付职工薪酬（等）　　40 000

（1）预收账款时：

借：银行存款　　50 000

　　贷：预收账款　　50 000

（2）12月31日，按完工百分比法确认收入：

劳务的完成程度＝18÷24×100％＝75％

确认收入＝100 000×75％－25 000＝50 000（元）

结转成本＝80 000×75％－20 000＝40 000（元）

借：预收账款 50 000
　　贷：主营业务收入 50 000

（3）结转成本时：

借：主营业务成本 40 000
　　贷：劳务成本 40 000

3. 2017 年，实际发生成本

借：劳务成本 20 000
　　贷：应付职工薪酬（等） 20 000

（1）预收账款时：

借：银行存款 20 000
　　贷：预收账款 20 000

（2）6 月 1 日，完工时确认剩余收入时：

借：预收账款 25 000
　　贷：主营业务收入 25 000

（3）结转成本时：

借：主营业务成本 20 000
　　贷：劳务成本 20 000

第二节 收入准则的修订

为了适应社会主义市场经济发展需要，规范收入的会计处理，提高会计信息质量，根据《企业会计准则——基本准则》，我国财政部于 2017 年 7 月对《企业会计准则第 14 号——收入》进行了修订。在境内外同时上市的企业以及在境外上市并采用国际财务报告准则或企业会计准则编制财务报表的企业，自 2018 年 1 月 1 日起施行；其他境内上市企业，自 2020 年 1 月 1 日起施行；执行企业会计准则的非上市企业，自 2021 年 1 月 1 日起施行。同时，允许企业提前执行。

一、修订的主要内容

收入准则修订的主要内容如下：

（1）将现行收入和建造合同两项准则纳入统一的收入确认模型。

现行收入准则和建造合同准则在某些情形下边界不够清晰，可能导致类似的交易采用不同的收入确认方法，从而对企业财务状况和经营成果产生重大影响。新收入准则要求采用统一的收入确认模型来规范所有与客户之间的合同产生的收入，并且就“在某一时段内”还是“在某一时点”确认收入提供具体指引，有助于更好地解决目前收入确认时点的问题，提高会计信息可比性。

（2）以控制权转移替代风险报酬转移作为收入确认时点的判断标准。

现行收入准则要求区分销售商品收入和提供劳务收入，并且强调在将商品所有权上的主要风险和报酬转移给购买方时确认销售商品收入，实务中有时难以判断。新收入准则打破商品和劳务的界限，要求企业在履行合同中的履约义务，即客户取得相关商品（或服务）控制权时确认收入，从而能够更加科学合理地反映企业的收入确认过程。

（3）对于包含多重交易安排的合同的会计处理提供更明确的指引。

现行收入准则对于包含多重交易安排的合同仅提供了非常有限的指引，具体体现在收入准则第十五条以及企业会计准则讲解中有关奖励积分的会计处理规定。这些规定远远不能满足当前实务需要。新收入准则对包含多重交易安排的合同的会计处理提供了更明确的指引，要求企业在合同开始日对合同进行评估，识别合同所包含的各单项履约义务，按照各单项履约义务所承诺商品（或服务）的单独售价的相对比例将交易价格分摊至各单项履约义务，进而在履行各单项履约义务时确认相应的收入，有助于解决此类合同的收入确认问题。

（4）对于某些特定交易（或事项）的收入确认和计量给出了明确规定。

新收入准则对于某些特定交易（或事项）的收入确认和计量给出了明确规定。例如，区分总额和净额确认收入、附有质量保证条款的销售、附有客户额外购买选择权的销售、向客户授予知识产权许可、售后回购、无需退还的初始费等，这些规定将有助于更好地指导实务操作，从而提高会计信息的可比性。

二、收入确认的基本步骤

按照新修订的收入准则，收入确认的基本步骤如下：

第一步，识别与客户订立的合同。

当企业与客户之间的合同同时满足下列条件时，企业应当在客户取得相关商品控制权时确认收入：①合同各方已批准该合同并承诺将履行各自义务；②该合同明确了合同各方与所转让商品或提供劳务相关的权利和义务；③该合同有明确的与所转让商品相关的支付条款；④该合同具有商业实质，即履行该合同将改变企业未来现金流量的风险、时间分布或金额；⑤企业因向客户转让商品而有权取得的对价很可能收回。

企业与同一客户（或该客户的关联方）同时订立或在相近时间内先后订立的两份或多份合同，在满足下列条件之一时，应当合并为一份合同进行会计处理：①该两份或多份合同基于同一商业目的而订立并构成“一揽子”交易。

②该两份或多份合同中的一份合同的对价金额取决于其他合同的定价或履行情况。③该两份或多份合同中所承诺的商品(或每份合同中所承诺的部分商品)构成准则规定的单项履约义务。

企业应当区分下列三种情形对合同变更分别进行会计处理:①合同变更增加了可明确区分的商品及合同价款,且新增合同价款反映了新增商品单独售价的,应当将该合同变更部分作为一份单独的合同进行会计处理。②合同变更不属于本条第①项规定的情形,且在合同变更日已转让的商品或已提供的服务与未转让的商品或未提供的服务之间可明确区分的,应当视为原合同终止,同时,将原合同未履约部分与合同变更部分合并为新合同进行会计处理。③合同变更不属于本条第①项规定的情形,且在合同变更日已转让的商品与未转让的商品之间不可明确区分的,应当将该合同变更部分作为原合同的组成部分进行会计处理,由此产生的对已确认收入的影响,应当在合同变更日调整当期收入。

第二步,识别合同中的单项履约义务。

合同开始日,企业应当对合同进行评估,识别该合同所包含的各单项履约义务,并确定各单项履约义务是在某一时段内履行,还是在某一时点履行,然后,在履行了各单项履约义务时分别确认收入。履约义务,是指合同中企业向客户转让可明确区分商品的承诺。履约义务既包括合同中明确的承诺,也包括由于企业已公开宣布的政策、特定声明或以往的习惯做法等导致合同订立时客户合理预期企业将履行的承诺。企业为履行合同而应开展的初始活动,通常不构成履约义务,除非该活动向客户转让了承诺的商品。企业向客户转让一系列实质相同且转让模式相同的、可明确区分商品的承诺,也应当作为单项履约义务。

企业向客户承诺的商品同时满足下列条件的,应当作为可明确区分商品:①客户能够从该商品本身或从该商品与其他易于获得资源一起使用中受益;②企业向客户转让该商品的承诺与合同中其他承诺可单独区分。

下列情形通常表明企业向客户转让该商品的承诺与合同中其他承诺不可单独区分:①企业需提供重大的服务以将该商品与合同中承诺的其他商品整合成合同约定的组合产出转让给客户。② 该商品将对合同中承诺的其他商品予以重大修改或定制。③该商品与合同中承诺的其他商品具有高度关联性。

第三步,确认交易价格。

交易价格,是指企业因向客户转让商品而预期有权收取的对价金额。企业代第三方收取的款项以及企业预期将退还给客户的款项,应当作为负债进行会计处理,不计入交易价格。

企业应当根据合同条款,并结合其以往的习惯做法确定交易价格。在确定交易价格时,企业应当考虑可变对价、合同中存在的重大融资成分、非现金对价、应付客户对价等因素的影响。

合同中存在可变对价的,企业应当按照期望值或最可能发生金额确定可变对价的最佳估计数，但包含可变对价的交易价格，应当不超过在相关不确定性消除时累计已确认收入极可能不会发生重大转回的金额。企业在评估累计已确认收入是否极可能不会发生重大转回时，应当同时考虑收入转回的可能性及其比重。

合同中存在重大融资成分的，企业应当按照假定客户在取得商品控制权时即以现金支付的应付金额确定交易价格。该交易价格与合同对价之间的差额，应当在合同期间内采用实际利率法摊销。合同开始日，企业预计客户取得商品控制权与客户支付价款间隔不超过1年的，可以不考虑合同中存在的重大融资成分。

客户支付非现金对价的，企业应当按照非现金对价的公允价值确定交易价格。非现金对价的公允价值不能合理估计的，企业应当参照其承诺向客户转让商品的单独售价间接确定交易价格。非现金对价的公允价值因对价形式以外的原因而发生变动的，应当参考可变对价的处理方法。

第四步，分配交易价格。

合同中包含两项或多项履约义务的，企业应当在合同开始日，按照各单项履约义务所承诺商品的单独售价的相对比例，将交易价格分摊至各单项履约义务。企业不得因合同开始日之后单独售价的变动而重新分摊交易价格。

企业在类似环境下向类似客户单独销售商品的价格，应作为确定该商品单独售价的最佳证据。单独售价无法直接观察的，企业应当综合考虑其能够合理取得的全部相关信息，采用市场调整法、成本加成法、余值法等方法合理估计单独售价。在估计单独售价时，企业应当最大限度地采用可观察的输入值，并对类似的情况采用一致的估计方法。

在此基本原则之上，新准则对存在合同折扣和可变对价及可变对价后续变动的情况下如何分摊交易价格进行了规定。

第五步，在履行义务得以满足时确认收入。

在商品或服务被转移至客户且客户取得对商品或服务的控制权时确认收入。履行义务可能是在一段时间内或在某一时点得以满足。对于在某一时段内履行的履约义务，企业应当在该段时间内按照履约进度确认收入，但履约进度不能合理确定的除外。确定履约进度时，企业应考虑商品的性质，采用产出法或投入法。对于在某一时点履行的履约义务，企业应当在客户取得相关商品控制权时点确认收入。新准则描述了控制权被转移的若干迹象。而且，新准则引入了新概念，要求：①被创建的资产对于公司没有替代用途；②公司有权就截至目前所完成的工作取得报酬时，收入应当在一段时间内予以逐步确认。

三、特定交易的会计处理

修订的收入准则就特定交易提供了指引，其涵盖的特定交易及指引的重点如表 15-3 所示。

表 15-3　特定交易及应用指引

特定交易	应用指引
附有销售退回条款的销售	退货负债以及相关资产的确认与计量
附有质量保证条款的销售	判断质量保证是否构成单独的履约义务
主要责任人与代理人	向客户转让前是否拥有相关商品的控制权（判断的主要依据）
附有客户额外购买权的销售	该选择权是否为一项重大权利
知识产权许可证的授予	区分许可是否一段时间内的履约义务
售后回购交易	企业有远期安排下的回购义务或有回购选择权的，控制权没有转移，销售视回购价格是否低于原售价作为租赁或融资交易处理；客户有要求企业回购的权利的，根据其是否有行权的重大经济动因，分别按上述远期安排下的原则或附销售退回条款的销售处理。
预收款无需退回	判断客户放弃权利的可能性以及企业预期有权获得的与之相关的金额
无需退回的初始费	判断其是否与已承诺商品相关以及相关商品是否单项履约义务

四、修订后的收入准则对企业会计核算的影响

修订后的收入准则对企业会计核算最重要的改变为：

（1）任何捆绑在一起的商品或服务，如果能够被明显区分，则必须单独确认，并且，合同价格的任何折扣或返利一般而言必须分配至单独的要素。

（2）在对价因为任何原因（例如，激励、返利、业绩奖金、特许权使用费、成功实现某种结果等）而可能被改变的情况下，收入确认的时点可能早于现行准则，新准则要求必须确认不存在重大转回风险的最小金额。

（3）收入被确认的时点可能发生改变。现行实务中一些在合同期末的某一时点确认的收入在新准则下可能应当在合同期间内予以确认；反之亦然。

企业应评估修订后的新准则的影响并开展实施工作，为实施准则所进行的工作包括但不限于：

（1）分析各主要业务模式下新收入准则对收入确认的时间、金额的影响，以及可能需要进行的合同条款方面的修订；

（2）因实施新收入准则导致的财务数据变化对业绩考核指标及薪酬计划、须遵循的借款协议指标、税务安排、利润分配等方面的影响及应对措施；

（3）为进行新收入准则所要求的估计以及满足会计处理及披露要求所需要的会计流程、内部控制的改进及信息系统支持；

（4）与投资者、贷款人等利益相关方就新收入准则影响所进行的沟通。

第三节　新准则对企业的影响

一、对财务的影响

对于按照应收的合同或协议价款的公允价值确定销售商品收入金额的情况，应收的合同或协议价款与其公允价值之间的差额，在合同或协议期间内采用实际利率法进行摊销，计入当期损益。这似乎在短期内推迟了部分企业确认收入的时间，从而减少了当期损益和权益，但从长期来看，并不影响企业的总体损益和权益状况，只是改变企业的收入结构，减少了销售商品或提供劳务的收入，增加了利息收入。

二、对企业运营、交易策略方面的影响

对于实质上具有融资性质的递延收款方式，可能会使当期收入减少，这可能会促使企业考虑销售政策变化，比如将收账期变短，或采用现金折扣等其他促销方式。

三、对企业内部会计控制方面的影响

为适应公允价值计量要求，会计信息系统必须能采集到新的数据，以满足新准则的要求。例如，国际准则中对公允价值的定义为：是指在公平交易中，熟悉情况的当事人自愿据以进行资产的交换或负债清偿的金额，或参考财政部关于印发《关联方之间出售资产等有关会计处理问题暂行规定》的通知（财会〔2001〕64号）。

四、其他影响

在税务方面，与旧准则一样会存在收入确认时间与纳税义务时间上的差异。例如，按完工百分比法确认劳务收入的增值税、按公允价值计量收入的商品销售的增值税等。

第十六章　建 造 合 同

第一节　案例分析及操作实务

一、承包工程

例 16-1　某路桥公司签订了一项总金额为 7 200 000 元的建造合同，承建一段城铁。工程已于 2014 年 3 月开工，预计 2016 年 8 月完工。最初，预计工程总成本为 6 400 000 元，到 2015 年年底，由于材料价格上涨，预计工程总成本已达到 6 480 000 元。该企业于 2016 年 6 月完成合同，该企业的其他有关资料见表 16-1。

表 16-1　企业有关资料表

单位：元

项　　目	2014 年	2015 年	2016 年
发生的成本	1 600 000	4 665 600	6 480 000
完成合同尚需发生的成本	4 800 000	1 814 400	
已结算工程价款	1 440 000	3 840 000	1 920 000
实际收到价款	1 200 000	2 800 000	3 200 000

该公司在进行会计核算时，应根据所发生的经济业务，及时登记合同发生的实际成本、已办理结算的工程价款和实际已收取的工程价款，并根据工程施工进展情况，准确地确定工程完工进度，计量和确认当年的合同收入和费用，并在财务报表中披露与合同有关的会计信息。具体会计处理如下。

1. 确定各年的合同完工进度

各年的完工进度见表 16-2。

表 16-2　工程各年的完工进度表

单位：元

项　　目	2014 年	2015 年	2016 年
合同金额	7 200 000	7 200 000	7 200 000

（续表）

项　　目	2014 年	2015 年	2016 年
减：合同预计总成本	6 400 000	6 480 000	6 480 000
已发生的成本	1 600 000	4 665 600	6 480 000
完成合同尚需发生的成本	4 800 000	1 814 400	—
预计总毛利	800 000	720 000	720 000
完工进度	25 %	72 %	100 %

注：2014 年的完工进度＝ 1 600 000 ÷ 6 400 000 × 100 % ＝ 25 %
　　2015 年的完工进度＝ 4 665 600 ÷ 6 480 000 × 100 % ＝ 72%

2. 计量确认各年的收入、费用和毛利

各年计量和确认的收入和费用见表 16–3。

表 16–3　工程各年收入和费用确认情况表

单位：元

项　　目	年末累计	以前年度确认	本年度确认
2014 年			
收入（7 200 000 × 25 %）	1 800 000		1 800 000
毛利（800 000 × 25 %）	200 000		200 000
费用（收入－毛利）	1 600 000		1 600 000
2015 年			
年收入（7 200 000 × 72 %）	5 184 000	1 800 000	3 384 000
毛利（720 000 × 72 %）	518 400	200 000	318 400
费用（收入－毛利）	4 665 600	1 600 000	3 065 600
2016 年			
收入（7 200 000 × 100%）	7 200 000	5 184 000	2 016 000
毛利 720 000	720 000	518 400	201 600
费用（收入－毛利）	6 480 000	4 665 600	1 814 400

3. 编制有关会计分录，并在财务报表中披露有关信息

为简化起见，以下会计分录以汇总数反映，有关纳税业务的会计分录略。

第一步，编制 2014 年的会计分录。

（1）登记实际发生的合同成本时：

借：工程施工　　1 600 000

　　贷：应付职工薪酬、库存材料等　　1 600 000

（2）登记已结算的工程价款时：

借：应收账款　　1 440 000

　　贷：工程结算　　1 440 000

（3）登记已收的工程价款时：

借：银行存款　　1 200 000

　　贷：应收账款　　1 200 000

（4）登记确认的收入、费用和毛利时：

借：工程施工——毛利　　200 000

　　营业成本　　1 600 000

　　贷：营业收入　　1 800000

第二步，2014 年建造合同在财务报表中的披露。

（1）在资产负债表中披露下列信息：已完工尚未结算款项目，应在流动资产类项目中列示，反映在建合同已完工部分但尚未办理结算的价款，根据“工程施工”科目余额减“工程结算”科目余额后的差额填列，金额为 360 000 元（1 800 000 － 1 440 000）。

（2）在财务报表附注中披露下列信息：①合同总金额：7 200 000 元。确定合同完工进度的方法：合同完工进度根据累计实际发生的合同成本占合同预计总成本的比例确定。②在建工程累计已发生的成本：根据“工程施工”科目的余额扣除毛利后的余额填列，金额为 1 600 000 元，累计已确认毛利 200 000 元。③在建工程已结算价款：反映在建合同累计已办理结算的工程价款，根据“工程结算”科目的余额填列，金额为 1 440 000 元。

第三步，编制 2015 年的会计分录。

（1）登记实际发生的合同成本时：

借：工程施工　　3 065 600

　　贷：应付职工薪酬、库存材料等　　3 065 600

（2）登记已结算的工程价款时：

借：应收账款　　3 840 000

　　贷：工程结算　　3 840 000

（3）登记已收的工程价款时：

借：银行存款　　2 800 000

　　贷：应收账款　　2 800 000

（4）登记确认的收入、费用和毛利时：

借：工程施工——毛利　　318 400

　　营业成本　　3 065 600

　　贷：营业收入　　3 384 000

第四步，2015 年建造合同在财务报表中的披露。

在资产负债表中披露下列信息：

已结算尚未完工款：本项目应在流动负债类项目中列示，反映在建合同未完工部分已经办理了结算的价款，根据“工程结算”科目余额减“工程施工”科目余额后的差额填列，金额为 96 000 元（1 440 000 + 3 840 000 − 1 800 000 − 3 384 000）。

在附注中披露的信息与 2014 年基本相同。

第五步，编制 2016 年的会计分录。

（1）登记实际发生的合同成本时：

借：工程施工　　1 814 400

　　贷：应付职工薪酬、库存材料等　　1 814 400

（2）登记已结算的工程价款时：

借：应收账款　　1 920 000

　　贷：工程结算　　1 920 000

（3）登记已收的工程价款时：

借：银行存款　　3 200 000

　　贷：应收账款　　3 200 000

（4）登记确认的收入、费用和毛利时：

借：工程施工——毛利　　201 600

　　营业成本　　1 814 400

　　贷：营业收入　　2 016 000

（5）工程完工时，将“工程施工”科目的余额与“工程结算”科目的余额对冲时：

借：工程结算　　7 200 000

　　贷：工程施工　　6 480 000

　　　　工程施工——毛利　　720 000

第六步，2016 年建造合同在财务报表中的披露。

由于该项工程在 2016 年已经全部完工，工程价款已全部办理了结算并已收讫，因此不用披露任何信息。

二、承建大型设备

例 16-2　假定某造船企业签订了一项总金额为 6 380 000 元的固定造价合同，承建一艘船舶。工程已于 2014 年 1 月开工，预计 2016 年 9 月完工。最初，预计工程总成本为 6 050 000 元，至 2015 年年底，由于材料价格涨价等因素调整了预计总成本，预计工程总成本已为 6 600 000 元。该造船企业于 2016 年 7 月提前 2 个月完成了造船合同，工程质量优良，客户同意支付奖励款 220 000 元。建造该艘船舶的其他有关资料见表 16-4。

表 16-4 建造船舶有关资料表

单位：元

项　　目	2014 年	2015 年	2016 年
到目前为止已发生的成本	1 694 000	5 280 000	6 545 000
完成合同尚需发生的成本	4 356 000	1 320 000	—
已结算工程价款累计	1 914 000	5 170 000	6 600 000
实际收到价款累计	1 870 000	5 060 000	6 600 000

该造船企业对本项建造合同的有关会计处理如下（为简化起见，会计分录以汇总数反映，有关纳税业务的会计分录略）：

1. 2014 年的账务处理及信息披露

第一步，编制 2014 年会计分录。

（1）登记发生的合同成本时：

借：生产成本　　1 694 000

　　贷：原材料、应付职工薪酬、累计折旧等　　1 694 000

（2）登记已结算的合同价款时：

借：应收账款　　1 914 000

　　贷：工程结算　　1 914 000

（3）登记实际收到的合同价款时：

借：银行存款　　1 870 000

　　贷：应收账款　　1 870 000

（4）计量确认当年的收入和费用，并登记入账时：

2014 年的完工进度＝1 694 000÷（1 694 000＋4 356 000）×100%
＝28%

2014 年确认的合同收入＝6 380 000×28%＝1 786 400（元）

2014 年确认的毛利＝（6 380 000-1 694 000-4 356 000）×28%
＝92 400（元）

2014 年确认的合同费用＝1 786 400-92 400＝1 694 000（元）

借：生产成本——毛利　　92 400

　　营业成本　　1 694 000

　　贷：营业收入　　1 786 400

第二步，2014 年该项合同的有关信息披露。

（1）在资产负债表中披露下列信息：已结算未完工程款项目，应在流动负债类项目中列示，反映在建合同已办理结算但尚未完工部分的价款，根据“工程结算”科目余额减“生产成本”科目余额后的差额填列，金额为 127 600 元（1 914 000 － 1 694 000 － 92 400）。

（2）在财务报表附注中披露下列信息：①合同总金额：6 380 000 元。确定合同完工进度的方法：合同完工进度根据累计实际发生的合同成本占合同预计总成本的比例确定。②在建工程累计已发生的成本：根据“生产成本”科目的余额扣除毛利后的余额填列，金额为 1 694 000 元。③在建工程已结算价款：反映在建合同累计已办理结算的工程价款，根据“工程结算”科目的余额填列，金额为 1 914 000 元。

2. 2015 年的账务处理及信息披露

第一步，编制 2015 年的会计分录。

（1）登记发生的合同成本时：

借：生产成本　　3 586 000

　　贷：原材料、应付职工薪酬、累计折旧等　　3 586 000

（2）登记已结算的合同价款时：

借：应收账款　　3 256 000

　　贷：工程结算　　3 256 000

（3）登记实际收到的合同价款时：

借：银行存款　　3 190 000

　　贷：应收账款　　3 190 000

（4）计量确认当年的合同收入和费用，并登记入账时：

2015 年的完工进度＝5 280 000÷（5 280 000 ＋ 1 320 000）×100%
＝80%

2015 年确认的合同收入＝6 380 000×80％－1 786 400
＝3 317 600（元）

2015 年确认的毛利＝（6 380 000 － 5 280 000 － 1 320 000）×80％
－ 92 400 ＝－ 176 000 － 92 400
＝－ 268 400（元）

2015 年确认的合同费用＝收入－毛利＝3 317 600 －（－ 268 400）
＝3 586 000（元）

2015 年确认的合同预计损失＝（5 280 000 ＋ 1 320 000 － 6 380 000）
×（1 － 80％）＝44 000（元）

在 2015 年年底，由于该合同预计总成本 6 600 000 元大于合同总收入 6 380 000 元，预计发生损失总额为 220 000 元，由于已在“生产成本——毛利”科目中反映了－ 176 000 元（92 400 － 268 400）的亏损，因此，应将剩余的、为完成工程将发生的预计损失 44 000 元确认为当期损失。

其会计分录如下：

借：营业成本 3 586 000

　　贷：营业收入 3 317 600

　　　　生产成本——毛利 268 400

同时，

借：管理费用——合同预计损失 44 000

　　贷：存货跌价准备——合同预计损失准备 44 000

第二步，2015 年该项合同的有关信息披露。

1）在资产负债表中披露下列信息：①已结算未完工程款：反映在建合同未完工部分已办理了结算的价款，根据“工程结算”科目的余额减去“生产成本”科目余额后的差额填列，金额为 66 000 元（5 170 000 － 510 400）；②预计损失准备：根据“预计损失准备”科目的余额填列，金额为 44 000 元。

2）在利润表中披露下列信息：合同预计损失：根据“合同预计损失”科目本年借方发生额填列，金额为 44 000 元。

在财务报表附注中披露的信息与 2014 年基本相同。但要增加：由于钢材价格上涨，该合同预计总成本 6 600 000 元大于合同总收入 6 380 000 元，将剩余的为完成工程将发生的预计损失 44000 元确认为当期损失。

3）2016 年的账务处理。

（1）登记发生的合同成本时：

借：生产成本 1 265 000

　　贷：原材料、应付职工薪酬、累计折旧等 1 265 000

（2）登记已结算的合同价款时：

借：应收账款 1 430 000

　　贷：工程结算 1 430 000

（3）登记实际收到的合同价款时：

借：银行存款 1 540 000

　　贷：应收账款 1 540 000

（4）计量确认当年的合同收入和费用，并登记入账时：

2016 年确认的合同收入＝合同总金额－至目前止累计已确认的收入
＝（6 380 000 ＋ 220 000）－（1 786 400 ＋ 3 317 600）＝ 1 496 000（元）

2016 年确认的毛利＝（6 380 000 ＋ 220 000 － 6 545 000）－（92 400 － 268 400）＝ 55 000 ＋ 176 000 ＝ 231 000（元）

2016 年确认的合同费用＝当年确认的合同收入－当年确认的毛利－以前年度预计损失准备
＝ 1 496 000 － 231 000 － 44000 ＝ 1 221 000（元）

借：营业成本 1 221 000
　　存货跌价准备——合同预计损失准备 44 000
　　生产成本——毛利 231 000
　　贷：营业收入 1 496 000

（5）2016年工程全部完工，应将“生产成本”科目的余额与“工程结算”科目的余额相对冲：

借：工程结算 6 600 000
　　贷：生产成本 6 545 000
　　　　生产成本——毛利 55 000

由于该项工程在2016年已全部完工，并办理了工程款的结算，因此无须披露。

第二节　新准则对企业的影响

一、对财务的影响

建造合同准则自1998年颁布以后，先在上市公司实施，2003年以后在国有大中型企业也陆续按建造合同实施会计核算，这次没有作大的修改，所以不存在追溯调整，但新准则实施后对企业税金、损益等有一定的影响。

1. 对增值税的影响

按照现行增值税税法规定，增值税纳税义务发生时间为纳税人收讫营业收入款项或者取得营业收入款项凭证当天，新准则规定收入确定的时间有三种：资产负债表日、合同完成时、能得到补偿的费用发生当期；且所确认的收入是指已完工部分预计可以收回的收入，并不一定都取得了收取款项的凭证。由于税法和准则对收入界定不一致，就会导致按税法要求和准则要求计算出来的应交增值税不相同。

2. 对所得税费用的影响

根据（94）财法字第3号文规定：“建筑、安装、装配工程和提供劳务，持续时间超过1年的，可以按完工进度或完成的工作量确认收入的实现；为其他企业加工、制造大型机械设备、船舶等，持续时间超过1年的，可以按完工进度或完成的工作量确定收入的实现。”如果对建造合同的结果能够可靠估计，企业采用完工百分比法确认合同收入与企业所得税的规定是一致的，会计上确认的收入也就是企业所得税的应税收入。如果对建造合同的结果不能可靠估计，是否应当按实际合同成本确认收入目前尚无明文规定。

新准则和所得税税法不同的地方主要是当工程预计总成本超过预计总收入时，新准则要求当期确认费用，计提建造合同减值准备；而所得税税法都是不允许的，这样在纳税时就会产生时间上的差异。

3. 执行新准则与执行《施工企业会计制度》对企业损益的影响

《施工企业会计制度》中规定在承包商与发包商进行结算时，按结算金额确认工程结算收入，按当期实际发生成本结转工程结算成本。

新准则规定，企业可以按照完工百分比法、按实际成本确认收入和成本、不确认收入只确认成本三种方式确认损益。

由于两者确认损益方法的不同，实施新准则后，从长期来看没有什么影响，但会影响短期内的企业损益。因为新准则规定，预计总成本大于预计总收入时要将其差额计入当期损益，而且期末要计提建造合同损失，这些相对于《施工企业会计制度》来讲都是以后会发生的成本，对比而言会减少短期内的企业收益；另外，实施新准则后，主要是按完工百分比法确认收支（完工百分比法是按整个建造合同的预计收入、预计成本确认毛利的），这样会使建造合同施工期间的利润比较平均，如果工期比较长的话，很难反映施工期间某一时点的真实损益。主要因为建造合同施工期间各个阶段的毛利率是不相同的、成本投入与完工程度经常不是一种严格的对应关系、复杂的施工对象很难确定合同的完工百分比等因素的制约，会造成合同期间内某一时段的利润不真实，对拥有众多建造合同的大型企业来讲有时会形成很大的差异。

二、对企业内部会计控制的要求

（1）规范业主与建造承包商之间建造合同的签订是执行建造合同准则的前提。

（2）保证建造合同的执行，减少合同风险。

（3）要求建造承包商内部加强建造合同执行全过程的管理，对合同的变更及时取得业主的签字确认，以便财务部门及时获取有关建造合同的准确信息。

（4）要求建造承包商提高对成本的预测与控制能力。

（5）完善建造承包商合同成本核算的制度。

第十七章 政府补助

第一节 案例分析及操作实务

一、政府补助会计处理的资本法和收益法

（一）资本法

所谓资本法，是指将政府补助直接贷记所有者权益的一种会计处理方法。支持采用这一方法的理由主要有：

（1）政府补助是一种融资手段，应在企业的资产负债表中进行处理，而不应通过利润表去抵销其补偿的费用项目。考虑到企业不需要归还，因此政府补助应当直接记入所有者权益项目。

（2）在利润表直接确认政府补助是不恰当的，因为企业获得的政府补助不是企业在生产经营活动中赚取的，而是政府给予的与成本无关的奖励。

（二）收益法

所谓收益法，是指将政府补助直接计入利润表的一种会计处理方法。支持采用这一方法的理由主要有：

（1）政府补助不是来自所有者投入的资源，不应直接计入所有者权益，而应在合适的期间确认为利润的组成部分。

（2）政府补助很少是无偿的，企业接受政府补助是有条件的，因此，政府补助应当在合适期间确认为利润的组成部分，并与将来拟补偿的成本相配比。

（3）正如所得税费用要从利润中扣减一样，政府补助作为政府政策的一种延伸，在利润表中确认是符合逻辑的。采用收益法核算政府补助的基础在于，在与有关费用相配比的期间内，采用系统、合理的方法将政府补助确认为利润的组成部分，在大多数情况下，企业能够确定与政府补助有关的费用的确认期间，从而在确认相关费用的期间内将与特定政府补助有关的补助确认为利润的组成部分。同样 的道理，对于与折旧资产相关的政府补助，一般也是按照这些资产计提折旧的比例在相同的期间内确认为利润的组成部分。

根据我国新准则的规定，政府补助应当采用收益法进行核算。

二、政府补助会计核算应当设置的会计科目

为了核算收到的政府补助，企业应当设置“营业外收入”“递延收益”

等总账科目，进行总分类核算。

三、政府补助的确认条件

根据新准则的规定，政府补助同时满足下列条件的，才能予以确认。

1. 企业能够满足政府补助所附条件

政府向企业提供的政府补助，通常是附有条件的。因此，企业收到的政府补助，应当在满足一定条件时，才能加以确认。如果不满足一定的确认条件，则不能加以确认。企业收到政府补助这一事实本身，并不能表明企业一定能够获得这一政府补助。政府补助的获得是以企业能够满足政府补助的相关条件为前提的。

2. 企业能够收到政府补助

企业要确认政府补助，还要以能够收到政府补助为前提。如果企业不能获得政府补助，则不能加以确认。

四、政府补助的初始计量

政府向企业提供的补助，既有可能是货币性资产，也有可能是非货币性资产。对于不同的政府补助，其会计处理基本相同，即均需要按照政府补助的公允价值进行计量。

1. 政府补助为货币性资产

根据新准则的规定，政府补助为货币性资产的，应当按照收到或应收的金额计量。

例 17-1 2016 年 1 月 1 日，甲公司接到当地政府通知，将向其提供 120 000 元的政府补助，以鼓励甲公司未来安排相关的残疾人员就业。有关款项已存入甲公司账户。甲公司的会计处理如下：

借：银行存款　　120 000

　　贷：递延收益　　120 000

2. 政府补助为非货币性资产

根据新准则的规定，政府补助为非货币性资产的，应当按照公允价值计量；公允价值不能可靠取得的，按照名义金额（1 元）计量。具体来说，企业应当按照非货币性资产的公允价值，借记“固定资产”“无形资产”等科目，贷记“递延收益”“营业外收入”等科目。

例 17-2 2016 年 3 月 15 日，乙公司接到当地政府通知，将向其提供一台不需要安装的固定资产的政府补助，以鼓励乙公司在环境保护方面继续采取相关措施。该固定资产已办妥相关手续，公允价值为 43 000 元。假定不考虑其他因素。乙公司的会计处理如下：

借：固定资产　　43 000

　　贷：递延收益　　43 000

例 17-3 2016 年 3 月 1 日，甲公司接到省级人民政府通知，将向其提供一条生产线，以鼓励乙公司继续生产环境保护产品。该生产线的公允价值为 21 000 元。甲公司为安装该生产线领用本公司生产的一批产品，成本为 20 000 元，计税价格为 21000 元，适用的增值税税率为 17％；在安装过程中发生人员薪酬 2 300 元，不考虑其他因素。甲公司的会计处理如下：

借：在建工程　　21 000
　贷：递延收益　　21 000
借：在建工程　　25 870
　贷：库存商品　　20 000
　　应交税费——应交增值税（销项税额）　　3 570
　　应付职工薪酬　　2 300
借：固定资产　　46 870
　贷：在建工程　　46 870

例 17-4 2016 年 8 月 1 日，丙公司接到当地政府通知，将向其提供一台不需安装的办公设备。该办公设备的公允价值无法可靠地计量。假定不考虑其他因素。丙公司的会计处理如下：

借：固定资产　　1
　贷：营业外收入　　1

五、政府补助的后续计量

政府向企业提供的补助，既有与资产相关的政府补助，也有与收益相关的政府补助。对于不同类型的政府补助，其后续计量是不同的。

1. 与资产相关的政府补助

根据新准则的规定，与资产相关的政府补助，应当冲减相关资产的账面价值或确认为递延收益。与资产相关的政府补助确认为递延收益的，应当在相关资产使用寿命内按照合理、系统的方法分期计入损益。但是，按照名义金额计量的政府补助，直接计入当期损益。

例 17-5 承例 17-3，假定该生产线使用寿命 10 年，采用直线法计提折旧，无残值，该生产线每月计提折旧，分摊递延收益的会计处理如下：

借：制造费用　　390.58
　贷：累计折旧　　390.58
借：递延收益　　175
　贷：制造费用　　175

2. 与收益相关的政府补助

根据新准则的规定，与收益相关的政府补助，应当分别下列情况处理：

（1）用于补偿企业以后期间的相关费用或损失的，确认为递延收益，并在确认相关成本费用或损失的期间，计入当期损益或冲减相关成本。

例 17-6　某粮食企业因购买储备粮，按规定每季季初收到财政贴息资金 60 万元。其应作会计处理如下：

a. 每季季初，收到财政贴息时：

借：银行存款　　600 000

　　贷：递延收益　　600 000

b. 每月月末，将财政贴息计入当期损益时：

借：递延收益　　200 000

　　贷：营业外收入　　200 000

（2）用于补偿企业已发生的相关费用或损失的，直接计入当期损益或冲减相关成本。

例 17-7　按照国家相关规定，乙企业生产的产品适用增值税先征后返政策，按实际缴纳增值税返还 70％。2016 年 7 月，该企业实际缴纳增值税税额 100 万元。2016 年 8 月，该企业收到返还的增值税税额 70 万元。乙企业应作会计处理如下：

借：银行存款　　700 000

　　贷：营业外收入　　700 000

3. 需要返还的政府补助

根据新准则的规定，已确认的政府补助需要返还的，应当分别下列情况处理：

（1）存在相关递延收益的，冲减相关递延收益账面余额，超出部分计入当期损益。

例 17-8　2016 年 7 月 1 日，甲公司向政府返还政府补助 8 000 元，与此有关的递延收益账面余额为 7 000 元。甲公司的会计处理如下：

借：递延收益　　7 000

　　营业外收入　　1 000

　　贷：银行存款　　8 000

（2）初始确认时冲减相关资产账面价值的，调整资产账面价值。

（3）属于其他情况的，直接计入当期损益。

例 17-9　2016 年 8 月 11 日，乙公司向政府返还政府补助 1 200 元。乙公司的会计处理如下：

借：营业外收入　　1 200

　　贷：银行存款　　1 200

第二节　新准则对企业的影响

一、对企业财务的影响

新旧准则最大的差异就是新准则要求将政府补助计入当期损益，而不是计入权益。因此，采用新准则以后，政府补助将会给企业带来利润而不是权益。接受政府补助资产，在获得了收取政府补助的权利并基本确定能收到时，可予以确认。这将在一定程度上虚增企业资产或负债。

二、对企业内部会计控制的要求和影响

从规范企业内部控制方面考虑，对接受政府补助进行有效规范，有利于企业规范自身经营行为，将政府补助从暗处反映到明处，有利于减少舞弊事件的发生。

三、其他影响

新准则对企业的影响在于判断政府补助是与资产相关还是与收益相关的可操作性，以及何时确认。

第十八章　借款费用

第一节　案例分析及操作实务

一、涉及的主要会计科目及使用说明

（1）固定资产。在固定资产达到预定可使用状态后，从在建工程转入固定资产。

（2）库存商品。在存货达到预定可使用状态后，从生产成本转入存货。

（3）投资性房地产。在投资性房地产达到预定可使用状态后，从开发成本转入投资性房地产。

（4）在建工程。记录发生在固定资产购建过程中应予资本化的借款费用。

（5）生产成本。记录发生在存货生产过程中应予资本化的借款费用。

（6）开发成本。记录发生在投资性房地产购建过程中应予资本化的借款费用。

（7）管理费用。记录企业在筹建期间不应计入有关资产成本的借款费用。

（8）银行存款。记录支付的借款费用，如辅助费用、借款利息等。

（9）长期借款。记录专门借款利息、外汇借款利息及汇兑差额。

（10）应付债券。记录应付债券利息及溢价折价的摊销。

（11）财务费用。记录不予资本化的借款费用。

二、新准则主要条款说明和会计处理举例

新准则共包括总则、确认和计量、披露等三章内容。

三、实务操作中应注意事项和问题

对未使用专项借款利息收入及进行暂时性投资取得的投资收益资金的确认，需要企业对专门借款专户存储，否则无法确认其资金来源和相关利率。

四、对财务报表附注披露的具体要求

1. 会计政策的披露要求和参考内容

可直接归属于购建或生产符合资本化条件的资产（指需要经过相当长时间

的购建或者生产活动才能达到预定可使用或者可销售状态的固定资产、投资性房地产和存货等资产）的借款费用，计入这些资产的成本，直到这些资产在实质上已达到预定可使用或可销售状态为止。在发生符合条件资产的支出前，将专项借款作暂时性投资而获得的投资收益应扣减可资本化的借款费用。

其他借款费用，在发生时根据其发生额确认为费用，计入当期损益。

2. 报表项目注释的披露要求

在存货、固定资产及投资性房地产等报表项目注释下披露：①当期资本化的借款费用金额；②当期用于计算确定借款费用资本化金额的资本化率。

例 18-1 华远公司于 2015 年 1 月 1 日动工兴建一办公楼，工程采用出包方式，每半年支付一次工程进度款。工程于 2016 年 6 月 30 日完工，达到预定可使用状态。

建造工程资产支出如下：

2015 年 1 月 1 日，支出 1 500 万元。

2015 年 7 月 1 日，支出 2 500 万元，累计支出 4 000 万元。

2016 年 1 月 1 日，支出 1 500 万元，累计支出 5 500 万元。

公司为建造办公楼于 2015 年 1 月 1 日专门借款 2 000 万元，借款期限为 3 年，年利率为 8％。除此之外，无其他专门借款。

办公楼的建造还占用 2 笔一般借款：

A 银行长期贷款 2 000 万元，期限为 2014 年 12 月 1 日至 2017 年 12 月 1 日，年利率为 6％，按年支付利息。

发行公司债券 1 亿元，发行日为 2014 年 1 月 1 日，期限为 5 年，年利率为 8％，按年支付利息。

闲置专门借款资金用于固定收益债券短期投资，假定短期投资月收益率为 0.5％。假定全年按 360 天计算。

分析计算：

（1）计算专门借款利息资本化金额：

$$\begin{aligned}\text{2015 年专门借款利息资本化金额} &= 2\,000\times 8\% - 500\times 0.5\% \times 6\\ &= 145\text{（万元）}\end{aligned}$$

$$\text{2016 年专门借款利息资本化金额} = 2\,000\times 8\%\times 180\div 360 = 80\text{（万元）}$$

（2）计算一般借款利息资本化金额：

$$\begin{aligned}\text{一般借款资本化率（年）} &= （2\,000\times 6\% + 10\,000\times 8\%）\div（2\,000 + 10\,000）\\ &= 7.67\%\end{aligned}$$

$$\begin{array}{c}\text{2015 年占用了一般借款}\\ \text{资金的资产支出加权平均数}\end{array} = 2\,000\times 180\div 360 = 1\,000\text{（万元）}$$

$$\text{2015 年一般借款利息资本化金额} = 1\,000\times 7.67\% = 76.70\text{（万元）}$$

2016 年占用了一般借款资金的资产支出加权平均数 ＝（2 000 ＋ 1 500）×180÷360
＝ 1 750（万元）

2016 年一般借款利息资本化金额＝ 1 750×7.67％＝ 134.23（万元）

（3）公司建造办公楼应予资本化的利息金额：

2015 年利息资本化金额＝ 145 ＋ 76.70 ＝ 221.70（万元）
2016 年利息资本化金额＝ 80 ＋ 134.23 ＝ 214.23（万元）

（4）有关账务处理：

2015 年：

借：在建工程　　2 217 000
　　贷：应付利息　　2 217 000

2016 年：

借：在建工程　　2 142 300
　　贷：应付利息　　2 142 300

例 18-2　某公司于 2016 年 1 月 1 日动工兴建一幢办公楼，工期为 1 年，工程采用出包方式，分别于 2016 年 1 月 1 日、7 月 1 日和 10 月 1 日支付工程进度款 1 500 万元、3 000 万元和 1 000 万元。办公楼于 2016 年 12 月 31 日完工，达到预定可使用状态。公司为建造办公楼发生了 2 笔专门借款，分别为：① 2016 年 1 月 1 日，专门借款 2 000 万元，借款期限为 3 年，年利率为 8％，利息按年支付；② 2016 年 7 月 1 日，专门借款 2 000 万元，借款期限为 5 年，年利率为 10％，利息按年支付。闲置专门借款资金均用于固定收益债券短期投资，假定该短期投资月收益率为 0.5％。

公司为建造办公楼的支出总额 5 500 万元（1 500 ＋ 3 000 ＋ 1 000），超过了专门借款总额 4 000 万元（2 000 ＋ 2 000），占用了一般借款 1 500 万元。假定所占用一般借款有 2 笔，分别为：①向 A 银行长期借款 2 000 万元，期限为 2015 年 12 月 1 日至 2018 年 12 月 1 日，年利率为 6％，按年支付利息；②发行公司债券 10 000 万元，于 2015 年 1 月 1 日发行，期限为 5 年，年利率为 8％，按年支付利息。根据上述资料，计算公司建造办公楼应予资本化的利息费用金额如下：

（1）计算专门借款利息费用资本化金额：

专门借款利息费用资本化金额＝专门借款当期实际发生的利息费用－将闲置借款用于短期投资取得的投资收益

为简化计算，假定全年按 360 天计算。据此，专门借款利息费用的资本化金额如下：

$2\,000 \times 8\% + 2\,000 \times 10\% \times 180 \div 360 - 500 \times 0.5\% \times 6 = 245$（万元）

（2）计算一般借款利息费用资本化金额：

$$\text{一般借款利息费用资本化金额} = \text{累计资产支出超过专门借款部分的资产支出加权平均数} \times \text{所占用一般借款的资本化率}$$

其中：

$$\text{累计资产支出超过专门借款部分的资产支出加权平均数} = \frac{(4\,500 - 4\,000) \times 180}{360} + \frac{1\,000 \times 90}{360} = 500\text{（万元）}$$

$$\text{一般借款资本化率} = \frac{2\,000 \times 6\% + 10\,000 \times 8\%}{2\,000 + 10\,000} \times 100\% = 7.67\%$$

$$\text{一般借款利息费用资本化金额} = 500 \times 7.67\% = 38.35\text{（万元）}$$

（3）计算建造办公楼应予资本化的利息费用金额：该公司建造办公楼应予资本化的利息费用金额为 283.35 万元，即专门借款利息费用资本化金额 245 万元和一般借款利息费用资本化金额 38.35 万元之和。

3. 借款溢价或者折价的摊销采用实际利率法

新准则第七条规定，借款存在折价或者溢价的，应当按照实际利率法确定每一会计期间应摊销的折价或者溢价金额。

在实际利率法下，企业应当按照期初借款余额乘以实际利率计算确定每期借款利息费用。实际利率是企业在借款期限内未来应支付的利息和本金折现为借款当前账面价值的利率。

例 18-3 A 公司于 2012 年 1 月 1 日折价发行了面值为 1 250 万元公司债券，期限为 5 年，发行价格为 1 000 万元，票面利率为 4.72%，每年年末支付利息 59 万元（1 250×4.72%），到期一次还本。据此，计算该公司债券实际利率 i 为：

由于 $1\,000 = 59 \times (1+i)^{-1} + 59 \times (1+i)^{-2} + 59 \times (1+i)^{-3} + 59 \times (1+i)^{-4} + (59 + 1\,250) \times (1+i)^{-5}$，由此计算得出 $i = 10\%$。A 公司各期的利息费用计算如表 18-1 所示。

表 18-1　利息费用计算表

单位：万元

年份	期初公司债券（A）	实际利息费用（B）（按 10% 计算）	每年支付现金（C）	期末公司债券摊余成本（D）=（A）+（B）-（C）
2012	1 000	100	59	1 041
2013	1 041	104	59	1 086
2014	1 086	109	59	1 136
2015	1 136	113	59	1 190
2016	1 190	119	1 250 + 59	0

假定A公司发行公司债券募集的资金专门用于建造一条生产线。该生产线从2012年1月1日开始建设，于2014年年底完工，达到预定可使用状态。公司在2012—2014年间每年应予资本化的利息费用为100万元、104万元和109万元，2015年、2016年发生的113万元和119万元利息费用应当计入当期损益，不应再予资本化。

例18-4　某公司于2016年1月1日采取出包方式开始建造厂房，至12月31日发生支出如表18-2所示。该公司于2016年1月1日发行3年期债券，票面价值为1 000万元，票面利率为5%，一次还本付息。债券发行价格为1 000万元，不考虑发行费用。另外，在2016年8月1日又专门借款500万元，借款期为4年，年利率为6%，一次还本付息。该公司还有流动资金借款500万元，借款年利率为4%。活期存款年利率为1%。要求：按年度计算应予资本化的利息金额。

表18-2　建造厂房发生支出

单位：万元

月份	每期资产支出金额	资产支出累计
1	150	150
2	100	250
3	130	380
4	100	480
5	130	610
6	160	770
7	120	890
8	110	1 000
9	150	1 150
10	250	1 400
11	260	1 660
12	140	1 800

该公司2016年度为建造固定资产共支出1 800万元，而专门借款金额为1 500万元。截至2016年11月，支出总额开始超过专门借款金额，应考虑占用的一般借款。

（1）计算2016年累计支出加权平均数如表18-3所示。

表 18-3　借款累计支出情况表

单位：万元

月份＼栏次＼项目	支出金额		资本化期间		累计支出加权平均数	
	流动资金借款	专项借款	使用月份	全年月份	流动资金借款	专项借款
	1	2	3	4	5 ＝ 1×3 ÷ 4	6 ＝ 2×3 ÷ 4
1		150	12	12		150.00
2		100	11	12		91.67
3		130	10	12		108.33
4		100	9	12		75.00
5		130	8	12		86.67
6		160	7	12		93.33
7		120	6	12		60.00
8		110	5	12		45.83
9		150	4	12		50.00
10		250	3	12		62.50
11	160	100	2	12	26.67	16.67
12	140		1	12	11.67	0
累计	300	1 500			38.33	840.00
合计	1 800				878.33	

（2）计算未使用专项借款加权平均数如表 18-4 所示。

表 18-4　专项借款情况表

单位：万元

项目	专项借款本金加权平均数	专项借款累计支出加权平均数	未使用专项借款加权平均数
	1	2	3 ＝ 1 － 2
应付债券	1 000.00	710.83	289.17
专项借款	500×5 ÷ 12 ＝ 208.34	129.17	79.17

（续表）

项目	专项借款本金加权平均数	专项借款累计支出加权平均数	未使用专项借款加权平均数
	1	2	3 = 1 − 2
合　计	1 208.34	840.00	368.34

（3）计算资本化利息如表 18−5 所示。

表 18–5　资本化利息计算表

单位：万元

项　　目	实际发生利息	存款利息收入	合计
债券利息 = 1 000 × 5 % = 50（万元）	50.00	− 2.89	47.11
专门借款利息 = 500 × 6 % × 5 ÷ 12 = 12.50（万元）	12.50	− 0.79	11.71
一般借款利息 = 38.33 × 4 % = 1.53（万元）	1.53		1.53
合　　计	64.03	− 3.68	60.35

备注：债券存款利息收入 = 289.17 × 1 % = 2.89（万元）
　　　专门借款利息收入 = 79.17 × 1 % = 0.79（万元）

（4）账务处理。

借：在建工程　　603 500
　　贷：应付债券——应计利息　　471 100
　　　　长期借款　　117 100
　　　　应付利息　　15 300

第二节　首次执行日的会计处理

一、相关规定

《企业会计准则第 38 号——首次执行企业会计准则》规定：编制期初资产负债表时，除按照本准则第五条至第十九条规定要求追溯调整的项目外，其他项目不应追溯调整。

二、会计调整方法

采用未来适用法的处理方法。

对于新准则生效日以前企业已经发生的借款费用，所采用的借款费用会计处理方法与新准则规定的方法不同的，不作追溯调整；对于新准则生效日以后发生的借款费用，应当按照新准则的规定进行会计处理。

三、过渡到新准则的说明和披露

（1）报表比较信息的披露（执行当期和上年同期）。

（2）相关附注的披露。在会计政策及相关报表项目中披露。

第三节　新准则的税收应用

一、借款费用的税务处理一般原则

税法所称的借款费用，是指纳税人为经营活动的需要承担的，与借入资金相关的利息费用，包括：①长期、短期借款的利息；②与债券相关的折价或溢价的摊销；③安排借款时发生的辅助费用的摊销；④与借入资金有关，作为利息费用调整额的外币借款产生的差额。税法对于借款费用也区分资本化和费用化的界限，对于资本化的借款费用不允许税前列支，对于计入财务费用等费用化的借款费用允许税前列支。《企业所得税税前扣除办法》（国税发〔2000〕84号）对借款费用的税务处理作出了规定，《国家税务总局关于执行〈企业会计制度〉需要明确的有关所得税问题的通知》（国税发〔2003〕45号）又对因投资而发生的借款费用的税务处理作出了修订。

对于借款费用，税法还限制纳税人从其关联方取得的借款。国税发〔2000〕84号文件规定："纳税人从关联方取得的借款金额超过其注册资本50%的，超过部分的利息支出，不得在税前扣除。"这一规定是为了防止纳税人利用高比率举债经营发挥利息抵税效应，从而规避税收。

二、一般借款费用的税务处理

（一）借款费用的税务处理

（1）纳税人发生的经营性借款费用，符合利息水平限定条件的（即利息水平不超过同期同类银行利息的），可以直接扣除。

《中华人民共和国企业所得税暂行条例》及其实施细则规定，纳税人在生产、经营期间向金融机构（包括保险企业、非银行金融机构）的利息支出，按照实际发生数扣除；向非金融机构借款的利息支出，不高于按照金融机构同类、同期贷款利率计算的数额以内的部分准予扣除。

（2）为购置、建造和生产固定资产、无形资产而发生的借款，在有关资产购建期间发生的借款费用，应作为资本性支出计入有关资产的成本；有关资产交付使用后发生的借款费用，可在发生当期扣除。

（3）纳税人借款未指明用途的，其借款费用应按经营性活动和资本性支出占用资金的比例，合理计算应计入有关资产成本的借款费用和可直接扣除的借款费用。

（4）纳税人经批准集资的利息支出，凡不高于同期、同类商业银行贷款利率的部分也允许扣除，超过部分不得扣除。纳税人逾期归还银行贷款，银行按规定加收的罚息，不属于行政性罚款，允许在所得税前扣除。

（5）企业在筹建期间发生的长期借款费用，除购置固定资产而发生的长期借款费用外，计入开办费。

（6）纳税人在付息日或买入国债后持有至到期时取得的利息收入，免征企业所得税；在付息日或持有国债到期之前交易取得的利息收入，按其成交后交割单列明的应计利息额免征企业所得税。

（二）为对外投资而借入资金的借款费用的税务处理

国税发〔2000〕45号文件规定：纳税人为对外投资而借入资金发生的借款费用，应计入有关投资的成本，不得作为纳税人的经营性费用在税前扣除。2003年，国家税务总局发布国税发〔2003〕45号文件，进一步明确：纳税人为对外投资而发生的借款费用符合《中华人民共和国企业所得税暂行条例》第六条和《企业所得税税前扣除办法》（国税发〔2000〕84号）第三十六条规定的，可以直接扣除，不需要资本化计入有关投资的成本。

这一规定改变了因对外投资而借入资金的借款费用的处理方法，允许作为当期费用直接在税前扣除。

（三）房地产业借款费用的税务处理

从事房地产开发业务的纳税人为开发房地产而借入资金所发生的借款费用，在房地产完工之前发生的，应计入有关房地产的开发成本。

三、借款费用资本化的税务处理

税收在借款费用资本化方面的确认标准有特别的规定。税收上对购置、建造和生产固定资产、无形资产强调“交付使用前”所发生的借款费用应予资本化，对房地产开发强调“房地产完工之前”所发生的借款费用应予成本化。新准则规定，对“达到预定可使用状态”可从以下几个方面来判断：

第一，符合资本化条件的资产的实体建造（包括安装）或者生产工作已经全部完成或者实质上已经完成。

第二，所购建或者生产的符合资本化条件的资产与设计要求、合同规定或者生产要求相符或基本相符，即使有极个别与设计、合同或者生产要求不相符的地方，也不影响其正常使用或者销售。

第三，继续发生在所购建或者生产符合资本化条件的资产上的支出金额很少或者几乎不再发生。

第四节　新准则对企业的影响

一、对财务的影响

由于新准则扩大了借款费用资本化的资产范围和借款范围，相应地会增加企业的资产价值，减少当期财务费用，进而增加当期利润。

二、对企业运营、交易策略、公司治理等方面的影响

新准则中扩大了借款费用可以资本化的范围，将使生产大型机器设备、船舶等生产周期较长的先进制造业公司受益。许多先进制造业公司的产品生产周期比较长，借款金额巨大，实施新准则后，相关的利息支出计入存货，不再直接计入损益，将会提高此类企业的业绩。

三、对企业内部会计控制的要求和影响

企业应考虑新准则变化，建立健全为购建或者生产符合资本化条件的资产而借入专门借款的专户存储管理，尤其是加强对尚未动用的借款资金存入银行取得的利息收入或进行暂时性投资取得的投资收益的管理，以满足按新准则规定的计算专门借款利息资本化时的扣除要求。

四、其他影响

新准则中扩大了借款费用可以资本化的范围，减少了直接计入损益的利息支出，增加了企业利润，使企业对应计利息支出部分的所得税款在纳税时间上提前。

第十九章　所 得 税

第一节　案例分析及操作实务

一、与所得税有关的会计科目设置

（1）企业应在损益类科目中设置“所得税费用”科目，核算企业按规定从当期利润中扣除的所得税费用，借方反映如下内容：企业按照税法计算确定的当期应交所得税金额；在确认相关资产、负债时，根据所得税准则应予确认的递延所得税负债；在资产负债表日递延所得税资产的应有余额小于“递延所得税资产”科目余额的差额；在资产负债表日递延所得税负债的应有余额大于“递延所得税负债”科目余额的差额；在资产负债表日预计未来期间很可能无法获得足够的应纳税所得额用来抵扣可抵扣暂时性差异的，按原已确认的递延所得税资产中应减记的金额等。贷方反映在确认相关资产、负债时根据所得税准则应予确认的递延所得税资产；在资产负债表日递延所得税资产的应有余额大于“递延所得税资产”科目余额的差额；在资产负债表日递延所得税负债的应有余额小于“递延所得税负债”科目余额的差额及结转“本年利润”科目金额。本科目结转后期末无余额。

（2）企业应在负债类科目中设置“应交税费——应交所得税”科目，核算企业按税法规定计算应交所得税和实际缴纳所得税情况。贷方反映应纳所得税，借方反映实际已纳所得税，余额反映欠缴的所得税。

（3）企业应在资产类科目中设置“递延所得税资产”科目，核算企业根据所得税准则确认的可抵扣暂时性差异产生的所得税资产。根据税法规定可用以后年度税前利润弥补的亏损产生的所得税资产，也在本科目核算。借方反映企业在确认相关资产、负债时，根据所得税准则应予确认的递延所得税资产和在资产负债表日递延所得税资产的应有余额大于本科目余额的差额。贷方反映当企业确认递延所得税资产的可抵扣暂时性差异情况发生回转时转回的所得税影响额、税率变动或开征新税调整的递延所得税资产、资产负债表日递延所得税资产的应有余额小于本科目余额的差额、在资产负债表日预计未来期间很可能无法获得足够的应纳税所得额用来抵扣可抵扣暂时性差异的所得税影响金额等。余额反映尚未转回的递延所得税资产。

（4）企业应在负债类科目中设置“递延所得税负债”科目，核算企业根据所得税准则确认的应纳税暂时性差异产生的所得税负债。贷方反映企业在确认相关资产、负债时根据所得税准则应予确认的递延所得税负债、在资产负债表日递延所得税负债的应有余额大于本科目余额的差额，借方反映当企业确认递延所得税负债的应纳税暂时性差异情况发生回转时转回的所得税影响额、税率变动或开征新税调整的递延所得税负债、在资产负债表日递延所得税负债的应有余额小于本科目余额的差额。余额反映尚未转回的递延所得税负债。

（5）企业应设置“递延所得税资产和递延所得税负债备查登记簿”，详细记录发生的暂时性差异的原因、金额、预计转销期限、已转销数额等。

二、资产负债表法应用举例

例19-1 A企业2011年12月购入价值100 000元的设备，预计使用期5年，无残值。会计上采用直线法计提折旧，税法允许采用双倍余额递减法计提折旧。2011年的会计利润为200 000元，以后各年度未计提折旧前的利润总额为220 000元，没有其他调整事项，企业所得税税率为15％，2014年起调整为24％（假设除该项设备折旧外，没有其他暂时性差异事项）。

步骤一：确定暂时性差异的项目：设备折旧。

步骤二：根据账面价值与计税基础确定各年的暂时性差异。

步骤三：根据各年年末暂时性差异与适用税率确定递延所得税的余额。

步骤四：确定各年递延所得税的转回金额。

各年对递延所得税负债影响情况和处理见表19-1、表19-2和表19-3。

表19-1　A企业各年所得税负债情况

金额单位：元

项　　目	2011年年末	2012年年末	2013年年末	2014年年末	2015年年末	2016年年末
账面价值	100 000	80 000	60 000	40 000	20 000	0
计税基础	100 000	60 000	36 000	21 600	10 800	0
暂时性差异	0	20 000	24 000	18 400	9 200	0
企业所得税税率（％）	15	15	15	24	24	24
递延所得税余额	0	3 000	3 600	3 680	1 840	0
当年调整金额	0	3 000	600	80	— 1840	— 1840
会计利润	200 000	200 000	200 000	200 000	200 000	200 000
应纳税所得额	200 000	180 000	196 000	205 600	209 200	209 220
当年应纳所得税额	30 000	27 00	29 400	41 120	41 840	41 840
当期所得税费用	30 000	30 000	30000	40 200	40 000	40 000

表 19-2　递延所得税负债各年发生额及余额表

单位：元

项目	2011 年年末	2012 年年末	2013 年年末	2014 年年末	2015 年年末	2016 年年末
期初余额	0	0	3 000	3 600	3 680	1 840
借方发生额	0	0	0	0	1 840	1 840
贷方发生额	0	3 000	600	80	0	0
期末余额	0	3 000	3 600	3 680	1 840	0

表 19-3　各年的会计分录

单位：元

分录	2011 年年末	2012 年年末	2013 年年末	2014 年年末	2015 年年末	2016 年年末
借：所得税费用	30 000	30 000	30 000	41 200	40 000	40 000
借：递延所得税资产					1 840	1 840
贷：递延所得税负债		30 000	600	80		
贷：应交税费——应交所得税	30 000	27 000	29 400	41 120	41 840	41 840

各年年末在财务会计报告附注中需披露的信息（略）。

例 19-2　甲企业于 2015 年 12 月 28 日购入一台机器设备，账面金额与计税基础均为 10 万元。该机器采用直线法计提折旧，企业采用的年折旧率是 10%，而在计税时，年折旧率为 15%。企业所得税税率为 25%，比较两种方法的处理如表 19-4 所示。

表 19-4 两种债务法比较表

利润表债务法	资产负债表债务法
2016 年，会计计提 1 万元，2016 年，计税折旧 1.5 万元，2016 年，产生 0.5 万元应纳税时间性差异，则当期产生递延所得税贷项 0.125 万元	2016 年年末，该机器设备账面价值为 9 万元，计税基础为 8.5 万元，2016 年，产生 0.5 万元应纳税暂时性差异，企业应确认 0.125 万元的递延所得税负债

例 19-3　甲企业 2015 年 12 月 31 日资产负债表中部分项目账面价值与计税基础情况如表 19-5 所示。

表 19-5　2015 年资产负债表部分项目情况表

单位：万元

项目	账面价值	计税基础	应纳税差异	可抵扣差异
交易性金融资产	260	200	60	
存货	2 000	2 200		200
预计负债	100	0		100
总　　计			60	300

可抵扣暂时性差异＝300（万元）
递延所得税资产＝300×25%＝75（万元）
应纳税暂时性差异＝60（万元）
递延所得税负债＝60×25%＝15（万元）

2015 年：
假设当期企业应交所得税为 250 万元，确认所得税费用的会计处理如下：

借：所得税费用——当期所得税费用	2 500 000
递延所得税资产	750 000
贷：应交税费——应交所得税	2 500 000
递延所得税负债	150 000
所得税费用——递延所得税费用	600 000

上述分录也可以分两笔来做。
2016 年，资产负债表中部分项目情况如表 19-6 所示。

表 19-6　2016 年资产负债表部分项目情况表

单位：万元

项目	账面价值	计税基础	应纳税差异	可抵扣差异
交易性金融资产	280	380		100
存货	2 600	2 600		
预计负债	60			60
无形资产	300	0	300	
总　　计			300	160

分析：

（1）期末应纳税暂时性差异＝300（万元）
期末递延所得税负债＝300×25％＝75（万元）
期初递延所得税负债＝15（万元）
递延所得税负债增加＝60（万元）
（2）期末可抵扣暂时性差异＝160（万元）
期末递延所得税资产＝160×25％＝40（万元）
期初递延所得税资产＝75（万元）
递延所得税资产减少＝35（万元）

（3）假设企业当期应交所得税仍为250万元，确认所得税费用的会计处理如下：

借：所得税费用——当期所得税费用	2 500 000
——递延所得税费用	950 000
贷：应交税费——应交所得税	2 500 000
递延所得税资产	350 000
递延所得税负债	600 000

三、计提资产减值准备对所得税影响的应用举例

会计准则要求企业在期末对出现减值迹象的资产或资产组进行测试，如果发现其可收回金额低于账面价值，则应该按照可收回金额低于账面价值的差额计提资产减值准备。但是税法规定，只有实际发生的资产损失才能从应纳税所得额中扣除（除了税法规定的允许企业按不超过应收款项余额0.5％比例计提的坏账准备在税前扣除以外），不承认企业计提的资产减值准备。由此，产生的矛盾是企业按照会计准则计入当期会计损益的资产价值损失，已经在利润总额中扣除，但是按照税法的规定却不能在当期的应纳税所得额中扣除，需要待资产处置或报废时才算作损失的实际发生，才能将其损失从当期应纳税所得额中扣除。两者之间的差异，显然属于暂时性差异。该差异对所得税的影响理应作为可抵减的递延税款资产待转处理。

（一）流动资产计提资产减值准备对所得税的影响

流动资产计提资产减值准备对所得税的影响可以分为两个阶段：一是计提资产减值准备的当期，企业会计需要对虽然已经计入当期损益但税法不予承认的资产减值准备发生额作纳税调整，补交所得税；二是待已提取资产减值准备的流动资产处置或变现时，才对已提取的资产减值准备加以转销和对其差异影响所得税的金额进行转回。

例19-4　A企业持有的某项原材料原价为900万元，2016年，根据市场

上新技术的发展情况及同类原材料的市场价格及所生产产成品价格判断，预计其可变现净值为700万元，应提取存货跌价准备200万元。2016年12月31日，A企业按该上述金额提取了存货跌价准备。假定A企业2016年利润总额为3 100万元。A企业适用的所得税税率为25%。则A企业的存货减值准备对所得税有何影响？

计算应交所得税及有关会计处理如下：

（1）2016年12月31日，A企业计提存货跌价准备时：

借：资产减值损失　　2 000 000

　　贷：存货跌价准备　　2 000 000

（2）A企业核算所得税时，对当期的所得税影响作递延税款处理：

借：所得税费用（31 000 000×25%）　　7 750 000

　　递延所得税资产（2 000 000×25%）　　500 000

　　贷：应交税费——应交所得税［（31 000 000＋2 000 000）×25%］　　8 250 000

例19-5　续例19-4，假设2017年A企业持有的原材料及用其生产的产成品对外销售50%，根据存销比例计算的跌价准备应为100万元。并且，2017年税率保持25%不变。

A企业计算结转存货跌价准备影响的递延税款如下：

借：存货跌价准备（500 000×50%或1 000 000×25%）　　250 000

　　贷：主营业务成本　　250 000

借：应交税费——应交所得税　　2 50 000

　　贷：递延所得税资产　　250 000

由此可见，因计提资产减值准备而产生的可抵减暂时性差异对所得税的影响反映为“递延税款”科目的借方，其期末余额在资产负债表上为资产方，故而称为“递延所得税资产”。该暂时性差异的影响金额要在以后转回时调整原已确认的“递延所得税资产”金额，抵减转回“递延所得税资产”当期的应纳税所得额，同时形成转回当期的所得税费用。

（二）长期资产计提资产减值准备对所得税的影响

对于长期资产计提资产减值准备对所得税的影响，相关会计准则规定：固定资产、无形资产计提减值准备以后，应当按照计提减值准备后的账面价值及尚可使用寿命重新计算折旧率、折旧额或摊销额。

税法规定，企业已提取减值准备的固定资产、无形资产，如果纳税申报时已调增应纳税所得额，可按提取减值前的账面价值确定可扣除的折旧额或摊销额。

两者之间的差别：会计上按减值后的账面价值计算以后期间的折旧和摊销；税法规定，如提取减值准备当期已调增应纳税所得额，则按未计提减值准备前的账面余额作为计算折旧或摊销额的基础。

因此，与流动资产相比，长期资产计提资产减值准备对所得税费用的影响不但涉及计提资产价值准备的当期和已计提资产减值准备的长期资产得到处置或报废的当期，而且还涉及这两个期间之中的各个会计年度。以固定资产为例，固定资产计提减值准备以后，其账面价值已经发生了变化，原先预计的使用年限、预计净残值、折旧方法等都可能发生变化，为此，应当按照该固定资产的账面价值及尚可使用年限重新计算确定折旧率和折旧额。按照税法的规定，已计提固定资产减值准备如果在申报纳税时已经调增应纳税所得额，在计算应纳税所得额时可按提取减值准备前的账面价值确定可扣除的折旧，即固定资产计提减值准备后，按照会计方法重新确定当期计提的折旧额与按照固定资产原价计提的折旧额之间的差异额不予承认，企业仍须按照固定资产原价计提的折旧额从当期应纳税所得额中进行扣除。由此，便产生了计提固定资产减值准备后对此后各期计提的折旧额与可从应纳税所得额前扣除的折旧额之间的暂时性差异。该差异对所得税费用的影响，同样需要通过"递延所得税资产"科目转回处理。

例 19-6 A 企业持有的某固定资产取得原价为 1 800 万元，于 2011 年 12 月取得，预计使用年限为 10 年，净残值为零。2015 年 12 月 31 日，根据该固定资产的使用状况和生产产品的市场竞争能力等进行综合判断，A 企业对该固定资产提取了 180 万元的减值准备，2015 年，A 企业会计利润 900 万元，并按税法规定调整了 2015 年度应纳税所得额。假定提取减值准备后，该固定资产的预计使用年限和预计净残值不变。假定 A 企业 2016 年实现利润总额 1 000 万元。适用的所得税税率为 25％，无其他纳税调整事项。

（1）A 企业 2015 年年末计算应交所得税及有关的会计处理如下：

借：所得税费用（9 000 000×25％） 2 250 000
　　递延所得税资产（1 800 000×25％） 450 000
　　贷：应交税费——应交所得税［（9 000 000 + 1 800 000）×25％］ 2 700 000

（2）2016 年年末，A 企业核算所得税的相关计算：

2016 年的会计折旧额 =（1 800 − 180×4 − 180）÷6 = 150（万元）
按税法规定 2016 年折旧额 = 1 800÷10 = 180（万元）
折旧差异导致的转回可抵扣暂时性差异 = 180 − 150 = 30（万元）
2016 年应纳税所得额 = 1 000 − 30 = 970（万元）
2016 年应交所得税额 = 970×25％ = 242.5（万元）

（3）会计分录如下：

借：所得税费用（10 000 000×25％） 2 500 000
　　贷：递延所得税资产（300 000×25％） 75 000
　　　　应交税费——应交所得税 2 425 000

如果此后每年都有足够的应纳税所得额可以保证该项固定资产减值准备

调整暂时性差异得以转回的话，则在 2021 年年末以前每年都需要贷记“递延所得税资产”科目 7.5 万元。2021 年以后，该项递延所得税资产转平。当然，如果长期资产计提资产减值准备后，未用到报废就出售或转让处置了，则视为税法规定的损失实现处理，此时需要经税务机关审核批准后将尚未转回的“递延所得税资产”余额在资产处置当期全部转销。

例 19-7 A 公司 2016 年度处置某项固定资产，取得处置收入 200 万元。该项资产的账面原价为 600 万元，累计折旧为 300 万元，并已计提减值准备 150 万元。处置当期“递延所得税资产”科目中与该项资产相关的金额为借方余额 29.7 万元。该项资产处置按税法规定累计应计提的折旧为 360 万元。假定 2016 年度 A 企业的利润总额为 2 000 万元，适用的所得税税率为 25％。

A 公司处置该项资产按会计规定及税法规定计算的损益分别如下：

（1）按会计制度计算的损益＝ 200 －（600 － 300 － 150）＝ 50（万元）。

（2）按税法规定计算的损益＝ 200 －（600 － 360）＝－ 40（万元）。

（3）应纳税所得额＝ 2 000 －［50 －（－ 40）］＝ 1 910（万元）。

（4）应纳所得税额＝ 1 910×25％＝ 477.5（万元）。

A 公司核算所得税时，有关会计处理如下：

借：所得税费用（20 000 000×25％）	5 000 000	
贷：递延所得税资产		225 000
应交税费——应交所得税		4 775 000

四、其他暂时性差异对所得税影响的处理

除了上述暂时性差异会对企业所得税造成影响，因而需要通过“递延所得税负债”和“递延所得税资产”科目进行纳税调整之外，还可能遇到一些也会导致暂时性差异的其他业务。因为这些业务引起的差异时间跨越一个会计期间，所以也对企业所得税的计算和缴纳产生影响。

会计准则规定，企业资产如果发生了实质性或永久性的损失，此时该资产已经不能给企业带来预期的经济利益，应该按其账面价值全额计提减值准备。例如，仍可使用的设备，但生产出来的产品大量不合格，致使其产品成本高于其售价，则表明该设备已经发生了实质上的永久性损失。按照税法的规定，当企业的资产出现上述情形时，可以认定为永久性或实质性损害，应该在扣除变价收入、可收回金额以及责任和保险赔偿后，确认为财产损失，从应纳税所得额中扣除。

尽管会计准则与税法在认定资产永久性损失的条件上没有什么不同，但是两者在确认的时间上却往往存在着差异。因为企业会计部门确认资产价值损失的时间在先，而该项确认得到税务部门的审核批准经常需要经过一段时日。这两个时间往往不在一个会计期间之内。如果企业会计部门确认一项固定资产发生了永久性损失，按账面价值全额计提的资产减值准备已经计入了

当期损益，但该项损失未经税务部门审批之前不得从应纳税所得额中抵扣，由此存在着暂时性（虽然时间较短）差异。按照会计准则的规定，采用债务法进行暂时性差异的处理时，期末资产负债表日仍然应该确认暂时性差异的所得税影响，待税务部门批准企业可以从其应纳税所得额中扣除该项损失时，再转回这部分暂时性差异对所得税影响的金额。

例 19-8　B 企业 2015 年 12 月 31 日因出现减值迹象，经测试确认一套生产装置发生永久性的损失。该套装置的原价 32 万元，已计提折旧累计 23 万元，预计净残值 1 万元，全额计提资产减值准备。2015 年的利润总额 100 万元，不存在永久性差异和其他暂时性差异，所得税税率 25％。2016 年 4 月 1 日，税务部门审核批准 B 企业 2015 年年末认定的该套装置永久性损害，准许其以 8 万元损失作为应纳税所得额的扣除项目。

（1）B 企业 2015 年 12 月 31 日的会计分录如下：

借：资产减值损失（320 000 － 230 000 － 10 000）　　80 000
　　贷：固定资产减值准备　　80 000
借：所得税费用（1 000 000×25％）　　250 000
　　递延所得税资产（80 000×25％）　　20 000
　　贷：应交税费——应交所得税［（1 000 000 ＋ 80 000）×25％］　　270 000

（2）B 企业 2016 年 4 月 1 日的会计分录如下：

借：应交税费——应交所得税　　20 000
　　贷：递延所得税资产　　20 000

五、不影响所得税费用的递延所得税处理

在某些情况下，企业发生的递延所得税产生于直接计入所有者权益的交易或事项，或者产生于企业合并中资产、负债的账面价值与其计税基础之间的差异。这类交易或事项中产生的递延所得税不影响利润表中确认的所得税费用，其所得税影响应分别以下情况加以确认。

1. 直接计入所有者权益的交易或事项产生的递延所得税

直接计入所有者权益的交易或事项，如可供出售金融资产公允价值的变动，相关资产、负债的账面价值与其计税基础之间形成暂时性差异的，应当按规定确认递延所得税资产或递延所得税负债，计入资本公积（其他资本公积）。

例 19-9　甲企业当期购入的一项可供出售金融资产，成本为 600 万元，期末，其公允价值为 700 万元，该企业所得税税率为 25％。可供出售金融资产的公允价值变动，应调整其账面价值，差额计入资本公积。但其计税基础一般不会发生变动，调整后账面价值与计税基础之间形成的暂时性差异，应确认的递延所得税也应计入资本公积。因此，甲企业应作会计处理如下：

借：可供出售金融资产——公允价值变动　　1 000 000
　　贷：其他综合收益　　1 000 000
借：其他综合收益　　250 000
　　贷：递延所得税负债　　250 000

2. 企业合并中产生的递延所得税

由于会计准则规定与税法规定对企业合并的处理不同，可能会造成企业合并中取得资产、负债的入账价值与其计税基础的差异。比如，非同一控制下企业合并产生的应纳税暂时性差异或可抵扣暂时性差异在确认递延所得税负债或递延所得税资产的同时，相应的递延所得税费用（或收益），通常应调整企业合并中所确认的商誉。

例 19-10　丙公司以发行 9 600 万元的普通股为对价，吸收合并丁公司。该合并属于非同一控制下企业合并，并符合税法规定的免税合并条件。在购买日，丁公司的各项可辨认资产和负债的公允价值、计税基础及暂时性差异（其所得税税率为 25％）如表 19-7 所示。

表 19-7 丁公司各项资产和负债情况表

单位：万元

项目	公允价值	计税基础	应纳税暂时性差异	可抵扣暂时性差异
存货	3 840	3 600	240	
应收账款	1 800	1 800		
固定资产	4 800	4 080	720	
无形资产	2 520	2 400	120	
短期借款	1 200	1 200		
应付账款	3 480	3 480		
预计负债	1 440	0		1 440
净资产	6 840	7 200	1 080	1 440

丙公司在合并交易中应确认的递延所得税资产、递延所得税负债，以及商誉的金额计算如下：

可辨认净资产的公允价值（不包括递延所得税）　　6 840
递延所得税资产（1 440×25％）　　360
递延所得税负债（1 080×25％）　　270
可辨认净资产的公允价值（包括递延所得税）　　6 930
商誉　　2 670
合并成本　　9 600

所确认的商誉金额 2 670 万元与其计税基础零之间的应纳税暂时性差异，不需再进一步确认相关的所得税影响。

第二节　首次执行日的会计处理

一、执行新准则后报表项目的变化

（1）取消“递延税款”科目。

（2）增加“递延税款资产”科目，核算企业根据所得税准则确认的可抵扣暂时性差异产生的所得税资产。根据税法规定可用以后年度税前利润弥补的亏损产生的所得税资产，也在本科目核算。借方反映企业在确认相关资产、负债时，根据所得税准则应予确认的递延所得税资产和在资产负债表日递延所得税资产的应有余额大于本科目余额的差额；贷方反映当企业确认递延所得税资产的可抵扣暂时性差异情况发生回转时转回的所得税影响额、税率变动或开征新税调整的递延所得税资产、资产负债表日递延所得税资产的应有余额小于本科目余额的差额、在资产负债表日预计未来期间很可能无法获得足够的应纳税所得额用来抵扣可抵扣暂时性差异的金额等；余额反映尚未转回的递延所得税资产。

（3）增加“递延税款负债”科目，核算企业根据所得税准则确认的应纳税暂时性差异产生的所得税负债。贷方反映企业在确认相关资产、负债时根据所得税准则应予确认的递延所得税负债、在资产负债表日递延所得税负债的应有余额大于本科目余额的差额；借方反映当企业确认递延所得税负债的应纳税暂时性差异情况发生回转时转回的所得税影响额、税率变动或开征新税调整的递延所得税负债、在资产负债表日递延所得税负债的应有余额小于本科目余额的差额；余额反映尚未转回的递延所得税负债。

二、首次执行日的会计调整

（一）相关规定

《企业会计准则第 38 号——首次执行企业会计准则》第十二条和《企业会计准则第 18 号——所得税》规定，在首次执行日对资产、负债的账面价值与计税基础不同形成的暂时性差异的所得税影响应进行追溯调整，并将影响金额调整留存收益。

（二）会计调整方法

在首次执行新准则时，采用追溯调整法进行处理。

（1）如期初形成递延所得税资产，则：

借：递延所得税资产
　　贷：盈余公积
　　　　未分配利润
（2）如期初形成递延所得税负债，则：
借：盈余公积
　　未分配利润
　　贷：递延所得税负债

第三节　新准则对企业的影响

一、相关规定

在以往的所得税会计核算中，企业对所得税会计核算方法选择的余地较大，既可以选择应付税款法，也可以选择纳税影响会计法。在纳税影响会计法下，既可以采用递延法，也可以采用债务法。而新准则明确提出，企业所得税会计必须采用资产负债表债务法计算所得税费用。

企业应于资产负债表日确定资产负债表中除递延所得税资产与递延所得税负债以外的其他资产与负债的账面价值，同时以适用的税收法规为基础，确定资产负债表中有关资产、负债项目的计税基础，比较有关资产、负债的账面价值与计税基础的差额，确认为递延所得税资产与递延所得税负债。

二、对企业利润表的影响

由于所得税会计核算采用资产负债表债务法，将对企业的所得税费用造成影响，进而影响企业的净利润。

三、对企业资产负债表的影响

新准则要求，递延所得税资产与递延所得税负债应当分别作为非流动资产与非流动负债在资产负债表中列示。同时要求在资产负债表日，对已经确认的递延所得税资产的账面价值进行复核。对于能够结转以后年度的可抵扣亏损和税款抵减，应当以很可能获得用来抵扣可抵扣亏损和税款递减的未来应纳税所得额为限。

为了适应新准则的需要，要对会计核算流程和财务管理和控制系统进行改进，以正确核算企业所得税。

第二十章　外 币 折 算

第一节　案例分析及操作实务

一、外币交易折算会计处理示例

（一）交易日的会计处理

采用即期汇率或与即期汇率近似的汇率将外币金额折算为记账本位币金额。

外币投入资本属于外币非货币性项目，企业收到投资者以外币投入的资本，采用交易日即期汇率折算，不产生外币资本折算差额。

收到外币资本投入时：

借：银行存款（双币）

　　贷：实收资本（记账本位币）

（二）资产负债表日的会计处理

1. 货币性项目

对于外币货币性项目，应当采用资产负债表日的即期汇率折算，因汇率波动而产生的汇兑差额作为财务费用计入当期损益，同时调增或调减外币货币性项目的记账本位币金额；需要计提减值准备的，应当按资产负债表日的即期汇率折算后，再计提减值准备。

汇兑损失的会计处理：

借：财务费用——汇兑差额

　　贷：应收账款、应付账款等

　　　　汇兑收益的账务处理：

借：应收账款、应付账款等

　　贷：财务费用——汇兑差额

2. 非货币性项目

对于以历史成本计量的外币非货币性项目，由于在交易发生日已按当日即期汇率折算，资产负债表日不应改变其原记账本位币金额，不产生汇兑差额。

需要注意的是：对于外币价值发生变动的外币非货币性项目，其价值变动计入当期损益的，相应的汇率变动的影响应当计入当期损益。

实质上意味着，以公允价值计量的外币股票投资等外币非货币性项目，汇率变动对其影响应一并计入公允价值变动损益。

例 20-1 国内甲公司的记账本位币为人民币。2016 年 12 月 2 日，以 30 000 港元购入乙公司 H 股 10 000 股作为短期投资，当日汇率为 1 港元= 1.2 元人民币，款项已付。2016 年 12 月 31 日，由于市价变动，当月购入的乙公司 H 股变为 35 000 港元，当日 1 港元= 1 元人民币。

2016 年 12 月 2 日，该公司应对上述交易做账务处理如下：

借：交易性金融资产——成本（30 000×1.2） 36 000

　　贷：银行存款（30 000×1.2） 36 000

由于该项短期股票投资是从境外市场购入、以外币计价，在资产负债表日，不仅应考虑其港元市价的变动，还应一并考虑汇率变动的影响，上述交易性金融资产以资产负债表日的人民币 35 000 元（35 000×1）入账，与原账面价值 36 000 元（30 000×1.2）的差额为 1 000 元人民币，计入公允价值变动损益。相应的会计分录如下：

借：公允价值变动损益 1 000

　　贷：交易性金融资产——公允价值变动 1 000

1 000 元人民币包含甲公司所购 H 股公允价值变动以及人民币与港元之间汇率变动的双重影响。

例 20-2 某公司以人民币为记账本位币，外币交易采用发生日的即期汇率折算，并按月计算汇兑损益。2016 年 9 月 30 日，有关外币账户期末余额如表 20-1 所示。

表 20-1 外币账户期末余额表

项目	外币账产金额	汇率	记账本位币金额（人民币元）
银行存款	200 000（美元）	7.4	1 480 000
银行存款	40 000（港元）	0.98	39 200
应收账款	100 000（美元）	7.4	740 000
应付账款	50 000（美元）	7.4	370 000

该公司 10 月份发生如下外币业务（假设不考虑有关税费）：

（1）10 月 8 日，对外销售产品 2 000 件，每件单价 100 美元，当日的即期汇率为 1 美元= 7.3 元人民币，款未收。

（2）10 月 9 日，以 35 000 港元购入乙公司 H 股 10 000 股作为交易性金融资产，当日汇率为 1 港元= 0.97 元人民币，款项已付。

（3）10 月 10 日，从银行借入短期外币借款 180 000 美元，款项存入银行，当日的即期汇率为 1 美元= 7.3 元人民币。

（4）10 月 16 日，进口原材料一批，价款总计 16 000 美元，款项未支付，当日的即期汇率为 1 美元= 7.35 元人民币。

（5）10 月 25 日，收到 10 月 8 日赊销货款 100 000 美元，当日的即期汇率为 1 美元＝ 7.35 元人民币。

（6）10 月 31 日，偿还借入的短期外币借款 180 000 美元，当日的即期汇率为 1 美元＝ 7.35 元人民币。

（7）10 月 31 日，由于股票市价变动，当月购入的乙公司 H 股市价变为 32 000 港元，当日的即期汇率为 1 港元＝ 0.96 元人民币。

根据上述资料，该企业应作外币交易发生时的会计分录如下：

（1）借：应收账款——美元户（US ＄200 000×7.3）　1 460 000
　　　　贷：主营业务收入　1 460 000

（2）借：交易性金融资产　33 950
　　　　贷：银行存款——港元户（HK ＄35 000×0.97）　33 950

（3）借：银行存款——美元户（US ＄180 000×7.3）　1 314 000
　　　　贷：短期借款——美元户　1 314 000

（4）借：原材料　117 600
　　　　贷：应付账款——美元户（US ＄16 000×7.35）　117 600

（5）借：银行存款——美元户（US ＄100 000×7.35）　735 000
　　　　贷：应收账款——美元户　735 000

（6）借：短期借款——美元户（US ＄180 000×7.35）　1 323 000
　　　　贷：银行存款——美元户　1 323 000

（7）借：公允价值变动损益（33 950 − HK ＄32 000×0.96）　3 230
　　　　贷：交易性金融资产　3 230

10 月 31 日，按期末即期汇率计算各外币货币性账户的汇兑差额如下：

（1）银行存款——美元户的汇兑差额＝（200 000 ＋ 180 000 ＋ 100 000 − 180 000）×7.35 −（1 480 000 ＋ 1 314 000 ＋ 735 000 − 1 323 000）＝− 1 000（元）。

（2）银行存款——港元户的汇兑差额＝（40 000-35 000）×0.96 −（39 200 − 33 950）＝− 450（元）。

（3）应收账款——美元户的汇兑差额＝（100 000 ＋ 200 000-100 000）×7.35 −（740 000 ＋ 1 460 000 − 735 000）＝ 5 000（元）。

（4）应付账款——美元户的汇兑差额＝（50 000 ＋ 16 000）×7.35 −（370 000 ＋ 117 600）＝− 2 500（元）。

（5）短期借款——美元户的汇兑差额＝ 0×7.35 −（1 314 000 − 1 323 000）＝ 9 000（元）。

根据上述的计算结果，作期末汇兑差额的会计分录如下：

借：应收账款——美元户　5 000
　　应付账款——美元户　2 500
　　　　财务费用　2 950
贷：银行存款——美元户　1 000
　　　　　　——港元户　450
　　短期借款——美元户　9 000

实质上构成对境外经营净投资的长期债权（已按双币记账）由于汇率变动产生的汇兑差额，应当计入当期损益。在编制合并财务报表时，计入所有者权益项下“外币财务报表折算差额”项目，处置该境外经营时计入处置当期损益。

二、外币报表折算会计处理示例

例 20−3 某公司以人民币作为记账本位币，该公司有一子公司在美国，假定 2016 年 12 月 31 日的即期汇率为 1 美元＝ 7.45 元人民币，2016 年的平均汇率为 1 美元＝ 7.50 元人民币，该子公司实收资本发生日的即期汇率为 1 美元＝ 7.80 元人民币。2015 年 12 月 31 日的累计盈余公积为 280 万美元，折算人民币为 2 142 万元，累计未分配利润为 200 万美元，折算人民币为 1 536 万元。年末按当年实现的净利润计提 10％盈余公积。该企业有关外币财务报表及折算后的财务报表如表 20−2、表 20−3 和表 20−4 所示。

表 20−2　利润表（折算前后）

编制单位：某子公司　　2016 年　　单位：万元

项　　目	本期金额（美元）	折算汇率	折算为人民币金额
一、营业收入	6 000	7.50	45 000
减：营业成本	3 600	7.50	27 000
管理费用	400	7.50	3 000
财务费用	200	7.50	1 500
二、营业利润	1 800	—	13 500
加：营业外收入	200	7.50	1 500
三、利润总额	2 000	—	15 000
减：所得税费用	600	7.50	4 500
四、净利润	1 400	—	10 500
五、每股收益	—	—	—

表 20-3 所有者权益变动表（折算前后）

编制单位：某子公司　　　　2016 年　　　　单位：万元

项目	实收资本			盈余公积			未分配利润		外币报表折算差额	股东权益合计
	美元	汇率	人民币	美元	汇率	人民币	美元	人民币		
一、本年年初余额	12 000	7.80	93 600	280		2142	200	1 536		97 278
二、本年增减变动金额										
（一）净利润										
（二）直接计入所有者权益的利得和损失							1 400	10 500		10 500
其中：外币报表折算差额									— 4 372	— 4 372
（三）利润分配										
1. 提取盈余公积				140	7.45	1 043	— 140	— 1 043		
三、本年年末余额	12 000	7.80	93 600	420		3 185	1 460	10 993	— 4 372	103 406

表 20-4 资产负债表（折算前后）

编制单位：某子公司　　　　2016 年 12 月 31 日　　　　单位：万元

资产	期末数（美元）	汇率	人民币金额	负债和所有者权益	期末数（美元）	汇率	人民币金额
流动资产：				流动负债：			
银行存款	2 000	7.45	14 900	应付账款	720	7.45	5 364
应收账款	3 600	7.45	26 820	应付职工薪酬	1 600	7.45	11 920
存货	3 000	7.45	22 350	流动负债合计	2 320		17 284
流动资产合计	8 600	—	64 070	非流动负债：			
				长期借款	2 400	7.45	17 880
非流动资产：				非流动负债合计	2 400	—	17 880

（续表）

资产	期末数（美元）	汇率	人民币金额	负债和所有者权益	期末数（美元）	汇率	人民币金额
长期应收款	2 000	7.45	14 900	负债合计	4 720	—	35 164
固定资产	10 000	7.45	74 500	所有者权益：			
减：累计折旧	4 000	7.45	29 800	实收资本	12 000	7.8	93 600
无形资产	2 000	7.45	14 900	盈余公积	420	—	
非流动资产合计	10 000	—	74 500	未分配利润	1 460	—	10 993
				外币报表折算差额			— 4 372
				股东权益合计	13 880	—	103 406
资产总计	18 600	—	138 570	负债和所有者权益总计	18 600	—	138 570

第二节　首次执行日的会计处理

一、相关规定

按《企业会计准则第 38 号——首次执行企业会计准则》第四条规定，在首次执行日，外币折算准则中涉及会计政策变更的，不应追溯调整。

二、会计调整方法

采用未来适用法的处理方法。

三、过渡到新准则说明的披露

（1）报表比较信息的披露（执行当期和上年同期）。比较财务报表的编制按照新准则的规定处理。

（2）相关附注的披露。企业应在财务报表附注中披露开始执行新准则的日期及处理方法。

第三节　新准则对企业的影响

一、对企业运营、交易策略、公司治理等方面的影响

根据新准则，对境外经营进行处置时，将已列入外币报表折算差额中的相关部分自所有者权益中转入当期损益，因此，若会计期内有境外经营处置业务的，与新准则实施前相比，会对当期损益有影响。

对企业内部会计控制的要求和影响较小。

二、其他影响

（1）由于将少数股东权益从资产负债表中的负债方转入所有者权益，资产负债表的结构因此会有变化。合并报表的所有者权益增加，负债相应减少。

（2）新准则将少数股东权益从负债与权益之间调入权益，合并报表中所有与少数股东相关的权益均纳入“少数股东权益”科目，其他权益科目内容，包括外币报表折算差额反映的都是大股东的权益，权益反映更加清晰。

第二十一章　企 业 合 并

第一节　案例分析及操作实务

新准则将企业合并划分为两大基本类型：同一控制下的企业合并和非同一控制下的企业合并。企业合并的类型不同，其会计处理原则也不相同。同一控制下的企业合并采用权益结合法，而非同一控制下的企业合并采用购买法。

一、同一控制下的企业合并

新准则规定，参与合并的企业在合并前后均受同一方或相同的多方最终控制且该控制并非暂时性的，为同一控制下的企业合并。控制并非暂时性，是指参与合并的各方在合并前后较长的时间内受同一方或相同的多方最终控制。较长的时间通常指1年以上（含1年）。

（一）处理原则

同一控制下的企业合并本质上属于非交易性的集团内部的资产、负债重组，所以在会计处理时不得使用公允价值计量，而应使用账面价值计量。对此同一控制主体下合并的处理原则为：

（1）从最终控制方的角度出发，不会因为企业合并导致控制的资产价值增加。

（2）不需要按照公允价值对被合并方的资产和负债进行调整。

（3）企业合并过程中不会产生新的资产和负债，不形成商誉。

（4）合并后形成报告主体视同在合并日及以前期间一直存在。

（二）控股合并方式

（1）合并方以支付现金、转让非现金资产作为合并对价的，应当以所取得的被合并方账面净资产的份额作为长期股权投资的初始投资成本，差额调整资本公积——资本或股本溢价；资本公积不足冲减的，调整盈余公积和未分配利润。

（2）合并方以发行权益性证券作为对价的，应按所取得的被合并方账面净资产的份额作为长期股权投资的成本，该成本与所发行股份面值总额之间的差额应当调整资本公积——资本或股本溢价；资本公积不足冲减的，调整盈余公积和未分配利润。上述处理后，在合并日的合并财务报表中，对于被合并方在合并日以前实现的留存收益中归属于合并方的部分，应根据不同情况进行适当的调整，自资本公积转入留存收益。

与同一控制主体下合并取得的长期股权投资的入账方式对应，相关例子可以参见《长期股权投资》一章。

（三）吸收合并和新设合并方式

合并方在合并日对合并中取得的被合并方资产、负债应按其原账面价值计量，支付的合并对价账面价值与取得净资产账面价值之间的差额，应当调整资本公积；资本公积不足冲减的，调整盈余公积和未分配利润。若合并双方采用的会计政策不一致，被合并方资产、负债需要根据合并方的会计政策调整后进行确认。

例 21-1　2016 年 6 月 30 日，A 公司向 B 公司的股东定向增发 1 200 万股普通股（每股面值 1 元，市价 4 元），对 B 公司进行吸收合并。并于当日取得 B 公司净资产。合并后，B 公司失去其法人资格。

假定 A、B 公司为同一集团内两家全资子公司，合并前其共同的母公司为 M 公司。因此，该合并为同一控制下的企业合并，自 2016 年 6 月 30 日起，A 公司能够对 B 的净资产实施控制，此日期即为合并日。

又因 B 公司失去其法人资格，所以为吸收合并，A 公司应确认合并中取得的 B 公司的各项资产和负债。假定 A、B 公司在合并前采用的会计政策相同。

B 公司合并前的资产负债状况如表 21-1：

A 公司对该项合并应进行的会计处理如下：

借：货币资金　1 800 000
　　存货　1 020 000
　　应收账款　8 000 000
　　长期股权投资　5 600 000
　　固定资产　12 000 000
　　无形资产　2 000 000
　　贷：短期借款　7 000 000
　　　　应付账款　1 200 000
　　　　其他应付款　1 200 000
　　　　股本　12 000 000
　　　　资本公积　9 020 000

表 21-1　B 公司合并前的资产负债状况

单位：元

项目	账面价值	项目	账面价值
货币资金	1 800 000	短期借款	7 000 000
存货	1 020 000	应付账款	1 200 000
应收账款	8 000 000	其他应付款	1 200 000
长期股权投资	5 600 000	负债合计：	9 400 000

（续表）

项目	账面价值	项目	账面价值
固定资产	12 000 000	实收资本	12 000 000
无形资产	2 000 000	资本公积	4 000 000
		盈余公积	1 000 000
		未分配利润	4 020 000
资产合计	30 420 000	所有者权益合计	21 020 000

例 21-2 A、B 公司分别为 C 公司控制下的两家子公司。A 公司于 2016 年 3 月 10 日从母公司 C 处取得 B 公司 100％股权。合并后，B 公司仍维持其独立法人资格继续经营。为进行该项企业合并，A 公司发行了 700 万股普通股（每股面值 1 元）作为对价。合并日 A 公司及 B 公司的所有者权益构成如下（单位：万元）：

A 公司		B 公司	
股本	3 600	股本	600
资本公积	1 000	资本公积	200
盈余公积	800	盈余公积	400
未分配利润	2 000	未分配利润	800
合计	7 400	合计	2 000

A 公司在合并日应进行会计处理如下：

借：长期股权投资　　20 000 000
　　贷：股本　　7 000 000
　　　　资本公积——股本溢价　　13 000 000

进行上述处理后，A 公司在合并日编制资产负债表时，对于企业合并前 B 公司实现的留存收益中归属于合并方的部分（1 200 万元）应自资本公积（资本溢价或股本溢价）转入留存收益。本例中，A 公司在确认对 B 公司的长期股权投资后，其资本公积的账面余额为 2 300 万元（1 000 + 1 300），假定其中股本溢价的余额为 1 800 万元。在合并工作底稿中，应编制调整分录如下：

借：资本公积——股本溢价　　12 000 000
　　贷：盈余公积　　4 000 000
　　　　利润分配——未分配利润　　8 000 000

例 21-3 A 公司以一项账面价值为 360 万元的固定资产（原价 600 万元，累计折旧 240 万元）和一项账面价值为 340 万元的无形资产为对价取得同一集团内另一家企业 B 公司 100％的股权，合并日 A 公司和 B 公司的所有者权益构成如下（单位：万元）：

A 公司		B 公司	
股本	3 600	股本	200
资本公积	200	资本公积	200
盈余公积	800	盈余公积	400
未分配利润	2 000	未分配利润	400
合计	6 600	合计	1 200

A 公司在合并日确认对 B 公司长期股权投资，账务处理如下：

借：长期股权投资　　12 000 000
　　累计折旧　　2 400 000
　　贷：固定资产　　6 000 000
　　　　无形资产　　3 400 000
　　　　资本公积　　5 000 000

进行上述处理后，A 公司资本公积账面余额为 700 万元（200 + 500），假如全部属于资本溢价或股本溢价，小于 B 公司在合并前实现的留存收益 800 万元（400 + 400）中归属于 A 公司的部分，A 公司编制合并报表时，应以账面资本公积（资本溢价或股本溢价）的余额为限，将 B 公司在合并前实现的留存收益中归属于 A 公司的部分相应转入留存收益。调整分录如下：

借：资本公积　　7 000 000
　　贷：盈余公积［（7 000 000 ÷ 8 000 000）× 4 000 000］　　3 500 000
　　　　未分配利润［（7 00 000 ÷ 8 000 000）× 4 000 000］　　3 500 000

（四）合并费用的处理

（1）合并方为进行企业合并发生的各项直接相关费用，包括为进行企业合并而支付的审计费用、评估费用、法律服务费用等，应当于发生时计入管理费用各科目。

（2）为企业合并发行的债券或承担其他债务支付的手续费、佣金等，计入所发行债券及其他债务的初始计量金额。

（3）企业合并中发行权益性证券发生的手续费、佣金等费用，应当抵减权益性证券溢价收入，溢价收入不足冲减的，冲减留存收益。

（五）控股合并下合并日合并报表的编制

在同一控制下的企业合并中，应视同合并后形成的报告主体（合并方），自合并日开始对被合并方实施控制。

合并资产负债表中被合并方的各项资产、负债，应当按账面价值计量，被合并方在企业合并前实现的留存收益中归属于合并方的部分，不再由合并方的资本公积转入盈余公积和未分配利润；合并利润表应合并被合并方从合并日开始实现的净利润；合并现金流量表应当合并被合并方从合并日开始形成的现金流量。

合并方在编制合并当期期末的比较报表时，不应将合并取得的被合并方前期有关的财务状况、经营成果和现金流量等并入前期合并财务报表。

（六）同一控制下企业合并的披露

（1）参与合并企业的基本情况。

（2）属于同一控制下企业合并的判断依据。

（3）合并日的确定依据。

（4）以支付现金、转让非现金资产以及承担债务作为合并对价的，所支付对价在合并日的账面价值；以发行权益性证券作为合并对价的，合并中发行权益性证券的数量及定价原则，以及参与合并各方交换有表决权股份的比例。

（5）被合并方的资产、负债在上一会计期间资产负债表日及合并日的账面价值；被合并方自合并当期期初至合并日收入、净利润、现金流量等情况。

（6）合并合同或协议约定将承担被合并方或有负债的情况。

（7）被合并方采用的会计政策与合并方不一致所作调整情况的说明。

（8）合并后已处置或准备处置被合并方资产、负债的账面价值、处置价格等。

例 21-4 （1）A、B 公司同为 C 公司控制下的子公司，2016 年 9 月 1 日，A 公司以现金 600 万元的对价收购了 B 公司 100％的股权。2016 年 8 月 31 日，A、B 两公司的资产负债表部分项目数据如表 21-2 所示。

表 21-2 A、B 两公司部分项目资料表

单位：万元

项　　目	A 公司 50	B 公司	B 公司（公允价值）
库存现金	50	20	20
应收账款	450	180	150
存货	300	200	180
固定资产净值	1 000	300	400
短期借款	500	200	200
所有者权益	1 300	500	550

则 9 月 1 日 A 公司的会计处理如下：

借：长期股权投资　　5 000 000

　　资本公积或留存收益　　1 000 000

　　贷：银行存款　　6 000 000

（2）2016 年，B 公司当年实现盈利 100 万元，其中 9 月 1 日至 12 月 31 日实现利润 50 万元。假定 12 月 31 日即宣布分派股利 100 万元。则 12 月 31

日 A 公司的会计处理如下：

借：应收股利　　1 000 000

　　贷：投资收益　　1 000 000

二、非同一控制下的企业合并（一次交易）

新准则规定，参与合并的各方在合并前后不受同一方或相同的多方最终控制的，为非同一控制下的企业合并。非同一控制下的企业合并从本质上讲属于交易性的资产和负债重组，需用公允价值计量。

（一）辨认购买方

非同一控制下的企业合并，在购买日取得对其他参与合并企业控制权的一方为购买方，参与合并的其他企业为被购买方。购买方就是控制了其他合并主体或业务的合并主体。

在通常情况下，在判断购买方时要考虑相关因素：①以支付现金、转让非现金资产或承担负债的方式进行的企业合并，一般支付现金、转让非现金资产或是承担负债的一方为购买方。②考虑参与合并各方的股东在合并后主体的相对投票权，其中股东在合并后主体具有相对较高投票比例的一方一般为购买方。③参与合并各方的管理层对合并后主体生产经营决策的主导能力，如果合并导致参与合并一方的管理层能够主导合并后主体生产经营政策的制定，其管理层能够实施主导作用的一方一般为购买方。④参与合并一方的公允价值远远大于另一方的，公允价值较大的一方很可能为购买方。⑤企业合并是通过以有表决权的股份换取另一方的现金及其他资产的，则付出现金或其他资产的一方很可能为购买方。⑥通过权益互换实现的企业合并，发行权益性证券的一方通常为购买方。

（二）购买日的确定

根据控制权是否转移的判断标准来确定购买日。确定购买日的基本原则是控制权转移的时点。企业在实务操作中，应当结合合并合同或协议的约定及其他有关的影响因素，按照实质重于形式的原则进行判断。

同时满足了以下条件时，一般可认为实现了控制权的转移，形成购买日，具体包括：①企业合并合同或协议已获股东大会等内部权力机构通过。企业合并一般涉及的交易规模较大，无论是合并当期还是合并以后期间，均会对企业的生产经营产生重大影响，在能够对企业合并进行确认，形成实质性的交易前，该交易或事项应经过企业的内部权力机构批准，如对于股份有限公司，其内部权力机构一般指股东大会。②按照规定，合并事项需要经过国家有关主管部门审批的，已获得相关部门的批准。按照国家有关规定，企业购并需要经过国家有关部门批准的，取得相关批准文件是对企业合并交易或事项进行会计处理的前提之一。③参与合并各方已办理了必要的财产权交接手续。作为购买方，其通过企业合并无论是取得对被购买方的股权还是取得被购买方的全部净资产，能够形成与取得股权或净资产相关的风险和报酬的转移，一般需办理相关的财产权交接手续，从而从法律上保障有关风险和报酬的转移。④购买方已支付了购买价款的大部分（一般应超过 50%），并且有能力、有计划支付剩余款项。购买方要取得与被购买方净资产相关的风险和报酬，其前提是必须支付一定的对价，一般在形成购买日之前，购买方应当已经支付了购买价款的大部分，并且从其目前财务状况判断，有能力支付剩余款项。⑤购买方实际上已经控制了被购买方的财务和经营政策，享有相应的收益并承担相应的风险。企业合并涉及一次以上交易的，例如通过分阶段取得股份最终实现合并，企业应于每一交易日确认对被投资企业的各单项投资。“交易日”是指合并方或购买方在自身的账簿和报表中确认对被投资单位投资的日期。分步实现的企业合并中，购买日是指按照有关标准判断购买方最终取得对被购买企业控制权的日期。例如，A 公司于 2015 年 10 月 20 日取得 B 公司 30% 的股权（假定能够对被投资单位施加重大影响），在与取得股权相关的风险和报酬发生转移的情况下，A 公司应确认对 B 公司的长期股权投资。在已经拥有 B 公司 30% 股权的基础上，A 公司又于 2016 年 12 月 8 日取得 B 公司 30% 的股权，在其持股比例达到 60% 的情况下，假定于当日开始能够对 B 公司实施控制，则 2016 年 12 月 8 日为第二次购买股权的交易日，同时因在当日能够对 B 公司实施控制，形成企业合并的购买日。

（三）合并成本的确定

新准则规定，合并成本为购买方在购买日为取得对被购买方的控制权而付出的资产、发生或承担的负债以及发行的权益性证券的公允价值。具体包括：

（1）作为合并对价的现金及非现金资产的公允价值。以非货币性资产作为合并对价的，其合并成本为所支付对价的公允价值，该公允价值与作为合并对价的非货币性资产账面价值的差额，作为资产的处置损益，计入合并当期的利润表。

（2）发行的权益性证券的公允价值。确定所发行权益性证券的公允价值时，对于购买日存在公开报价的权益性证券，其公开报价提供了确定公允价值的依据，除非在非常特殊的情况下，购买方能够证明权益性证券在购买日的公开报价不能可靠地代表其公允价值，并且用其他的证据和估价方法能够更好地计量公允价值时，可以考虑其他的证据和估价方法。如果购买日权益性证券的公开报价不可靠，或者购买方发行的权益性证券不存在公开报价，则该权益性证券的公允价值可以参照其在购买方公允价值中所占权益份额，或者是参照在被购买方公允价值中获得的权益份额，按两者当中有明确证据支持的一个进行估价。

（3）因企业合并发生或承担的债务的公允价值。因企业合并而承担的各项负债，应采用按照适用利率计算的未来现金流量的现值作为其公允价值。预期因企业合并可能发生的未来损失或其他成本不是购买方为取得对被购买方的控制权而承担的负债，不构成企业合并成本。

（4）或有对价的公允价值。某些情况下，合并各方可能在合并协议中约定，根据未来一项或多项或有事项的发生，购买方通过发行额外证券、支付额外现金或其他资产等方式追加合并对价，或者要求返还之前已经支付的对价。购买方应当将合并协议约定的或有对价作为企业合并转移对价的一部分，按照其在购买日的公允价值计入企业合并成本。

（四）购买日取得资产的后续计量

企业合并形成母子公司关系的，母公司应当设置备查簿，记录企业合并中取得的子公司各项可辨认资产、负债及或有负债等在购买日的公允价值。编制合并财务报表时，应当以购买日确定的各项可辨认资产、负债及或有负债的公允价值为基础对子公司的财务报告进行调整。

在非同一控制下的企业合并中，购买方确认在合并中取得的被购买方各项可辨认资产和负债不仅局限于被购买方在合并前已经确认的资产和负债，还可能包括企业合并前被购买方在其资产负债表中未予确认的资产和负债，该类资产和负债在企业合并前可能由于不符合确认条件未确认为被购买方的资产和负债，但在企业合并发生后，因符合了有关的确认条件则需要作为合并中取得的可辨认资产和负债进行确认。例如，被购买方在企业合并前存在的未弥补亏损，在企业合并前因无法取得足够的应纳税所得额用于抵扣该亏损而未确认相关的递延所得税资产，如按照税法规定能够抵扣购买方未来期间实现的应纳税所得额而且购买方在未来期间预计很可能取得足够的应纳税所得额的情况下，有关的递延所得税资产应作为合并中取得的可辨认资产予以确认。

但在被购买方自身财务报表中，原则上仍然按照持续经营假设，被购买方作为一个持续存在的会计主体，其资产、负债均应以历史成本为基础进行计量，后续发生的一些交易和事项的会计处理也应该基于历史成本计量。

（五）企业合并中业务的判断

企业合并的结果通常是一个企业取得了对一个或多个业务的控制权。构成企业合并至少包括两层含义：一是取得对另一个或多个企业（或业务）的控制权；二是所合并的企业必须构成业务。业务是指企业内部某些生产经营活动或资产负债的组合，该组合具有投入、加工处理和产出能力，能够独立计算其成本费用或所产生的收入。

有关资产、负债的组合要形成一项业务，通常应具备以下要素：①投入，指原材料、人工、必要的生产技术等无形资产以及构成生产能力的机器设备等其他长期资产的投入；②加工处理过程，指具有一定的管理能力、运营过程，能够组织投入形成产出；③产出，如生产出产成品，或是通过为其他部门提供服务来降低企业整体的运行成本等其他带来经济利益的方式，该组合能够独立计算其成本费用或所产生的收入，直接为投资者等提供股利、更低的成本或其他经济利益等形式的回报。有关资产或资产、负债的组合要构成一项业务，不一定要同时具备上述三个要素，具备投入和加工处理过程两个要素即可认为构成一项业务。有关资产或资产、负债的组合是否构成一项业务，应结合所取得资产、负债的内在联系及加工处理过程等进行综合判断。实务中出现的如一个企业对另一个企业某条具有独立生产能力的生产线的合并、一家保险公司对另一家保险公司寿险业务的合并等，一般构成业务合并。如果一个企业取得了对另一个或多个企业的控制权，而被购买方（或被合并方）并不构成业务，则该交易或事项不形成企业合并。企业取得了不形成业务的一组资产或是净资产时，应将购买成本按购买日所取得各项可辨认资产、负债的相对公允价值进行分配，不按照企业合并准则进行处理。

在实务中，确定一组资产和负债组合是否符合业务的定义，一般包括以下步骤：①识别所购组合的构成要素，即投入、处理过程和产出。如果组合仅有一项或一组资产，而没有与之相关联的处理过程，则很可能不属于一项业务。②评估所购组合产生产出的能力。如果所购组合未包含产出，则需要评估所购组合现有的构成要素产生产出的能力，即直接为投资者、成员或市场参与者提供包括股利、更低的成本或其他经济利益的能力。③识别具备产生产出能力的关键要素。如果现有构成要素不具备产生产出的能力，则需要进一步识别出具备产生产出能力的关键要素，以及其中所缺少的关键要素。识别出所缺少的关键要素后，应当确定市场参与者能否提供所缺少的关键要素。如果所缺少的关键要素是易于复制和获取的，则应当视为可由市场参与者提供。如果所缺少要素无法以市场参与者的能力提供，则很可能不属于一项业务。这里强调市场参与者，说明了在判断“业务”的定义时，应关注其达到产出目的需要的投入和处理过程的公允性，即应以普遍市场的能力来衡量，而不是特定购买方和出售方的能力和意图。出售方是否已将该活动作为业务经营，或者购买方是否意图将该活动作为业务经营，都是不相关的。但是，市场参与者的上述能力，需要大量的经验判断。

例 21-5 A 公司是一家不锈钢线材行业的上市公司，通过签订资产收购协议，从第三方 B 公司收购了与吊装、过磅业务相关的资产，包括应收账款、机器设备、在建工程以及相关的订单处理系统和经营管理系统。另外，B 公司相关的业务人员也全部转入 A 公司，并重新签订了劳动合同。B 公司具有吊装、过磅业务相关的产出能力。购入的吊装及过磅业务相关资产的账面价值为 2 500 万元。根据相关的资产评估报告，上述资产按成本法的评估值为 2 000 万元，而按收益法的评估值为 6 400 万元。A 公司与 B 公司双方达成协议，按收益法的评估值 6 000 万元，作为交易价格，评估增值为 3 500 万元。

分析：在本例中，从法律形式来看，该交易采取收购资产的方式。但按照实质重于形式，A 公司的购买对象，到底是一个资产组合，还是一项业务，则需要综合判断。首先，该资产组合包括与吊装、过磅业务相关的实物资产（如固定资产和在建工程）以及业务人员，满足“投入”要素；其次，该资产组合包括订单处理系统和经营管理系统，满足“处理过程”要求。最后，从相关信息来看，购买的资产组合也具有吊装、过磅业务相关的产出能力。这些因素综合起来考虑，A公司收购的该资产组合满足“业务”的定义。

（六）企业合并中交易费用的处理

非同一控制下的企业合并中，购买方为合并发生的审计、法律服务、评估咨询等中介费用以及其他相关管理费用，应当于发生时计入当期损益；购买方作为合并对价发行的权益性证券或债务性证券的费用，应当计入权益性证券或债务性证券的初始确认金额。

（七）非同一控制下的控股合并

（1）长期股权投资成本的确定。购买方应当以付出的资产、发生或承担的负债以及发行的权益性证券的公允价值加上为企业合并发生的各项直接相关费用之和，作为合并中形成的长期股权投资的初始投资成本。其中，支付合并对价的公允价值与账面价值的差额作为资产处置收益计入当期损益（营业外收入——非货币性资产投资利得、营业外支出——非货币性资产投资损失）。

（2）长期股权投资成本与应享有被购买方可辨认净资产公允价值份额差额的处理。长期股权投资成本大于应享有被购买方可辨认净资产公允价值份额的差额部分，应当确认为合并资产负债表中的商誉，商誉不摊销而于每年年末进行减值测试；长期股权投资成本小于应享有被购买方可辨认净资产公允价值份额差额部分，经核实后确认为合并利润表中的营业外收入。

和长期股权投资一样，与非同一控制主体下合并取得的长期股权投资的入账方式对应，相关例子可以参见《长期股权投资》一章。

（八）非同一控制下的吸收合并和新设合并

购买方在购买日对合并中取得的各项可辨认资产、负债应按其公允价值计量，合并成本大于合并中取得的可辨认净资产公允价值的差额部分，应当确认为商誉，此处商誉为账面商誉，商誉不摊销而于每年年末进行减值测试；合并成本小于合并中取得的可辨认净资产公允价值的，差额部分经核实后确认为营业外收入。

例 21-6 甲企业以公允价值为 14 000 万元、账面价值为 10 000 万元的资产作为对价对乙企业进行吸收合并，购买日乙企业持有资产的情况如下（单位：万元）：

	账面价值	公允价值
固定资产	6 000	8 000
长期股权投资	4 000	6 000
长期借款	3 000	3 000
净资产	7 000	11 000

非货币性资产投资利得＝14 000 － 10 000 ＝ 4 000（万元）

应确认的商誉＝14 000 － 11 000 ＝ 3 000（万元）

合并日，甲企业应作会计分录如下：

借：固定资产	80 000 000	
长期股权投资	60 000 000	
商誉	30 000 000	
贷：长期借款		30 000 000
相关资产		100 000 000
营业外收入——非货币性资产投资利得		40 000 000

购买方对合并成本小于合并中取得的被购买方可辨认净资产公允价值份额的差额，应当按照以下规定处理：

对取得的被购买方各项可辨认资产和负债的公允价值以及合并成本的计量进行复核，经复核后合并成本仍小于合并中取得的被购买方可辨认净资产公允价值份额的，其差额应当计入营业外收入。

（九）被购买方可辨认净资产的公允价值问题

1. 被购买方可辨认净资产的公允价值确认原则

被购买方可辨认净资产公允价值，是指合并中取得的被购买方可辨认资产的公允价值减去负债公允价值后的余额。

被购买方各项可辨认资产、负债和或有负债，符合下列条件的，应当单独予以确认：

（1）合并中取得的被购买方除无形资产以外的其他各项资产（不仅限于被购买方原已确认的资产），其所带来的经济利益很可能流入企业且公允价值能够可靠地计量的，应当单独予以确认并按照公允价值计量。

（2）合并中取得的无形资产，其公允价值能够可靠地计量的，应当单独确认为无形资产并按照公允价值计量。

（3）合并中取得的被购买方除或有负债以外的其他各项负债，履行有关的义务很可能导致经济利益流出企业且公允价值能够可靠地计量的，应当单独予以确认并按照公允价值计量。

（4）对于购买方在合并中可能需要代被购买方承担的或有负债，在其公允价值能够可靠地计量的情况下，应当单独确认为负债并按照公允价值计量。

2. 被购买方可辨认净资产的公允价值确认方法

企业应当按照以下规定确认合并中取得的被购买方各项可辨认资产、负债及或有负债的公允价值。

（1）货币资金，按照购买日被购买方的账面余额确定。

（2）有活跃市场的股票、债券、基金等金融工具，按照购买日活跃市场中的市场价格确定。

（3）应收款项，其中的短期应收款项，一般按照应收取的金额作为其公允价值；长期应收款项，应按适当的利率折现后的现值确定其公允价值。在确定应收款项的公允价值时，应考虑发生坏账的可能性及相关收款费用。

（4）存货，对其中的产成品和商品按其估计售价减去估计的销售费用、相关税费以及购买方出售类似产成品或商品估计可能实现的利润确定；在产品按完工产品的估计售价减去至完工仍将发生的成本、估计的销售费用、相关税费以及基于同类或类似产成品的基础上估计出售可能实现的利润确定；原材料按现行重置成本确定。

（5）不存在活跃市场的金融工具如权益性投资等，应当参照《金融工具确认和计量》一章的规定，采用估值技术确定其公允价值。

（6）房屋建筑物、机器设备、无形资产存在活跃市场的，应以购买日的市场价格为基础确定其公允价值；不存在活跃市场，但同类或类似资产存在活跃市场的，应参照同类或类似资产的市场价格确定其公允价值；同类或类似资产也不存在活跃市场的，应采用估值技术确定其公允价值。

（7）应付账款、应付票据、应付职工薪酬、应付债券、长期应付款其中的短期负债，一般按照应支付的金额确定其公允价值；长期负债，应按适当的折现率折现后的现值作为其公允价值。

（8）取得的被购买方的或有负债，其公允价值在购买日能够可靠地计量的，应确认为预计负债。此项负债应当按照假定第三方愿意代购买方承担，就其所承担义务需要购买方支付的金额作为其公允价值。

（9）递延所得税资产和递延所得税负债，取得的被购买方各项可辨认资产、负债及或有负债的公允价值与其计税基础之间存在差额的，应当按照《所得税》一章的规定确认相应的递延所得税资产或递延所得税负债，所确认的递延所得税资产或递延所得税负债的金额不应折现。

（十）商誉的有关规定

购买方应当在购买日将企业合并中获得的商誉确认为一项资产，商誉属于不可辨认的资产。

（1）商誉的确认。在被购买方法律主体消失的情况下，购买日在购买方账面确认的商誉，即称账面商誉；在被购买方法律主体存续的情况下，购买日进行确认，体现在合并财务报表中，即称合并商誉。

（2）商誉的计量。商誉的初始计量应于合并或购买开始时按成本计量。

商誉＝购买成本－（可辨认资产公允价值－负债公允价值）× 购买方享有比例

商誉的后续计量应于购买日后按成本减去累计减值损失的金额计量，商誉不得摊销，但应至少以年度为基础进行减值测试。

例 21-7 A 公司 2016 年 1 月 5 日以 1 500 万元货币资金获得 B 公司 75% 的股权。当日，B 公司可辨认净资产账面价值为 1 000 万元。除了下列两项资产外，B 公司其他资产和负债的账面价值与公允价值相等。固定资产的公允价值比账面价值高 400 万元，存货的公允价值比账面价值高 200 万元，该项固定资产的剩余使用年限为 5 年（直线法折旧，无残值）。商誉的计量如表 21-3 所示。

表 21-3 A 公司商誉计量表

单位：万元

项目名称及计算过程	金　额
购买成本	1 500
减：购买可辨认净资产账面价值	750
减：固定资产增值（400×75％）	300
存货增值（200×75％）	150
商誉	300

注：此商誉不会在 A 公司的账中，将会在合并报表中体现为合并商誉。

（十一）控股合并方式下，购买日合并财务报表的编制

被购买方在合并前实现的净利润已经包含在企业合并成本中，母公司在购买日可以编制合并资产负债表，不编制合并利润表和合并现金流量表，因为购买日后，被购买方的利润和现金流量状况才能并入合并企业的报表中。合并资产负债表反映购买方自购买日起能够控制的经济资源，其中对于被购买方有关资产、负债应当按照合并中确定的公允价值列示，合并成本与合并中取得的各项可辨认资产、负债公允价值份额的差额，确认为合并资产负债表中的商誉。

非同一控制下的控股合并，购买方应自购买日起设置备查簿，登记其在购买日取得的被购买方可辨认资产、负债的公允价值，为以后期间核算及合并财务报表的编制提供基础资料。

企业合并发生当期的期末，因合并中取得的各项可辨认资产、负债及或有负债公允价值或企业合并成本只能暂时确定的，购买方应当以所确定的暂时价值为基础对企业合并进行确认和计量。购买日后 12 个月内对确认的暂时价值进行调整的，视为在购买日确认和计量。

（十二）分步实现的企业合并

如果企业合并是通过多次交换交易分步实现的，则企业在每一单项交易发生时，应确认对被投资单位的投资。投资企业在持有被投资单位的部分股权后，通过增加持股比例等达到对被投资单位形成控制的，购买方应当区分个别财务报表和合并财务报表分别进行处理。

1. 个别财务报表

在个别财务报表中，购买方应当以购买日之前所持被购买方的股权投资的账面价值与购买日新增股权投资成本之和，作为该项投资的初始投资成本；购买日之前持有的被购买方的股权涉及其他综合收益的，应当在处置该项投资时将与其相关的其他综合收益转入当期投资收益，并按以下原则进行会计处理：

（1）购买方于购买日之前持有的被购买方的股权投资，保持其账面价值

不变，其中，购买日前持有的股权投资作为长期股权投资并采用成本法核算的，为成本法核算下至购买日应有的账面价值；购买日前持有的股权投资作为长期股权投资并采用权益法核算的，为权益法核算下至购买日应有的账面价值；购买日前持有的股权投资作为金融资产并按公允价值计量的，为至购买日的账面价值。

（2）追加的投资，按照购买日支付对价的公允价值计量，并确认长期股权投资。购买方应当以购买日之前所持被购买方的股权投资的账面价值与购买日新增投资成本之和，作为该项投资的初始投资成本。

（3）购买方对于购买日之前持有的被购买方的股权投资涉及其他综合收益的，例如，购买方原持有的股权投资按照权益法核算时，被购买方持有的可供出售金融资产公允价值变动确认的其他综合收益，购买方按持股比例计算应享有的份额并确认为其他综合收益的部分，不予处理。待购买方出售被购买方股权时，再按出售股权相对应的其他综合收益部分转入出售当期的损益。

2. 合并财务报表

在合并财务报表中，购买方对于购买日之前持有的被购买方的股权，应当按照该股权在购买日的公允价值进行重新计量，并按照以下原则处理：

（1）购买方对于购买日之前持有的被购买方的股权，按照该股权在购买日的公允价值进行重新计量，公允价值与其账面价值之间的差额计入当期投资收益。

（2）购买日之前持有的被购买方的股权于购买日的公允价值，与购买日新购入股权所支付对价的公允价值之和，为合并财务报表中的合并成本。

（3）在按上述计算的合并成本基础上，比较购买日被购买方可辨认净资产公允价值的份额，确定购买日应予确认的商誉，或者应计入发生当期损益的金额。

（4）购买方对于购买日之前持有的被购买方的股权涉及其他综合收益的，与其相关的其他综合收益应当转为购买日所属当期的投资。

例 21-8　2×15 年 1 月 1 日，A 公司以 5 000 万元取得 B 公司 10% 的股份，取得投资时 B 公司净资产的公允价值为 45 000 万元。假定该项投资不存在活跃市场，公允价值无法可靠地计量。因未以任何方式参与 B 公司的生产经营决策，A 公司对持有的该投资采用成本法核算。2×16 年 1 月 1 日，A 公司另支付 30 000 万元取得 B 公司 50% 的股份，能够对 B 公司实施控制。购买日 B 公司可辨认净资产公允价值为 55 000 万元，A 公司之前所取得的 10% 股权于购买日的公允价值为 5 500 万元。B 公司自 2×15 年 1 月 1 日 A 公司取得投资后至 2×16 年 1 月 1 日购买 50% 股份之前实现的留存收益为 1 500 万元，未进行利润分配。

1）A 公司在个别财务报表中的处理。

2×15 年 1 月 1 日，A 公司取得对 B 公司长期股权投资的成本为 5 000 万元。2×16 年 1 月 1 日，A 公司进一步取得 B 公司 50% 的股权时，支付价款

30 000万元。该项长期股权投资于购买日的账面价值为35 000万元。A公司于购买日的账务处理如下：

借：长期股权投资　　300 000 000

　贷：银行存款　　300 000 000

2）A公司在合并财务报表中的处理。

（1）计算合并成本：

$$合并成本 = 5\,500 + 30\,000 = 35\,500（万元）$$

（2）计算应计入损益的金额：

$$应计入损益的金额 = 5\,500 - 5\,000 = 500（万元）$$

借：长期股权投资　　5 000 000

　贷：投资收益　　5 000 000

（3）计算商誉：

$$在合并财务报表中应体现的商誉 = 35\,500 - 55\,000 \times 60\% = 2\,500（万元）$$

在合并工作底稿上应作的合并抵销分录如下：

借：B公司所有者权益　　550 000 000

　　商誉　　25 000 000

　贷：长期股权投资　　355 000 000

　　　少数股东权益　　220 000 000

（十三）非同一控制下企业合并的披露

（1）参与合并企业的基本情况。

（2）购买日的确定依据。

（3）合并成本的构成及其账面价值、公允价值及公允价值的确定方法。

（4）被购买方各项可辨认资产、负债在上一会计期间资产负债表日及购买日的账面价值和公允价值。

（5）合并合同或协议约定将承担被购买方或有负债的情况。

（6）被购买方自购买日起至报告期期末的收入、净利润和现金流量等情况。

（7）商誉的金额及其确定方法。

（8）因合并成本小于合并中取得的被购买方可辨认净资产公允价值的份额计入当期损益的金额。

（9）合并后已处置或准备处置被购买方资产、负债的账面价值、处置价格等。

例 21-9 D公司以公允价值为1 500万元、账面价值为950万元的资产作为对价对E公司进行吸收合并，购买日E公司持有资产的情况如下（单位：万元）：

	账面价值	公允价值
固定资产	600	850
长期股权投资	550	650
长期借款	350	350
净资产	800	1 150

D公司的账务处理如下：

借：固定资产　8 500 000
　　长期股权投资　6 500 000
　　商誉（15 000 000 － 11 500 000）　3 500 000
　贷：长期借款　3 500 000
　　　相关资产　9 500 000
　　　营业外收入——非货币性资产投资利得
　　　　（15 000 000 － 9 500 000）　5 500 000

三、购买子公司少数股权的处理

企业在取得对子公司的控制权，形成企业合并后，购买少数股东全部或部分权益的，实质上是股东之间的权益性交易，应当分别母公司个别财务报表以及合并财务报表两种情况进行处理：

（1）母公司个别财务报表中对于自子公司少数股东处新取得的长期股权投资，应当按照《企业会计准则第2号——长期股权投资》第四条的规定，确定长期股权投资的入账价值。

（2）在合并财务报表中，子公司的资产、负债应以购买日（或合并日）开始持续计算的金额反映。

母公司新取得的长期股权投资成本与按照新增持股比例计算应享有子公司自购买日（或合并日）开始持续计算的可辨认净资产份额之间的差额，应当调整合并财务报表中的资本公积（资本溢价或股本溢价），资本公积（资本溢价或股本溢价）的余额不足冲减的，调整留存收益。

例 21-10 2015年12月30日，甲公司以24 000万元取得对乙公司70％的股权（非同一控制下企业合并），能够对乙公司实施控制。2016年12月30日，甲公司又支付9 000万元从乙公司的其他股东处取得乙公司20％的股权。在交易前，甲公司、乙公司及乙公司的少数股东不存在关联方关系。

（1）2015 年 12 月 30 日，乙公司可辨认净资产公允价值总额为 30 000 万元。

（2）2016 年 12 月 30 日，乙公司有关资产、负债的账面价值、以购买日开始持续计算的金额（对母公司的价值）以及在交易日的公允价值如表 21-4 所示。

表 21-4　乙公司有关项目资料表

单位：万元

项　　目	账面价值	资产、负债对母公司的价值	资产、负债在交易日的公允价值
存货	1 500	1 500	1 800
应收账款	7 500	7 500	7 500
固定资产	12 000	13 800	15 000
无形资产	2 400	3 600	3 900
其他资产	6 600	9 600	10 200
流动负债	1 800	1 800	1 800
其他负债	1 200	1 200	1 200
净资产	27 000	33 000	35 400

分析：

1）确定甲公司对乙公司长期股权投资的成本。

2015 年 12 月 30 日为该非同一控制下企业合并的购买日，甲公司取得对乙公司长期股权投资的成本为 24 000 万元。

2016 年 12 月 30 日，甲公司在进一步取得乙公司 20％的少数股权时支付价款 9 000 万元。

该项长期股权投资在 2016 年 12 月 30 日的账面余额为 33 000 万元。

2）编制合并财务报表时的处理。

（1）商誉的计算。

$$\begin{array}{c}\text{甲公司取得对乙公司}\\ \text{70\% 股权时产生的商誉}\end{array} = 24\,000 - 30\,000 \times 70\% = 3\,000\text{（万元）}$$

在合并财务报表中应体现的商誉总额为 3 000 万元。

（2）所有者权益的调整。合并财务报表中，乙公司的有关资产、负债应以其对母公司甲的价值进行合并，即与新取得的20％股权相对应的被投资单位可辨认资产、负债的金额为6 600万元（33 000×20％）。

因购买少数股权新增加的长期股权投资成本9 000万元与按照新取得的股权比例（20％）计算确定应享有子公司自购买日开始持续计算的可辨认净资产份额6 600万元之间的差额2 400万元，在合并资产负债表中调整所有者权益相关项目，先调整资本公积（资本溢价或股本溢价），在资本公积（资本溢价或股本溢价）的金额不足冲减的情况下，调整留存收益（盈余公积和未分配利润）。

四、被购买方的会计处理

非同一控制下的企业合并中，被购买方在企业合并后仍持续经营的。如购买方取得被购买方100％股权，被购买方可以按合并中确定的有关资产、负债的公允价值调账，其他情况下被购买方不应因企业合并改记资产、负债的账面价值。

五、比较两种合并处理方法对报表的影响

从上面的会计处理规定可以看出，在同一控制下的企业合并方法下，合并方按照被合并方的账面价值计量合并获得的资产、负债和净资产，而在非同一控制下的企业合并方法下，购买方按照被购买方的可辨认净资产的公允价值（包括未入账的资产和或有负债等）确认合并获得的资产、负债和净资产，导致编制合并报表时，被购买方的计量基础发生改变。这两种不同的处理方法对合并后的资产总额、净资产和净利润存在显著差异。

第二节　首次执行日的会计处理

首次执行日的会计处理应与《企业会计准则第38号——首次执行企业会计准则》的要求相符。

一、首次执行日长期股权投资的处理

（1）对于按照《企业会计准则第20号——企业合并》规定，属于同一控制下企业合并产生的长期股权投资，尚未摊销完毕的股权投资差额全额冲销，并调整留存收益，以冲销股权投资差额后的长期股权投资账面价值作为首次执行日的认定成本。

（2）除上述第（1）项以外的其他采用权益法核算的长期股权投资，存

在股权投资贷方差额的，应冲销贷方差额，调整留存收益，并以冲销贷方差额后的长期股权投资账面价值作为首次执行日的认定成本；存在股权投资借方差额的，应当将长期股权投资的账面价值作为首次执行日的认定成本。

二、首次执行日前发生的企业合并的处理

企业对于首次执行日之前发生的企业合并一般不应追溯调整，但下列项目除外：

（1）按照《企业会计准则第 20 号——企业合并》的规定，属于同一控制下企业合并，按照原规定已确认商誉的摊余价值，应当全额冲销，并调整留存收益。

按照新准则的规定，属于非同一控制下企业合并的，应当将商誉在首次执行日的摊余价值作为认定成本，不再进行摊销。

（2）首次执行日之前发生的企业合并，合并合同或协议中约定根据未来事项的发生对合并成本进行调整的，如果首次执行日预计未来事项很可能发生并且对合并成本的影响金额能够可靠地计量的，应当按照该影响金额调整已确认商誉的账面价值。

在首次执行日，企业应当按照《企业会计准则第 8 号——资产减值》的规定对商誉进行减值测试，发生减值的，应当以计提减值准备后的金额确认。

（3）因企业合并取得的资产、承担的负债的账面价值与其计税基础不同形成的暂时性差异，应当按照《企业会计准则第 18 号——所得税》的规定进行追溯调整。

第三节　新准则对企业的影响

新准则的实施，将对企业的兼并收购和资产重组等活动产生重大影响。

一、对同一控制下的企业合并产生的财务影响

对于同一控制下的企业合并采用权益结合法，不可以再选用购买法。

1. 合并方取得的被合并方的净资产的计量

在同一控制下的企业合并中涉及 100％的股权转移的情况下，根据旧准则，合并方对取得的资产和负债按照资产评估价值计量；根据新准则，合并方取得的资产和负债，应当按照合并日被合并方的账面价值计量。因此，对于涉及 100％的股权转移的情况，执行新准则将导致企业集团不再可能通过进行该企业集团内部的企业合并而以购买法不断增加该企业集团的净资产，从而将减少企业集团净资产，提高净资产收益率。

同时，由于在100％的股权转移的情况下不再存在对被收购方的固定资产、无形资产等资产评估增值部分的折旧或摊销，执行新准则通常将会增加合并后企业集团的净利润，提高净资产收益率。

在同一控制下的企业合并中涉及部分股权转移的情况下，根据现行会计法规，合并方的初始投资成本按照实际支付的合并成本计价，被合并方的账面价值保持不变，合并方的初始投资成本大于其在被合并方所享有的所有者权益份额的金额，作为股权按投资差额分期摊销。而根据新准则，合并方取得的资产和负债应当按照合并日被合并方的账面价值计量，合并方支付的合并对价账面价值（或发行股份面值总额）与取得的净资产账面价值的差额，冲减权益。所以，在合并方支付的合并对价账面价值（或发行股份面值总额）大于取得的净资产账面价值的情况下，执行新准则将减少企业集团的净资产，提高净资产收益率。

2. 商誉或股权投资差额

现行会计法规要求将合并对价大于取得的被合并方的净资产或所享有的权益份额的差额确认为商誉或股权投资差额，并分期摊销。在新准则下，要求将合并方支付的合并对价账面价值（或发行股份面值总额）与取得的净资产账面价值的差额，调整资本公积或者留存收益，同一控制下的企业合并不再确认商誉或股权投资差额。由于不再存在商誉或股权投资差额的分期摊销，因此，执行新准则，通常将会增加企业或企业集团的净利润。

3. 以非现金资产作为合并对价

在同一控制下的企业合并中，在以非现金资产作为合并对价的情况下，是按照账面价值还是资产评估价值，现行会计法规没有涉及。但是，新准则明确应采用账面价值。因此，采用新准则，将避免对当期损益的影响。

二、对于非同一控制下企业合并产生的财务影响

对于非同一控制下的企业合并采用购买法。

1. 合并成本与取得的被购买方净资产公允价值的差额

按照现行会计法规的规定，股权投资的初始投资成本与应享有的被合并方的所有者权益份额的差额，借方作为股权投资差额分期摊销，贷方计入资本公积。企业兼并中成本高于评估价确认的净资产的差额，确认为商誉并分期摊销。

根据新准则，合并成本高于合并方取得的可辨认净资产公允价值的差额，确认为商誉。商誉每年进行减值测试，但不进行摊销。故此，不再存在对已确认的股权投资差额或者商誉进行摊销而对损益产生的影响。因此，执行新准则，合并后企业的净利润通常将增加。

合并成本低于合并方取得的可辨认净资产公允价值的差额，经复核后仍然存在的，计入当期损益，不再计入资本公积或者负商誉。因此，执行新准则，

合并当期企业或者企业集团的净利润将增加。

2. 在不涉及100％的股权转移的情况下购买方取得的被购买方的净资产的计量

在不涉及100％的股权转移的情况下，按照现行会计规定，被收购的子公司的资产和负债按照账面价值（以历史成本为基础）在合并财务报表上反映，同时列示合并价差；按照新准则，被收购的子公司的资产、负债和损益等以购买日公允价值为基础调整后在合并财务报表上反映，同时列示商誉。鉴于对子公司财务报表所采用的会计计量属性不同，新准则下的合并资产负债结构和利润结构将会产生变化。

3. 以非现金资产作为合并对价

非同一控制下的企业合并中，在以非现金资产作为合并对价的情况下，是按照账面价值还是资产评估价值，现行会计法规没有涉及。但是，新准则明确规定应采用公允价值，公允价值与其账面价值的差额，计入当期损益。因此，采用新准则可能增加合并当期净利润。

三、首次执行新准则之前发生的企业合并对于首次执行当期的影响

除了上述情况对企业执行新准则带来的影响之外，对于首次执行新准则之前发生的企业合并，根据《企业会计准则第38号——首次执行企业会计准则》，企业在首次执行新准则的当期，可能还存在下列追溯调整带来的影响：

（1）同一控制下企业合并，原已确认商誉的摊余价值应当全额冲销，同时调整留存收益。故此，将减少企业首次执行新准则当期的净资产。

（2）在首次执行日对以前非同一控制下企业合并产生商誉进行减值测试，存在减值的，应以计提减值准备后的金额确认商誉，差额调整留存收益。故此，将减少企业首次执行新准则当期的净资产。

四、执行新准则的非财务相关影响

（一）准则的实施将推动市场化并购的开展

新《公司法》《证券法》的实施为市场化并购提供了法律环境，上市公司股权分置改革的即将完成和即将出台的《上市公司收购管理办法》与新准则相互配合，将推动上市公司的市场化并购。特别是股权分置改革完成后，上市公司企业合并行为的变化和特征将使采用购买法会计处理的部分限制消除，为广泛采用购买法提供了条件，同时由于同一控制下的企业合并行为的长期存在，要防止上市公司使用权益结合法可能带来的利润操纵问题，杜绝为实现特殊目的而构造企业合并交易。

（二）对企业内部会计控制的要求和影响

新准则对非同一控制下企业合并按公允价值计量以及对商誉的减值处理

要求，将对企业会计核算体系、信息系统等方面提出更高的要求，会计信息系统必须能采集到新的数据，以满足执行准则的要求。同时在执行新准则时，上市公司应按照《上海证券交易所上市公司内部控制指引》的要求，建立健全相应的内控制度，特别是投资环节内控和对并购的附属公司的管理控制。

（三）其他影响

新准则规定的信息披露内容详细完整，将对证券市场的监管者和投资者产生积极的影响，同时也对上市公司提出了较高要求。

第二十二章　租　赁

第一节　案例分析及操作实务

一、承租人的会计处理

例 22-1　假设2014年9月1日，北方机械制造股份有限公司（以下简称“北方公司”）与中华租赁公司（以下简称“中华公司”）签订了一份租赁合同。合同规定：

（1）起租日：2015 年 1 月 1 日。

（2）租赁期：2015 年 1 月 1 日至 2017 年 12 月 31 日，共 3 年。

（3）租金支付：于每年年末支付 100 000 元。

（4）租赁期届满后承租人可以每年 20 000 元的租金续租 2 年，即续租期为 2018 年 1 月 1 日至 2019 年 12 月 31 日，估计租赁期届满时该项租赁资产每年的正常租金为 80 000 元。

根据上述资料，分析如下：

（1）合同规定的租赁期为 3 年。

（2）续租租金 ÷ 正常租金 ×100％ ＝ 20 000 ÷ 80 000 × 100％ ＝ 25％ ＜ 70％，几乎可以肯定承租人将来一定会续租；因此，本例中的租赁期应为 5 年（3 ＋ 2），即 2015 年 1 月 1 日至 2019 年 12 月 31 日。

例 22-2　假设 2015 年 12 月 1 日，北方公司与中华公司签订了一份租赁合同。合同主要条款如下：

（1）租赁标的物：塑钢机。

（2）起租日：2016 年 1 月 1 日。

（3）租赁期：2016 年 1 月 1 日至 2018 年 12 月 31 日，共 36 个月。

（4）租金支付：自租赁开始日每隔 6 个月于月末支付租金 150 000 元。

（5）该机器的保险、维护等费用均由北方公司负担，估计每年约 10 000 元。

（6）该机器在 2016 年 1 月 1 日的公允价值为 700 000 元。

（7）租赁合同规定的利率为 7%（6 个月利率）。

（8）该机器的估计使用年限为 8 年，已使用 3 年，期满无残值。承租人采用年限平均法计提折旧。

（9）租赁期届满时，北方公司享有优惠购买该机器的选择权，购买价为 100 元，估计该日租赁资产的公允价值为 80 000 元。

北方公司会计处理如下：

第一步，判断租赁类型。

本例存在优惠购买选择权，优惠购买价为 100 元远低于行使选择权日租赁资产的公允价值 80 000 元（100 ÷ 80 000 × 100％ ＝ 0.125％ ＜ 5％），因此在 2015 年 1 月 1 日就可合理确定北方公司将会行使这种选择权，这项租赁应当认定为融资租赁。

第二步，计算租赁开始日最低租赁付款额的现值，确定租赁资产入账价值。

最低租赁付款额＝各期租金之和＋行使优惠购买选择权支付的金额
＝ 150 000×6 ＋ 100 ＝ 900 000 ＋ 100 ＝ 900 100（元）

计算现值的过程如下：

每期租金 150 000 元的年金现值＝ 150 000×（P/A，7％，6）
优惠购买选择权行使价 100 元的复利现值＝ 100×（P / F，7％，6）

查表得知：
（P/A，7％，6）＝ 4.767
（P/F，7％，6）＝ 0.666

现值合计＝ 150 000×4.767 ＋ 100×0.666
＝ 715 050 ＋ 66.6 ＝ 715 116.6（元）＞ 700 000（元）

根据本准则规定的孰低原则，租赁资产的入账价值应为其公允价值 700 000 元。

第三步，计算未确认融资费用。

未确认融资费用＝最低租赁付款额－租赁开始日租赁资产的入账价值
＝ 900 100 － 700 000 ＝ 200 100（元）

第四步，作会计分录。

2016 年 1 月 1 日：

借：固定资产——融资租入固定资产	700 000	
未确认融资费用	200 100	
贷：长期应付款——应付融资租赁款		900 100

例 22-3　资料同例 22-2，要求作未确认融资费用分摊的处理。

第一步，确定融资费用分摊率。

由于租赁资产入账价值为公允价值，因此应重新计算融资费用分摊率。

计算过程如下：

租赁开始日最低租赁付款额的现值＝租赁开始日租赁资产入账价值

可以得出：150 000×（P/A，r，6）＋100×（P/F，r，6）＝700 000（元）。

用插值法在多次测试的基础上，计算得到利率为 7.70％，即融资费用分摊率为 7.70％。

第二步，在租赁期内采用实际利率法分摊未确认融资费用。

第三步，作会计分录。

（1）2016 年 6 月 30 日，支付第 1 期租金时：

借：长期应付款——应付融资租赁款　150 000

　贷：银行存款　150 000

同时，

借：财务费用　53 900

　贷：未确认融资费用　53 900

（2）2016 年 12 月 31 日，支付第 2 期租金时：

借：长期应付款——应付融资租赁款　150 000

　贷：银行存款　150 000

同时，

借：财务费用　46 500.30

　贷：未确认融资费用　46 500.30

（3）2017 年 6 月 30 日，支付第 3 期租金时：

借：长期应付款——应付融资租赁款　150 000

　贷：银行存款　150 000

同时，

借：财务费用　38 530.82

　贷：未确认融资费用　38 530.82

（4）2017 年 12 月 31 日，支付第 4 期租金时：

借：长期应付款——应付融资租赁款　150 000

　贷：银行存款　150 000

同时，

借：财务费用　29 947.70

　贷：未确认融资费用　29 947.70

（5）2018 年 6 月 30 日，支付第 5 期租金时：

借：长期应付款——应付融资租赁款　150 000

　贷：银行存款　150 000

同时，

借：财务费用　20 703.67

贷：未确认融资费用　20 703.67

（6）2018 年 12 月 31 日，支付第 6 期租金时：
借：长期应付款——应付融资租赁款 150 000
　　贷：银行存款 150 000
同时，
借：财务费用 10 517.51
　　贷：未确认融资费用 10 517.51

二、出租人的会计处理

例 22-4 资料同例 22-2，出租方的会计处理如下：
第一步，最低租赁收款额＝租金 × 期数＋优惠购买价格＝ 150 000×6 ＋ 100 ＝ 900 100（元）。

150 000×（P/A，r，6）＋ 100×（P/F，r，6）
＝ 700 000（元）（租赁资产的原账面价值）

根据这一等式，用插值法在多次测试的基础上，计算租赁内含利率为 7.70％。
第二步，计算租赁开始日最低租赁收款额及其现值和未实现融资收益。
本例中，由于不存在担保余值和未担保余值，因此：

最低租赁收款额＝最低租赁付款额＝ 150 000×6 ＋ 100 ＝ 900 100（元）
最低租赁收款额现值＝租赁开始日租赁资产公允价值＝ 700 000（元）

$$\text{未实现融资收益}=\left(\text{最低租赁收款额}+\text{未担保余值}\right)-\left(\text{最低租赁收款额的现值}+\text{未担保余值的现值}\right)$$

＝ 900 100 － 700 000 ＝ 200 100（元）

第三步，作会计分录。
2016 年 1 月 1 日：

借：长期应收款——应收融资租赁款	900 100	
贷：融资租赁资产		700 000
未实现融资收益		200 100

例 22-5 续例 22-2。出租人对未实现融资租赁收益的处理如下：
第一步，计算租赁期内各期应分配的未实现融资收益。
第二步，作会计分录。
（1）2016 年 6 月 30 日，收到第 1 期租金时：

借：银行存款	150 000	
贷：长期应收款——应收融资租赁款		150 000

同时，

借：未实现融资收益　　53 900

　　贷：租赁收入　　53 900

（2）2016 年 12 月 31 日，收到第 2 期租金时：

借：银行存款　　150 000

　　贷：长期应收款——应收融资租赁款　　150 000

同时，

借：未实现融资收益　　46 500.30

　　贷：租赁收入　　46 500.30

（3）2017 年 6 月 30 日，收到第 3 期租金时：

借：银行存款　　150 000

　　贷：长期应收款——应收融资租赁款　　150 000

同时，

借：未实现融资收益　　38 530.82

　　贷：租赁收入　　38 530.82

（4）2017 年 12 月 31 日，收到第 4 期租金时：

借：银行存款　　150 000

　　贷：长期应收款——应收融资租赁款　　150 000

同时，

借：未实现融资收益　　29 947.70

　　贷：租赁收入　　29 947.70

（5）2018 年 6 月 30 日，收到第 5 期租金时：

借：银行存款　　150 000

　　贷：长期应收款——应收融资租赁款　　150 000

同时，

借：未实现融资收益　　20 703.67

　　贷：租赁收入　　20 703.67

（6）2018 年 12 月 31 日，收到第 6 期租金时：

借：银行存款　　150 000

　　贷：长期应收款——应收融资租赁款　　150 000

同时，

借：未实现融资收益　　10 517.51

　　贷：租赁收入　　10 517.51

例 22-6　假设 2016 年 1 月 1 日，A 公司将一台锻压设备按 80 万元的价格销售给 B 公司。该机器账面原价为 110 万元，已提折旧 40 万元。同时，双方又签订了一份融资租赁协议，A 公司将设备租回使用。假设该设备租回后尚可使用 5 年。不考虑其他税费的影响。

A 公司对售后租回交易中售价与资产账面价值的差额的会计处理如下：

（1）2016 年 1 月 1 日，结转出售的固定资产时：

借：固定资产清理　　700 000
　　累计折旧　　400 000
　　贷：固定资产——锻压设备　　1 100 000

（2）2016 年 1 月 1 日，向 B 公司出售设备时：

借：银行存款　　800 000
　　贷：固定资产清理　　700 000
　　　　递延收益——未实现售后租回损益（融资租赁）　　100 000

（3）2016 年 12 月 31 日，确认本年度应分摊的未实现售后租回损益时：

借：递延收益——未实现售后租回损益（融资租赁）　　20 000
　　贷：制造费用——折旧费　　20 000

其他会计分录从略。

第二节　首次执行日的会计处理

一、应采用未来适用法的处理方法，不追溯调整

根据《企业会计准则第 38 号——首次执行企业会计准则》第四条的规定：在首次执行日，企业应当对所有资产、负债和所有者权益按照企业会计准则的规定进行重新分类、确认和计量，并编制期初资产负债表。

编制期初资产负债表时，除按照《企业会计准则 38 号——首次执行企业会计准则》第五条至第十九条规定要求追溯调整的项目外，其他项目不应追溯调整。

不属于《企业会计准则第 38 号——首次执行企业会计准则》规定要求追溯调整的项目，适用未来适用法。

二、会计科目调整

以经营租赁方式租出的土地使用权和建筑物，应从“无形资产”“固定资产”“累计折旧”科目转出，作为“投资性房地产”核算。

有关出租收入应当全部在“租赁收入”中核算。

第三节　新准则对企业的影响

一、对企业运营、交易策略、公司治理等方面的影响

本准则规范了对融资租赁和经营租赁的分类，可避免企业通过精心设计

租赁合同，将一项实为融资租赁的合同作为经营租赁处理，以达到表外筹资、“扩大”投资收益率、美化企业财务形象的目的。

本准则强调从资产、负债的定义和确认条件出发，从控制的角度，按照实质重于形式的原则，根据租约法律形式条款背后所反映的实质，将实质上转移了与资产所有权有关的全部风险和报酬的融资租赁与一般经营租赁相区分，要求承租人对融资租赁予以资本化入账，并同时确认一项长期负债。

二、对企业内部会计控制的要求和影响

要求企业改进或重新设计财务报告流程和系统，确保管理层在新的框架下编制财务报表时能够获得充分的、可依赖的信息，为重大会计估计和判断提供适当的支持。

新准则引入公允价值的计量属性、实际利率法的摊销方法，以及应当对视为以摊销成本计量的金融资产的应收融资租赁款定期进行减值测试等规定，提高了企业会计核算要求，增加了企业财务报表编制的复杂程度，相应要求改进或重新设计财务报表流程和系统。

第二十三章　金融工具确认和计量

第一节　案例分析及操作实务①

一、金融资产和金融负债的初始计量

初始确认的金融资产或金融负债，应当按照放弃或收到对价的公允价值计量。如果有客观证据表明相同金融资产的公开交易价格更公允，或采用仅考虑公开市场参数的估值技术确定的结果更公允，应当采用更公允的交易价格或估值结果确定公允价值，并在附注中对此作出详细说明。

对于以公允价值计量且其变动计入当期损益的金融资产或金融负债，相关交易费用应当直接计入当期损益；对于其他类别的金融资产或金融负债，相关交易费用应当计入初始确认金额。交易费用，是指可直接归属于购买、发行或处置金融工具新增的外部费用。新增的外部费用，是指企业不购买、发行或处置金融工具就不会发生的费用。交易费用包括支付给代理机构、咨询公司、券商等的手续费和佣金及其他必要支出，不包括债券溢价、折价、融资费用、内部管理成本及其他与交易不直接相关的费用。具体来说，企业取得交易性金融资产时，按确认的初始成本（支付的价款扣除相关税费），借记“交易性金融资产”科目；按发生的相关税费，借记“投资收益”科目；按支付的全部款项，贷记“银行存款”等科目。企业取得的可供出售金融资产、持有至到期投资、贷款和应收款项，应按可供出售金融资产、持有至到期投资的公允价值和相关交易费用之和，借记“可供出售金融资产”“持有至到期投资”“贷款”等科目；按实际支付的款项，贷记“银行存款”等科目。

例 23-1　2016 年 1 月 1 日，甲上市公司购入一批债券，作为交易性金融资产进行核算和管理，实际支付价款 210 000 元，另支付相关交易费用 4 300 元，均以银行存款支付。假定不考虑其他因素，甲上市公司的会计处理如下：

借：交易性金融资产——成本	210 000	
投资收益	4 300	
贷：银行存款		214 300

例 23-2　2016 年 3 月 1 日，乙上市公司购入一批股票，作为可供出售

① 本节采用 2006 年颁布实施的《企业会计准则第 22 号——金融工具确认和计量》编写。

金融资产进行核算和管理，实际支付价款 3 200 000 元，另支付相关交易费用 5 600 元，均以银行存款支付。假定不考虑其他因素，乙上市公司的会计处理如下：

借：可供出售金融资产——成本　　3 205 600

　　贷：银行存款　　3 205 600

二、金融资产和金融负债的后续计量

金融资产和金融负债的后续计量，与其所归属的类别有关。根据金融资产和金融负债所归属的不同类别，应当分别采用公允价值或摊余成本进行后续计量。

（一）以公允价值计量且其变动计入当期损益的金融资产和金融负债

对以公允价值计量且其变动计入当期损益的金融资产和金融负债，应当采用公允价值对其进行后续计量，且不扣除将来处置该金融资产时可能发生的交易费用。公允价值发生的增减变动，应当计入当期损益。具体来说，金融资产公允价值发生增加或金融负债公允价值发生减少的，应当按照增加额或减少额，借记“交易性金融资产”“交易性金融负债”等科目，贷记“公允价值变动损益”科目；金融资产公允价值发生减少或金融负债公允价值发生增加的，应当按照减少额或增加额，借记“公允价值变动损益”科目，贷记“交易性金融资产”“交易性金融负债”等科目。

下列金融资产，不应当采用公允价值进行后续计量：①持有至到期投资以及贷款和应收款项；②在活跃市场中没有报价且其公允价值不能可靠地计量的权益工具投资，以及与该权益工具挂钩并需通过交付该权益工具结算的衍生金融资产。

例 23-3　2016 年 1 月 31 日，甲上市公司持有的某交易性金融资产公允价值月初余额为 21 000 元，月末余额为 22 000 元。假定不考虑其他因素，甲上市公司的会计处理如下：

借：交易性金融资产——公允价值变动　　1 000

　　贷：公允价值变动损益　　1 000

例 23-4　2016 年 3 月 31 日，乙上市公司持有的某交易性金融负债公允价值月初余额为 430 000 元，月末余额为 450 000 元。假定不考虑其他因素，乙上市公司的会计处理如下：

借：公允价值变动损益　　20 000

　　贷：交易性金融负债——公允价值变动　　20 000

（二）持有至到期投资、贷款和应收款项的后续计量

对于持有至到期投资、贷款和应收款项来说，应当采用实际利率法，按摊余成本进行后续计量。

实际利率法，是指按照金融资产或金融负债（含一组金融资产或金融负

债）的实际利率计算其摊余成本及各期利息收入或利息费用的方法。实际利率，是指将金融资产或金融负债在预期存续期间或适用的更短期间内的未来现金流量，折现为该金融资产或金融负债当前账面价值所使用的利率。在确定实际利率时，应当在考虑金融资产或金融负债所有合同条款（包括提前还款权、看涨期权、类似期权等）的基础上预计未来现金流量，但不应当考虑未来信用损失。金融资产或金融负债合同各方之间支付或收取的、属于实际利率组成部分的各项收费、交易费用及溢价或折价等，应当在确定实际利率时予以考虑。金融资产或金融负债的未来现金流量或存续期间无法可靠预计时，应当采用该金融资产或金融负债在整个合同期内的合同现金流量。采用实际利率法按摊余成本进行后续计量，要求企业在初始确认持有至到期投资、贷款和应收款项时，就确定实际利率。实际利率一经确定，不应更改，即使对浮动利率金融资产也是如此。

金融资产或金融负债的摊余成本，是指该金融资产或金融负债的初始确认金额经下列调整后的结果：①扣除已偿还的本金；②加上或减去采用实际利率法将该初始确认金额与到期日金额之间的差额进行摊销形成的累计摊销额；③扣除已发生的减值损失（仅适用于金融资产）。具体来说，对于持有至到期投资，企业应按面值和票面利率计算的应计利息，借记“持有至到期投资——应计利息”“应收利息”等科目；按摊余成本和实际利率计算确认的利息收入，贷记“投资收益”“利息收入”科目；按其差额，借记或贷记“持有至到期投资——利息调整”科目。对于贷款和应收款项，企业应按合同本金和合同利率计算确认的应收利息，借记“应收利息”科目；按摊余成本和实际利率计算确认的利息收入，贷记“利息收入”科目；按其差额，借记或贷记“贷款——利息调整”“长期应收款——利息调整”等科目。

例 23-5　2014 年 1 月 1 日，甲上市公司购买了一项 5 年期的债务工具，实际支付价款 4 400 万元，另支付 1 万元的交易费用，均以银行存款支付。该项债务工具投资作为持有至到期投资进行核算和管理，本金为 5 000 万元，固定利率为 5%，每年年末支付，借款人无权提前偿付该债务工具。假定不考虑其他因素，甲上市公司的会计处理如下：

借：持有至到期投资——成本	50 000 000	
贷：银行存款		44 010 000
持有至到期投资——利息调整		5 990 000

计算实际利率：

每年利息＝ 50 000 000×5%＝ 2 500 000（元）

2 500 000×（P/A，i，5）＋ 50 000 000×（P/F，i，5）＝ 44 010 000（元）

计算得：i ＝ 8％。

表23-1列示了报告期内此债务工具的摊余成本、利息收入和现金流量信息。

表 23-1　报告期内此债务工具的摊余成本、利息收入和现金流量信息

单位：万元

年　度	年初摊余成本	利息收入	现金流量	年末摊余成本
2014	4 401.00	352.08	250	4 503.08
2015	4 503.08	360.25	250	4 613.33
2016	4 613.33	369.07	250	4 732.40
2017	4 732.40	378.59	250	4 860.99
2018	4 860.99	389.01	5 000 ＋ 250	0

甲上市公司的会计处理如下：

（1）2014 年：

借：应收利息　2 500 000
　　持有至到期投资——利息调整　1 020 800
　　贷：投资收益　3 520 800

（2）2015 年：

借：应收利息　2 500 000
　　持有至到期投资——利息调整　1 102 500
　　贷：投资收益　3 602 500

（3）2016 年：

借：应收利息　2 500 000
　　持有至到期投资——利息调整　1 190 700
　　贷：投资收益　3 690 700

（4）2017 年：

借：应收利息　2 500 000
　　持有至到期投资——利息调整　1 285 900
　　贷：投资收益　3 785 900

（5）2018 年：

借：应收利息　2 500 000
　　持有至到期投资——利息调整　1 390 100
　　贷：投资收益　3 890 100

借：银行存款　50 000 000
　　贷：持有至到期投资——成本　50 000 000

例 23-6　沿用例 23-5 的资料。如果合同规定，债权人有权提前偿付该项债务工具，并且在 2016 年 1 月 1 日，甲上市公司预计 50％的本金将在 2016

年12月31日提前偿付，剩余50%的本金将在2018年12月31日偿付。因此，需要调整债务工具在2016年1月1日的期初余额。通过使用初始实际利率8%将企业预计在2016年及以后每年收取的金额进行折现来计算出调整金额。经调整后，2016年1月1日，该债务工具投资新的期初余额为4 737.11万元，与原来的期初余额4 613.33万元之间的差额123.78万元应当计入2016年度的损益。表23-2列示了考虑估计变动后调整的摊余成本、利息收入和现金流量信息。

表23-2　考虑估计变动后调整的摊余成本、利息收入和现金流量信息

单位：万元

年　度	年初摊余成本	利息收入	现金流量	年末摊余成本
2014	4 401.00	352.08	250	4 503.08
2015	4 503.08	360.25	250	4 613.33
2016	4 613.33 + 123.78	378.97	2 500 + 250	2 366.08
2017	2 366.08	189.29	125	2 430.37
2018	2 430.37	194.43	125 + 2 500	0

（1）2016年1月1日，调整期初摊余成本时：

借：持有至到期投资——利息调整　　1 237 800
　　贷：投资收益　　1 237 800

（2）2016年12月31日：

借：应收利息　　2 500 000
　　持有至到期投资——利息调整　　1 289 700
　　贷：投资收益　　3 789 700

借：银行存款　　25 000 000
　　贷：持有至到期投资——成本　　25 000 000

（3）2017年：

借：应收利息　　1 250 000
　　持有至到期投资——利息调整　　642 900
　　贷：投资收益　　1 892 900

（4）2018年：

借：应收利息　　1 250 000
　　持有至到期投资——利息调整　　694 300
　　贷：投资收益　　1 944 300

借：银行存款　　25 000 000
　　贷：持有至到期投资——成本　　25 000 000

（三）可供出售金融资产

1. 公允价值变动利得或损失

对可供出售金融资产，应当采用公允价值对其进行后续计量，除减值损失和外币货币性金融资产形成的汇兑差额外，应当直接计入所有者权益，在该金融资产终止确认时转出，计入当期损益。可供出售外币货币性金融资产形成的汇兑差额，应当计入当期损益。与套期保值有关的金融资产或金融负债公允价值变动形成的利得或损失的处理，适用《企业会计准则第 24 号——套期保值》。

具体来说，可供出售金融资产公允价值发生的增减变动，应当借记“可供出售金融资产——公允价值变动”科目，贷记“其他综合收益”科目；或者，借记“其他综合收益”科目，贷记“可供出售金融资产——公允价值变动”科目。

例 23-7 2016 年 4 月 30 日，丙上市公司持有的某可供出售金融资产月初公允价值为 540 000 元，月末公允价值为 560 000 元。假定不考虑其他因素，丙上市公司的会计处理如下：

借：可供出售金融资产——公允价值变动　　20 000

　贷：其他综合收益　　20 000

2. 持有期间的利息收入或股利收入

采用实际利率法计算的可供出售金融资产的利息，应当计入当期损益；可供出售权益工具投资的现金股利，应当在被投资单位宣告发放股利时计入当期损益。具体来说，对于可供出售的债务工具投资，应当按照采用实际利率法计算确定的利息收入，借记“可供出售金融资产”“应收利息”科目，贷记“投资收益”“利息收入”等科目；对于可供出售的权益工具投资，应当在被投资单位宣告发放现金股利时，按照企业应当享有的份额，借记“应收股利”科目，贷记“投资收益”“股利收入”等科目。

例 23-8 A 公司于 2016 年 1 月 1 日购入某公司发行的 3 年期公司债券，票面金额为 1 000 万元，票面利率为 4%，实际利率为 3%。利息每年支付，本金到期支付。共支付价款为 1 028.244 万元。A 公司将该公司债券划分为可供出售金融资产。2016 年 12 月 31 日，该债券的市场价格为 1 000.094 万元。假定不考虑交易费用和其他因素的影响，A 公司账务处理如下：

（1）2016 年 1 月 1 日，购入债券时：

借：可供出售金融资产——成本　　10 000 000

　　　　　　　　　——利息调整　　282 440

　贷：银行存款　　10 282 440

（2）2016 年 12 月 31 日，收到债券利息，确认公允价值变动时：

实际利息＝1 028.244×3%＝30.85（万元）

年末摊余成本＝1 028.244＋30.847－40＝1 019.094（万元）

借：应收利息　　400 000
　　贷：可供出售金融资产——利息调整　　91 500
　　　　投资收益　　308 500
借：银行存款　　400 000
　　贷：应收利息　　400 000
借：其他综合收益　　190 000
　　贷：可供出售金融资产——公允价值变动　　190 000

（四）其他金融负债

对于其他金融负债，企业应当采用实际利率法，应按摊余成本进行后续计量。

下列情况下，企业不应采用实际利率法，应按摊余成本进行后续计量：①以公允价值计量且其变动计入当期损益的金融负债，应当按照公允价值计量，且不扣除将来结清金融负债时可能发生的交易费用；②与在活跃市场中没有报价、公允价值不能可靠地计量的权益工具挂钩并需通过交付该权益工具结算的衍生金融负债，应当按照成本计量；③不属于指定为以公允价值计量且其变动计入当期损益的金融资产的财务担保合同，或没有指定为以公允价值计量且其变动计入当期损益并将以低于市场利率贷款的贷款承诺，应当在初始确认后按照下列两项金额之中的较高者进行后续计量：按照《企业会计准则第 13 号——或有事项》确定的金额；初始确认金额扣除按照《企业会计准则第 14 号——收入》的原则确定的累计摊销额后的余额。

三、金融资产减值的确认和计量

在估计资产减值损失的过程中，可能形成一个单一的金额，也可能形成一个可能金额的范围。在后一种情况下，企业应考虑财务报表发布前关于资产负债表日情况的所有可获得信息，以该范围内的最佳估计数确认资产减值损失。

1. 以摊余成本计量的金融资产发生减值时

以摊余成本计量的金融资产发生减值时，应当将该金融资产的账面价值减记至预计未来现金流量（不包括尚未发生的未来信用损失）现值，减记的金额确认为资产减值损失，计入当期损益。

预计未来现金流量现值，应当按照该金融资产的原实际利率折现确定，并考虑相关担保物的价值（取得和出售该担保物发生的费用应当予以扣除），原实际利率是初始确认该金融资产时计算确定的实际利率。对于浮动利率贷款、应收款项或持有至到期投资，在计算未来现金流量现值时可采用合同规定的现行实际利率作为折现率。

2. 在活跃市场中没有报价且其公允价值不能可靠地计量的权益工具投资，或与该权益工具挂钩并需通过交付该权益工具结算的衍生金融资产发生减值时

在活跃市场中没有报价且其公允价值不能可靠地计量的权益工具投资，或与该权益工具挂钩并需通过交付该权益工具结算的衍生金融资产发生减值时，应将该权益工具投资或衍生金融资产的账面价值，与按照类似金融资产当时市场收益率对未来现金流量折现确定的现值间的差额，确认为减值损失，计入当期损益。

具体来说，企业确定金融资产发生减值的，应当按照减值的金额，借记“资产减值损失”科目，贷记“贷款”“持有至到期投资”等科目。

例 23-9 2014 年 1 月 1 日，甲银行以“折价”方式向 M 企业发放一笔 5 年期贷款 100 000 000 元（实际发放给 M 企业的款项为 98 000 000 元），合同年利率为 10％。甲银行将其划分为贷款和应收款项，初始确认该贷款时确定的实际利率为 10.53％。

2016 年 12 月 31 日，有客观证据表明 M 企业发生严重财务困难。甲银行据此认定对 M 企业的贷款发生了减值，并预计 2017 年 12 月 31 日将收到利息 10 000 000 元，且 2018 年 12 月 31 日仅收到本金 50 000 000 元。

2016 年 12 月 31 日，甲银行对 M 企业应确认的减值损失按该日确认减值损失前的摊余成本与未来现金流量现值之间的差额确定（小数点后数据四舍五入）。

（1）计算 2016 年 12 月 31 日未确认减值损失前，甲银行对 M 企业贷款的摊余成本。

2014 年 1 月 1 日，对 M 企业贷款的摊余成本＝98 000 000（元）。

2014 年 12 月 31 日，对 M 企业贷款的摊余成本＝98 000 000＋98 000 000×10.53％－10 000 000＝98 319 400（元）。

2015 年 12 月 31 日，对 M 企业贷款的摊余成本＝98 319 400×（1＋10.53％）－10 000 000≈98 672 433（元）。

2016 年 12 月 31 日，对 M 企业贷款（确认减值损失前）的摊余成本＝98 672 433×（1＋10.53%）－10 000 000≈99 062 640（元）。

（2）2016 年 12 月 31 日，计算甲银行预计从对 M 企业贷款将收到现金流量的现值。

$$10\ 000\ 000\times(1+10.53\%)^{-1}+50\ 000\ 000\times(1+10.53\%)^{-2}$$
$$=49\ 974\ 297（元）。$$

（3）2016 年 12 月 31 日，丙银行应确认的贷款减值损失＝99 062 640－49 974 294＝49 088 346（元）。

需要注意的是，采用摊余成本进行后续计量的金融资产发生减值后，利息收入应当按照确定减值损失时对未来现金流量进行折现采用的折现率作为利率计算确认。

3. 可供出售金融资产减值损失的确认和计量

可供出售金融资产发生减值时，即使该金融资产没有终止确认，原直接计入所有者权益的因公允价值下降形成的累计损失，也应当予以转出，计入当期损益。该转出的累计损失，为可供出售金融资产的初始取得成本扣除已收回本金和已摊销金额、当前公允价值和原已计入损益的减值损失后的余额。

具体来说，可供出售金融资产发生减值时，按减记的金额，借记“资产减值损失”科目，按应转出的累计损失，贷记“其他综合收益”科目，按其差额，贷记“可供出售金融资产”科目。

4. 金融资产减值损失的转回

（1）对以摊余成本计量的金融资产确认减值损失后，如有客观证据表明该金融资产价值已恢复，且客观上与确认该损失后发生的事项有关（如债务人的信用评级已提高等），原确认的减值损失应当予以转回，计入当期损益。但是，该转回后的账面价值不应当超过假定不计提减值准备情况下该金融资产在转回日的摊余成本。

具体来说，企业计算出的减值损失金额，借记“贷款损失准备”“持有至到期投资减值准备”“坏账准备”等科目，贷记“资产减值损失”科目。

（2）对于已确认减值损失的可供出售债务工具，在随后的会计期间公允价值上升且客观上与原减值损失确认后发生的事项有关的，原确认的减值损失应当予以转回，计入当期损益。可供出售权益工具投资发生的减值损失，不得通过损益转回。但是，在活跃市场中没有报价且其公允价值不能可靠地计量的权益工具投资，或与该权益工具挂钩并需通过交付该权益工具结算的衍生金融资产发生的减值损失，不得转回。

具体来说，已确认减值损失的可供出售债务工具在随后的会计期间公允价值上升，应按可转回的金额，借记“可供出售金融资产”科目，贷记“资产减值损失”科目。已确认减值损失的可供出售权益工具在随后的会计期间公允价值上升，应按可转回的金额，借记“可供出售金融资产”科目，贷记“其他综合收益”科目。

例 23-10 2014 年 1 月 1 日，甲公司按面值从债券二级市场购入乙公司发行的债券 200 张，每张面值 100 元，票面利率 3%，划分为可供出售金融资产。

2014 年 12 月 31 日，该债券的市场价格为每张 100 元。

2015 年度，乙公司因发生灾害事故，发生严重财务困难，但仍可支付该债券当年的票面利息。2015 年 12 月 31 日，该债券的公允价值下降为每张 80 元。甲公司预计，如乙公司不采取措施，该债券的公允价值预计会持续下跌。

2016 年，乙公司经整顿，财务状况大为好转。2016 年 12 月 31 日，该债券的公允价值已上升至每张 95 元。

假定甲公司初始确认该债券时计算确定的债券实际利率为 3%，且不考虑其他因素，则甲公司有关的账务处理如下：

（1）2014 年 1 月 1 日，购入债券时：

借：可供出售金融资产——成本　　2 000 000

　　贷：银行存款　　2 000 000

（2）2014 年 12 月 31 日，确认利息、公允价值变动时：

借：应收利息　　60 000
　　贷：投资收益　　60 000
借：银行存款　　60 000
　　贷：应收利息　　60 000

债券的公允价值变动为零，故不作账务处理。

（3）2015 年 12 月 31 日，确认利息收入及减值损失时：

借：应收利息　　60 000
　　贷：投资收益　　60 000
借：银行存款　　60 000
　　贷：应收利息　　60 000
借：资产减值损失　　400 000
　　贷：可供出售金融资产——公允价值变动　　400 000

由于该债券的公允价值预计会持续下跌，甲公司应确认减值损失。

（4）2016 年 12 月 31 日，确认利息收入及减值损失转回时：

应确认的利息收入＝（期初摊余成本－发生的减值损失）×3%
＝（2 000 000 － 400 000）×3％ ＝ 48 000（元）

借：应收利息　　60 000
　　贷：投资收益　　48 000
　　　　可供出售金融资产——利息调整　　12 000
借：银行存款　　60 000
　　贷：应收利息　　60 000

减值损失转回前，该债券的摊余成本＝ 2 000 000 － 400 000 － 12 000 ＝ 1 588 000（元）。

2016 年 12 月 31 日，该债券的公允价值＝ 1 900 000（元）
应转回的金额＝ 1 900 000 － 1 588 000 ＝ 312 000（元）

借：可供出售金融资产——公允价值变动　　312 000
　　贷：资产减值损失　　312 000

例 23-11 2014 年 4 月 5 日，丙公司从股票二级市场以每股 18 元（含已宣告发放但尚未领取的现金股利 0.24 元）的价格购入丁公司发行的股票 2 000 000 股。占丁公司有表决权股份的 5％，对丁公司无重大影响，丙公司将该股票划分为可供出售金融资产。其他资料如下：

（1）2014 年 5 月 6 日，丙公司收到丁公司发放的上年现金股利 480 000 元。

（2）2014 年 12 月 31 日，该股票的市场价格为每股 15.6 元。丙公司预计该股票的价格下跌是暂时的。

（3）2015 年，丁公司因违规，受到证券监管部门查处。受此影响，丁公司股票的价格下挫。至 2015 年 12 月 31 日，该股票的市场价格下跌到每股 7.2 元。

（4）2016 年，丁公司整改完成，加之市场宏观面好转。股票价格有所回升。至 12 月 31 日，该股票的市场价格上升到每股 12 元。

假定丁公司 2015 年和 2016 年均未分派现金股利，不考虑其他因素的影响，则丙公司有关的账务处理如下：

（1）2014 年 4 月 5 日，购入股票时：

借：可供出售金融资产——成本　　35 520 000

　　应收股利　　480 000

　　贷：银行存款　　36 000 000

（2）2014 年 5 月 6 日，收到现金股利时：

借：银行存款　　480 000

　　贷：应收股利　　480 000

（3）2014 年 12 月 31 日，确认股票公允价值变动时：

借：其他综合收益　　4 320 000

　　贷：可供出售金融资产——公允价值变动　　4 320 000

（4）2015 年 12 月 31 日，确认股票投资的减值损失时：

借：资产减值损失　　21 120 000

　　贷：其他综合收益　　4 320 000

　　　　可供出售金融资产——公允价值变动　　16 800 000

（5）2016 年 12 月 31 日，确认股票价格上涨时：

借：可供出售金融资产——公允价值变动　　9 600 000

　　贷：其他综合收益　　9 600 000

5. 短期应收款项减值损失的确认和计量

短期应收款项的预计未来现金流量与其现值相差很小的，在确定相关减值损失时，可不对其预计未来现金流量进行折现。

对于单项金额重大的应收款项，应当单独进行减值测试。有客观证据表明其发生了减值的，应当根据其未来现金流量现值低于其账面价值的差额，确认减值损失，计提坏账准备。

对于单项金额非重大的应收款项可以单独进行减值测试，确定减值损失，计提坏账准备；也可以与经单独测试的未减值的应收款项一起，按类似信用风险特征划分为若干组合，再按这些应收款项组合，按资产负债表日余额的一定比例计算确定减值损失，计提坏账准备。根据应收款项组合余额的一定比例计算确定的坏账准备，应当反映各项目实际发生的减值损失，即各组合的账面价值超过其未来现金流量现值的金额。

企业应当根据以前年度与之相同或相类似的、具有类似信用风险特征的应收款项组合的实际损失率为基础，结合现时情况确定本期各项组合计提坏账准备的比例，据此计算本期应计提的坏账准备。

企业发生的应收款项坏账损失，应当采用备抵法进行核算。备抵法是指采用一定的方法按期估计坏账损失，计入当期费用，同时建立坏账准备，当某项应收款项全部或者部分被确认为坏账时，按确认的坏账准备金额冲减坏账准备，同时转销相应的应收账款的坏账损失的核算方法。为此，企业应设置“坏账准备”科目。该科目是“应收账款”“其他应收款”等科目的备抵科目，贷方登记按期估计的坏账准备数额，借方登记已确认为坏账应予以转销的坏账数额，余额通常在贷方，表示已经预提尚未转销的坏账准备数。在编制资产负债表时，该科目的余额应列为“应收账款”“其他应收款”等项目的减项。

采用备抵法时，企业应在期末对各项应收款项进行分析的基础上，预计可能发生的坏账损失，计提坏账准备；实际发生坏账，核销坏账时冲减已计提的坏账准备；收回已作为坏账核销的应收款项时，相应增加坏账准备。

具体来说，提取坏账准备时，借记“资产减值损失”科目，贷记“坏账准备”科目。发生坏账损失时，借记“坏账准备”科目，贷记“应收账款”“其他应收款”等科目。如果已经转销的应收账款、其他应收款在以后又收回时，按转销的金额，借记“应收账款”“其他应收款”等科目，贷记“坏账准备”科目；同时，借记“银行存款”科目，贷记“应收账款”“其他应收款”等科目。

第二节 《金融工具确认与计量》的修订

2017 年 3 月 31 日，财政部修订发布了金融工具相关会计准则，包括《企业会计准则第 22 号——金融工具确认和计量》《企业会计准则第 23 号——金融资产转移》和《企业会计准则第 24 号——套期保值》。主要的变化归纳如下：①金融资产基于合同现金流量特征及业务模式分类为：以摊余成本计量的金融资产、以公允价值计量且其变动计入其他综合收益的金融资产和以公允价值计量且其变动计入当期损益的金融资产三大类。②新准则引入新的金融资产减值模型，从已发生损失模型转变为预期损失模型，要求采用三阶段模型计提减值，即基于自金融工具初始确认后其信用风险是否显著增加，分别采用 12 个月内的预期信用损失或整个存续期内的预期信用损失，同时对于预期信用损失的计量要求采用前瞻性信息。③新准则提升了套期会计的适用性，新的套期会计模型有助于套期会计更好地反映企业的风险管理活动。

新金融工具会计准则采用不同类型企业分阶段实施的方法，自 2018 年 1 月 1 日起在境内外同时上市的企业，以及在境外上市并采用国际财务报告准则或企业会计准则编制财务报告的企业施行，自 2019 年 1 月 1 日起在其他境内上市企业施行，自 2021 年 1 月 1 日起在执行企业会计准则的非上市企业施行，鼓励企业提前施行。

《企业会计准则第 22 号——金融工具确认和计量》修订的主要内容如下。

一、修订金融工具的分类与计量模式

（1）金融资产基于其合同现金流量特征及企业管理该等资产的业务模式分类为：以摊余成本计量的金融资产、以公允价值计量且其变动计入其他综合收益的金融资产和以公允价值计量且其变动计入当期损益的金融资产三大类别，取消了贷款和应收款项、持有至到期投资和可供出售金融资产原有分类。

（2）在金融负债方面，引入了针对自身信用风险变动引起的公允价值变动的特定列报方式。除此之外，金融负债的分类和计量与现行准则保持一致。

二、引入预期信用损失减值模型

（1）引入预期信用损失模型替代了现行准则中已发生损失模型。

（2）新减值模型适用于按摊余成本计量或以公允价值计量且其变动计入其他综合收益的债务工具、租赁应收款、合同资产，以及特定未提用的贷款承诺和财务担保合同。

（3）新减值模型要求采用三阶段模型，依据自初始确认后信用风险是否发生显著增加，信用损失准备按 12 个月内预期信用损失或者整个存续期的预期信用损失予以计提。

（4）对于应收款项、合同资产及租赁应收款存在简化方法，允许始终按照整个存续期预期信用损失确认减值准备。

（5）在初始确认时已发生信用减值的金融资产（如，不良债务）则采用不同的方法。

三、简化嵌入衍生工具的处理

（1）混合合同包含的主合同属于金融资产的，应当将混合合同视为一个整体，基于分类标准进行分类与计量，不再分拆。

（2）如果混合合同包含的主合同属于金融负债或者并非属于新金融工具准则的范围，则与现行准则相同，需要评估嵌入衍生工具是否应当与主合同分拆。

四、调整非交易性权益工具投资的会计处理

允许企业将非交易性权益工具投资指定为以公允价值计量且其变动计入其他综合收益进行处理，但该指定不可撤销，且在处置时不得将原计入其他综合收益的累计公允价值变动额结转计入当期损益。

第三节　新准则对企业的影响

一、对企业运营、交易策略、公司治理等方面的影响

（1）金融衍生工具表外业务表内化，并一律以公允价值计量，有利于及时、充分地反映企业的衍生工具业务所隐含的风险及对企业财务状况和经营成果的影响。为了防范衍生金融工具可能产生的金融风险，准则规定衍生金融工具从表外移到表内反映，而且一律以公允价值计量，相关公允价值变动计入当期损益或所有者权益，这改变了原制度按成本与市价孰低法计量的规定。由于衍生金融工具价格升降的不确定性，故执行新准则后，利润的走向具有不确定性。这种规定能更充分、更及时地揭示银行的潜在风险，迫使银行提高资本充足率，完善资本监管，强化风险防范。

（2）公允价值与实际利率摊余法能够更好地反映市场因素、时间价值，从而更准确地计量各类金融资产和负债，这对商业银行利率风险管理能力提出了更高要求。公允价值计价法将商业银行会计核算与复杂的资本市场和宏观经济环境紧密地联系在一起，市场环境的变化均将通过商业银行的会计信息反映出来。当市场利率水平变化时，商业银行金融工具的重估值随之产生变化，进而导致商业银行的财务状况和盈利能力的波动。当市场利率较低、经济走向繁荣时，商业银行反映为资产价值的上升，资本充足率的提高，银行可通过杠杆作用扩大负债规模，增加投资，但同时银行规模扩张的过程也是风险积聚的过程；反之，当经济出现转折，利率水平上升时，银行资产将面临缩水，资本充足率下降，由于银行对客户的负债是被动管理，如果银行不能利用金融工具进行风险化解，规模扩张时积聚的风险就将集中爆发。公允价值计价法的引入，要求银行对宏观经济和市场环境具有较强的预见能力，这种能力具体反映为商业银行的利率风险管理能力。

（3）资产减值准备计提的变化。准则规定，债务工具减值损失转回可计入当期损益，而可供出售权益工具投资发生的减值损失，不得通过损益转回，与权益工具挂钩并需通过交付该权益工具结算的衍生金融资产发生的减值损失不得转回。这一规定的实施充分体现了谨慎性原则，减少了企业通过资产减值准备转回操纵利润的空间，从而使财务报告更加真实。

二、对企业内部会计控制的要求和影响

1. 明确划分金融资产、金融负债的分类原则

明确划分金融资产、金融负债的分类原则，并针对不同类别的金融资产

和金融负债实施管理、监控，严格控制金融资产分类间的划转及划转要求，企业应做好如下工作：

（1）尽快制定金融资产四分类和金融负债两分类的相关会计核算政策以及相应的业务操作规范文件，严格限定持有至到期投资的归类标准，满足财政部、新准则关于重分类计量的条件限制。

（2）全面理解暂行规定和新准则分类标准的要求，特别是关注划分为持有至到期投资，务必满足准则中规定的要求。

（3）建立完善各项投资台账，对持有至到期投资债券项目进行严格监控，严格把握金融资产重分类条件限制。

（4）修改相关会计核算制度，建立债券投资计价模型，如对债券溢折价的摊销采用实际利率法，按实际利率法计提债券利息；对各会计期末公允价值的取得、调整、测算建立完善的核算体系，并一贯予以有效执行；关注各项投资减值的情形以及减值准备计提的合理性。

2. 设立公允价值计量模型

新会计准则引入了公允价值计量的要求，可能使企业盈利的波动性增加，要求企业尽快建立公允价值模型，对各项金融资产、金融负债的公允价值获取途径、取得方式等内容进行规范；在日常经营活动中注重对公允价值的获取及资料的积累；随时根据市场条件的变化，调整自身的价值计量模型，以满足金融资产和金融负债的计量需求。

3. 减值准备的计提

根据新准则的规定，企业应建立未来现金流量折现模型，并健全贷款损失准备计提的计算机管理系统，相应计提操作流程等相关管理制度文件亦应进行修订。

对于金融资产组合的确定，应建立在相似信用风险特征的基础上，比如，以考虑资产类型、行业、地理位置、抵押品类型、逾期状况和其他相关因素的信用风险水平或分级程序为基础进行分组。

三、其他影响

其他影响包括对审计、税务、监管方、其他报告使用者的影响。

（1）会计准则国际化给银行监管带来新的挑战。首当其冲的便是资本监管，因为资本充足率的变动来自银行资本和加权风险资产的变动。一方面，金融工具公允价值的频繁变化，增加了银行资本的波动性。另一方面，表外业务也将纳入表内反映，必将影响加权风险资产的计算。

（2）无论从会计信息对投资者进行理性的投资，还是简化金融工具会计核算本身，公允价值均要强于其他计量属性。公允价值计量，有利于强化外部监督，使商业银行资产和负债价值的确认基础趋于一致，其结果是具有可比性，信息的透明度增强，扩大了会计信息的使用范围。各方面的相关利益人可根据会计信息对公司作出合理判断和预期，通过各种方式形成对公司的外部监督。

（3）影响到对银行损益真实性的判断。因为尽管国际会计准则要求商业银行在运用公允价值计量金融工具时必须有确实的理由、事实或依据，但不能排除其中包含大量的主观分析和判断，这给监管部门评价商业银行收益或损失的真实性带来一定困难。

（4）对于以公允价值计量且其变动计入当期损益的金融资产和金融负债，其实质是对预计的损益的会计确认，待交易最后实现时，报表中列示的损益是交易收入减前一报告日的公允价值，即每一笔金融工具交易的实际损益被分割为各期的调整损益而予以预计。而税法规定不允许确认任何不确定收入、费用，金融工具对预计损益的确认，会形成与税务认定的差异。

第二十四章　金融资产转移

第一节　案例分析及操作实务[1]

一、金融资产整体转移和部分转移的区分

金融资产转移涉及的会计处理，核心是金融资产转移是否符合终止确认条件。鉴于金融资产转移交易的复杂性，企业有必要在分析判断金融资产转移是否符合金融资产终止条件前，着重关注两个方面：一是金融资产转移的转出方能否对转入方实施控制。如果能够实施控制，则表明转入方是转出方的子公司，从而应纳入转出方的合并财务报表。从合并财务报表的意义上，这种情况下的金融资产转移属于内部交易，不存在终止确认问题。因此，在判断金融资产转移是否符合终止确认条件时，应首先判断转入方是否是转出方的子公司。二是金融资产是整体转移还是部分转移。如为整体转移，则应将金融资产终止确认的判断条件运用于整项金融资产；如为部分转移，则只需将金融资产终止确认判断条件运用于发生转移的部分金融资产。

金融资产部分转移，包括下列三种情形：①将金融资产所产生现金流量中特定、可辨认部分转移，如企业将一组类似贷款的应收利息转移等。②将金融资产所产生全部现金流量的一定比例转移，如企业将一组类似贷款的本金和应收利息合计的 90% 转移等。③将金融资产所产生现金流量中特定、可辨认部分的一定比例转移，如企业将一组类似贷款的应收利息的 90% 转移等。

例 24-1　甲企业以 10％的利率贷出 5 000 万元的可提前清偿贷款，预计年限为 9 年。甲企业把 90％的本金和利率为 8％的利息出售给乙企业，而且继续对该贷款提供服务。合约规定，对甲企业提供的服务的补偿是未出售的利率，即 2％的利息。相关公允价值为：现金收入 4 550 万元，服务性资产 450 万元，保留的 10％利息 500 万元。

分析：

基于相关公允价值的账面价值见表 24-1。

在本例中，由于甲企业已经转移了对贷款售出部分的几乎所有风险和报酬，并且不再对售出的贷款实施控制，满足终止金融资产转移的确认条件，终止确认部分的账面价值为 4 150 万元。

---

① 本节采用 2006 年颁布实施的《企业会计准则第 23 号——金融资产转移》编写

表 24-1 基于相关公允价值的账面价值

单位：万元

项 目	公允价值	占公允价值的百分比	分配的账面价值
售出的贷款	4 550	83	4 150
服务性资产	450	8	400
保留的 10% 利息	500	9	450
合 计	5 500	100	5 000

应该计入当期损益的金额＝收到的对价－售出贷款的账面金额

＝4 550 － 4 150 ＝ 400（万元）

二、符合终止确认条件的金融资产转移

（一）企业已将金融资产所有权上几乎所有的风险和报酬转移给转入方

企业在判断是否已将金融资产所有权上几乎所有的风险和报酬转移给了转入方时，应当比较转移前后该金融资产未来现金流量净现值及时间分布的波动使其面临的风险。企业面临的风险因金融资产转移发生实质性改变，致使该风险与所转移金融资产未来现金流量净现值的总体变化相比显得不重大的，表明该企业已将金融资产所有权上几乎所有的风险和报酬转移给了转入方。以下情形表明企业已将金融资产所有权上几乎所有的风险和报酬转移给了转入方：

（1）不附任何追索权方式出售金融资产。企业出售金融资产时，如果根据与购买方之间的协议约定，在所出售金融资产的现金流量无法收回时，购买方不能够向企业进行追偿，企业也不承担任何未来损失。此时，企业可以认定几乎所有的风险和报酬已经转移，应当终止确认该金融资产。

（2）附回购协议的金融资产出售，回购价为回购时该金融资产的公允价值。企业通过与购买方之间签订的协议，按一定价格向购买方出售了一项金融资产，同时约定到期日企业再将该金融资产购回，回购价为到期日该金融资产的公允价值。此时，该项金融资产如果发生减值，其减值损失由购买方承担，因此可以认定企业已经转移了该项金融资产所有权上几乎所有的风险和报酬，因此，应当终止确认该金融资产。同样，企业在金融资产转移后只保留了优先按照公允价值回购该金融资产的权利的（在转入方出售该金融资产的情况下），也应当终止确认所转移的金融资产。

（3）附重大价外看跌期权（或重大价外看涨期权）的金融资产出售。企业将金融资产出售，同时与购买方之间签订看跌（或看涨）期权合约，但从合约条款判断，由于该期权为重大价外期权，致使到期时或到期前行权的可能性极小，此时可以认定企业已经转移了该项金融资产所有权上几乎所有的

风险和报酬，因此，应当终止确认该金融资产。

（二）企业既没有转移也没有保留金融资产所有权上几乎所有的风险和报酬，但放弃了对该金融资产的控制

企业既没有转移也没有保留金融资产所有权上几乎所有的风险和报酬，即企业保留了部分但不是几乎所有金融资产所有权上的风险和报酬，按照金融资产转移准则，此时，企业应当判断是否放弃了对该金融资产的控制。如果放弃了对该金融资产的控制的，应当终止确认该金融资产。

判断是否已放弃对所转移金融资产的控制，应当重点关注转入方出售所转移金融资产的实际能力。如果转入方能够单独将转入的金融资产整体出售给与其不存在关联方关系的第三方，且没有额外条件对此项出售加以限制，说明转入方有出售该金融资产的实际能力，同时表明企业（转出方）已放弃对该金融资产的控制，从而应当终止确认所转移的金融资产。转入方是否能够将转入的金融资产整体出售给与其不存在关联方关系的第三方，应当关注该金融资产是否存在活跃市场，需要强调的是，如果不存在活跃市场，即使合同约定转入方有权处置该金融资产，也不表明转入方有"实际能力"，不能判断为转出方已放弃了对所转移金融资产的控制。

转入方是否能够自由处置所转移资产，也是判断转入方是否具有出售金融资产实际能力的一个方面。"能够自由处置"，表明转入方能够单独出售所转入金融资产且没有额外条件对此销售加以限制，是其独立于其他人的行为；并且，不存在与出售密切相关的约束性条款。比如，转入方出售转入的金融资产时附有一项看涨期权，且该看涨期权又是重大价内期权，以至于可以认定转入方将来很可能会行权。在这种情况下，不表明转入方有出售所转移金融资产的实际能力。

企业对金融资产进行终止确认时，如果该金融资产转移使企业新获得了某项权利或承担了某项义务，或保留了某项权利，则企业应当将这些权利或义务分别确认为资产或负债。

例 24-2 甲企业为乙企业提供了一项 7 000 元的 5 年带息贷款，而后，甲企业与丙企业达成一项协议，甲企业同意向丙企业交付从乙企业收到的所有本金和利息的 80%，除此之外没有其他的支付义务；作为对价，丙企业向甲企业支付 5 600 元的现金。对于贷款的履行，甲企业没有向丙企业提供担保，即如果不能从乙企业收回款项，甲企业没有任何向丙企业支付现金的义务，并且甲企业没有保留对从乙企业收到的现金的 80% 的权利。在这种情况下，甲企业应该报告一项 5 600 元的贷款资产，而对于已经转让给了丙企业的 5 600 元，应该终止确认。

例 24-3 2016 年 8 月 15 日，C 公司销售一批商品给 D 公司，售价 500 000 元，增值税税额 85 000 元，货款尚未收到。双方约定，D 公司应于 2016 年 11 月 15 日支付货款。2016 年 9 月 10 日，C 公司将应收 D 公司的货款出售给银行，价格为 438 750 元，并与银行约定，在应收 D 公司货款到期无法收回时，

银行不能向C公司追偿。C公司根据历史经验估计，该批商品可能发生的销售退回金额为35 100元，其中货款为30 000元，增值税税额为5 100元，成本为21 000元。实际发生的销售退回由C公司承担。2016年10月10日，C公司收到D公司退回的商品，金额为35 100元。

本例涉及企业将应收债权不附追索权予以出售（处置），应对出售该金融资产进行确认。

（1）2016年9月10日，出售应收债权时：

借：银行存款	438 750	
营业外支出	111 150	
其他应收款	35 100	
贷：应收账款		585 000

（2）2016年10月10日，收到退回的商品时：

借：主营业务收入	30 000	
应交税费——应交增值税（销售税额）	5 100	
贷：其他应收款		35 100
借：储存商品	21 000	
贷：主营业务成本		21 000

例24-4 甲企业持有乙企业的少量股票，这些股票原来被归类为可供出售的金融资产。2016年12月31日，股票的公允价值为30 000元，并按其调整了账面价值。已确认为所有者权益的累计利得为10 000元（根据规定，可供出售的金融资产的后续计量采用公允价值，公允价值变动形成的利得或损失、除减值损失和外币货币性金融资产形成的汇兑损益外，应当直接计入所有者权益）。

2017年1月1日，企业将该股票出售，获得现金30 100元，则企业应当计入转让当期的损益如下：

$$30\,100 + 10\,000 - 30\,000 = 10\,100\text{（元）}$$

三、不符合终止确认条件的金融资产转移

以下情形通常表明企业保留了金融资产所有权上几乎所有的风险和报酬：

（1）采用附追索权方式出售金融资产。企业出售金融资产时，如果根据与购买方之间的协议约定，在所出售金融资产的现金流量无法收回时，购买方能够向企业进行追偿，企业也应承担任何未来损失。此时，可以认定企业保留了该金融资产所有权上几乎所有的风险和报酬，不应当终止确认该金融资产。

（2）将信贷资产或应收款项整体出售，同时保证对金融资产购买方可能发生的信用损失等进行全额补偿。企业将信贷资产或应收款项整体出售，符合金融资产转移的条件，但由于企业出售金融资产时作出承诺，当已转移的

金融资产将来发生信用损失时，由企业（出售方）进行全额补偿。在这种情况下，企业实质上保留了该金融资产所有权上几乎所有的风险和报酬，因此，不应当终止确认所出售的金融资产。这种情形经常出现在资产证券化实务中，例如，银行通过持有次级权益或承诺对特定现金流量担保，实现了对证券化资产的信用增级。如果通过这种信用增级技术，企业保留了被转移资产所有权上几乎所有的风险和报酬，那么企业就不应当终止确认该金融资产。

（3）附回购协议的金融资产出售，回购价固定或是原售价加合理回报。在附回购协议的金融资产出售中，转出方将予回购的资产与售出的金融资产相同或实质上相同、回购价格固定或是原售价加上合理回报的，表明企业保留了该金融资产所有权上几乎所有的风险和报酬，因此不应当终止确认所出售的金融资产。例如，采用买断式回购、质押式回购交易卖出债券等。

（4）附总回报互换的金融资产出售，该互换使市场风险又转回给了金融资产出售方。在附总回报互换的金融资产出售中，企业出售了一项金融资产，并与转入方达成一项总回报互换协议，如将该资产产生的利息现金流量支付给企业以换取固定付款额或变动利率付款额，该项资产公允价值的所有增减变动由企业承担，从而使市场风险等又转回企业。在这种情况下，企业保留了该金融资产所有权上几乎所有的风险和报酬，因此不应当终止确认所出售的金融资产。

（5）附重大价内看跌期权（或重大价内看涨期权）的金融资产出售。企业将金融资产出售，同时与购买方之间签订的看跌（或看涨）期权合约，但从合约条款判断，由于该期权为重大价内期权，致使到期时或到期前极可能会行权，此时可以认定企业保留了该项金融资产所有权上几乎所有的风险和报酬，因此，不应当终止确认该金融资产。

（6）融券业务。证券公司将自身持有的证券借给客户，约定期限和利率，到期客户需归还相同数量的同种证券，并向证券公司支付利息费用。证券公司保留了融出证券所有权上几乎所有的风险和报酬。因此，证券公司不应当终止确认所融出的证券。

例 24-5　A 公司将 100 万元的债券转让给 B 公司，同时与 B 公司签订回购协议，承诺在 4 个月后将转让的 100 万元债券回购，回购价为 106 万元，且转让的债券在市场上不易获得。由于 A 公司必须回购，因此 A 公司仍然保留了债券商几乎所有的风险和报酬，不应终止确认该金融资产。

例 24-6　甲企业源生了一个 5 年期带息贷款组合，一共 100 000 元，而后，甲企业与乙企业达成一项协议，作为收到 80 000 元付款的交换。甲企业同意向乙企业交付它从贷款组合中收取的最初 80 000 元，加上利息。甲企业保留了对占有最后的 20 000 元的本金及其利息的权利，即它只保留了一项次级化的剩余权利。如果甲企业因为债务人的违约只收到了 80 000 元的本金及其利息，则甲企业要把收到的全部现金交付给乙企业，而自己得不到任何现金。如果甲企业收到了 90 000 元的本金及其利息，则扣除付给乙企业的以外，还可以保留10 000元本金及其相应的利息。在这种情况下，甲企业因为次级化的保留权利使其承担了净现金流量所有可能变动的风险，因而保留了所有权上几乎所有的风险和报酬，因此，应该继续确认全部贷款。

例24-7 2016年7月31日，丙公司销售一批商品给丁公司，售价100 000元，增值税税额17 000元，当日收到丁公司签发的一张不带息商业承兑汇票，期限3个月。丙公司于2016年8月15日将该票据向银行贴现，贴现净额为115 830元，但银行拥有追索权，即到期时，银行如不能从丁公司收到票款，需向丙公司追偿。

本例涉及应收债权贴现附追索权，不符合金融资产终止确认条件，应将贴现所得确认为一项金融负债（短期借款）。

借：银行存款	115 830	
短期借款——利息调整	1 170	
贷：短期借款——本金		117 000

贴现息1 170元应在票据贴现期间采用实际利率法确认为利息费用。

四、继续涉入条件下的金融资产转移

企业既没有转移也没有保留金融资产所有权上几乎所有的风险和报酬，但未放弃对该金融资产控制的，应当按照其继续涉入所转移金融资产的程度确认有关金融资产，并相应确认有关负债。继续涉入所转移金融资产的程度，是指该金融资产价值变动使企业面临的风险水平。在这种情况下，这种转移实际上反映了企业对所转移金融资产风险和报酬的风险敞口，这一风险敞口并不与资产整体有关，而是限制为一定的金额。即企业对被转移资产继续涉入的程度。

继续涉入的方式主要有：享有继续服务权、签订回购协议、签发或持有期权以及提供担保等。有时，企业仅继续涉入所转移金融资产的一部分，例如，保留一项买入期权，以回购所转移金融资产的某一部分；保留所转移金融资产上的一项剩余权益，该剩余权益使企业仅保留了所转移金融资产所有权上的部分重大风险和报酬。此时，企业应当按照其继续涉入所转移金融资产的部分确认有关金融资产，并相应确认有关负债。

1. 通过担保方式继续涉入

企业通过对所转移金融资产提供财务担保方式继续涉入的，应当在转移日按照金融资产的账面价值和财务担保金额两者之中的较低者，确认继续涉入形成的资产，同时按照财务担保金额和财务担保合同的公允价值之和确认继续涉入形成的负债。这里的财务担保金额，是指企业所收到的对价中，将被要求偿还的最高金额。财务担保合同的公允价值，通常是指提供担保而收取的费用，如果财务担保合同的公允价值不能合理确定，则应当视同其等于零。

例24-8 甲银行与乙银行签订一笔贷款转让协议，由甲银行将其本金为

1 000 万元、年利率为 10%、贷款期限为 9 年的组合贷款出售给乙银行，售价为 990 万元。双方约定，由甲银行为该笔贷款提供担保，担保金额为 300 万元，实际贷款损失超过担保金额的部分由乙银行承担。转移日，该笔贷款（包括担保）的公允价值为 1 000 万元，其中，担保的公允价值为 100 万元。甲银行没有保留对该笔贷款的管理服务权。

分析：本例中，甲银行由于对该笔转移的贷款提供了部分违约担保，因此既没有转移也没有保留该笔组合贷款所有权上几乎所有的风险和报酬，而且因为贷款没有活跃的市场，乙银行不具备出售该笔贷款的“实际能力”，导致甲银行也未放弃对该笔贷款的控制，因此，应当按照继续涉入该笔贷款的程度确认有关资产和负债。

由于转移日该笔贷款的账面价值为 1 000 万元，提供的财务担保金额为 300 万元，甲银行应当按照 300 万元确认继续涉入形成的资产。由于财务担保合同的公允价值为 100 万元，所以甲银行确认继续涉入形成的负债金额为 400 万元（300 + 100）。因此，转移日甲银行应作会计分录如下：

借：存放中央银行款项	9 900 000	
继续涉入资产	3 000 000	
其他业务成本	1 100 000	
贷：贷款		10 000 000
继续涉入负债		4 000 000

在随后的会计期间，财务担保合同的初始确认金额（公允价值）应当在该财务担保合同期间内按照时间比例摊销，确认为各项收入。因担保形成的资产的账面价值，应当在资产负债表日进行减值测试，当可收回金额低于其账面价值时，应当按其差额计提减值准备。

2. 附期权合同并且所转移金融资产按摊余成本计量方式下的继续涉入

企业因卖出一项看跌期权或持有一项看涨期权，使所转移的金融资产不符合终止确认条件，且按照摊余成本计量该金融资产的，应当在转移日按照收到的对价确认继续涉入形成的负债。

所转移的金融资产在期权到期日的摊余成本和继续涉入形成的负债初始确认金额之间的差额，应当采用实际利率法摊销，计入当期损益；同时，调整继续涉入所形成负债的账面价值。相关期权行权的，应当在行权时，将继续涉入形成负债的账面价值与行权价格之间的差额计入当期损益。

例 24−9　B 公司持有一笔账面价值为 102 万元的长期债券投资，该债券在公开市场不能交易且不易获得，B 公司将其划分为持有至到期投资。2×16 年 1 月 1 日，B 公司以 100 万元价款将该笔债券出售给 D 公司，同时与 D 公司签订一项看涨期权合约，行权日为 2×17 年 12 月 31 日，行权价为 105 万元，已知出售日该债券的公允价值为 104 万元。假定行权日该债券的摊余成本为 106 万元。

分析：本例中，看涨期权的存在，意味着 B 公司收取债券未来现金流量（债券本金和利息）的权利没有终止，而将这项权利转移给了D公司。但是，出售债券所附的看涨期权既不是重大的价外期权（期权行权价105万元与债券的公允价值104万元相比），因此，B公司既没有转移也没有保留该债券所有权上几乎所有的风险和报酬。同时，因债券没有活跃的市场，D公司不拥有出售该债券的实际控制能力，B公司保持了对该债券的控制。因此，B公司应当按照继续涉入程度确认和计量被转移债券。有关计算和会计分录如下：

2×16年1月1日，B公司应当确认继续涉入形成的负债的入账价值为100万元。

借：银行存款　　1 000 000

　　贷：继续涉入负债　　1 000 000

2×16年1月1日至2×17年12月31日期间，将该负债与行权日债券的摊余成本之间的差额6万元（106－100），采用实际利率法摊销，计入损益。与此同时，B公司继续以摊余成本计量该债券，并且采用实际利率法摊销债券行权日的摊余成本与出售日账面价值之间的差额4万元（106－102）。

2×17年12月31日，如果B公司行权：

借：继续涉入负债　　1 060 000

　　贷：银行存款（行权价）　　1 050 000

　　　　投资收益　　10 000

如果B公司不行权：

借：继续涉入负债　　1 060 000

　　贷：持有至到期投资　　1 060 000

同样，如果转出方向转入方签出一项看跌期权，其会计处理方法与上例类似。

3. 持有看涨期权且所转移金融资产以公允价值计量方式下的继续涉入

企业因持有一项看涨期权使所转移金融资产不满足终止确认条件，且按照公允价值计量该金融资产的，应当在转移日仍按照公允价值确认所转移金融资产，同时按照下列规定计量继续涉入形成的负债：①该期权是价内或平价期权的，应当按照期权的行权价格扣除期权的时间价值后的余额，计量继续涉入形成的负债。②该期权是价外期权的，应当按照所转移金融资产的公允价值扣除期权的时间价值后的余额，计量继续涉入形成的负债。

例24-10　2×15年1月1日，A公司向B公司出售一项可供出售的金融资产，该金融资产初始入账价值80万元，转让日的公允价值为104万元，获得价款为100万元，但是双方签订了一项于2×16年12月31日以105万元购回该资产的看涨期权合约。假定B公司没有出售该交易性资产的实际能力，A公司没有放弃对该资产的控制。

分析：本例中，由于A公司持有一项看涨期权，使得其既没有转移也没有保留该金融资产所有权上几乎所有的风险和报酬，同时也没有放弃对该金融资产的控制，因此，应当按照继续涉入程度确认有关金融资产和负债。具体会计处理如下：

2×15 年 1 月 1 日，A 公司继续按照公允价值确认该金融资产。由于该看涨期权为价外期权（行权价 105 万元大于资产公允价值 104 万元），其时间价值（额外的支付额）为 4 万元（104-100），因此，继续涉入负债的入账价值为 100 万元（104 — 4）。会计分录如下：

借：银行存款 1 000 000

  贷：继续涉入负债 1 000 000

2×15 年 12 月 31 日，假定资产的公允价值增加为 106 万元，此时，该期权为价内期权［行权价 105（万元）< 106（万元）］，时间价值为 2 万元。因此，继续涉入负债变为 103 万元（105 — 2）。

会计分录如下：

借：可供出售金融资产——公允价值变动 20 000

  其他综合收益权 10 000

  贷：继续涉入负债 30 000

2×16 年 12 月 31 日，假定交易性金融资产的公允价值发生变动，A 公司将以价内行权。

会计分录如下：

借：继续涉入负债 1 030 000

  其他综合收益 20 000

  贷：银行存款 1 050 000

假定资产的公允价值降为 103 万元，此时，A 公司将不会行权，则 A 公司将终止确认交易性金融资产和继续涉入的负债，会计分录如下：

借：继续涉入负债 1 030 000

  其他综合收益（104 — 80 — 1） 230 000

  贷：可供出售金融资产 1 060 000

    投资收益（金融资产转让收益）（100 — 80） 200 000

4. 出售看跌期权且所转移金融资产以公允价值计量方式下的继续涉入

企业因卖出一项看跌期权使所转移金融资产不满足终止确认条件，且按照公允价值计量该金融资产的，应当在转移日按照该金融资产的公允价值和该期权行权价格之间的较低者，确认继续涉入形成的资产；同时，按照该期权的行权价格与时间价值之和，确认继续涉入形成的负债。也就是说，如果企业卖出的一项看跌期权使所转移金融资产不满足终止确认条件，则企业仍应继续确认该项资产。由于企业对所转移金融资产公允价值高于期权行权价格的部分不拥有权利，因此，当该金融资产原按照公允价值进行计量时，继续确认该项资产的金额为其转移日公允价值与期权行权价格之间的较低者。

例 24-11 2×15 年 1 月 1 日，A 公司向 B 公司出售一项划分为可供出售金融资产的权益性投资，该投资初始入账价值 80 万元，转让日的公允价值为 97 万元，获得价款 102 万元，但是双方签订了一项看跌期权协议，约定在

2 年内，当该资产公允价值低于 96 万元时，B 公司可以 96 万元返售给 A 公司。假定 B 公司没有出售该交易性金融资产的实际能力，A 公司没有放弃对该资产的控制。

分析：本例中，由于 A 公司签出一项看跌期权，使得其既没有转移也没有保留该金融资产所有权上几乎所有的风险和报酬，同时也没有放弃对该金融资产的控制，因此，应当按照继续涉入程度确认有关金融资产和负债。具体计算和会计处理如下：

2×15 年 1 月 1 日，A 公司应当按照该金融资产的公允价值（97 万元）和该期权行权价格（96 万元）之间的较低者，确认继续涉入形成的资产为 96 万元。由于看跌期权的时间价值（额外收款额）为 5 万元（102 − 97），因此，继续涉入形成负债的入账金额为 101 万元（96 + 5），会计分录如下：

借：银行存款　　1 020 000
　　贷：继续涉入负债　　1 010 000
　　　　可供出售金融资产　　10 000

2×15 年 12 月 31 日，假定资产公允价值下跌为 94 万元，此时，期权为价内期权（行权价 96 > 94），期权时间价值为 2 万元。因此，继续涉入资产的价值从 96 万元降为 94 万元（94 < 96），相应地，继续涉入负债的金额从 101 万元降为 98 万元（96 + 2），会计分录如下：

借：继续涉入负债　　30 000
　　贷：可供出售金融资产　　20 000
　　　　其他综合收益　　10 000

2×16 年 12 月 31 日，假定资产的公允价值没有发生变动，B 公司决定在价内行权，A 必须以行权价重新取得该投资，会计分录如下：

借：继续涉入负债　　980 000
　　贷：银行存款　　960 000
　　　　其他综合收益　　20 000

5. 附上下期权且所转移金融资产以公允价值计量方式下的继续涉入

企业因卖出一项看跌期权和购入一项看涨期权（即上下期权）使所转移金融资产不满足终止确认条件，且按照公允价值计量该金融资产的，应当在转移日仍按照公允价值确认所转移金融资产；同时，按照下列规定计量继续涉入形成的负债：

（1）该看涨期权是价内或平价期权的，应当按照看涨期权的行权价格和看跌期权的公允价值之和，扣除看涨期权的时间价值后的金额，计量继续涉入形成的负债。

（2）该看涨期权是价外期权的，应当按照所转移金融资产的公允价值总额和看跌期权的公允价值之和，扣除看涨期权的时间价值后的金额，计量继续涉入形成的负债。

例 24-12　甲公司与乙公司签订一项股票转让协议，同时购入一项行权价为 110 万元的看涨期权，并出售了一项行权价为 90 万元的看跌期权。假定转移日该股票的公允价值为 100 万元，看涨期权和看跌期权的时间价值分别为 5 万元和 2 万元。

分析：由于甲公司因卖出一项看跌期权和购入一项看涨期权使所转移股票投资不满足终止确认条件，且按照公允价值来计量该股票投资，因此，应当在转移日仍按照公允价值确认所转移金融资产。根据相关规定甲公司应确认的金融资产金额为 100 万元；应确认的继续涉入形成的负债金额为 97 万元［（100 + 2）－ 5］。

例 24-13　甲企业有一项可提前偿付的贷款组合，其票面利率和实际利率是 10%，本金和摊余成本是 10 000 元。甲企业达成一项交易，在这项交易中，受让人支付 8 115 元现金，以取得收取 8 000 元本金和按照 9% 计算的这部分本金利息的权利，甲企业则保留了收取 2 000 元本金加上按照 10% 计算的这部分本金利息和剩余 8 000 元本金 1% 的利率差价部分。收到的提前支付款按照 1 ∶ 9 的比例在甲企业和售让方之间分配。但是，所有的拖欠从甲企业保留的对 2 000 元本金所拥有的权益中扣除，直到全部扣除完毕。交易日贷款的公允价值是 10 100 元，1% 的利率差价的估计公允价值是 75 元。

甲企业判定自己已经转移了部分所有权上的重大风险和报酬（例如，重大的提前偿付风险），但是也保留了某些所有权上的重大风险和报酬（因为主体的次级剩余权益），并保留了控制，因此应适用继续涉入法。此交易可以分为两项：

（1）完全呈比例地保留 2 000 元的剩余权益。

（2）将该剩余权益次级化，以向受让人提供信用风险保证。

甲企业计算所收到的对价 8 115 元中有 8 080 元（10 100×80%）代表了完全呈比例的 80% 的份额的对价。所收到的对价中的剩余部分（35 元）代表了次级剩余权益向受让人提供信用风险保证所收到的对价。此外，提供信用保证收取的对价还包括 1% 的利率差价。因此，因提供信用保证所获得的总对价是 110 元（35 + 75）。

甲企业要计算其出售 80% 份额现金流量的损益。假定在转让日无法确定被转让的 80% 部分和留存的 20% 部分的个别公允价值。则甲企业应该分配该资产的账面金额，具体分配情况见表 24-2。

表 24-2　甲企业应分配该资产的账面金额

金额单位：元

项　　目	估计的公允价值	占公允价值的百分比（%）	分配后的账面价值
被转让部分	8 080	90	8 000
留存部分	2 020	10	2 000
合　　计	10 100	100	10 000

甲企业通过从所收到的对价中扣除分配给被转让部分的账面金额来计算出售现金流量 80％份额的利得或损失，即 80 元（8 080 − 8 000）。甲企业留存部分的账面金额为 2 000 元。

另外，甲企业确认为信用损失提供保证而将剩余权益次级化形成继续涉入。因此，甲企业确认 2 000 元的资产（甲企业因剩余权益次级化而不能收回的现金流量的最大值）和 2 110 元的相关负债（甲企业因剩余权益次级化而不能收回的现金流量的最大值 2 000 元，加上次级化的公允价值 110 元）。

甲企业利用上述信息对交易进行的核算见表 24-3。

表 24-3　甲企业对交易的核算

单位：元

项　　目	借　　方	贷　　方
原始资产	—	8 000
因次级化剩余权益而确认的资产	2 000	—
以利率差价形式收取对价形成的资产	75	—
转让收益	—	80
相关负债	—	2 110
收到的现金	8 115	—
合　　计	10 190	10 190

在交易完成之后，资产的账面金额是 4 075 元，其中 2 000 元代表了分配给留存部分的成本，2 075 元代表了企业为信用损失提供担保而将剩余权益次级化形成的继续涉入（其中包括利率差价 75 元）。

第二节　《金融资产转移》的修订

2017 年 3 月 31 日，财政部修订发布了金融工具相关会计准则，包括《企业会计准则第 22 号——金融工具确认和计量》、《企业会计准则第 23 号——金融资产转移》和《企业会计准则第 24 号——套期保值》。主要的变化归纳如下：①金融资产基于合同现金流量特征及业务模式分类为：以摊余成本 计量的金融资产、以公允价值计量且其变动计入其他综合收益的金融资产和以公允价值计量且其变动计入当期损益的金融资产三大类。②新准则引入新的金融资产减值模型，从已发生损失模型转变为预期损失模型，要求采用三阶段模型计提减值，即基于自金融工具初始确认后其信用风险是否显著增加，分别采用 12 个月内的预期信用损失或整个存续期内的预期信用损失，同时对于预期信用损失的计量要求采用前瞻性信息。③新准则提升了套期会计的适用性，新的套期会计模型有助于套期会计更好地反映企业的风险管理活动。

新金融工具会计准则采用不同类型企业分阶段实施的方法，自2018年1月1日起在境内外同时上市的企业，以及在境外上市并采用国际财务报告准则或企业会计准则编制财务报告的企业施行，自2019年1月1日起在其他境内上市企业施行，自2021年1月1日起在执行企业会计准则的非上市企业施行，鼓励企业提前施行。

《企业会计准则第23号——金融资产转移》修订的主要变化在于，进一步明确金融资产转移的判断原则及其会计处理。在维持金融资产转移及其终止确认判断原则不变的前提下，修订后的准则对相关判断标准、过程及会计处理进行了梳理，突出金融资产终止确认的判断流程，对相关实务问题提供了更加详细的指引，增加了继续涉入情况下相关负债计量的相关规定，并对此情况下企业判断是否继续控制被转移资产提供更多指引，对不满足终止确认条件情况下转入方的会计处理和可能产生的对同一权利或义务的重复确认等问题进行了明确。

第三节　新准则对企业的影响

一、对会计收益的影响

在终止确认中，所有的金融资产都应以“公允价值”计量，除非有以下两种情况：①企业准备持有到期的长期投资（比如负债、贷款、长期应收款、到期可回购的优先股等）；②金融资产的公允价值不能可靠地计量。除了衍生金融工具和投机性质的金融负债以“公允价值”计量以外，其余金融负债均以历史成本为基础支付和摊销，即以“摊余成本”计量。由此引起的损失和收益的确认，企业有两种可选择的方法：①确认并调整当期损益；②当期只确认短期持有的证券价值调整所产生的损益，而非投机部分的调整引起的损益则先在权益项目中列报，待金融资产出售后再计入损益。以上述方式确认的损益与按“收入-费用”的传统模式确认的损益共同构成了企业的最终经营成果，这不仅对传统会计的“实现原则”及“过去事项”前提进行了冲击，而且使企业期间净利润的内容更显得复杂化。

二、与税务利润存在差异

金融工具会计对于各报表日因“公允价值”调整而产生的损益采用了两种确认方法——计入当期损益或予以递延。后者把调整的损益先记入权益类账户，待交易实现后再确认损益，仍遵循传统会计的“实现原则”，对应纳税所得额的计算不会有影响。而前者则把因调整而产生的损益计入当期损益，其实质是对预计的损益的会计确认，待交易最后实现时，报表中列示的损益是衍生金融工具交易收入（交易时的公允价值）减上期报表日的“公允价值”的差额，即在不考虑货币时间价值的前提下，每一笔衍生金融工具交易的实际损益被分割为各期的调整损益而予以预计。尽管这部分的差异基本符合时间性差异的定义，但是由于税法中不允许对任何不确定收入、费用的确认，衍生金融工具会计对预计损益的确认，税法上不予确认。

第二十五章 套期保值

第一节 案例分析及操作实务[①]

一、套期保值及套期会计的基本原理

（一）套期保值的定义

从经济学的角度来看，套期（hedge）是指利用衍生金融工具价值的变化对企业现有的风险敞口进行对冲抵销，从而减少风险对自身利益的影响。因此，套期保值者（hedger）的目的在于减少他们所面临的风险。由于风险是一种不确定性，因而减少风险意味着降低不确定性。套期保值的目的虽然是使最终结果更加确定，但它不一定会改进最终结果。

（二）套期保值的分类

为达到将被套期项目和套期工具的公允价值或现金流量变动在同一会计期间相互抵销的目的，套期保值根据被套期项目的不同性质可划分为公允价值套期、现金流量套期和境外经营净投资套期三大类。

1. 公允价值套期

公允价值套期，是指对已确认资产或负债、尚未确认的确定承诺，或该资产、负债、尚未确认的确定承诺中可辨认部分的公允价值变动风险进行的套期。该类价值变动源于某类特定风险，且将影响企业的损益。

例如，通过签订一份将固定利率转换成浮动利率的利率互换，可以对因利率变动而引起的对固定利率债务公允价值变动风险进行套期。随着市场价格的上涨或者下跌，一份在未来以固定价格购买一定数量小麦的固定承诺可能给企业带来利得或者损失，企业可以通过买入一份卖出小麦的期权来对这样的风险进行套期。

2. 现金流量套期

现金流量套期，是指对现金流量变动风险进行的套期。该类现金流量变动源于与已确认资产或负债、很可能发生的预期交易有关的特定风险，且将影响企业的损益。

例如，某航空公司为以固定外汇金额购买飞机的未确认合同承诺中的未来外汇风险进行的套期；某供电企业以固定价格购买燃料的未确认合同承诺

---

① 本节采用2006年颁布实施的《企业会计准则第24号——套期保值》编写。

中的燃料价格变动进行的套期。如果利率水平发生变化，持有浮动利率债券的企业将遭受现金流量变动的风险，通过签订一份将浮动利率转换成固定利率的利率互换，可以对该利率风险进行套期保值。

3. 境外经营净投资套期

境外经营净投资套期，是指对境外经营净投资外汇风险进行的套期。境外经营净投资，是指企业在境外经营净资产中的权益份额。

例如，某企业在美国拥有一家子公司，净投资额为 100 万美元。即期汇率为 1 美元＝ 8.20 元人民币，并且估计美元汇率在半年之后会下降。为了防止因汇率下降而造成经济损失，该企业与某金融机构签订了一份 6 个月远期外汇合同，卖出 100 万美元，其远期汇率为 1 美元＝ 8.00 元人民币。上述套期就属于境外经营净投资套期。

二、套期工具与被套期项目

（一）套期工具

1. 套期工具的定义

套期工具，是指企业为进行套期而指定的、其公允价值或现金流量变动预期可抵销被套期项目的公允价值或现金流量变动的衍生工具、非衍生金融资产或非衍生金融负债，其中，非衍生金融资产或非衍生金融负债仅与对外汇风险套期有关。

根据上述规定，对于套期工具的定义应当注意以下几点：

（1）衍生工具通常可以作为套期工具。衍生工具包括远期合同、期货合同、互换和期权，以及具有远期合同、期货合同、互换和期权中一种或一种以上特征的工具。比如，企业为规避库存铜品价格下跌的风险，可以通过卖出一定数量铜品的期货合同加以实现，其中卖出铜品的期货合同即是套期工具。

但是，如果衍生工具无法有效地降低被套期项目的风险，也不能作为套期工具。比如，对于利率上下限期权或由一项发行的期权和一项购入的期权组成的期权，其实质相当于企业发行一项期权的（即企业收取了净期权费），不能将其指定为套期工具。另外，企业所签出期权的潜在损失有可能会大大超过被套期项目价值的潜在损失，因而签出的期权在减少被套期项目损益敞口方面有可能是无效的。因而在一般情况下，签出的期权不满足成为套期工具的条件，除非其被指定用于抵销某项购入的期权，如用于对一项可赎回负债进行套期而签出的一项看涨期权。

（2）非衍生金融资产或非衍生金融负债通常不能作为套期工具，但被套期风险为外汇风险时，某些非衍生金融资产或非衍生金融负债可以作为套期工具。例如，某种外币借款可以作为对同种外币结算的销售（确定）承诺的套期工具；又如，持有至到期投资可以作为规避外汇风险的套期工具。

（3）无论是衍生工具还是某些非衍生金融资产或非衍生金融负债，其作为套期工具的基本条件就是其公允价值应当能够可靠地计量。因此，在活跃市场上没有报价的权益工具投资，以及与该权益工具挂钩并需通过交付该权益工具进行结算的衍生工具，由于其公允价值难以可靠地计量，不能作为套期工具。企业自身的权益工具既非企业的金融资产也非金融负债，因而也不能作为套期工具。

（4）在运用套期会计方法时，只有涉及报告主体以外的主体的工具（含符合条件的衍生工具或非衍生金融资产或非衍生金融负债）才能作为套期工具。这里所指报告主体，是指企业集团或集团内的各企业，也指提供分部信息的各分部。因此，在分部或集团内各企业的财务报表中，只有涉及这些分部或企业以外的主体的工具及相关套期指定，才能在符合套期保值准则规定条件时运用套期会计方法，而在集团合并财务报表中，如果这些套期工具及相关套期指定并不涉及集团外的主体，则不能对其运用套期会计方法进行处理。

2. 套期工具的指定

企业在指定某项金融工具为套期工具时，应当注意下列几种情形：

（1）企业在确立套期关系时，应当将套期工具整体或其一定比例（不含套期工具剩余期限内的某一时段）进行指定，但下列情况除外：①对于期权，企业可以将期权的内在价值和时间价值分开，只就内在价值变动将期权指定为套期工具；②对于远期合同，企业可以将远期合同的利息和即期价格分开，只就即期价格变动将远期合同指定为套期工具。

一般而言，一项套期工具整体上通常只有一个公允价值计量，并且引起公允价值变化的因素是相互依存的，因此，企业只能对套期工具整体指定一种套期关系。之所以允许存在上述例外，是因为期权的内在价值和远期合同的贴水通常可以单独计量。既考虑期权合同的内在价值，又考虑时间价值的动态套期策略，当然也符合套期会计的条件。

值得注意的是，企业虽然可以将整体套期工具的一定比例指定为套期工具，但不能在套期关系中将套期工具剩余期限内的某一时段进行套期指定。例如，某公司拥有一项支付固定利息、收取浮动利息的互换合同，打算将其用于对所发行的浮动利率债券进行套期。该互换合同的剩余期限为 10 年，而债券的剩余期限为 5 年。在这种情况下，甲公司不能在互换合同剩余期限中的某 5 年将互换指定为套期工具。

（2）企业通常可将单项衍生工具指定为对一种风险进行套期，但同时满足下列条件的，可以指定单项衍生工具对一种以上的风险进行套期：①各项被套期风险可以清晰辨认；②套期有效性可以证明；③可以确保该衍生工具与不同风险头寸之间存在具体指定关系。

根据上述规定，单项衍生工具通常被指定为对一种风险进行套期。附有多种风险的衍生工具也可以被指定为对一种以上风险进行套期，前提是可以清晰地辨认这些被套期风险，可以证明套期有效性，同时可以确保该衍生工具与不同风险之间存在具体指定关系。比如，某企业的记账本位币是人民币，发行了一期5年期美元浮动利率债券。为规避该金融负债的外汇风险和利率风险，该企业与某金融企业签订一项交叉货币互换合同并将其指定为套期工具，同时将该美元浮动利率债券指定为被套期项目。执行此项合同后，该企业将从金融企业定期收到浮动利率美元利息，以支付债券持有者，并按固定利率支付人民币利息给金融企业。在此例中，该企业将浮动利率美元利息转化成了固定利率人民币利息，从而规避了美元对人民币汇率变动风险及美元利率变动风险。

（3）企业可以将两项或两项以上衍生工具的组合或该组合的一定比例指定为套期工具。对于外汇风险套期，企业可以将两项或两项以上非衍生工具的组合或该组合的一定比例，或将衍生工具和非衍生工具的组合或该组合的一定比例指定为套期工具。

但是，对于利率上下限期权或由一项发行的期权和一项购入的期权组成的期权，其实质相当于企业发行的一项期权的（即企业收取了净期权费），不能将其指定为套期工具。

（二）被套期项目

1. 被套期项目的定义

被套期项目，是指使企业面临公允价值或未来现金流量变动风险，且被指定为被套期对象的下列项目：

（1）单项已确认资产、负债、确定承诺、很可能发生的预期交易，或境外经营净投资。

（2）一组具有类似风险特征的已确认资产、负债、确定承诺、很可能发生的预期交易，或境外经营净投资。

（3）分担同一被套期利率风险的金融资产或金融负债组合的一部分（仅适用于利率风险公允价值组合套期）。

根据上述规定，库存商品、持有至到期投资、可供出售金融资产、贷款、长期借款、预期商品销售、预期商品购买、对境外经营净投资等项目使企业面临公允价值或现金流量风险变动的，均可被指定为被套期项目。

在理解被套期项目的定义时，应当注意下列几点：

第一，作为被套期项目，应当使企业面临公允价值或现金流量变动风险（即被套期风险），在本期或未来期间会影响企业的损益。与之相关的被套期风险，通常包括外汇风险、利率风险、商品价格风险、股票价格风险和信用风险等。企业的一般经营风险（比如固定资产毁损风险）不能作为被套期风险，因为这些风险不能具体辨认和单独计量。同样地，企业合并交易中，与购买另一个企业的确定承诺相关的风险（不包括外汇风险）也不能作为被套期风险。

第二，衍生工具不能作为被套期项目，但对于外购的、嵌在另一项金融工具（主合同）中的期权，如果其与主合同存在紧密关系，且混合工具没有被指定为以公允价值计量且其变动计入当期损益的金融工具，则可以作为被套期项目。

第三，采用权益法核算的股权投资不能在公允价值套期中作为被套期项目，因为在权益法下，投资方只是将其在联营企业或合营企业中的损益份额确认为当期损益，而不确认投资的公允价值变动。与之相类似，在母公司合并财务报表中，对子公司投资也不能作为被套期项目，但对境外经营净投资可以作为被套期项目，因为相关的套期指定针对的是外汇风险，而非境外经营净投资的公允价值变动风险。

2. 指定持有至到期投资为被套期项目

被套期风险是外汇风险或信用风险的，持有至到期投资可以指定为被套期项目。被套期风险是利率风险或提前还款风险的，持有至到期投资不能指定为被套期项目。

持有至到期投资之所以不能作为利率风险或提前偿付风险的被套期项目，是因为将某项投资指定为持有至到期的投资时，要求企业具有将该项投资持有至到期意图，并且不考虑利率变动所引起的投资公允价值或现金流量的变化。

3. 指定企业集团内部交易为被套期项目

企业集团内部交易形成的货币性项目的汇兑收益或损失，不能在合并财务报表中全额抵销的，该货币性项目的外汇风险可以在合并财务报表中指定为被套期项目。企业集团内部很可能发生的预期交易，按照进行此项交易的主体的记账本位币以外的货币标价（即按外币标价），且相关的外汇风险将影响合并利润或损失的，该外汇风险可以在合并财务报表中指定为被套期项目。

在套期会计中，一般来说，只有具有主体以外的合同方的资产、负债、确定承诺或很可能的预期交易才可以被指定为被套期项目。因此，对于同一集团内部的各主体之间的交易，套期会计只适用于集团内各主体的个别财务报表，而不适用于集团的合并财务报表。但是，如果集团内部货币性项目的外汇风险（比如，两个子公司之间的应付款项或应收款项）会导致主体承受汇兑收益或损失，并且这种风险在合并财务报表时不能被完全抵销时，则集团内部货币性项目的外汇风险在集团合并财务报表中可能满足作为被套期项目的条件。

4. 指定金融资产或金融负债为被套期项目

对于金融资产或金融负债来说，将其指定为被套期项目具有较多选择。对于与金融资产或金融负债现金流量或公允价值的一部分相关的风险，其有效性可以计量的，企业可以就该风险将金融资产或金融负债指定为被套期项目。一项带息资产或带息负债的承受利率风险的一部分，如果可以辨认并单独计量，则可以被指定为被套期风险。例如，被套期金融工具承受的总利率风险中的无风险利率或基准利率组成部分。

在金融资产或金融负债组合的利率风险公允价值套期中，可以将某货币金额（如人民币、美元或欧元金额）的资产或负债指定为被套期项目。

虽然出于风险管理的目的，该组合可能包括资产或负债，但是，被指定的金额应是资产的某一金额或负债的某一金额。不允许把包括资产和负债的净额指定为被套期部分。企业可以对与被指定部分的利率风险的一部分进行套期。例如，如果一家银行拥有 8 000 万元的资产和 7 000 万元的负债，并且这些资产和负债具有类似的风险特征。如果银行经理想对 1 000 万元净风险敞口进行套期保值，则银行可以把 8 000 万元资产中的 1 000 万元指定为被套期项目。如果这些资产和负债都是固定利率金融工具，则该指定是公允价值套期；如果这些资产和负债都是浮动利率金融工具，则该指定可以是现金流量套期。

企业可以将金融资产或金融负债现金流量的全部指定为被套期项目，但金融资产或金融负债现金流量的一部分被指定为被套期项目的，被指定部分的现金流量应当少于该金融资产或金融负债现金流量总额。例如，如果某项金融负债的实际利率低于伦敦银行同业拆借利率，则企业不能把金额等于本金加上按伦敦银行同业拆借利率计算的利息的负债部分指定为被套期项目。企业可以就伦敦银行同业拆借利率变动所引起的该金融负债整体公允价值或现金流量变动，将该金融负债整体指定为被套期项目。

5. 指定非金融资产或非金融负债为被套期项目

非金融资产或非金融负债指定为被套期项目的，被套期风险应当是该非金融资产或非金融负债相关的全部风险或外汇风险。

当被套期项目是一项非金融资产或非金融负债时，被套期风险只能是非金融资产或非金融负债所承受的外汇风险或全部风险，因为很难分离和计量现金流量或公允价值变动中归属于外汇风险以外的特定风险部分。例如，甲公司预期从乙公司购买一批轮胎。甲公司和乙公司的记账本位币分别为美元和人民币。由于轮胎是非金融项目，因此，甲公司只能将与轮胎有关的所有风险或其中的外汇风险指定为被套期项目。但是，甲公司不能将预期购买的轮胎所含橡胶成分的成本变动风险指定为被套期风险。

6. 指定项目组为被套期项目

对具有类似风险特征的资产或负债组合进行套期时，该组合中的各单项资产或单项负债应当同时承担被套期风险，且该组合内各单项资产或单项负债由被套期风险引起的公允价值变动，应当预期与该组合由被套期风险引起的公允价值整体变动大致呈比例。

例如，当被套期组合整体因被套期风险形成的公允价值变动达到 10％时，该组合中各单项金融资产或单项金融负债因被套期风险形成的公允价值变动通常应限制在 9% ~ 11％的较小范围内。又如，一家企业拥有一项以 3 万美元进口原材料的预期交易和一项以 2 万美元出口产成品的预期交易，则该企业签订一份购进 1 万美元的远期合同，并将其指定为 3 万美元预期交易中的 1 万美元有关的套期工具，从而可以对 1 万美元的外汇风险敞口进行套期。

三、套期的确认和计量

（一）运用套期会计的条件

公允价值套期、现金流量套期或境外经营净投资套期同时满足下列条件的，才能运用新准则规定的套期会计方法进行处理：

（1）在套期开始时，企业对套期关系（即套期工具和被套期项目之间的关系）有正式指定，并准备了关于套期关系、风险管理目标和套期策略的正式书面文件。该文件至少应载明了套期工具、被套期项目、被套期风险的性质以及套期有效性评价方法等内容。套期必须与具体可辨认并被指定的风险有关，且最终影响企业的损益。

（2）该套期预期高度有效，且符合企业最初为该套期关系所确定的风险管理策略。

（3）对预期交易的现金流量套期，该预期交易应当很可能发生，且必须使企业面临最终将影响损益的现金流量变动风险。

（4）套期有效性可以可靠地计量。

（5）企业应当持续地对套期有效性进行评价，并确保该套期在套期关系被指定的会计期间内高度有效。

只有上述条件同时满足时，企业才可以认定一项套期关系，并对其采用套期会计。

第（1）个条件要求企业反映和记录打算进行套期的意图，并形成正式书面文件，以备将来查证。这主要是为了防止企业对那些并没有准备进行套期的交易采用套期会计，因为采用套期会计与否对企业损益会产生影响。正式书面文件应该在开始套期交易时书立，不能在套期交易完成之后再补上。

第（2）个条件要求套期必须是高度有效的。因为不是有效的套期活动应该按照正常的会计进行处理，而不应该按照套期会计进行处理。

第（3）个条件要求被套期项目中的预期交易是很可能发生的，否则不适用套期会计。

第（4）个条件是套期会计的有效性能够可靠地计量，如果套期有效性不能可靠地计量，就不能计算出套期工具在多大程度上抵销了被套期项目上的风险。

第（5）个条件是要求套期始终是有效的，不能在中间过程中出现无效的情况。

另外，为了满足套期会计的条件，套期必须与某个经专门辨认并指定的风险相关，而不仅仅与企业的一般经营风险相关，并且必须能最终影响企业的损益。对实物资产报废的风险或政府没收不动产的风险所进行的套期，不满足套期会计的条件，因为这些风险无法可靠地计量，套期有效性也无法计量。

（二）套期有效性的评价

套期有效性，是指套期工具的公允价值或现金流量变动能够抵销被套期风险引起的被套期项目公允价值或现金流量变动的程度。

套期同时满足下列条件的，企业应当认定其为高度有效：

（1）在套期开始及以后期间，该套期预期会高度有效地抵销套期指定期间被套期风险引起的公允价值或现金流量变动。

（2）该套期的实际抵销结果在 80% ~ 125％的范围内。

例如，如果套期工具的损失为 120 元，而被套期项目的利得是 100 元，则实际抵销结果可以计算为 120 ÷ 100（即为 120％），也可以计算为 100 ÷ 120（即为 83％）。在该例中，该套期是高度有效的，可以采用套期会计。

企业至少应当在编制中期或年度财务报告时对套期有效性进行评价。如果该套期不符合套期有效性的标准，则企业应从可证明满足套期有效性的最后 1 日开始停止采用套期会计。

（三）套期有效性的评价方法

运用套期会计方法的条件实际上隐含了两项套期有效性评价要求：①预期性评价，即评价套期在未来会计期间是否高度有效。这就要求企业在套期开始时，以及至少在中期报告或年度报告日对套期有效性进行评价。②回顾性评价，即评价套期在以往的会计期间实际上是否高度有效。这就要求企业至少在中期报告或年度财务报告日对套期有效性进行评价。

一般情况下，企业难以实现套期工具和被套期项目的公允价值或现金流量变动完全抵销，因而会出现套期无效的较小金额范围。无效套期的形成源于多方面的因素，这些因素包括：①套期工具和被套期项目以不同的货币表示；②套期工具和被套期项目具有不同的到期期限；③套期工具和被套期项目内含不同的利率或权益指数变量；④套期工具和被套期项目使用不同市场的商品价格标价；⑤套期工具和被套期项目对应不同的交易对手；⑥套期工具在套期开始时的公允价值不等于零。

值得注意的是，套期有效性评价方法应当与企业的风险管理策略相吻合，并在套期开始时就在风险管理有关的正式文件中详细加以说明。在这些正式文件中，企业应当就套期有效性评价的程序和方法、评价时是否包括套期工具的全部利得或损失、是否包括套期工具的时间价值等作出说明。

常见的套期有效性评价方法主要有：主要条款比较法、比率分析法和回归分析法，以下分别叙述之。

1. 主要条款比较法

主要条款比较法，是通过比较套期工具和被套期项目的主要条款，以确定套期是否有效的方法。如果套期工具和被套期项目的所有主要条款均能准确地匹配，可认定因被套期风险引起的套期工具和被套期项目公允价值或现金流量变动可以相互抵销。套期工具和被套期项目的"主要条款"包括：名义金额或本金、到期期限、内含变量、定价日期、商品数量和货币单位等。

企业在以利率互换对利率风险进行套期时，可以采用主要条款比较法。例如，如果某项利率互换的套期工具和被套期项目的名义金额、本金、期限、重定价日、利息和本金收付日以及利率计量基础均相同，则该利率互换很可能是一项有效套期工具。

另外，如果同时符合下列条件，采用远期合同对非常可能发生的预期商品购买进行的套期，可能是高度有效的套期：

（1）该远期合同是与被套期预期交易在相同的时间和地点购买相同数量的相同商品。

（2）远期合同在初始确认时的公允价值为零。

（3）远期合同折溢价的变动被排除在套期有效性评价之外并计入损益；或者，非常可能发生的预期交易的预期现金流量变动是以该商品的远期价格为基础的。

在很多情况下，套期工具与被套期项目的关键条款并不一致。下列情况就会导致套期的无效性：

第一，套期工具建立基础和被套期项目的基础不同。比如，交叉套期可能包括两种货币或者两种商品。

值得注意的是，采用这种方法对套期有效性评价虽然不需要进行计量，但适用的情形往往不限，而且只能用于套期预期性评价。即使是套期工具和被套期项目的主要条款均能准确地匹配，企业仍然需要进行套期的回顾性评价。

第二，其他关键条款的不一致，包括：名义金额或者其他数量性指标、到期日或者交割日期、存放地点和交割地点等。

第三，套期工具或者被套期项目交易对方信用状况的恶化，使得对方违约的可能性增加。

2. 比率分析法

比率分析法也称金额对冲法，是通过比较被套期风险引起的套期工具和被套期项目公允价值或现金流量变动比率，以确定套期是否有效的方法。运用比率分析法时，企业可以根据自身风险管理政策的特点进行选择，以累积变动数（即自套期开始以来的累积变动数）为基础比较，或以单个期间变动数为基础比较。如果上述比率没有超过 80% ~ 125％的范围，可以认定套期是高度有效的。应当注意的是，以累积变动数和单个期间变动数分别作为比较基础，可能会得出不同结论，即如果以单个期间变动数为基础，套期可能不是高度有效的，但若以累积变动数为基础，套期却可能是高度有效的。

例 25-1 甲公司 2015 年 1 月 1 日预期将在 2016 年 1 月 1 日对外出售一批商品。为了规避商品价格下降的风险，甲公司于 2015 年 1 月 1 日与其他方签订了一项远期合同（套期工具），约定在 2016 年 1 月 1 日以预期相同的价格（作为远期价格）卖出相同数量的商品。合同签订日，该远期合同的公允价值为零。假定套期开始时，该现金流量套期高度有效。

甲公司每季采用比率分析法对套期有效性进行评价。套期期间，套期工具的公允价值及其变动、被套期项目的预计未来现金流量现值及其变动如表 25-1，表 25-2 和表 25-3 所示。

表 25-1　以单个期间为基础比较

金额单位：万元

项目＼时间	3 月 31 日	6 月 30 日	9 月 30 日	12 月 31 日
当季套期工具公允价值变动	－100	－50	110	140
当季被套期项目预计未来现金流量现值变动	90	70	－110	－140
当季套期有效程度(％)	111	71.4	100	100
评价结果	80％～125％	非高度有效	80％～125％	80％～125％

说明：以单季为基础比较，第二季度非高度有效。

表 25-2　以累积变动数为基础比较

金额单位：万元

项目＼时间	3 月 31 日	6 月 30 日	9 月 30 日	12 月 31 日
至本月止套期工具公允价值累积变动	－100	－150	－40	100
至本月止被套期项目预计未来现金流量现值累积变动	90	160	50	－90
至本月止累积套期有效程度（％）	111	93.8	80	111
评价结果	80％～125％	80％～125％	80％～125％	80％～125％

说明：以累积数为基础比较，第二季度高度有效。

表 25-3　确定应计入所有者权益／当期损益的套期工具公允价值变动

单位：万元

项目＼时间	3 月 31 日	6 月 30 日	9 月 30 日	12 月 31 日
直接在所有者权益中反映的套期工具公允价值变动额	－90	－150	－40	90
当季套期工具公允价值变动中的有效部分（应计入所有者权益）	－90	－60	110	130

（续表）

项目 \ 时间	3 月 31 日	6 月 30 日	9 月 30 日	12 月 31 日
当季套期工具公允价值变动中的无效部分（计入当期损益）	－ 10	10	0	10
当季套期工具公允价值变动	－ 100	－ 50	110	140

3. 回归分析法

回归分析法，是一种统计学方法，它是在掌握一定量观察数据基础上，利用数理统计方法建立自变量和因变量之间回归关系函数的方法。将此方法运用到套期有效性评价中，需要研究分析套期工具和被套期项目价值变动之间是否具有高度相关性，进而判断确定套期是否有效。运用回归分析法，自变量反映被套期项目公允价值变动或预计未来现金流量现值变动，而因变量反映套期工具公允价值变动。相关回归模型如下：

$$y = a + bx + \varepsilon$$

其中 y——因变量，即套期工具的公允价值变动；

a——截距项；

b——回归系数，反映了套期工具公允价值变动与被套期项目公允价值变动的比率；

ε——随机变量，假定符合均值为零的正态分布。

企业在运用线性回归分析确定套期有效性时，套期只有满足以下全部条件才能认为是高度有效的：

（1）回归系数必须为负值，且其数值应在－ 0.8 ～－ 1.25 之间。

（2）拟合优度（R2）应当大于或等于 0.96，该系数表明套期工具价值变动由被套期项目价值变动影响的程度。R2 越大，表明回归模型对观察数据的拟合越好，用回归模型进行预测效果也就越好。

（3）整个回归模型的统计有效性（F 值）必须是显著的。F 值也称置信程度，表示自变量 x 与因变量 y 之间线性关系的强度。F 值越大，置信程度越高。

另外，对利率风险进行套期的，企业可以通过编制金融资产和金融负债的到期时间表，标明每期的利率净风险，据此对套期有效性进行评价。

四、公允价值套期会计

在市场经济中，价格波动是非常普遍的一种经济现象，因此公允价值套期也就成为最为常见的一种套期交易。

（一）常见的公允价值套期

在当前的国际经济活动中，可归属于公允价值套期的套期活动主要有：

（1）对存货（产成品）价格风险（如果是出口商品，可能还包括汇率风险）的套期保值。

（2）对股票投资价格风险的套期保值。

（3）对固定利率债券的利率风险的套期保值（这里所指的债券可以是持有的作为资产的债券，也可以是企业发行的作为负债的债券）。

（4）对经营租赁利率风险的套期保值。

（5）对固定利率债券汇率风险的套期保值。

（6）对购入（或者售出）一定数量某种商品的固定承诺的价格风险（可能还包括汇率风险，如果是进出口合同）的套期保值。

（二）公允价值套期计量的一般原则

公允价值套期满足运用套期会计方法条件的，应当按照下列原则处理：

（1）套期工具为衍生工具的，套期工具公允价值变动形成的利得或损失应当计入当期损益；套期工具为非衍生工具的，套期工具账面价值因汇率变动形成的利得或损失应当计入当期损益。

（2）被套期项目因被套期风险形成的利得或损失应当计入当期损益，同时调整被套期项目的账面价值。被套期项目为按成本与可变现净值孰低进行后续计量的存货、按摊余成本进行后续计量的金融资产或可供出售金融资产的，也应当按此规定处理。

（三）利率风险组合套期的公允价值套期计量

对于金融资产或金融负债组合一部分的利率风险公允价值套期，企业对被套期项目形成的利得或损失可以选择下列方法处理：

（1）被套期项目在重新定价期间内是资产的，在资产负债表中资产项下单列项目反映（列在金融资产之后），待终止确认时转销。

（2）被套期项目在重新定价期间内是负债的，在资产负债表中负债项下单列项目反映（列在金融负债后），待终止确认时转销。

对利率风险组合的公允价值套期，在资产负债表中单列的相关项目，也应当按照调整日重新计算的实际利率在调整日到相关的重新定价期间结束日的期间内摊销。采用实际利率法进行摊销不可行的，可以采用直线法进行摊销。对于利率风险组合的公允价值套期，应当于相关重新定价期间结束日前摊销完毕。

（四）公允价值套期的终止

满足下列条件之一的，企业应当终止采用公允价值套期会计：

（1）套期工具已到期、被出售、合同终止或者已行使。

套期工具展期或被另一项套期工具替换时，如展期或替换是企业正式书面文件所载明的套期策略组成部分的，不作为已到期或合同终止处理。

（2）该套期不再满足本准则所规定的运用套期会计方法的条件。

（3）企业撤销了对套期关系的指定。

（五）被套期项目为以摊余成本计量的金融工具的公允价值套期计量

被套期项目是以摊余成本计量的金融工具的，按照新准则规定对被套期项目账面价值所作的调整，应当按照调整日重新计算的实际利率在调整日至到期日的期间内进行摊销，计入当期损益。上述调整金额应当于金融工具到期日前摊销完毕。

（六）被套期项目为尚未确认的确定承诺的公允价值套期计量

被套期项目为尚未确认的确定承诺的，该确定承诺因被套期风险引起的公允价值变动累计额应当确认为一项资产或负债，相关的利得或损失应当计入当期损益；相关的套期工具公允价值变动也应当计入当期损益。

在购买资产或承担负债的确定承诺的公允价值套期中，该确定承诺因被套期风险引起的公允价值变动累计额（已确认为资产或负债），应当调整履行该确定承诺所取得的资产或承担的负债的初始确认金额。

例 25-2　2016 年 1 月 1 日，ABC 公司为规避所持有存货 X 公允价值变动风险，与某金融机构签订了一项衍生工具合同（即衍生工具 Y），并将其指定为 2014 年上半年存货 X 价格变化引起的公允价值变动风险的套期。衍生工具 Y 的标的资产与被套期项目存货在数量、质次、价格变动和产地方面相同。

2016 年 1 月 1 日，衍生工具 Y 的公允价值为零，被套期项目（存货 X）的账面价值和成本均为 1 000 000 元，公允价值是 1 100 000 元。2016 年 6 月 30 日，衍生工具 Y 的公允价值上涨了 25 000 元，存货 X 的公允价值下降了 25 000 元。当日，ABC 公司将存货 X 出售，并将衍生工具 Y 结算。

ABC 公司采用比率分析法评价套期有效，即通过比较衍生工具 Y 和存货 X 的公允价值变动评价套期有效性。ABC 公司预期该套期完全有效。

假定不考虑衍生工具的时间价值、商品销售相关的增值税及其他因素，ABC 公司的账务处理如下：

（1）2016 年 1 月 1 日：

借：被套期项目——库存商品 X	1 000 000	
贷：库存商品——X		1 000 000

（2）2016 年 6 月 30 日：

借：套期工具——衍生工具 Y	25 000	
贷：套期损益		25 000
借：套期损益	25 000	
贷：被套期项目——库存商品 X		25 000
借：应收账款或银行存款	1 075 000	
贷：主营业务收入		1 075 000
借：主营业务成本	975 000	
贷：被套期项目——库存商品 X		975 000

借：银行存款　　25 000
　　贷：套期工具——衍生工具 Y　　25 000

注：由于 ABC 公司采用了套期策略，规避了存货公允价值变动风险，因此其存货公允价值下降没有对预期毛利额 100 000 元（即 1 100 000 – 1 000 000）产生不利影响。

假定 2016 年 6 月 30 日，衍生工具 Y 的公允价值上涨了 22 500 元，存货 X 的公允价值下降了 25 000 元。其他资料不变，ABC 公司的账务处理如下：

（1）2016 年 1 月 1 日：

借：被套期项目——库存商品 X　　1 000 000
　　贷：库存商品——X　　1 000 000

（2）2016 年 6 月 30 日：

借：套期工具——衍生工具 Y　　22 500
　　贷：套期损益　　22 500
借：套期损益　　25 000
　　贷：被套期项目——库存商品 X　　25 000
借：应收账款或银行存款　　1 075 000
　　贷：主营业务收入　　1 075 000
借：主营业务成本　　975 000
　　贷：被套期项目——库存商品 X　　975 000
借：银行存款　　22 500
　　贷：套期工具——衍生工具 Y　　22 500

说明：两种情况的差异在于，前者不存在“无效套期损益”，后者存在“无效套期损益”2 500 元，从而对 ABC 公司当期利润总额的影响相差 2 500 元。

例 25-3　2014 年 1 月 1 日，GHI 公司以每股 50 元的价格，从二级市场上购入 MBI 公司股票 20 000 股（占 MBI 公司有表决权股份的 3%），且将其划分为可供出售金融资产。为规避该股票价格下降风险，GHI 公司于 2014 年 12 月 31 日支付期权费 120 000 元购入一项看跌期权。该期权的行权价格为每股 65 元，行权日期为 2016 年 12 月 31 日（见表 25-4）。

表 25-4　GHI 公司购入的 MBI 公司股票和看跌期权的公允价值

单位：元

项目＼时间	2014 年 12 月 31 日	2015 年 12 月 31 日	2016 年 12 月 31 日
MBI 股票			
每股价格	65	60	57
总价	1 300 000	1 200 000	1 140 000
看跌期权			
时间价值	120 000	70 000	0

（续表）

项目＼时间	2014 年 12 月 31 日	2015 年 12 月 31 日	2016 年 12 月 31 日
内在价值	0	100 000	160 000
总价	120 000	170 000	160 000

GHI 公司将该看跌期权指定为对可供出售金融资产（MBI 股票投资）的套期工具，在进行套期有效性评价时将期权的时间价值排除在外，即不考虑期权的时间价值变化。

假定 GHI 公司于 2016 年 12 月 31 日行使了看跌期权，同时不考虑税费等其他因素的影响。

据此，GHI 公司套期有效性分析（见表 25—5）及账务处理如下所示。

1）套期有效性分析。

表 25-5 套期有效性分析的结果

金额单位：元

日期	期权内在价值变化所产生的利得或损失	MBI 股票市价变化所产生的利得或损失	套期有效率
2015 年 12 月 31 日	100 000	－ 100 000	100 %
2016 年 12 月 31 日	60 000	－ 60 000	100 %

2）账务处理。

（1）2014 年 1 月 1 日，确认购买 MBI 股票时：

借：可供出售金融资产——成本　　1 000 000

　　贷：银行存款　　1 000 000

（2）2014 年 12 月 31 日，确认股票价格上涨时：

借：可供出售金融资产——公允价值变动　　300 000

　　贷：其他综合收益　　300 000

（3）2014 年 12 月 31 日，指定可供出售金融资产为被套期项目时：

借：被套期项目——可供出售金融资产　　1 300 000

　　贷：可供出售金融资产——成本　　1 000 000

　　　　——公允价值变动　　300 000

（4）2014 年 12 月 31 日，购入看跌期权并指定为套期工具时：

借：套期工具——看跌期权　　120 000

　　贷：银行存款　　120 000

（5）2015 年 12 月 31 日，确认套期工具公允价值变动中的内在价值变动时：

借：套期工具——看跌期权　　100 000
　　贷：套期损益　　100 000

（6）2015 年 12 月 31 日，确认被套期项目的公允价值变动时：

借：套期损益　　100 000
　　贷：被套期项目——可供出售金融资产　　100 000

（7）2015 年 12 月 31 日，确认套期工具公允价值变动中的时间价值变动时：

借：套期损益　　50 000
　　贷：套期工具——看跌期权　　50 000

（8）2016 年 12 月 31 日，确认套期工具公允价值变动中的内在价值变动时：

借：套期工具——看跌期权　　60 000
　　贷：套期损益　　60 000

（9）2016 年 12 月 31 日，确认被套期项目的公允价值变动时：

借：套期损益　　60 000
　　贷：被套期项目——可供出售金融资产　　60 000

（10）2016 年 12 月 31 日，确认套期工具公允价值变动中的时间价值变动时：

借：套期损益　　70 000
　　贷：套期工具——看跌期权　　70 000

（11）2016 年 12 月 31 日，确认看跌期权的行权时：

借：银行存款　　1 300 000
　　贷：套期工具——看跌期权　　160 000
　　　　被套期项目——可供出售金融资产　　1 140 000

（12）2016 年 12 月 31 日，将直接计入资本公积的可供出售金融资产价值变动转出，计入当期损益时：

借：其他综合收益　　300 000
　　贷：套期损益　　300 000

例 25-4　甲公司为境内商品生产企业，采用人民币作为记账本位币。2016 年 2 月 3 日，甲公司与某境外公司签订了一项设备购买合同（确定承诺），设备价格为外币 X（本题下称 FCX）270 000 元，交换日期为 2016 年 5 月 1 日。

2016 年 2 月 3 日，甲公司签订了一项购买外币 Y（本题下称 FCY）240 000 元的远期合同。根据该项远期合同，甲公司将于 2016 年 5 月 1 日支付人民币 147 000 元购入 FCY240 000 元，汇率为 1FCY = 0.612 5 元人民币（即 2016 年 5 月 1 日的现行远期汇率）。

甲公司将该项远期合同指定为对由于元人民币 / FCX 汇率变动可能引起的、确定承诺公允价值变动风险的套期工具，且通过比较远期合同公允价值总体变动和确定承诺人民币公允价值变动评价套期有效性。假定最近 3 个月，元人民币对 FCY、元人民币对 FCX 之间的汇率变动具有高度相关性。2016 年 5 月 1 日，甲公司履行确定承诺并以净额结算了远期合同。

与该套期有关的远期汇率资料如表 25-6 所示。

表 25-6 FCX 和 FCY 对人民币的远期汇率列表

日　　期	2016 年 5 月 1 日 FCY/ 元人民币的远期汇率	2016 年 5 月 1 日 FCX / 元人民币的远期汇率
2016 年 2 月 3 日	1FCY = 0.6125 元人民币	1FCX = 0.5454 元人民币
2016 年 3 月 31 日	1FCY = 0.5983 元人民币	1FCX = 0.5317 元人民币
2016 年 5 月 1 日 1	FCY = 0.5777 元人民币	1FCX = 0.5137 元人民币

根据上述资料，甲公司进行如下分析和账务处理。

1）套期有效性评价。

甲公司预期该套期高度有效，原因在于：第一，2016 年 2 月 3 日，FCY 240 000 元与 FCX 270 000 元按 2016 年 5 月 1 日的远期汇率换算，相差（仅为 258 元人民币）不大；第二，远期合同和确定承诺将在同 1 日期结算；第三，最近 3 个月，元人民币对 FCY、元人民币对 FCX 之间的汇率变动具有高度相关性。

但是，该套期并非完全有效，因为与远期合同名义金额 FCY 240 000 元等值元人民币的变动，与将支付的 FCX 270 000 元等值元人民币的变动存在差异。另外，应注意，即期汇率与远期汇率之间的差异无须在评价套期有效性时考虑，因为确定承诺公允价值变动是以远期汇率来计量的。

远期合同与确定承诺的公允价值变动如表 25-7 所示。

表 25-7 远期合同与确定承诺的公允价值变动表

项目 \ 时间	2 月 3 日	3 月 31 日	5 月 1 日
A. 远期合同			
5 月 1 日结算用的元人民币 / FCY 的远期汇率	0.6125	0.5983	0.5777
金额单位：FCY	240 000	240 000	240 000
远期价格（FCY240 000 元折算成元人民币）	147 000	143 592	138 648
合同价格（元人民币）	− 147 000	− 147 000	− 147 000
以上两项的差额（人民币）	0	− 3 408	− 8 352
公允价值（上述差额的现值，假定折现率为 6%）	0	− 3 391	− 8 352
本期公允价值变动		− 3 391	− 4 961

（续表）

项目 \ 时间	2月3日	3月31日	5月1日
B. 确定承诺			
5月1日结算用的元人民币 / FCX 的远期汇率	0.5454	0.5317	0.5137
金额单位：FCX	270 000	270 000	270 000
远期价格（FCX240 000 元折算成元人民币）	− 147 258	− 143 559	− 138 699
初始远期价格（元人民币）（270 000×0.5454）	147 258	147 258	147 258
以上两项的差额（人民币）	0	3 699	8 559
公允价值（上述差额的现值，假定折现率为 6%）	0	3 681	8 559
本期公允价值变动		3 699	4 878
C. 无效套期部分（以 FCY 标价的远期合同和以 FCX 标价的确定承诺两者公允价值变动的差额）	0	290	− 83

2）账务处理如下（单位：元人民币）：

（1）2016 年 2 月 3 日：

无须进行账务处理，因为远期合同和确定承诺当日公允价值均为零。

（2）2016 年 3 月 31 日，确认被套期项目和套期工具的公允价值变动部分：

借：被套期项目——确定承诺　　3 681

　　贷：套期损益　　3 681

借：套期损益　　3 391

　　贷：套期工具——远期合同　　3 391

（3）2016 年 5 月 1 日，确认被套期项目和套期工具的公允价值变动部分：

借：被套期项目——确定承诺　　4 878

　　贷：套期损益　　4 878

借：套期损益　　4 961

　　贷：套期工具——远期合同　　4 961

（4）2016 年 5 月 1 日，确认远期合同结算：

借：套期工具——远期合同　　8 352

　　贷：银行存款　　8 352

（5）2016 年 5 月 1 日，确认履行确定承诺购入固定资产：

借：固定资产——设备　　147 258
　　贷：银行存款　　138 699
　　　　被套期项目——确定承诺　　8 559

注：甲公司通过运用套期策略，使所购设备的成本锁定在将确定承诺的购买价格 FCX 270 000 元，按 1FCX = 0.5454 元人民币（套期开始日的远期合同汇率）进行折算确定的金额上。

例 25-5　A 公司于 2015 年 1 月 1 日以 50 000 元的价格购入债券，并归类为可供出售的金融资产。A 公司在 2015 年期间对该债券投资未进行套期保值。2015 年 12 月 31 日，该债券投资的市场价格上升至 52 000 元。2016 年年初，A 公司对该债券投资进行套期保值，与 B 公司签订一份远期合同，承诺 2 年之后按 52 000 元的价格出售该项债券投资。2016 年 12 月 31 日，该项债券投资的市场价格下降至 51 000 元。

（1）2015 年 1 月 1 日，A 公司按公允价值计量购入的债券。会计分录如下：

借：可供出售金融资产——债券投资（成本）　　50 000
　　贷：银行存款　　50 000

（2）2015 年 12 月 31 日，由于该项债券投资划分为可供出售的金融资产，按《企业会计准则第 22 号——金融工具确认和计量》的规定，A 公司应按公允价值计量该项投资，并且公允价值变动计入所有者权益，因此，A 公司的会计分录如下：

借：可供出售金融资产——债券投资（公允价值变动）　　2 000
　　贷：其他综合收益　　2 000

（3）2016 年年初，对该债券投资进行套期保值并签订远期合约时，应把债券投资转入“被套期项目”：

借：被套期项目——债券投资　　52 000
　　贷：可供出售金融资产——债券投资（公允价值变动）　　2 000
　　　　　　　　　　　　——债券投资（成本）　　50 000

由于远期合约在签订时的公允价值为零，因此，对套期工具并不需要作会计分录。

（4）2016 年 12 月 31 日，远期合约套期工具产生了利得 1 000 元，而债券投资产生了损失 1 000 元，刚好完全抵销，套期完全有效。因此，A 公司按《企业会计准则第 24 号——套期保值》的规定，应当按公允价值套期会计来处理。会计分录如下：

借：套期工具——远期合约　　1 000
　　贷：公允价值变动损益　　1 000
借：公允价值变动损益　　1 000
　　贷：被套期项目——债券投资　　1 000

对比上述分录（2）和分录（4），在A公司对债券投资进行套期保值后（2016年），套期工具（远期合约）上的利得与被套期项目（债券投资）上的损失都计入当期损益，并相互抵销，反映了套期保值会计的效应；而在A公司未进行套期保值（2015年）时，债券投资公允价值的增减变动计入所有者权益。

例25-6 A公司持有现行时价为100 000元的甲类存货（假定存货的入账价值也为100 000元），2015年12月1日，A公司为了锁定该类存货3个月之后的价格，签订了一份承诺按100 000元价格出售该类存货的3个月期的远期合同。2015年12月31日，该类存货价格下降至90 000元，但远期合同因此而获利10 000元。2016年1月31日，该类存货价格上升至105 000，但远期合同因此而损失15 000元。假定不考虑远期合同的时间价值。

（1）2015年12月1日，A公司签订远期合同时，根据《企业会计准则第24号——套期保值》第六条规定，对于签订的远期合同，A公司可以只就即期价格变动将远期合同指定为套期工具。由于签订远期合同并未发生成本，因此，A公司对该套期工具无须作会计分录，但是，应把存货的账面价值转入被套期项目：

借：被套期项目——存货　　10 000
　　贷：库存商品　　10 000

（2）2015年12月31日，套期工具所产生的利得10 000元与被套期项目所产生的损失10 000元刚好相互抵销，因此，该套期完全有效，适用公允价值套期会计。A公司的会计分录如下：

借：公允价值变动损益　　10 000
　　贷：被套期项目——存货　　10 000
借：套期工具——远期合约　　10 000
　　贷：公允价值变动损益　　10 000

（3）2016年1月31日，套期工具所产生的损失15 000元与被套期项目所产生的利得15 000元刚好相互抵销，因此，该套期仍然完全有效，也适用公允价值套期会计。A公司的会计分录如下：

借：被套期项目——存货　　15 000
　　贷：公允价值变动损益　　15 000
借：公允价值变动损益　　15 000
　　贷：套期工具——远期合约　　15 000

例25-7 A公司于2015年12月1日，出售笔记本电脑给美国B公司，总价100 000美元。按有关规定，确认此项销售收入的日期为2015年12月1日，而货款的支付是在60天后的2016年1月30日。在此项销售的同时，为了规避外汇汇率风险，A公司与中国银行签订了于60天后出售100 000美元的远期结售汇合同（远期合约）。美元的汇率如下：

日　　期	2014 年 12 月 1 日	2014 年 12 月 31 日	2015 年 1 月 30 日
即期汇率	6.321 9	6.321 6	6.320 9
30 天远期汇率	6.321 8	6.321 5	6.321 1
60 天远期汇率	6.321 8	6.321 6	6.321 0

下划线上的汇率，是与会计处理相关的汇率。在 A 公司的账簿上，用来记录此笔销售收入、远期合约、年底调整及结算日最后清偿的会计分录列示如下：

（1）套期有效性评估。在本例中，由于被套期项目应收账款（将于 60 天后收到的 100 000 美元）与套期工具远期合同（60 天远期合约）的关键条款基本是一致的：期限一致，金额一致，标的物一致。因此，运用主要条款分析法，可以合理预期该套期是有效的。

（2）2015 年 12 月 1 日，A 公司确认销售收入，会计处理如下：

借：应收账款（美元）　　632 190①

　　贷：主营业务收入　　632 190

在对该笔应收款项进行套期保值时，A 公司首先应该把该应收账款转入“被套期项目”：

借：被套期项目——应收账款（美元）　　632 190

　　贷：应收账款（美元）　　632 190

（3）2015 年 12 月 31 日，根据外币折算的会计准则，由销售收入而产生的美元应收账款应按现行汇率予以调整，因此 A 公司要确认 30② 元人民币的汇兑损失。计算出远期合约的汇兑利得也是 30 元（等于最初的远期汇率 6.321 8 乘以 100 000 美元减去现行的远期汇率 6.321 5 乘以 100 000 美元）。假定不考虑远期合同的时间价值。A 公司的会计分录如下：

借：公允价值变动损益——汇兑损益　　30

　　贷：被套期项目——应收账款（美元）　　30

借：套期工具——出售美元远期合约　　30

　　贷: 公允价值变动损益——汇兑损益　　30

被套期项目（应收账款）上的汇兑损益刚好与套期项目（远期合同）上的汇兑损益相等，证明该套期保值交易是高度有效的。

（4）2016 年 1 月 30 日，A 公司收到美国汇来的 100 000 美元，并按照远期合约规定按照 6.321 8 的汇率出售给中国银行，收到 632 180 元人民币。A 公司的会计分录如下：

---

① 100 000×6.321 9（2015 年 12 月 1 日的即期汇率）= 632 190（元人民币）。

② 100 000×（6.321 9 − 6.321 6）= 30（元人民币）。

收到B公司的美元货款：

借：银行存款（美元）　　632 0901①

　　财务费用——汇兑损益　　70

　　贷：被套期项目——应收账款（美元）　　632 160

按远期合同支付美元给中国银行，收到人民币：

借：银行存款　　632 180

　　贷：银行存款（美元）　　632 090

　　　　套期工具——出售美元远期合约　　30

　　　　财务费用——汇兑损益　　60

（5）后续评价。在该套期活动中，被套期项目（100 000美元）的公允价值减少了100元（30＋70），而套期工具（60天远期合约）的公允价值则增加了90元（30＋60），抵销效果为90％，位于80% ~ 125％的区间，表明套期高度有效，能够使用套期会计。

五、现金流量套期

（一）常见的现金流量套期

在当前的国际经济活动中，可归属于现金流量的套期活动主要有：

（1）锁定预期销售商品或者购买原材料的价格（如果是出口商品，可能还包括汇率）。

（2）锁定预期销售或者购买资本品的价格（如果是境外投资，可能还包括汇率）。

（3）锁定债券利率（这里所指的债券可以是持有的作为资产的债券，也可以是企业发行的作为负债的债券）。

（4）锁定商业票据或者存单的展期或续存利率。

（5）锁定预期发行的债券利率。

（6）锁定债券的利率和汇率。

（二）现金流量套期的初始计量

现金流量套期满足运用套期会计方法条件的，应当按照下列规定处理：

第一，套期工具利得或损失中属于有效套期的部分，应当直接确认为所有者权益，并单列项目反映。该有效套期部分的金额，按下列两项的绝对额较低者确定：

（1）套期工具自套期开始的累计利得或损失。

（2）被套期项目自套期开始的预计未来现金流量现值的累计变动额。

第二，套期工具利得或损失中属于无效套期的部分（即扣除直接确认为所有者权益后的其他利得或损失），应当计入当期损益。

---

① 100 000×6.320 9（2015年1月30日的即期汇率）＝632 090（元人民币）。

第三，在风险管理策略的正式书面文件中，载明了在评价套期有效性时将排除套期工具的某部分利得或损失或相关现金流量影响的，被排除的该部分利得或损失的处理适用《企业会计准则第22号——金融工具确认和计量》。

对确定承诺的外汇风险进行的套期，企业可以作为现金流量套期或公允价值套期处理。

值得注意的是，对现金流量套期来说，进行套期的预期交易必须是很可能发生的。

在评估预期交易发生的可能性时，企业应当考虑下列几种情况：

（1）过去类似交易发生的频率。

（2）企业在财务和经营上从事此项交易的能力。

（3）有充分的资源能够用于从事特定活动。

（4）如果交易不发生，将产生的经营损失程度及破坏经营的程度。

（5）为达到相同的经营目标，从事在实质上完全不同的交易的可能性。

（6）企业的经营计划。

直至预期交易计划发生所经历的时间跨度也是确定可能性的一个因素。

（三）现金流量套期的后续计量

被套期项目为预期交易，且该预期交易使企业随后确认了一项金融资产或一项金融负债的，原直接确认为所有者权益的相关利得或损失，应当在该金融资产或金融负债影响企业损益的相同期间转出，计入当期损益。但是，企业预期原直接在所有者权益中确认的净损失全部或部分在未来会计期间内不能弥补时，应当将不能弥补的部分转出，计入当期损益。

被套期项目为预期交易，且该预期交易使企业随后确认一项非金融资产或一项非金融负债的，企业可以选择下列方式处理：

（1）原直接在所有者权益中确认的相关利得或损失，应当在该非金融资产或非金融负债影响企业损益的同一期间转出，计入当期损益。但是，企业预期原直接在所有者权益中确认的净损失全部或部分在未来会计期间内不能补偿时，应当将不能补偿的部分转出，计入当期损益。

（2）将原直接在所有者权益中确认的相关利得或损失转出，计入该非金融资产或非金融负债的初始确认金额。

非金融资产或非金融负债的预期交易形成了一项确定承诺时，该确定承诺满足运用套期会计方法条件的，也应当选择以上两种方式之一处理。企业选择了以上两种处理方式之一作为会计政策后，应当一致地运用于相关的所有预期交易套期，不得随意变更。现金流量套期的计量标准之所以与公允价值套期的计量标准不同，在于两者的被套期项目性质存在差异。

公允价值套期中的被套期项目是资产、负债或未确认的确定承诺，这几类被套期项目的公允价值变动可以在资产负债表上进行确认和计量，因而公允价值套期的会计处理是将被套期项目和套期工具的公允价值变动在同一会计期间的损益中确认；而现金流量套期中的被套期项目是很可能发生的预期交易，但预期交易不符合资产或负债的定义，无法在资产负债表中得到确认，从而预期交易的公允价值或未来现金流量的变化也无法在资产负债表和收益表中确认；这样，套期工具所对应的公允价值变化就不能在当期损益中确认，否则就会造成被套期项目和套期工具价值变化确认上的不平衡；因而，现金流量套期中套期工具的利得或损失应在公允价值变化当期确认为所有者权益，并在被套期的预期交易影响损益的期间再转入损益，从而实现被套期项目和套期工具的价值变化在同一期间确认的目的。

（四）现金流量套期的终止

在下列情况下，企业应当终止采用现金流量套期会计：

（1）套期工具已到期、被出售、合同终止或者已行使。套期工具展期或被另一项套期工具替换，且展期或替换是企业正式书面文件所载明套期策略组成部分的，不作为已到期或合同终止处理。

（2）该套期不再满足运用套期会计方法的规定条件。

（3）预期交易预计不会发生。此时，在套期有效期间直接计入所有者权益中的套期工具利得或损失应当转出，计入当期损益。

（4）企业撤销了对套期关系的指定。对于预期交易套期，在套期有效期间直接计入所有者权益中的套期工具利得或损失不应转出，直至预期交易实际发生或预计不会发生。预期交易预计不会发生的，原直接计入所有者权益中的套期工具利得或损失应当转出，计入当期损益。

例 25-8 2016 年 1 月 1 日，DEF 公司预期在 2014 年 6 月 30 日将销售一批商品 X，数量为 100 000 吨。为规避该预期销售有关的现金流量变动风险，DEF 公司于 2016 年 1 月 1 日与某金融机构签订了一项衍生工具合同 Y，且将其指定为对该预期商品销售的套期工具。衍生工具 Y 的标的资产与被套期预期商品在数量、质次、价格变动和产地等方面相同，并且衍生工具 Y 的结算日和预期商品销售日均为 2016 年 6 月 30 日。

2016 年 1 月 1 日，衍生工具 Y 的公允价值为零，商品的预期销售价格为 1 100 000 元。2016 年 6 月 30 日，衍生工具 Y 的公允价值上涨了 25 000 元，预期销售价格下降了 25 000 元。当日，DEF 公司将商品 X 出售，并将衍生工具 Y 结算。

DEF 公司采用比率分析法评价套期有效性，即通过比较衍生工具 Y 和商品 X 预期销售价格变动评价套期有效性。DEF 公司预期该套期完全有效。

假定不考虑衍生工具的时间价值、商品销售相关的增值税及其他因素，DEF 公司的账务处理如下：

（1）2016 年 1 月 1 日，DEF 公司不作账务处理。

（2）2016 年 6 月 30 日，确认衍生工具的公允价值变动时：

借：套期工具——衍生工具 Y　　　　25 000

　　贷：其他综合收益（套期工具价值变动）　　　　25 000

（3）2016 年 6 月 30 日，确认商品 X 的销售时：

借：应收账款或银行存款　　1 075 000

　　贷：主营业务收入　　1 075 000

（4）2016 年 6 月 30 日，确认衍生工具 Y 的结算时：

借：银行存款　　25 000

　　贷：套期工具——衍生工具 Y　　25 000

（5）2016 年 6 月 30 日，确认将原计入其他综合收益的衍生工具公允价值变动转出，调整销售收入时：

借：其他综合收益（套期工具价值变动）　　25 000

　　贷：主营业务收入　　25 000

例 25-9 ABC 公司于 2015 年 11 月 1 日与境外 DEF 公司签订合同，约定于 2016 年 1 月 30 日以外币（FC）每吨 60 元的价格购入 100 吨橄榄油。ABC 公司为规避购入橄榄油成本的外汇风险，于当日与某金融机构签订一项 3 个月到期的远期外汇合同，约定汇率为 1FC = 45 元人民币，合同金额 FC6 000 元。2016 年 1 月 30 日，ABC 公司以净额方式结算该远期外汇合同，并购入橄榄油。

假定：① 2015 年 12 月 31 日，1 个月 FC 对人民币远期汇率为 1FC = 44.8 元人民币，人民币的市场利率为 6％；② 2016 年 1 月 30 日，FC 对人民币即期汇率为 1FC = 44.6 元人民币；③该套期符合运用套期保值准则所规定的运用套期会计的条件；④不考虑增值税等相关税费。

根据套期保值准则的规定，对外汇确定承诺的套期既可以划分为公允价值套期，也可以划分为现金流量套期。

情形 1：ABC 公司将上述套期划分为公允价值套期。

（1）2015 年 11 月 1 日，远期合同的公允价值为零，不作账务处理，将套期保值进行表外登记。

（2）2015 年 12 月 31 日，远期外汇合同的公允价值为 1 194 元人民币[（45 − 44.8）× 6 000 ÷（1 + 6％ × 1 ÷ 12）]。

借：套期损益　　1 194

　　贷：套期工具——远期外汇合同　　1 194

借：被套期项目——确定承诺　　1 194

　　贷：套期损益　　1 194

（3）2016 年 1 月 30 日，远期外汇合同的公允价值为 2 400 元人民币[（45 − 44.6）× 6 000]。

借：套期损益　　1 206

　　贷：套期工具——远期外汇合同　　1 206

借：套期工具——远期外汇合同　　2 400

　　贷：银行存款　　2 400

借：被套期项目——确定承诺　　1 206

　　贷：套期损益　　1 206

借：库存商品——橄榄油　　267 600

　　贷：银行存款　　267 600

将被套期项目的余额调整橄榄油的入账价值：

借：库存商品——橄榄油　　2 400

　　贷：被套期项目——确定承诺　　2 400

情形 2：ABC 公司将上述套期划分为现金流量套期。

（1）2015 年 11 月 1 日，不作账务处理，将套期保值进行表外登记。

（2）2015 年 12 月 31 日，远期外汇合同的公允价值为 1 194 元人民币[（45－44.8）×6 000÷（1＋6% ×1÷12）]。

借：其他综合收益（套期工具价值变动）　　1 194

　　贷：套期工具——远期外汇合同　　1 194

（3）2016 年 1 月 30 日，远期外汇合同的公允价值为 2 400 元人民币［（45-44.6）×6 000］。

借：其他综合收益（套期工具价值变动）　　1 206

　　贷：套期工具——远期外汇合同　　1 206

借：套期工具——远期外汇合同　　2 400

　　贷：银行存款　　2 400

借：库存商品——橄榄油　　267 600

　　贷：银行存款　　267 600

ABC 公司将套期工具于套期期间形成的公允价值变动累计额（净损失）暂记在所有者权益中，在处置橄榄油影响企业损益的期间转出，计入当期损益。该净损失在未来会计期间不能弥补时，将全部转出，计入当期损益。

例 25-10　A 公司预计 2016 年 1 季度产生石油 100 000 桶。2015 年 12 月 1 日，现货市场价格为 25 美元／桶，远远高于近几年的平均价格。A 公司希望能够以 25 美元／桶卖出第 1 季度的产量，但是，面临着石油生产出来以后石油价格会下降的风险。2015 年 12 月 10 日，A 公司决定通过下列方式对预期的 100 000 桶石油进行套期保值：卖出 33 份（每份 1 000 桶原油）于 2016 年 1 月交割的 NYM 期货合约，卖出 33 份（每份 1 000 桶原油）于 2016 年 2 月交割的 NYM 期货合约，卖出 34 份（每份 1 000 桶原油）于 2016 年 3 月交割的 NYM 期货合约。交易所要求每份 750 美元的交易保证金。

1. 套期指定

A 公司指定石油期货合约作为预计石油销售收入现金流量变动的套期工具。如果石油价格下降且套期保值有效的话，减少的销售收入会得到空头石油期货头寸利得的弥补；同样地，如果石油价格上涨，增加的石油销售收入会被空头石油期货头寸损失所抵销。

2. 预期套期的有效性

预计的套期保值有效性取决于预期开采的原油的品质与纽约商品交易所指定品质原油期货合约的相关性。根据对其最近生产的原油的化学分析，该公司认为其生产的原油能够满足 NYM 原油期货合约指定品质的要求。由于期货头寸的数量和交割日期也与预计产量相符，该公司认为期货合约能够为预计的原油销售收入的现金流量提供有效的套期保值。值得注意的是，如果该公司预计开采的原油品质与 NYM 指定品质不相符，那么就必须通过比较其自产原油与 NYM 指定品质原油价格的变动关系对其套期保值有效性进行评估。

3. 后续价格变化

每期期末的期货和现货价格如下：

日期	12.10	12.31	01.31	02.29	03.31
现货价格	$ 25.00	$ 24.00	$ 23.00	$ 22.00	$ 20.00
1 月期货	24.90	23.95	23.00	—	—
2 月期货	24.70	23.80	22.95	22.00	—
3 月期货	24.50	23.60	22.75	21.95	20.00

4. 实际套期有效性

正如该生产商所担心的那样，整个期间石油现货价格一直在下跌，各个月份的期货合约也如此。虽然该生产商遭受到石油价格下跌所带来的经济损失，但是，这些损失从其持有的期货空头头寸的利得中得到了弥补。12 月 31 日，期货头寸产生了下列利得：

1 月 31 日期货	（24.90 − 23.95）×33 000 = $ 31 350
2 月 29 日期货	（24.70 − 23.80）×33 000 = $ 29 700
3 月 31 日期货	（24.50 − 23.60）×34 000 = $ 30 600
合　计	$ 91 650

截至 1 月 31 日，空头期货头寸上已经实现利得 88 300 美元（179 950-12 月 31 日的 91 650）：

1 月 31 日期货	（24.90 − 23.00）×33 000 = $ 62 700
2 月 29 日期货	（24.70 − 22.95）×33 000 = $ 57 750
3 月 31 日期货	（24.50 − 22.75）×34 000 = $ 59 500
合　计	$ 179 950

实际的套期有效性通过比较预计销售收入的累计变动与期货头寸的累计利得 / 损失来评估。预计销售收入变动（相对于初始现货价格 25 美元 / 桶）与期货头寸的利得 / 损失如表 25−8。

表 25-8　预计销售收入变动与期货头寸的利得 / 损失表

日期	1 月石油	2 月石油	3 月石油	损失合计	累计期货利得	α 系数
12 月 31 日	（24 − 25）×33 000 =− 33 000	（24 − 25）×33 000 =− 33 000	（24 − 25）×34 000 =− 34 000	− 100 000	91 650	0.916 5
01 月 31 日	（23 − 25）×33 000 =− 66 000	（23 − 25）×33 000 =− 66 000	（23 − 25）×34 000 =− 68 000	− 200 000	179 950	0.899 7

从上面的计算可以看出，12 月 31 日和 1 月 31 日两个时点上 α 系数均在 0.80 ~ 1.20 之间，因此，该套期保值可以视为高度有效。

5. A 公司的会计处理

按照《企业会计准则第 24 号——套期保值》第三十条规定，该套期工具的利得与损失只有当被套期项目（石油销售收入）实际影响利润表时才可以在当期损益中确认。在此之前，该套期工具的利得应计入所有者权益。计入所有者权益中的金额只能以期货利得和预计现金流量现值变化两者中的较低者。由于期货的利得比预计现金流量变化额要小，因此，期货的所有利得都全额计入所有者权益。1 月 31 日，A 公司通过以每份 23 美元买入 33 份（每份数量为 1 000 桶）对其 1 月份期货合约进行平仓，锁定了 1 月份期货合约上的 62 700 美元的利得。1 月份生产的 33 000 桶石油以现货价格 23 美元 / 桶卖出，同时原与此销售收入相关的直接计入所有者权益中的套期工具利得应同时转出，计入当期损益。A 公司的会计处理如下：

（1）2015 年 12 月 10 日，记录每份 750 美元共计 100 份原油期货合约的交易保证金：

借：存出保证金　　75 000

　　贷：库存现金　　75 000

（2）2015 年 12 月 31 日，将期货头寸上的利得计入所有者权益：

借：套期工具——商品期货　　91 650

　　贷：其他综合收益　　91 650

（3）2016 年 1 月 31 日，将期货头寸上的利得计入所有者权益：

借：套期工具——商品期货　　88 300

　　贷：其他综合收益　　88 300

记录按每桶 23 美元的价格出售 33 000 桶石油的销售收入：

借：应收账款　　759 000

　　贷：主营业务收入　　759 000

确认 1 月份期货合约的利得：

借：其他综合收益　　62 700

　　贷：主营业务收入　　62 700

记录33份1月份期货合约平仓后62 700美元利得和24 750美元保证金的收回：

借：库存现金　　87 450

　　贷：套期工具　　62 700

　　　　存出保证金　　24 750

2月28日和3月31日石油价格变化的会计处理与1月31日会计处理相似。

例25–11 A公司决定签订一份衍生合同，即衍生工具Z，对由100 000个单位的甲商品预期销售所产生的现金流量变动进行套期，以规避甲商品价格波动的风险。A公司预期在期间1最后1天卖出100 000个单位的甲商品。在期间1的第1天，A公司签订了衍生工具Z，并把其作为对预期销售中现金流量的套期。在衍生工具Z上，A公司既没有收到，也没有支付升水（也就是说，该衍生工具Z的公允价值为零）。该套期关系适用于现金流量套期。

A公司预期该套期交易中不存在无效性，理由在于：①衍生工具Z的交易量是100 000个单位的甲商品，其预期销售的交易量也是100 000个单位的甲商品；②衍生工具的标的是A公司预期销售的同样品种、等级甲商品的价格（假定在A公司的销售临界点送货）；③衍生工具Z的结算日是期间1的最后1天且预期销售有望在期间1的最后1天发生。

在套期开始时，100 000个单位的甲商品的预期销售价格是1 000 000元，并希望能锁定该销售金额。在期间1的最后1天，衍生工具Z的公允价值增加了25 000元，且100 000个单位的甲商品的预期销售价格减少了25 000元，因此，该套期关系是完全有效的。另外，100 000个单位甲商品的出售和衍生工具Z的结算均发生在期间1的最后1天。

A公司的会计处理如下：

（1）在所有者权益中确认衍生工具Z的公允价值变动：

借：套期工具——衍生工具Z　　25 000

　　贷：其他综合收益　　25 000

（2）确认100 000个单位甲商品的销售收入：

借：银行存款　　75 000

　　贷：主营业务收入　　75 000

（3）确认衍生工具的结算：

借：银行存款　　25 000

　　贷：套期工具——衍生工具　　25 000

（4）把衍生工具公允价值变动重新转入当期损益：

借：其他综合收益　　25 000

　　贷：主营业务收入　　25 000

上例表明，通过对由100 000个单位甲商品预期销售所产生的现金流量变动而进行的套期交易，即使本期内甲商品的销售价格下降，A 公司仍然得到了总计 1 000 000 元的现金流量。

例 25-12 A 公司以本国货币（LC）作为功能货币和报告货币。2015 年 6 月 30 日，A 公司签订了一项远期外汇合同，该合同规定 A 公司在 2016 年 6 月 30 日可以收到 100 000 外币（FC），支付 109 600 本币（LC），其初始成本和公允价值均为 A 公司在对某一确定承诺的现金流量套期中将该远期外汇合同指定为套期工具，确定承诺的内容是，在 2016 年 3 月 31 日购买一定数量的纸张并于 2016 年 6 月 30 日支付由此产生的 100 000FC 的应付款项。

2015 年 6 月 30 日，即期汇率为 1.072 LC/FC，而 12 个月的远期汇率为 1.096 LC/FC；2015 年 12 月 31 日，即期汇率为 1.080 LC/FC，而 6 个月的远期汇率为 1.092 LC/FC；2016 年 3 月 31 日，即期汇率为 1.074 LC/FC，而 3 个月的远期汇率为 1.076 LC/FC；2016 年 6 月 30 日，即期汇率为 1.072 LC/FC，以本国货币反映的收益曲线在整个期间都保持在年收益率为 6％的水平。2015 年 12 月 31 日，远期外汇合同的公允价值为－388 LC［（1.092×100 000－109 600）÷$(1+0.06)^{\frac{6}{12}}$］，2016 年 3 月 31 日，公允价值为－1 971 LC［（1.076×100 000－109 600）÷$(1+0.06)^{\frac{3}{12}}$］，2016 年 6 月 30 日，公允价值为－2 400 LC［（1.072×100 000－109 600）］。具体数据如下所示。

日期	即期汇率	到 2016 年 6 月 30 日的远期汇率	远期外汇合同的公允价值
2015 年 6 月 30 日	1.072	1.096	
2015 年 12 月 31 日	1.080	1.092	－388
2016 年 3 月 31 日	1.074	1.076	－1 971
2016 年 6 月 30 日	1.072		－2 400

根据《企业会计准则第 24 号——套期保值》第六条规定，对于远期合同，企业可以将远期合同的利息和即期价格分开，只就即期价格变动将远期合同指定为套期工具。因此，对上述例题中的确定承诺进行套期时，既可指定远期外汇合同的公允价值变化为套期工具，也可以指定远期外汇合同的即期价格变化为套期工具，不包括远期合同的利息。

1. 指定远期外汇合同的公允价值变化为套期工具的会计处理

2015 年 6 月 30 日：

借：套期工具——远期外汇合同 LC　　0

　　贷：库存现金 LC　　0

根据《企业会计准则第 22 号——金融工具确认和计量》第三十条规定，以初始金额零记录远期外汇合同。由于远期外汇合同和购买合同的关键条款以及套期有效性的评估都是以远期价格为基础，因此，套期预期是完全有效的。

2015 年 12 月 31 日：

借：其他综合收益 LC 388

贷：套期工具——远期外汇合同 LC 388

在 2015 年 6 月 30 日至 2014 年 12 月 31 日期间，远期外汇合同的公允价值变动为 LC 388(LC 388 – LC 0)，按照《企业会计准则第 24 号——套期保值》第二十七条的规定，应直接计入所有者权益。并且远期外汇合同上的损失（ – LC 388 ）完全抵销了以远期价格为基础的购买合同所产生的现金流量变化｛LC 388 = [（1.092×100 000 – 109 600）÷（1 + 0.06）$^{\frac{6}{12}}$] – [（1.096×100 000 – 109 600）÷（1 + 0.06）]｝，因此，该套期是完全有效的。

2016 年 3 月 31 日：

借：其他综合收益 LC 1 583

贷：套期工具——远期外汇合同 LC 1 583

在 2016 年 1 月 1 日至 2016 年 3 月 31 日期间，远期外汇合同的公允价值变动为 LC 1 583（LC 1 971-LC 388），同样也应直接计入所有者权益。并且远期外汇合同上的损失（ – LC 1 583）完全抵销了以远期价格为基础的购买合同所产生的现金流量变化｛LC 1 583 = [（1.076×100 000 – 109 600）÷（1 + 0.06）$^{\frac{3}{12}}$] – [（1.092×100 000 – 109 600）÷（1 + 0.06）$^{\frac{6}{12}}$]｝，因此该套期是完全有效的。

借：原材料——纸张（购买价）LC 107 400

——纸张（套期损失）LC 1 971

贷：其他综合收益 LC 1 971

应付账款 LC 107 400

按即期汇率确认纸张的购买成本。按照《企业会计准则第 24 号——套期保值》第二十九条的规定，可以将已直接在所有者权益中确认的远期外汇合同上的累计损失（LC 1 971）从所有者权益中转出，并将其计入已购买纸张（非金融资产）的初始计量成本中。因此，已购入纸张的初始计量成本由两部分组成：购买成本（LC 107 400）和套期损失（LC 1 971）。

2016 年 6 月 30 日：

借：应付账款 LC 107 400

贷：银行存款 LC 107 200

财务费用——汇兑损益 LC 200

以即期汇率记录应付账款的清偿 LC 107 200（FC 100 000×1.072）及产生的汇兑损益 LC 200（LC 107 400 – LC 107 200）。

借：公允价值变动损益——套期损益 LC 429

贷：套期工具——远期外汇合同 LC 429

把 2016 年 4 月 1 日至 2015 年 6 月 30 日期间的远期外汇合同损失 LC 429（LC 2 400-LC 1 971）计入当期损益。由于远期外汇合同上的损失（LC 429）完全抵销了以远期价格为基础计算的应付账款公允价值的变化｛LC 429 = 1.072×100 000 – 109 600 – [（1.076×100 000 – 109 600）÷（1 + 0.06）

312］｝，因此，该套期仍然是完全有效的。

借：套期工具——远期外汇合同 LC　　2 400

　　贷：银行存款 LC　　2 400

记录远期外汇合同的清偿净额。

2. 指定远期外汇合同的即期价格变化为套期工具的会计处理

2015 年 6 月 30 日：

借：套期工具——远期外汇合同 LC　　0

　　贷：库存现金 LC　　0

根据《企业会计准则第 22 号——金融工具确认和计量》第三十条规定，以初始金额记录远期外汇合同。由于远期外汇合同和购买合同的关键条款以及套期有效性的评估都是以远期价格为基础，因此，套期预期是完全有效的。

2015 年 12 月 31 日：

借：公允价值变动损益——利息要素 LC　　1 165

　　贷：其他综合收益（即期要素）LC　　777

　　　　套期工具——远期外汇合同 LC　　388

在 2015 年 6 月 30 日至 2015 年 12 月 31 日期间，远期外汇合同的公允价值变动为 LC 388（LC 388 － LC 0）。远期外汇合同即期清偿现值的变化 LC 777 利得｛［（1.080×100 000 － 109 600）÷（1 ＋ 0.06）612］－［（1.072×100 000 － 107 200）÷（1 ＋ 0.06）］｝，按照《企业会计准则第 24 号——套期保值》第二十七条的规定，应直接计入所有者权益。而远期外汇合同的利息要素的变化（公允价值的剩余变化）导致的损失 LC 1 165（LC 388 ＋ LC 777），根据《企业会计准则第 24 号——套期保值》第二十七条的规定，应确认为当期损益。由于远期外汇合同上的即期要素收益（LC 777）完全抵销了以即期价格为基础的购买合同所产生的现金流量变化｛LC 777 ＝［（1.080×100 000 － 109 600）÷（1+0.06）$^{\frac{6}{12}}$］－［（1.072×100 000 － 107 200）÷（1 ＋ 0.06）］｝，因此，该套期是完全有效的。

2016 年 3 月 31 日：

借：其他综合收益（即期要素）LC　　580

　　公允价值变动损益——利息要素 LC　　1 003

　　贷：套期工具——远期外汇合同 LC　　1 583

在 2016 年 1 月 1 日至 2016 年 3 月 31 日期间，远期外汇合同的公允价值变动为 LC 1 583（LC 1 971-LC 388）。远期外汇合同即期清偿现值的变化所导致的损失 LC 580｛［（1.074×100 000 － 109 600）÷（1 ＋ 0.06）$^{\frac{3}{12}}$］－［（1.080×100 000 － 107 200）÷（1 ＋ 0.06）$^{\frac{6}{12}}$］｝，同样也应直接计入所有者权益。而远期外汇合同的利息要素的变化（公允价值的剩余变化）导致的损失 LC 1 003（LC 1 583 － LC 580），根据《企业会计准则第 24 号——套期保值》第二十七条的规定，应确认为当期损益。由于远期外汇合同上的即期要素损失（LC 580）完全抵销了以即期价格为基础的购买合同所产生的

现金流量变化 $\{-\text{LC }580=[0.074\times100\,000-109\,600)\div(1+0.06)^{\frac{3}{12}}]-[(1.080\times100\,000-107\,200)\div(1+0.06)^{\frac{3}{12}}]\}$，因此，该套期是完全有效的。

借：原材料——纸张（购买价）LC　　107 400
　　其他综合收益 LC　　197
　　贷：原材料——纸张（套期利得）LC　　197
　　　　应付账款 LC　　107 400

按即期汇率确认纸张的购买成本。按照《企业会计准则第 24 号——套期保值》第二十九条的规定，可以将已直接在所有者权益中确认的远期外汇合同即期汇率要素的累计收益 LC 197（LC 777 − LC 580）从所有者权益中转出，并将其计入已购买纸张（非金融资产）的初始计量成本中。因此，已购入纸张的初始计量成本由两部分组成：购买成本（LC 107 400）和套期收益（LC 197）。

2016 年 6 月 30 日：

借：应付账款 LC　　107 400
　　贷：银行存款 LC　　107 200
　　　　财务费用——汇兑损益 LC　　200

以即期汇率记录应付账款的清偿 LC 107 200（FC100 000×1.072）及产生的汇兑损益 LC 200（LC 107 400 − LC 107 200）。

借：公允价值变动损益——套期损益 LC　　429
　　贷：套期工具——远期外汇合同 LC　　429

在 2016 年 3 月 31 日至 2016 年 6 月 30 日期间，远期外汇合同的公允价值变动为 LC 429（LC 2 400 − LC 1 971）。远期外汇合同即期清偿现值的变化所导致的损失 LC 197 $\{(1.072\times100\,000-107\,200)-[(1.074\times100\,000-107\,200)\div(1+0.06)^{\frac{3}{12}}]\}$，在损益中予以确认。而远期外汇合同的利息要素的变化（公允价值的剩余变化）导致的损失 LC 232（LC 429 − LC 197），根据《企业会计准则第 24 号——套期保值》第二十七条的规定，应确认为当期损益。由于远期外汇合同上的即期要素损失（LC 197）完全抵销了应付账款即期清偿现值的变化 $\{-\text{LC }197=(1.072\times100\,000-107\,200)-[(1.074\times100\,000-107\,200)\div(1+0.06)^{\frac{3}{12}}]\}$，因此，该套期是完全有效的。

记录远期外汇合同的清偿净值：

借：套期工具——远期外汇合同 LC　　2 400
　　贷：银行存款 LC　　2 400

六、境外经营净投资套期

境外经营净投资是境外经营实体的资产扣除负债后的净额，它不是具体的资产或负债，因而也无法按照公允价值套期处理，只能比照现金流量套期进行会计处理。

境外经营净投资的套期，应当按类似于现金流量套期会计处理规定处理：

（1）套期工具形成的利得或损失中属于有效套期的部分，应当直接确认为所有者权益，并单列项目反映。

境外经营处置时，上述在所有者权益中单列项目反映的套期工具利得或损失应当转出，计入当期损益。

（2）套期工具形成的利得或损失中属于无效套期的部分，应当计入当期损益。

对境外经营净投资套期计量的规定，实质上与现金流量套期计量的规定是类似的，境外经营净投资套期实质上是一种特殊的现金流量套期。

例 25-13 2015 年 10 月 1 日，XYZ 公司（记账本位币为人民币）在其境外子公司 FS 有一项境外净投资外币 5 000 万元（即 FC 5 000 万元）。为规避境外经营净投资外汇风险，XYZ 公司与某境外金融机构签订了一项外汇远期合同，约定于 2016 年 4 月 1 日卖出 FC 5 000 万元。XYZ 公司每季度对境外净投资余额进行检查，且依据检查结果调整对净投资价值的套期。其他有关资料如表 25-9 所示。

表 25-9 汇率变动及远期合同公允价值的变动

日期	即期汇率（FC ／元人民币）	远期汇率（FC/ 元人民币）	远期合同的公允价值（元）
2015 年 10 月 1 日	1.71	1.70	0
2015 年 12 月 31 日	1.64	1.63	3 430 000
2016 年 3 月 31 日	1.60	不适用	5 000 000

XYZ 公司评价套期有效性时，将远期合同的时间价值排除在外。假定 XYZ 公司的上述套期满足运用套期会计方法的所有条件。

XYZ 公司的账务处理如下（单位：元人民币）：

（1）2015 年 10 月 1 日，将长期股权投资转入被套期项目：

借：被套期项目——长期股权投资　　85 500 000

　　贷：长期股权投资　　85 500 000

外汇远期合同的公允价值为零，不作账务处理。

（2）2015 年 12 月 31 日，确认远期合同的公允价值变动：

借：套期工具——外汇远期合同　　3 430 000

　　财务费用——汇兑损益　　70 000

　　贷：其他综合收益　　3 500 000

（3）2015 年 12 月 31 日，确认对子公司净投资的汇兑损益：

借：外币报表折算差额　　3 500 000

　　贷：被套期项目——境外经营净投资　　3 500 000

（4）2016 年 3 月 31 日，确认远期合同的公允价值变动：

借：套期工具——外汇远期合同　　1 570 000

　　财务费用——汇兑损益　　430 000

　　贷：其他综合收益　　2 000 000

（5）2016 年 3 月 31 日，确认对子公司净投资的汇兑损益：

借：外币报表折算差额　　2 000 000

　　贷：被套期项目——境外经营净投资　　2 000 000

（6）2016 年 3 月 31 日，确认外汇远期合同的结算：

借：银行存款　　5 000 000

　　贷：套期工具——外汇远期合同　　5 000 000

注：境外经营净投资套期（类似现金流量套期）产生的利得在所有者权益中列示，直至子公司处置。

第二节　《套期保值》的修订

2017 年 3 月 31 日，财政部修订发布了金融工具相关会计准则，包括《企业会计准则第 22 号——金融工具确认和计量》《企业会计准则第 23 号——金融资产转移》和《企业会计准则第 24 号——套期保值》。主要的变化归纳如下：①金融资产基于合同现金流量特征及业务模式分类为：以摊余成本计量的金融资产、以公允价值计量且其变动计入其他综合收益的金融资产和以公允价值计量且其变动计入当期损益的金融资产三大类。②新准则引入新的金融资产减值模型，从已发生损失模型转变为预期损失模型，要求采用三阶段模型计提减值，即基于自金融工具初始确认后其信用风险是否显著增加，分别采用 12 个月内的预期信用损失或整个存续期内的预期信用损失，同时对于预期信用损失的计量要求采用前瞻性信息。③新准则提升了套期会计的适用性，新的套期会计模型有助于套期会计更好地反映企业的风险管理活动。

新金融工具会计准则采用不同类型企业分阶段实施的方法，自 2018 年 1 月 1 日起在境内外同时上市的企业，以及在境外上市并采用国际财务报告准则或企业会计准则编制财务报告的企业施行，自 2019 年 1 月 1 日起在其他境内上市企业施行，自 2021 年 1 月 1 日起在执行企业会计准则的非上市企业施行，鼓励企业提前施行。

《企业会计准则第 24 号——套期保值》修订的主要内容如下。

一、拓宽套期工具和被套期项目的范围

允许将以公允价值计量且其变动计入当期损益的非衍生金融工具指定为套期工具。同时，增加了符合条件的被期期项目，包括非金融项目的风险组成部分，一组项目的风险总敞口和风险净敞口，包括衍生工具在内的汇总风险敞口等均可被指定为被套期项目。

二、改进套期有效性评估

修订的准则取消了现行准则中 80% ~ 125% 的套期高度有效性量化指标及回顾性评估要求，仅需进行前瞻性测试，且可采用定性的方法，关注套期工具与被套期项目之间的经济关系。

三、引入套期关系“再平衡”机制

引入了套期关系“再平衡”机制，如果套期关系由于套期比率的原因而不再满足套期有效性要求，但指定该套期关系的风险管理目标没有改变的，企业可通过调整套期关系的套期比率，使其重新满足套期有效性要求，从而延续套期关系，而不必如现行准则所要求先终止现有的套期关系再重新指定套期关系。

四、增加期权时间价值的会计处理方法

引入了新的会计处理方法，期权时间价值的公允价值变动应当首先计入其他综合收益，后续的会计处理根据被套期项目的性质分别进行处理，减少了企业损益的波动性。

五、增加信用风险敞口的公允价值选择权

修订的准则允许企业对金融工具的信用风险敞口选择以公允价值计量且其变动计入当期损益的方式来进行会计处理，以实现信用风险敞口和信用衍生工具公允价值变动在损益表中的自然对冲，以此作为套期会计的一种替代。

第三节　新准则对企业的影响

由于目前我国利率市场化程度不高，浮动汇率制下汇率波幅受到限制，因而企业面临的市场风险并不突出，企业套期业务的开展并不普遍，可选择

的套期工具也较少。但随着我国市场经济建设的不断深入，套期保值业务将对企业具有越来越重要的意义。此次新准则的发布，将对企业的财务会计产生以下几方面的影响。

一、对会计信息质量的影响

按照原先的会计处理，衍生工具在表外披露，从而套期工具的未实现利得或损失不在表内反映，同时被套期项目的浮动盈亏也无须进行会计处理。这样，即便被套期项目和套期工具的价值受风险影响而发生变化也得不到确认。因此，这种对套期保值的会计处理无法反映套期活动的真实结果。按照新准则的要求采用套期会计方法后，如果套期有效的话，则套期工具和被套期项目公允价值变动在同一会计期间的损益中予以确认，并相互抵销，而如果套期活动无效，则作为套期工具的衍生工具的公允价值变化直接在损益中确认，这较过去的表外披露方式相比能更好地反映企业套期的真实结果及相应的收益和风险，从而提高了会计信息的决策相关性。

二、对企业内部会计控制的影响

新准则严格规定了套期会计方法的适用条件，如要求企业在套期开始时需对套期关系有正式指定，并准备关于套期关系、风险管理目标及套期策略的正式书面文件，以及在编制中期和年度财务报告时对套期有效性进行评价等。这就要求企业建立起相关的授权、审批和记录的内控制度。

与金融工具确认和计量准则的要求相同，套期保值准则也要求对套期工具、被套期项目的公允价值变动进行计量，这就要求企业改进会计核算体系及资产负债的估值系统，以满足采集新的数据、获取所需信息的要求。

第二十六章　原保险合同

第一节　案例分析及操作实务

一、非寿险原保险合同的会计核算

（一）原保险合同收入的确认标准

原保险合同的收入同时满足下列条件的，才能予以确认。

1. 原保险合同成立并承担相应的保险责任

原保险合同成立，是指原保险合同已经签订；承担相应保险责任，是指保险人在原保险合同生效时开始承担约定的保险责任。保险人和投保人在签订原保险合同时，通常会约定一个保险责任起讫时间。例如，某非寿险保险合同约定，保险责任起讫时间以保险单载明的时间为准，从保险责任起始日起，每 12 个月为一个保险年度。又如，某寿险原保险合同约定，保险责任自保险人同意承保并收到首期保费的次日零时开始，到合同列明的终止性保险事故发生时止。如果原保险合同签订日与生效日不是同一天，保险人在合同生效日前收到的款项，不应确认为保费收入，而应确认为一项负债（预收账款），待承担保险责任时再转为保费收入。

2. 与原保险合同相关的经济利益很可能流入

与原保险合同相关的经济利益很可能流入，是指与原保险合同相关的保费收回的可能性大于不能收回的可能性，即保费收回的可能性超过 50％。

保险人在确定保费能否收回时，应当结合以前与投保人交往的直接经验、投保人的信用和财务状况、其他方面取得的信息等因素，综合进行判断。如果投保人信用良好，能够按照合同约定的期限和金额按期支付保费，通常意味着相关的经济利益很可能流入；如果投保人破产、死亡，财务状况出现严重困难，或由于其他原因造成投保人的生产或生存环境严重恶化，通常意味着相关的经济利益不是很可能流入。在通常情况下，对于一次性收取保费的原保险合同，签订合同时通常会收到保费，即意味着相关的经济利益已经流入；对于分期收取保费的原保险合同，签订合同时通常会收到第一期保费，其他各期保费尚未收到，因此，其他各期保费是否能够收回，需要保险人进行职业判断。

3. 与原保险合同相关的收入能够可靠地计量

保险人签发的原保险合同，保费金额通常已经确定，这表明保费收入金额能够可靠地计量。如果承保条件改变或保险标的保险价值发生变化，造成收入和相关的成本金额难以确定，保险企业不能确认保费收入。

由上可见，原保险合同收入的确认与传统商品销售收入的确认标准是不一样的，不再以控制权和风险以及报酬的转移作为标准，而是只要保险合同成立并且保险公司承担保险责任就可以予以确认，原因在于与保险合同收入有关的事项是未来的，而未来事项是否发生以及对收入的影响程度有多大均具有巨大的不确定性，并且保险企业会在整个保险期间承担保险风险。至于经济利益的流入的可能性以及收入计量的可靠性，与传统确认标准并没有差异。

值得注意的是，对于非寿险原保险合同和寿险原保险合同，保险人承担的保险风险不同，保费计量依据的假设不同，保费收入的计量方法也各不相同。

（二）保费收入的概念

在介绍非寿险原保险合同收入的确认和计量之前，有必要理解保费收入的概念，这对深入地理解和掌握非寿险保险合同的会计核算大有帮助。

保费收入是保险企业为承担一定的风险责任而向投保人收取的保险费，或者是投保人为将其风险转嫁给保险企业而支付的代价。保费收入是衡量保险业务发展规模的客观尺度，也是衡量保险企业有无发展潜力的重要依据。保费收入的多少，反映保险企业承保能力的大小和保险责任的大小。对于保费收入的理解，需要澄清以下几个基本概念。

1. 入账保费

保费收入一般指入账保费，即在会计核算上已确认在本期的保费收入。入账保费是保险企业因在一定时期内签发的保险单而收到或者尚未收到的保费总额。

2. 未赚保费

未赚保费又称未到期保费，是指在某一年度的入账保费中应当用于支付下一年度所发生赔款的保费。由于保险业务一般是跨年度连续经营的，每个会计年度末进行决算时，当年签发的保险单有许多尚未到期，但这些保单有可能在下一个会计年度发生赔款支出，因此，当年的入账保费并不能全部用于支付当年发生的赔款支出。为此，保险企业应当提取一部分保费用于支付下一个会计年度要发生的赔款，从当年保费收入所提存的这部分资金就是未赚保费，实际上就是后面所说的未到期责任准备金。

3. 已赚保费

已赚保费又称已到期保费，是指某一会计年度中可以用于当年赔款支出的保　费收入。在每个会计期间末，保险企业应将所收保费中在当期已承担了保险责任　或者已终止合同的那部分保费作为已赚保费入账。已赚保费实际上应等于上一个会计年度转回的未赚保费加上本会计年度的入账保费，再减去本会计年度的未赚保费。由此可见，已赚保费才是保险企业的实际保费收入。

（三）非寿险原保险合同保费收入的确认与计量

1. 非寿险原保险合同保费收入的确认

保险公司接受投保人投保，首先要根据适用的保费标准和投保人的保险金额，计算投保人应缴纳的保费，经双方同意并签订合同后，如果保费收入确认的上述三个条件都得到满足，保险公司应当确认保费收入。由于非寿险原保险合同一般是签单生效，即保险合同一经签订，保险合同成立，保险公司开始承担保险责任；并且由于非寿险原保险合同期限一般较短，通常短于1年，保费金额可以确定，收取保费的可能性也通常大于不能收到保费的可能性，因此，在实际工作中，非寿险原保险合同一般是签单时确认保费收入。

但是，非寿险原保险合同也存在签单日与承担保险责任日不一致的情况，如货物运输保险合同，签订保险合同是一个日期，承担保险责任又是另一个日期。在这种情况下，签单日收取的保费作为预收款处理，待承担保险责任时再转作保费收入。此外，由于非寿险原保险合同存在不可预见的损失风险，例如，国家政治，政策风险，地震、洪水等巨灾风险，因此，有时会存在收取保费的可能性小于不能收取保费的可能性的情况，这种情况一旦出现，保险人不能确认保费收入，而在实际收到保费时确认收入。

例 26-1 A公司与B公司签订一份非寿险保险合同，承保金额为3 000万元，保险期限为1年，保险费费率为1%，B公司一次性将保费交到A公司。A公司应编制会计分录如下：

借：银行存款　　300 000

　　贷：保费收入　　300 000

例 26-2 2016年6月1日，A公司收到B公司交来的非寿险合同保费500 000元，A公司于7月1日起承担保险责任。A公司应编制会计分录如下：

（1）2016年6月1日，预收保费时：

借：银行存款　　500 000

　　贷：预收保费　　500 000

（2）2016年7月1日，开始承担保险责任时：

借：预收保费　　500 000

　　贷：保费收入　　500 000

例 26-3 2016年1月1日，甲公司与王某签订一份家庭财产保险合同，保险金额为1 000 000元，保险期间为1年，保费为1 000元。合同规定，甲公司自2月1日零时起开始承担保险责任。合同签订日，甲公司收到王某缴纳的全部保费并存在银行。甲公司的账务处理如下：

（1）1月1日，收到保费1 000元时：

借：银行存款　　1 000

　　贷：预收保费　　1 000

（2）2月1日，确认原保费收入1 000元时：

借：预收保费　　1 000

　　贷：保费收入　　1 000

例 26-4 2015 年 1 月 1 日，甲公司与丙公司签订一份工程保险合同，保险金额为 4 000 000 元，保险期间为 2015 年 1 月 1 日零时至 2016 年 12 月 31 日 24 时；保费总额为 4 000 元，分 2 年于每年年初等额收取。合同生效当日，甲公司收到第一期保费并存入银行。甲公司的账务处理如下：

（1）2015 年 1 月 1 日收到保费 2 000 元，确认原保费收入 4 000 元时：

借：银行存款　　2 000

　　应收保费　　2 000

　　贷：保费收入　　4 000

（2）2016 年 1 月 1 日收取保费 2 000 元时：

借：银行存款　　2 000

　　贷：应收保费　　2 000

2. 非寿险原保险合同保费收入的计量

对于非寿险原保险合同，保险人应当根据原保险合同约定的保费总额确定。由于非寿险原保险合同的期限一般比较短，所以一般不存在分期收取保费的情形，也就不存在分期确认的问题。

如果非寿险原保险合同的保费需要调整的，则保费收入应当按以下方法进行计量：

（1）如果最终保费金额能够合理估计，则保费收入应按估计保费金额来计量。如果以后估计金额发生变化的，则应及时进行调整。例如，对于暂保单，保险企业应当按照暂保单成立的时间以及约定的保费总额确定保费收入，当出具正式保单时，应按正式保单约定的保费总额及时调整保费收入。

（2）如果保险企业不能合理估计最终保费金额的，则应按照已发生的赔付成本（包括未决赔款准备金）总额确定，直至可以合理估计最终保费金额为止。

3. 主要会计科目及其账务处理

（1）“保费收入”科目。“保费收入”科目核算保险企业确认的保费收入。该科目可按保险合同和险种进行明细核算。保险企业在确认非寿险原保险合同的保费收入时，借记“应收保费”“预收保费”“银行存款”“库存现金”等科目，贷记“保费收入”科目。非寿险原保险合同提前解除的，按原保险合同约定计算确定的应退还投保人的金额，借记“保费收入”科目，贷记“库存现金”“银行存款”等科目。期末，应将本科目余额转入“本年利润”科目，结转后本科目无余额。

（2）“保户储金”科目和“保户投资款”科目。“保户储金”科目核算保险企业收到投保人以储金本金增值作为保费收入的储金。该科目可按储金类型、投保人及险种进行明细核算。保险企业收到投保人投资型保险业务的投资款，可将“保户储金”科目改为“保户投资款”科目。保险企业收到投保人以储金本金增值作为保费收入的储金时，借记“银行存款”“库存现金”等科目，贷记“保户储金”科目；保险企业收到投保人投资型保险业务的投资款，借记“银行存款”“库存现金”等科目，贷记“保户投资款”科目；保险企业向投保人支付保户储金和保户投资款时，作相反的会计分录。“保户储金”科目和“保户投资款”科目期末贷方余额，反映保险企业应付未付投保人储金和投资款。

4. 储金业务保险合同的会计处理

保户储金，是指保险企业以储户本金增值作为保费收入的保险业务而收到保户缴存的储金。保户储金具有保险和储蓄双重性质。在保险期满时，如果没有发生保险事故，则储金应退还给保户，因此，保户储金本身并不是保费收入，而是一项金融负债。保险企业在收到保户储金后，一般会将该保险储金存入银行或者进行债券投资，从银行获取的利息收入或者债券投资所取得的投资收益应作为保费收入，具体来说，保险企业在期末时根据保户储金平均余额乘以预定利率（或预定收益率）来计算当期的保费收入。

例 26-5 A 保险公司会计部门收到业务部门转来的 3 年期家财两全险保户储金日结汇总表、储金收据以及银行储金专户收账通知，共计 2 000 000 元，预定年利率为 2.25％，不计算复利，3 年后一次性还本付息。A 公司编制会计分录如下：

（1）收到保户储金，存入银行专户时：

借：银行存款——储金专户	2 000 000	
贷：保户储金——家财两全险		2 000 000

（2）按预定年利率计算保户储金每年应计利息 45 000 元（2 000 000×2.25％），并转作保费收入时：

借：应收利息	45 000	
贷：保费收入——家财两全险		45 000

（3）第 3 年，保单到期，将 3 年期专户存储的定期存单转为活期存款，并用银行存款归还保户储金时：

借：银行存款——活期户	2 135 000	
贷：银行存款——储金专户		2 000 000
应收利息		90 000
保费收入——家财两全险		45 000
借：保户储金——家财两全险	2 000 000	
贷：银行存款——活期户		2 000 000

5. 非寿险原保险合同退保费的会计处理

原保险合同提前解除的，保险人应当按照原保险合同约定计算确定应退还投保人的金额，作为退保费，计入当期损益。

例 26-6 A 企业向 B 保险公司投保了财产保险综合险，由于厂址迁移外地，申请退保。根据业务部门转来的批单，应退还保费 5 000 元，但 A 企业尚有

700元的保费未交，B公司的会计部门开出转账支票支付A企业退保费4 300元。B公司应编制会计分录如下：

借：保费收入　　5 000

　　贷：应收保费——A企业　　700

　　　　银行存款　　4 300

（四）非寿险原保险合同保险准备金的会计核算

在保险合同中，保险公司并不因为收入的确认而转移了风险，相反，风险伴随着收入的确认而产生，保险公司必须在整个投保期内对约定的保险事项承担保险责任。由于未来事件的发生具有巨大的不确定性，可能会极大地影响企业的财务状况，因此，基于谨慎性原则，保险公司应当提取各项准备金。原保险合同准备金包括未到期责任准备金、未决赔款准备金、寿险责任准备金和长期健康险责任准备金。非寿险原保险合同主要涉及未到期责任准备金和未决赔款准备金。

1. 未到期责任准备金的会计核算

1）未到期责任准备金的定义。

未到期责任准备金，是指保险人为尚未终止的非寿险保险责任提取的准备金，包括保险企业为保险期间在1年以内（含1年）的保险合同项下尚未到期的保险责任而提取的准备金，以及为保险期间在1年以上（不含1年）的保险合同项下尚未到期的保险责任而提取的长期责任准备金。

2）未到期责任准备金的计算方法。

未到期责任准备金的计算方法主要是百分比估算法，包括1/2法、1/8法、1／24法和1／365法。

（1）1/2法。采用此方法的前提条件是假定全年365天，每天签单起保收取的保险费都是相同的，因而1年中的保险单在当年还有50％的有效部分未到期，故期末提取的未到期责任准备金为本期保费收入的1/2，这种方法虽然简便易行，但是，在整个保险期间风险并不是均匀分布的，并且保单生效也不是均匀分布在整个承保年度，因此，这种方法计算的未到期责任准备金不够准确。

（2）1/8法。采用此方法的前提条件是假设每1季度中承保的所有保险单是逐日开出的，且每天开出的保险单数量、每份保险单的保额及保险费大体均匀。因此，可以认为每个季度的保单有半个季度的责任未到期。1年中有8个“半季度”，因此，到年末时，对在第1季度投保的保单应提取的准备金为第1季度保费收入的1/8，剩下的7/8为已到期保费。对在第2季度投保的保单应提取的未到期责任准备金为第2季度保费收入的3/8，剩下的5/8为已到期保费。以此类推，故年末未到期责任准备金为：第1季度保费收入×1/8＋第2季度保费收入×3/8＋第3季度保费收入×5/8＋第4季度保费收入×7/8。其计算公式如下：

未到期责任准备金＝（签发保单季数 ×2 — 1）÷8× 当季保费收入

例 26-7 A 保险公司 2016 年度第 1 季度的保费收入为 80 万元，第 2 季度保费收入为 100 万元，第 3 季度保费收入为 70 万元，第 4 季度保费收入为 160 万元，则该企业年末未到期责任准备金如下：

$$
\begin{aligned}
\text{未到期责任准备金} &= 80\times 1/8 + 100\times 3/8 + 70\times 5/8 + 160\times 7/8 \\
&= 231.25\ (\text{万元})
\end{aligned}
$$

（3）1/24 法。采用此方法的前提条件是假设 1 个月内所有承保的保险单在 30 天以内是逐日开出的，且保险单数量、保额、保费大体均匀，因而可以认为本月承保时保单在当月内的有效期天数都是 15 天即半个月，每月的保单有半个月的责任未到期。1 年可分为 24 个半月，对 1 年期保险单来说，开立保险单的当月月末已到期责任为 1/24，剩下的 23/24 的保费收入为未到期责任准备金。以后每过 1 个月，已到期责任保险金加上 2/24，未到期责任保险金减少 2/24，到年末，1 月份开出保险单的未到期责任准备金为保费收入的 1/24，2 月份开出保险单的未到期责任准备金为保费收入的 3/24，其余类推，12 月份开出保险单的未到期责任准备金为保费收入 23/24。其计算公式如下：

未到期责任准备金＝（签发保单月份 ×2-1）÷24× 当月保费收入

例 26-8 A 保险公司 2016 年度的保单订立于 1 月，5 月，8 月，10 月和 12 月，其保费收入分别为 60 万元，80 万元、120 万元，180 万元和 240 万元，该公司年末未到期责任准备金如下：

$$
\begin{aligned}
\text{未到期责任准备金} &= 60\times 1\div 24 + 80\times 9\div 24 + 120\times 15\div 24 + 180 \\
&\quad \times 19\div 24 + 240\times 23\div 24 = 480\ (\text{万元})
\end{aligned}
$$

值得注意的是，每个月在计算未到期责任准备金时应相应往前推 12 个月。例如，在 2016 年 8 月提取未到期责任准备金时，2015 年 9 月份开出保险单的未到期责任准备金为保费收入的 1/24，2015 年 10 月份开出保险单的未到期责任准备金为保费收入的 3/24，其余类推，到 2016 年 8 月份开出保险单的未到期责任准备金为保费收入的 23/24。

按 1/24 法计提未到期责任准备金的特点是，每月开出保险单时，当月按保费收入的 23/24 计提未到期责任准备金，随着保险责任期限的逐渐缩短而逐月按 2/24 转回，即将大部分保费收入通过计提准备金的方式事后逐月反映为利润。

（4）1/365 法。该方法是根据每张保单的第 2 年有效天数逐笔计算未到期责任准备金。其计算公式如下：

$$\text{某日保单未到期责任准备金} = \frac{\text{第2年有效天数}}{\text{保险期天数}} \times \text{当日保费收入}$$

例 26-9　A 保险公司的财产保险每日的保费收入统计如表 26—1 所示，用 1/365 法计算 1 月份提取的未到期责任准备金。

表 26-1　1 月份财产保险的保险收入

单位：万元

月份	1 月份							2 月份
日期	1 日	2 日	5 日	9 日	15 日	26 日	31 日	1 日……
保费收入	30	45	100	40	42	190	62	198……

$$\text{1 月份提取的未到期责任准备金} = 30\times1\div365 + 45\times2\div365 + 100\times5\div365 + 40\times9\div365 + 42\times15\div365 + 190\times26\div365 + 62\times31\div365 = 23.2\text{（万元）}$$

3）我国关于未到期责任准备金的精算规定。

按照中国保监会颁布的现行相关精算规定，非寿险业务未到期责任准备金的评估方法主要如下：

（1）保险公司开展的财产保险和意外伤害保险业务，对于产险公司，参照《保险公司非寿险业务准备金管理办法（试行）》（保监会 13 号令）采用 1/24 法（以月为基础）、1/365 法（以天为基础）评估。对于某些特殊险种，根据其风险分布状况可以采用其他更为谨慎、合理的方法。对于寿险公司，应当遵照保监会在 1999 年颁布的《关于下发有关精算规定的通知》（保监会 90 号）文件的规定提取。会计年度末未到期责任准备金应当按照本会计年度自留毛保费的 50％提取，也可以按其他方法提取，但提取的总额不应低于本会计年度自留毛保费的 50％。

（2）保险公司开展的短期健康保险业务，应当按《健康保险管理办法》（保监会 8 号令）规定，采用下列方法进行评估：1/24 毛保费法、1 / 365 毛保费法（以天为基础计提）或者根据风险分布状况可以采用其他更为谨慎、合理的方法，提取的未到期责任准备金不得低于前两种方法所得结果的较小者。

4）主要会计科目及其账务处理。

（1）“未到期责任准备金”科目及账务处理。“未到期责任准备金”科目核算保险企业提取的非寿险原保险合同未到期责任准备金。该科目可按保险合同进行明细核算。该科目属于负债类科目，其贷方登记提取的未到期责任准备金，借方登记冲减的未到期责任准备金，余额在贷方，反映保险企业的未到期责任准备金。

保险企业确认原保费收入的当期，应按保险精算确定的未到期责任准备金，借记“提取未到期责任准备金”科目，贷记该科目；资产负债表日，按保险精算重新计算确定的未到期责任准备金与已确认的未到期责任准备金的差额，借记该科目，贷记“提取未到期责任准备金”科目。原保险合同提前解除的，按相关未到期责任准备金余额，借记该科目，贷记“提取未到期责任准备金”科目。

（2）“提取未到期责任准备金”科目及其账务处理。“提取未到期责任准备金”科目核算保险企业提取的非寿险原保险合同未到期责任准备金。该科目可按保险合同和险种进行明细核算。该科目属于损益类科目，其借方登记提取的未到期责任准备金数额，贷方登记冲减已提取的未到期责任准备金数额，期末将该科目余额转入“本年利润”科目，结转后该科目无余额。

保险企业在确认原保费收入的当期，应按保险精算确定的未到期责任准备金，借记该科目，贷记“未到期责任准备金”科目；资产负债表日，应按保险精算重新计算确定的未到期责任准备金与已确认的未到期责任准备金的差额，借记“未到期责任准备金”科目，贷记该科目；原保险合同提前解除的，应按相关未到期责任准备余余额，借记“未到期责任准备金”科目，贷记该科目。

5）未到期责任准备金的会计处理。

保险企业应当在确认非寿险保费收入的当期，按照保险精算确定的金额，提取未到期责任准备金，作为当期保费收入的调整，并确认未到期责任准备金负债。在资产负债表日，保险企业应当按照保险精算重新计算确定的未到期责任准备金余额与已提取的未到期责任准备金余额的差额，调整未到期责任准备金余额。

从性质上讲，未到期责任准备金属于未赚取的保费收入，确认未到期责任准备金就是确认未赚取的保费收入。随着时间的推移，保险风险在逐渐减少，未赚取的保费收入也随之转化为已赚取的保费收入。因此，在通常情况下，对同一尚未终止的非寿险保险责任而言，保险企业在资产负债表日按照保险精算重新计算确定的未到期责任准备金余额应当小于上一资产负债表日已确认的未到期责任准备金余额。为了真实地反映保险人当期期末未赚取的保费收入，保险企业应当在资产负债表日，按照保险精算重新计算确定的未到期责任准备金余额与已确认的未到期责任准备金余额的差额，对未到期责任准备金余额进行调整。

例 26-10　2016 年 11 月 1 日，甲公司确认丁公司投保的 A 财产保险合同保费收入 48 000 元；11 月 30 日，甲公司保险精算部门计算确定 A 财产保险合同未到期责任准备金余额为 44 000 元；12 月 31 日，甲公司保险精算部门计算确定 A 财产保险合同未到期责任准备金余额为 40 000 元。甲公司的账务处理如下：

（1）11 月 1 日，确认原保费收入 48 000 元时：

借：银行存款　　48 000
　　贷：保费收入　　48 000

（2）11 月 30 日，确认未到期责任准备金 44 000 元时：

借：提取未到期责任准备金　　44 000
　　贷：未到期责任准备金　　44 000

（3）12 月 31 日，调减未到期责任准备金 4000 元（44 000 − 40 000）时：

借：未到期责任准备金　　4 000
　　贷：提取未到期责任准备金　　4 000

例 26-11　A 公司全年 1 年期直接承保的保费收入为 90 000 000 元，按自留保费的 50％的比例提取未到期责任准备金，即为 45 000 000 元（90 000 000×50％），并转回上年同期提存未到期责任准备金 40 000 000 元。

A 公司编制的会计分录如下：

（1）提取未到期责任准备金时：

借：提取未到期责任准备金　　45 000 000
　　贷：未到期责任准备金　　45 000 000

（2）将上年提存的未到期责任准备金转回时：

借：未到期责任准备金　　40 000 000
　　贷：提取未到期责任准备金　　40 000 000

2. 未决赔偿准备金的会计核算

1）未决赔偿准备金的定义。

未决赔偿准备金，是指保险人为非寿险保险事故已发生尚未结案的赔案提取的准备金。未决赔款准备金，包括已发生已报案未决赔款准备金、已发生未报案未决赔款准备金和理赔费用准备金。

（1）已发生已报案未决赔款准备金，是指保险人为非寿险保险事故已发生并已向保险人提出索赔、尚未结案的赔案提取的准备金。

（2）已发生未报案未决赔款准备金，是指保险人为非寿险保险事故已发生、尚未向保险人提出索赔的赔案提取的准备金。

（3）理赔费用准备金，是指保险人为非寿险保险事故已发生尚未结案的赔案可能发生的律师费、诉讼费、损失检验费、相关理赔人员薪酬等费用提取的准备金。对于理赔费用准备金，根据其与具体赔案之间的关系，又可分为直接理赔费用准备金和间接理赔费用准备金。直接理赔费用准备金，是指保险人为直接发生于具体赔案的律师费、诉讼费、损失检验费等提取的理赔费用准备金。间接理赔费用准备金，是指保险人为非直接发生于具体赔案的理赔人员薪酬等理赔查勘费用提取的理赔费用准备金。

2）未决赔偿准备金的提取方法。

目前，有些保险企业出于方便财务监督的目的，对未决赔偿准备金的提存规定了统一的量化标准。例如，已发生已报案未决赔款准备金按最高不超过当期未决赔款的 100％提存；已发生未报案未决赔款准备金按不高于当年实际赔款支出的4%提存，其计提依据假设很难与实际情况相吻合。按照新企业会计准则的规定，保险企业应当在非寿险保险事故发生的当期，按照保险精算确定的金额来提取。

（1）已发生已报案未决赔款准备金的提取方法：

a. 逐案估计法。即由理赔人员逐一估计每起索赔案件的赔款额，然后记入理赔档案，到一定时间把这些估计的金额进行汇总，并进行修正，据以提存准备金。这种方法比较简单，但工作量较大。这种方法适用于索赔金额确定，或索赔金额大小相差悬殊而难以估算平均赔付额的财产保险业务，比如，火灾保险和信用保险等。

b. 案均赔款法。即先根据保险企业的以往损失资料计算出平均值，然后再根据对将来赔付金额变动趋势的预测加以修正，把这一平均值乘以已报告赔款数目，就可得出未决赔款数额。这种方法适用于索赔案件且金额不大的业务，如汽车保险。

c. 赔付率法。即选择一个时期的赔付率来估计某类业务的最终赔付金额，从估计的最终赔付额中扣除已支付的赔款和理赔费用，即为未决赔款额。这种方法简便易行，但假定的赔付率与实际赔付率可能会有较大出入，此时按这种方法计算则不太准确。

（2）已发生未报案未决赔款准备金的提取方法。对于已发生未报案未决赔款准备金，此类赔款的估计比较复杂，一般以过去的经验资料为基础，然后根据各种因素的变化进行修正，比如出险单位索赔次数、金额、理赔费用的增减和索赔程序的变更等。这种索赔估计需要非常熟悉和精通业务的管理人员准确判断，具体方法主要包括链梯法、案均赔款法、准备金进展法和B—F法等。

（3）理赔费用准备金的提取方法。对直接理赔费用准备金，应当采取逐案预估法提取，对于间接理赔费用准备金，采用比较合理的比率分摊法提取。所谓合理的比率，就是合理估计理赔费用支出与赔款支出的比例关系中。首先要合理地划分哪些是理赔费用，理赔费用与赔款支出的比率也需要有经验数据作为支撑，其次再以当期计提的未决赔款准备金作为基础，乘以估计的理赔费用比率，计算理赔费用准备金。经验数据包括本期以及以往期间理赔费用支出。

3）我国关于未决赔偿准备金的精算规定。

按照中国保监会颁布的现行相关精算规定，非寿险合同未决赔偿准备金的评估方法具体如下：

（1）对于财险业务，遵照《保险公司非寿险业务准备金管理办法（试行）》（中国保险监督管理委员会令2004年第13号）及其实施细则规定，应当采用逐案估计法、案均赔款法以及中国保监会认可的其他方法谨慎提取已发生已报案未决赔款准备金；根据险种的风险性质、分布和经验数据等，采用链梯法、案均赔款法、准备金进展法和B—F法等至少两种方法进行谨慎评估，并选取评估结果的最大值，确定最佳估计值。

（2）对于健康险业务，应当采取逐案估计法、案均赔款法等合理的方法谨慎提取已发生已报案未决赔款准备金。如果保险公司精算责任人不能确认估计方法的可靠性或者相关业务的经验数据不足3年的，应当按照已经提出的索赔金额提取已发生已报案未决赔款准备金。保险公司应当根据险种的风险性质、分布和经验数据等，采用链梯法、案均赔款法、准备金进展法和B—F法等至少两种方法进行谨慎评估，并选取评估结果的最大值，确定最佳估计值。如果保险公司精算责任人不能判断数据基础不能确保计算结果的可靠性，或者相关业务的经验数据不足3年的，保险公司应当按照不低于该会计年度实际赔款支出的10％提取已发生未报案未决赔款准备金。

（3）理赔费用准备金的计提方法可以参考《非寿险业务准备金管理办法》对理赔费用准备金的规定。

4）未决赔款准备金的充足性测试。

保险企业至少应当于每年年度终了，对未决赔款准备金、寿险责任准备金和长期健康险责任准备金进行充足性测试。保险企业按照保险精算重新计算确定的相关准备金金额超过充足性测试日已提取的相关准备金余额的，应当按照其差额补提相关准备金；保险人按照保险精算重新计算确定的相关准备金金额小于充足性测试日已提取的相关准备金余额的，不调整相关准备金。

（1）充足性测试的概念。充足性测试，是指计算为将来可能要履行的保险责任而提取的准备金是否足够充分，以确保保险准备金负债没有被低估。很多现行的精算模型都可以用于测试，以确保保险准备金负债没有被低估。测试的具体形式取决于基本的计量方法。但是，目前的会计模式并不存在这些测试。如果承保人对因现有合约义务而产生的重要的可能合理预计的损失没有予以确认，则会降低财务报告的可信度，因此，新企业会计准则要求对准备金负债进行充足性测试。

（2）充足性测试的方法。新企业会计准则对如何进行充足性测试以及充足性测试的基本要求暂时没有具体的说明。一般而言，在进行准备金充足性测试时，应根据销售方式、服务方式和衡量获利能力的方式，将保险合同进行分类，以判断保险合同是否存在准备金不足的问题。

保险企业在进行准备金充足性测试可以备选的方法包括：整体测算、按产品大类测算和按照个别产品测算。

（3）我国关于未决赔偿准备金充足性测试的规定。关于未决赔偿准备金的充足性测试，现在《健康保险管理办法》（中国保险监督管理委员会令2006年第8号）和《保险公司非寿险业务准备金管理办法（试行）》（中国保险监督管理委员会令2004年第13号）精算规定已经对这些假设作出明确规定，如按照《健康保险管理办法》（中国保险监督管理委员会令2006年第8号）和《保险公司非寿险业务准备金管理办法（试行）》（中国保险监督管理委员会令2004年第13号）中规定的准备金提取方法计提未决赔偿准备金，已经满足了准备金充足这一要求，充足性在按上述方法对准备金的评估中得到保证。

5）主要会计科目及其账务处理。

（1）“未决赔款准备金”科目及其账务处理。“未决赔款准备金”科目核算保险企业提取的原保险合同责任未决赔款准备金。该科目属于负债类科目，其贷方登记提取的未决赔款准备金，借方登记冲减的未决赔款准备金，余额在贷方，反映保险企业未决赔款准备金的余额。保险企业也可以在“保险责任准备金”一级科目下设置二级科目“未决赔款准备金”。该科目可按保险合同进行明细核算，期末余额在贷方，反映保险企业的未决赔款准备金。

（2）“提取未决赔款准备金”科目及其账务处理。“提取未决赔款准备金”科目核算保险企业按规定为非寿险保险合同提取的未决赔款准备金。该科目属于损益类科目，其借方登记提取的未决赔款准备金，贷方登记冲减已提取的未决赔款准备金数额，期末将该科目的余额转入“本年利润”科目，结转后该科目无余额。保险企业也可以在“提取保险责任准备金”一级科目下设置二级科目“提取未决赔款准备金”。该科目可按保险责任准备金类别、险种和保险合同进行明细核算。

（3）主要账务处理。投保人发生非寿险保险合同约定的保险事故当期，保险企业应按保险精算确定的未决赔款准备金，借记“提取未决赔款准备金”科目，贷记“未决赔款准备金”科目。对未决赔款准备金进行充足性测试，应按补提的保险责任准备金，借记“提取未决赔款准备金”科目，贷记“未决赔款准备金”科目。原保险合同保险人确定支付赔付款项金额或实际发生理赔费用的当期，应按冲减的相应保险责任准备金余额，借记“未决赔款准备金”科目，贷记“提取未决赔款准备金”科目。

6）未决赔偿准备金的会计处理。

保险人与投保人签订原保险合同，向投保人收取保费，同时承担了在保险事故发生时向受益人赔付保险金的责任。对于非寿险原保险合同，在保险事故发生之前，保险人承担的向受益人赔付保险金的责任是一种潜在义务，不满足负债的确认条件，不应当确认为负债。保险事故一旦发生，保险人承担的向受益人赔付保险金的责任变成一种现时义务，满足负债的确认条件，应当确认为负债。因此，保险人应当在非寿险保险事故发生的当期，按照保险精算确定的未决赔款准备金金额，提取未决赔款准备金，并确认未决赔款准备金负债。

例 26-12 2016 年 5 月 31 日，甲公司保险精算部门计算确定的某类财产保险合同未决赔款准备金金额为 100 000 元，其中，已发生已报案未决赔款准备金为 60 000 元，已发生未报案未决赔款准备金为 20 000 元，理赔费用准备金为 20 000 元。甲公司的账务处理如下：

借：提取未决赔款准备金	100 000	
贷：未决赔款准备金		100 000

例 26-13　A 公司年末估算出当年家庭非寿险保险未决赔款准备金为：已发生已报案未决赔款准备金为 240 000 元，已发生未报案未决赔款准备金为 60 000 元。A 公司据此提取未决赔款准备金，并转回上年的提取额 410 000 元。

A 公司应编制的会计分录如下：

（1）提取未决赔款准备金时：

借：提取未决赔款准备金——已发生已报案未决赔款准备金　240 000
　　　　　　　　　　　——已发生未报案未决赔款准备金　60 000
　贷：未决赔款准备金　300 000

（2）转回上年的未决赔款准备金时：

借：未决赔款准备金　410 000
　贷：提取未决赔款准备金　410 000

例 26-14　A 公司 2016 年 8 月已决赔款累计数为 5 780 000 元，业务部门提供未决赔款清单上已报案的未决赔款金额为 1 200 000 元，根据保险精算计算结果，本期应提取已发生已报案未决赔款准备金 890 000 元，已发生未报案未决赔款准备金 61 200 元，理赔费用准备金 12 000 元。A 公司应编制会计分录如下：

借：提取未决赔款准备金——已发生已报案未决赔款准备金　890 000
　　　　　　　　　　　——已发生未报案未决赔款准备金　61 200
　　　　　　　　　　　——理赔费用准备金　12 000
　贷：未决赔款准备金——已发生已报案未决赔款准备金　890 000
　　　——已发生未报案未决赔款准备金　61 200
　　　——理赔费用准备金　12 000

例 26-15　假设上例已发生已报案赔案中有一案件结案，公司支付赔款 50 000 元，理赔费用 6 000 元，冲减相应未决赔款准备金余额。A 公司应编制会计分录如下：

借：未决赔款准备金——已发生已报案未决赔款准备金　50 000
　　　　　　　　——理赔费用准备金　6 000
贷：提取未决赔款准备金——已发生已报案未决赔款准备金　50 000
　　　　　　　　　　——理赔费用准备金　6 000

例 26-16　B 公司 2016 年已提已发生已报案赔款准备金 2 563 000 元，已提已发生未报案赔款准备金 1 250 000 元，已提理赔费用准备金 450 000 元。根据保险精算部门进行充足性测试计算结果，本年应提已报案赔款准备金 2 585 000 元，应提已发生未报案赔款准备金 1 150 000 元，应提理赔费用准备金 420 000 元。B 公司应编制会计分录如下：

借：提取未决赔款准备金——已发生已报案未决赔款准备金　22 000
　贷：未决赔款准备金——已发生已报案未决赔款准备金　22 000

（五）非寿险原保险合同成本的会计核算

原保险合同成本，是指原保险合同发生的、会导致所有者权益减少的、与向所有者分配利润无关的经济利益的总流出。原保险合同成本主要包括发生的手续费或佣金支出、赔付成本，以及提取的未决赔偿准备金、寿险责任准备金、长期健康责任准备金等。赔付成本包括保险人支付的赔款、给付，以及在理赔过程中发生的律师费、诉讼费、损失检验费和相关理赔人员薪酬等理赔费用。

1. 保单取得成本的会计核算

1）保单取得成本和手续费及佣金支出的定义。

保单取得成本，是指保险人在取得原保险合同过程中发生的支出，包括发生的手续费或佣金支出、保单签订费、医药费、检查费等。其中，保险人在取得原保险合同过程中发生的手续费或佣金支出，是保单取得成本的主要内容。

手续费支出，是指保险企业支付给其委托并在授权范围内代为办理保险业务的保险代理人或保险经纪人的手续费。保险业务的多少会对保险企业的生存和发展产生重大影响。保险企业只有承保大量业务，才能建立足够的保险资金，增强其竞争力。因此，保险企业除了依靠本保险企业的职员直接招揽保险业务外，还广泛地利用保险代理人争取保险业务。保险代理人，是指根据保险人的委托，向保险人收取手续费，并在保险人授权的范围内代为办理保险业务的单位和个人。

2）主要会计科目设置。

（1）“手续费及佣金支出”科目。“手续费及佣金支出”科目核算保险企业按规定支付给代理保险业务的代理人的手续费及佣金。分入分保业务分入方支付给分出方的手续费不在该科目核算，而应列入“分保费用”科目。“手续费及佣金支出”科目属于损益类科目，其借方登记发生的手续费及佣金支出或计提应付未付的手续费及佣金，贷方登记期末结转“本年利润”科目的数额，结转后该科目无余额。该科目应按支出类别设置明细账。

（2）“应付手续费及佣金”科目。“应付手续费及佣金”科目核算保险企业因保险代理业务而发生的应付未付的手续费及佣金支出。该科目属于负债类科目，其贷方登记发生的应付手续费及佣金，借方登记实际支付的应付手续费及佣金，余额在贷方，反映企业尚未支付的手续费及佣金。该科目应按代理人设置明细账。

3）手续费及佣金支出的会计处理。

保险人在取得原保险合同过程中发生的手续费、佣金，应当在发生时计入当期损益。保险人在发生手续费和佣金支出时，借记“手续费及佣金支出”科目，贷记“银行存款”科目。期末，将“手续费及佣金支出”科目转入“本年利润”科目，结转之后无余额。

例 26-17 某保险代理人本月共收到机动车辆保险保费 90 000 元，全部划到保险公司账户，保险公司按 7% 支付手续费 6 300 元，代扣个人所得税 50 元，开出转账支票付讫。保险公司应编制会计分录如下：

（1）收到保费时：

借：银行存款　　90 000

　　贷：保费收入　　90 000

（2）支付手续费时：

借：手续费及佣金支出　　6 300

　　贷：银行存款　　6 250

　　　　应交税费——应交个人所得税　　50

例 26-18　代办单位将本季度代收的企业财产保险费 140 000 元转来，并随同交来银行转账支票 120 000 元，其余 20 000 元于下月交清，手续费费率为 5%。保险企业应编制会计分录如下：

（1）收到保费时：

借：银行存款　　120 000

　　应收保费　　20 000

　　贷：保费收入　　140 000

（2）支付和计算应付手续费时：

借：手续费及佣金支出　　7 000

　　贷：银行存款　　6 000

　　　　应付手续费及佣金支出　　1 000

（3）下月代理人交来保费时：

借：银行存款　　20 000

　　贷：应收保费　　20 000

借：应付手续费及佣金支出　　1 000

　　贷：银行存款　　1 000

2. 赔付成本的会计核算

1）赔付成本的内容。

赔付成本包括保险人支付的赔款、给付，以及在理赔过程中发生的律师费、诉讼费、损失检验费、相关理赔人员薪酬等理赔费用。赔付成本包括直接赔款、直接理赔勘查费和间接理赔勘查费。代位追偿款、收回错赔骗赔款及损余物资折价应冲减赔款支出。

（1）直接赔款，是指根据保险合同约定支付给被保险人或受益人的赔款，应在实际支付赔款时确认，直接计入相关险种的成本。

保险事故发生后，赔偿金额尚未最终确定前预付给被保险人或受益人的赔款，应作为预付赔款入账，结案时转为赔款支出。

（2）直接理赔勘查费，是指保险事故勘查理赔过程中发生的能准确分清到赔案的相关费用，包括专家费、律师与诉讼费、损失检验费、公估费以及其他直接费用。直接理赔勘查费，按实际发生额，直接计入相关险种的赔款支出。

（3）间接理赔勘查费，是指保险事故勘查理赔过程中发生的与保险事故勘查定损直接有关但不能准确分清到赔案的相关费用，包括车辆使用费、差旅费、调查取证费以及相关理赔人员薪酬等其他相关费用。间接理赔勘查费，按当期赔案件数或其他合理的方法，分摊计入相关险种的赔款支出。

（4）承担赔付保险金责任后应当确认的代位追偿款，冲减相关险种的赔款支出。

（5）收回赔款及物资折扣，包括收回错赔骗赔款以及收回损余物资折价，按实际收回错赔骗赔的款项或确认的收回损余物资价值，直接冲减相关险种的赔款支出。

2）主要会计科目设置。

为了核算保险企业支付的原保险合同赔付款项，保险企业一般设置“赔付支出”科目。该科目属于损益类科目，其借方登记赔款支出、预付赔款的转销和理赔勘查费，贷方登记代位追偿款和损余物资的冲减额、错赔骗赔的追回款以及期末结转到“本年利润”科目的余额，结转后该科目无余额。该科目可按保险合同和险种进行明细核算。

3）赔付成本的会计处理。

对于非寿险原保险合同，保险人在发生保险事故当期，已经根据保险精算部门计算确定的未决赔款准备金，确认了未决赔款准备金负债，同时确认提取保险责任准备金，计入当期损益。保险人在确定了实际应支付赔偿款项金额的当期，首先，应当将确定支付的赔偿款项金额计入当期赔付支出；其次，应当按照确定支付的赔偿款项金额，冲减相应的未决赔款准备金余额。

保险人将实际应支付的赔偿款确认为赔付支出单独核算，而不是直接冲减未决赔款准备金余额，主要是为了满足赔付率监管的需要，并与未决赔款准备金精算实务相衔接。在实务中，保险精算部门是根据有效保单定期计算未决赔款准备金余额，已决保单没有包括在有效保单内。在资产负债表日，会计部门根据保险精算结果按差额确认未决赔款准备金时，已经自动将已决保单相关的未决赔款准备金转销。

（1）当时结案的赔款支出的会计处理。

保险企业在收到被保险人赔偿申请及各项有关资料后，应认真进行审核，确定赔偿责任，计算应赔金额，经批核之后及时支付赔款。

例 26-19 2016 年 4 月 12 日，甲公司确定应赔偿张某投保的家庭财产保险款 80 000 元，以银行存款支付。2016 年 4 月 30 日，甲公司为该保险事故确认的未决赔款准备金金额为 85 000 元。甲公司的账务处理如下：

借：赔付支出	80 000	
贷：银行存款		80 000
借：未决赔款准备金	85 000	
贷：提取未决赔款准备金		85 000

保险人在保险事故发生后较短的时间内（通常为保险事故发生当月）即能够结案定损的，保险人不需要先确认未决赔款准备金，再予以转销，而可

以直接将确定支付的赔付款项金额计入当期损益。

例 26-20　2016 年 5 月 15 日，甲公司某被保险人发生交通事故死亡；5 月 20 日，甲公司确定应赔偿该保险受益人保险款 120 000 元，并于当日支付。甲公司的账务处理如下：

借：赔付支出　　120 000

　　贷：银行存款　　120 000

（2）预付赔付款的会计处理。

在处理赔案的过程中，有些赔案损失较大，且案情比较复杂，由于种种原因不能当时或短时间内核实损失，确定赔款金额。但为了尽快恢复投保单位或个人的生产经营和正常生活秩序，保险公司按估赔的一定比例，先预付一部分赔款，待核实结案时再一次性结清。一般来说，预付赔款金额不得超过估损金额的 50％，而且不能跨年度使用，结案率至少在 85％以上。

例 26-21　2016 年 5 月 8 日，某工厂厂房倒塌一时不能结案，但为了尽快恢复该厂生产，A 保险公司按预计损失的 50％，以支票预付赔款 80 000 元。A 公司应编制会计分录如下：

借：预付赔付款　　80 000

　　贷：银行存款　　80 000

2016 年 12 月 1 日，A 公司经调查核实，该厂的实际损失为 170 000 元，再开出支票 90 000 元结清此赔案。A 公司为该保险事故确认的未决赔款准备金金额为 180 000 元。A 公司应编制会计分录如下：

借：赔付支出　　170 000

　　贷：预付赔付款　　80 000

　　　　银行存款　　90 000

借：未决赔款准备金　　180 000

　　贷：提取未决赔款准备金　　180 000

（3）应付赔付款的会计处理。

应付赔付款，是指保险企业应付未付给保户的赔款。

例 26-22　某公司投保 1 年期团体人身意外伤害险，保额每人 20 000 元。投保后不久，该团体成员李某因意外事故身亡，并由医院出具死亡证明及验尸报告，A 保险公司经核实统一给付保险金 50 000 元，赔款尚未支付。A 公司应编制会计分录如下：

借：赔付支出　　50 000

　　贷：应付赔付款　　50 000

实际支付时：

借：应付赔付款　　50 000

　　贷：银行存款　　50 000

（4）理赔费用的会计处理。

在理赔过程中发生的直接理赔勘查费和间接理赔勘查费也应在“赔付支

出”科目中核算。

例 26-23 2016 年 5 月 31 日，乙公司分配相关理赔人员薪酬 43 000 元，其中与非寿险未决赔款准备金有关的金额为 42 000 元。乙公司的账务处理如下：

借：赔付支出 43 000
　　贷：应付职工薪酬 43 000
借：未决赔款准备金 42 000
　　贷：提取未决赔款准备金 42 000

3. 损余物资的会计核算

损余物资，是指保险人对非寿险保险事故承担赔偿保险金责任后取得的原保险标的受损后的财产。在通常情况下，保险人承担赔偿保险金责任时，一般将取得的有关财产折价给受益人，该财产不属于保险人的损余物资，不应当纳入保险人的资产负债表内反映，而应当将其从应支付的赔偿款项中扣除，按扣除后的金额支付给受益人。如果保险人承担赔偿保险金责任时，没有将取得的原保险标的受损后的有关财产折价给受益人，则该资产属于保险人的损余物资，在满足确认条件时应纳入保险人的资产负债表内反映。保险人取得的损余物资是对其发生赔付支出的补偿，因此，在确认损余物资时，应当按照同类或类似资产的市场价格计算确定的金额确认为资产，同时冲减赔付支出。同类或类似资产，通常是指与损余物资的性质相同、功能相近的资产。在处置损余物资时，保险人应当按照收到的金额与相关损余物资账面价值的差额，调整当期赔付成本。

为了核算保险企业按照原保险合同约定承担赔偿保险金责任后取得的损余物资成本，保险企业一般设置“损余物资”科目。该科目可按损余物资种类进行明细核算，期末余额在借方，反映企业承担赔偿保险金责任后取得的损余物资成本。损余物资发生减值的，可以单独设置“损余物资跌价准备”科目，比照“存货跌价准备”科目进行处理。

损余物资的主要账务处理如下：

（1）企业承担赔偿保险金责任后取得的损余物资，按同类或类似资产的市场价格计算确定的金额，借记该科目，贷记“赔付支出”科目。

（2）处置损余物资时，按实际收到的金额，借记“库存现金”“银行存款”等科目，按其账面余额，贷记该科目，按其差额，借记或贷记“赔付支出”科目。已计提跌价准备的，还应同时结转跌价准备。

例 26-24 张某投保的小轿车发生被盗保险事故，甲公司已结案并支付保险金。2016 年 4 月 12 日，甲公司通过公安部门找回了该被盗小轿车，参照同类资产的市场价格确定的入账价值为 80 000 元。甲公司的账务处理如下：

借：损余物资 80 000
　　贷：赔付支出 80 000

例 26-25 甲企业因火灾保险财产受损，A 保险公司应赔偿财产损失

1 500 000元，扣除归企业所有的损余物资折价100 000元后，A公司支付1 400 000元赔款。A公司应编制会计分录如下：

借：赔付支出　　1 400 000

　贷：银行存款　　1 400 000

例26-26　沿用例26-25，假设甲企业不能接受损余物资，由A保险公司作价110 000元出售给其他企业。A公司应编制会计分录如下：

支付赔款时：

借：赔付支出　　1 500 000

　贷：银行存款　　1 500 000

出售损余物资时：

借：银行存款　　110 000

　贷：赔付支出　　110 000

例26-27　沿用例26-26，假定A保险公司一时无法处理损余物资，同类资产的市场价格为115 000元。A公司应编制会计分录如下：

借：损余物资　　115 000

　贷：赔付支出　　115 000

以后将该损余物资变卖，价款120 000元存入银行时：

借：银行存款　　120 000

　贷：损余物资　　115 000

　　　赔付支出　　5 000

如果变卖价款为112 000元，则A公司应编制会计分录如下：

借：银行存款　　112 000

　　赔付支出　　3 000

　贷：损余物资　　115 000

4. 代位追偿款的会计核算

代位追偿款，是指保险人承担赔偿保险金责任后，依法从被保险人处取得代位追偿权向第三者责任人索赔而取得的赔款。

保险人承担赔付保险金责任应收取的代位追偿款，同时满足下列条件的，应当确认为应收代位追偿款，并冲减当期赔付成本。

（1）与该代位追偿款有关的经济利益很可能流入。

（2）该代位追偿款的金额能够可靠地计量。

收到应收代位追偿款时，保险人应当按照收到的金额与相关应收代位追偿款账面价值的差额，调整当期赔付成本。在判断代位追偿款能否收回时，保险人应当根据以往的经验、债务人的财务状况和现金流量等相关信息进行合理估计。如果判断代位追偿款收回的可能性小于不能收回的可能性，则不应当确认应收代位追偿款，但应当提供确凿的证据。保险人确认的应收代位追偿款，其实质是对保险人发生的赔付支出的补偿，在确认时应当冲减赔付支出。收到应收代位追偿款时，保险人应当按照收到的金额与相关应收代位追偿款账面价值的差额，调整当期赔付支出。

保险人一般设置“应收代位追偿款”科目，该科目核算保险人按照原保险合同约定承担赔付保险金责任后确认的代位追偿款。该科目可按被追偿单位（或个人）进行明细核算，期末余额在借方，反映保险人已确认尚未收回的代位追偿款。

代位追偿款的主要账务处理如下：

（1）保险人承担赔付保险金责任后确认的代位追偿款，借记“应收代位追偿款”科目，贷记“赔付支出”科目。

（2）收回应收代位追偿款时，按实际收到的金额，借记“库存现金”“银行存款”等科目，按其账面余额，贷记“应收代位追偿款”科目，按其差额，借记或贷记“赔付支出”科目。已计提坏账准备的，还应同时结转坏账准备。

例 26-28 2016 年 5 月 15 日，李某投保的小轿车发生碰撞保险事故，甲公司赔偿保险金责任后，取得向责任方代位追偿的权利，估计能够收回的代位追偿款为 30 000 元。6 月 23 日，甲公司从责任方收到代位追偿款 29 000 元，款项已存入银行。甲公司的账务处理如下：

（1）5 月 15 日，确认应收代位追偿款 30 000 元时：

借：应收代位追偿款	30 000	
贷：赔付支出		30 000

（2）6 月 23 日，收到应收代位追偿款 29 000 元：

借：银行存款	29 000	
赔付支出	1 000	
贷：应收代位追偿款		30 000

例 26-29 2016 年 6 月 30 日，A 保险公司与 B 公司签订一份保险合同，对 B 公司仓库的一批存货进行投保，约定保险期限为 1 年，即至 2017 年 6 月 30 日，保险金额为 5 000 万元，保费为 500 万元，保费于合同生效当日一次性支付。经精算后确定，A 保险公司针对未到期责任准备金的提取金额为 200 万元。2016 年 8 月 5 日，由于相邻的 C 公司发生意外火灾，并殃及了 B 公司的仓库，造成所投保的存货大部分毁损。A 保险公司经定损后，确认存货毁损 80％，金额为 4 000 万元，A 保险公司决定全额理赔 4 000 万元。2016 年 9 月 25 日，本案按照上述理赔方案结案，A 保险公司同时收回毁损存货并享有了对 C 公司的代位追偿权。假设毁损存货残值为 500 万元，估计代位追偿可收回 2 000 万元。而实际中，2016 年 10 月，A 保险公司转让存货的收入为 600 万元，2016 年 12 月，从 C 公司收回补偿 1 800 万元。A 公司应编制会计分录如下：

（1）2016 年 7 月 1 日，A 公司根据合同确认保费收入并提取准备金：

借：银行存款	5 000 000	
贷：保费收入		5 000 000
借：提取未到期责任准备金	2 000 000	
贷：未到期责任准备金		2 000 000

（2）2016年8月5日，提取未决赔款准备金4 000万元：

借：提取未决赔款准备金　　40 000 000

　　贷：未决赔款准备金　　40 000 000

（3）2016年9月25日，结案赔付，并收回损余物资及确认代位追偿权：

借：赔付支出　　40 000 000

　　贷：银行存款　　40 000 000

冲回未决赔款准备金：

借：未决赔款准备金　　40 000 000

　　贷：提取未决赔款准备金　　40 000 000

收回损余物资时：

借：损余物资　　5 000 000

　　贷：赔付支出　　5 000 000

确认应收代位追偿款：

借：应收代位追偿款　　20 000 000

　　贷：赔付支出　　20 000 000

（4）2016年10月，处置损余物资时：

借：银行存款　　6 000 000

　　贷：赔付支出　　1 000 000

　　　　损余物资　　5 000 000

（5）2016年12月，收到代位追偿款：

借：银行存款　　18 000 000

　　赔付支出　　2 000 000

　　贷：应收代位追偿款　　20 000 000

二、寿险原保险合同的会计核算

（一）寿险原保险合同保费收入的会计核算

1. 寿险保费的构成

寿险保费是根据“保险合同双方权利和义务对等”的原则确定的。对于投保人来说，按保险合同规定交付保险费是其义务，只有履行了交费义务，寿险合同的受益人才有在未来保险事故发生时领取保险金的权利。对于保险人来说，收取保险费是其权利，给付保险金是其义务。保险费是保险基金的根本来源。因此，及时收取保险费，组织好保费收入的日常管理，对于增加寿险公司的资金来源，增强寿险公司的偿付能力，提高寿险公司的经济效益，都具有十分重要的意义。

由于保险费率的确定按收支相抵的原则，是对未来发生保险事故的一种成本预测，因此，定价成本是一种预计成本，亦即事前成本。由于寿险的保险标的是人的生命，因此保险费的计算主要取决于被保险人的死亡率；又由于保险人是先收取保险费，而保险金要在保险事故发生后才给付，一般期限较长，根据均衡保费的原理，在保险人前期收到的保费中早期多收的保费有很大部分将以准备金的形式提存出来，形成储蓄性资金，这就需要考虑对这部分资金所承担的利息费用，因此，在保费定价时应考虑利率因素。另外，保险人在经营保险业务中的各项费用也应由被保险人来承担，因此，在保费定价时还应考虑费用率。由上可见，寿险保单价格的确定主要是基于三个预定因素：预定死亡率、预定利率和预定费用率。

由此来看，寿险保费是由纯保费和附加保费两部分构成的，纯保费是抵付保险金的来源，它具体可以分成危险保险费和储蓄保险费，危险保险费是保险人用于抵付当年的保险金给付的，它是根据预定死亡率来确定的；储蓄保险费是用于逐年积累以抵付将来的保险金给付的，从实质上讲也就是责任准备金，它是根据预定利率来确定的。附加保费是业务费用的来源，是根据预定费用率来确定的。

2. 寿险原保险合同保费收入的会计处理

寿险原保险合同收入的确认应当同时满足原保险合同保费收入确认的三个条件，与非寿险保险相同。由于人寿保险一般是收款生效，因此，一般是收到保费时确认保费收入。在采用分期收款方式收取保费的情况下，如果保费金额可以确定，而且收取保费的可能性也大于不能收取保费的可能性，可以于应收保费时确认保费收入，而不一定要在实际收到时再确认收入。在采用以保户储金利息作为保费收入的收款方式下，可以按期确认保费收入。

对于寿险原保险合同保费收入的计量，分期收取保费的，应当根据当期应收取的保费确定；一次性收取保险的，应当根据一次性应收取的保费确定。

1）实收保费的会计处理。

在保险业务发生时收取保费的情况下，由于保险业务已发生，所收的部分就是即期保费收入。

例 26-30 2016 年 12 月 31 日，乙公司与李某签订一份定期寿险合同，保险金额为 1 000 000 元，保险期间为 2017 年 1 月 1 日零时至 2056 年 12 月 31 日 24 时；保费总额为 60 000 元，分 5 期于前 5 年每年 1 月 1 日等额收取。合同生效当日，乙公司收到李某缴纳的第一期保费 12 000 元，乙公司的账务处理如下：

借：银行存款　　12 000

　　贷：保费收入　　12 000

以后各年收取保费的账务处理同上。

2）预收保费的会计处理。

对于分期缴费的保险业务，由于投保人一次性缴纳以后若干期保费，对于不属于当期收入的多缴部分作为预收保费处理，到以后年度应缴费时分期确认为保费收入。

例 26-31 李某向 A 保险公司投保个人养老金险，约定每月交费 100 元，2016 年 1 月 6 日预交保费 1 200 元。则 A 保险公司应编制会计分录如下：

（1）预收保费时：

借：库存现金　　1 200

　　贷：保费收入　　100

　　　　预收保费　　1 100

（2）以后每月将预收保费转为实现的保费收入时：

借：预收保费　　100

　　贷：保费收入　　100

3）应收保费的会计处理。

对于寿险保费，保单宽限期内欠缴保费的保单，其保费金额可以可靠地计量，其经济利益很可能流入公司，同时，公司在宽限期仍承担相应保险责任，因此，应计提应收保费并确认保费收入。实际收到且属于约定金额范围的保费时冲减应收保费。保单失效后，将应收保费冲减当期保费收入。同时，将冲减的应收保费和超过宽限期后的应收保费转作表外项目核算。

例 26-32　保户李某 2015 年 3 月向 A 保险公司投保 10 期终身寿险，按规定每年缴保费 10 000 元，宽限期为 3 个月。2015 年 3 月，李某缴纳现金保费 10 000 元，2016 年 3 月缴费期已到，但李某因资金紧张尚未缴纳保费。2016 年 5 月，李某缴来现金保费 10 000 元。A 公司应编制会计分录如下：

（1）2015 年 3 月，收到首期保费时：

借：库存现金　　10 000

　　贷：保费收入　　10 000

（2）2016 年 3 月，保户欠缴保费时：

借：应收保费　　10 000

　　贷：保费收入　　10 000

（3）2016 年 5 月，收到欠缴保费时：

借：库存现金　　10 000

　　贷：保费收入　　10 000

4）失效保单的会计处理。

根据人寿保险条款的规定，宽限期外仍未缴费的保单丧失效力。如果投保人在 2 年之内缴付欠缴的保费和相应的利息，该保单可以恢复效力。在实际收到投保人补缴的保费时确认保费收入，补缴的利息确认为利息收入。如果投保人在 2 年之内仍未补缴保费及其欠缴的利息的，根据保险条款的规定，该保单永久失效。

例 26-33　王某向 A 保险公司投保养老保险，因经济困难未按期交费使得保单失效。1 年后即复效期内王某申请复效，A 保险公司同意并要求保户补交保费 1 500 元，利息 50 元，投保人缴来现金。A 保险公司应编制会计分录如下：

借：库存现金　　1 550

　　贷：保费收入　　1 500

　　　　利息收入　　50

5）自动垫缴保费的会计处理。

保单保费缴足 2 年，已有现金价值。如投保人逾期未继续缴费，在保险条款有约定自动垫缴保费的，保险公司应根据其约定，于缴费宽限期满后，按其现金价值自动垫缴，使保单继续有效。发生自动垫缴保费的业务时，保险公司应确认保费收入。实际收到投保人补足其欠缴保费时，直接冲减"垫缴保费"。垫缴保费不计提佣金，垫缴应从应缴日开始计息。

对于自动垫缴保费，应设置"垫缴保费"科目，该科目属于资产类科目，其借方登记垫缴的保费，贷方登记收回的垫缴保费，余额在借方，反映保险企业尚未收到的垫缴保费余额。该科目应按保户设置明细账。

例 26-34 王某向 A 保险公司投保定期寿险，缴费已满 2 年，因经济原因暂时不能缴费，公司为其垫缴 1 000 元，3 个月收回，月利率为 0.3％。A 保险公司应编制会计分录如下：

（1）公司垫缴保费时：

借：垫缴保费	1 000	
贷：保费收入		1 000

（2）收回垫缴保费及利息时：

借：库存现金	1 009	
贷：垫缴保费		1 000
利息收入		9

6）趸交保费的会计处理。

趸交保费是在保险合同签订时，投保人就约定的整个保险责任期间应交的保费一次性付清。根据配比原则，本年度的收入与确认的资产和负债相配比，对于趸交保费采用一次性确认保费收入。在会计期末，按照精算方法计算责任准备金，并进行相应的账务处理。

（二）保险金给付的会计核算

1. 保险金给付的概念与构成

保险金给付是保险企业对投保人在保险期满或期中支付保险金，以及对保险期内发生保险责任范围内的意外事故按规定给付保险金。同一险种有不同版本的条款，给付的保险金可能不同，在审核领取人申请金额时应加以注意。投保人有借款的，应先结清借款。若在保险合同规定的缴费宽限期内给付时投保人有未缴保费的，应将其从应支付的保险金中扣除。相反，投保人有预交保费的，在给付保险金时应退还预交部分。

保险金给付分为满期给付、死亡给付、伤残给付、医疗给付和年金给付等五种。

满期给付，是指寿险业务被保险人生存到保险期满，保险企业按保险合同条款约定支付给被保险人或受益人的保险金；

死亡给付，是指寿险业务被保险人在保险期内发生保险责任范围内的死亡事故，保险企业按保险合同条款约定支付给被保险人或受益人的保险金；

伤残给付，是指寿险业务被保险人在保险期内发生保险责任范围内的伤残事故，保险企业按保险合同条款约定支付给被保险人或受益人的保险金；

医疗给付，是指寿险和长期健康险业务被保险人在保险期内发生保险责任范围内的医疗事故，保险企业按保险合同条款约定支付给被保险人或受益人的保险金；

年金给付，是指寿险业务被保险人生存至保险条款规定的年限，保险企业按保险合同条款约定支付给被保险人或受益人的保险金。

2. 主要科目设置

为了反映寿险和长期健康险业务保险金给付情况，应设置“赔付支出”科目进行会计核算。该科目属于损益类科目，其借方登记保险金给付实际支付的金额，贷方登记期末结转“本年利润”科目的金额，结转后该科目无余额。该科目应按保险合同和险种进行明细核算。

3. 保险金给付的主要会计处理

（1）发生保险金给付时，借记“赔付支出”科目，贷记“库存现金”和“银行存款”等科目。

（2）若在保险金给付时贷款本息尚未还清，应将其从应支付保险金中扣除，按保单约定给付金额，借记“赔付支出”科目，按未收回的保户质押贷款本金，贷记“保户质押贷款”科目，按利息数，贷记“利息收入”科目，按实际支付的金额，贷记“库存现金”或“银行存款”等科目。

（3）若在保险合同规定的缴费宽限期内发生保险金给付时，应按应给付金额，借记“赔付支出”科目，按投保人未缴保费部分，贷记“保费收入”科目，按利息数，贷记“利息收入”科目，按实际支付的金额，贷记“库存现金”或“银行存款”等科目。

（4）若在保险金给付时保户存在预交保费，应将其退还给保户，按保单约定给付金额，借记“赔付支出”科目，按应退还给保户的金额，借记“预收保费”科目，按实际支付的金额，贷记“库存现金”或“银行存款”等科目。

例 26-35　投保人王某向 A 保险公司投保的保险金额为 50 000 元的两全保险已期满，尚有 8 000 元的保户质押贷款未归还，该笔贷款应付利息 406 元，A 保险公司将贷款及利息扣除后办理给付。A 公司应编制会计分录如下：

借：赔付支出——满期给付	50 000	
贷：保户质押贷款		8 000
利息收入		406
库存现金		41 594

例 26-36　某简易人寿保险保户因病死亡，其受益人提出死亡给付申请，A 保险公司业务部门审查同意给付全部保险金 5 000 元，该保户有当月应缴而未缴的保费 25 元，应从应给付的保险金中扣除，余额以现金支付。A 保险公司应编制会计分录如下：

借：赔付支出——死亡给付　5 000

　贷：保费收入　25

　　库存现金　4 975

例 26-37　保户王某为其子女向 A 保险公司投保 10 年期独生子女两全保险，现因交通事故造成其子一肢永久残疾，经医院提供伤残证明，按规定给付保险金金额 5 000 元，经复核以现金支付。A 保险公司应编制会计分录如下：

借：赔付支出——伤残给付　5 000

　贷：库存现金　5 000

例 26-38　某长期健康险保单的被保险人发生重大疾病，在住院期间发生医疗费用 100 000 元，向保险人提出给付申请，A 保险公司在审查后同意给付全部保险金 100 000 元，但须扣除宽限期内尚未支付的保费 4 300 元和保户质押贷款 10 900 元（其中，利息为 900 元）。A 公司应编制会计分录如下：

借：赔付支出——医疗给付　100 000

　贷：应收保费　4 300

　　保户质押贷款　10 000

　　利息收入　900

　　库存现金　84 800

例 26-39　王某向 A 保险公司投保终身养老年金保险，每月缴保费 100 元，现已到约定年金领取年龄，该投保人持有相关证件向 A 保险公司提出领取手续，按规定每月领取保险金 360 元，经复核后以现金支付。A 保险公司应编制会计分录如下：

借：赔付支出——年金给付　360

　贷：库存现金　360

（三）退保业务的会计核算

1. 退保业务的概念

退保业务，是指寿险和长期健康业务投保方在保险期未满时要求退还保单现金价值。在经济情况恶化时，许多保险单的所有者会行使退保权，人寿保险企业的资金运用由此而受到不利的影响，并且其他保险单所有者的利益也受到影响。保险单所有者在任何时候都可能行使退保权的规定，要求保险企业采取追求流动性的投资原则，因此，对退保者应当收取投资收益损失费。

2. 主要科目设置

为了反映寿险和长期健康险业务的退保情况，保险企业应设置“退保金”科目，用来核算寿险和长期健康险业务投保人或被保险人办理退保时，按保险条款规定支付给投保人或受益人的保单现金价值。该科目属于损益类科目，其借方登记退保时实际支付的金额，贷方登记期末结转至“本年利润”科目的数额，结转后该科目无余额。该科目应按险种和保单设置明细账。

3. 退保业务的会计处理

对于寿险原保险合同，投保人在保险责任开始后提前解除原保险合同的，如果在犹豫期内，保险人应当在扣除手续费后退还保险费，退还的保险费作为退保费，应直接冲减保费收入。如果过了犹豫期，保险人应当按照合同约定退还保险单的现金价值，保险人退还的保险单的现金价值即为退保费，应计入退保金。同时，保险人在确认寿险原保险合同保费收入的当期，已经将未来应承担的赔付保险金责任确认为寿险责任准备金、长期健康险责任准备金。在寿险原保险合同提前解除时，保险人原确认的未来应承担的赔付保险金责任已经不复存在，应当同时转销相关准备金余额。因此，保险人应当在寿险原保险合同提前解除时，转销已确认的相关寿险责任准备金、长期健康险责任准备金。主要的会计处理如下：

（1）支付退保金时，借记“退保金”科目，贷记“库存现金”或“银行存款”等科目。

（2）支付退保金时，若有贷款本息未还清，以现金价值，借记“退保金”科目，按未收回的保户质押贷款本金，贷记“保户质押贷款”科目，按利息数，贷记“利息收入”科目，按实际支付的金额，贷记“库存现金”或“银行存款”等科目。

（3）若在保险合同规定的缴费宽限期内发生退保时，应按应给付金额，借记“退保金”科目，按投保人未缴保费部分，贷记“保费收入”或者“应收保费”等科目，按利息数，贷记“利息收入”科目，按实际支付的金额，贷记“库存现金”或“银行存款”等科目。

（4）退保时若有预交保费的，应退还预交部分。按退保金额，借记“退保金”科目，按应退预交保费金额，借记“预收保费”科目，按实付金额，贷记“库存现金”或“银行存款”等科目。

（5）意外伤害险和短期健康险的退保费核算不通过“退保金”科目核算，而是冲减已收的保费收入，借记“保费收入”科目，贷记“库存现金”或“银行存款”等科目。

例 26-40 某养老保险保户因经济困难要求退保，退保金为 7 000 元，但须扣除保户的 2 000 元借款及其利息 150 元，A 保险公司会计部门在审核无误之后以现金支付。A 保险公司应编制会计分录如下：

借：退保金	7 000	
贷：保户质押贷款		2 000
利息收入		150
库存现金		4 850

例 26-41 某定期寿险保户要求退保，A 保险公司业务部门核定应退金额为 1 550 元，但该保户尚有预交 3 个月的保费 80 元，会计部门在审核无误之后将退保金与预交保费一起退还给被保险人。A 公司应编制会计分录如下：

借：退保金	1 550	
预收保费	80	
贷：库存现金		1 630

（四）保户质押贷款业务的会计核算

寿险业务中的多数险种具有储蓄性，即保单经过一定时期后将积累一定金额的现金价值。如果投保人有临时性的经济困难，可以向保险公司申请保单贷款。贷款金额以不超过保单当时现金价值的一定比例为限。当贷款本息超过或等于保单的现金价值时，投保人应在保险公司发生通知后的1个月之内还清借款本息，否则保单失效。例如，我国一些储蓄性的普通寿险保单规定，投保人保险费交足2年，保险期限满2年的，可持“保险单”和“保费收据”等向保险公司申请保户质押贷款。一般贷款金额不得超过保险单现金价值的90%，借款期限最长为6个月。

为了核算和监督保户质押贷款的发生和回收情况，保险企业应设置“保户质押贷款”科目，用来核算保险公司根据寿险契约的规定对保户提供的贷款。该科目属于资产类科目，其借方登记发生的保户质押贷款，贷方登记收回的保户质押贷款，期末余额在借方，反映尚未收回的保户质押贷款。该科目应按贷款单位进行明细分类核算。

例 26-42　2016年4月1日，某保户持有效保单等凭证申请保户质押贷款5 000元，经审核符合条件，A保险公司同意发放期限为4个月的、年利率为6%的保户质押贷款5 000元。A保险公司应编制会计分录如下：

（1）2016年4月1日，发放贷款时：

借：保户质押贷款	5 000	
贷：银行存款		5 000

（2）2016年8月1日，收回本息时：

借：银行存款	5 100	
贷：保户质押贷款		5 000
利息收入		100

（五）保单红利支出的会计核算

保单红利支出，是指分红保单所产生的盈余，通常称为超收保费，以保单红利的形式返还给投保人。我国于1997年首次推出利差返还型寿险产品，当实际利率高于预定利率时，保险人将这个差额对寿险责任准备金产生的利息返还给投保人。

对于保单红利支出的会计核算需要设置两个会计科目。

1.“保单红利支出”科目

“保单红利支出”科目核算人寿保险业务按原保险合同约定支付给投保人的红利。该科目属于损益类科目，其借方登记按原保险合同约定计提应支付的保单红利，贷方登记期末结转至“本年利润”科目的金额，结转后该科目无余额。该科目应按保单红利来源设置明细账。

2.“应付保单红利”科目

“应付保单红利”科目核算人寿保险业务按原保险合同约定应付未付投保人的红利支出。该科目属于负债类科目，其贷方登记按原保险合同约定计提应支付的保单红利，借方登记向投保人支付的保单红利，期末余额在贷方，反映保险企业应付未付的保单红利。该科目应按投保人设置明细账。

保单红利支出的主要会计处理如下：

（1）期末计提应付未付保单红利时，借记“保单红利支出”科目，贷记“应付保单红利”科目。

（2）实际支付给投保人保单红利时，借记“应付保单红利”科目，贷记“库存现金”或“银行存款”等科目。

例 26-43　A 保险公司期末根据保险精算，应支付给保户的红利为 300 000 元。A 公司应编制会计分录如下：

（1）计提保单红利支出时：

借：保单红利支出　　300 000

　　贷：应付保单红利　　300 000

（2）实际向保户支付红利时：

借：应付保单红利　　300 000

　　贷：库存现金　　300 000

（六）佣金支出的会计核算

佣金支出，是指保险企业向专门推销寿险业务的个人代理人和经纪人公司支付的佣金。对于佣金支出的会计核算与非寿险原保险合同的佣金及手续费支出是类似的，这里不再赘述。

例 26-44　A 保险公司计算应付某终身寿险代理人刘云佣金 8 800 元，10 天后以现金支付。A 保险公司应编制会计分录如下：

（1）计提应付佣金时：

借：手续费及佣金支出　　8 800

　　贷：应付手续费及佣金　　8 800

（2）实际支付佣金时：

借：应付手续费及佣金　　8 800

　　贷：库存现金　　8 800

（七）寿险原保险合同保险责任准备金的会计核算

1. 寿险原保险合同保险责任准备金的概念和构成

寿险原保险合同保险责任准备金，是指保险企业根据其售出的保单中约定的保险责任，在向受益人支付赔偿或给付以前公司提取的偿付准备。它是在任何时候为保证保险给付所需要准备的金额，是对保险单所有人的负债，也是寿险原保险合同的一项主要负债。对于寿险原保险合同，收取保险费在前，而履行给付保险金的义务在若干年之后。如果寿险准备金不充足，则会影响保险公司的偿付能力，从而危及被保险人的合法权益。为了保障保险客户的利益，促使保险公司安全经营，保险监管机构通过保险监管法规规定保险企业应提留准备金，以确保保险公司的最低偿付能力。

寿险原保险合同准备金包括寿险责任准备金和长期健康责任准备金。寿险责任准备金，是指保险人为尚未终止的人寿保险责任提取的准备金。长期健康责任准备金，是指保险人为尚未终止的长期健康保险责任提取的准备金。

2. 寿险原保险合同保险责任准备金的性质

寿险原保险合同准备金是寿险保险公司为了承担将来未到期责任而提存的准备金。随着年龄的增长，死亡率自然上升，自然保费应逐年递增，但由于人的劳动能力和年龄呈反比，如果按年龄来制定费率，则年轻时的费率较低，年老时的费率较高。这样将使被保险人在晚年最需要保险保障时，却因年老体衰、劳动力减弱甚至已经丧失而缺乏保险费的负担能力。而且，如果费率逐年提高，容易造成“逆向选择”。身体健康的人会因费率的加重而中途退出保险，而身体衰弱的人却因生命危险的增加而坚持投保，使正常情况下计算出来的费率难以维持。因此，为了解决上述矛盾，寿险业务收取的保费不是自然保费，而是每年费率相等的均衡保费，这样就会出现保险期的早期保费溢缴部分，这部分不能看作是盈利，而保险人对保户的负债，应通过责任准备金的形式提存出来。因此，从实质上来看，寿险原保险合同责任准备金本质就是将早期多收的保费提存出来，用于弥补晚期少收的保费，以便将来履行给付的义务。

3. 寿险原保险合同责任准备金的计算方法

1）过去法。

过去法又称已缴保费推算法。过去法的主要计算原理是，按收支相等的原则对一张保单加以观察，则在保险期间的某一时点均有如下关系：

t 年度以前的收入－t 年度以后的收入＝t 年度以前的支出－t 年度以后的支出

此公式可改写如下：

t 年度以前的收入－t 年度以前的支出＝t 年度以后的收入－t 年度以后的支出

寿险原保险合同准备金就是在时点 t 以后预计支出超过收入的差额，计算公式如下：

寿险原保险合同准备金＝以前年度已收纯保费在 t 年度的终值－以前年度已付保险金在 t 年度的终值

2）将来法。

将来法又称未缴保费推算法。将来法的主要计算原理是，对于某一时刻，从将来预计支出的现值中减去将来预计收入的现值所得的金额。因此，在将来法下，寿险原保险合同准备金的计算公式如下：

寿险原保险合同准备金＝t 年度以后未付保险金在 t 年度的现值－t 年度以后未收纯保费在 t 年度的现值

过去法和将来法如果采用相同的利率，两者的计算结果在理论上是完全一致的。将来法是较易作出预测的方法。一般来说，当责任准备金需按险种、年龄别、经过年数别进行大量计算时，采用将来法比过去法较为有利。

需要指出的是，会计年度末责任准备金不同于保险年度末责任准备金，但可根据保险年度末责任准备金近似求出。设签单在1年之内是均匀分布的，于是可合理地认为从每年7月1日至次年6月30日为一个保险年度，则会计年度末责任准备金约等于相邻两个保险年度末责任准备金的算术平均值加年均衡保费的一半。以上仅仅是计算寿险原保险合同责任准备金的基本原理。在保险精算实务中，要计算寿险的实际责任准备金，需要考虑的因素还有很多。

4. 我国关于寿险责任准备金的现行精算假定

保险人应当在确认寿险保费收入的当期，按照保险精算确定的金额，提取寿险责任准备金、长期健康险责任准备金，并确认寿险责任准备金、长期健康险责任准备金负债。

对于传统寿险业务，寿险责任准备金的计提应遵照《关于下发有关精算规定的通知》（保监发〔1999〕90号）的有关规定执行。对于新型寿险业务，比如分红、投连和万能产品，寿险责任准备金的计提应遵照《关于印发人身保险新型产品精算规定的通知》（保监发〔2003〕67号，以下简称67号令）的有关规定执行。此外，2005年保监会颁布了《中国人寿保险业经验生命表（2000-2003）》，并在《关于修订精算规定中生命表使用有关事项的通知》（保监发〔2005〕118号）中对精算规定中有关生命表事项作出修订。

长期健康险责任准备金的评估方法应遵照中国保监会颁布的8号令及其实施细则相关规定。

5. 寿险原保险合同责任准备金的充足性测试

保险企业至少应当于每年年度终了，对寿险责任准备金和长期健康险责任准备金进行充足性测试。保险人按照保险精算重新计算确定的相关准备金金额超过充足性测试日已提取的相关准备金余额的，应当按照其差额补提相关准备金；保险人按照保险精算重新计算确定的相关准备金金额小于充足性测试日已提取的相关准备金余额的，不调整相关准备金。

对于寿险责任准备金和长期健康险责任准备金，所涉及的合同通常为1年期以上的长期合同。充足性测试的基本概念是一致的：考虑预期未来发生的赔款与费用，采用适当的利息率进行折现，然后与账面价值进行比较。根据目前“90号令”规定，根据保监会最低准备金的规定，保险公司主要人寿保险产品评估和长期健康险产品利息率不得高于下面两项规定的最低值计提：

（1）保监会公布的评估利息率7.5％。

（2）该险种厘定保险费所使用的预定利息率。

6. 主要会计科目的设置

为了核算保险企业提取的寿险责任准备金和长期健康险责任准备金，保险企业一般设置“保险责任准备金”和“提取保险责任准备金”科目。

1）“保险责任准备金”科目。

“保险责任准备金”科目核算保险企业为尚未终止的人寿保险责任提取的准备金。再保险接受人提取的再保险合同寿险责任准备金，也在该科目中核算。该科目属于负债类科目，其贷方登记提取的寿险责任准备金数额，借方登记冲减的寿险责任准备金，期末余额在贷方，反映保险企业提取的寿险责任准备金和长期健康险责任准备金。该科目应按保险合同及险种设置明细账。保险企业也可以直接设置“寿险责任准备金”和“长期健康险责任准备金”两个科目。

2）“提取保险责任准备金”科目。

“提取保险责任准备金”科目核算保险企业按规定对寿险合同提取的责任准备金。再保险接受人提取的再保险合同寿险责任准备金，也在该科目中核算。该科目属于损益类科目，其借方登记提取的寿险责任准备金金额，贷方登记冲减已提取的寿险责任准备金金额，期末将本科目余额转入“本年利润”科目，结转之后该科目无余额。该科目应按保险合同及险种设置明细账。保险企业也可以直接设置“提取寿险责任准备金”和“提取长期健康险责任准备金”两个科目。

7. 主要会计处理

寿险责任准备金和长期健康险责任准备金的主要账务处理如下：

（1）企业确认寿险保费收入，应按保险精算确定的寿险责任准备金、长期健康险责任准备金，借记“提取寿险责任准备金”“提取长期健康险责任准备金”科目，贷记“寿险责任准备金”“长期健康险责任准备金”科目。对寿险责任准备金和长期健康险责任准备金进行充足性测试，应按补提的保险责任准备金，借记“提取寿险责任准备金”“提取长期健康险责任准备金”科目，贷记“寿险责任准备金”“长期健康险责任准备金”科目。

（2）原保险合同保险人确定支付赔付款项金额或实际发生理赔费用的当期，应按冲减的相应保险责任准备金余额，借记“寿险责任准备金”“长期健康险责任准备金”科目，贷记“提取寿险责任准备金”“提取长期健康险责任准备金”科目。

（3）寿险原保险合同提前解除的，应按相关寿险责任准备金、长期健康险责任准备金余额，借记“寿险责任准备金”“长期健康险责任准备金”科目，贷记“提取寿险责任准备金”“提取长期健康险责任准备金”科目。

例 26-45 2016 年 12 月 31 日，乙公司保险精算部门计算确定的某团体终身寿险合同寿险责任准备金金额为 120 000 元。乙公司的账务处理如下：

借：提取寿险责任准备金	120 000	
贷：寿险责任准备金		120 000

例 26-46 王某投保两全寿险保户保险期满，持有关证件向 A 保险公司办理领取手续，经复核，A 保险公司会计部门以现金支付，该保单寿险责任准备金余额为 15 000 元。A 保险公司以现金支付保险金的同时，应冲减相应

寿险责任准备金余额。A 保险公司应编制会计分录如下：

借：寿险责任准备金 15 000

贷：库存现金 15 000

例 26-47 A 公司 2016 年 12 月 31 日提取寿险责任准备金 62 000 000 元，转回上年同期提存的寿险责任准备金 58 000 000 元。A 公司应编制会计分录如下：

（1）提存寿险责任准备金时：

借：提取寿险责任准备金 62 000 000

贷：寿险责任准备金 62 000 000

（2）转回寿险责任准备金时：

借：寿险责任准备金 58 000 000

贷：提取寿险责任准备金 58 000 000

（3）将提取和转回的寿险责任准备金结转至本年利润：

借：本年利润 62 000 000

贷：提取寿险责任准备金 62 000 000

借：提取寿险责任准备金 58 000 000

贷：本年利润 58 000 000

例 26-48 2016 年 12 月 31 日，A 公司提取未到期责任准备金 350 000 元，转回上年同期提存的未到期责任准备金 300 000 元；提存未决赔款准备金 300 000 元，转回上期提存的未决赔款准备金 200 000 元；提取长期健康险责任准备金 700 000 元，转回上年同期提存的长期健康险责任准备金 650 000 元；提存寿险责任准备金 500 000 元，转回上年同期提存的寿险责任准备金 400 000 元。

A 公司应编制的会计分录如下：

借：提取未到期责任准备金 350 000

贷：未到期责任准备金 350 000

借：未到期责任准备金 300 000

贷：提取未到期责任准备金 300 000

借：提取未决赔款准备金 300 000

贷：未决赔款准备金 300 000

借：未决赔款准备金 200 000

贷：提取未决赔款准备金 200 000

借：提取长期健康险责任准备金 700 000

贷：长期健康险责任准备金 700 000

借：长期健康险责任准备金 650 000

贷：提取长期健康险责任准备金 650 000

借：提取寿险责任准备金 500 000

贷：寿险责任准备金 500 000

借：寿险责任准备金　　500 000
　　贷：提取寿险责任准备金　　500 000

第二节　新准则对企业的影响

一、相关准备金的规定

新准则规定，保险人按照保险精算重新计算确定的相关准备金金额超过充足性测试日已提取的相关准备金余额的，应当按照其差额补提相关准备金；保险人按照保险精算重新计算确定的相关准备金金额小于充足性测试日已提取的相关准备金余额的，不调整相关准备金。而原先的《保险公司会计制度》对此没有规定。新规定使保险公司的费用增加，利润减少。

二、损余物资处理的规定

新准则规定，保险人承担赔偿保险金责任取得的损余物资，应当按照同类或类似资产的市场价格计算确定的金额确认资产，并冲减当期赔付成本。而原先的《保险公司会计制度》对此没有规定明确的估计方法，这样就减少了保险公司对损余物资价格确定的控制能力，减少了利润的波动。

第二十七章　再保险合同

第一节　案例分析及操作实务

一、分出业务的会计核算

分出业务的会计处理主要包括应收分保准备金、分出保费及摊回成本费用和存入分保保证金等。

（一）分出保费的会计核算

再保险分出人应当在确认原保险合同保费收入的当期，按照相关再保险合同的约定，计算确定分出保费，计入当期损益。

1. 分出保费的确认

（1）合约分保业务。

对于合约分保业务，再保险分出人与再保险接受人签订再保险合同，约定某一范围内的所有业务自动按照预先确定的条件进行分保。因此，再保险分出人应在原保险合同保费收入确定时，按照合约约定，计算其对应的分出保费，计入当期损益。

（2）临时分保业务。

对于临时分保业务，再保险分出人可以视情况决定是否分出某一保单，再保险接受人也需要对每一风险单位进行独立的核保后决定是否接受以及确定接受条件，因此，再保险合同的签订会滞后于原保险合同。

如果再保险分出人在原保险合同确定的当期与再保险接受人签订了再保险合同，再保险分出人应在再保险合同确定时，按照再保险合同约定计算原保险合同对应的分出保费。

如果当期未签订再保险合同，则保险责任仍由再保险分出人承担，与原保险合同相关的经济利益也仍属于再保险分出人，同时，分出保费也难以可靠地计量，因此，再保险分出人不应确认分出保费。

（3）预约分保业务。

预约分保业务分出保费的确认参照临时分保业务的处理。

2. 科目设置

为核算再保险分出人向再保险接受人分出的分保费用，保险企业一般设置“分出保费”科目，该科目属于损益类科目，其借方登记分出的保费，贷方登记转入“本年利润”科目的金额，结转后该科目无余额。该科目可按险种进行明细核算。

另外，再保险分出人一般设置“应收分保账款”科目。该科目用来核算再保险分出人从事再保险业务应收取的款项，可按再保险分出人或再保险接受人和再保险合同进行明细核算。期末余额在借方，反映企业从事再保险业务应收取的款项。

3. 分出保费的会计处理

分出保费的主要会计处理如下：

（1）保险企业在确认原保险合同保费收入的当期，应按再保险合同约定计算确定的分出保费金额，借记“分出保费”科目，贷记“应付分保账款”科目。在原保险合同提前解除的当期，应按再保险合同约定计算确定的分出保费的调整金额，借记“应付分保账款”科目，贷记“分出保费”科目。

（2）对于超额赔款再保险等非比例再保险合同，应按再保险合同约定计算确定的分出保费金额，借记“分出保费”科目，贷记“应付分保账款”科目。调整分出保费时，借记或贷记“分出保费”科目，贷记或借记“应付分保账款”科目。

（二）摊回分保费用的会计核算

再保险分出人应当在确认原保险合同保费收入的当期，按照相关再保险合同的约定，计算确定应向再保险接受人摊回的分保费用，计入当期损益。这里“摊回的分保费用”，是指摊回的分保手续费。再保险分出人应当在原保险合同提前解除的当期，按照相关再保险合同的约定，计算确定分出保费、摊回分保费的调整金额，计入当期损益；同时，转销相关应收分保准备金余额。

1. 摊回分保费用的确认

（1）合约分保业务。

合约分保业务的手续费包括固定手续费、浮动手续费和纯益手续费三种类型。

a. 固定手续费。固定手续费可以在确认原保险合同保费收入的当期，根据原保险合同发生的费用支出，按照再保险合同约定的固定比例计算确定，计入当期损益。

b. 浮动手续费。浮动手续费中的预收分保手续费可在确认原保险合同保费收入的当期，根据原保险合同发生的费用支出，按照再保险合同约定的固定比例计算确定，计入当期损益。

浮动手续费中的调整手续费由于在业务年度结束后根据赔付情况才能准确计算，因此，应当在确认原保险合同保费收入的当期，根据当期原保险合同的赔付情况，按照合理的方法预估应摊回的分保费用，计入当期损益。预估一般可采用历史保单终极赔付率预估法，即根据公司经验数据，计算历史保单终极赔付率，并以此判断新业务的终极赔付水平，从而确定浮动手续费调整金额。

c. 纯益手续费。再保险分出人应当根据相关再保险合同的约定，在能够计算确定应向再保险接受人收取的纯益手续费时，将该项纯益手续费作为摊回分保费用，计入当期损益。这里的“能够计算确定”，是指再保险分出人能够根据再保险合同的约定，预估当期的纯益手续费金额。

分保手续费是再保险接受人对再保险分出人取得和经营原保险业务所发生费用的补偿，纯益手续费是再保险接受人对再保险分出人谨慎地选择原保险业务而为其带来盈利的一种“奖励措施”，其实质是对再保险分出人经营原保险业务的“额外”补偿。因此，纯益手续费与分保手续费性质相类似，确认应取得的纯益手续费时应作摊回分保费用处理。

纯益手续费只有再保险接受人实际上有“纯益”时才给付。在实务中，保险人通常按照业务年度计算纯益，而一个业务年度的再保险业务往往要跨越若干个会计年度才能结算出损益。再保险分出人确认纯益手续费收入主要应考虑其可靠的计量问题，只有能够依据相关数据计算确定应向再保险接受人收取的纯益手续费时，即纯益手续费能够可靠地计量时，纯益手续费收入才能予以确认。

另外，值得注意的是，在计算确定纯益手续费时，再保险分出人所应用的盈利计算假设应与计算原保险合同所形成的负债时所应用的盈利计算假设相一致。例如，再保险分出人在准备合同项下与纯益手续费有关的损益计算书时，损益中的有关支出项目一般包括未决赔款准备金，未决赔款准备金的评估应与再保险分出人对该笔分出业务所对应的原保险合同评估未决赔款准备金时采用的精算假设相一致。

（2）临时分保业务。

对于临时分保业务，如果再保险合同在原保险合同保费收入确认的当期确定，则可参照合约分保业务的方式确认应摊回的分保费用；如果原保险合同保费收入确认的当期未能确定再保险合同，再保险分出人不确认分出保费，相应地也不应确认摊回分保费用。

（3）预约分保业务。

预约分保业务摊回分保费用的确认参照临时分保业务处理。

2. 会计科目的设置

为了反映再保险分出人向再保险接受人摊回的分保费用，保险企业一般设置“摊回分保费用”科目。该科目属于损益类科目，其贷方登记应向再保险接受人摊回的费用，借方登记期末结转“本年利润”科目的金额，结转后无余额。该科目可按险种进行明细核算。

3. 摊回分保费用的会计处理

（1）再保险分出人在确认原保险合同保费收入的当期，按相关再保险合同约定计算确定的应向再保险接受人摊回的分保费用，借记“应收分保账款”科目，贷记“摊回分保费用”科目。

（2）计算确定应向再保险接受人收取的纯益手续费的，应按相关再保险合同约定计算确定的纯益手续费，借记“应收分保账款”科目，贷记“摊回分保费用”科目。

（3）在原保险合同提前解除的当期，应按相关再保险合同约定计算确定的摊回分保费用的调整金额，借记“摊回分保费用”科目，贷记“应收分保账款”科目。

例 27-1 甲公司与F保险股份有限公司（以下简称F公司）签订一份成数分保财产再保险合同，将约定的原保险业务向F公司办理分保。合同约定分保手续费采用浮动分保手续费率制，预付分保手续费费率为30％。假定甲公司对该再保险合同业务年度的业务进行结算时实际计算确定的分保手续费费率为35％，据此计算的分保手续费调整金额为800万元，并经F公司确认一致。此时，甲公司调整分保手续费的账务处理如下：

借：应收分保账款——F公司　　8 000 000

　　贷：摊回分保费用　　8 000 000

例 27-2 沿用例27-1的资料，假定再保险合同签订3年后甲公司按照合同约定计算出应向F公司收取的纯益手续费金额为144万元，双方确认一致的纯益手续费金额为140.4万元。甲公司应予双方确认一致时作账务处理如下：

借：应收分保账款——F公司　　1 404 000

　　贷：摊回分保费用　　1 404 000

（三）摊回赔付成本的会计核算

再保险分出人应当在确定支付赔付款项金额或实际发生理赔费用的当期，按照相关再保险合同的约定，计算确定应向再保险接受人摊回的赔付成本，计入当期损益。

1. 摊回赔付成本的确认

对于合约分保业务，再保险分出人可按照再保险合同的约定，根据当期原保险合同的赔付成本，计算确定当期应摊回的赔付成本，计入当期损益。

临时分保业务和预约分保业务的摊回赔付成本的确认参照合约分保业务来处理。

2. 会计科目的设置

为了反映再保险分出人向再保险接受人摊回的赔付成本，保险企业应当设置“摊回赔付支出”科目。该科目属于损益类科目，其贷方登记应向再保险接受人摊回的赔付成本，借方登记期末结转“本年利润”科目的金额，结转后该科目无余额。该科目可按险种进行明细核算。再保险分出人也可以单独设置“摊回赔款支出”“摊回年金给付”“摊回满期给付”“摊回死伤医疗给付”等科目。

3. 摊回赔付成本的会计处理

（1）再保险分出人在确定支付赔付款项金额或实际发生理赔费用而确认原保险合同赔付成本的当期，应按相关再保险合同约定计算确定的应向再保险接受人摊回的赔付成本金额，借记“应收分保账款”科目，贷记“摊回赔付支出”科目。

（2）在因取得和处置损余物资、确认和收到应收代位追偿款等而调整原保险合同赔付成本的当期，应按相关再保险合同约定计算确定的摊回赔付成本的调整金额，借记或贷记“摊回赔付支出”科目，贷记或借记“应收分保账款”科目。

（3）对于超额赔款再保险等非比例再保险合同，计算确定应向再保险接受人摊回的赔付成本的，应按摊回的赔付成本金额，借记“应收分保账款”科目，贷记“摊回赔付支出”科目。

例 27-3 2016 年 1 月 31 日，乙公司与客户刘某签订一份人身意外伤害保险合同，保险金额为 360 万元，自 2016 年 2 月 1 日零时起合同生效，保险期间为 1 年；刘某于合同生效当日一次性缴纳保险费 0.72 万元，乙公司开始承担保险责任并确认了保费收入。该份人身意外伤害保险合同属于乙公司与 E 保险股份有限公司（以下简称 E 公司）签订的溢额再保险合同约定的业务范围。该再保险合同约定：每一被保险人的意外险自留额为 100 万元，E 公司的分保额最高限额为 300 万元，分保手续费费率为 25％。

2016 年 7 月 10 日，被保险人刘某发生车祸死亡，乙公司确定该事故属于全额赔偿责任范围，于事故发生当月确认了赔付成本 360 万元。2016 年 7 月 29 日，乙公司向刘某家属支付了保险赔款，该保险事故结案。乙公司就上述业务计算出应向 E 公司分出的保费金额为 0.52 万元［0.72×（360 − 100）÷360］，分保手续费为 0.13 万元（0.52×25％），应从 E 公司摊回赔款金额为 260 万元［360×（360 − 100）÷360］，乙公司分出保费、摊回分保费用、摊回赔付成本的账务处理如下：

（1）2016 年 2 月，确认分出保费及摊回分保费用时：

借：分出保费	5 200	
贷：应付分保账款——E 公司		5 200
借：应收分保账款——E 公司	1 300	
贷：摊回分保费用		1 300

（2）2016 年 7 月，确认应摊回的赔付成本时：

借：应收分保账款——E 公司	2 600 000	
贷：摊回赔付成本		2 600 000

注：在实务中，保险公司对于保险事故发生后很快（一般指当月）能够结案定损的，往往不提未决赔款准备金，本例即属于此种情况，因此在确认摊回赔付成本时不涉及转销相关应收分保未决赔款准备金的处理。

（四）应收分保未到期责任准备金的会计核算

原保险合同为非寿险原保险合同的，再保险分出人还应当按照相关再保险合同的约定，计算确认相关的应收分保未到期责任准备金资产，并冲减提取未到期责任准备金。再保险分出人应当在资产负债表日调整原保险合同未到期责任准备金余额时，相应调整应收分保未到期准备金余额。

1. 应收分保未到期责任准备金的确认

应收分保未到期责任准备金实质上属于分出的未赚保费，确认应收分保未到期责任准备金是对当期分出保费的调整，并非收入的实现。提取未到期责任准备金（含分保未到期责任准备金）和确认应收分保未到期责任准备金的最终结果都是对当期自留保费（原保险合同保费收入加上分保费收入再减去分出保费后的金额）的调整，即将当期的自留保费调整为已赚保费。因此，确认应收分保未到期责任准备金时应作冲减提取未到期责任准备金处理，通过“提取未到期责任准备金”科目集中反映将当期自留保费调整为已赚保费的调整金额。

再保险分出人在资产负债表日按照保费精算重新计算确定的未到期责任准备金金额与已提取的未到期责任准备金余额的差额调整未到期责任准备金时，应按照相关再保险合同约定计算确定应收分保未到期责任准备金的相应调整金额，调整应收分保未到期责任准备金和提取未到期责任准备金的账面余额。再保险分出人应当在原保险合同提前解除而转销相关未到期责任准备金的当期，转销相关应收分保未到期责任准备金余额。

2. 会计科目的设置

为了核算再保险分出人从事再保险业务确认的应收分保未到期责任准备金，保险企业一般设置“应收分保未到期准备金”科目，也可以在“应收分保合同准备金”一级科目下设置应收分保合同准备金二级科目。该科目可按照再保险合同进行明细核算，期末余额在借方，反映企业从事再保险业务确认的应收分保合同准备金余额。

3. 应收分保未到期责任准备金的会计处理

（1）企业在确认非寿险原保险合同保费收入的当期，按相关再保险合同约定计算确定的相关应收分保未到期责任准备金金额，借记“应收分保未到期准备金”科目，贷记“提取未到期责任准备金”科目。

（2）资产负债表日，调整原保险合同未到期责任准备金余额，按相关再保险合同约定计算确定的应收分保未到期责任准备金的调整金额，借记“提取未到期责任准备金”科目，贷记“应收分保未到期准备金”科目。

（3）在原保险合同提前解除而转销相关未到期责任准备金余额的当期，借记“提取未到期责任准备金”科目，贷记“应收分保未到期准备金”科目。

（五）应收分保准备金的会计核算

1. 应收分保准备金的确认

再保险分出人应当在提取原保险合同未决赔偿准备金、寿险责任准备金、长期健康险责任准备金的当期，按照相关再保险合同的约定，计算确定应向再保险接受人摊回的相应准备金，确认为相应的应收分保准备金资产。

应收分保未决赔款准备金、应收分保寿险责任准备金和应收分保长期健康险责任准备金都表示再保险分出人预期从再保险接受人处获得补偿的金额具有收入性质，确认时应作为摊回相应准备金处理。另外，再保险分出人对未决赔款准备金、寿险责任准备金、长期健康险责任准备金进行充足性测试而补提相关准备金时，应按照相关再保险合同约定计算确定相关应收分保准备金的增加金额，调整增加相关应收分保准备金和摊回责任准备金的账面余额。

再保险分出人在确定支付赔付款项金额或实际发生理赔费用而冲减原保险合同未决赔款准备金、寿险责任准备金、长期健康险责任准备金的当期，应按照相关再保险合同约定计算确定相关应收分保准备金的相应冲减金额，冲减相关应收分保准备金和摊回责任准备金的账面余额。再保险分出人应当在原保险合同提前解除而转销相关寿险责任准备金和长期健康险责任准备金余额的当期，转销相关应收分保准备金余额。

2. 会计科目的设置

（1）“应收分保合同准备金”科目。

“应收分保合同准备金”科目核算再保险分出人从事再保险业务确认的应收分保准备金，以及应向再保险接受人摊回的保险责任准备金。该科目属于资产类科目，其借方登记应收的分保合同准备金，贷方登记冲减的应收分保合同准备金，余额在借方，反映再保险分出人从事再保险业务确认的应收分保合同准备金余额。该科目可按再保险接受人和再保险合同设置明细账。再保险分出人也可以单独设置“应收分保未决赔款准备金”“应收分保寿险责任准备金”和“应收分保长期健康险责任准备金”等科目。

（2）“摊回保险责任准备金”科目。

“摊回保险责任准备金”科目核算反映再保险分出人从事再保险业务应向再保险接受人摊回的保险责任准备金，包括未决赔款准备金、寿险责任准备金、长期健康险责任准备金。该科目属于损益类科目，其贷方登记应向再保险接受人摊回的保险责任准备金，借方登记期末结转“本年利润”科目的金额，结转后该科目无余额。该科目可按保险责任准备金类别和险种设置明细账。再保险分出人也可以单独设置“摊回未决赔款准备金”“摊回寿险责任准备金”和“摊回长期健康险责任准备金”科目。

3. 应收分保准备金的会计处理

（1）企业在提取原保险合同保险责任准备金的当期，应按相关再保险合同约定计算确定的应向再保险接受人摊回的保险责任准备金，借记“应收分保合同准备金”科目，贷记“摊回未决赔款准备金”“摊回寿险责任准备金”和“摊回长期健康险责任准备金”科目。对原保险合同保险责任准备金进行充足性测试补提保险责任准备金，应按相关再保险合同约定计算确定的应收分保保险责任准备金的相应增加额，借记“应收分保合同准备金”科目，贷记“摊回未决赔款准备金”“摊回寿险责任准备金”和“摊回长期健康险责任准备金”科目。

（2）在确定支付赔付款项金额或实际发生理赔费用而冲减原保险合同相应保险责任准备金余额的当期，应按相关应收分保保险责任准备金的相应冲减金额，借记“摊回未决赔款准备金”“摊回寿险责任准备金”和“摊回长期健康险责任准备金”科目，贷记“应收分保合同准备金”科目。

（3）在寿险原保险合同提前解除而转销相关寿险责任准备金、长期健康险责任准备金余额的当期，应按相关应收分保保险责任准备金余额，借记“摊回未决赔款准备金”“摊回寿险责任准备金”和“摊回长期健康险责任准备金”科目，贷记“应收分保合同准备金”科目。

例 27-4 2015 年 12 月 31 日，甲保险股份有限公司（以下简称甲公司）与 A 保险股份有限公司（以下简称 A 公司）签订一份成数分保财险再保险合同，将合同规定范围内的原保险业务向 A 公司办理分保。合同约定，分保比例为 10%；分保手续费以分出保费作为计算基础，分保手续费费率为 25%；合同起期日为 2016 年 1 月 1 日，保险责任期间为 1 年。2016 年 1 月 1 日，甲公司就该保险合同规定业务范围内的某企业财产保险合同确认保费收入 12 万元；1 月 31 日，甲公司就该企业财产保险合同提取未到期责任准备金 11 万元；3 月 18 日，该企业财产保险合同给定的保险事故发生，至 3 月 31 日尚未结案定损，甲公司就该合同提取未决赔款准备金 7 500 万元。甲公司确认应收分保准备金的会计处理如下：

（1）2016 年 1 月 31 日，确认应收分保未到期责任准备金。

甲公司应确认的对 A 公司应收分保未到期责任准备金＝ 11×10% ＝ 1.1（万元）

借：应收分保未到期责任准备金　　　　11 000
　　贷：提取未到期责任准备金　　　　　11 000

（2）2016 年 3 月 31 日，确认应收分保未决赔款准备金。

甲公司应确认的对 A 公司应收分保未决赔款准备金＝ 7500×10% ＝ 750（万元）

借：应收分保准备金　　　　7 500 000
　　贷：摊回未决赔款准备金　　　　7 500 000

（六）再保险合同损益的调整

再保险分出人应当在原保险合同提前解除的当期，按照相关原保险合同的约定，计算确定分出保费、摊回分保费用的调整金额，计入当期损益。

当原保险合同提前解除时，原保险合同保险责任终止，依赖于原保险合同存在的对应的再保险责任也同时终止，按照权责发生制原则，再保险分出人需要在当期按照再保险合同的约定，计算被解除的原保险合同对应的应冲减的分出保费和应冲减的摊回分保费用。

再保险分出人应当在因取得和处置损余物资，确认和收到应收代位追偿款等而调整原保险合同赔付成本的当期，按照相关再保险合同的约定，计算确定摊回赔付成本的调整金额，计入当期损益。再保险分出人承担赔偿保险金责任取得的损余物资，应当按照同类或类似资产的市场价格计算确定的金额确认为资产，并冲减当期赔付成本。摊回赔付成本是以原保险合同赔付成本为基础计算确定的，因此，在原保险合同赔付成本减少的同时，应相应冲减摊回赔付成本。

再保险分出人调整分出保费时应当将调整金额计入当期损益。再保险分出人在确认原保险合同保费收入的当期，在计算确定再保险合同各项损益时，虽然已采用合同预定或尽量合理的方法对再保险合同损益进行了计算或估算，但在确定分保账单时，仍然可能由于各种情况导致账单数据和前期计算或估算数不一致。再保险分出人应当在与再保险接受人确定分保账单的当期，按照账单数据与前期计算或估算数据的差额，调整当期相关再保险合同损益项目。

（七）再保险合同形成的债权和债务的会计核算

再保险合同形成的债权主要包括应收分保账款和应收分保准备金，再保险合同形成的债务主要包括应付分保账款和存入分保准备金。另外，再保险分出人与再保险接受人之间的预付款行为也会形成预付款资产和负债。

1. 再保险合同形成的债权和债务的确认

（1）存入分保准备金，是指按照再保险合同的约定，由再保险分出人扣存再保险接受人部分分保费以应付未了责任的准备金。存入分保准备金通常根据分保业务账单按期扣存和返还，扣存期限一般为12个月，至下年同期返还。

（2）再保险分出人应按照权责发生制原则确认由此形成的对再保险接受人的债权或债务。①再保险分出人应在确认分出保费的同时，确认应付分保账款；②在确认摊回分保费用和摊回赔款的同时，确认应收分保账款；③在对原保险合同确认责任准备金负债的同时，确认应收分保准备金；④在调整以上项目的同时，调整对应的再保险合同债权和债务；⑤再保险分出人应在收到再保险接受人预付的摊回分保款时，确认预付款负债；⑥在收到再保险接受人支付的分保准备金时确认存入分保准备金；⑦在向再保险接受人支付预付的分出保费时，确认预付款资产。

（3）预付分出保费主要发生在超赔业务中。超赔业务的分出保费主要组成部分 MDP 保费（Minimum and Deposit Premium）是再保险分出人提前支付给再保险接受人的预付性质的分出保费，再保险分出人应在支付 MDP 保费时将其确认为预付款资产，并在每期按照超赔合同计算或估算当期分出保费时冲减此项预付资产，冲减至零后再确认应付分保账款。

（4）应收分保账款、应付分保账款、预付分保保费、预收摊回分保费用和存入分保准备金应区分不同的再保险接受人分别进行确认，不得将不同的再保险接受人的债权和债务合并确认，以保证债权和债务的清晰、可靠和易于追踪管理。

（5）再保险分出人与再保险接受人就相互间的再保险债权和债务进行实际结算时，再保险分出人应于完成结算当期同时调整该次结算所涉及的、已确认在该再保险接受人名下的应收分保账款、应付分保账款、预付分保保费、预收摊回分保费用和存入分保准备金。在实务中，当再保险分出人与再保险接受人在某次结算的金额是双方部分债权和债务轧差后的净额时，再保险分出人应分别调整已确认的债权和债务，不得以净额直接调整其对该再保险接受人的债权和债务。

（6）再保险合同形成的债权如发生减值，适用于有关金融工具减值计提的规定。

2. 再保险合同形成的债权的会计处理

（1）应收分保账款的会计处理。

应收分保账款是指保险公司从事再保险业务应收取的款项。为了反映应收分保账款的发生和收回情况，应设置“应收分保账款”科目。该科目属于资产类科目，其借方登记分保业务中应收未收款项的发生数，贷方登记收回数，余额在借方，反映应收尚未收回的分保账款。该科目应按再保险接受人和再保险合同设置明细账。主要的会计处理包括：

a. 保险公司在确认原保险合同保费收入的当期，按相关再保险合同约定计算确定的应向再保险接受人摊回的分保费用，借记“应收分保账款”科目，贷记“摊回分保费用”科目。

b. 保险公司在确认支付赔付款项金额或实际发生理赔费用而冲减原保险合同相应未决赔款准备金、寿险责任准备金、长期健康险责任准备金余额的当期，按相关再保险合同约定计算确定的应向再保险接受人摊回的赔付成本金额，借记“应收分保账款”科目，贷记“摊回赔付成本”科目。

c. 在因取得和处置损余物资、确认和收到应收代位追偿款等而调整原保险合同赔付成本的当期，按相关再保险合同约定计算确定的摊回赔付成本的调整金额，借记或贷记“摊回赔付成本”科目，贷记或借记“应收分保账款”科目。

d. 计算确定应向再保险接受人收取的纯益手续费的，按相关再保险合同约定计算确定的纯益手续费，借记“应收分保账款”科目，贷记“摊回分保费用”科目。

e. 在原保险合同提前解除的当期，按相关再保险合同约定计算确定的摊回分保费用的调整金额，借记“摊回分保费用”科目，贷记“应收分保账款”科目。

f. 对于超额赔款再保险等非比例再保险合同，在能够计算确定的应向再保险接受人摊回的赔付成本时，按摊回的赔付成本的金额，借记“应收分保账款”科目，贷记“摊回赔付成本”科目。

g. 再保险分出人与再保险接受人结算分保账款时，按应付分保账款金额，借记“应付分保账款”科目，按应收分保账款金额，贷记“应收分保账款”科目，按其差额借记或贷记“银行存款”科目。

（2）应收分保准备金的会计处理。

应收分保准备金的会计处理在前面已经述及，这里不再赘述。

（3）预付分出保费的会计处理。

预付分出保费，是指在超赔业务中，再保险分出人提前支付给再保险接受人的预付性质的分出保费。为了反映预付分出保费的发生情况，保险公司应设置“预付分出保费”科目。该科目属于资产类科目，其借方登记预付的分出保费，贷方登记冲减的已预付的分出保费，余额在借方，反映尚未转销的预付分出保费款。该科目应按再保险接受人设置明细账。其主要会计处理如下：

①在超赔业务中，再保险分出人提前支付给再保险接受人的预付性质的分出保费时，借记“预付分出保费”科目，贷记“银行存款”科目。

②每期按照超赔合同计算或估算当期分出保费时，借记“应付分保账款”科目，贷记“预付分出保费”科目。

3. 再保险合同形成的债务的会计处理

（1）应付分保账款的会计处理。

应付分保账款是指保险公司从事再保险业务应付未付的款项。为了反映应付分保账款的发生和支付情况，应设置“应付分保账款”科目。该科目属于负债类科目，其借方登记分保业务中应付未付款项的发生数，贷方登记实际支付的数额，余额在贷方，反映公司从事再保险业务应付未付的款项。该科目按再保险接受人和再保险合同设置明细账。其主要会计处理如下：

a. 保险公司在确认原保险合同保费收入的当期，按相关再保险合同约定计算确定的分出保费金额，借记“分出保费”科目，贷记“应付分保账款”科目。

在原保险合同提前解除的当期，按相关再保险合同约定计算确定的分出保费的调整金额，借记“应付分保账款”科目，贷记“分出保费”科目。

对于超额赔款再保险等非比例再保险合同，按相关再保险合同约定计算确定的分出保费金额，借记“分出保费”科目，贷记“应付分保账款”科目。

b. 发出分保业务账单时，按账单标明的扣存本期分保保证金，借记“应付分保账款”科目，贷记“存入保证金”科目。按账单标明的返还上期扣存分保保证金，借记“存入保证金”科目，贷记“应付分保账款”科目。

按期计算的存入分保保证金利息，借记“利息支出”科目，贷记“应付分保账款”科目。

c. 再保险分出人与再保险接受人结算分保账款时，按应付分保账款金额，借记“应付分保账款”科目，按应收分保账款金额，贷记“应收分保账款”科目，按其差额，借记或贷记“银行存款”科目。

（2）存入分保准备金的会计处理。

存入分保准备金是指再保险分出人按约定扣存再保险接受人的保费形成的准备金，它包括保费准备金和赔款准备金。保费准备金是根据再保险合同按分保费用的一定比例，由再保险分出人从应付给再保险接受人的保费中扣存，并在下一账单期退还的保险费准备金。设置保费准备金的目的在于，一旦再保险接受人的赔偿能力出现问题，再保险分出人可从所扣存的准备金中支付赔款或给付。保费准备金的留存期限为12个月，至次年同期归还，归还的同时要支付利息。赔款准备金是按再保险合同规定，在业务年度终了时，为了正确结算当期损益，对于尚未支付赔款的已报告赔案，再保险分出人从应付给再保险接受人的保费中扣存的未决赔款准备金。由于扣存准备金影响了再保险接受人的现金收入，因此，归还赔款准备金时，再保险分出人应按规定支付利息，作为弥补再保险接受人的损失，该利率水平通常低于同期银行利率。在实务中，利率由双方协商确定。

为了反映存入分保准备金的发生情况，保险公司应设置“存入保证金”科目。该科目属于负债类科目，其借方登记扣存的分保准备金，贷方登记返还的分保准备金，余额在贷方，反映尚未返还的分保准备金。该科目要求按再保险接受人设置明细账。其主要会计处理如下：

a. 发出分保业务账单时，按账单标明的扣存本期分保保证金，借记“应付分保账款”科目，贷记“存入保证金”科目。

b. 按账单标明的返还上期扣存分保保证金，借记“存入保证金”科目，贷记“应付分保账款”科目。

c. 计算存入分保保证金利息时，借记“利息支出”科目，贷记“应付分保账款”科目。

（3）预收摊回分保赔款的会计处理。

预收摊回分保赔款，是指从事再保险业务所预收的分保赔款。为了反映预收摊回分保赔款情况，保险公司应设置“预收赔付款”科目。该科目属于负债类科目，其贷方登记预收的分保赔款，借方登记转入的摊回分保赔款，余额在贷方，反映尚未转销的预收分保赔款。该科目应按再保险接受人设置明细账。其会计处理如下：

a. 再保险分出人应在收到再保险接受人预付的摊回分保款时，借记“银行存款”科目，贷记“预收赔付款”科目。

b. 再保险分出人在确定支付赔付款项金额或实际发生理赔费用而确认原保险合同赔付成本的当期，借记“预收赔付款”科目，贷记“应收分保账款”科目。

例27-5　2016年6月30日，A保险公司与B公司签订一份保险合同，对B公司仓库的一批存货进行投保，约定保险期限为1年，即至2017年6月30日，保险金额为5 000万元，保费为500万元，保费于合同生效当日一次性支付。经精算后确定，A保险公司针对未到期责任准备金的提取金额为200万元。同时，A公司与D保险公司签订了一份比例再保险合同，约定D保险公司承担源于原保险合同的保险风险的40％，发生分保费用5万元。2016年8月5日，由于相邻的C公司发生意外火灾，并殃及了B公司的仓库，造成所投保的存货大部分毁损。A保险公司经定损后，确认存货毁损80％，金额为4 000万元，A保险公司决定全额理赔4 000万元。2016年9月25日，本案按照上述理赔方案结案，A保险公司同时收回毁损存货并享有了对C公司的代位追偿权。假设毁损存货残值为500万元，估计代位追偿可收回2 000万元。而实际中，2016年10月，A保险公司转让存货的收入为600万元，2016年12月，从C公司收回补偿1 800万元。

A公司应编制会计分录如下：

（1）2016年7月1日，按照再保险合同确定分出保费及应收未到期责任准备金时：

借：分出保费　　2 000 000

　　贷：应付分保账款　　2 000 000

按照再保险合同约定计算的相关应收分保未到期责任准备金时：

借：应收分保未到期准备金　　800 000

　　贷：提取未到期责任准备金　　800 000

按再保险合同约定计算确定的应向再保险接受人摊回的分保费用时：

借：应收分保账款　　20 000

　　贷：摊回分保费用　　20 000

（2）2016年8月5日，按照再保险合同确定应向再保险接受人摊回的未决赔款准备金时：

借：应收分保合同准备金　　16 000 000

　　贷：摊回未决赔款准备金　　16 000 000

（3）2016年9月25日，结案赔付，并收回损余物资及确认代位追偿权时：

冲减应收的未决赔款准备金时：

借：摊回未决赔款准备金　　16 000 000

　　贷：应收分保合同准备金　　16 000 000

摊回赔付成本时：

借：应收分保账款　　16 000 000

　　贷：摊回赔付成本　　16 000 000

收到损余物资时：

借：摊回赔付成本　　2 000 000

　　贷：应收分保账款　　2 000 000

确认应收代位追偿款时：

借：摊回赔付成本　　8 000 000

　　贷：应收分保账款　　8 000 000

（4）2016年10月，处置损余物资时：

借：摊回赔付成本　　400 000

　　贷：应收分保账款　　400 000

（5）2016年12月，收到代位追偿款时：

借：应收分保账款　　800 000

　　贷：摊回赔付成本　　800 000

例27-6　甲保险公司根据2016年度第2季度发生的分保业务编制分保账

单并寄送乙再保险人（分保账单格式如表 27-1 所示）。

表 27-1 分保账单

公司名称：甲保险公司
接受人名称：乙再保险公司
账单期：第 2 季度

险别：火险
年度：2016 年度
金额单位：万元

借方		贷方	
项目	金额	项目	金额
分保赔款	1 280	分保费	500
分保手续费	5	保费准备金返还	250
保费准备金扣存	300	准备金利息	8
应付你方余额		应收你方余额	827
共计	1 585	共计	1 585
你方成分 100％		你方成分 100％	827
备注	未决赔款：160		

甲保险公司应编制会计分录如下：

（1）发出分保账单时，按账单标明的扣存本期分保保证金时：

借：应付分保账款　　3 000 000
　　贷：存入保证金　　3 000 000

（2）按账单标明的返还上期扣存分保保证金时：

借：存入保证金　　2 500 000
　　贷：应付分保账款　　2 500 000

（3）计算存入分保保证金利息时：

借：利息支出　　80 000
　　贷：应付分保账款　　80 000

（4）结算分保账款时：

借：应付分保账款　　4 580 000
　　银行存款　　8 270 000
　　贷：应收分保账款　　12 850 000

其中应付分保账款＝ 500-300+250+8 ＝ 458（万元）

应收分保账款＝ 1 280 ＋ 5 ＝ 1 285（万元）

例 27-7 A 保险公司与 B 保险公司签订货运再保险合同，采取溢额再保险方式，保险公司承保金额 5 000 万元，自留额为 1 000 万元，A 公司本月保费 800 万元，发生赔款 600 万元，按合约规定 A 公司向 B 公司提供理赔资料，B 公司向 A 公司预付了 240 万元的现金赔款。

分保比例＝（5 000-1 000）÷5 000×100%＝80%
分出保费＝800×80%＝640（万元）

A 保险公司应编制会计分录如下：

（1）按照再保险合同确定分出保费时：

借：分出保费　6 400 000
　　贷：应付分保账款　6 400 000

（2）收到现金赔款时：

借：银行存款　2 400 000
　　贷：预收赔付款　2 400 000

（3）摊回赔款时：

借：应收分保账款　4 800 000
　　贷：摊回赔付成本　4 800 000

同时：

借：预收赔付款　2 400 000
　　贷：应收分保账款　2 400 000

例 27-8　甲保险公司与乙保险公司签订货运险再保险合同，采取超额赔款再保险方式，再保险分出人自赔额为 300 万元，按照合约规定甲保险公司提前支付给乙保险公司分出保费 200 万元，按照超赔合同计算当期分出保费为 600 万元，实际发生赔款 400 万元。

甲保险公司应编制会计分录如下：

（1）甲保险公司提前支付给乙保险公司的预付性质的分出保费时：

借：预付分出保费　2 000 000
　　贷：银行存款　2 000 000

（2）按照超赔合同计算当期分出保费时：

借：分出保费　6 000 000
　　贷：应付分保账款　6 000 000

借：应付分保账款　2 000 000
　　贷：预付分出保费　2 000 000

（3）摊回分保赔款时：

借：应收分保账款　1 000 000
　　贷：摊回分保赔款　1 000 000

二、分入业务的会计核算

（一）分保费收入的会计核算

1. 分保费收入的确认与计量

分保费收入同时满足下列条件的，才能予以确认。

（1）再保险合同成立并承担相应保险责任。

再保险合同一般自签订日起成立，但自合同规定的起期日起才开始承担保险责任。因此，再保险合同的签订日与开始承担保险责任的日期可能一致，也可能不一致。

（2）与再保险合同相关的经济利益很可能流入。

对于再保险接受人而言，与再保险合同相关的经济利益为分保费。如果再保险接受人能够确定分保费收回的可能性大于不能收回的可能性，即分保费收回的可能性超过 50％，则表明经济利益很可能流入。一般情况下，如果再保险分出人信用良好，能够按照合同规定如期发送分保业务账单，并能够按约定及时进行分保往来款项的结算，则意味着与再保险合同相关的经济利益很可能流入再保险接受人。

（3）与再保险合同相关的收入能够可靠地计量。

由于再保险合同一般只是规定某一时期再保险所承保的业务范围和地区范围、自留额和分保额的计算基础、分保费及手续费的计算方法等，并不直接明确分保费的具体金额，分保费的具体金额往往要根据再保险分出人原保险合同保费收入金额来计算确定，因此，再保险接受人在判断"与再保险合同相关的收入能够可靠地计量"条件时就产生了以下两种情况：

一是再保险接受人可以在每一会计期间对该期间的分保费收入金额作出合理估计。如果再保险接受人具有长期积累的丰富经验和大量数据资料，能够采用先进的估算方法，借助专门的技术手段，对再保险合同项下每一会计期间再保险分出人相关原保险合同保费收入进行估计，进而按照再保险合同约定计算出相关分保费收入金额，且该估计金额与收到的分保业务账单标明的分保费金额比较接近，则表明再保险接受人可以在每一会计期间对该期间内的分保费收入金额进行可靠地计量。在这种情况下，如果分保费收入确认的其他条件均满足，再保险接受人应在每一会计期间按照估计金额确认当期分保费收入，并按照再保险合同约定计算确定当期分保费用，待后期收到该期间的分保业务账单时，再按照账单标明的金额进行调整，将调整金额计入调整当期的损益。按账单金额调整估计金额属于资产负债表日后事项的，按《企业会计准则第 29 号——资产负债表日后事项》进行处理。

二是再保险接受人只有收到分保业务账单时才能对分保费收入进行可靠地计量。如果再保险接受人由于缺乏丰富的经验、数据、资料和先进的技术方法、手段，而无法对再保险合同项下每一会计期间分保费收入金额进行估计，或估计金额可能与实际金额产生重大差异，则表明再保险接受人只能于收到分保业务账单时才能对分保费收入进行可靠地计量。在这种情况下，再保险接受人应当于收到分保业务账单时根据账单标明的金额确认分保费收入及相关的分保费用。

2. 分保费收入的预估方法

再保险分入业务会计处理的主要特点之一是业务数据的间接性、滞后性和不完整性。由于再保险接受人收到再保险分出人提供账单的滞后性，使再保险接受人在满足分保费收入确认条件当期，通常无法及时收到再保险分出人提供的实际账单，此时再保险接受人应根据再保险合同的约定对当期分保费收入进行合理的专业性预估。

分保费收入的预估通常是由再保险接受人承保人员完成的。分保费收入所依附的再保险合同必须已成立。

（1）比例再保险合同分保费收入的预估方法。

对于比例再保险合同，分保费收入依赖于再保险分出人的业务规模。在签订再保险合同时，再保险分出人要估计再保险合同的保费（估计保费收入EPI），报告给再保险接受人。再保险接受人以估计保费收入（EPI）为数据基础，结合再保险人自身积累的历史数据、保险行业公开的统计数据、国家公布的相关经济指标数据等，运用自身经验对分保费收入进行估计。再保费接受人可在总体基础上采用发展法进行预测，也可以采用按合约逐单进行预测。

（2）非比例再保险合同分保费收入的预估方法。

对于非比例再保险合同，最终保费收入除依赖于再保险分出人保费规模之外，还与其损失赔付经验有关。再保险接受人通常以合同中列明的最低保费收入（MDP）作为数据基础进行估计。对于调整保费，按照定价基础进行预估，根据合同规定，按照保费或时间等因素计算调整保费。对于恢复保费，按照合同规定，根据实际发生赔款摊回金额的大小，确定恢复保费的金额。

（3）临时再保险业务分保费收入的预估方法。

对于临时再保险业务，规模一般较小，通常再保险保费都为确定的值；可以逐单对保费进行预估，也可以将风险相似的合同进行合并，然后运用链梯法进行保费预测。

3. 分保费收入的会计处理

再保险接受人在确认分保费收入时，一般也是设置“保费收入”科目。保费收入主要的账务处理如下：对于确认的再保险合同分保费收入，借记“应收分保账款”科目，贷记“保费收入”科目。收到分保业务账单，按账单标明的金额对分保费收入进行调整，按调整增加额，借记“应收分保账款”科目，贷记“保费收入”科目；调整减少额作相反的会计分录。

具体核算方法包括以下两种。

（1）终期分保费收入预估法：

a. 采用本方法预估分保费收入，再保险接受人应在再保险合同开始生效当期预估并确认该再保险合同在有效期内能给再保险接受人带来的全部分保费收入，进而确定属于本会计年度的分保费收入。

b. 在确认分保费收入的当年，再保险接受人如有充分证据表明可对该最终保费进行更准确的估计，则应对原预估数据进行调整，调整金额计入当期损益。

c. 一个会计年度一旦结束，在以后年度一般不再调整保费数据，除非业务年度实际收到账单的保费总数超过预估总数时，才将超过的部分计入收到账单的当期。

d. 再保险接受人应在分保费收入相关实际账单基本收到后，根据实际账单累计分保费收入数据调整原预估分保费收入，差额部分计入当期损益。

e. 如果进行终期调整之后，还有分保费收入流入，则再保险接受人应在收到相关账单的当期予以确认，分保费收入计入收到账单的当期。

f. 再保险接受人应当在收到再保险分出人提供的实际账单时，在按照账单标明的金额入账的同时，按照账单标明的金额冲减预估分保费收入。

例 27-9 某再保险公司起期之后，预估分保费收入 1 500 万元，预估分保手续费 500 万元，两者之差为 1 000 万元（假设符合债权、债务抵销条件，下同）。则会计分录如下：

借：预估分保手续费	5 000 000	
预估应收账款	10 000 000	
贷：预估分保费收入		15 000 000

收到第一期账单，分保费收入为 200 万元，分保赔款为 20 万元，分保手续费为 60 万元，应收分保账款为 120 万元。则会计分录如下：

借：分保费用	600 000	
赔付支出	200 000	
应收分保账款	1 200 000	
贷：保费收入		2 000 000
借：预估分保费收入	2 000 000	
贷：预估分保手续费		600 000
预估应收账款		1 400 000

以后各期收到账单时的会计处理与上述步骤相同。

假设在实际账单基本收到后，累计已收到保费 1 600 万元，手续费 550 万元，则需将业务累计数据与预估数据之间的差额调整至当期损益。则会计分录如下：

借：预估分保手续费	500 000	
预估应收账款		500 000
贷：预估分保费收入		1 000 000

在此之后若还有保费：保费收入为 10 万元，手续费为 2 万元，赔款支出为 20 万元，则会计分录如下：

借：分保费用　　20 000
　　赔付支出　　200 000
　　贷：保费收入　　100 000
　　　　应付分保账款　　120 000

（2）账单期分保费收入预估法：

a. 采用此方法预估分保费收入，再保险接受人应在再保险合同开始生效之日起，按照账单期（一般为按季度）分别预估确认分保费收入，计入账单期损益。

b. 第一个账单期预估分保费收入的计量，应由该再保险合同的承保人员以再保险分出人提供的 EPI 为基础依据，并适当考虑其他影响因素（主要包括相同或类似合同的历史数量、行业数据、承保人经验等），进行计算分摊到本期。

c. 第一个账单期之后，承保人员可以根据历史数据、经验和已收到的实际账单，运用精算方法对未来账单期保费进行预估，同时可以根据 EPI、承保人经验、行业数据等进行适当调整，确认当期分保费收入。

d. 再保险接受人应当在收到再保险分出人提供的实际账单时，根据账单标明的金额对原预估分保费收入进行调整，调整金额计入当期损益。

例 27-10　某再保险合同起期后，第一个账单期预估分保费收入 180 万元，预估分保手续费 50 万元，两者之差为预估应收账款 130 万元，则会计分录如下：

借：预估分保手续费　　500 000
　　预估应收账款　　1 300 000
　　贷：预估分保费收入　　1 800 000

收到第一期账单，账单列明金额为：分保费收入 200 万元，分保赔款 20 万元，分保手续费 60 万元，应收分保账款 120 万元，则会计分录如下：

借：分保费用　　600 000
　　赔付支出　　200 000
　　应收分保账款　　1 200 000
　　贷：保费收入　　2 000 000
借：预估分保费收入　　18 00 000
　　贷：预估分保手续费　　500 000
　　　　预估应收账款　　1 300 000

收到第一期账单时，结合实际情况，预估第二期分保费收入 100 万元，分保手续费 30 万元，应收分保账款 70 万元，则会计处理如下：

借：预估分保手续费　　300 000
　　预估应收账款　　700 000
　　贷：预估分保费收入　　1 000 000

以后各账单期收到账单均重复进行上述操作。

（二）分保费用的会计核算

1. 分保费用的定义

分保费用，是指在保险公司承担分保业务过程中，应由再保险接受人承担的手续费、税款及各种杂项费用，其中，手续费包括分保手续费和纯益手续费。分保手续费按照再保险分出人与再保险接受人双方约定的比例计算，纯益手续费是再保险接受人同意在其取得的利润基础上付给再保险分出人一定比例的报酬，对于当年结清合同的纯益手续费，在期末合同结束后编制，当年不能结清合同的纯益手续费，在第二个期末编制，以后逐年调整。

2. 分保费用的确认与计量

再保险接受人应当在确认分保费收入的当期，根据相关再保险合同的约定，计算确认分保费用，计入当期损益。再保险接受人应当根据相关再保险合同的约定，在能够计算确定应向再保险分出人支付的纯益手续费时，将该项纯益手续费作为分保费用，计入当期损益。再保险接受人应当在收到分保业务账单时，按照账单标明的金额对相关分保费收入、分保费用进行调整，调整金额计入当期损益。分保费用的确认与计量具体如下：

（1）再保险接受人应在确认分保费收入的当期，确认相应的分保费用，计入当期损益。

（2）再保险接受人应根据当期确认的预估分保费收入和再保险合同约定的分保费用率，计算确定应计入当期的分保费用金额。

第一，对于采用固定手续费率的再保险合同，根据分保合同列明的手续费率在分保费收入预估的基础上进行预估。

第二，对于采用浮动手续费率的再保险合同，根据估计的业务终极赔付率计算实际的手续费率，或者根据历史赔付经验建立模型，采用随机模拟等技术得出平均的手续费支付水平。

第三，对于纯益手续费的预估，采用与浮动手续费相同的方法即可。

第四，再保险接受人应在调整分保费收入的当期，根据分保费用率或实际账单标明分保费用金额计算调整相关分保费用，计入当期损益。

3. 分保费用的会计处理

在确认分保费用和纯益手续费时，再保险接受人应当设置“分保费用”科目以核算再保险接受人向再保险分出人支付的分保费用。该科目可按险种进行明细核算。期末，应将本科目余额转入“本年利润”科目，结转后本科目无余额。

分保费用的主要账务处理如下：

（1）再保险接受人在确认分保费收入的当期，应按再保险合同约定计算确定的分保费用金额，借记“分保费用”科目，贷记“应付分保账款”科目。收到分保业务账单，按账单标明的金额对分保费用进行调整，借记或贷记“分保费用”科目，贷记或借记“应付分保账款”科目。

（2）计算确定应向再保险分出人支付的纯益手续费，应按再保险合同约定计算确定的纯益手续费，借记“分保费用”科目，贷记“应付分保账款”科目。

（三）分入业务准备金的会计核算

分入业务准备金包括未到期责任准备金、未决赔款准备金、寿险责任准备金和长期健康险责任准备金。由于再保险方式的不同，再保险接受人会承担不同的责任，因此，应当根据不同的再保险方式和业务风险的分布特征确定不同业务准备金的评估方法。

再保险接受人提取分保未到期责任准备金、分保未决赔款准备金、分保寿险责任准备金、分保长期健康险责任准备金，以及进行相关分保准备金充足性测试时，都比照原保险合同的相关规定处理。

由于再保险账单一般滞后，根据权责发生制原则的要求，需要对分入业务进行预估，并以预估后的分保费收入和分保赔款作为评估责任准备金的基础，其会计处理比照原保险合同的相关规定处理。

（四）分保赔付成本的会计核算

再保险接受人应当在收到分保业务账单的当期，按照账单标明的分保赔付款项金额，作为分保赔付成本，计入当期损益；同时，冲减相应的分保准备金余额。

为了反映分保的赔付支出发生情况，再保险接受人应在“赔付支出”科目下按再保险合同和险种设置明细账，也可以单独设置“分保赔付支出”科目。该科目属于损益类科目，其借方登记应承担的分保赔款数，贷方登记期末结转“本年利润”科目的数额，结转后该科目无余额。

再保险接受人收到分保业务账单的当期，应按账单标明的分保赔付款项金额，借记“赔付支出”科目，贷记“应付分保账款”科目。

（五）再保险合同形成的债权和债务的会计核算

再保险合同形成的债权主要包括应收分保账款和存出分保准备金；再保险合同形成的债务主要包括应付分保账款。另外，再保险接受人与再保险分出人之间的预付款行为会形成预付款资产或负债。

1. 应收和应付分保款项的会计处理

应收和应付分保款项，是指保险公司由于分保业务而形成的各种应收和应付等结算款项。

（1）再保险分出人和再保险接受人通常根据分保业务账单的余额进行结算。

（2）再保险接受人应当在确认预估分保费收入的当期，确认应收分保账款，同时根据相关再保险合同的约定，预估应当支付给再保险分出人的分保费用，并确认预估应付分保账款。

（3）再保险接受人收到实际分保业务账单后，按照账单标明的分保余额对预估应收和应付分保账款进行调整。

2. 存出分保准备金的会计处理

存出分保准备金，是指再保险分入业务按合同约定存出的分保准备金。再保险接受人应当在收到分保业务账单时，将账单标明的扣存本期分保保证金确认为存出分保保证金；同时，按照账单标明的返还上期扣存分保保证金转销相关存出分保保证金。再保险接受人应当根据相关再保险合同的约定，按期计算存出分保保证金利息，计入当期损益。

为了反映存出分保准备金的发生和收回情况，再保险接受人一般设置“存出保证金”科目。该科目属于资产类科目，其借方登记存出的分保准备金，贷方登记收回的分保准备金，期末余额在借方，反映企业存出或缴纳的各种保证金余额。该科目可按保证金的类别以及存放单位或交易场所进行明细核算。存出分保保证金的主要账务处理如下：

（1）收到分保业务账单时，按账单标明的再保险分出人扣存本期分保保证金，借记“存出保证金”科目，贷记“应收分保账款”科目；按账单标明的再保险分出人返还上期扣存分保保证金，借记“应收分保账款”科目，贷记“存出保证金”科目。

（2）在计算存出分保保证金利息时，借记“应收分保账款”科目，贷记“利息收入”科目。

3. 预付赔付款的会计处理

预付赔付款，是指再保险分入业务预付的赔款。为了反映预付赔付款发生情况，应设置“预付赔付款”科目。该科目属于资产类科目，其借方登记预付的分保赔付款，贷方登记预付赔款的结算减少数，期末余额在借方，反映尚未结算预付赔款实有数。该科目应按往来单位设置明细账。其主要会计处理如下：

（1）再保险接受人预付分保赔款时，借记“预付赔付款”科目，贷记“银行存款”科目。

（2）转销预付的分保赔款时，借记“应付分保账款”科目，贷记“预付赔付款”科目。

4. 预收分出保费的会计处理

预收分出保费，是指在超赔业务中，再保险接受人提前向再保险分出人收取的分出保费。为了反映预收分出保费的发生情况，应设置“预收分出保费”科目。该科目属于负债类科目，其借方登记预先收到的分出保费，贷方登记冲减的已预收的分出保费，期末余额在贷方，反映尚未转销的预收分出保费款。该科目应按再保险分出人设置明细账。其主要会计处理如下：

（1）在超赔业务中，再保险接受人提前向再保险分出人收取的分出保费，借记“银行存款”科目，贷记“预收分出保费”科目。

（2）每期按照超赔合同计算或估算当期分入保费时，借记“预收分出保费”科目，贷记“应收分保账款”科目。

例 27-11 承前例 27-5，2016 年 6 月 30 日，A 保险公司与 B 公司签订

一份保险合同，对B公司仓库的一批存货进行投保，约定保险期限为1年，即至2017年6月30日，保险金额为5 000万元，保费为500万元，保费于合同生效当日一次性支付。经精算后确定，A保险公司针对未到期责任准备金的提取金额为200万元。同时，A公司与D保险公司签订了一份比例再保险合同，约定D保险公司承担源于原保险合同的保险风险的40%，发生分保费用5万元。2016年8月5日，由于相邻的C公司发生意外火灾，并殃及了B公司的仓库，造成所投保的存货大部分毁损。A保险公司经定损后，确认存货毁损80%，金额为4 000万元，A保险公司决定全额理赔4 000万元。2016年9月25日，本案按照上述理赔方案结案，A保险公司同时收回毁损存货并享有了对C公司的代位追偿权。假设毁损存货残值为500万元，估计代位追偿可收回2 000万元。而实际中，2016年10月，A保险公司转让存货的收入为600万元，2014年12月，从C公司收回补偿1 800万元。假设该项再保险合同起期后，预估分保费收入160万元，预估分保手续费1.6万元，预估未到期责任准备金72万元，采用账单期分保费收入预估法。

D公司应编制会计分录如下：

（1）预估分保费收入、预估分保手续费及相应的未到期责任准备金。

借：预估应收账款　　1 600 000

　　贷：预估分保费收入　　1 600 000

借：预估分保手续费　　16 000

　　贷：预估应付账款　　16 000

借：提取预估未到期责任准备金——预估未到期责任准备金　720 000

　　贷：预估未到期责任准备金　　720 000

（2）收到分保账单，作与上述相反的会计分录冲销，同时根据分保账单确定分保费收入、分保手续费及未到期责任准备金。

借：应收分保账款　　2 000 000

　　贷：保费收入　　2 000 000

借：分保费用　　20 000

　　贷：应付分保账款　　20 000

借：提取未到期责任准备金　　800 000

　　贷：未到期责任准备金　　800 000

（3）确定应付的未决赔款准备金。

借：提取未决赔款准备金　　16 000 000

　　贷：未决赔款准备金　　16 000 000

（4）结案赔付并收回损余存货及确认代位追偿权。

①冲减应付的未决赔款准备金时：

借：未决赔款准备金　　16 000 000

　　贷：提取未决赔款准备金　　16 000 000

②分担赔付成本时：

借：赔付支出　　16 000 000
　　贷：应付分保账款　　16 000 000

③A公司收到损余物资时：

借：应付分保账款　　2 000 000
　　贷：赔付支出　　2 000 000

④A公司确认应收代位追偿款时：

借：应付分保账款　　8 000 000
　　贷：赔付支出　　8 000 000

⑤A公司处置损余物资。

借：应付分保账款　　400 000
　　贷：赔付支出　　400 000

⑥A公司收到代位追偿款。

借：赔付支出　　800 000
　　贷：应付分保账款　　800 000

例 27-12　承前例 27-6，乙保险公司应编制会计分录如下：

（1）收到分保业务账单时，按账单标明的再保险分出人扣存本期分保保证金时：

借：存出保证金　　3 000 000
　　贷：应收分保账款　　3 000 000

（2）按账单标明的再保险分出人返还上期扣存分保保证金时：

借：应收分保账款　　2 500 000
　　贷：存出保证金　　2 500 000

（3）计算存出分保保证金利息时：

借：应收分保账款　　80 000
　　贷：利息收入　　80 000

（4）结算分保账款时：

借：应付分保账款　　12 850 000
　　贷：应收分保账款　　4 580 000
　　　　银行存款　　8 270 000

例 27-13　承前例 27-7，B保险公司应编制会计分录如下：

（1）按照再保险合同确定分入保费时：

借：应收分保账款　　6 400 000
　　贷：保费收入　　6 400 000

（2）预付现金赔款时：

借：预付赔付款　　2 400 000
　　贷：银行存款　　2 400 000

（3）分担分保赔款时：

借：赔付支出　　4 800 000
　　贷：应付分保账款　　4 800 000

同时：

借：应付分保账款 2 400 000

贷：预付赔付款 2 400 000

例 27-14 承前例 27-8，乙保险公司应编制会计分录如下：

（1）收取甲保险公司提前支付分出保费时：

借：银行存款 2 000 000

贷：预收分出保费 2 000 000

（2）按照超赔合同计算当期分入保费时：

借：应收分保账款 6 000 000

贷：保费收入 6 000 000

借：预收分出保费 2 000 000

贷：应收分保账款 2 000 000

（3）分担分保赔款时：

借：赔付支出 1 000 000

贷：应付分保账款 1 000 000

第二节 新准则对企业的影响

一、分保费收入的确认条件

新准则的规定改变了目前实务中分保分出人根据分保业务账单确认分出业务相关收支的做法，要求在满足确认条件时确认分保费收入，基本消除了与国际惯例的差异，但对部分再保险公司而言，需通过加强基础工作，改进技术手段予以实现。

二、分出业务准备金应当确认为资产并不得与原保险合同准备金相抵销

因分出业务产生的资产与原负债单独列示，并单独列示分出业务相关责任准备金，将有利于充分提示分出业务引起的信用风险。

三、保险合同准备金的充足性测试

新准则规定保险合同准备金需要在年度终了进行充足性测试，对再保险公司保险精算技术水平提出了很高的要求。新准则要求分保费收入及相关费用遵循权责发生制，有利于再保险公司业绩的准确反映。

第二十八章　石油天然气开采

第一节　案例分析及操作实务

一、油气开采活动支出

石油天然气开采包括了矿区的取得、油气勘探、油气开发和油气生产等四个主要环节。因此，油气开采活动中发生的支出可以分为矿区取得支出、油气勘探支出、油气开发支出和油气生产成本四类。

1. 矿区取得支出

矿区取得支出，是指为了取得一个矿区的探矿权和采矿权（包括未探明和已探明）而发生的购买、租赁支出，包括探矿权价款、采矿权价款、土地使用权、签字费、租赁定金、购买支出、咨询顾问费、审计费以及与获得矿区有关的其他支出。

2. 油气勘探支出

油气勘探支出，是指为了识别可以进行勘查的区域和对特定区域探明或进一步探明油气储量而发生的地质调查、地球物理勘探、钻探探井和勘探型详探井、评价井和资料井以及维持未开发储量而发生的支出。勘探支出可能发生在取得有关矿区之前，也可能发生在取得矿区之后。

3. 油气开发支出

油气开发支出，是指发生于为了获得探明储量和建造或更新用于采集、处理和现场储存油气的设施而发生的支出，包括开采探明储量的开发井的成本和生产设施的支出，这些生产设施诸如矿区输油管、分离器、处理器、加热器、储罐、提高采收率系统和附近的天然气加工设施。

4. 油气生产成本（操作成本）

油气生产成本，是指在油田把油气提升到地面，并对其进行收集、拉运、现场处理加工和储存的活动成本。这里所指的“生产成本”，并非取得、勘探、开发和生产过程中的所有成本，而是在井上进行作业和井的维护中所发生的相关成本。生产成本包括在井和设施上进行作业的人工费用、修理和维护费用、消耗的材料和供应品、相关税费等。

二、钻井勘探支出的资本化采用成果法

采用成果法对钻井勘探支出进行资本化，是指以矿区为成本归集和计

算中心，只有与发现探明经济可采储量相关的钻井勘探支出才能资本化；如不能确定钻井勘探支出是否发现了探明经济可采储量，应在1年内对其暂时资本化；与发现探明经济可采储量不直接相关的支出，作为当期费用处理。

采用全部成本法对钻井勘探支出进行资本化，是指对勘探活动中发生的全部支出都加以资本化的一种方法，不论这些支出的发生是否导致了探明经济可采储量的发现。

两种方法的主要差异如表28-1所示。

表28-1 成果法与全部成本法的主要差异

项　　目	成果法下的处理	全部成本法下的处理
地质／地理研究支出	当期费用	资本化
矿区权益取得支出	暂时资本化，根据评估结果进行处理	资本化
钻井勘探支出	暂时资本化，根据评估结果进行处理	资本化
开发钻井支出	资本化	资本化
生产	当期费用	当期费用
折耗	以矿区或矿区组为成本中心；以账面价值为折耗基础；以探明经济可采储量或已开发探明经济可采储量为基础计算折耗率	以国家为成本中心；以账面价值加未来开发支出为折耗基础；以已开发及未开发探明经济可采储量为基础计算折耗率

油气准则采用了类似成果法的做法。油气准则规定，钻井勘探支出在完井后，应分别以下情况处理：

（1）确定该井发现了探明经济可采储量的，应将钻探该井的支出结转为井及相关设施成本。

（2）确定未发现探明经济可采储量的，应将钻探该井的支出扣除净残值后计入当期损益。

（3）完井当时无法确定是否发现了探明经济可采储量的，应暂时资本化，但暂时资本化时间不应超过1年。

（4）完井1年后仍无法确定是否发现了探明经济可采储量的，应将暂时资本化的支出全部计入当期损益，除非同时满足以下条件：①该井已发现足够数量的储量，但要确定是否属于探明经济可采储量，还需实施进一步的勘探活动；②进一步的勘探活动已在实施中或已有明确计划并即将实施。

其中，“已有明确计划”，是指企业已在其内部管理活动中通过了该计划的实施，如已拨付资金、已制定出明确的时间表或实施计划并对所涉及人员进行了传达。

（5）直接归属于发现了探明经济可采储量的有效井段的钻井勘探支出结转为井及相关设施；无效井段支出计入当期损益。

三、弃置义务的处理

企业在矿区内废弃井及相关设施的活动，受《环境保护法》等法律、法规的约束，有时还可能受与所在地利益相关方达成协议的约束，例如，在废弃时必须拆移、清理设施、恢复生态环境等。因为资产的弃置义务与油气开发活动直接相关，因此油气准则规定，对于符合《企业会计准则第 11 号——或有事项》的弃置费用，按照现值计算确定应计入井及相关设施原价的金额和相应的预计负债。

在计入井及相关设施原价并确认为预计负债时，企业应在油气资产的使用寿命内，采用实际利率法确定各期间应负担的利息费用。

企业应在油气资产的使用寿命内的每一资产负债表日对弃置义务和预计负债进行复核。如有必要，企业应对其进行调整，使之反映当前最合理的估计。

四、油气资产折耗方法

油气准则规定企业应当采用产量法或年限平均法对井及相关设施和矿区权益计提折耗。

产量法又称单位产量法。该方法认为，资产的服务潜力随着使用程度而减退，特定矿区所发生的资本化成本与发现并开发该矿区的探明经济可采储量密切相关，每一产量单位应当承担相同比例的成本。按照产量法对油气资产计提折耗时，对矿区权益以探明经济可采储量为基础计提折耗，对井及相关设施以探明已开发经济可采储量为基础计提折耗。因此，油气资产按照产量法计提折耗比较符合该类资产价值损耗的特点。

年限平均法，是将资本化支出均衡地分摊到各会计期间。采用这种方法计算的每期油气资产折耗额相等。如果各期间油气产量相对比较稳定，按照年限平均法与按照产量法计提的油气资产折耗无显著差异。

例如，某油田开始几年年产量要高于随后几年的年产量，如果采用直线法，则开始几年单位产量的折旧比随后几年单位产量的折旧低。另外，随着油田中后期开采难度越来越大，由于单位变动成本增加，需要支出更多的设备维修费用。考虑这些生产后期单位生产成本上升的因素，年限平均法就可能歪曲企业的经营成果，即开始几年的利润比较大，而随后年份的利润较低。

五、油气准则所涉及资产的减值

油气准则中涉及的资产主要有矿区权益（包括探明矿区权益和未探明矿区权益）、井及相关设施和辅助设备及设施。对于这些资产的减值处理，应遵循以下规定：

（1）探明矿区权益、井及相关设施、辅助设备及设施的减值，按照《企业会计准则第8号——资产减值》处理。油气资产以矿区或矿区组作为资产组，按此进行减值测试、计提减值准备。井及相关设施计提折旧、折耗及摊销的基数应扣除已提取的井及相关设施减值准备。

（2）未探明矿区权益的减值应按照油气准则的规定，分别以下情况处理：

第一，按照单个矿区进行减值测试并计提准备的，除应每年进行减值测试外，其处理与《企业会计准则第8号——资产减值》规定的其他长期资产减值相同。

第二，按照矿区组进行减值测试并计提准备的，该减值损失不在不同的单个矿区权益之间进行分配，因为未探明的矿区权益中包含很大风险，分配到单个矿区没有实际意义。

六、矿区权益转让的会计处理

1. 探明矿区权益的转让

（1）转让全部探明矿区权益。

根据油气准则，企业应将转让所得与矿区权益账面价值之间的差额计入当期损益。

例28-1 X石油公司转让了其拥有的矿区A，其账面原值为1 000万元，已计提减值准备200万元，目前账面价值为800万元，转让所得900万元。该公司采用产量法计提折耗，截至转让前未对矿区A进行开采，因此产量为零。

X公司应当将转让所得大于矿区权益账面价值的差额确认为收益。相关账务处理如下：

借：油气资产减值准备	2 000 000	
银行存款	9 000 000	
贷：矿区权		10 000 000
营业外收入		1 000 000

如果转让所得为700万元，X公司应当将转让所得小于矿区权益账面价值的差额确认为损失。相关账务处理如下：

借：油气资产减值准备	2 000 000	
银行存款	7 000 000	
营业外支出	1 000 000	
贷：油气权益——矿区权益		10 000 000

（2）转让部分探明矿区权益，且该矿区权益以矿区组为基础计提减值准备　根据油气准则，企业应按照转让权益和保留权益的公允价值比例，计算确定已转让部分矿区权益账面价值，转让所得与已转让矿区权益账面价值的差额计入当期损益。

例 28-2　X 石油公司转让了其拥有的矿区 B 中的 20km^2，转让部分的公允价值为 400 万元，转让所得 500 万元。整个矿区 B 的面积为 50km^2，账面原值为 1 000 万元，已计提减值准备 200 万元，目前账面价值为 800 万元，公允价值为 900 万元。该公司采用产量法计提折耗，截至转让前未对矿区 B 进行开采，因此产量为零。

X 公司转让部分矿区权益，且剩余矿区权益成本的收回不存在较大不确定性，因此应按照转让权益和保留权益的公允价值比例，计算确定已转让部分矿区权益账面价值：

$$400 \div 900 \times 800 = 356（万元）$$

随转让部分矿区转出的油气资产减值准备：

$$400 \div 900 \times 200 = 89（万元）$$

相关账务处理如下：

借：油气资产减值准备	890 000	
银行存款	5 000 000	
贷：矿区权益（3 560 000 + 890 000）		4 450 000
营业外收入		1 440 000

如果转让所得为 300 万元，相关会计处理如下：

借：油气资产减值准备	890 000	
银行存款	3 000 000	
营业外支出	560 000	
贷：油气资产——矿区权益		4 450 000

2. 未探明矿区权益的转让

（1）转让全部未探明矿区权益，且该矿区权益单独计提减值准备。

根据油气准则，企业应将转让全部未探明矿区权益的所得与矿区权益账面价值之间的差额计入损益。

例 28-3　X 石油公司转让未探明矿区 C，其账面原值为 1 000 万元，已计提减值准备 200 万元，目前账面价值 800 万元，转让所得 900 万元。

X 公司转让全部未探明矿区权益 C，应当将转让所得大于矿区权益账面价值的差额确认为收益。相关账务处理如下：

借：油气资产减值准备	2 000 000	
银行存款	9 000 000	
贷：矿区权益		10 000 000
营业外收入		1 000 000

如果转让所得为 700 万元，X 公司应当将转让所得小于矿区权益账面价

值的差额确认为损失。相关账务处理如下：

借：油气资产减值准备　　2 000 000
　　银行存款　　7 000 000
　　营业外支出　　1 000 000
　　贷：矿区权益　　10 000 000

（2）转让全部未探明矿区权益，且该矿区权益以矿区组为基础计提减值准备。

根据油气准则，如果转让所得大于未探明矿区权益的账面原值，应将其差额确认为收益；如果转让所得小于矿区账面原值，将转让所得冲减矿区组权益的账面价值，冲减至零为止。

例 28-4　X 石油公司拥有的未探明矿区 D1 和 D2 在进行减值测试时构成一个矿区组。其中 D1 矿区权益账面原值为 1 000 万元，D2 矿区权益账面原值为 2 000 万元，矿区组已计提减值准备 600 万元，目前矿区组账面价值为 2 400 万元。现 X 公司转让矿区 D1，转让所得 1 100 万元。

转让所得大于未探明 D1 矿区权益的账面原值，X 公司应将其差额确认为收益。相关账务处理如下：

借：银行存款　　11 000 000
　　贷：矿区权益　　10 000 000
　　　　营业外收入　　1 000 000

如果转让所得为 900 万元，转让所得小于未探明 D1 矿区权益的账面原值，X 公司应将转让所得冲减矿区组权益的账面价值。相关账务处理如下：

借：银行存款　　9 000 000
　　贷：矿区权益　　9 000 000

（3）转让部分未探明矿区权益，且该矿区权益单独计提减值准备。

根据油气准则，如果转让部分未探明矿区权益所得大于该未探明矿区权益的账面价值，应将其差额计入收益；如果转让所得小于其账面价值，应将转让所得冲减被转让矿区权益账面价值，冲减至零为止。

例 28-5　X 石油公司拥有的未探明矿区 E，面积 50km^2，其账面原值为 1 000 万元，已计提减值准备 200 万元，目前账面价值为 800 万元。

a. X 公司转让 E 矿区中的 20km^2，转让所得为 200 万元。

因转让所得小于 E 矿区的账面价值（800 万元），故 X 公司应将转让所得冲减被转让矿区权益账面价值。相关账务处理如下：

借：银行存款　　2 000 000
　　贷：矿区权益　　2 000 000

b. X 公司再次转让 E 矿区中的 10km^2，转让所得为 500 万元。

因转让所得小于其账面价值（600 万元），故 X 公司应将转让所得冲减被转让矿区权益账面价值。相关账务处理如下：

借：银行存款　　5 000 000
　　贷：矿区权益　　5 000 000

c. 如果 X 公司转让 E 矿区剩下的 20km^2，转让所得为 400 万元。

X 公司转让部分 E 矿区的所得大于该未探明矿区权益的账面价值（100 万元），应将其差额计入收益。相关账务处理如下：

借：油气资产减值准备　　2 000 000
　　银行存款　　4 000 000
　　贷：矿区权益　　3 000 000
　　　　营业外收入　　3 000 000

d. 如果 X 公司转让 E 矿区剩余 20km^2，转让所得为 50 万元。

X 公司转让 E 矿区的所得小于该未探明矿区权益的账面价值，应继续将转让所得冲减被转让矿区权益账面价值，冲减至零为止。

借：银行存款　　500 000
　　贷：矿区权益　　500 000

根据油气准则规定，X 公司期末应对 E 矿区权益的剩余账面价值全额计提减值准备。计算减值损失为 50 万元［（1 000 − 200）− 200 − 500 − 50］。账务处理如下：

借：资产减值损失　　500 000
　　贷：油气资产减值准备　　500 000

（4）转让部分未探明矿区权益，且该矿区权益以矿区组为基础计提减值准备。

根据油气准则，如果转让所得大于未探明矿区权益的账面原值，企业应将其差额计入收益；如果转让所得小于该未探明矿区权益的账面原值，企业应将转让所得冲减矿区组的账面价值，冲减至零为止。

例 28-6　X 石油公司拥有的未探明矿区 F1 和 F2 在进行减值测试时构成一个矿区组。其中 F1 账面原值 1 000 万元，F2 账面原值为 2 000 万元，矿区组已经计提减值准备 600 万元，矿区组账面价值为 2 400 万元。2016 年 4 月和 10 月分别转让矿区 F1 的一部分，10 月将整个矿区 F1 转让完毕。

a. 4 月，转让所得为 500 万元。

转让所得小于矿区 F1 的账面原值，X 公司应将转让所得冲减矿区组的账面价值。相关账务处理如下：

借：银行存款　　5 000 000
　　贷：油气资产——矿区权益　　5 000 000

b. 10 月，如果转让所得为 600 万元。

转让所得已经大于矿区 F1 的账面原值，X 公司应将其差额计入收益：

借：银行存款　　6 000 000
　　贷：油气资产——矿区权益　　5 000 000
　　　　营业外收入　　1 000 000

c. 10 月，如果转让所得为 400 万元。

累计转让所得小于矿区 F1 的账面原值，X 公司应将转让所得继续冲减矿区组的账面价值。相关账务处理如下：

借：银行存款　　　　4 000 000

　贷：油气资产——矿区权益　　　　4 000 000

七、产品分成合同的处理

由于油气开采活动需要大量投资，具有高风险、高投入和高回报的特征，因此石油公司经常采用合资、合作的方式开采油气。此外，在一些复杂地质条件下，开采油气通常需要采用专有的技术和工艺。例如，为确保资源国的利益，一些国家规定本国政府或国家石油公司应参与油气资源的勘探和开发活动。在各种因素的综合作用下，为了合理分担投资，规避各种政治、经济和经营风险，共享专有技术，提高开采效益，油气开采行业形成了不同形式的联合作业模式，共同开发油气资源。其中，产品分成合同是目前广泛采用的一种联合作业模式，这也是目前我国石油天然气资源对外合作经营的主要模式。

从实质上看，产品分成合同模式下的合同矿区应归属于共同控制资产。合同各方对联合账簿的投入按照自营油田的会计处理原则，确认在联合账簿中享有的油气资产份额和应承担的份额费用；从合同矿区取得的油气收入，均作为油气销售收入处理。

第二节　新准则对企业的影响

新准则在很多方面弥补了旧会计准则的不足，实现了与国际会计准则的趋同，对我国油气企业会计准则的建立发展具有深远的影响。

一、确立了石油天然气行业基础准则

石油天然气行业是具有投资高、周期长、风险大等特性的特殊行业，由于其行业特性，不适于采用其他采掘业的会计准则，美英等国都建立了石油天然气会计准则。新准则不仅规范了我国的油气企业会计实务，而且首次建立起石油天然气行业本行业自己的基础会计准则，为以后的补充完善奠定了良好的理论和实践基础。

二、实现了石油天然气行业会计国际趋同化

中石油、中石化、中海油陆续登陆海外资本市场，国际投资者要求它们按照国际惯例提供会计信息，因此三大公司在每年编制年报时不得不依据国

内和国际两种油气企业会计准则出具两份不同的业绩报告。这不仅加大了信息提供成本，而且也容易使投资者产生误解。新准则规范了石油企业内部会计标准，很多方面与国际会计准则实现了趋同，有利于石油石化企业更好地进行国际交流。

三、有利于石油资源的合理勘探开发

我国的石油石化企业集中度较高，主要收入、利润集中在几大石油石化集团内，而这几大集团都形成了石油勘探开发、石油炼制、化工、石油化工产品销售等完整产业链。由于石油石化每个产业链都有自身鲜明的特点，目前石油石化企业执行的工业企业会计准则明显不能适应整个石油石化产业链的每个环节，如油气开采是高风险高投入的生产活动，与石油销售低风险情况完全不同。本次出台的石油天然气开采会计准则规范了企业从事的矿区权益取得、勘探、开发和生产等油气开采活动的会计处理和相关信息披露，突出了油气开采会计与其生产工艺相适应的特点，规范了油气开采各阶段特殊业务的会计处理，有利于石油资源合理开发利用。例如，准则明确将矿区权益分为探明矿区权益和未探明矿区权益，对未探明矿区权益减值，将其公允价值低于账面价值的差额确认减值损失，有利于企业向风险更高的区域勘探。另外，企业采用产量法对探明矿区权益计提折耗，有利于提高总采率，因为短期内的大量开采会破坏地层压力，甚至储油层结构，使总采收率下降。

四、有利于规范油气企业的会计核算

较长时间以来，我国没有专门针对油气企业的会计规范，这不仅加大了石油企业的会计信息提供成本，也使得各企业的信息缺乏可比性，给投资者决策和国家对行业的管理带来较大困难。新会计准则的出台，使得油气企业的会计核算有了共同依据和统一标准，规范了油气企业的会计核算业务，提高了会计信息的有用性。

五、为油气企业拓展海外资本市场和能源市场构筑了一个信息交流平台

新准则出台前，由于内外会计准则处理的差异，在海外资本市场发行股票的油气企业在按照国内规定的会计处理方法提供业绩报告时，还要应海外投资者要求来处理会计问题，提供另外的业绩报告，导致在境内外同时上市的公司在同一份年报中要使用不同的会计准则，形成不同计算结果的两份业绩报告。新准则的出台，引导国内油气企业的会计核算不断向国际通用的准则和方法趋同，为我国的石油企业走出国门，融入国际竞争环境和登陆海外资本市场创造了坚实的会计基础。

六、有利于突出中石油等技术实力雄厚采油公司的优势

新会计准则要求采用成果法对勘探支出进行资本化，只确认发现了探明经济可采储量的钻井勘探活动的支出，对于其他没有发现探明经济可采储量形成的成本和勘探支出予以费用化。这样，对于勘探技术实力雄厚的中石油等公司来说，由于拥有丰富翔实的勘探资料和先进的人工地质勘探技术，新勘探工作成功率较高，没有发现探明经济可采储量形成的成本和勘探费用支出很少，且这些费用还可以抵税，比全部成本法下的将全部勘探支出都予以资本化更有利于业绩的提高；当然，对于那些勘探效率较低的小公司来说，由于无效勘探较多，将全部勘探支出直接计入费用不利于当期业绩增长。

第二十九章　会计政策、会计估计变更和差错更正

第一节　案例分析及操作实务

一、会计政策变更

会计政策变更能够提供更可靠、更相关的会计信息的，应当采用追溯调整法处理，将会计政策变更累积影响数调整列报前期最早期初留存收益，其他相关项目的期初余额和列报前期披露的其他比较数据也应当一并调整，但确定该项会计政策变更累积影响数不切实可行的除外。确定会计政策变更对列报前期影响数不切实可行的，应当从可追溯调整的最早期间期初开始应用变更后的会计政策。在当期期初确定会计政策变更对以前各期累积影响数不切实可行的，应当采用未来适用法处理。

例 29-1　甲公司 2014 年 12 月建造完工的办公楼，成本 8 000 万元，2015 年 1 月，该办公楼经营出租给其他单位使用，每年租金收入 600 万元，采用成本模式进行后续计量，折旧年限 20 年（与税法规定一致）。2015 年 12 月 31 日，该办公楼的公允价值为 8 600 万元。

2016 年 1 月 1 日，甲公司将该出租的办公楼改为公允价值模式计量。假设该公司 2015 年所得税税率为 25％，2016 年所得税税率为 25％，并按净利润 10％提取法定盈余公积。

按会计准则规定，投资性房地产的后续计量由成本模式转换为公允价值模式的，应作为会计政策变更，需采用追溯调整法作会计处理如下。

1. 计算由成本模式改为公允价值模式后的累积影响数见表 29-1

表 29-1　会计政策变更影响数计算表

单位：万元

年度	成本模式确认的收益	公允价值模式确认的收益	税前差异	所得税影响	税后差异
2015	200	1200	1 000	250	750
小计	200	1 200	1 000	250	750

2015 年，按照成本模式计算的收益＝租金收入－折旧额＝ 600 － 400
＝ 200（万元）

2015 年，按照公允价值模式计算的收益＝租金收入＋公允价值变动
＝ 600 ＋ 600 ＝ 1 200（万元）

2015 年年末，按公允价值模式的资产账面价值为 8 600 万元，其计税基础为 7 600 万元，产生应纳税暂时性差异为 1 000 万元，应确认递延所得税负债为 250 万元（1 000×25％）。

2. 账务处理

（1）调整资产的账面价值：

借：投资性房地产——成本	80 000 000	
——公允价值变动	6 000 000	
——投资性房地产累计折旧	4 000 000	
贷：投资性房地产		80 000 000
利润分配——未分配利润		10 000 000

（2）确认递延所得税负债：

借：利润分配——未分配利润	2 500 000	
贷：递延所得税负债		2 500 000

（3）调整盈余公积：

借：利润分配——未分配利润（7 500 000×10％）	750 000	
贷：盈余公积		750 000

3. 报表调整

甲公司在编制 2016 年度的财务报表时，应调整资产负债表的年初数；利润及所有者权益变动表的上年数也应做相应调整。

调整项目如下：资产负债表年初数：调增“投资性房地产”项目 1 000 万元；调增“递延所得税负债”项目 250 万元；调增“未分配利润”项目 675 万元；调增“盈余公积”项目 75 万元。利润表上年数：“营业成本”项目调减 400 万元；“公允价值变动净收益”项目调增 600 万元；“所得税费用”项目调增 250 万元，所有者权益变动表上年金额数：调增会计政策变更项目中盈余公积 75 万元，未分配利润 675 万元，所有者权益合计 750 万元。

4. 附注说明

甲公司为了提供更可靠、更相关的信息，从 2016 年 1 月 1 日起，对经营出租的办公楼由原来的成本模式改为公允价值模式进行后续计量。按追溯调整法计算，该会计政策变更累积影响税前利润为 1 000 万元，递延所得税为 250 万元，税后利润为 750 万元。为此，调增投资性房地产年初数为 1 000 万元，调增 2015 年度公允价值变动净收益为 600 万元，所得税费用为 250 万元，净利润为 750 万元；调减营业成本为 400 万元；调增提取盈余公积为 75 万元，未分配利润为 675 万元，所有者权益合计为 750 万元。

二、会计估计变更

企业对会计估计变更应当采用未来适用法处理。会计估计变更仅影响变更当期的，其影响数应当在变更当期予以确认；既影响变更当期又影响未来期间的，其影响数应当在变更当期和未来期间予以确认。企业难以对某项变更区分为会计政策变更或会计估计变更的，应当将其作为会计估计变更处理。

例 29-2 甲股份有限公司于 2016 年 1 月 1 日起对一台管理用设备计提折旧，该设备价值 84 000 元，估计使用年限为 8 年，净残值为 4 000 元，按直线法计提折旧。至 2016 年年初，由于新技术的发展等原因，需要对原估计的使用年限和净残值作出修正，修改后该设备的耐用年限为 6 年，净残值为 2 000 元。

甲股份有限公司对上述估计变更的处理方式如下：

（1）不调整以前各期折旧，也不计算累积影响数。

（2）变更日以后发生的经济业务改按新估计使用年限提取折旧。按原估计，每年折旧额为 10 000 元，已提折旧 4 年，共计 40 000 元，固定资产净值为 44 000 元，则第 5 年相关科目的期初余额如下：

固定资产	84 000
减：累计折旧	40 000
固定资产净值	44 000

改变估计使用年限后，2016 年起每年计提的折旧费用为 21 000 元［（44 000 − 2 000）÷（6 − 4）］。2016 年不必对以前年度已提折旧进行调整，只需按重新预计的使用年限和净残值计算确定的年折旧费用，编制会计分录如下：

借：管理费用　　21 000

　　贷：累计折旧　　21 000

（3）附注说明。本公司一台管理用设备，原始价值 84 000 元，原估计使用年限为 8 年，预计净残值为 4 000 元，按直线法计提折旧。由于新技术的发展，该设备已不能按原估计使用年限计提折旧，本公司于 2016 年年初变更该设备的耐用年限为 6 年，预计净残值为 2 000 元，以反映该设备的真实耐用年限和净残值。此估计变更影响本年度净利润减少数为 8 250 元［（21 000 − 10 000）×（1 − 25%）］。

三、会计差错更正

企业应当采用追溯重述法更正重要的前期差错，但确定前期差错累积影响数不切实可行的除外。确定前期差错影响数不切实可行的，可以从可追溯重述的最早期间开始调整留存收益的期初余额，财务报表其他相关项目的期初余额也应当一并调整，也可以采用未来适用法。企业应当在重要的前期差错发现当期的财务报表中，调整前期比较数据。

例 29-3　A 公司在 2016 年 12 月 31 日发现一台价值为 14 400 元、应计入固定资产，并于 2013 年 2 月 1 日开始计提折旧的管理用设备，在 2015 年计入了当期费用。该公司固定资产折旧采用直线法，该资产估计使用年限为 4 年，假设不考虑净残值因素。则在 2016 年 12 月 31 日更正此差错的会计分录如下：

借：固定资产　　14 400
　　贷：管理费用　　7 500
　　　　累计折旧　　6 900

假设该项差错直到 2017 年 2 月后才发现，则不需要做任何分录，因为该项差错已经通过累计折旧摊销完了。

例 29-4　乙股份有限公司 2015 年度的财务报告于 2016 年 4 月 10 日批准报出，2015 年度的所得税汇算清缴于 2016 年 3 月 25 日完成。该公司所得税税率为 25％，并按净利润 10％提取法定盈余公积。

该公司发现的有关差错情况如下：

第一，如果 2015 年 12 月 31 日，发现 2015 年 5 月管理用固定资产漏提折旧款 600 万元。该差错的更正方法为：在 2015 年 12 月补提折旧 600 万元，直接调整相关项目如下：

借：管理费用　　6 000 000
　　贷：累计折旧　　6 000 000

第二，如果 2016 年 3 月 10 日，发现 2015 年 5 月管理用固定资产漏提折旧款 600 万元，在所得税申报表中未扣除该项费用。该差错属于前期重大差错，其更正的会计处理如下：

（1）补提折旧：

借：以前年度损益调整　　6 000 000
　　贷：累计折旧　　6 000 000

（2）调整应交所得税：

借：应交税费——应交所得税　　1 500 000
　　贷：以前年度损益调整　　1 500 000

（3）结转“以前年度损益调整”余额：

借：利润分配——未分配利润　　4 50 000
　　贷：以前年度损益调整　　4 50 000

（4）调整盈余公积：

借：盈余公积　　450 000
　　贷：利润分配——未分配利润　　450 000

（5）调整 2015 年度的财务报表相关项目：

资产负债表：调减固定资产 6 000 000 元；调减应交税费 1 500 000 元；调减盈余公积 450 000 元；调减未分配利润 4 050 000 元。

利润表：调减管理费用上年金额 6 000 000 元；调减所得税费用上年金额 1 500 000 元；调减净利润上年金额 4 500 000 元。

所有者权益变动表：调减前期差错更正项目中盈余公积上年金额 450 000 元，未分配利润上年金额 4 050 000 元，所有者权益合计上年金额 4 500 000 元。

第二节　新准则对企业的影响

一、对企业财务管理方面的影响

随着会计改革的不断深入和企业会计准则的陆续发布与实施，国家给了企业更多的根据自身情况选择会计政策、会计估计的自主权。而本准则的出台，则为如何处理由于实施新的会计准则引起的会计政策变更或企业主动改变会计政策所引起的会计信息可比性的影响，如何及时发现并披露会计核算或披露当中出现的重大差错等一系列问题提供了有益的指导。主要体现在以下三个方面。

（一）会计政策变更

新会计准则体系发布以后，所有企业都会或多或少地涉及会计政策变更问题。本准则要求，除有特殊情况外，会计政策变更采用追溯调整法进行会计处理。变更引起的累积影响数调整期初留存收益，财务报表其他相关项目的期初数也应一并调整。因此，会计政策变更将直接影响期初的留存收益，使所有者权益出现变动。同时，会计政策变更涉及的相关资产、负债项目的调整，将导致资产、负债结构发生变化。

（二）会计估计变更

会计估计变更时不需要计算变更产生的累积影响数，也不需要重编以前年度财务报表，但应对变更当期和未来期间发生的交易或事项采用新的会计估计进行处理。可见，会计估计变更不影响以前年度的权益和损益。

如果变更仅在当期有效，那么其影响数将计入当期损益，同时造成相关资产、负债项目的变动；如果变更的影响持续到未来期间，则其影响数还要计入未来期间与前期相同的相关项目中。损益的变动最终会反映于会计主体的所有者权益之中。因此，会计估计变更主要影响变更当期和未来相关期间的权益、损益和资产结构。

（三）前期差错更正

对于重要的前期差错，应采用追溯重述法进行更正，需要如同前期差错从未发生过，对财务报表的相关项目进行调整。这将直接增加或减少以前年度的损益、本期期初的权益以及相关的资产、负债项目，将导致资产、负债项目结构发生变化。

二、对内控制度的影响

本准则的出台，要求企业进一步建立健全内部控制制度，在选择适合本企业的会计政策、会计估计的同时，准确披露更加相关的会计政策、会计估计变更及前期差错更正信息。

审计人员应在认真学习新准则的同时，关注企业会计政策、会计估计变更的依据是否充分，其变动是否合理，披露是否完整清晰，以便进一步对企业内部控制流程等方面加以优化和完善。

第三十章 资产负债表日后事项

第一节 案例分析及操作实务

一、资产负债表日后非调整事项的处理

企业发生的资产负债表日后非调整事项，不应当调整资产负债表日的财务报表。企业发生的资产负债表日后非调整事项，通常包括下列各项：①资产负债表日后发生重大诉讼、仲裁、承诺。②资产负债表日后资产价格、税收政策、外汇汇率发生重大变化。③资产负债表日后因自然灾害导致资产发生重大损失。④资产负债表日后发行股票和债券以及其他巨额举债。⑤资产负债表日后资本公积转增资本。⑥资产负债表日后发生巨额亏损。⑦资产负债表日后发生企业合并或处置子公司。

例 30-1 ABC 公司发生如下事项：

ABC 公司于 2016 年 2 月 18 日召开公司董事会，董事会制定的利润分配方案如下：2015 年实现净利润 29 145 元，按 2015 年实现净利润的 10％提取法定盈余公积，分派普通股现金股利 10 000 元。

根据新准则的规定，资产负债表日后，企业利润分配方案中拟分配的以及经审议批准宣告发放的股利或利润，不确认为资产负债表日负债，但应当在附注中单独披露。本事项不属于调整事项，而是非调整事项，只需在财务报表附注中加以单独披露即可。

二、资产负债表日后调整事项的处理

企业发生的资产负债表日后调整事项，应当调整资产负债表日的财务报表。企业发生的资产负债表日后调整事项，通常包括下列各项：①资产负债表日后诉讼案件结案，法院判决证实了企业在资产负债表日已经存在现时义务，需要调整原先确认的与该诉讼案件相关的预计负债，或确认一项新负债。②资产负债表日后取得确凿证据，表明某项资产在资产负债表日发生了减值或者需要调整该项资产原先确认的减值金额。③资产负债表日后进一步确定了资产负债表日前购入资产的成本或售出资产的收入。④资产负债表日后发现了财务报表舞弊或差错。

例 30-2 ABC 公司发生如下事项：

ABC 公司销售给 XYZ 公司的原材料由于质量不合格，经双方协商退回该材料，ABC 公司于 2016 年 1 月 1 日退回该材料的货款。该材料的价款为 50 000 元，增值税额为 8 500 元，销售成本为 40 000 元。本例不考虑所得税的影响。

分析：

（1）由于该业务发生在资产负债表日后，必须对其进行调整。

（2）根据本准则的有关规定进行账务处理。ABC 公司应于 2016 年 1 月 1 日做账务处理如下：

借：以前年度损益调整　　50 000
　　应交税费——应交增值税（销项税额）　　8 500
　　贷：银行存款　　58 500
借：库存商品——产成品　　40 000
　　贷：以前年度损益调整　　40 000

（3）将以前年度损益调整科目的余额转入利润分配。做会计分录如下：

借：利润分配——未分配利润（50 000 − 40 000）　　10 000
　　贷：以前年度损益调整　　10 000

（4）由于利润减少，法定盈余公积多提的也应作相应的调整，调整盈余公积 1 000 元［（50 000 − 40 000）×10％］。做会计分录如下：

借：盈余公积　　1 000
　　贷：利润分配——未分配利润　　1 000

（5）调整 2015 年 12 月 31 日资产负债表和利润表的相关数字（略）。

例 30−3　ABC 公司 2015 年度的财务报告，董事会于 2016 年 4 月 5 日批准对外公布。该公司 2015 年所得税税率为 25％，2015 年度所得税汇算清缴于 2016 年 3 月 30 日完成，按净利润 10％提取法定盈余公积。在 2016 年 1 月 1 日至 4 月 5 日之间，该公司发生如下经济业务：

（1）2016 年 2 月 5 日，ABC 公司收到 XYZ 公司退回的产品，以及增值税专用发票的发票联和税款抵扣联。该产品是 2015 年 11 月 ABC 公司向 XYZ 公司销售的，其售价为 150 000 元，成本为 125 000 元，增值税税率为 17％，货款未收。因该产品存在严重质量问题，XYZ 公司在 2015 年 12 月 25 日要求 ABC 公司退货。ABC 公司希望协商解决问题，并于 2015 年 12 月 31 日编制资产负债表时，按该应交账款的 5‰ 计提坏账准备（税法允许提前扣除金额为应收账款余额的 5%）。由于协商未果 XYE 公司最终退回产品。

（2）ABC 公司 2015 年 12 月购入 A 材料一批，含税价为 5 000 万元，材料已验收入库，货款已通过银行支付。2016 年 1 月 20 日，甲公司因材料仓库发生火灾，该批材料全部被烧毁。

（3）ABC 公司与 H 公司签订一项销售合同，合同规定 ABC 公司应在 2015 年 10 月销售给 H 公司一批商品。由于 ABC 公司未能按合同发货，致使 H 公司发生重大经济损失。2015 年 12 月，H 公司提起诉讼，要求 ABC 公司赔偿损失 500 万元。2015 年 12 月 31 日，法院尚未判决，ABC 公司按或有事项准则要求对该诉讼事项确认预计赔偿400万元。2016年3月15日，法院判决ABC公司应赔偿H公司损失450万元。ABC公司与H公司均服从判决，并于当日结清赔偿款。

ABC公司对上述资产负债表日后事项的处理如下：

第一，XYZ公司的销售退回属于资产负债表日后调整事项。

（1）调整销售收入：

借：以前年度损益调整　150 000

　　应交税费——应交增值税（销项税额）　25 500

　　贷：应收账款　175 500

（2）调整坏账准备余额：

借：坏账准备（175 500×5％）　8 775

　　贷：以前年度损益调整　8 775

（3）调整销售成本：

借：库存商品　125 000

　　贷：以前年度损益调整　125 000

（4）调整应交所得税：

借：应交税费——应交所得税　6 030.63

　　贷：以前年度损益调整［（150 000 － 125 000 － 175 500 ×5‰）×25％］　6 030.63

（5）调整已确认的递延所得税资产：

借：以前年度损益调整［175 500×（5％－5‰）］　7 897.5

　　贷：递延所得税资产　7 897.5

（6）“以前年度损益调整”余额结转：

借：利润分配——未分配利润　18 091.87

　　贷：以前年度损益调整　18 091.87

150 000 － 125 000 － 8 775 － 6 030.63 ＋ 7 897.50 ＝ 18 091.87（元）

（7）调整提取的盈余公积：

借：盈余公积　1 809.19

　　贷：利润分配——未分配利润　1 809.19

（8）调整2015年度财务报表的相关项目。资产负债表：调减应收账款166 725元，调增存货125 000元，调减递延所得款7 897.5元，调减应交税费31 530.63元，调减盈余公积1 809.19元，调减未分配利润16 282.68元。

利润表：调减营业收入150 000元，调减营业成本125 000元，调减减值损失8 775元，调减所得税费用1 866.87元，调减净利润18 091.87元。

所有者权益变动表：调减提取的盈余公积1 809.19元，调减未分配利润16 282.68元。

第二，本例中，火灾于2016年1月20日发生，属于资产负债表日后才发生或存在的事项，属于非调整事项，应当在2015年度财务报表附注中进行披露。

第三，对H公司的赔偿损失属于资产负债表日后调整事项。

（1）记录赔偿损失金额：

借：预计负债　　4 000 000

　　以前年度损益调整　　500 000

　　贷：其他应付款　　4 500 000

（2）支付赔偿款（涉及现金流量，不调整2015年度财务报表）：

借：其他应付款　　4 500 000

　　贷：银行存款　　4 500 000

（3）调整应交所得税：

借：应交税费——应交所得税　　1 125 000

　　贷：以前年度损益调整（4 500 000×25％）　　1 125 000

（4）调整递延所得税资产：

借：以前年度损益调整（4 000 000×25％）　　1 000 000

　　贷：递延所得税资产　　1 000 000

（5）结转“以前年度损益调整”余额：

借：利润分配——未分配利润　　375 000

　　贷：以前年度损益调整　　375 000

（6）调整提取的盈余公积：

借：盈余公积　　37 500

　　贷：利润分配——未分配利润　　37 500

（7）调整2015年度财务报表的相关项目。

资产负债表：调减递延所得税资产1 000 000元，调减应交税费1 125 000元，调减预计负债4 000 000元，调增其他应付款4 500 000元，调减盈余公积37 500元，调减未分配利润337 500元。

利润表：调增营业外支出500 000元，调减所得税费用125 000元，调减净利润375 000元，所有者权益变动表：调减提取盈余公积37 500元，调减未分配利润337 500元。

第二节　新准则对企业的影响

一、对企业财务管理方面的影响

新准则中将资产负债表日后至财务报告批准报出日之间，由董事会或类似权力机构所拟定利润分配方案中分配的现金股利由在资产负债表所有者权益中单独列示，改为在附注中披露，不涉及会计要素的确认、计量，对企业财务状况没有影响。

二、对企业内部控制的影响

新准则已出台，要求企业进一步建立健全内部控制制度，尽量做到企业资产负债表日后事项的信息真实并及时发布，避免出现“日后事项”过多、过复杂的披露和调整。

审计人员在认真学习新准则的同时，关注企业“资产负债表日后事项”信息的质量特征和披露合适度，为企业财务系统的平稳运转起到良好的约束和预警功能。

第三十一章　财务报表列报

第一节　案例分析及操作实务

这部分以一般企业为例讲解财务报表列报的一般知识，对于商业银行、保险公司和证券公司等其他类型的企业的报表列报，原理不变，项目应做相应调整。

一、一般企业资产负债表、利润表和所有者权益变动表格式及列示说明

（一）资产负债表列示说明

本表反映企业一定日期全部资产、负债和所有者权益的情况。

本表“年初余额”栏内各项数字，应根据上年年末资产负债表“期末余额”栏内所列数字填列。如果上年度资产负债表规定的各个项目的名称和内容同本年度不相一致，应对上年年末资产负债表各项目的名称和数字按照本年度的规定进行调整，填入本表“年初余额”栏内。

本表“期末余额”栏内各项数字，应当根据资产、负债和所有者权益期末情况填列。

（1）“货币资金”项目，反映企业期末持有的现金、银行存款和其他货币资金等总额。

（2）“交易性金融资产”“应收票据”“预付款项”“应收股利”“应收利息”“长期待摊费用”“其他流动资产”“可供出售金融资产”“在建工程”“工程物资”“固定资产清理”“开发支出”“商誉”“递延所得税资产”“其他非流动资产”等项目，反映企业持有的相应资产的期末价值。其中，固定资产清理发生的净损失，以“—”号填列。

（3）“应收账款”“其他应收款”“长期应收款”“存货”“消耗性生物资产”“持有至到期投资”“投资性房地产”“长期股权投资”“固定资产”“生产性生物资产”“油气资产”“无形资产”等资产项目，反映企业期末持有的相应资产的实际价值，应当以扣减提取的相应资产减值准备后的净额填列。

其中，“固定资产”“无形资产”“生产性生物资产”“油气资产”项目，还应按减去相应的“累计折旧”“累计摊销”“生产性生物资产累计折旧”“累计折耗”期末余额后的金额填列。

材料采用计划成本核算以及库存商品采用计划成本或售价核算的，“存货”

项目还应按加上或减去“材料成本差异”“商品进销差价”期末余额后的金额填列。

“持有待售资产”项目，反映资产负债表日划分为持有待售类别的非流动资产及划分为持有待售类别的处置组中的流动资产和非流动资产的期末账面价值。该项目应根据在资产类科目新设置的“持有待售资产”科目的期末余额，减去“持有待售资产减值准备”科目的期末余额后的金额填列。

“代理业务资产”减去“代理业务负债”后的余额在“存货”项目反映。

“长期应收款”项目，应按减去相应的“未实现融资收益”期末余额后的金额填列。

建造承包商的“工程施工”期末余额大于“工程结算”期末余额的差额，应在“存货”项目反映。

企业期末持有的公益性生物资产，应在“其他非流动资产”项目反映。

（4）“短期借款”“交易性金融负债”“应付票据”“应付账款”“预收款项”“应付职工薪酬”“应交税费”“应付利息”“应付股利”“其他应付款”“预计负债”“其他流动负债”“长期借款”“应付债券”“专项应付款”“递延所得税负债”“其他非流动负债”等项目，一般应反映企业期末尚未偿还的短期借款、应付未付给职工的各种薪酬、应交未交税费等。其中，“应付职工薪酬”“应交税费”等期末转为债权的，以“-”号填列。建造承包商的“工程施工”期末余额小于“工程结算”期末余额的差额，应在“应付账款”项目反映。“递延收益”应在“其他流动负债”项目反映。“持有待售负债”行项目，反映资产负债表日处置组中与划分为持有待售类别的资产直接相关的负债的期末账面价值。该项目应根据在负债类科目新设置的“持有待售负债”科目的期末余额填列。

（5）“实收资本（或股本）”“资本公积”“盈余公积”“库存股”等项目，一般应反映企业期末持有的接受投资者投入企业的实收资本、从净利润中提取的盈余公积余额、企业收购的尚未转让或注销的本公司股份金额等。

其中，期末累计未分配利润、资本公积为负数的，以“-”号填列。

（6）企业与同一客户在购销商品结算过程中形成的债权和债务关系，应当单独列示，不应当相互抵销。即应收账款不能与预收款项相互抵销、预付款项不能与应付账款相互抵销、应付账款不能与应收账款相互抵销、预收款项不能与预付款项相互抵销。

“长期待摊费用”反映企业已经发生，但应由本期和以后各期负担的分摊期限在1年以上的各项费用。

长期待摊费用中将于1年（含1年）内摊销的部分，在“一年内到期的非流动资产”项目填列。

“长期应付款”项目，反映企业除长期借款、应付债券外的其他各种长期应付款项减去“未确认融资费用”。长期应付款中将于1年内到期的部分，在“一年内到期的非流动负债”项目反映。

企业期末持有的“衍生工具”“套期工具”“被套期项目”，应在“其他流动资产”或“其他流动负债”项目反映。

（二）利润表列示说明

本表反映企业在一定期间内利润（亏损）的实现情况。

本表“上期金额”栏内各项数字，应根据上年度利润表“本期金额”栏内所列数字填列。如果上年度利润表规定的各个项目的名称和内容同本年度不相一致，应对上年度利润表各项目的名称和数字按本年度的规定进行调整，填入本表“上期金额”栏内。

本表“本期金额”栏内各项数字一般应当反映以下内容：

（1）“营业收入”项目，反映企业经营主要业务和其他业务所确认的收入总额。“营业成本”项目，反映企业经营主要业务和其他业务发生的实际成本总额。

（2）“税金及附加”项目，反映企业经营业务应负担的消费税、城市维护建设税、资源税、土地增值税和教育费附加等。

（3）“销售费用”项目，反映企业在销售商品过程中发生的包装费、广告费等费用和为销售本企业商品而专设的销售机构的职工薪酬、业务费等经营费用。“管理费用”项目，反映企业为组织和管理生产经营发生的管理费用。“财务费用”项目，反映企业筹集生产经营所需资金等而发生的筹资费用。企业发生勘探费用的，应在“管理费用”和“财务费用”项目之间，增设“勘探费用”项目反映。

（4）“资产减值损失”项目，反映企业各项资产发生的减值损失。

（5）“公允价值变动收益”项目，反映企业按照相关准则规定应当计入当期损益的资产或负债公允价值变动收益，如交易性金融资产当期公允价值的变动额。如为净损失，以“—”号填列。

（6）“投资收益”项目，反映企业以各种方式对外投资所取得的收益。如为净损失，以“—”号填列。企业持有的交易性金融资产处置和出售时，处置收益部分应当自“公允价值变动损益”项目转出，列入本项目。

（7）“资产处置收益”项目，反映企业出售划分为持有待售的非流动资产（金融工具、长期股权投资和投资性房地产除外）或处置组时确认的处置利得或损失，以及处置未划分为持有待售的固定资产、在建工程、生产性生物资产及无形资产而产生的处置利得或损失。债务重组中因处置非流动资产产生的利得或损失和非货币性资产交换产生的利得或损失也包括在本项目内。该项目应根据在损益类科目新设置的“资产处置损益”科目的发生额分析填列；如为处置损失，以“—”号填列。

（8）“其他收益”项目，反映计入其他收益的政府补助等。该项目应根据在损益类科目新设置的“其他收益”科目的发生额分析填列。

（9）“营业外收入”项目，反映企业发生的营业利润以外的收益，主要包括债务重组利得、与企业日常活动无关的政府补助、盘盈利得、捐赠利得等。

该项目应根据“营业外收入”科目的发生额分析填列。

（10）“营业外支出”项目，反映企业发生的营业利润以外的支出，主要包括债务重组损失、公益性捐赠支出、非常损失、盘亏损失、非流动资产毁损报废损失等。该项目应根据“营业外支出”科目的发生额分析填列。

（11）“利润总额”项目，反映企业实现的利润总额。如为亏损总额，以“—”号填列。

（12）“所得税费用”项目，反映企业根据所得税准则确认的应从当期利润总额中扣除的所得税费用。

（13）“（一）持续经营净利润”和“（二）终止经营净利润”项目，分别反映净利润中与持续经营相关的净利润和与终止经营相关的净利润；如为净亏损，以“-”号填列。该两个项目应按照《企业会计准则第 42 号——持有待售的非流动资产、处置组和终止经营》的相关规定分别列报。

（14）“基本每股收益”和“稀释每股收益”项目，应当根据每股收益准则规定计算的金额填列。

（15）综合收益，是指企业在某一期间与所有者之外的其他方面进行交易或发生其他事项所引起的净资产变动。综合收益的构成包括两部分：净利润和其他综合收益。其中，前者是企业已实现并已确认的收益，后者是企业未实现但根据会计准则的规定已确认的收益。利润表中的“其他综合收益”反映企业根据企业会计准则规定未在损益中确认的各项利得和损失扣除所得税影响后的净额，主要包括可供出售金融资产产生的利得（或损失）、按照权益法核算的在被投资单位其他综合收益中所享有的份额、现金流量套期工具产生的利得（或损失）、外币财务报表折算差额等；“综合收益总额”项目反映企业净利润与其他综合收益的合计金额。

（三）所有者权益（或股东权益）变动表列示说明

（1）本表反映企业年末所有者权益（或股东权益）变动的情况。本表应在一定程度上体现企业综合收益的特点，除列示直接计入所有者权益的利得和损失外，同时包含最终属于所有者权益变动的净利润，从而构成企业的综合收益。

（2）本表各项目应当根据当期净利润、直接计入所有者权益的利得和损失项目、所有者投入资本和向所有者分配利润、提取盈余公积等情况分析填列。在本表中，直接计入当期损益的利得和损失应包含在净利润中；直接计入所有者权益的利得和损失，主要包括：可供出售金融资产公允价值变动净额、现金流量套期工具公允价值变动净额等，并应单列项目反映。

二、附注内容及披露说明

附注是对在资产负债表、利润表、现金流量表和所有者权益变动表等报表中列示项目的文字描述或明细资料，以及对未能在这些报表中列示项目的说明等。

附注应当披露财务报表的编制基础，相关信息应当与资产负债表、利润表、现金流量表和所有者权益变动表等报表中列示的项目相互参照。

附注一般应当按照下列顺序至少披露：

1）企业的基本情况。

（1）企业注册地、组织形式和总部地址。

（2）企业的业务性质和主要经营活动。

（3）母公司以及集团最终母公司的名称。

（4）财务报告的批准报出者和财务报告批准报出日，以签字人及其签字日期为准。

（5）营业期限有限的企业，还应当披露有关其营业期限的信息。

2）财务报表的编制基础。

3）遵循企业会计准则的声明。

企业应当声明编制的财务报表符合企业会计准则的要求，真实、完整地反映了企业的财务状况、经营成果和现金流量等有关信息。

4）重要会计政策和会计估计。

重要会计政策的说明，包括财务报表项目的计量基础和在运用会计政策过程中所作的重要判断等。重要会计估计的说明，包括可能导致下一个会计期间内资产、负债账面价值重大调整的会计估计的确定依据等。

企业应当披露采用的重要会计政策和会计估计，并结合企业的具体实际披露其重要会计政策的确定依据和财务报表项目的计量基础，及其会计估计所采用的关键假设和不确定因素。

5）会计政策和会计估计变更以及差错更正的说明。

企业应当按照《企业会计准则第 28 号——会计政策、会计估计变更和差错更正》的规定，披露会计政策和会计估计变更以及差错更正的情况。

6）报表重要项目的说明。

企业应当按照资产负债表、利润表、现金流量表、所有者权益变动表及其项目列示的顺序，对报表重要项目的说明采用文字和数字描述相结合的方式进行披露。报表重要项目的明细金额合计，应当与报表项目金额相衔接。

企业应当在附注中披露费用按照性质分类的利润表补充资料，可将费用分为耗用的原材料、职工薪酬费用、折旧费用、摊销费用等。

7）或有和承诺事项、资产负债表日后非调整事项、关联方关系及其交易等需要说明的事项。

8）有助于财务报表使用者评价企业管理资本的目标、政策及程序的信息。

企业应当在附注中披露下列关于其他综合收益各项目的信息：

（1）其他综合收益各项目及其所得税影响。

（2）其他综合收益各项目原计入其他综合收益、当期转出计入当期损益的金额。

（3）其他综合收益各项目的期初和期末余额及其调节情况。

企业应当在附注中披露在资产负债表日后、财务报告批准报出日前提议或宣布发放的股利总额和每股股利金额（或向投资者分配的利润总额）。

企业应当在附注中披露终止经营的收入、费用、利润总额、所得税费用和净利润，以及归属于母公司所有者的终止经营利润。

三、新准则涉及的主要会计科目及使用说明

新准则规范的是企业会计科目信息的处理和发布问题，因此不单独涉及新科目，至于因调整事项而需要在报表附注中披露的信息，请读者参考其他具体准则。

四、首次执行日的处理问题

在首次执行日后按照企业会计准则编制首份年度财务报表时，企业应当按照《企业会计准则第30号——财务报表列报》和《企业会计准则第31号——现金流量表》的规定，编制资产负债表、利润表、现金流量表和所有者权益变动表及附注。

对于以前年度按照旧准则编制报表，而从规定的会计期间开始按照新准则编制的财务报表，应在附注中披露这一过渡的原因、影响以及报表的比较信息（执行当期和上年同期）和其他必要信息。

五、财务报表列报的最新变化

财政部于2017年年底发布了《财政部关于修订印发一般企业财务报表格式的通知》（财会〔2017〕30号），根据《企业会计准则第42号——持有待售的非流动资产、处置组和终止经营》（财会〔2017〕13号）和《企业会计准则第16号——政府补助》（财会〔2017〕15号）的相关规定，对一般企业财务报表格式进行了修订，主要变化如下：

（1）资产负债表新增的“持有待售资产”和“持有待售负债”项目，反映资产负债表日划分为持有待售类别的非流动资产及划分为持有待售类别的处置组中的流动资产和非流动资产以及相关的负债的期末账面价值。这一变化源于2017年施行的《企业会计准则第42号——持有待售的非流动资产、处置组和终止经营》，标志着《〈企业会计准则第30号——财务报表列报〉应用指南》中仅在“如有划分为持有待售的非流动资产及划分为持有待售的处置组”时才增设的“划分为持有待售的资产”和“划分为持有待售的负债”正式进入了资产负债表。

（2）利润表新增的“资产处置收益”项目反映企业出售划分为持有待售

的非流动资产（金融工具、长期股权投资和投资性房地产除外）或处置组时确认的处置利得或损失，以及处置未划分为持有待售的固定资产、在建工程、生产性生物资产及无形资产而产生的处置利得或损失；债务重组中因处置非流动资产产生的利得或损失和非货币性资产交换产生的利得或损失也包括在这一项目内。这样一来，营业外收入和营业外支出的范围缩小了。

（3）利润表新增的“其他收益”项目反映计入其他收益的政府补助等。这一变化源于2017年施行的《企业会计准则第16号——政府补助》。该准则要求将与企业日常活动相关的政府补助，应当按照经济业务实质，计入其他收益或冲减相关成本费用。与企业日常活动无关的政府补助，仍应当计入营业外收入。

（4）利润表新增的“持续经营净利润”和“终止经营净利润”分别反映净利润中与持续经营相关的净利润和与终止经营相关的净利润。这一变化源于2017年施行的《企业会计准则第42号——持有待售的非流动资产、处置组和终止经营》，标志着《企业会计准则第30号——财务报表列报》中仅在附注中披露的终止经营信息正式进入了利润表。

第二节　新准则对企业的影响

一、对企业财务状况的影响

新准则不涉及会计要素的确认和计量，对企业财务状况和经营成果没有太大影响；但在提供有利于决策的信息上很有作为：

（1）新准则更加重视现金流量表的编制，有利于投资决策。

（2）增加了所有者权益变动表，更全面地反映了主体权益的综合变动。

（3）将主营业务收入和其他业务收入合并成营业收入，更加务实，删繁就简。

（4）在资产负债表中增加了“投资性房地产”“应付职工薪酬”等项目，使资产负债表的结构、内容更加完整、合理。

二、对企业运营、交易策略、公司治理等方面的影响

（1）企业将不能再通过在报表中将资产、负债项目和收入、费用项目进行抵销达到调节某些财务指标的目的。

（2）在报表中没有被正确确认和计量的项目，即使在附注中作出了进一步的说明和解释，也将被视为违反准则的行为。

（3）在重要性原则的前提下，各报表项目应准确和恰当地反映其实际列

示的内容，不能以任何理由将性质或功能存在重大差异的重要项目进行合并列示。

（4）按照本准则对资产、负债流动性的定义，一些报表项目需要进行重新分类。

三、对企业内部会计控制的要求和影响

执行本准则后，企业应按照新的报表项目对原有资产、负债科目进行重新归类，并对账务系统进行调整。今后的财务报表项目与账簿科目之间可能不存在一一对应关系，同一记账科目下的内容可能在报表中被分别列示，不同记账科目下的内容则可能被合并列示，这要求管理当局按准则的精神，在企业内部控制和监督上下功夫，完善管理、优化流程，达到企业体系的高效合理。

附件

各类企业报表格式具体应用指南

一、一般企业资产负债表、利润表和所有者权益变动表格式

资 产 负 债 表

（适用于尚未执行新金融准则和新收入准则的企业）

会企 01 表

编制单位：　　　　____年____月____日　　　　单位：元

资　产	期末余额	年初余额	负债和所有者权益（或股东权益）	期末余额	年初余额
流动资产：			流动负债：		
货币资金			短期借款		
以公允价值计量且其变动			以公允价值计量且其变动计入		
计入当期损益的金融资产			当期损益的金融负债		
衍生金融资产			衍生金融负债		
应收票据及应收账款			应付票据及应付账款		
预付款项			预收款项		

（续表）

资　产	期末余额	年初余额	负债和所有者权益（或股东权益）	期末余额	年初余额
其他应收款			应付职工薪酬		
存货			应交税费		
持有待售资产			其他应付款		
一年内到期的非流动资产			持有待售负债		
其他流动资产			一年内到期的非流动负债		
流动资产合计			其他流动负债		
非流动资产：			流动负债合计		
可供出售金融资产			非流动负债：		
持有至到期投资			长期借款		
长期应收款			应付债券		
长期股权投资			其中：优先股		
投资性房地产			永续债		
固定资产			长期应付款		
在建工程			预计负债		
生产性生物资产			递延收益		
油气资产			递延所得税负债		
无形资产			其他非流动负债		
开发支出			非流动负债合计		
商誉			负债合计		
长期待摊费用			所有者权益（或股东权益）：		
递延所得税资产			实收资本（或股本）		
其他非流动资产			其他权益工具		
非流动资产合计			其中：优先股		
			永续债		
			资本公积		
			减：库存股		

（续表）

资　产	期末余额	年初余额	负债和所有者权益（或股东权益）	期末余额	年初余额
			其他综合收益		
			盈余公积		
			未分配利润		
			所有者权益（或股东权益）合计		
资产总计			负债和所有者权益（或股东权益）总计		

利　润　表

（适用于尚未执行新金融准则和新收入准则的企业）

会企 02 表

编制单位：　　　　　＿＿年＿＿月＿＿日　　　　　单位：元

项　　　　目	本期金额	上期金额
一、营业收入		
减：营业成本		
税金及附加		
销售费用		
管理费用		
研发费用		
财务费用		
其中：利息费用		
利息收入		
资产减值损失		
加：其他收益		
投资收益（损失以“——”号填列）		
其中：对联营企业和合营企业的投资收益		
公允价值变动收益（损失以“——”号填列）		
资产处置收益（损失以“——”号填列）		
二、营业利润（亏损以“——”号填列）		

（续表）

项　　目	本期金额	上期金额
加：营业外收入		
减：营业外支出		
三、利润总额（亏损总额以“-”号填列）		
减：所得税费用		
四、净利润（净亏损以“-”号填列）		
（一）持续经营净利润（净亏损以“-”号填列）		
（二）终止经营净利润（净亏损以“-”号填列）		
五、其他综合收益的税后净额		
（一）不能重分类进损益的其他综合收益		
1. 重新计量设定受益计划变动额		
2. 权益法下不能转损益的其他综合收益		
……		
（二）将重分类进损益的其他综合收益		
1. 权益法下可转损益的其他综合收益		
2. 可供出售金融资产公允价值变动损益		
3. 持有至到期投资重分类为可供出售金融资产损益		
4. 现金流量套期损益的有效部分		
5. 外币财务报表折算差额		
……		
六、综合收益总额		
七、每股收益：		
（一）基本每股收益		
（二）稀释每股收益		

现金流量表

（适用于尚未执行新金融准则和新收入准则的企业）

会企 03 表

编制单位：　　　　　　　　　　＿＿年＿＿月＿＿日　　　　　　　　　　单位：元

项　目	本期金额	上期金额
一、经营活动产生的现金流量：		
销售商品、提供劳务收到的现金		
收到的税费返还		
收到其他与经营活动有关的现金		
经营活动现金流入小计		
购买商品、接受劳务支付的现金		
支付给职工以及为职工支付的现金		
支付的各项税费		
支付其他与经营活动有关的现金		
经营活动现金流出小计		
经营活动产生的现金流量净额		
二、投资活动产生的现金流量：		
收回投资收到的现金		
取得投资收益收到的现金		
处置固定资产、无形资产和其他长期资产收回		
处置子公司及其他营业单位收到的现金净额		
收到其他与投资活动有关的现金		
投资活动现金流入小计		
购建固定资产、无形资产和其他长期资产支付		
投资支付的现金		

（续表）

项　目	本期金额	上期金额
取得子公司及其他营业单位支付的现金净额		
支付其他与投资活动有关的现金		
投资活动现金流出小计		
投资活动产生的现金流量净额		
三、筹资活动产生的现金流量：		
吸收投资收到的现金		
取得借款收到的现金		
收到其他与筹资活动有关的现金		
筹资活动现金流入小计		
偿还债务支付的现金		
分配股利、利润或偿付利息支付的现金		
支付其他与筹资活动有关的现金		
筹资活动现金流出小计		
筹资活动产生的现金流量净额		
四、汇率变动对现金及现金等价物的影响		
五、现金及现金等价物净增加额		
加：期初现金及现金等价物余额		
六、期末现金及现金等价物余额		

所有者权益变动表
（适用于尚未执行新金融准则和新收入准则的企业）

会企 04 表

编制单位：　　　　______年度　　　　单位：元

项　目	本年金额										本年金额									
	实收资本（或股本）	其他权益工具			资本公积	减：库存股	其他综合收益	盈余公积	未分配利润	所有者权益合计	实收资本（或股本）	其他权益工具			资本公积	减：库存股	其他综合收益	盈余公积	未分配利润	所有者权益合计
		优先股	永续债	其他								优先股	永续债	其他						
一、上年年末余额																				
加：会计政策变更																				
前期差错更正																				
其他																				
二、本年年初余额																				
三、本年增减变动金额（减少以“-”号填列）																				
（一）综合收益总额																				
（二）所有者投入和减少资本																				

（续表）

项　目	本年金额										本年金额									
	实收资本（或股本）	其他权益工具			资本公积	减：库存股	其他综合收益	盈余公积	未分配利润	所有者权益合计	实收资本（或股本）	其他权益工具			资本公积	减：库存股	其他综合收益	盈余公积	未分配利润	所有者权益合计
		优先股	永续债	其他								优先股	永续债	其他						
1. 所有者投入的普通股																				
2. 其他权益工具持有者投入资本																				
3. 股份支付计入所有者权益的金额																				
4. 其他																				
（三）利润分配																				
1. 提取盈余公积																				
2. 对所有者（或股东）的分配																				
3. 其他																				
（四）所有者权益内部结转																				

（续表）

项目	本年金额										本年金额									
	实收资本（或股本）	其他权益工具			资本公积	减：库存股	其他综合收益	盈余公积	未分配利润	所有者权益合计	实收资本（或股本）	其他权益工具			资本公积	减：库存股	其他综合收益	盈余公积	未分配利润	所有者权益合计
		优先股	永续债	其他								优先股	永续债	其他						
1. 资本公积转增资本（或股本）																				
2. 盈余公积转增资本（或股本）																				
3. 盈余公积弥补亏损																				
4. 设定受益计划变动额结转留存收益																				
5. 其他																				
四、本年年末余额																				

资产负债表
（适用于已执行新金融准则或新收入准则的企业）

会企 01 表

编制单位：　　　　　　　　　　＿＿＿＿年＿＿＿＿月＿＿＿＿日　　　　　　　　　　单位：元

资　产	期末余额	年初余额	负债和所有者权益（或股东权益）	期末余额	年初余额
流动资产：			流动负债：		
货币资金			短期借款		
交易性金融资产			交易性金融负债		
衍生金融资产			衍生金融负债		
应收票据及应收账款			应付票据及应付账款		
预付款项			预收款项		
其他应收款			合同负债		
存货			应付职工薪酬		
合同资产			应交税费		
持有待售资产			其他应付款		
一年内到期的非流动资产			持有待售负债		
其他流动资产			一年内到期的非流动负债		
流动资产合计			其他流动负债		
非流动资产：			流动负债合计		
债权投资			非流动负债：		
其他债权投资			长期借款		
长期应收款			应付债券		
长期股权投资			其中：优先股		
其他权益工具投资			永续债		
其他非流动金融资产			长期应付款		
投资性房地产			预计负债		
固定资产			递延收益		
在建工程			递延所得税负债		
生产性生物资产			其他非流动负债		
油气资产			非流动负债合计		
无形资产			负债合计		
开发支出			所有者权益（或股东权益）：		

（续表）

资　产	期末余额	年初余额	负债和所有者权益（或股东权益）	期末余额	年初余额
商誉			实收资本（或股本）		
长期待摊费用			其他权益工具		
递延所得税资产			其中：优先股		
其他非流动资产			永续债		
非流动资产合计			资本公积		
			减：库存股		
			其他综合收益		
			盈余公积		
			未分配利润		
			所有者权益（或股东权益）合计		
资产总计			负债和所有者权益（或股东权益）总计		

利　润　表

（适用于已执行新金融准则或新收入准则的企业）

会企 02 表

编制单位：　　　　＿＿年＿＿月＿＿日　　　　单位：元

项　　　目	本期金额	上期金额
一、营业收入		
减：营业成本		
税金及附加		
销售费用		
管理费用		
研发费用		
财务费用		
其中：利息费用		
利息收入		
资产减值损失		
信用减值损失		
加：其他收益		

（续表）

项 目	本期金额	上期金额
投资收益（损失以"——"号填列）		
其中：对联营企业和合营企业的投资收益		
净敞口套期收益（损失以"——"号填列）		
公允价值变动收益（损失以"——"号填列）		
资产处置收益（损失以"——"号填列）		
二、营业利润（亏损以"——"号填列）		
加：营业外收入		
减：营业外支出		
三、利润总额（亏损总额以"-"号填列）		
减：所得税费用		
四、净利润（净亏损以"-"号填列）		
（一）持续经营净利润（净亏损以"-"号填列）		
（二）终止经营净利润（净亏损以"-"号填列）		
五、其他综合收益的税后净额		
（一）不能重分类进损益的其他综合收益		
1. 重新计量设定受益计划变动额		
2. 权益法下不能转损益的其他综合收益		
3. 其他权益工具投资公允价值变动		
4. 企业自身信用风险公允价值变动		
……		
（二）将重分类进损益的其他综合收益		
1. 权益法下可转损益的其他综合收益		
2. 其他债权投资公允价值变动		
3. 金融资产重分类计入其他综合收益的金额		
4. 其他债权投资信用减值准备		
5. 现金流量套期储备		

（续表）

项　　目	本期金额	上期金额
6. 外币财务报表折算差额		
……		
六、综合收益总额		
七、每股收益：		
（一）基本每股收益		
（二）稀释每股收益		

现金流量表
（适用于已执行新金融准则或新收入准则的企业）

会企 03 表

编制单位：　　　　____年____月____日　　　　单位：元

项　目	本期金额	上期金额
一、经营活动产生的现金流量：		
销售商品、提供劳务收到的现金		
收到的税费返还		
收到其他与经营活动有关的现金		
经营活动现金流入小计		
购买商品、接受劳务支付的现金		
支付给职工以及为职工支付的现金		
支付的各项税费		
支付其他与经营活动有关的现金		
经营活动现金流出小计		
经营活动产生的现金流量净额		
二、投资活动产生的现金流量：		
收回投资收到的现金		
取得投资收益收到的现金		

（续表）

项　目	本期金额	上期金额
处置固定资产、无形资产和其他长期资产收回		
处置子公司及其他营业单位收到的现金净额		
收到其他与投资活动有关的现金		
投资活动现金流入小计		
购建固定资产、无形资产和其他长期资产支付		
投资支付的现金		
取得子公司及其他营业单位支付的现金净额		
支付其他与投资活动有关的现金		
投资活动现金流出小计		
投资活动产生的现金流量净额		
三、筹资活动产生的现金流量：		
吸收投资收到的现金		
取得借款收到的现金		
收到其他与筹资活动有关的现金		
筹资活动现金流入小计		
偿还债务支付的现金		
分配股利、利润或偿付利息支付的现金		
支付其他与筹资活动有关的现金		
筹资活动现金流出小计		
筹资活动产生的现金流量净额		
四、汇率变动对现金及现金等价物的影响		
五、现金及现金等价物净增加额		
加：期初现金及现金等价物余额		
六、期末现金及现金等价物余额		

所有者权益变动表

（适用于已执行新金融准则或新收入准则的企业）

会企 04 表

编制单位：　　　　　　______年度　　　　　　单位：元

项　目	本年金额										本年金额									
	实收资本（或股本）	其他权益工具			资本公积	减：库存股	其他综合收益	盈余公积	未分配利润	所有者权益合计	实收资本（或股本）	其他权益工具			资本公积	减：库存股	其他综合收益	盈余公积	未分配利润	所有者权益合计
		优先股	永续债	其他								优先股	永续债	其他						
一、上年年末余额																				
加：会计政策变更																				
前期差错更正																				
其他																				
二、本年年初余额																				
三、本年增减变动金额（减少以“—”号填列）																				
（一）综合收益总额																				

（续表）

项目	本年金额										本年金额									
	实收资本（或股本）	其他权益工具			资本公积	减：库存股	其他综合收益	盈余公积	未分配利润	所有者权益合计	实收资本（或股本）	其他权益工具			资本公积	减：库存股	其他综合收益	盈余公积	未分配利润	所有者权益合计
		优先股	永续债	其他								优先股	永续债	其他						
（二）所有者投入和减少资本																				
1. 所有者投入的普通股																				
2. 其他权益工具持有者投入资本																				
3. 股份支付计入所有者权益的金额																				
4. 其他																				
（三）利润分配																				
1. 提取盈余公积																				
2. 对所有者（或股东）的分配																				
3. 其他																				
（四）所有者权益内部结转																				

（续表）

项　目	本年金额										本年金额									
	实收资本（或股本）	其他权益工具			资本公积	减：库存股	其他综合收益	盈余公积	未分配利润	所有者权益合计	实收资本（或股本）	其他权益工具			资本公积	减：库存股	其他综合收益	盈余公积	未分配利润	所有者权益合计
		优先股	永续债	其他								优先股	永续债	其他						
1. 资本公积转增资本（或股本）																				
2. 盈余公积转增资本（或股本）																				
3. 盈余公积弥补亏损																				
4. 设定受益计划变动额结转留存收益																				
5. 其他综合收益结转留存收益																				
6. 其他																				
四、本年年末余额																				

二、一般企业报表附注

附注是财务报表的重要组成部分。企业应当按照规定披露附注信息，主要包括下列内容。

（一）企业的基本情况

（1）企业注册地、组织形式和总部地址。

（2）企业的业务性质和主要经营活动。

（3）母公司以及集团最终母公司的名称。

（4）财务报告的批准报出者和财务报告批准报出日。

（二）财务报表的编制基础

企业应披露财务报表编制基础的信息。

（三）遵循企业会计准则的声明

企业应当声明编制的财务报表符合企业会计准则的要求，真实、完整地反映了企业的财务状况、经营成果和现金流量等有关信息。

（四）重要会计政策和会计估计

企业应当披露采用的重要会计政策和会计估计，不重要的会计政策和会计估计可以不披露。在披露重要会计政策和会计估计时，应当披露重要会计政策的确定依据和财务报表项目的计量基础，以及会计估计中所采用的关键假设和不确定因素。

（五）会计政策和会计估计变更以及差错更正的说明

企业应当按照《企业会计准则第28号——会计政策、会计估计变更和差错更正》及其应用指南的规定，披露会计政策和会计估计变更以及差错更正的有关情况。

（六）报表重要项目的说明

企业对报表重要项目的说明，应当按照资产负债表、利润表、现金流量表、所有者权益变动表及其项目列示的顺序，采用文字和数字描述相结合的方式进行披露。报表重要项目的明细金额合计，应当与报表项目金额相衔接。

1. 交易性金融资产的披露格式

项　　目	期末公允价值	年初公允价值
1. 交易性债券投资		
2. 交易性权益工具投资		
3. 指定为以公允价值计量且其变动计入当期损益的金融资产		
4. 衍生金融资产		
5. 其他		
合　　计		

2. 应收款项

（1）应收账款按账龄结构披露的格式如下：

账龄结构	期末账面余额	年初账面余额
1 年以内（含 1 年）		
1 年至 2 年（含 2 年）		
2 年至 3 年（含 3 年）		
3 年以上		
合　计		

注：有应收票据、预付账款、长期应收款、其他应收款的，比照应收账款进行披露。

（2）应收账款按客户类别披露的格式如下：

客户类别	期末账面余额	年初账面余额
客户 1		
……		
其他客户		
合　计		

注：有应收票据、预付账款、长期应收款、其他应收款的，比照应收账款进行披露。

3. 存货

（1）存货的披露格式如下：

存货种类	年初账面余额	本期增加额	本期减少额	期末账面余额
1. 原材料				
2. 在产品				
3. 库存商品				
4. 周转材料				
5. 消耗性生物资产				
……				
合　计				

（2）说明消耗性生物资产的期末实物数量，并按下列格式披露金额信息：

项　　目	年初账面余额	本期增加额	本期减少额	期末账面余额
一、种植业				
1.				
……				
二、畜牧养殖业				
1.				
……				
三、林业				
1.				
……				
四、水产业				
1.				
……				
合　　计				

（3）存货跌价准备的披露格式如下：

存货种类	年初账面余额	本期计提额	本期减少额		期末账面余额
			转回	转销	
1. 原材料					
2. 在产品					
3. 库存商品					
4. 周转材料					
5. 消耗性生物资产					
6. 建造合同形成的资产					
……					
合　　计					

4. 其他流动资产的披露格式

项　　目	期末账面价值	年初账面价值
1.		
……		
合　　计		

注：有长期待摊费用、其他非流动资产的，比照其他流动资产进行披露。

5. 可供出售金融资产的披露格式

项　　目	期末公允价值	年初公允价值
1. 可供出售债券		
2. 可供出售权益工具		
3. 其他		
合　计		

6. 持有至到期投资的披露格式

项　　目	期末账面余额	年初账面余额
1.		
……		
合　　计		

7. 长期股权投资

（1）长期股权投资的披露格式如下：

被投资单位	期末账面余额	年初账面余额
1.		
……		
合　　计		

（2）被投资单位由于所在国家或地区及其他方面的影响，其向投资企业转移资金的能力受到限制的，应当披露受限制的具体情况。

（3）当期及累计未确认的投资损失金额。

8. 投资性房地产

（1）企业采用成本模式进行后续计量的，应当披露下列信息：

项　　目	年初账面余额	本期增加额	本期减少额	期末账面余额
一、原价合计				
1. 房屋、建筑物				
2. 土地使用权				
二、累计折旧和累计摊销合计				
1. 房屋、建筑物				
2. 土地使用权				
三、投资性房地产减值准备累计金额合计				
1. 房屋、建筑物				
2. 土地使用权				
四、投资性房地产账面价值合计				
1. 房屋、建筑物				
2. 土地使用权				

（2）企业采用公允价值模式进行后续计量的，应当披露投资性房地产公允价值的确定依据及公允价值金额的增减变动情况。

（3）如有房地产转换的，应当说明房地产转换的原因及其影响。

9. 固定资产

（1）固定资产的披露格式如下：

项　　目	年初账面余额	本期增加额	本期减少额	期末账面余额
一、原价合计				
其中：房屋、建筑物				
机器设备				
运输工具				
……				
二、累计折旧合计				
其中：房屋、建筑物				
机器设备				
运输工具				

（续表）

项　　目	年初账面余额	本期增加额	本期减少额	期末账面余额
……				
三、固定资产减值准备累计金额合计				
其中：房屋、建筑物				
机器设备				
运输工具				
……				
四、固定资产账面价值合计				
其中：房屋、建筑物				
机器设备				
运输工具				
……				

（2）企业确有准备处置固定资产的，应当说明准备处置的固定资产名称、账面价值、公允价值、预计处置费用和预计处置时间等。

10. 生产性生物资产和公益性生物资产

（1）说明各类生物资产的期末实物数量，并按下列格式披露金额信息：

项　　目	年初账面余额	本期增加额	本期减少额	期末账面价值
一、种植业				
1.				
……				
二、畜牧养殖业				
1.				
……				
三、林业				
1.				
……				
四、水产业				
1.				
……				
合　　计				

如有天然起源的生物资产，还应披露该资产的类别、取得方式和数量等。

（2）各类生产性生物资产的预计使用寿命、预计净残值、折旧方法、累计折旧和减值准备累计金额。

（3）与生物资产相关的风险情况与管理措施。

11. 油气资产

（1）当期在国内和国外发生的取得矿区权益、油气勘探和油气开发各项支出的总额。

（2）油气资产的披露格式如下：

项　　目	年初账面余额	本期增加额	本期减少额	期末账面余额
一、原价合计				
1. 探明矿区权益				
2. 未探明矿区权益				
3. 井及相关设施				
二、累计折耗合计				
1. 探明矿区权益				
2. 井及相关设施				
三、油气资产减值准备累计金额合计				
1. 探明矿区权益				
2. 未探明矿区权益				
3. 井及相关设施				
四、油气资产账面价值合计				
1. 探明矿区权益				
2. 未探明矿区权益				
3. 井及相关设施				

12. 无形资产

（1）各类无形资产的披露格式如下：

项　　目	年初账面余额	本期增加额	本期减少额	期末账面余额
一、原价合计				
1.				
……				
二、累计摊销额合计				

（续表）

项　　目	年初账面余额	本期增加额	本期减少额	期末账面余额
1.				
……				
三、无形资产减值准备累计金额合计				
1.				
……				
四、无形资产账面价值合计				
1.				
……				

（2）计入当期损益和确认为无形资产的研究开发支出金额。

13. 商誉的形成来源、账面价值的增减变动情况

企业应披露商誉的形成来源情况和账面价值的增减变动情况。

14. 递延所得税资产和递延所得税负债

（1）已确认递延所得税资产和递延所得税负债的披露格式如下：

项　　目	账面余额		年初账面余额
一、递延所得税资产			
1.			
……			
合　　计			
二、递延所得税负债			
1.			
……			
合　　计			

（2）未确认递延所得税资产的可抵扣暂时性差异、可抵扣亏损等的金额（存在到期日的，还应披露到期日）。

15. 资产减值准备的披露格式

项　　目	年初账面余额	本期计提额	本期减少额		期末账面余额
			转回	转销	
一、坏账准备					

（续表）

项　　目	年初账面余额	本期计提额	本期减少额		期末账面余额
			转回	转销	
二、存货跌价准备					
三、可供出售金融资产减值准备					
四、持有至到期投资减值准备					
五、长期股权投资减值准备					
六、投资性房地产减值准备					
七、固定资产减值准备					
八、工程物资减值准备					
九、在建工程减值准备					
十、生产性生物资产减值准备					
其中：成熟生产性生物资产减值准备					
十一、油气资产减值准备					
十二、无形资产减值准备					
十三、商誉减值准备					
十四、其他					
合　计					

16. 所有权受到限制的资产

（1）资产所有权受到限制的原因。

（2）所有权受到限制的资产披露格式如下：

所有权受到限制的资产类别	年初账面余额	本期增加额	本期减少额	期末账面价值
一、用于担保的资产				
1.				
……				
二、其他原因造成所有权受到限制的资产				
1.				
……				
合　计				

17. 交易性金融负债的披露格式

项目	期末公允价值	年初公允价值
1. 发行的交易性债券		
2. 指定为以公允价值计量且其变动计入当期损益的金融负债		
3. 衍生金融负债		
4. 其他		
合计		

18. 职工薪酬

（1）应付职工薪酬的披露格式如下：

项目	年初账面余额	本期增加额	本期减少额	期末账面余额
一、工资、奖金、津贴和补贴				
二、职工福利费				
三、社会保险费				
其中：1. 医疗保险费				
2. 基本养老保险费				
3. 年金缴费				
4. 失业保险费				
5. 工伤保险费				
6. 生育保险费				
四、住房公积金				
五、工会经费和职工教育经费				
六、非货币性福利				
七、因解除劳动关系给予的补偿				
八、其他				
其中：以现金结算的股份支付				
合计				

（2）企业本期为职工提供的各项非货币性福利形式、金额及其计算依据。

19. 应交税费的披露格式

税费项目	期末账面余额	年初账面余额
1. 增值税		
……		
合 计		

20. 其他流动负债的披露格式

流动负债项目	期末账面余额	年初账面余额
……		
合 计		

注：有预计负债、其他非流动负债的，比照其他流动负债进行披露。

21. 短期借款和长期借款

（1）借款的披露格式如下：

项 目	短期借款		长期借款	
	期末账面余额	年初账面余额	期末账面余额	年初账面余额
信用借款				
抵押借款				
质押借款				
保证借款				
合 计				

（2）对于期末逾期借款，应分别贷款单位、借款金额、逾期时间、年利率、逾期未偿还原因和预期还款期等进行披露。

22. 应付债券的披露格式

项 目	年初账面余额	本期增加额	本期减少额	期末账面余额
1.				
……				
合 计				

23. 长期应付款的披露格式

税费项目	期末账面余额	年初账面余额
1.		
……		
合　　计		

24. 营业收入

（1）营业收入的披露格式如下：

税费项目	本期发生额	上期发生额
1. 主营业务收入		
2. 其他业务收入		
合　　计		

（2）披露建造合同当期预计损失的原因和金额，同时按下列格式披露：

项目		总金额	累计已发生成本	累计已确认毛利（亏损以"—"号表示）	已办理结算的价款金额
固定造价合同	1.				
	……				
	合计				
成本加成合同	1.				
	……				
	合计				

25. 公允价值变动收益的披露格式

产生公允价值变动收益的来源	本期发生额	上期发生额
1.		
……		
合　　计		

26. 投资收益

（1）投资收益的披露格式如下：

产生投资收益的来源	本期发生额	上期发生额
1.		
……		
合　　计		

（2）按照权益法核算的长期股权投资，直接以被投资单位的账面净损益计算确认投资损益的事实及原因。

27. 资产减值损失的披露格式

项　　目	本期发生额	上期发生额
一、坏账损失		
二、存货跌价损失		
三、可供出售金融资产减值损失		
四、持有至到期投资减值损失		
五、长期股权投资减值损失		
六、投资性房地产减值损失		
七、固定资产减值损失		
八、工程物资减值损失		
九、在建工程减值损失		
十、生产性生物资产减值损失		
十一、油气资产减值损失		
十二、无形资产减值损失		
十三、商誉减值损失		
十四、其他		
合　计		

28. 营业外收入的披露格式

项　　目	本期发生额	上期发生额
债务重组得利		
与企业日常活动无关的政府补助		
……		
合　　计		

29. 营业外支出的披露格式

项　　目	本期发生额	上期发生额
债务重组损失		
公益性捐赠支出		
……		
合　　计		

30. 所得税费用

（1）所得税费用（收益）的组成，包括当期所得税、递延所得税。

（2）所得税费用（收益）与会计利润的关系。

31. 政府补助的种类及金额

企业应当披露取得政府补助的种类及金额。

32. 每股收益

（1）基本每股收益和稀释每股收益分子、分母的计算过程。

（2）列报期间不具有稀释性但以后期间很可能具有稀释性的潜在普通股。

（3）在资产负债表日至财务报告批准报出日之间，企业发行在外普通股或潜在普通股股数发生重大变化的情况，如股份发行、股份回购、潜在普通股发行、潜在普通股转换或行权等。

33. 利润表有关信息

企业可以按照费用的性质分类披露利润表。

34. 非货币性资产交换

（1）换入资产、换出资产的类别。

（2）换入资产成本的确定方式。

（3）换入资产、换出资产的公允价值及换出资产的账面价值。

35. 股份支付

（1）当期授予、行权和失效的各项权益工具总额。

（2）期末发行在外股份期权或其他权益工具行权价的范围和合同剩余期限。

（3）当期行权的股份期权或其他权益工具以其行权日价格计算的加权平均价格。

（4）股份支付交易对当期财务状况和经营成果的影响。

36. 债务重组

按照《企业会计准则第 12 号——债务重组》第十四条或第十五条的相关规定进行披露。

37. 借款费用

（1）当期资本化的借款费用金额。

（2）当期用于计算确定借款费用资本化金额的资本化率。

38. 外币折算

（1）计入当期损益的汇兑差额。

（2）处置境外经营对外币财务报表折算差额的影响。

39. 企业合并

企业合并发生当期的期末，合并方或购买方应当按照《企业会计准则第 20 号——企业合并》第十八条或第十九条的相关规定进行披露。

40. 租赁

（1）融资租赁出租人应当说明未实现融资收益的余额，并披露与融资租赁有关的下列信息：

剩余租赁期	最低租赁收款额
1 年以内（含 1 年）	
1 年以上 2 年以内（含 2 年）	
2 年以上 3 年以内（含 3 年）	
3 年以上	

（2）经营租赁出租人各类租出资产的披露格式如下：

经营租赁租出资产类别	期末账面价值	年初账面价值
1. 机器设备		
2. 运输工具		
……		
合　　计		

（3）融资租赁承租人应当说明未确认融资费用的余额，并披露与融资租赁有关的下列信息：①各类租入固定资产的年初和期末原价、累计折旧额、减值准备累计金额。②以后年度将支付的最低租赁付款额的披露格式如下：

剩余租赁期	最低租赁收款额
1年以内（含1年）	
1年以上2年以内（含2年）	
2年以上3年以内（含3年）	
3年以上	

（4）对于重大的经营租赁，经营租赁承租人应当披露下列信息：

剩余租赁期	最低租赁收款额
1年以内（含1年）	
1年以上2年以内（含2年）	
2年以上3年以内（含3年）	
3年以上	

（5）披露各售后租回交易以及售后租回合同中的重要条款。

41. 终止经营的披露格式

项　　目	本期发生额	上期发生额
一、终止经营收入		
减：终止经营费用		
二、终止经营利润总额		
减：终止经营所得税费用		
三、终止经营净利润		

42. 分部报告

（1）主要报告形式为业务分部的披露格式如下：

项　目	×× 业务				……	其他		抵销		合计	
	本期	上期	本期	上期		本期	上期	本期	上期	本期	上期
一、营业收入											
其中：对外交易收入											
分部间交易收入											
二、营业费用											
三、营业利润（亏损）											
四、资产总额											
五、负债总额											

（续表）

项　目	×× 业务				……	其他		抵销		合计	
	本期	上期	本期	上期		本期	上期	本期	上期	本期	上期
六、补充信息											
1. 折旧和摊销费用											
2. 资本性支出											
3. 折旧和摊销以外的非现金费用											

注：主要报告形式是地区分部的，比照业务分部格式进行披露。

（2）在主要报告形式的基础上，对于次要报告形式，企业还应披露对外交易收入、分部资产总额。

（七）或有事项

按照《企业会计准则第 13 号——或有事项》第十四条和第十五条的相关规定进行披露。

（八）资产负债表日后事项

（1）每项重要的资产负债表日后非调整事项的性质、内容，及其对财务状况和经营成果的影响。无法作出估计的，应当说明原因。

（2）资产负债表日后，企业利润分配方案中拟分配的以及经审议批准宣告发放的股利或利润。

（九）关联方关系及其交易

1. 本企业的母公司有关信息披露格式

母公司名称	注册地	业务性质	注册资本

母公司不是本企业最终控制方的，说明最终控制方名称。

母公司和最终控制方均不对外提供财务报表的，说明母公司之上与其最相近的对外提供财务报表的母公司名称。

2. 母公司对本企业的持股比例和表决权比例

企业应当披露母公司对本企业的持股比例和表决权比例。

3. 本企业的子公司有关信息披露格式

子公司名称	注册地	业务性质	注册资本	本企业合计持股比例	本企业合计享有的表决权比例
1					
……					

4. 本企业的合营企业有关信息披露格式

被投资单位名称	注册地	业务性质	注册资本	本企业持股比例	本企业在被投资单位表决权比例	期末资本总额	期末负债总额	本期营业收入总额	本期净利润
1									
……									

注：有联营企业的，比照合营企业进行披露。

5. 本企业与关联方发生交易的信息披露

本企业与关联方发生交易的，分别说明各关联方关系的性质、交易类型及交易要素。交易要素至少应当包括：

（1）交易的金额。

（2）未结算项目的金额、条款和条件，以及有关提供或取得担保的信息。

（3）未结算应收项目的坏账准备金额。

（4）定价政策。

三、商业银行资产负债表、利润表和所有者权益变动表格式

资 产 负 债 表

会商银 01 表

编制单位：　　　　____年____月____日　　　　单位：元

资　产	期末余额	年初余额	负债和所有者权益（或股东权益）	期末余额	年初余额
资产：			负债：		
现金及存放中央银行款项			向中央银行借款		
存放同业款项			同业及其他金融机构存放款项		
贵金属			拆入资金		
拆出资金			交易性金融负债		
交易性金融资产			衍生金融负债		
衍生金融资产			卖出回购金融资产款		
买入返售金融资产			吸收存款		
应收利息			应付职工薪酬		
发放贷款和垫款			应交税费		

（续表）

资　产	期末余额	年初余额	负债和所有者权益（或股东权益）	期末余额	年初余额
可供出售金融资产			应付利息		
持有至到期投资			预计负债		
长期股权投资			应付债券		
投资性房地产			递延所得税负债		
固定资产			其他负债		
无形资产			负债合计		
递延所得税资产			所有者权益（或股东权益）：		
其他资产			实收资本（或股本）		
			资本公积		
			减：库存股		
			盈余公积		
			一般风险准备		
			未分配利润		
			所有者权益（或股东权益）合计		
资产总计			负债和所有者权益（或股东权益）总计		

利　润　表

会商银 02 表

编制单位：　　　　____年____月____日　　　　单位：元

项　　目	本期金额	上期金额
一、营业收入		
利息净收入		
利息收入		
利息支出		
手续费及佣金净收入		
手续费及佣金收入		

（续表）

项　　目	本期金额	上期金额
手续费及佣金支出		
投资收益（损失以"—"号填列）		
其中：对联营企业和合营企业的投资收益		
公允价值变动收益（损失以"—"号填列）		
汇兑收益（损失以"—"号填列）		
其他业务收入		
二、营业支出		
税金及附加		
业务及管理费		
资产减值损失		
其他业务成本		
三、营业利润（亏损以"—"号填列）		
加：营业外收入		
减：营业外支出		
四、利润总额（亏损总额以"—"号填列）		
减：所得税费用		
五、净利润（净亏损以"—"号填列）		
六、每股收益：		
（一）基本每股收益		
（二）稀释每股收益		

所有者权益变动表

会商银 04 表

编制单位：　　　　____年 度　　　　单位：元

项　目	本年金额							上年金额						
	实收资本（或股本）	资本公积	减：库存股	盈余公积	一般风险准备	未分配利润	所有者权益合计	实收资本（或股本）	资本公积	减：库存股	盈余公积	一般风险准备	未分配利润	所有者权益合计
一、上年年末余额														
加：会计政策变更														

（续表）

项目	本年金额							上年金额						
	实收资本（或股本）	资本公积	减：库存股	盈余公积	一般风险准备	未分配利润	所有者权益合计	实收资本（或股本）	资本公积	减：库存股	盈余公积	一般风险准备	未分配利润	所有者权益合计
前期差错更正														
二、本年年初余额														
三、本年增减变动金额（减少以“—”号填列）														
（一）净利润														
（二）直接计入所有者权益的利得和损失														
1. 可供出售金融资产公允价值变动净额														
（1）计入所有者权益的金额														
（2）转入当期损益的金额														
2. 现金流量套期工具公允价值变动净额														
（1）计入所有者权益的金额														
（2）转入当期损益的金额														
（3）计入被套期项目初始确认金额中的金额														
3. 权益法下被投资单位其他所有者权益变动的影响														
4. 与计入所有者权益项目相关的所得税影响														
5. 其他														
上述（一）和（二）小计														
（三）所有者投入和减少资本														
1. 所有者投入资本														
2. 股份支付计入所有者权益的金额														
3. 其他														
（四）利润分配														
1. 提取盈余公积														

（续表）

项 目	本年金额							上年金额						
	实收资本（或股本）	资本公积	减：库存股	盈余公积	一般风险准备	未分配利润	所有者权益合计	实收资本（或股本）	资本公积	减：库存股	盈余公积	一般风险准备	未分配利润	所有者权益合计
2. 提取一般风险准备														
3. 对所有者（或股东）的分配														
4. 其他														
（五）所有者权益内部结转														
1. 资本公积转增资本（或股本）														
2. 盈余公积转增资本（或股本）														
3. 盈余公积弥补亏损														
4. 一般风险准备弥补亏损														
5. 其他														
四、本年年末余额														

四、商业银行报表附注

商业银行应当按照规定披露附注信息，主要包括下列内容。

（一）商业银行的基本情况

（二）财务报表的编制基础

（三）遵循企业会计准则的声明

（四）重要会计政策和会计估计

（五）会计政策和会计估计变更以及差错更正的说明

以上（一）至（五）项，应当比照一般企业进行披露。

（六）报表重要项目的说明

1. 现金及存放中央银行款项的披露格式

项 目	期末账面余额	年初账面余额
库存现金		
存放中央银行法定准备金		
存放中央银行超额存款准备金		
存放中央银行的其他款项		

（续表）

项　　目	期末账面余额	年初账面余额
合　计		

2. 拆出资金的披露格式

项　　目	期末账面余额	年初账面余额
拆放其他银行		
拆放非银行金融机构		
减：贷款损失准备		
拆出资金账面价值		

3. 交易性金融资产（不含衍生金融资产）的披露格式

项　　目	期末公允价值	年初公允价值
债券		
权益工具		
其他		
合　　计		

如有指定为以公允价值计量且其变动计入当期损益的金融资产，也应比照上述格式进行披露。

4. 衍生工具的披露格式

<table>
<tr><th rowspan="4">类　别</th><th colspan="6">期末余额</th><th colspan="6">年初余额</th></tr>
<tr><th colspan="3">套期工具</th><th colspan="3">非套期工具</th><th colspan="3">套期工具</th><th colspan="3">非套期工具</th></tr>
<tr><th rowspan="2">名义金额</th><th colspan="2">公允价值</th><th rowspan="2">名义金额</th><th colspan="2">公允价值</th><th rowspan="2">名义金额</th><th colspan="2">公允价值</th><th rowspan="2">名义金额</th><th colspan="2">公允价值</th></tr>
<tr><th>资产</th><th>负债</th><th>资产</th><th>负债</th><th>资产</th><th>负债</th><th>资产</th><th>负债</th></tr>
<tr><td>利率衍生工具</td><td></td><td></td><td></td><td></td><td></td><td></td><td></td><td></td><td></td><td></td><td></td><td></td></tr>
<tr><td>衍生工具 1</td><td></td><td></td><td></td><td></td><td></td><td></td><td></td><td></td><td></td><td></td><td></td><td></td></tr>
<tr><td>……</td><td></td><td></td><td></td><td></td><td></td><td></td><td></td><td></td><td></td><td></td><td></td><td></td></tr>
<tr><td>货币衍生工具</td><td></td><td></td><td></td><td></td><td></td><td></td><td></td><td></td><td></td><td></td><td></td><td></td></tr>
<tr><td>衍生工具 1</td><td></td><td></td><td></td><td></td><td></td><td></td><td></td><td></td><td></td><td></td><td></td><td></td></tr>
<tr><td>……</td><td></td><td></td><td></td><td></td><td></td><td></td><td></td><td></td><td></td><td></td><td></td><td></td></tr>
<tr><td>权益衍生工具</td><td></td><td></td><td></td><td></td><td></td><td></td><td></td><td></td><td></td><td></td><td></td><td></td></tr>
</table>

（续表）

类别	期末余额						年初余额					
	套期工具			非套期工具			套期工具			非套期工具		
	名义金额	公允价值		名义金额	公允价值		名义金额	公允价值		名义金额	公允价值	
		资产	负债		资产	负债		资产	负债		资产	负债
衍生工具 1												
……												
信用衍生工具												
衍生工具 1												
……												
其他衍生工具												
合计												

5. 买入返售金融资产的披露格式

项目	期末账面余额	年初账面余额
证券		
票据		
贷款		
其他		
减：坏账准备		
买入返售金融资产账面价值		

6. 发放贷款和垫款

（1）贷款和垫款按个人和企业分布情况的披露格式如下：

项目	期末账面余额	年初账面余额
个人贷款和垫款		
——信用卡		
——住房抵押		
——其他		
企业贷款和垫款		
——贷款		
——贴现		

（续表）

项　　目	期末账面余额	年初账面余额
——其他		
贷款和垫款总额		
减：贷款损失准备		
其中：单项计提数		
组合计提数		
贷款和垫款账面价值		

（2）贷款和垫款按行业分布情况的披露格式如下：

项　　目	期末账面余额	比例（%）	年初账面余额	比例（%）
农牧业、渔业				
采掘业				
房地产业				
建筑业				
金融保险业				
……				
其他行业				
贷款和垫款总额				
减：贷款损失准备				
其中：单项计提数				
组合计提数				
贷款和垫款账面价值				

注：银行可以按行业风险集中情况自行确定行业分布。

（3）贷款和垫款按地区分布情况的披露格式如下：

项　　目	期末账面余额	比例（%）	年初账面余额	比例（%）
华南地区				
华北地区				
……				
其他地区				

（续表）

项　　目	期末账面余额	比例（%）	年初账面余额	比例（%）
贷款和垫款总额				
减：贷款损失准备				
其中：单项计提数				
组合计提数				
贷款和垫款账面价值				

注：银行可以按地区风险集中情况自行确定地区分布。

（4）贷款和垫款按担保方式分布情况的披露格式如下：

项　　目	期末账面余额	比例（%）	年初账面余额	比例（%）
信用贷款				
保证贷款				
附担保物贷款				
其中：抵押贷款				
质押贷款				
贷款和垫款总额				
减：贷款损失准备				
其中：单项计提数				
组合计提数				
贷款和垫款账面价值				

（5）逾期贷款的披露格式如下：

项　　目	期末余额					年初余额				
	逾期1天至90天（含90天）	逾期3个月至360天（含360天）	逾期360天至3年（含3年）	逾期3年以上	合计	逾期1天至90天（含90天）	逾期3个月至360天（含360天）	逾期360天至3年（含3年）	逾期3年以上	合计
信用贷款										
保证贷款										
抵押贷款										
附担保物贷款										
其中：抵押贷款										

（续表）

项　　目	期末余额					年初余额				
	逾期1天至90天（含90天）	逾期3个月至360天（含360天）	逾期360天至3年（含3年）	逾期3年以上	合计	逾期1天至90天（含90天）	逾期3个月至360天（含360天）	逾期360天至3年（含3年）	逾期3年以上	合计
质押贷款										
……										
合　　计										

注：即使是本金逾期1天，整笔贷款也应划为逾期贷款。

（6）贷款损失准备的披露格式如下：

项　　目	本期金额		上期金额	
	单项	组合	单项	组合
期初余额				
本期计提				
本期转出				
本期核销				
本期转回				
——收回原转销贷款和垫款导致的转回				
——贷款和垫款因折现价值上升导致的转回				
——其他因素导致的转回				
期末余额				

注：①本期转出是指贷款转为抵债资产等而转出的贷款损失准备。
　　②本期核销是指经批准贷款予以核销而核销的贷款损失准备。

7. 可供出售金融资产的披露格式

项　　目	期末公允价值	年初公允价值
债券		
其中：债券类别1		
……		
权益工具		
其中：债券类别1		
……		

（续表）

项　　目	期末公允价值	年初公允价值
其他		
合　　计		

8. 持有至到期投资的披露格式

项　　目	期末账面余额	年初账面余额	期末公允价值
债券			
其中：债券类别 1			
……			
其他			
持有至到期投资合计			
减：持有至到期投资减值准备			
持有至到期投资账面价值			

9. 其他资产的披露格式

项　　目	期末账面价值	年初账面价值
存出保证金		
应收股利		
其他应收款		
抵债资产		
……		
合　　计		

注：抵债资产的类别、减值准备计提、本年处置情况及未来处置计划，应同时予以披露。

10. 借入款项

企业应当分别借入中央银行款项、国家外汇存款等披露期末账面余额和年初账面余额。

11. 存放款项

企业应当分别同业、其他金融机构存放款项披露期末账面余额和年初账面余额。

12. 拆入情况

企业应当分别银行拆入、非银行金融机构拆入披露期末账面余额和年初账面余额。

13. 交易性金融负债（不含衍生金融负债）的披露格式

项　　目	期末账面价值	年初账面价值
外币债券卖空		
其他		
合　　计		

如有指定为以公允价值计量且其变动计入当期损益的金融负债，也应比照上述格式披露。

14. 卖出回购金融资产款的披露格式

项　　目	期末账面价值	年初账面价值
证券		
票据		
贷款		
其他		
合　　计		

15. 吸收存款的披露格式

项　　目	期末账面价值	年初账面价值
活期存款		
——公司		
……		
定期存款（含通知存款）		
——公司		
……		
其他存款（含汇出汇款、应解汇款等）		
合　　计		

16. 应付债券的披露格式

债券类型	发行日	到期日	利率	期初账面余额	本期增加额	本期减少额	期末账面余额
债券类别 1							
……							

（续表）

债券类型	发行日	到期日	利率	期初账面余额	本期增加额	本期减少额	期末账面余额
合　　计							

注：①发行次级债券的，应补充披露发行总面值、转换选择权条款、未摊销发行成本余额等。

②发行可转换公司债券的，应补充披露发行日可转换公司债券面值、债务成分和权益成分的初始确认金额、本期和上期支付的利息总额等。

17. 其他负债的披露格式

项　　目	期末账面价值	年初账面价值
存入保证金		
应付股利		
其他应付款		
……		
合　　计		

18. 一般风险准备

企业应当披露一般风险准备的期末余额、年初余额及计提比例。

19. 利息净收入的披露格式

项　　目	本期发生额	上期发生额
利息收入		
——存放同业		
——存放中央银行		
——拆出资金		
——发放贷款及垫款		
其中：个人贷款和垫款		
公司贷款和垫款		
票据贴现		
——买入返售金融资产		
——债券投资		
——其他		
其中：已减值金融资产利息收入		
利息支出		

（续表）

项　　目	本期发生额	上期发生额
——同业存放		
——向中央银行借款		
——拆入资金		
——吸收存款		
——卖出回购金融资产		
——发行债券		
——其他		
利息净收入		

20. 手续费及佣金净收入的披露格式

项　　目	本期发生额	上期发生额
手续费及佣金收入		
——结算与清算手续费		
——代理业务手续费		
——信用承诺手续费及佣金		
——银行卡手续费		
——顾问和咨询费		
——托管及其他受托业务佣金		
——其他		
手续费及佣金支出		
——手续费支出		
——佣金支出		
手续费及佣金净收入		

21. 投资收益的披露格式

项　　目	本期发生额	上期发生额
以公允价值计量且其变动计入当期损益的权益工具投资		
可供出售权益工具投资		
长期股权投资		

（续表）

项　　目	本期发生额	上期发生额
其他		
合　　计		

22. 公允价值变动收益的披露格式

项　　目	本期发生额	上期发生额
交易性金融工具		
指定为以公允价值计量且其变动计入当期损益的金融工具		
衍生工具		
其他		
合　　计		

23. 业务及管理费的披露格式

项　　目	本期发生额	上期发生额
电子设备运转费		
安全防范费		
物业管理费		
其他		
合　　计		

24. 分部报告

（1）主要报告形式是业务分部的披露格式如下：

项　目	×× 业务		×× 业务		……	其他		抵销		合计	
	本期	上期	本期	上期		本期	上期	本期	上期	本期	上期
一、营业收入											
利息净收入											
其中：分部间利息净收入											
手续费及佣金净收入											
其中：分部间手续费及佣金净收入											
其他收入											

（续表）

项 目	×× 业务		×× 业务		……	其他		抵销		合计	
	本期	上期	本期	上期		本期	上期	本期	上期	本期	上期
二、营业费用											
三、营业利润（亏损）											
四、资产总额											
五、负债总额											
六、补充信息											
1. 折旧和摊销费用											
2. 资本性支出											
3. 折旧和摊销以外的非现金费用											

注：主要报告形式是地区分部的，比照业务分部格式进行披露。

（2）在主要报告形式的基础上，对于次要报告形式，企业还应披露对外交易收入、分部资产总额。

25. 担保物

按照《企业会计准则第 37 号——金融工具列报》第二十一条和第二十二条的相关规定进行披露。

26. 金融资产转移（含资产证券化）

按照《企业会计准则第 37 号——金融工具列报》第二十条的相关规定进行披露。

27. 其他项目

除上述项目以外的其他项目，应当比照一般企业进行披露。

（七）或有事项

除比照一般企业进行披露外，还应对承诺事项作如下披露。

1. 信贷承诺的披露格式

项 目	期末合同金额	上期发生额
贷款承诺		
其中：1. 原到期日在 1 年以内		
2. 原到期日在 1 年或以上		
开出信用证		
开出保函		
银行承兑汇票		

（续表）

项　目	期末合同金额	上期发生额
其他		
合　　计		

注：对信贷承诺应计算并披露本期和上期信贷风险加权金额。

2. 信贷承诺的披露内容

存在经营租赁承诺、资本支出承诺、证券承销及债券承兑承诺的，还应披露有关情况。

（八）资产负债表日后事项

比照一般企业进行披露。

（九）关联方关系及其交易

比照一般企业进行披露。

（十）风险管理

按照《企业会计准则第 37 号——金融工具列报》第二十五条至第四十五条的相关规定进行披露。

五、保险公司资产负债表、利润表、所有者权益变动表格式

资产负债表

会保 01 表

编制单位：　　　　______年______月______日　　　　单位：元

资　产	期末余额	年初余额	负债和所有者权益（或股东权益）	期末余额	年初余额
资产：			负债：		
货币资金			短期借款		
拆出资金			拆入资金		
交易性金融资产			交易性金融负债		
衍生金融资产			衍生金融负债		
买入返售金融资产			卖出回购金融资产款		
应收利息			预收保费		
应收保费			应付手续费及佣金		
应收代位追偿款			应付分保账款		
应收分保账款			应付职工薪酬		
应收分保未到期责任准备金			应交税费		

（续表）

资　产	期末余额	年初余额	负债和所有者权益（或股东权益）	期末余额	年初余额
应收分保未决赔款准备金			应付赔付款		
应收分保寿险责任准备金			应付保单红利		
应收分保长期健康险责任准备金			保户储金及投资款		
保户质押贷款			未到期责任准备金		
定期存款			未决赔款准备金		
可供出售金融资产			寿险责任准备金		
持有至到期投资			长期健康险责任准备金		
长期股权投资			长期借款		
存出资本保证金			应付债券		
投资性房地产			独立账户负债		
固定资产			递延所得税负债		
无形资产			其他负债		
独立账户资产			负债合计		
递延所得税资产			所有者权益（或股东权益）：		
其他资产			实收资本（或股本）		
			资本公积		
			减：库存股		
			盈余公积		
			一般风险准备		
			未分配利润		
			所有者权益（或股东权益）合计		
资产总计			负债和所有者权益（或股东权益）总计		

利　润　表

会保 02 表

编制单位：　　　　　　______年______月______日　　　　　　单位：元

项　目	本期金额	上期金额
一、营业收入		

（续表）

项　目	本期金额	上期金额
已赚保费		
保险业务收入		
其中：分保费收入		
减：分出保费		
提取未到期责任准备金		
投资收益（损失以“—”号填列）		
其中：对联营企业和合营企业的投资收益		
公允价值变动收益（损失以“—”号填列）		
汇兑收益（损失以“—”号填列）		
其他业务收入		
二、营业支出		
退保金		
赔付支出		
减：摊回赔付支出		
提取保险责任准备金		
减：摊回保险责任准备金		
保单红利支出		
分保费用		
税金及附加		
手续费及佣金支出		
业务及管理费		
减：摊回分保费用		
其他业务成本		
资产减值损失		
三、营业利润（亏损以“—”号填列）		
加：营业外收入		
减：营业外支出		
四、利润总额（亏损总额以“—”号填列）		
减：所得税费用		
五、净利润（净亏损以“—”号填列）		

（续表）

项　目	本期金额	上期金额
六、每股收益：		
（一）基本每股收益		
（二）稀释每股收益		

保险公司所有者权益变动表，比照商业银行格式。

六、保险公司报表附注

保险公司应当按照规定披露附注信息，主要包括下列内容。

（一）保险公司的基本情况

（二）财务报表的编制基础

（三）遵循企业会计准则的声明

（四）重要会计政策和会计估计

（五）会计政策和会计估计变更以及差错更正的说明

以上（一）至（五）项，应当比照一般企业进行披露。

（六）报表重要项目的说明

1. 应收保费账龄结构的披露格式

账　　龄	期末账面余额	年初账面余额
3个月以内（含3个月）		
3个月至1年（含1年）		
1年以上		
合　　计		

2. 应收代位追偿款

（1）应收代位追偿款账龄结构的披露格式如下：

账　　龄	期末账面余额	年初账面余额
1个月以内（含1个月）		
1个月至3个月（含3个月）		
3个月至1年（含1年）		
1年以上		
合　　计		

（2）金额重大代位追偿款产生的原因和未确认的理由。

3. 定期存款的披露格式

账　　龄	期末账面余额	年初账面余额
1个月至3个月（含3个月）		
3个月至1年（含1年）		
1年至2年（含2年）		
2年至3年（含3年）		
3年至4年（含4年）		
4年至5年（含5年）		
5年以上		
合　　计		

债券投资到期期限结构，比照上述格式披露。

4. 其他资产的披露格式

账　　龄	期末账面余额	年初账面余额
应收股利		
损余物资		
……		
其他		
合　　计		

注：损余物资产生的原因、所处置损余物资的账面价值，实现的损益，应同时予以披露。

5. 保户储金（或保户投资款）的披露格式

账　　龄	期末账面余额	年初账面余额
1年以内（含1年）		
1年至3年（含3年）		
3年至5年（含5年）		
5年以上		
合　　计		

6. 保险合同准备金

（1）保险合同准备金增减变动情况的披露格式如下：

项　　目	年初账面余额	本期增加项	本期减少项				期末账面余额
			赔付款项	提前解除	其他	合计	
未到期责任准备金							
原保险合同							
再保险合同							
未决赔款准备金							
原保险合同							
再保险合同							
寿险责任准备金							
原保险合同							
再保险合同							
长期健康险责任准备金							
原保险合同							
再保险合同							
合　　计							

（2）保险合同准备金未到期期限的披露格式如下：

项　目	期末账面余额		年初账面余额	
	1 年以下（含 1 年）	1 年以上	1 年以下（含 1 年）	1 年以上
未到期责任准备金				
原保险合同				
再保险合同				
未决赔款准备金				
原保险合同				
再保险合同				
寿险责任准备金				
原保险合同				
再保险合同				
长期健康险责任准备金				
原保险合同				

（续表）

项　目	期末账面余额		年初账面余额	
	1年以下（含1年）	1年以上	1年以下（含1年）	1年以上
再保险合同				
合　　计				

（3）原保险合同未决赔款准备金的披露格式如下：

账　　龄	期末账面余额	年初账面余额
已发生已报案未决赔款准备金		
已发生未报案未决赔款准备金		
理赔费用准备金		
合　　计		

7. 其他负债的披露格式

账　　龄	期末账面余额	年初账面余额
应付利息		
……		
合　　计		

8. 未到期责任准备金

企业应当分别原保险合同和再保险合同披露提取未到期责任准备金的本期发生额和上期发生额。

9. 赔付支出

（1）赔付支出按保险合同列示的披露格式如下：

账　　龄	期末账面余额	年初账面余额
原保险合同		
再保险合同		
合　　计		

（2）赔付支出按内容列示的披露格式如下：

账　　龄	本期发生额	上期发生额
赔款支出		

（续表）

账　　龄	本期发生额	上期发生额
满期给付		
年金给付		
死伤医疗给付		
……		
合　　计		

10. 提取保险责任准备金

（1）提取保险责任准备金按保险合同列示的披露格式如下：

账　　龄	本期发生额	上期发生额
提取未决赔款准备金		
原保险合同		
再保险合同		
提取寿险责任准备金		
原保险合同		
再保险合同		
提取长期健康险责任准备金		
原保险合同		
再保险合同		
合　　计		

（2）提取原保险合同未决赔款准备金按构成内容列示的披露格式如下：

账　　龄	期末账面余额	年初账面余额
已发生已报案未决赔款准备金		
已发生未报案未决赔款准备金		
理赔费用准备金		
合　　计		

11. 摊回保险责任准备金的披露格式

账　　龄	期末账面余额	年初账面余额
摊回未决赔款准备金		

（续表）

账　　龄	期末账面余额	年初账面余额
摊回寿险责任准备金		
摊回长期健康险责任准备金		
合　　计		

12. 分部报告

（1）主要报告形式是业务分部的披露格式如下：

项　目	×× 业务		×× 业务		……	其他		抵销		合计	
	本期	上期	本期	上期		本期	上期	本期	上期	本期	上期
一、营业收入											
二、营业费用											
三、营业利润（亏损）											
四、资产总额											
五、负债总额											
六、补充信息											
1. 折旧和摊销费用											
2. 资本性支出											
3. 折旧和摊销以外的非现金费用											

注：主要报告形式是地区分部的，比照业务分部格式进行披露。

（2）在主要报告形式的基础上，对于次要报告形式，企业还应披露对外交易收入、分部资产总额。

13. 投资联结产品

（1）投资联结产品基本情况，包括名称、设立时间、账户特征、投资组合规定、投资风险等。

（2）独立账户单位数及每一独立账户单位净资产。

（3）独立账户的投资组合情况。

（4）风险保费、独立账户管理费计提情况。

（5）投资联结产品采用的主要会计政策。

（6）独立账户资产的估值原则。

14. 其他项目

除以上项目以外的其他项目，应当比照商业银行进行披露。

（七）或有事项

比照商业银行进行披露。

（八）资产负债表日后事项

比照商业银行进行披露。

（九）关联方关系及其交易

比照商业银行进行披露。

（十）风险管理

1. 保险风险

（1）风险管理目标和减轻风险的政策：①管理资产负债的技术，包括保持偿付能力的方法等；②选择和接受可承保保险风险的政策，包括确定可接受风险的范围和水平等；③评估和监控保险风险的方法，包括内部风险计量模型、敏感性分析等；④限制和转移保险风险的方法，包括共同保险、再保险等。

（2）保险风险类型：①保险风险的内容；②减轻保险风险的因素及程度，包括再保险等；③可能引起现金流量发生变动的因素。

（3）保险风险集中度：①保险风险集中的险种；②保险风险集中的地域。

（4）不考虑分出业务的索赔进展信息的披露格式如下：

项　　目	前 4 年	前 3 年	前 2 年	前 1 年	本年	合计
本年年末累计赔付款项估计额						
1 年后累计赔付款项估计额						
2 年后累计赔付款项估计额						
3 年后累计赔付款项估计额						
4 年后累计赔付款项估计额						
累计赔付款项估计额						
累计支付的赔付款项						
以前期间调整额						
尚未支付的赔付款项						

扣除分出业务后的索赔进展信息，比照上述不考虑分出业务的索赔进展信息的格式进行披露。

（5）与保险合同有关的重大假设：①重大假设，包括死亡率、发病率、退保率、投资收益率等；②对假设具有重大影响的数据的来源；③假设变动的影响及敏感性分析；④影响假设不确定性的事项和程度；⑤不同假设之间的关系；⑥描述过去经验和当前情况；⑦假设与可观察到的市场价格或其他公开信息的符合程度。

2，其他风险

除保险风险以外的其他风险，应当比照商业银行进行披露。

七、证券公司资产负债表、利润表、所有者权益变动表格式

资产负债表

会证 01 表

编制单位：　　　　______年______月______日　　　　单位：元

资　产	期末余额	年初余额	负债和所有者权益（或股东权益）	期末余额	年初余额
资产：			负债：		
货币资金			短期借款		
其中：客户资金存款			其中：质押借款		
结算备付金			拆入资金		
其中：客户备付金			交易性金融负债		
拆出资金			衍生金融负债		
交易性金融资产			卖出回购金融资产款		
衍生金融资产			代理买卖证券款		
买入返售金融资产			代理承销证券款		
应收利息			应付职工薪酬		
存出保证金			应交税费		
可供出售金融资产			应付利息		
持有至到期投资			预计负债		
长期股权投资			长期借款		
投资性房地产			应付债券		
固定资产			递延所得税负债		
无形资产			其他负债		
其中：交易席位费			负债合计		
递延所得税资产			所有者权益（或股东权益）：		
其他资产			实收资本（或股本）		
			资本公积		
			减：库存股		
			盈余公积		
			一般风险准备		
			未分配利润		
			所有者权益（或股东权益）合计		

（续表）

资　产	期末余额	年初余额	负债和所有者权益（或股东权益）	期末余额	年初余额
资产总计			负债和所有者权益（或股东权益）总计		

利　润　表

会证 02 表

编制单位：　　　　______年______月　　　　单位：元

项　目	本期金额	上期金额
一、营业收入		
手续费及佣金净收入		
其中：代理买卖证券业务净收入		
证券承销业务净收入		
受托客户资产管理业务净收入		
利息净收入		
投资收益（损失以“—”号填列）		
其中：对联营企业和合营企业的投资收益		
公允价值变动收益（损失以“—”号填列）		
汇兑收益（损失以“—”号填列）		
其他业务收入		
二、营业支出		
税金及附加		
业务及管理费		
资产减值损失		
其他业务成本		
三、营业利润（亏损以“—”号填列）		
加：营业外收入		
减：营业外支出		
四、利润总额（亏损总额以“—”号填列）		
减：所得税费用		
五、净利润（净亏损以“—”号填列）		
六、每股收益：		

（续表）

项　目	本期金额	上期金额
（一）基本每股收益		
（二）稀释每股收益		

证券公司所有者权益变动表，比照商业银行格式。

八、证券公司报表附注

证券公司应当按照规定披露附注信息，主要包括下列内容。

（一）证券公司的基本情况

（二）财务报表的编制基础

（三）遵循企业会计准则的声明

（四）重要会计政策和会计估计

（五）会计政策和会计估计变更以及差错更正的说明

以上（一）至（五）项，应当比照一般企业进行披露。

（六）报表重要项目的说明

1. 货币资金的披露格式

账　　龄	期末账面余额	年初账面余额
库存现金		
银行存款		
其中：公司自有		
经纪业务客户		
结算备付金		
其中：公司自有		
经纪业务客户		
其他货币资金		
其中：新股申购款		
合　　计		

2. 买入返售金融资产除比照商业银行进行披露外，还应按交易对手披露信息

账　　龄	期末账面余额	年初账面余额
同业		

（续表）

账　　龄	期末账面余额	年初账面余额
其他非银行金融机构		
合　　计		

3. 存出保证金的披露格式

账　　龄	期末账面余额	年初账面余额
交易保证金		
履约保证金		
合　　计		

4. 代理承销证券情况

5. 代理兑付债券情况

6. 交易席位费的披露格式

项　　目	年初账面余额	本期增加额	本期减少额	期末账面余额
一、原价合计				
1. 上海证券交易所				
其中：A股				
B股				
2. 深圳证券交易所				
其中：A股				
B股				
二、累计摊销额合计				
1. 上海证券交易所				
其中：A股				
B股				
2. 深圳证券交易所				
其中：A股				
B股				
三、交易席位费账面价值合计				
1. 上海证券交易所				
其中：A股				

（续表）

项　　目	年初账面余额	本期增加额	本期减少额	期末账面余额
B股				
2. 深圳证券交易所				
其中：A股				
B股				

7. 其他资产的披露格式

账　　龄	期末账面余额	年初账面余额
应收股利		
其他应收款		
……		
其他		
合　　计		

8. 卖出回购金融资产款除比照商业银行进行披露外，还应按交易对手披露信息

账　　龄	期末账面余额	年初账面余额
同业		
其他非银行金融机构		
合　　计		

9. 代理买卖证券款的披露格式

账　　龄	期末账面余额	年初账面余额
个人客户		
法人客户		
……		
合　　计		

10. 代理承销证券款的披露格式

账　　龄	期末账面余额	年初账面余额
股票		

（续表）

账　　龄	期末账面余额	年初账面余额
债券		
其中：国债		
金融债券		
企业债券		
其他有价证券		
合　　计		

11. 代理兑付证券款的披露格式

项　目	年初账面余额	本期收到兑付资金	本期已兑付债券	本期结转手续费收入	期末账面余额
国债					
企业债券					
金融债券					
其他债券					
合　　计					

12. 其他负债的披露格式

账　　龄	期末账面余额	年初账面余额
应收股利		
其他应收款		
……		
合　　计		

13. 受托客户资产管理业务的披露格式

资产项目	期末余额	年初余额	负债项目	期末余额	年初余额
受托管理资金存款			受托管理资金		
客户结算备付金			应付款项		
应收款项受托投资					
其中：投资成本					
已实现未结算损益					

（续表）

资产项目	期末余额	年初余额	负债项目	期末余额	年初余额
合　　计			合　　计		

14. 手续费及佣金净收入的披露格式

项　　　　目	本期发生额	上期发生额
手续费及佣金收入		
——证券承销业务		
——证券经纪业务		
——受托客户资产管理业务		
——代理兑付证券		
——代理保管证券		
——其他		
手续费及佣金支出		
——证券经纪业务手续费支出		
——佣金支出		
——其他		
手续费及佣金净收入		

15. 受托客户资产管理手续费及佣金收入的披露格式

项　　　　目	本期发生额	上期发生额
定向资产管理业务		
专项资产管理业务		
集合资产管理业务（按项目列示）		
1.		
……		
合计		

16. 分部报告

（1）主要报告形式是业务分部的披露格式如下：

项 目	××业务		××业务		……	其他		抵销		合计	
	本期	上期	本期	上期		本期	上期	本期	上期	本期	上期
一、营业收入											
手续费及佣金净收入											
其中：分部间手续费及佣金净收入											
其他收入											
二、营业费用											
三、营业利润（亏损以“—”号填列）											
四、资产总额											
五、负债总额											
六、补充信息											
1. 折旧和摊销费用											
2. 资本性支出											
3. 折旧和摊销以外的非现金费用											

注：主要报告形式是地区分部的，比照业务分部格式进行披露。

（2）在主要报告形式的基础上，对于次要报告形式，企业还应披露对外交易收入、分部资产总额。

17. 其他项目

除以上项目以外的其他项目，应当比照商业银行进行披露。

（七）或有事项

比照商业银行进行披露。

（八）资产负债表日后事项

比照商业银行进行披露。

（九）关联方关系及其交易

比照商业银行进行披露。

（十）风险管理

1. 风险管理政策和组织架构

（1）风险管理政策，主要包括对各种风险的来源、正式风险治理组织和科学的监督流程及其定期复核制度，以及在严格职责分离、监督和控制基础上各相关业务部门、高级管理人员和风险管理职能部门之间的沟通和协作等。

（2）风险治理组织架构，主要包括各风险管理委员会和相关职能部门的设立和运转情况。

2. 信用风险

信用风险除比照商业银行披露必要的信用风险信息外，还应按行业、地区和交易对手的信用评级等分别披露信用风险信息。

3. 流动风险

流动风险除比照商业银行披露必要的流动风险信息外，还应披露进行流动性风险管理拟采取的主要措施。

4. 市场风险

比照商业银行披露市场风险信息。

第三十二章　现金流量表

第一节　案例分析及操作实务

一、经营活动产生的现金流量有关项目的编制

例 32-1　甲股份有限公司为商品流通企业。2016 年度财务报表的有关资料如下：

（1）2016 年 12 月 31 日资产负债表有关项目年初数、年末数见表 32-1。

表 32-1　甲公司 2016 年 12 月 31 日资产负债表有关项目及其金额

单位：元

资　产	年初数	年末数	负债和所有者权益	年初数	年末数
应收票据	30 000	20 000	应付账款	40 000	25 000
应收账款	49 500	69 300	应付职工薪酬	5 000	6 000
预付款项	15 000	15 000	应交税费	3 700	4 600
存货	100 000	70 000	其中：增值税	1 000	600
			其他税费	2 700	4 000
			其他应付款	500	1 400

（2）2016 年度利润表有关项目本年累计数见表 32-2。

表 32-2　甲公司 2016 年度利润表有关项目及其金额

单位：元

项　　目	本年累计数
营业收入	800 000
营业成本	450 000
税金及附加	6 460
销售费用	200 000
所得税费用	40 000

（3）其他有关资料如下：①预付款项中的 5 000 元为支付的预付保险费；②本期增值税销项税额为 136 000 元，进项税额为 71 400 元，已交增值税为 65 000 元；③其他应付款为收取的出借包装物押金；④ 2016 年度没有实际发生坏账；2015 年和 2016 年年末均没有计提存货跌价准备；⑤未单独设置“管理费用”科目；销售费用中包含职工工资 100 000 元、福利费 14 000 元、折旧费 2 000 元、计提应收账款坏账准备 200 元、水电费 10 000 元、差旅费 20 000 元、会议费 8 000 元、办公费 20 000 元、咨询费 15 000 元、业务招待费 5 800 元及摊销的预付保险费 5 000 元；⑥上述资产负债表和利润表项目均与投资活动、筹资活动无关。

根据上述资料，现金流量表中下列项目金额计算过程如下：

（1）销售商品、提供劳务收到的现金＝ 800 000 ＋ 136 000 ＋（30 000 － 20 000）＋（49 500 － 69 300）－ 200
＝ 926 000（元）

（2）收到的其他与经营活动有关的现金＝ 1 400 － 500 ＝ 900（元）

（3）购买商品、接受劳务支付的现金＝ 450 000 ＋ 71 400 －（100 000 － 70 000）＋（40 000 － 25 000）
＝ 506 400（元）

（4）支付给职工以及为职工支付的现金＝ 100 000 ＋ 14 000 ＋（5 000 － 6 000）
＝ 113 000（元）

（5）支付的各项税费＝ 40 000 ＋ 6 460 ＋ 65 000 ＋（2 700 － 4 000）
＝ 110 160（元）

（6）支付的其他与经营活动有关的现金＝ 200 000 － 100 000 － 14 000 － 2 000 － 200 － 5 000
＝ 78 800（元）

二、综合案例

例 32-2 甲股份有限公司 2016 年有关资料如下：

（1）当期销售商品实现收入 100 000 元；应收账款期初余额 20 000 元，期末余额 50 000 元；预收账款期初余额 10 000 元，期末余额 30 000 元。假定不考虑坏账准备和增值税因素。

（2）当期用银行存款支付购买原材料货款 48 000 元；当期支付前期的应付账款 12 000 元；当期购买原材料预付货款 15 000 元；当期因购货退回现金 6 000 元。

（3）当期实际支付职工工资及各种奖金 44 000 元。其中，生产经营人员工资及奖金 35 000 元，在建工程人员工资及奖金 9 000 元。另外，用现金支付离退休人员退休金 7 000 元。

（4）当期购买工程物资预付货款 22 000 元；向承包商支付工程款 16 000 元。

（5）当期购入某公司股票 1 000 股，实际支付全部价款 14 500 元。其中，相关税费 200 元，已宣告但尚未领取的现金股利 300 元。

（6）当期发行面值为 80 000 元的企业债券，扣除支付的佣金等发行费用 8 000 元后，实际收到款项 72 000 元。另外，为发行企业债券实际支付审计费用 3 000 元。

（7）当期用银行存款偿还借款本金 60 000 元，偿还借款利息 6 000 元。

（8）当期用银行存款支付分配的现金股利 30 000 元。

根据上述资料，甲股份有限公司现金流量表中：①“销售商品、提供劳务收到的现金”项目；②“购买商品、接受劳务支付的现金”项目；③“支付给职工以及为职工支付的现金”项目；④“支付其他与经营活动有关的现金”项目；⑤“购建固定资产、无形资产和其他长期资产支付的现金”项目；⑥“投资支付的现金”项目；⑦“支付其他与投资活动有关的现金”项目；⑧“吸收投资收到的现金”项目；⑨“偿还债务支付的现金”项目；⑩“分配股利、利润或偿付利息支付的现金”项目；“支付其他与筹资活动有关的现金”项目的数额计算过程见表 32-3。

表 32-3　现金流量表

会企 03 表

编制单位：甲股份有限公司　　2016 年度　　单位：元

项目	行次	上期金额	本期金额
一、经营活动产生的现金流量		（略）	
销售商品、提供劳务收到的现金	1		100 000 +（20 000 − 50 000）+（30 000 − 10 000）= 90 000
收到的税费返还	3		—
收到其他与经营活动有关的现金	8		
经营活动现金流入小计	9		
购买商品、接受劳务支付的现金	10		48 000 + 12 000 + 15 000 − 6 000 = 69 000
支付给职工以及为职工支付的现金	12		44 000 − 9 000 = 35 000
支付的各项税费	13		
支付其他与经营活动有关的现金	18		7 000
经营活动现金流出小计	20		—

（续表）

项目	行次	上期金额	本期金额
经营活动产生的现金流量净额	21		—
二、投资活动产生的现金流量			
收回投资收到的现金	22		—
取得投资收益收到的现金	23		
处置固定资产、无形资产和其他长期资产收回的现金净额	25		
处置子公司及其他营业单位收回的现金净额	26		—
收到其他与投资活动有关的现金	28		—
投资活动现金流入小计	29		—
购建固定资产、无形资产和其他长期资产支付的现金	30		22 000 + 16 000 + 9 000 = 47 000
投资支付的现金	31		14 500 − 300 = 14 200
支付其他与投资活动有关的现金	35		300
投资活动现金流出小计	36		—
投资活动产生的现金流量净额	37		—
三、筹资活动产生的现金流量			
吸收投资收到的现金	38		72 000
取得借款收到的现金	40		—
收到其他与筹资活动有关的现金	43		—
筹资活动现金流入小计	44		—
偿还债务支付的现金	45		6 000
分配股利、利润或偿付利息支付的现金	46		30 000 + 6 000 = 3 600
支付其他与筹资活动有关的现金	52		3 000
筹资活动现金流出小计	53		—
筹资活动产生的现金流量净额	54		—

（续表）

项目	行次	上期金额	本期金额
四、汇率变动对现金及现金等价物的影响	55		—
五、现金及现金等价物净增加额	56		—
加：期初现金及现金等价物余额	57		—
六、期末现金及现金等价物余额	58		—

第二节 首次执行日的会计处理

一、基础性工作

根据《企业会计准则第 38 号——首次执行企业会计准则》的规定，对于现金流量表的编制，在首次执行日不需要进行会计调整，但是需要做一些基础性工作：

（1）根据准则的要求，结合企业的实际情况，确定现金等价物的具体确认标准和范围，一经确定，就要保持一贯性。

（2）根据现金流量表的编制要求，结合企业的实际情况，设置一些必要的账户和备查账，为现金流量表的编制奠定良好的基础。

二、对原现金流量表的项目进行相应的调整

（1）在投资活动产生的现金流量中增加列示“处置子公司及其他营业单位收到的现金净额”和“取得子公司及其他营业单位支付的现金净额”项目。

（2）在现金流量表补充资料部分采用间接法将净利润调整为经营活动现金流量时，增加对净利润进行调节的“公允价值变动损益”项目的列报。

（3）在现金流量表补充资料部分采用间接法将净利润调整为经营活动现金流量时，“递延税款”项目变更为“递延所得税资产和递延所得税负债”项目。

（4）在报表附注中，增加以下两类补充资料：一是以总额披露取得或处置子公司及其他营业单位有关信息；二是披露与现金和现金等价物有关的信息（详见准则中的第十七条和第十九条及相应的指南与解释）。

另外，根据准则的规定，金融企业应根据行业的特点和现金流量实际情况，根据现金流量表准则指南的相关内容，合理确定经营活动现金流量项目的类别。

第三十三章　中期财务报告

第一节　案例分析及操作实务

一、重要性

例 33-1　MM 公司是一家水果生产和销售企业，需要对外提供季度财务报告。公司水果的收获和销售主要集中在每年的第 3 季度。该公司在 2016 年 1 月 1 日至 9 月 30 日（即年初至第 3 季度末）累计实现净利润 400 万元，其中第 1 季度发生亏损 1 400 万元，第 2 季度发生亏损 1 200 万元，第 3 季度实现净利润 3 000 万元。第 3 季度末的存货（库存水果）为 150 万元，公司考虑到该批存货已经过了销售旺季，可变现净值已经远低于账面价值，故确认了存货跌价损失 120 万元。

尽管该项损失仅占 MM 公司第 3 季度净利润总额的 4 %（120 ÷ 3 000 × 100 %），可能并不重要，但是，该项损失占公司 1~9 月份累计净利润的 30 %（120 ÷ 400 × 100 %），对于理解 MM 公司 2016 年第 1~9 月份的经营成果来讲，却属于重要事项。所以，MM 公司应当在第 3 季度财务报告的财务报表附注中披露该事项。当然在实务工作中，企业还应当综合考虑资产规模、经营特征等因素，以对重要性作出较为合理的判断。

例 33-2　ABC 公司在 2016 年 1 月 1 日至 6 月 30 日（即年初至第 2 季度末）累计实现净利润 2 500 万元，其中，第 2 季度实现净利润 80 万元，公司在第 2 季度转回前期计提的应收账款坏账准备 100 万元，第 2 季度末应收账款余额为 800 万元。

尽管该转回的坏账准备仅仅占 ABC 公司 1~6 月份净利润总额的 4 %（100 ÷ 2 500 × 100 %），可能并不重要，但是该项转回金额占到第 2 季度净利润的 125 %（100 ÷ 80 × 100 %），占到第 2 季度末应收账款余额的 12.5 %，对于理解第 2 季度（4~6 月份）经营成果和第 2 季度末财务状况来讲，属于重要事项，所以，ABC 公司应当在第 2 季度财务报告的财务报表附注中披露该事项。当然在实务工作中，企业还应当综合考虑资产规模、经营特征等因素，以对重要性作出较为合理的判断。

二、会计政策变更

例 33-3　风华公司需要编制季度财务报告，该公司在 2015 年第 1 季度没有发生任何会计政策变更的情况，则该公司在编制2016年第1季度财务报告时，应当在财务报表附注中作如下说明。

会计政策的说明：

本季度财务报表的编制，采用了与上年度末编制2015年年度财务报表时相一致的会计政策。

三、披露问题

例33-4 ABC公司是一家需要编制季度财务报告的企业。公司适用的所得税税率为25%。公司有一台管理用设备于2012年1月1日起开始计提折旧，设备原价为10 000 000元，预计使用年限为8年，预计净残值为400 000元，按照年限平均法计提折旧。2016年1月1日，公司考虑到设备损耗较大，技术更新较快，对原估计的使用年限和净残值进行了修正，修正后该设备的使用年限调整为6年（即该设备尚余使用年限为2年），净残值调整为160 000元。则该公司在编制2016年第1、第2、第3季度财务报告时，对于该项会计估计变更应作会计处理如下。

1. 第1季度

（1）不调整以前各期已提折旧，也不计算累积影响数。

（2）会计估计变更日以后改按新估计使用年限和新估计净残值提取折旧。

按照原来的会计估计，公司每年计提的折旧额为1 200 000元［（10 000 000－400 000）÷8］，每季度计提折旧额为300 000元，截至2016年1月1日，公司已计提折旧4年，累计折旧额为4 800 000元，固定资产净值为5 200 000元。自2016年1月1日起，公司改按新的估计使用年限和净残值计提折旧，则2016年起每年应计提的折旧额为2 520 000元［（5 200 000－160 000）÷（6－4）］，每季度应计提的折旧额为630 000元，比会计估计变更前多计提折旧330 000元（630 000－300 000）。公司据此编制2016年第1季度会计分录如下：

借：管理费用	630 000	
贷：累计折旧		630 000

（3）在第1季度财务报告的财务报表附注作会计估计变更的说明：

“本公司一台管理用设备，原始价值10 000 000元，原预计使用年限为8年，预计净残值为400 000元，按年限平均法计提折旧。由于该设备损耗较大，技术更新较快，本公司于2016年年初变更该项设备的预计使用年限为6年，预计净残值为160 000元，以如实反映该项设备的真实可使用年限和净残值。此项会计估计变更使本季度净利润减少了247 500元［（630 000-300 000）×（1－25%）］。”

2. 第2季度

（1）与第1季度一样，公司应当编制会计分录如下：

借：管理费用　　630 000

　　贷：累计折旧　　630 000

（2）在第 2 季度财务报告的财务报表附注说明（公司需要在附注中说明会计估计变更对第 2 季度损益的影响以及对当年度年初至第 2 季度末累计损益的影响）：

“会计估计变更的说明：

本公司一台管理用设备，原始价值 10 000 000 元，原预计使用年限为 8 年，预计净残值为 400 000 元，按年限平均法计提折旧。由于该设备损耗较大，技术更新较快，本公司于 2016 年年初变更该项设备的预计使用年限为 6 年，预计净残值为 160 000 元，以如实反映该项设备的真实可使用年限和净残值。此项会计估计变更使本季度净利润减少了 247 500 元［（630 000 − 300 000）×（1 − 25％）］，使本年度 1~6 月份的净利润减少了 495 000 元（247 500+247 500）。”

3. 第 3 季度

（1）与第 1 季度一样，公司应当编制会计分录如下：

借：管理费用　　630 000

　　贷：累计折旧　　630 000

（2）在第 3 季度财务报告的财务报表附注说明（公司需要在附注中说明会计估计变更对第 3 季度损益的影响以及对当年度年初至第 3 季度末累计损益的影响）：

“会计估计变更的说明：

本公司一台管理用设备，原始价值 10 000 000 元，原预计使用年限为 8 年，预计净残值为 400 000 元，按直线法计提折旧。由于该设备损耗较大，技术更新较快，本公司于 2016 年年初变更该项设备的预计使用年限为 6 年，预计净残值为 160 000 元，以如实反映该项设备的真实可使用年限和净残值。此项会计估计变更使本季度净利润减少了 247 500 元［（630 000-300 000）×（1 − 25％）］，使本年度 1~9 月份的净利润减少了 742 500 元（247 500+247 500 ＋ 247 500）。”

例 33-5　某冷饮企业是一家需要编制季度财务报告的企业，生产和销售主要集中在夏季，属于高度季节性企业，该企业在其 2016 年第 2 季度财务报告的会计报表附注中作如下披露：

“企业经营季节性特征的说明：

本企业经营活动受季节性因素影响明显，生产和销售旺季集中在 6、7、8 月 3 个月份，其他月份基本上处于半停产状态。企业在 1~6 月份共实现销售收入 15 000 万元，其中，6 月份实现销售收入 12 000 万元，净利润 4 500 万元，6 月份的销售收入和净利润分别占到 2016 年 1~6 月份销售收入和净利润总额的 80％和 90％。”

例 33-6　ABC 公司是一家需要编制季度财务报告的企业。公司在 2016

年3月1~11日，以面值向社会公众发行了总额为5 000万元、年利率为6％、期限为5年的公司债券，扣除债券发行手续费、佣金等支出，实筹资金4 800万元，对于这一事项，公司在编制第1季度财务报表附注时应当作如下披露：

“债务性证券和权益性证券的发行、回购和偿还情况的说明：

发行公司债券的情况：在2016年3月1~11日，本公司经有关部门批准，以面值向社会公众公开发行了5年期、年利率为6％、总额为5 000万元的公司债券，扣除债券发行手续费、佣金等费用，此次发行债券共筹得资金4 800万元。”

例33−7　ABC公司是一家需要编制季度财务报告的企业。公司于2016年5月15日向股东实施了上年度财务报告提出的“每10股送3股并派发现金股利0.50元”的利润分配方案，该利润分配方案的实施以上年年末总股本10 000万股为基数。对此事项，公司需要在其第2季度财务报告中作如下披露:

“利润分配情况的说明：

公司以2015年年末10 000万股总股本为基数，于2016年5月15日向全体股东实施了2015年年度财务报告提出的‘每10股送3股并派发现金股利0.50元’的利润分配方案，共计送股3 000万股，派发现金500万元，其中每股派发现金股利为0.05元（含税）。”

例33−8　ABC公司按其业务形成了服装、玩具、运输三个分部，按其地区形成了中国、美国和加拿大、英国、东南亚四个分部。公司在其2016年第1季度财务报告中分别根据业务分部和地区分部披露的分部收入与分部利润信息如下（假定没有发生分部间交易，也无未分配项目）：

“分部报告信息：

本公司按业务形成了服装、玩具和运输等三个分部；按地区形成了中国、美国和加拿大、英国、东南亚四个分部。这些分部的分部收入和分部利润如下：……”

例33−9　MN公司是一家需要编制季度财务报告的企业。公司甲生产车间在2016年4月5日发生了一场火灾，车间厂房、设备、存货等均被烧毁，造成重大损失，预计直接资产净损失约为3 850万元。公司2015年年度财务报告已于3月10日报出。公司第1季度财务报告的批准报出日为4月13日。由于该事项发生在第1季度资产负债表日（3月31日）之后、第1季度财务报告批准报出日之前，所以，公司应当将其作为第1季度资产负债表日后的非调整事项处理，在第1季度会计报表附注中披露。具体可作如下披露：

“资产负债表日后非调整事项的说明：

本公司一生产车间在4月5日发生一场大火，车间厂房、生产设备、存货等均被烧毁，预计直接资产净损失约为3 850万元。”

例33−10　XYZ公司是一家钢铁制造企业，需要编制季度财务报告。公司在2016年第1季度耗资30 000万元收购了WK高科技公司80％的股权，成为该公司的第一大股东，获得了对该公司的控股权。WK公司是一家专门研制生物、基因工程及其相关产品的公司，其研究成果在国内乃至世界处于领先地位，研制的产品市场前景广阔。XYZ公司收购WK公司意图在于希望借此实现公司产业转型和产品结构的调整。对于这一企业合并事项，公司应当在其第1季度财务报告的会计报表附注中作如下披露：

“企业结构变化情况的说明：

本公司于本季度出资30 000万元收购了WK高科技公司80％的股权，成为该公司的第一大股东，获得了对该公司的控股权。WK公司是一家专门研制生物、基因工程及其相关产品的公司，在收购了WK公司之后，将有助于本公司的产业转型和产品结构调整，促进本公司向高科技产业，尤其是向生物、基因工程业进军。本项收购的全部款项均已支付，合并生效日期为2016年2月1日。对于此项交易，公司采用购买法进行核算。被收购企业在收购时的净资产账面价值为12 000万元。”

四、合并报表问题

例33－11 ABC公司有一家A子公司，在2015年年末拥有该子公司60％的股权，且拥有控制权，所以ABC公司在2015年年末将A公司报表并入了其合并财务报表中。2016年1月15日，ABC公司将A公司35％的股权有偿转让给了另外一家公司，通过此次股权转让，ABC公司仅拥有A公司25％的股权，而且失去了对该公司的控制权，所以，A公司不再符合ABC公司编制合并财务报表的合并范围要求，ABC公司在编制2016年度中期财务报告时，就不应当再将A公司财务报表纳入合并范围。如果ABC公司只有这一家子公司，那么公司2015年年度财务报告应当编制合并财务报表，而在2016年度中期财务报告中只需要编制ABC公司（母公司）的个别财务报表即可，无须再编制合并财务报表。在这种情况下，尽管公司在上年度编制了合并财务报表，但是在本年度（包括各中期）却不必编制合并财务报表。

例33－12 XYZ公司成立于2015年年初，公司成立之初没有一家子公司，因此公司在2015年第1季度财务报告中只需要提供公司本身的个别财务报表即可，不必编制合并财务报表。在2015年第2季度，公司购并了一家LLQ公司，获得了该公司80％的股权，从而使得该公司成为XYZ公司的控股子公司。这样，在2015年第2季度财务报告中，XYZ公司就需要同时提供合并财务报表和母公司财务报表。第3季度财务报告和2015年的年度财务报告都是如此。假定在2016年第1季度，公司又将LLQ子公司对外出售。这样，XYZ公司又没有了子公司。所以，尽管公司在上年度财务报告中编制了合并财务报表，但是在2016年第1季度财务报告中，公司无须编制合并报表。由于在上年第1季度财务报告中公司也没有编制合并财务报表，所以，在提供中期财务报告准则要求的上年度比较财务报表时，除了上年度末的资产负债表仍然应当包括合并财务报表和母公司财务报表之外，其他比较财务报表（包括利润表和现金流量表）都不必提供合并财务报表。在2016年第2季度，公司仍然没有需要纳入合并财务报表合并范围的子公司，因此仍然不必编制合并财务报表，但是，在提供本准则要求的上年度比较财务报表时，应当同时提供合并财务报表和母公司财务报表。

五、所得税的处理

中期所得税的确认和计量原则应当与年度财务报表所采用的所得税确认和计量原则相一致。按照新准则的规定，企业在年度财务报表中采用债务法核算所得税的，则在中期财务报表中也应当按照债务法的核算原则预计所得税。企业既不得在中期随意变更所得税的核算方法，也不得采用与年度财务报表不相一致的所得税核算方法。与此同时，企业在具体确认和计量中期所得税时，应当以年初至本中期期末为基础。

例33-13 W公司为一家需编制季度财务报告的企业，公司所得税按年计征、分季预缴。公司在2016年第1季度的应纳税所得额为1 000万元，上半年累计应纳税所得额为1 800万元，1~9月份累计应纳税所得额为3 200万元，全年应纳税所得额为4 400万元。该公司适用的所得税税率为25%。公司年度财务报表采用债务法核算所得税。

根据上述资料，计算W公司2016年度各季度应交的所得税、应确认的所得税费用和各季度应作的账务处理如下：

（1）第1季度：

本季度应纳税所得额＝1 000（万元）

本季度应交的企业所得税＝1 000×25%＝250（万元）

本季度应确认的所得税费用＝250（万元）

账务处理如下：

借：所得税费用　　2 500 000

　　贷：应交税费——应交所得税　　2 500 000

（2）第2季度：

本季度应交的企业所得税＝1 800×25%－250＝200（万元）

本季度应确认的所得税费用＝200（万元）

账务处理如下：

借：所得税费用　　2 000 000

　　贷：应交税费——应交所得税　　2 000 000

（3）第 3 季度：

本季度应交的企业所得税＝3 200×25％－250－200＝350（万元）
本季度应确认的所得税费用＝350（万元）

账务处理如下：
借：所得税费用　　3 500 000
　　贷：应交税费——应交所得税　　3 500 000

（4）第 4 季度：

本季度应交的企业所得税＝4 400×25％－250－200－350
＝300（万元）
本季度应确认的所得税费用＝300（万元）

账务处理如下：
借：所得税费用　　3 000 000
　　贷：应交税费——应交所得税　　3 000 000

第二节　新准则对企业的影响

一、准则的适用范围

在适用范围上，旧准则仅限于上市公司执行，新准则适用所有执行新准则的企业。

二、新准则与旧准则的衔接

（1）对于首次执行新准则的企业，首次执行年度可以不提供上年度可比中期的财务报表。

（2）企业以前年度编制中期财务报告的，如果上年度可比中期财务报告所采用的会计政策与新准则不相符的，还应当追溯调整。

（3）对于首份中期财务报告的“年初余额”，“上期金额”，应当根据具体准则对相关项目进行追溯调整。

（4）“基本每股收益”和“稀释每股收益”应当在中期利润表中单独列示。

第三十四章　合并财务报表

第一节　案例分析及操作实务

一、对“控制”的判断

控制，是指投资方拥有对被投资方的权力，通过参与被投资方的相关活动而享有可变回报，并且有能力运用对被投资方的权力影响其回报金额。“控制”的定义包括三个要素：①投资方拥有对被投资方的权力；②投资方因参与被投资方的相关活动而享有可变回报；③投资方有能力运用对被投资方的权力影响其回报金额。在判断投资方是否能够控制被投资方时，当且仅当投资方具备上述三个要素时，才能表明投资方能够控制被投资方。

投资方应当在综合考虑所有相关事实和情况的基础上对是否控制被投资方进行判断。一旦相关事实和情况的变化导致对控制定义所涉及的相关要素发生变化的，投资方应当进行重新评估，相关事实和情况主要包括：①被投资方的设立目的。②被投资方的相关活动以及如何对相关活动作出决策。③投资方享有的权利是否使其目前有能力主导被投资方的相关活动。④投资方是否通过参与被投资方的相关活动而享有可变回报。⑤投资方是否有能力运用对被投资方的权力影响其回报金额。⑥投资方与其他方的关系。

（一）投资方拥有对被投资方的权力

投资方拥有对被投资方的权力，是判断是否满足控制的第一个条件，即权力模式。权力模式要求投资方识别和评估：①被投资方的设立目的；②被投资方的相关活动以及如何对相关活动作出决策；③投资方享有的权利是否使其目前有能力主导被投资方的相关活动。

1. 识别与评估被投资方的设立目的

在判断投资方对被投资方是否拥有权力时，通常要结合被投资方的设立目的。认识与评估被投资方的设立目的，是为了识别被投资方的相关活动，相关活动的决策机制，谁具有主导这些活动的现时能力，以及谁获得了这些活动的回报。

在一般情况下，如果不考虑其他因素，持有多数表决权的投资方能够控制被投资方。但是，在某些特殊情况下，表决权并不是确定谁控制被投资方的决定性因素。例如，表决权仅与管理工作相关，而相关活动则有合同安排所主导。此时，则需要考虑被投资方的目标和规划，包括被投资方的风险规划由谁承担，风险将被传递给谁，以及该投资方是承担了部分还是全部的风险。

值得注意的是，在判断控制的各个要素时都需要考虑被投资方的设立目的。

例 34-1 A 企业为有限合伙企业，经营期限为 3 年。A 企业将所筹资金全部用于对非关联方 B 公司的全资子公司 C 增资，增资完成后，A 企业持有 C 公司 70% 有表决权的股份，B 公司持有 C 公司 30% 有表决权的股份。根据协议，B 公司将在 3 年后以固定价格回购 A 企业持有的 C 公司全部股份。C 公司是专门建造某大型资产并用于租赁的项目公司，建造期为 5 年，A 企业增资时，该资产已经建造了 2 年。

分析：在本例中，被投资方 C 公司的相关活动是用 5 年的时间建造某大型资产，之后以租金的方式取得回报。在 A 企业增资时，C 公司的资产建造已经开始，大多与建造事项有关的决策很可能已经完成。当 A 企业的经营期限结束并将持有的 C 公司股份以固定价格出售给 B 公司时，C 公司刚刚完成建造活动，尚未开始产生回报。因此，A 企业并不能主导 C 公司的相关活动，而且 A 企业也无法通过参与 C 公司的相关活动取得可变回报，A 企业是通过 B 公司回购股份的方式收回其投资成本并取得收益的，因此，即使 A 企业拥有半数以上的表决权，也不能控制被投资方 C 公司。

2. 识别被投资方的相关活动以及如何对相关活动作出决策

（1）被投资方的相关活动。

这里的相关活动，是指对被投资方的回报产生重大影响的活动。被投资方的相关活动应当根据具体情况进行判断，不同企业的相关活动是不同的，与企业的行业特征、业务特点、发展阶段和市场环境等因素相关。相关活动包括但不限于下列活动：①商品或劳务的销售和购买；②金融资产的管理；③资产的购买和处置；④研究与开发活动；⑤融资活动等。

例 34-2 A 资产管理公司设立了 B 投资公司，A 公司持有 B 公司 30% 有表决权的股份，剩余的 70% 股份由与 A 公司无关联关系的公众投资者持有，并且这些投资者的持股比例比较分散。另外，B 公司还向其他公众投资者发行了债务工具。B 公司使用发行债务工具和权益工具所筹集的资金进行金融资产组合投资，并均投资于债务工具。为此，B 公司主要承担了投资本金和利息到期不能收回的信用风险。为此，双方在协议中明确约定，当所持金融资产组合投资出现违约事项时，首先由 B 公司的权益工具持有人承担由违约事项所带来的损失，超过权益工具金额的损失才由债务工具持有人来承担。在违约事项所带来的损失超过权益工具金额之前，A 公司负责管理 B 公司的投资组合。在违约事项所带来的损失超过权益工具金额之后，同债务工具持有人指定的其他主体负责管理 B 公司存在违约事项的资产及剩余金融资产的投资。

分析：在本案例中，在未发生违约事项或违约事项所带来的损失小于权益工具金额的情况下，B 公司的相关活动是金融资产投资组合的管理。而在违约事项所带来的损失超过权益工具金额后，B 公司的相关活动转变为对存在违约事项的资产及剩余金融资产投资的管理。由此可见，同一家公司在不同的时期的相关活动是不同的，因此，需要进一步判断哪些相关活动为最显著影响可变回报的相关活动。

（2）相关活动的决策机制。

投资方对被投资方是否拥有权力，不仅取决于被投资方的相关活动，而且还取决于相关活动的决策机制。例如，对被投资方的经营和融资等活动作出决策的方式，任命关键管理人员，给付薪酬以及终止劳动合同关系的决策方式等。

这些活动的决策方式一般由公司章程或股东协议中约定的权力机构（如股东会和董事会等）来决策，在特殊情况下，相关活动也可能根据合同协议约定由其他主体进行决策，如专门设置的管理委员会等。有限合伙制企业的相关活动可能由合伙人大会决策，也可能由普通合伙人或者投资管理公司等进行决策。

两个或两个以上投资方分别享有能够单方面主导被投资方不同相关活动的现时权利的，能够主导对被投资方回报产生最重大影响的活动的一方拥有对被投资方的权力，此时，通常需要考虑以下因素：①被投资方的设立目的；②影响被投资方利润率、营业收入和企业价值的决定因素；③每一投资方有关上述因素的决策职权范围及其对被投资方回报的影响程度；④投资方承担可变回报风险的大小。

例 34-3 A 公司和 B 公司共同投资设立 C 公司。C 公司的主营业务活动为药品研发与销售。根据 C 公司章程和合资协议的约定，在所研发药品获得相关监管部门的生产批准之前，A 公司可以单方面主导 C 公司药品研发活动，而在获得相关监管部门的生产批准之后，则由 B 公司单方面主导该药品的生产和营销决策。

分析：在本案例中，C 公司的药品研发、生产和营销活动均会对 C 公司的回报产生重大影响。投资方在判断是否对 C 公司拥有权力时，除了需要结合上述四点进行综合分析以外，还需要考虑下列因素：获得监管部门批准的不确定性和难易程度、被投资方成功开发药品并获取生产批准的历史纪录、产品定位、当前药品所处的开发阶段、所需开发时间、同类药品开发的难易程度、取得同类药品营销渠道的难易程度、开发完成后可实际控制该药品相关经营活动的投资方等。

3. 评估投资方享有的权利是否使其目前有能力主导被投资方的相关活动

投资方在判断是否拥有对被投资方的权力时，应当仅考虑与被投资方相关的实质性权利，包括自身所享有的实质性权利以及其他方所享有的实质性权利。

实质性权利，是指持有人在对相关活动进行决策时有实际能力行使的可执行权利。判断一项权利是否为实质性权利，应当综合考虑所有相关因素，包括权利持有人行使该项权利是否存在财务、价格、条款、机制、信息、运营和法律、法规等方面的障碍；当权利由多方持有或者行权需要多方同意时，是否存在实际可行的机制使得这些权利持有人在其愿意的情况下能够一致行权；权利持有人能否从行权中获利等。

在某些情况下，其他方享有的实质性权利有可能会阻止投资方对被投资方的控制。这种实质性权利既包括提出议案以供决策的主动性权利，也包括对已提出议案作出决策的被动性权利。

投资方享有现时权利使其目前有能力主导被投资方的相关活动，而不论其是否实际行使该权利，视为投资方拥有对被投资方的权力。仅享有保护性权利的投资方不拥有对被投资方的权力。保护性权利是指仅为了保护权利持有人利益却没有赋予持有人对相关活动决策权的一项权利。保护性权利通常只能在被投资方发生根本性改变或某些例外情况发生时才能够行使，它既没有赋予其持有人对被投资方拥有权力，也不能阻止其他方对被投资方拥有权力。

除非有确凿证据表明其不能主导被投资方相关活动，下列情况表明投资方对被投资方拥有权力。

1）投资方拥有多数表决权的权力。

表决权是指投资方对被投资方经营计划、投资方案、年度财务预算方案和决算方案、利润分配方案和弥补亏损方案、内部管理机构的设置、聘任或解聘公司经理及确定其薪酬、公司的基本管理制度等事项进行表决而持有的权利。表决权比例通常与其出资比例或持股比例是一致的，但公司章程另有规定的除外。

在通常情况下，当被投资方的相关活动由持有半数以上表决权的投资方决定，或者主导被投资方相关活动的管理层多数成员（管理层决策由多数成员表决通过）由持有半数以上表决权的投资方聘任时，无论该表决权是否行使，持有被投资方过半数表决权的投资方拥有对被投资方的权力，但下述两种情况除外：①存在其他安排赋予被投资方的其他投资方拥有对被投资方的权力。例如，存在赋予其他方拥有表决权或实质性潜在表决权的合同安排，且该其他方不是投资方的代理人时，投资方不拥有对被投资方的权力。②投资方拥有的表决权不是实质性权利。例如，有确凿证据表明，由于客观原因无法获得必要的信息或存在法律、法规的障碍，投资方虽持有半数以上表决权但无法行使该表决权时，该投资方不拥有对被投资方的权力。

2）投资方持有被投资方半数或以下的表决权，但通过与其他表决权持有人之间的协议能够控制半数以上表决权的。

投资方持有被投资方半数或以下的表决权，但综合考虑下列事实和情况后，判断投资方持有的表决权足以使其目前有能力主导被投资方相关活动的，视为投资方对被投资方拥有权力。

（1）投资方持有的表决权相对于其他投资方持有的表决权份额的大小，以及其他投资方持有表决权的分散程度。投资方持有的绝对表决权比例或相对于其他投资方持有的表决权比例越高，其现时能够主导被投资方相关活动的可能性越大。为否决被投资方意见而需要联合其他投资方越多，投资方现时能够主导被投资方相关活动的可能性越大。

例 34-4 甲公司持有乙公司 48% 有表决权股份，剩余股份由分散的小股东持有，所有小股东单独持有的有表决权股份均未超过 1%，且他们之间或其中一部分股东均未达成进行集体决策的协议。

分析：在本案例中，在判断甲公司是否拥有对乙公司的权力时，由于甲公司虽然持有乙公司有表决权的股份（48%）不足 50%，但是，根据其他小股东持有股份的相对规模及其分散程度，且其他股东之间未达成集体决策协议等情况，可以判断甲公司持有对乙公司的权力。

（2）投资方和其他投资方持有的被投资方的潜在表决权，如可转换公司债券、可执行认股权证等。确定潜在表决权是否赋予其持有者权力时需要考虑下列三个方面：①潜在表决权工具的设立目的和设计，以及投资涉入被投资方其他方式的目的和设计。②潜在表决权是否为实质性权利，判断控制仅考虑满足实质性权利要求的潜在表决权。③投资方是否持有其他表决权或其他与被投资方相关的表决权，这些权利与投资方持有的潜在表决权结合后是否赋予投资方拥有对被投资方的权力。

例 34-5　A 公司与 B 公司分别持有被投资方 70% 及 30% 有表决权的股份。A 公司与 B 公司签订的期权合同规定，B 公司可以在当前及未来 2 年内以固定价格购买 A 公司持有的被投资方 50% 有表决权股份，该期权在当前及预计未来 2 年内都是深度价外期权（即依据期权合约的条款设计，使得买方 B 公司到期前行权的可能性极小）。历史上，A 公司一直通过表决权主导被投资方的相关活动。

分析：在本案例中，B 公司当前持有购买 A 公司有表决权股份的可行使期权，如果行使该期权，将使 B 公司持有被投资方 80% 有表决权的股份。但由于这些期权在当前及预计未来 2 年内都是深度价外期权，B 公司无法从该期权的行使中获利，因此，这些期权并不构成实质性权利，在评估 B 公司是否拥有对被投资方的权力时不应予以考虑。

例 34-6　A 公司与其他两个投资方各自持有被投资方 1/3 的表决权。除了权益工具以外，A 公司同时持有被投资方发行的可转换债券，这些可转换债券可以在当前及未来 2 年内任何时间以固定价格转换为被投资方的普通股。按照该价格，当前该期权为价外期权，但非深度价外期权。被投资方的经营活动与 A 公司密切相关（如降低 A 公司的运营成本、确保稀缺产品的供给等）。如可转换债券全部转换为普通股，A 公司将持有被投资方 60% 的表决权。

分析：在本案例中，可转换债券到期可转换为普通股且全部转换为普通股后，A 公司将持有被投资方 60% 的表决权，而其他投资方各持有被投资方 20% 的表决权，据此可以判断 A 公司能够主导被投资方的相关活动并从中获益。因此，A 公司持有的潜在表决权为实质性权利。A 公司持有的表决权与实质性潜在表决权相结合，使得 A 公司拥有对被投资方的权力。

（3）其他合同安排产生的权利。投资方可能通过持有的表决权和其他决策权相结合的方式使其当前能够主导被投资方的相关活动。例如，合同安排赋予投资方能够聘任被投资方董事会或类似权力机构多数成员，这些成员能够主导董事会或类似权力机构对相关活动的决策。但是，在不存在其他权利时，仅仅是被投资方对投资方的经济依赖（供应商和其他主要客户的关系）不会导致投资方对被投资方拥有权力。

例 34-7　A 公司持有 B 公司 40% 有表决权股份，其他 12 个投资者各持有 B 公司 5% 有表决权股份，且他们之间或其中一部分股东之间不存在进行集体决策的协议。根据全体股东协议，A 公司有权聘任或解聘董事会多数成员，董事会主导被投资者的相关活动。

分析：在本案例中，A 公司持有的 B 公司有表决权股份（40%）不足 50%，且其他 12 个投资方各持有 B 公司 5% 有表决权股份，根据 A 公司自身持有股份的绝对规模和其他股东的相对规模，难以得出 A 公司对 B 公司拥有权力。但是，综合考虑全体股东协议授予 A 公司聘任或解聘董事会多数成员，以及其他股东之间不存在集体决策的协议，可以判断 A 公司对 B 公司拥有权力。

（4）被投资方以往的表决权行使情况等其他相关事实和情况。在某些情况下，投资方可能难以判断其享有的权利是否足以使其拥有对被投资方的权力。在这种情况下，投资方应当考虑其具有实际能力以单方面主导被投资方相关活动的证据，从而判断其是否拥有对被投资方的权力。投资方应考虑的因素包括但不限于下列事项：①投资方能否任命或批准被投资方的关键管理人员。②投资方能否出于其自身利益决定或否决被投资方的重大交易。③投资方能否掌控被投资方董事会等类似权力机构成员的任命程序，或者从其他表决权持有人手中获得代理权。④投资方与被投资方的关键管理人员或董事会等类似权力机构中的多数成员是否存在关联方关系。

投资方与被投资方之间存在某种特殊关系的，在评价投资方是否拥有对被投资方的权力时，应当适当考虑这种特殊关系的影响。特殊关系通常包括：被投资方的关键管理人员是投资方的现任或前任职工、被投资方的经营依赖于投资方、被投资方活动的重大部分有投资方参与其中或者是以投资方的名义进行、投资方自被投资方承担可变回报的风险或享有可变回报的收益远超过其持有的表决权或其他类似权利的比例等。

（5）权力来自表决权之外的其他权利。投资方对被投资方的权力通常来自表决权，但在实务中，投资方有时对一些主体的权力不是来自表决权，而是由一项或多项合同安排决定。例如，证券化产品、资产支持融资工具、部分投资基金等结构化主体。结构化主体，是指在确定其控制方时没有将表决权或类似权利作为决定因素而设计的主体。主导该主体相关活动的依据通常是合同安排或其他安排形式。在评估合同安排时，投资方通常应考虑下列四个方面：

第一，在设计被投资方时的决策及投资方的参与度。在评估被投资方的设计目的时，投资者应考虑设立被投资方时的决策及投资方的参与度，以判断相关交易条款与参与特点是否为投资方提供了足以获得权力的权利。参与被投资方的设立本身虽然不足以表明参与方控制被投资方，但可能使参与方有机会获得使其拥有对被投资方权力的权利。

第二，相关合同安排。投资方需要考虑结构化主体设立之初的合同安排是否赋予投资方主导结构化主体相关活动的权利。例如，看涨期权、看跌期权、清算权等可能为投资方提供权力的合同安排。在评估对结构化主体是否拥有权力时，应当考虑投资方在这些合同安排中享有的决策权。

第三，仅在特定情况或事项发生时开展的相关活动。结构化主体的活动或其回报在其设计时就已经明确，除非特定情况或事项发生。当特定情况或事项发生时，只有对结构化主体回报产生重大影响的活动才属于相关活动。相应地，对这些活动具有决策权的投资方才享有权力。决策权依赖于特定情况或特定事件的发生这一事实本身并不表示该权力为保护性权利。

第四，投资方对被投资方作出的承诺。为确保结构化主体持续按照原定设计和计划开展活动，投资方可能会作出一些承诺（包括明确的承诺和暗示性的承诺），因而可能会扩大投资方承担的可变回报风险，由此促使投资方更有动机获取足够多的权利，使其能够主导结构化主体的相关活动。投资方作出的确保此类主体遵守原定设计经营的承诺可能是投资方拥有权力的迹象，但其本身并不赋予投资方权力，也不会阻止其他方拥有权力。

例 34-8 A 公司为一家小额贷款公司，发起设立主体 C，A 公司向主体 C 转让一个资产池，其中包含多笔 A 公司向不同的第三方发放的期限在 12 个月内的小额贷款。主体 C 经批准以该资产池为基础资产公开发行一项资产管理计划，计划存续期为 3 年，存续期内分期发行，每期期限为 1 年。第三方投资者共认购该计划 75% 的份额（每个单一投资者认购的比例都小于 0.5%）。A 公司认购剩余 25% 的份额。

根据主体 C 设立时订立的章程和协议安排，主体 C 唯一的经营活动是按照既定的还款计划向贷款人收取本金和利息，并在收到款项后，在既定时间内扣除按与市场水平相当的费率计算的固定比例收取的手续费后，将款项按份额比例支付给资产管理计划的投资方。主体 C 日常活动的事务，如人事、财务和行政等管理事务均由与 A 公司和主体 C 不存在关联关系的第三方资产管理公司 B 负责管理并按市价收取管理费。资产管理计划存续期间的所有相关资产流均由独立于各方的第三方银行 D 托管并按市价收取资金托管费。

如果主体 C 在既定还款时间内收取了既定的款项，主体 C 则按照投资者的投资比例将收取的款项分配给投资者。如果主体 C 未能在既定的还款时间内收取既定的款项，则主体 C 先将已收取的款项按约定比例分配给除 A 公司以外的投资者，剩余部分再支付给 A 公司。当应收款项出现违约时，A 公司有权根据违约时间、抵押品情况、违约方信用等级调整主体 C 下一步的收款计划。当已收取的款项已经无法向除 A 公司以外的投资方进行足额支付时，主体 C 按照某一事先约定的价格将应收款项全部出售给 A 公司，由 A 公司开展进一步的收款或者债务重组安排。

分析：在本案例中，第一，首先判断主体 C 为结构化主体且为被投资方，A 公司参与了主体 C 的设立。主体 C 设立的目的是管理和回收 A 公司发放的小额贷款。A 公司在主体 C 设立时的安排，包括认购资产管理计划的较大份额（25%）、承担劣后偿付的风险（即如果主体 C 未能在既定的还款时间内收取既定的款项，主体 C 先将已收取的款项按约定分配比例支付给除 A 公司以外的投资者，剩余部分再支付给 A 公司）以及 A 公司将以固定价格收回全部应收款项（当已收取的款项已经无法向除 A 公司以外的投资方进行足额支付时）的承诺均显示出 A 公司承担了重大的回报可变动性，表明其有动机获取对主体 C 的权力。

第二，确定主体C的相关活动是对违约应收款项的管理活动。主体C在应收款项违约之前的活动仅仅是按照固定的还款计划向贷款人收取预先确定的款项并过手转交给投资方，同时收取固定比例的收款手续费，主体C的回报不存在重大不确定性；在应收款项出现违约时，A公司根据实际情况管理违约应收款项并调整收款计划的方式，以及按照固定价格收回应收款项的约定都会对主体C的回报产生重大影响。因此，主体C的相关活动是对违约应收款项的管理活动，即使应收款项出售给A公司后，管理违约资产的活动由A公司开展而并非在主体C的法律框架下开展。

第三，在确定主体C的相关活动后，评估投资方对主体C的权力时，只应考虑与管理违约应收款项相关的权利，尽管该权利只会在应收款项发生违约的特定情况下才会被运用。当应收款项出现违约时，A公司有权调整主体C下一步的收款计划或者债务重组安排，因此，A公司享有对主体C的权力。

另外，结构化主体在设立后的运营中，由其法律上的权力机构表决的事项通常仅与行政事务相关，表决权对投资方的回报往往不具有重大的直接联系。因此，投资方在评估结构化主体设立目的时，应考虑其被专门设计用于承担回报可变性的类型、投资方通过参与其相关活动是否承担了部分或全部的回报可变性等。

（二）投资方因参与被投资方的相关活动而享有可变回报

判断投资方是否控制被投资方的第二项基本要素为因参与被投资方的相关活动而享有可变动回报（回报模式）。投资方自被投资方取得的回报可能会随着被投资方业绩而变动的，视为享有可变回报。投资方应当基于合同安排的实质而非回报的法律形式对回报的可变性进行评价。可变回报表现为以下形式：

（1）股利、被投资方经济利益的其他分配（例如，被投资方发行的债务工具产生的利息）、投资方对被投资方投资的价值变动。

（2）因向被投资方的资产或负债提供服务而得到的报酬、因提供信用支持或流动性支持收取的费用或承担的损失、被投资方清算时在其剩余净资产中所享有的权益、税务利益，以及因涉入被投资方而获得的未来流动性。

（3）其他利益持有方无法得到的回报。例如，投资方将自身资产与被投资方的资产一并使用，以实现规模经济，达到节约成本、为稀缺产品提供资源、获得专有技术或限制某些运营或资产，从而提高投资方其他资产的价值。

投资方的可变回报通常体现为从被投资方获取股利。但受法律、法规的限制，投资方有时无法通过分配被投资方利润或盈余的形式获取回报，例如，当被投资方的法律形式为信托机构时，其盈利可能不是以股利形式分配给投资者。因此，投资者需要根据具体情况，以投资方的投资目的为出发点，综合分析投资方是否获得除股利以外的其他可变回报，被投资方不能进行利润分配并不必然代表投资方不能获取可变回报。

例34-9 承例34-8，由于A公司认购了主体C发行资产计划25%的份额，由此承担了主体C应收款项无法收回时本金和利息损失的重大风险。此外，A公司认购的份额还属于劣后偿付级别，且A公司将以固定价格收回全部应收款项（当已收取的款项已经无法向除 A 公司以外的投资方进行足额支付时），这些情况表明，与其他投资方相比，A 公司承担了更大的回报可变性。A 公司承担的可变回报与其对主体 C 所拥有的权力密切相关。

在案例中，A 公司通过行使其对主体 C 所拥有的权力主导主体 C 的相关活动（即对违约应收款项的管理），这一权力的实际行使情况将直接影响到 A 公司从主体 C 获得的可变回报。

综合上述及例 34-8 中的分析，A 公司享有对主体 C 的控制权，应将主体 C 纳入合并范围。

（三）投资方有能力运用对被投资方的权力影响其回报金额

判断控制的第三个基本要素是，投资方有能力运用对被投资人的权力影响其回报金额（即权力模式与回报模式之间的关系）。只有当投资方不仅拥有对被投资方的权力，通过参与被投资方的相关活动而享有可变回报，并且有能力运用对被投资方的权力来影响其回报的金额时，投资方才能控制被投资方。

投资方在判断是否控制被投资方时，应当确定其自身是以主要责任人还是代理人的身份行使决策权。另外，在其他方拥有决策权的情况下，还需要确定其他方是否以其代理人的身份代为行使决策权。

1. 投资方的代理人

代理人是相对于主要责任人而言的，代表主要责任人行动并服务于该主要责任人的利益。主要责任人可能将其对被投资方的某些或全部决策权授予代理人，但在代理人代表主要责任人行使决策权时，代理人并不对被投资方拥有控制。主要责任人的权力有时可以通过代理人根据主要责任人的利益持有并行使，但是，权力行使人不会仅仅因为其他方能从其行权中获益而成为代理人。

在判断控制时，投资方将被投资方相关活动的决策权委托给代理人的，应当将该决策权视为自身直接持有。在确定决策者是否为代理人时，应当综合考虑该决策者与被投资方以及其他投资方之间的关系，尤其需要考虑下列因素：

（1）决策者对被投资方的决策权范围。在评估决策权范围时，应考虑相关协议或法规允许决策者决策的活动，以及决策者对这些活动进行决策时的自主程度。与该评估相关的因素包括但不限于：被投资方的设立目的、被投资方面临的主要风险以及转移给其他投资方的风险，以及决策者在设计被投资方过程中的参与程度等。例如，如果决策者参与被投资方设计的程度较深（包括确定决策权范围），则可能表明决策者有机会，也有动机获得使其有能力主导相关活动的权利，但这一情况本身并不足以认定决策者必然能够主导相关活动。允许决策者（如资产管理者）主导被投资方相关活动的决策权范围越广，越能表明决策者拥有权力，但并不意味着该决策者一定是主要责任人。

（2）其他方享有的实质性权利。其他方享有的实质性权利可能会影响决策者主导被投资方相关活动的能力。其他方持有实质性罢免权或其他权利并不一定表明决策者是代理人。存在单独一方拥有实质性罢免权并能够无理由罢免决策者的事实，足以表明决策者是代理人。当拥有此权利者超过一方，且不存在未经其他方面同意即可罢免决策者的一方时，这些权利本身不足以表明决策者为其他方的代理人。在罢免决策者时需要联合起来行使罢免权的各方的数量越多，决策者的其他经济利益（即薪酬和其他利益）的比重和可变动性越强，则其他方所持有的权利在判断决策者是否是代理人时的权重就越轻。

在判断决策者是否为代理人时，应考虑其他方所拥有的限制决策者决策的实质性权利，这与考虑上述罢免权的方法相似。例如，决策者决策所需取得认可的其他方的数量越少，该决策者越有可能是代理人。在考虑其他方持有的权利时，应评估被投资方董事会（或其他权力机构）可行使的权力及其对决策权的影响。

（3）决策者的薪酬水平。相对于被投资方活动的预期回报，决策者薪酬的比重（量级）和可变动性越大，决策者越有可能不是代理人。当同时满足下列两项时，决策者有可能是代理人：一是决策者的薪酬与其所提供的服务相称；二是薪酬协议只包括在公平交易基础上有关类似服务和技能水平商定的安排中常见的条款、条件或金额。决策者不能同时满足上述两个条件的，不可能是代理人。

（4）决策者因持有被投资方的其他利益而承担可变回报的风险。持有被投资方其他利益表明该决策者可能是主要责任人。对于在被投资方持有其他利益（如对被投资方进行投资或提供被投资方业绩担保）的决策者，在判断其是否为代理人时，应评估决策者因该利益所面临的可变回报的风险。在实际评估时，决策者应考虑：①决策者享有的经济利益（包括薪酬和其他利益）的比重和可变动性。决策者享有的经济利益的比重和可变动性越大，该决策者越有可能是主要责任人。②该决策者面临的可变回报风险是否与其他投资方不同。如果是，这些不同是否会影响其行为。例如，决策者持有次级权益，或向被投资方提供其他形式的信用增级，表明决策者可能是主要责任人。

通过上述分析可以看出，当存在单独一方持有实质性罢免权并能无理由罢免决策者时，决策者属于代理人。

例 34-10　某主体 A 作为资产管理人发起设立一项投资计划，为多个投资者提供投资机会。主体 A 在投资授权设定的范围内，以全体投资者的利益最大化为前提作出决策，并拥有较大主导投资计划相关活动的决策权，包括具体资产的配置、买入卖出时点以及投资资产出现风险时（如信用违约等）的后续管理等。主体 A 按照计划资产净值的 1% 加上达到特定盈利水平后投资计划利润的 20% 收取管理费，该管理费符合市场和行业惯例，与主体 A 提供的服务相称。

本例假定：参与该计划的投资者人数较多，单个投资者的投资比例均小于 0.5% 且投资者之间不存在关联关系；该投资计划设有年度投资者大会，经出席该会议的投资者所持份额的 2/3 以上一致通过，可以罢免主体 A 的资产管理人资格，不存在可以无理由罢免主体 A 的资产管理人资格的单独一方的投资者；主体 A 自身持有该投资计划 2% 的份额，主体 A 没有为该计划的其他投资者提供保证其收回初始投资及最低收益率的承诺，主体 A 对超过其 2% 投资以外的损失不承担任何义务。

分析：在本案例中，由于没有任何一方可以无条件罢免主体 A 的资产管理者资格，因此，主体 A 在确定其是投资计划的主要责任人还是代理人时需要结合其他因素进一步分析。

主体 A 对于投资计划享有较大的决策权，可以主导投资计划的相关活动。尽管投资计划设立了年度投资者大会，但由于投资者人数较多，且单个投资者之间不存在关联关系，不太可能出现较多非关联的投资者集合在一起进行表决并否决主体 A 的情况。因此，结合主体 A 的决策权范围和其他方持有的权利，可以得出主体 A 拥有对该投资计划的权力。

主体 A 收取的管理费与其服务相称这一事实表明，主体 A 可能作为代理人行使权力。为进一步判断主体 A 是否为代理人，还需要考虑主体 A 持有的份额。主体 A 持有该投资计划 2% 的份额，该投资加大了主体 A 面临的可变回报风险，但该风险尚未重大到主体 A 是主要责任人的程度。

根据上述分析，主体 A 为该投资计划的代理人。

例 34-11　承例 34-10。本案例假定：在主体 A 违反合同的情况下，其他投资者有权罢免主体 A。主体 A 自身持有该投资计划 20% 的份额，主体 A 没有为该计划的其他投资者提供保证收回初始投资及最低收益率的承诺，主体 A 没有对超过该 20% 的投资承担任何额外损失的义务。

分析：在本案例中，投资方有权在主体 A 违约时罢免主体 A。由于该权力只有在主体 A 违约时才能行使，该权力属于保护性权利，但是，主体 A 通过与其服务相称的管理费以及 20% 的直接投资承担并有权获取投资计划的可变回报，且该回报的比重和可变动性均较为重大的情况表明，主体 A 通过对投资计划行使权力而影响其回报的金额和程度较大，主体 A 享有较大的实质性权利。因此，主体 A 为该投资计划的主要责任人。

在不同事实和情况下（如资产管理人的薪酬或其他因素不同），形成控制所要求的投资比例可能会不同。

例 34-12　承例 34-10。本案例假定：投资计划设有董事会，所有董事都独立于主体 A，并由其他投资者任命。董事会每年任命资产管理人。如果董事会决定不再继续聘任主体 A，主体 A 提供的服务可以由同行业的其他主体接替。主体 A 自身持有该投资计划 20% 的份额，主体 A 没有为该计划的其他投资者提供保证收回初始投资及最低收益率的承诺，主体 A 没有对超过该 20% 的投资承担任何额外损失的义务。

分析：在本案例中，主体 A 收取的管理费以及持有的 20% 投资表明，主体 A 承担并有权获取投资计划的可变回报，并且该回报的比重和可变动性足以表明其是主要责任人，但是，独立于主体 A 的投资者组成的董事会可以罢免主体 A，因此，有权任命董事的其他投资者拥有罢免主体 A 的实质性权利。因此，应综合考虑董事会的构成、决策机制等情况判断该罢免权是否为实质性权利。如果该罢免权属于实质性权利，则在分析主体 A 是否为代理人时，应给与该项实质性罢免权以更大的权重。因此，尽管主体 A 拥有较大的决策权，并面临重大的可变回报风险，如果综合相关因素判断其他投资者享有实质性罢免权，则表明主体 A 是代理人。

例 34-13 承例 34-10。本案例假定：在主体 A 违反合同的情况下，其他投资者有权罢免主体 A。主体 A 自身持有该投资计划 5% 的份额，主体 A 为该计划的其他投资者提供了保证收回初始投资的承诺。

分析：在本案例中，主体 A 拥有对该投资计划的实质性权利，其他投资者拥有的罢免权为保护性权利。尽管主体 A 通过管理费以及 5% 的投资面临的可变回报风险不足以表明主体 A 为主要责任人，但主体 A 为计划的其他投资者提供保证本金收回的事实表明，主体 A 所面临的可变回报风险较大，同时也表明，主体 A 所面临的可变回报风险与其他投资者有所不同。在这种情况下，应进一步结合投资计划的业绩情况，评估主体 A 承担的可变回报风险程度（包括考虑该项可变回报风险的差异是否会影响主体 A 的行为），从而判断主体 A 是主要责任人还是代理人。

2. 实质代理人

在判断控制时，投资方应当考虑与所有其他方之间的关系、他们是否代表投资方行动（即识别投资方的“实质代理人”），以及其他方之间、其他方与投资方之间如何互动。上述关系不一定在合同安排中列明。当投资方（或有能力主导投资方活动的其他方）能够主导某一方代表其行动时，被主导方为投资方的实质代理人。在这种情况下，投资方在判断是否控制被投资方时，应将其实质代理人的决策权以及通过实质代理人而间接承担（或享有）的可变回报风险（或权利）与其自身的权利一并考虑。

根据各方的关系，表明一方可能是投资方的实质代理人的情况包括但不限于：①投资方的关联方；②因投资方出资或提供贷款而取得在被投资方中权益的一方；③未经投资方同意，不得出售、转让或抵押其持有的被投资方权益的一方（不包括此项限制系通过投资方和其他非关联方之间自愿协商同意的情形）；④没有投资方的财务支持难以获得资金支持其经营的一方；⑤被投资方权力机构的多数成员或关键管理人员与投资方权力机构的多数成员或关键管理人员相同；⑥与投资方具有紧密业务往来的一方，如专业服务的提供者与其中一家重要客户的关系。

二、非同一控制下企业合并

例 34-14 甲公司为乙公司的母公司（非同一控制下企业合并形成），2016 年 12 月 31 日，甲公司个别资产负债表中对乙公司的长期股权投资的金额为 2 400 万元，拥有乙公司 80％的股份。甲公司在个别资产负债表中采用成本法核算该项长期股权投资。

2016 年 1 月 1 日，甲公司用银行存款 2 400 万元购得乙公司 80％的股份。甲公司备查簿中记录的乙公司在 2016 年 1 月 1 日可辨认资产、负债及或有负债的公允价值的资料见表 34-1。

表 34-1　甲公司备查簿

2016 年 1 月 1 日　　　　单位：万元

项　　目	账面价值	公允价值	价值公允价值与账面价值的差额	合并报表调整	余额	备注
乙公司：						
流动资产	3 040	3 040				
非流动资产	1 520	1 600				
其中：固定资产——A 办公楼	480	560	80	（1）4	556	该办公楼的剩余折旧年限为 20 年，采用年限平均法计提折旧
资产总计	4 560	4 640				
流动负债	1 040	1 040				
非流动负债	720	720				
负债合计	1 760	1 760				
股本	1 600	1 600				
资本公积	1 200	1 280	80			
盈余公积	0	0				
未分配利润	0	0				
股东权益合计	2 800	2 880				
负债和股东权益总计	4 560	4 640				

2016 年 1 月 1 日，乙公司股东权益总额为 2 800 万元。其中股本为 1 600 万元，资本公积为 1 200 万元。

2016 年，乙公司实现净利润 800 万元，提取法定公积金 80 万元，向投资者分派现金股利 480 万元，未分配利润为 240 万元。乙公司因持有的可供出售金融资产的公允价值变动计入当期资本公积的金额为 80 万元。

2016 年 12 月 31 日，乙公司股东权益总额为 3 200 万元，其中股本为 1 600 万元，资本公积为 1 280 万元，盈余公积为 80 万元，未分配利润为 240 万元。

甲公司与乙公司个别资产负债表、利润表、现金流量表和所有者权益变动表分别见表 34-2、表 34-3、表 34-4、表 34-5、表 34-6。

表 34-2 资产负债表（简表）

会企 01 表

单位：甲公司　　2016 年 12 月 31 日　　单位：万元

资　产	期末余额	年初余额	负债和所有者权益	期末余额	年初余额
流动资产：			流动负债：		
货币资金	800	2 400	应付票据	800	800
应收票据	1 120	800	应付账款	2 400	1 600
其中：应收乙公司票据	320		预收款项	160	240
应收账款	1 440	1 040	其中：预收乙公司账款	80	
其中：应收乙公司账款	380		应付职工薪酬	800	1 680
预付款项	616		应交税费	640	800
存货	800	3 040	流动负债合计	4 800	5 120
其中：向乙公司购入存货	800		非流动负债：		
流动资产合计	4 776	7 280	长期借款	1 600	1 600
非流动资产：			应付债券	480	480
可供出售金融资产			非流动负债合计	2 080	2 080
持有至到期投资	160	160	负债合计	6 880	7 200
其中：持有乙公司债券	160	160			
长期股权投资	3 760	1 360	所有者权益：		
其中：对乙公司投资	2 400		实收资本	3 200	3 200
固定资产	3 280	2 640	资本公积	640	640
其中：向乙公司购入固定资产	160		盈余公积	800	585.6
无形资产	504	560	未分配利润	960	374.4
非流动资产合计	7 704	4 720	所有者权益合计	5 600	4 800
资产总计	12 480	12 000	负债和所有者权益总计	12 480	12 000

表 34-3　资产负债表（简表）

会企 01 表

单位：乙公司　　　　2016 年 12 月 31 日　　　　单位：万元

资　产	期末余额	年初余额	负债和所有者权益	期末余额	年初余额
流动资产：			流动负债：		
货币资金	400	240	应付票据	320	240
应收票据	240	80	其中：应付票据——甲公司	320	
应收账款	608	480	应付账款	400	320
预付款项	320		其中：应付甲公司账款	400	
其中：预付甲公司账款	80		预收款项		40
存货	880	2 240	应付职工薪酬	80	280
流动资产合计	2 448	3 040	应交税费	48	160
非流动资产：			流动负债合计	848	1040
可供出售金融资产	640	560	非流动负债：		
持有至到期投资			长期借款	560	560
长期股权投资			应付债券	160	160
固定资产	1680	960	其中：应付票据——甲公司	160	160
其中：向甲公司购入固定资产	86.4		非流动负债合计	720	720
无形资产			负债合计	1568	1760
非流动资产合计	2320	1520	所有者权益：		
			股本	1600	1600
			资本公积	1280	1200
			其中：可供出售金融资产公允价值变动	80	
			盈余公积	80	0
			未分配利润	240	0
			所有者权益合计	3200	2800
资产总计	4768	4560	负债和所有者权益总计	4768	4560

表 34-4 利润表（简表）

会企 02 表

2016 年度　　单位：万元

项 目	甲公司	乙公司
一、营业收入	6960	5040
减：营业成本	3 560	3 656
税金及附加	240	100
销售费用	12	8
管理费用	80	9.6
财务费用	240	72
资产减值损失	20	
加：公允价值变动收益（损失以“—”号填列）		
投资收益（损失以“—”号填列）	400	
二、营业利润（亏损以“—”号填列）	3208	1194.4
加：营业外收入		
减：营业外支出	8	
三、利润总额（亏损总额以“—”号填列）	3200	1194.4
减：所得税费用	1056	394.4
四、净利润（净亏损以“—”号填列）	2144	800

表 34-5 现金流量表（简表）

会企 03 表

2016 年度　　单位：万元

项 目	甲公司	乙公司
一、经营活动产生的现金流量		
销售商品、提供劳务收到的现金	6140	4792
收到的税费返还		
收到其他与经营活动有关的现金		
经营活动现金流入小计	6140	4792
购买商品、接受劳务支付的现金	1136	2536
支付给职工以及为职工支付的现金	880	200
支付的各项税费	1456	606.4

（续表）

项　目	甲公司	乙公司
支付其他与经营活动有关的现金	36	17.6
经营活动现金流出小计	3 508	3 360
经营活动产生的现金流量净额	2 632	1 432
二、投资活动产生的现金流量		
收回投资收到的现金		
取得投资收益收到的现金	400	
处置固定资产、无形资产和其他长期资产收回的现金净额	96	
处置子公司及其他营业单位收到的现金净额		
收到其他与投资活动有关的现金		
投资活动现金流入小计	496	
购建固定资产、无形资产和其他长期资产支付的现金	744	720
投资支付的现金		
取得子公司及其他营业单位支付的现金净额	2400	
支付其他与投资活动有关的现金		
投资活动现金流出小计	3144	720
投资活动产生的现金流量净额	— 2648	— 720
三、筹资活动产生的现金流量		
吸收投资收到的现金		
取得借款收到的现金		
收到其他与筹资活动有关的现金		
筹资活动现金流入小计		
偿还债务支付的现金		
分配股利、利润或偿付利息支付的现金	1584	552
支付其他与筹资活动有关的现金		
筹资活动现金流出小计	1 584	552
筹资活动产生的现金流量净额	— 1548	— 552
四、汇率变动对现金的影响额		
五、现金及现金等价物净增加额	— 1600	160
加：年初现金及现金等价物余额	2400	240
六、年末现金及现金等价物余额	800	400

表 34-6 所有者权益变动表（简表）

2016 年度

会企 03 表
单位：万元

项 目	甲公司					乙公司				
	实收资本（或股本）	资本公积	盈余公积	未分配利润	所有者权益合计	实收资本（或股本）	资本公积	盈余公积	未分配利润	所有者权益合计
一、上年年末余额	3200	640	585.6	374.4	4800	1600	1200	0	0	2800
加：会计政策变更										
前期差错更正										
二、本年年初余额	3200	640	585.6	374.4	4800	1600	1200	0	0	2800
三、本年增减变动金额（减少以“—”填列）										
（一）净利润				2144	2144				800	800
（二）直接计入所有者权益的利得和损失										
可供出售金融资产公允价值变动净额							80			80
（四）利润分配			214.4	— 1558.4	— 1344			80	— 560	— 480
1. 提取盈余公积			214.4	— 214.4	0			80	— 80	0
2. 对所有者（或股东）的分配				— 1344	— 1344				— 480	— 480
四、本年年末余额	3200	640	800	960	5600	1600	1280	80	240	3200

假定乙公司的会计政策和会计期间与甲公司一致，不考虑甲公司和乙公司及合并资产、负债的所得税影响。

甲公司在编制合并财务报表时，应当首先根据甲公司的备查簿中记录的乙公司可辨认资产、负债在购买日（2016 年 1 月 1 日）的公允价值的资料（表 34-1），调整乙公司的净利润。按照甲公司备查簿中的记录，在购买日，乙公司可辨认资产、负债及或有负债的公允价值与账面价值存在差异仅有一项，即 A 办公楼。公允价值高于账面价值的差额为 80 万元（560 — 480），按年限平均法每年应补提的折旧额为 4 万元（80 ÷ 20）。假定 A 办公楼用于乙公司的总部管理。在合并工作底稿（见表 34-7）中应作的调整分录如下：

（1）借：管理费用　　40 000

　　　贷：固定资产——累计折旧　　40 000

据此，以乙公司2016年1月1日各项可辨认资产等的公允价值为基础，重新确定的乙公司2016年的净利润为796万元（800 — 4）。

在本例中，2016年12月31日，甲公司对乙公司的长期股权投资的账面余额为2 400万元（假定未发生减值）。根据合并报表准则的规定，在合并工作底稿中将对乙公司的长期股权投资由成本法调整为权益法。有关调整分录如下：

（2）确认甲公司在2016年乙公司实现净利润796万元中所享有的份额636.8万元（796×80％）：

借：长期股权投资——乙公司　　6 368 000

　贷：投资收益——乙公司　　6 368 000

（3）确认甲公司收到乙公司2016年分派的现金股利，同时抵销原按成本法确认的投资收益384万元（480×80％）：

借：投资收益——乙公司　　3 840 000

　贷：长期股权投资——乙公司　　3 840 000

（4）确认甲公司在2016年乙公司除净损益以外所有者权益的其他变动中所享有的份额，即资本公积增加额80万元的80％，为64万元（80×80％）：

借：长期股权投资——乙公司　　640 000

　贷：其他综合收益——乙公司　　640 000

例34-15　沿用例34-1资料，2016年12月31日，甲公司对乙公司长期股权投资经调整后的金额为2 716.8万元（投资成本2 400万元＋权益法调整增加的长期股权投资316.8万元）与其在乙公司经调整的股东权益总额中所享有的金额2 620.8万元［（股东权益账面余额3 200万元＋A办公楼购买日公允价值高于账面价值的差额80万元— A办公楼购买日公允价值高于账面价值的差额按20年计提的折旧额4万元）×80％］之间的差额，为商誉。至于乙公司股东权益中20％的部分，即655.2万元［（股东权益账面余额3 200万元+A办公楼购买日公允价值高于账面价值的差额80万元— A办公楼购买日公允价值高于账面价值的差额按20年计提的折旧额4万元）×20％］则属于少数股东权益，在抵销处理时应作为少数股东权益处理。其抵销分录如下：

（5）借：股本　　16 000 000

　　资本公积——年初　　12 800 000

　　　　　　——本年　　800 000

　　盈余公积——年初　　0

　　　　　　——本年　　800 000

　　未分配利润——年末（2 400 000 — 40 000）　　2 360 000

　　商誉　　960 000

　　贷：长期股权投资（24 000 000 ＋ 3 168 000）　　27 168 000

　　　　少数股东权益　　6 552 000

注：商誉96万元＝2 400万元—（乙公司2016年1月1日的所有者权益总额2 800万元＋乙公司固定资产公允价值增加额80万元）×80％。

例 34-16 甲公司 2016 年个别资产负债表（表 34-2）中应收账款 380 万元为 2016 年向乙公司销售商品发生的应收销货款的账面价值，甲公司对该笔应收账款计提的坏账准备为 20 万元。乙公司 2016 年个别资产负债表（表 34-3）中应付账款 400 万元系 2016 年向甲公司购进商品存货发生的应付购货款。

在编制合并财务报表时，应将内部应收账款与应付账款相互抵销；同时还应将内部应收账款计提的坏账准备予以抵销，其抵销分录如下：

（6）借：应付账款　　4 000 000
　　　　贷：应收账款　　4 000 000
（7）借：应收账款——坏账准备　　200 000
　　　　贷：资产减值损失　　200 000

例 34-17 甲公司 2016 年个别资产负债表（表 34-2）中预收账款 80 万元为乙公司预付账款；应收票据 320 万元为乙公司 2016 年向甲公司购买商品 2 800 万元开具的票面金额为 320 万元的商业承兑汇票；乙公司应付债券 160 万元为甲公司所持有。对此，在编制合并资产负债表时，应编制抵销分录如下：

（8）将内部预收账款与内部预付账款抵销时，应编制抵销分录如下：

借：预收款项　　800 000
　　贷：预付款项　　800 000

（9）将内部应收票据与内部应付票据抵销时，应编制抵销分录如下：

借：应付票据　　3 200 000
　　贷：应收票据　　3 200 000

（10）将持有至到期投资中债券投资与应付债券抵销时，应编制抵销分录如下：

借：应付债券　　1 600 000
　　贷：持有至到期投资　　1 600 000

例 34-18 乙公司 2016 年向甲公司销售商品 800 万元，其销售成本为 640 万元，该商品的销售毛利率为 20％。甲公司购进的该商品在 2016 年全部未实现对外销售而形成期末存货。

在编制 2016 年合并财务报表时，应进行抵销处理如下：

（11）借：营业收入　　8 000 000
　　　　贷：营业成本　　8 000 000
（12）借：营业成本　　1 600 000
　　　　贷：存货　　1 600 000

例 34-19 乙公司以 240 万元的价格将其生产的产品销售给甲公司，其销售成本为 216 万元。因该内部固定资产交易实现的销售利润 24 万元。甲公司购买该产品作为管理用固定资产使用，按 240 万元入账：假设甲公司对该固定资产按 3 年的使用寿命采用年限平均法计提折旧，预计净残值为零。该固定资产交易时间为 2016 年 1 月 1 日，本例为简化抵销处理，假定甲公司该内部交易形成的固定资产按 12 个月计提折旧。本例有关抵销处理如下：

（13）与该固定资产相关的销售收入、销售成本以及原价中包含的未实现内部销售损益的抵销。

借：营业收入　　2 400 000
　贷：营业成本　　2 160 000
　　固定资产——原价　　240 000

（14）该固定资产当期多计提折旧额的抵销。

该固定资产折旧年限为 3 年，原价为 240 万元。预计净残值为零，当年计提的折旧额为 80 万元，而按抵销其原价中包含的未实现内部销售损益后的原价计提的折旧额为 72 万元，当期多计提的折旧额为 8 万元。本例中应当按 8 万元分别抵销管理费用和累计折旧。

借：固定资产——累计折旧　　80 000
　贷：管理费用　　80 000

例 34–20　假设甲公司将其账面价值为 104 万元的某项固定资产以 96 万元的价格出售给乙公司，仍作为管理用固定资产使用。甲公司因该内部固定资产交易发生处置损失 8 万元。假设乙公司以 96 万元作为该项固定资产的成本入账。乙公司对该固定资产按 5 年的使用寿命采用年限平均法计提折旧。预计净残值为零。该固定资产交易时间为 2016 年 6 月 29 日，乙公司对该内部交易固定资产 2016 年按 6 个月计提折旧。本例有关抵销处理如下：

（15）该固定资产的处置损失与固定资产原价中包含的未实现内部销售损益的抵销。

借：固定资产——原价　　80 000
　贷：营业外支出　　80 000

（16）该固定资产当期少计提折旧额的抵销。

该固定资产折旧年限为 5 年，原价为 96 万元，预计净残值为零。2016 年计提的折旧额为 9.6 万元，而按抵销其原价中包含的未实现内部销售损益后的原价计提的折旧额为 10.4 万元，当期少计提的折旧额为 0.8 万元。本例中应当按 0.8 万元分别抵销管理费用和累计折旧。

借：管理费用　　8 000
　贷：固定资产——累计折旧　　8 000

通过上述抵销分录，在合并工作底稿中固定资产累计折旧额增加 0.8 万元，管理费用增加 0.8 万元，在合并财务报表中该固定资产的累计折旧为 10.4 万元，该固定资产当期计提的折旧费为 10.4 万元。

例 34–21　假设甲公司 2016 年利润表的营业收入中有 2 800 万元，是向乙公司销售产品取得的销售收入，该产品销售成本为 2 400 万元。乙公司在本期将该产品全部售出，其销售收入为 4 000 万元，销售成本为 2 800 万元，并在其利润表中列示。

对此，编制合并利润表将内部销售收入和内部销售成本予以抵销时应编制抵销会计分录如下：

（17）借：营业收入　　28 000 000
　　贷：营业成本　　28 000 000

例 34–22　假设乙公司 2016 年确认的应向甲公司支付的债券利息费用总额为 16 万元（假定该债券的票面利率与实际利率相差较小）。

在编制合并利润表时，应将内部债券投资收益与应付债券利息费用相互抵销，其抵销会计分录如下：

（18）借：投资收益　　160 000
　　贷：财务费用　　160 000

例 34–23　假设甲公司和乙公司 2016 年度所有者权益变动表如表 34–6 所示。

乙公司为非全资子公司，甲公司拥有其 80％的股份。在合并工作底稿中甲公司按权益法调整的乙公司本期投资收益为 252.8 万元（796×80％－384）。乙公司本期少数股东损益为 63.2 万元（796×20%－96）。乙公司年初未分配利润为 0，乙公司本期提取盈余公积 80 万元、分派现金股利 480 万元、未分配利润 236 万元（240－4）。为此，进行抵销处理时，应编制抵销会计分录如下：

（19）借：投资收益　　6 368 000
　　少数股东损益　　1 592 000
　　未分配利润——年初　　0
　　贷：提取盈余公积　　800 000
　　　　对所有者（或股东）的分配　　4 800 000
　　　　未分配利润——年末　　2 360 000

例 34–24　沿用例 34–14 和例 34–22 的资料，甲公司应编制抵销会计分录如下：

（20）借：分配股利、利润或偿付利息支付的现金　　4 000 000
　　贷：取得投资收益收到的现金　　4 000 000

例 34–25　沿用例 34–17、例 34–18 和例 34–21 的资料，假设甲公司 2016 年向乙公司销售商品的价款 2 800 万元中实际收到乙公司支付的银行存款 2 080 万元。同时乙公司还向甲公司开具了票面金额为 320 万元的商业承兑汇票。乙公司 2016 年向甲公司销售商品 800 万元的价款全部收到。应编制抵销分录如下：

（21）借：购买商品、接受劳务支付的现金　　28 800 000
　　贷：销售商品、提供劳务收到的现金　　28 800 000

例 34–26　沿用例 34–19 资料，假设乙公司 2016 年 1 月 1 日向甲公司销售商品 240 万元的价款全部收到。应编制抵销会计分录如下：

（22）借：购建固定资产、无形资产和
　　其他长期资产支付的现金　　2 400 000
　　贷：销售商品提供劳务收到的现金　　2 400 000

例 34–27　沿用例 34–20 资料，假设甲公司向乙公司出售固定资产的价款 96 万元全部收到。应编制抵销会计分录如下：

（23）借：购建固定资产、无形资产和其他长期
　　　　资产支付的现金　　960 000
　　贷：处置固定资产、无形资产和其他长期资产
　　　　收回的现金　　960 000

根据上述例 34–14 至 34–27 编制的调整、抵销分录编制合并工作底稿如表 34–7 所示。

表 34-7 合并工作底稿（简表）

2016 年　　　　　　　　　　单位：万元

项目	甲公司			乙公司			合计金额	抵销分录		少数股东权益	合并金额
	报表余额	借方	贷方	报表余额	借方	贷方		借方	贷方		
（利润表项目）											
营业收入	6960			5040			12000	（11）800 （13）240 （17）2800			8160
营业成本	3560			3656			7216	（12）160	（11）800 （13）216 （17）2800		3560
税金及附加	240			100			340				340
销售费用	12			8			20				20
管理费用	80			9.6	（1）4		93.6	（16）0.8	（14）8		86.4
财务费用	240			72					（18）16		296
资产减值损失	20						20		（7）20		0
投资收益	400	（3）384	（2）636.8				652.8	（18）16 （19）636.8			0
营业利润	3208	384	636.8	1194.4	4		4651	4654	38600		3858
营业外支出	8						8		（15）8		0
利润总额	3200	384	636.8	1194.4	4		4643	4654	3868		3858
所得税费用	1056			394.4			1450				1450
净利润	2144	384	636.8	800	4		3193	4654	3868		2407
少数股东权益								（19）159.2		159.2	159.2
归属于母公司所有者的净利润（所有者权益变动表项目）											2248
未分配利润——年初	374.4			0			374.4	（19）0			374.4
归属于母公司所有者的净利润											2248

（续表）

项目	甲公司			乙公司			合计金额	抵销分录		少数股东权益	合并金额
	报表余额	借方	贷方	报表余额	借方	贷方		借方	贷方		
利润分配	1558.4			560			2118		（19）80 （19）480		1558
未分配利润——年初	960	384	636.8	240	4		1449	（5）236 5048.8	（19）236 4664		1064
归属于少数股东的未分配利润——年初										0	0
少数股东损益										159.2	159.5
对少数股东的利润分配										96	96
归属于少数股东的未分配利润——年初										63.2	63.2
资本公积——年初	640			1200		80	1920	（5）1280			640
可供出售金融资产公允价值变动净额				80			80	（5）80			0
权益法下被投资单位其他所有者权益变动的影响			（4）64				64				64
资本公积——年初	640		64	1280		80	2064	1360			704
资本公积——年初	585.6			0			585.6	（19）0			585.6
提取盈余公积	214.4			0			294.4		（19）80		214.4
盈余公积——年初	800			80			880	0	80		800
（资产负债表项目）											
流动资产：											
货币资金	800			400			1200				1200
应收票据	1120			240			1360		（9）320		1040
其中：应收乙公司票据	302						320		（9）320		0

（续表）

项目	甲公司			乙公司			合计金额	抵销分录		少数股东权益	合并金额
	报表余额	借方	贷方	报表余额	借方	贷方		借方	贷方		
应收账款	1440			608			2048	（7）20	（6）400		1668
其中：应收乙公司账款	380						380	（7）20	（6）400		0
预付款项	616			320			936		（8）80		856
其中：预付甲公司账款				80					（8）80		0
存货	800			880			1680		（12）160		1520
其中：向乙公司购入存货	800						800		（12）160		540
流动资产合计	4776			2448			7224	20	960		6284
非流动资产：可供出售金融资产				640			640				640
持有至到期投资	160						160		（10）160		0
其中：持有乙公司债券	160						160		（10）160		0
长期股权投资	3760	（2）636.8 （4）64	（3）384				4077		（5）2716.8		1360
其中：对乙公司投资	2400	（2）636.8 （4）64	（3）384				2717		（5）2716.8		0
固定资产	3280			1680	80	（1）4	5036	（14）8 （15）8	（13）24 （16）0.8		5027
其中：乙公司——A办公楼					80	（1）4	76				76
向乙公司购入固定资产	160						160	（14）8	（13）24		144
向甲公司购入固定资产				86.4			86.4	（15）8	（16）0.8		93.6
无形资产	504						504				504
商誉								（5）96			96
非流动资产合计	7704	700.8	384	2320	80	4	10417	112	2901.6		7627
资产总计	12480	700.8	384	4768	80	4	17641	132	3861.6		13911
流动负债：											
应付票据	800			320			1120	（9）320			800
其中：应付票据——甲公司				320			320	（9）320			0

（续表）

项目	甲公司			乙公司			合计金额	抵销分录		少数股东权益	合并金额
	报表余额	借方	贷方	报表余额	借方	贷方		借方	贷方		
应付账款	2400			400			2800	（6）400			2400
其中：应付甲公司账款				400			400	（6）400			0
预收账款	160						160	（8）80			80
其中：预收乙公司账款	80						80	（8）80			0
应付职工薪酬	800			80			880				880
应交税费	640			48			688				688
流动负债合计	4800			848			5648	800			4848
非流动负债：长期借款	1600			560			2160				2160
应付债券	480			160			640	（10）160			480
其中：应付债券——甲公司				160			160	（10）160			0
非流动负债合计	2080			720			2800	160			2640
负债合计	6880			1568			8448	960			7488
所有者权益											
实收资本	3200			1600			4800	（5）1600			3200
资本公积	640		（4）64	1280			80	2064	（5）1360		704
其中：可供出售金融资产公允价值变动	80			80	80						0
盈余公积	800			80			880	（5）80			800
未分配利润	960	（3）384	（2）636.8	240	（1）4		1449	（5）236 （11）800 （23）240 （17）2800 （12）160 （16）0.8 （18）16 （19）159.2 （19）0 5048.8	（11）640 （13）216 （17）2800 （14）8 （18）16 （7）20 （15）8 （19）80 （19）480 （19）236 4664	（15）159.2	1064
少数股东权益										（5）655.2	655.2

（续表）

项目	甲公司			乙公司			合计金额	抵销分录		少数股东权益	合并金额
	报表余额	借方	贷方	报表余额	借方	贷方		借方	贷方		
所有者权益合计	5600	384	700.8	3200	4	80	9193	8089	4664	655.2	6423
负债和所有者权益总计	12480	384	700.8	4768	4	80	1761	9049	4664	655.2	13911
（现金流量表项目）											
经营活动产生的现金流量：											
销售商品、提供劳务收到的现金	6140			4792			10932		（21）2880（22）240		7812
收到其他与经营活动有关的现金											
经营活动现金流入小计	6140			4792			10932		3120		7812
购买商品、接受劳务支付的现金	1136			2536			3672	（21）2880			792
支付给职工以及为职工支付的现金	880			200			1080				1080
支付的各项税费	1456			606.4			2062				2062
支付其他与经营活动有关的现金	36			17.6			53.6				53.6
经营活动现金流出小计	3508			3360			6868	2880			3998
经营活动产生现金流量净额	2632			1432			4064	2880	3120		3824
投资活动产生的现金流量：											
收回投资收到的现金											
取得投资收益收到的现金	400						400		（20）400		0
处置固定资产、无形资产和其他长期资产收回的现金净额	96						96		（23）96		0
投资活动现金流入小计	496						496		496		0
购建固定资产、无形资产和其他长期投资支付的现金	744			720			1464	（22）240（23）96			1128

（续表）

项目	甲公司			乙公司			合计金额	抵销分录		少数股东权益	合并金额
	报表余额	借方	贷方	报表余额	借方	贷方		借方	贷方		
取得子公司及其他营业单位支付的现金净额	2400						2400				2400
投资活动现金流出小计	3144			720			3864	336			3528
投资活动产生的现金流量净额	– 2648			– 720			–3368	160			–3528
筹资活动产生现金流量：											
吸收投资收到的现金											
筹资活动现金流入小计											
分配股利、利润或偿付利息支付的现金	1548			552			2136	（20） 400			1736
筹资活动现金流出小计	1548			552			2135	（20） 400			1736
筹资活动产生的现金流量净额	– 1548			– 552			–2136	–400			–1736
现金及现金等价物净增加额	– 1600			160			–1440				–1440
年初现金及现金等价物余额	2400			240			2640				2640
年末现金及现金等价物余额	800			400			1200				1200

根据合并工作底稿分别编制合并资产负债表、合并利润表、合并现金流量表、合并所有者权益变动表如表34–8、表34–9、表34–10和表34–11所示。

表34–8　合并资产负债表

会合01表

编制单位：甲公司　　　　2016年12月31日　　　　单位：万元

资　产	期末余额	年初余额	负债和所有者权益	期末余额	年初余额
流动资产：			流动负债：		
货币资金	1200		短期借款		
结算备付金			向中央银行借款		
拆出资金			吸收存款及同业存放		

（续表）

资　产	期末余额	年初余额	负债和所有者权益	期末余额	年初余额
交易性金融资产			拆入资金		
应收票据	1 040		交易性金融负债		
应收账款	1 668		应付票据	800	
预付款项	856		应付账款	2 400	
应收保费			预收款项	80	
应收分保账款			卖出回购金融资产款		
应收分保合同准备金			应付手续费及佣金		
应收利息			应付职工薪酬	880	
其他应收款			应交税费	688	
买入返售金融资产			应付利息		
存贷	1520		其他应付款		
一年内到期非流动资产			应付分保账款		
其他流动资产			保险合同准备金		
流动资产合计	6 284		代理买卖证券款		
非流动资产：			代理承销证券款		
发放贷款及垫款			一年内到期的非流动负债		
可供出售金融资产	640		其他流动负债		
持有至到期投资	0		流动负债合计	4 848	
长期应收款			非流动负债：		
长期股权投资	1 360		长期借款	2 160	
投资性房地产			应付债券	480	
固定资产	5 027.2		长期应付款		
在建工程			专项应付款		
工程物资			预计负债		
固定资产清理			递延所得税负债		
生产性生物资产			其他非流动负债		
油气资产			非流动负债合计	2 640	
无形资产	504		负债合计	7 488	
开发支出			所有者权益：		
商誉	96		实收资本（或股本）	3200	
长期待摊费用			资本公积	704	

（续表）

资　产	期末余额	年初余额	负债和所有者权益	期末余额	年初余额
递延所得税资产			减：库存股		
其他非流动资产			盈余公积	800	
非流动资产合计	7 627.2		一般风险准备		
			未分配利润	1 064	
			外币报表折算差额		
			归属于母公司所有者权益合计	5768	
			少数股东权益	655.2	
			所有者权益合计	6 423.2	
资产总计	13 911.2		负债和所有者权益总计	13 911.2	

表 34-9　合并利润表

会合 02 表

编制单位：甲公司　　　　2016 年度　　　　单位：万元

项　目	本年金额	上年金额
一、营业总收入	8 160	
其中：营业收入	8 160	
利息收入		
保费净收入		
手续费及佣金收入		
二、营业总成本	4 302.4	
其中：营业成本	3 560	
利息支出		
手续费及佣金支出		
退保金		
赔付支出净额		
提取保险责任准备金净额		
保单红利支出		
分保费用		
税金及附加	340	
销售费用	20	
管理费用	86.4	

（续表）

项　目	本年金额	上年金额
财务费用	296	
资产减值损失	0	
加：公允价值变动收益（损失以“—”号填列）		
投资收益（损失以“—”号填列）	0	
其中：对联营企业和合营企业的投资收益		
汇兑收益（损失以“—”号填列）		
三、营业利润（亏损以“—”号填列）	3 857.6	
加：营业外收入		
减：营业外支出	0	
其中：非流动资产处置损失		
四、利润总额（亏损总额以“—”号填列）	3 857.6	
减：所得税费用	1 450.4	
五、净利润（净亏损以“—”号填列）	2 407.2	
归属于母公司所有者的净利润	2 248	
少数股东损益	159.2	
六、每股收益		
（一）基本每股收益		
（二）稀释每股收益		

表 34-10　合并现金流量表

会合 03 表

编制单位：甲公司　　　　2016 年度　　　　单位：万元

项　目	本年金额	上年金额
一、经营活动产生的现金流量		
销售商品、提供劳务收到的现金	7 812	
客户存款和同业存放款项净增加额		
向中央银行借款净增加额		
向其他金融机构拆入资金净增加额		
收到原保险合同保费取得的现金		
收到再保险业务现金净额		

（续表）

项　目	本年金额	上年金额
保户储金及投资款净增加额		
处置交易性金融资产净增加额		
收取利息、手续费及佣金净增加额		
拆入资金净增加额		
回购业务资金净增加额		
收到的税费返还		
收到其他与经营活动有关的现金		
经营活动现金流入小计	7 812	
购买商品、接受劳务支付的现金	792	
客户贷款及垫款净增加额		
存放中央银行和同业款项净增加额		
支付原保险合同赔付款项的现金		
支付利息、手续费及佣金的现金		
支付保单红利的现金		
支付给职工以及为职工支付的现金	1080	
支付的各项税费	2 062.4	
支付其他与经营活动有关的现金	53.6	
经营活动现金流出小计	3 988	
经营活动产生的现金流量净额	3 824	
二、投资活动产生的现金流量		
收回投资收到的现金		
取得投资收益收到的现金	0	
处置固定资产、无形资产和其他长期资产收回的现金净额	0	
处置子公司及其他营业单位收到的现金净额		
收到其他与投资活动有关的现金		
投资活动现金流入小计	0	
购建固定资产、无形资产和其他长期资产支付的现金	1128	
投资支付的现金		
质押贷款净增加额		
取得子公司及其他营业单位支付的现金净额	2400	
支付其他与投资活动有关的现金		
投资活动现金流出小计	3 528	

（续表）

项　目	本年金额	上年金额
投资活动产生的现金流量净额	－3 528	
三、筹资活动产生的现金流量		
吸收投资收到的现金		
其中：子公司吸收少数股东投资收到的现金		
取得借款收到的现金		
发行债券收到的现金		
收到其他与筹资活动有关的现金		
筹资活动现金流入小计	0	
偿还债务支付的现金		
分配股利、利润或偿付利息支付的现金	1736	
其中：子公司支付给少数股东的股利、利润	96	
支付其他与筹资活动有关的现金		
筹资活动现金流出小计	1736	
筹资活动产生的现金流量净额	－1 736	
四、汇率变动对现金的影响		
五、现金及现金等价物净增加额	－1 440	
加：年初现金及现金等价物余额	2 640	
六、年末现金及现金等价物余额	1 200	

根据甲公司、乙公司个别所有者权益变动表和抵销分录（或根据合并资产负债表和合并利润表），编制合并所有者权益变动表，如表 34-11 所示。

表 34-11　合并所有者权益变动表

会合 04 表

编制单位：甲公司　　　　2016 年度　　　　单位：万元

项　目	本年金额									上年金额								
	归属于母公司所有者权益							少数股东权益	所有者权益合计	归属于母公司所有者权益							少数股东权益	所有者权益合计
	实收资本（股本）	资本公积	减：库存库	盈余公积	一般风险准备	未分配利润	其他			实收资本（股本）	资本公积	减：库存库	盈余公积	一般风险准备	未分配利润	其他		
一、上年年末余额	3200	640		585.6		374.4			4800									
加：会计政策变更							576	576										

（续表）

项目	本年金额									上年金额								
	归属于母公司所有者权益							少数股东权益	所有者权益合计	归属于母公司所有者权益							少数股东权益	所有者权益合计
	实收资本（股本）	资本公积	减：库存库	盈余公积	一般风险准备	未分配利润	其他			实收资本（股本）	资本公积	减：库存库	盈余公积	一般风险准备	未分配利润	其他		
加：前期会计差错																		
二、本年年初余额	3200	640		585.6		374.4		576	5376									
三、本年增减变动金额		64		214.4		689.6		79.2	1047.2									
（一）净利润						2248		159.2	2407.2									
（二）直接计入所有者权益的利得和损失		64						16	80									
1. 可供出售金融资产公允价值变动净值								16	16									
2. 权益法下被投资单位其他所有者权益变动的影响		64							64									
3. 与计入所有者权益项目相关的所得税影响																		
4. 其他																		
上述（一）和（二）小计		64				2248		175.2	2487.2									
（三）所有者投入与减少资本																		
1. 所有者投入资本																		
2. 股份支付计入所有者权益金额																		
3. 其他																		
（四）利润分配				214.4		−1558.4		−96	−1440									
1. 提取盈余公积				214.4		214.4		0										
2. 提取一般风险准备																		
3. 对所有者（或股东）的分配					−1344		-96	−1440										
4. 其他																		

（续表）

项目	本年金额									上年金额								
	归属于母公司所有者权益							少数股东权益	所有者权益合计	归属于母公司所有者权益							少数股东权益	所有者权益合计
	实收资本（股本）	资本公积	减：库存库	盈余公积	一般风险准备	未分配利润	其他			实收资本（股本）	资本公积	减：库存库	盈余公积	一般风险准备	未分配利润	其他		
（五）所有者权益内部结转																		
1. 资本公积转增资本（或股本）																		
2. 盈余公积转增资本（或股本）																		
3. 盈余公积弥补亏损																		
4. 其他																		
四、本年年末余额	3200	704		800		1064		655.2	6423.2									

① 576 万元为 2016 年 1 月 1 日甲公司购买乙公司 80％的股份时，按其可辨认净资产的公允价值计算确定的少数股东权益的金额＝（乙公司的所有者权益总额 2800 万元＋乙公司固定资产公允价值增加额 80 万元）×20％。

三、同一控制下企业合并

例 34−28 M 公司拥有 N 公司（同一控制下企业合并形成）100％的股权，年初 N 公司所有者权益余额为：实收资本 600 000 元，盈余公积 30 000 元，未分配利润 12 000 元；M 公司长期股权投资余额（按权益法调整后）为 642 000 元。当年 N 公司实现净利润 60 000 元，提取盈余公积 9 000 元，支付投资者利润 36 000 元。

（1）M 公司在编制合并财务报表时，应首先按权益要求调整对 N 公司的长期股权投资，确认 N 公司实现净利润 60 000 元中所享有的份额 60 000 元（60 000×100％）。应做有关调整分录如下：

借：长期股权投资　　60 000

　　贷：投资收益　　60 000

（2）确认 N 公司当年分派的现金股利，同时抵销原按成本法确认的投资收益 36 000 元，做调整分录如下：

借：投资收益　　36 000

　　贷：长期股权投资　　36 000

（3）经调整后，M公司对N公司的长期股权投资的金额为666 000元（642 000+60 000 － 36 000），应当与N公司的所有者权益相抵销，其抵销分录如下：

借：实收资本 600 000
　　盈余公积 39 000
　　未分配利润——年末 27 000
　　贷：长期股权投资 666 000

（4）将M公司投资收益等项目与N公司利润分配项目进行抵销，做抵销分录如下：

借：投资收益 60 000
　　未分配利润——年初 12 000
　　贷：提取盈余公积 9 000
　　　　对所有者的分配 36 000
　　　　未分配利润——年末 27 000

（5）由于N公司分派给M公司的现金股利已经支付，还要抵销内部现金流量，做抵销分录如下：

借：分配股利、利润或偿付利息支付的现金 36 000
　　贷：取得投资收益收到的现金 36 000

例34-29 M公司销售一批产品给N公司，年末应收账款中包含N公司应付账款12 000元，两公司坏账准备提取比例均为0.5％。第2年年末，M公司的应收账款中包含N公的司应付账款7 500元，坏账准备提取比例仍为0.5％；第3年年末，M公司的应收账款中无N公司的应付账款。

（1）第1年年末：

借：应付账款 12 000
　　贷：应收账款 12 000
借：应收账款——坏账准备 60
　　贷：资产减值损失 60

（2）第2年年末：

借：应付账款 7 500
　　贷：应收账款 7 500
借：应收账款——坏账准备 60
　　贷：未分配利润——年初 60
借：资产减值损失 22.50
　　贷：应收账款——坏账准备 22.50

（3）第3年年末：

借：应收账款——坏账准备 37.50
　　贷：未分配利润——年初 37.50
借：资产减值损失 37.50
　　贷：应收账款——坏账准备 37.50

例 34-30　M 公司年初购入 N 公司发行的面值为 10 000 000 元，期限为 5 年的债券，发行价为 10 432 700 元，票面年利率 6％，实际年利率 5％，每年年末付息，到期还本。M 公司购入后将其划分为持有至到期投资。

（1）第 1 年年末：

借：应付债券	10 354 335	
贷：持有至到期投资		10 354 335
借：投资收益	521 635	
贷：财务费用		521 635
借：投资支付的现金	10 432 700	
贷：吸收投资收到的现金		10 432 700
借：分配股利、利润或偿付利息支付的现金	600 000	
贷：取得投资收益收到的现金		600 000

（2）第 2 年年末：

借：应付债券	10 272 051.75	
贷：持有至到期投资		10 272 051.75
借：投资收益	517 716.75	
贷：财务费用		517 716.75
借：分配股利、利润或偿付利息支付的现金	600 000	
贷：取得投资收益收到的现金		600 000

（3）第 3 年年末：

借：应付债券	10 185 654.34	
贷：持有至到期投资		10 185 654.34
借：投资收益	513 602.59	
贷：财务费用		513 602.59
借：分配股利、利润或偿付利息支付的现金	600 000	
贷：取得投资收益收到的现金		600 000

（4）第 4 年年末：

借：应付债券	10 094 937.06	
贷：持有至到期投资		10 094 937.06
借：投资收益	509 282.72	
贷：财务费用		509 282.72
借：分配股利、利润或偿付利息支付的现金	600 000	
贷：取得投资收益收到的现金		600 000

（5）第 5 年年末：

借：投资收益	505 062.94	
贷：财务费用		505 062.94
借：分配股利、利润或偿付利息支付的现金	600 000	
贷：取得投资收益收到的现金		600 000
借：偿还债务支付的现金	10 000 000	
贷：收回投资收到的现金		10 000 000

例 34-31 N 公司销售一批存货给 M 公司，销售价为 120 000 元（款已收付），成本价为 72 000 元，M 公司购入后对外销售 60%，销售额为 98 000 元，还有 40% 未售出。

（1）借：营业收入　72 000
　　贷：营业成本　72 000
（2）借：营业收入　48 000
　　贷：营业成本　36 000
　　　　存货　12 000
（3）借：购买商品、接受劳务支付的现金　120 000
　　贷：销售商品、提供劳务收到的现金　120 000

例 34-32 接例 34-31 资料，下年度 N 公司又销售一批存货给 M 公司，销售价 60 000 元，成本价 48 000 元，M 公司将上年购入的未销售存货全部售出，销售额 63 000 元，本期购入的全部未出售。

（1）借：未分配利润——年初　12 000
　　贷：营业成本　12 000
（2）借：营业收入　60 000
　　贷：营业成本　48 000
　　　　存货　12 000

例 34-33 接例 34-31 资料，M 公司将上年度购入的未销售存货 50% 售出，销售价款 31 500 元，50% 未出售，本期购入 N 公司存货一批，销售价款 60 000 元，成本价 48 000 元，全部未出售。

（1）借：未分配利润——年初　12 000
　　贷：营业成本　6 000
　　　　存货　6 000
（2）借：营业收入　60 000
　　贷：营业成本　48 000
　　　　存货　12 000

例 34-34 N 公司在年末从 M 公司购入一台设备，售价 90 000 元（款已收付），成本 72 000 元，折旧年限 6 年，期满报废。

（1）第 1 年年末：
借：营业外收入　18 000
　　贷：固定资产——原价　18 000
借：购建固定资产、无形资产和其他长期资产支付的现金　90 000
　　贷：处置固定资产、无形资产和其他长期资产收到的现金净额　90 000

（2）第 2 年年末：
借：未分配利润——年初　18 000
　　贷：固定资产——原价　18 000
借：固定资产——累计折旧　3 000
　　贷：管理费用　3 000

（3）第3年年末：

借：未分配利润——年初　18 000

　　贷：固定资产——原价　18 000

借：固定资产——累计折旧　3 000

　　贷：管理费用　3 000

借：固定资产——累计折旧　3 000

　　贷：未分配利润——年初　3 000

（4）第4年年末：

借：未分配利润——年初　18 000

　　贷：固定资产——原价　18 000

借：固定资产——累计折旧　3 000

　　贷：管理费用　3 000

借：固定资产——累计折旧　6 000

　　贷：未分配利润——年初　6 000

（5）第5年年末：

借：未分配利润——年初　18 000

　　贷：固定资产——原价　18 000

借：固定资产——累计折旧　3 000

　　贷：管理费用　3 000

借：固定资产——累计折旧　9 000

　　贷：未分配利润——年初　9 000

（6）第6年年末：

借：未分配利润——年初　18 000

　　贷：固定资产——原价　18 000

借：固定资产——累计折旧　3 000

　　贷：管理费用　3 000

借：固定资产——累计折旧　12 000

　　贷：未分配利润——年初　12 000

（7）第7年年末：

借：未分配利润——年初　3 000

　　贷：管理费用　3 000

第二节　新准则对企业的影响

为了适应社会主义市场经济发展的需要，进一步完善企业会计准则体系，提高企业会计信息质量，我国财政部于2014年1月修订并印发了《企业会计准则第33号——合并财务报表》（以下简称“本准则”），并要求自2014年7月1日起在所有执行会计准则的企业范围内施行，鼓励在境外上市的企业提前执行。财政部于2006年2月25日发布的《财政部关于印发〈企业会计准则第1号——存货〉等38项具体准则的通知》（财会〔2006〕3号）中的《企业会计准则第33号——合并财务报表》（以下简称“原准则”）同时废止。

本准则主要规范了合并财务报表合并范围的确定及合并财务报表的编制和列报，以及特殊交易在合并财务报表中的处理，不涉及外币财务报表的折算和在子公司权益的披露。与原准则相比，本准则的主要变动如下。

（一）本准则增加了投资性主体的豁免

原准则规定，母公司应当将其全部子公司纳入合并财务报表的合并范围，要求所有拥有子公司的母公司均应编制合并财务报表，同时所有被母公司控制的子公司均应包括在母公司编制的合并报表范围内。

本准则规定，母公司应当将其全部子公司（包括母公司所控制的单独主体）纳入合并财务报表的合并范围。但是，如果母公司是投资性主体，则母公司应当仅将为其投资活动提供相关服务的子公司（如有）纳入合并范围并编制合并财务报表；其他子公司不应当予以合并，母公司对其他子公司的投资应当按照公允价值计量且其变动计入当期损益。

（二）关于控制的定义和具体判断原则

原准则规定，控制是指一个企业能够决定另一个企业的财务和经营政策，并能据以从另一个企业的经营活动中获取利益权力。本准则规定，控制是指投资方拥有对被投资方的权力，通过参与被投资方的相关活动而享有可变回报，并且有能力运用对被投资方的权力影响其回报金额。另外，通过解释等方式增加了母公司关于控制特殊目的主体的判断。“控制”的定义包括三个要素：①投资方拥有对被投资方的权力；②投资方因参与被投资方的相关活动而享有可变回报；③投资方有能力运用对被投资方的权力影响其回报金额。在判断投资方是否能够控制被投资方时，当且仅当投资方具备上述三个要素时，才能表明投资方能够控制被投资方。

（三）吸收整合相关解释等相关内容

本准则吸纳了已发布的解释、年报通知和司便函等文件相关规定，具体如下：

（1）明确规定购买少数股权、不丧失控制权情况下处置部分对子公司投资交易在合并财务报表层面应作为权益性交易进行会计处理。

（2）明确规定因抵销未实现内部销售损益导致合并财务报表中资产和负债的账面价值与其在所属纳税主体的计税基础之间产生暂时性差异，在合并财务报表层面应确认相应的所得税影响。

（3）明确规定因处置部分股权投资或其他原因丧失对原有子公司控制权的，在合并财务报表层面应视为处置子公司同时取得一项新的投资性资产，对剩余股权应按照其丧失控制权日的公允价值进行重新计量。

（4）明确规定子公司当期综合收益中属于少数股东权益的份额，应当在合并利润表中综合收益总额项目下以“归属于少数股东的综合收益总额”项目列示。

（5）明确规定子公司少数股东分担的当期亏损额超过了少数股东在该子公司期初所有者权益中所享有的份额的，其余额仍应当冲减少数股东权益。

第三十五章 每股收益

第一节 案例分析及操作实务

一、债转股对于计算基本每股收益与稀释每股收益的影响

例 35−1 已知 2016 年归属于母公司普通股股东的利润为 1 190 万元，期初流通在外的普通股股数为 100 万股，本年发行每 10 份可转换为 3 股普通股的可转换债券 100 万份，面值 1 000 万元，利率为 5%，2016 年 7 月 1 日，共有 50 万份可转换债券转换为普通股。求该年基本每股收益和稀释的每股收益。

本年可转换债券转换股数＝ 15（万股）
当期发行在外普通股的加权平均数＝ 100 ＋ 15×6÷12 ＝ 107.5（万股）

$$基本的每股收益=\frac{净利润}{当期发行在外普通股的加权平均数}$$

$$=\frac{1\ 190}{107.5}\approx 11.07（元）$$

用于计算每股收益的普通股股数＝ 107.5 ＋ 15 ＝ 122.5（万股）
调整的净利润＝ 1 190+1 000×0.05 ＝ 1 240（万元）
稀释的每股收益＝ 1 240÷122.5≈10.12（元）

注意：具有稀释性的潜在普通股当期转换成普通股的，从期初至转换日，应当将其计入计算稀释的每股收益的普通股加权平均数；转换完成后，从转换日到期末，应当将其计入计算基本每股收益的普通股加权平均数。

二、基本每股收益和稀释每股收益的计算和在利润表中的列报

例 35−2 已知条件：A 公司 2016 年净利润为 1 亿元，年初外发的普通股数量为 500 万股，3 月 1 日增发普通股 20 万股。2015 年 12 月发行了面值为 1 000 元、利率为 5%、期限为 20 年的可转换债券，本金为 1 200 万元。每年分两次支付利息，分别在 11 月 1 日和 5 月 1 日。每份债券可转换为 40 股，全部债券于 2016 年 4 月 1 日转换。2014 年 1 月 1 日发行了 5 年期内可按每股

55 元购买 60 万股普通股的认股权证。所有外发的认股权证均于 2016 年 9 月 1 日行权。本年 7 月 1 日发行了 10 年期、可按每股 75 元购买 150 万股普通股期权，本年没有行权，因为期权的行权价格超过了普通股市场价格。所得税税率为 40％，已知本年各季度普通股平均价格如下：第 1 季度：49 元；第 2 季度：60 元；第 3 季度：67 元；第 4 季度：67 元。2016 年 1 月 1 日至 9 月 1 日的普通股平均价格为 65 元。

1. 基本每股收益的计算

可转换债券转换为普通股股数＝ 1 200 ÷ 0.1 × 40 ＝ 480 000（股）

当期发行在外普通股的加权平均数：

加权平均数＝ 500 ＋ 20 × 10 ÷ 12 ＋ 48 × 9 ÷ 12 ＋ 60 × 4 ÷ 12
＝ 572.6667（万股）

基本的每股收益＝ 10 000 ÷ 572.6667 ≈ 17.46（元）

2. 稀释每股收益的计算

调整每股收益利润的计算＝ 10 000+1 200 × 0.05 ÷ 4 ×（1-0.4）
＝ 10 009（万元）

3. 调整的普通股股数的计算

认股权证可转换的普通股股数：由于该认股权证在 9 月 1 日才行权，因而需要计算出在未行权时的股数，该只股票的平均市场价格计算如下：

（49 × 3 ＋ 60 × 3 ＋ 65 × 2）÷ 8 ＝ 57.125（元）

调整的认股权证数＝（57.125 － 55）÷ 57.125 × 600 000 × 8 ÷ 12
＝ 14 880（股）

可转换债券调整的普通股股数＝ 480 000 × 3 ÷ 12 ＝ 120 000（股）

只有当期的普通股的平均价格高于期权的行权价格时，该期权才具有稀释效应。在本题中，行权价高于普通股市场价格，所以本题不予考虑期权因素。

计算稀释的每股收益的普通股股数＝ 572.6667 ＋ 1.488 ＋ 12
＝ 586.1547（万股）

稀释的每股收益＝ 10 009 ÷ 586.1547 ≈ 17.08（元）

4. 列报

根据准则要求，实体应该列报计算与调整净利润的过程、加权平均普通股股数的计算过程、基本的每股收益与稀释的每股收益计算过程。

2016 年全年基本每股收益与稀释的每股收益列报如下所示。

（1）基本每股收益的计算。

归属于普通股股东的当期净利润＝10 000（万元）

日　期	在外普通股股数（万股）	期间比例	加权平均股数（万股）
1 月 1 日至 2 月 28 日	500	2/12	83.3333
3 月增发普通股 20 万股			
3 月 1 日至 3 月 31 日	520	1/12	43.3333

日　期	在外普通股股数（万股）	期间比例	加权平均股数（万股）
4 月转换可转换债券	48		
4 月 1 日至 8 月 31 日	568	5/12	236.6667
9 月行使认股权证	60		
9 月 1 日至 12 月 31 日	628	4/12	209.3333
加权平均股数			572.6667
基本每股收益			17.46 元

（2）稀释的每股收益计算。

归属于普通股股东的当期净利润	10 000 万元
加：利率 5％可转换债券未转换前利息	9 万元
调整后普通股股东的利润	10 009 万元
普通股加权平均数	572.6667 万股
加：认股权证	1.488 万份
可转换债券	12 万股
稀释性潜在普通股	13.488 万股
调整后加权平均股数	586.1547 万股
稀释的每股收益	17.08 元

例 35－3　某公司 2016 年度归属于普通股股东的净利润为 60 000 万元（不包括子公司 B 公司利润或 B 公司支付的股利）。发行在外普通股加权平均数为 40 000 万股，持有 B 公司 80％的普通股权。B 公司 2016 归属于普通股股东的净利润为 21 600 万元，发行在外的普通股加权平均数为 9 000 万股，该普通股当年平均市场价格为 8 元。年初，B 公司对外发行 600 万份可用于购买其普通股的认股权证，行权价格为 4 元，A 公司持有其中的 12 万份认股权证，

当年无认股权证被行权。假设除股利外，母子公司之间没有其他需要抵销的内部交易。A 公司取得对 B 公司的投资时，B 公司各项可辨认资产等的公允价值与其账面价值一致。2016 年每股收益计算如下：

（1）子公司（B 公司）每股收益：

基本每股收益＝21 600÷9 000 ＝ 2.4（元）
调整增加的普通股股数＝600-600×4÷8 ＝ 300（万股）
稀释后的每股收益＝21 600÷（9 000 ＋ 300）＝ 2.32（元）

（2）合并每股收益：

归属于母公司普通股股东的母公司利润＝60 000（万元）

包括在合并基本每股收益计算中的子公司净利润部分＝21600×80％＝ 17 280（万元）

基本每股收益＝（60 000 ＋ 17 280）÷40 000 ＝ 1.932（元）

子公司净利润中归属于普通股且由母公司享有的部分＝2.32×9 000×80％＝ 16 704（万元）

子公司净利润中归属于认股权证且由母公司享有的部分＝2.32×300×12÷600

＝ 13.92（万元）

$$稀释后的每股收益=\frac{60\,000+16\,704+13.92}{40\,000}=1.918（元）$$

第二节　新准则对企业的影响

一、更真实地反映企业每股盈余情况

和旧准则相比，新准则要求企业同时计算和列报基本每股收益和稀释每股收益两个指标。计算基本每股收益的目的是衡量会计主体报告期的盈利状况，而计算稀释每股收益的目的是反映所有具有稀释性的潜在普通股对每股收益的影响。基本每股收益与稀释每股收益分别代表了无稀释和充分稀释情况下的每股收益，两个指标之间的差异恰好能够反映公司资本结构对每股收益的最大稀释幅度。这使得财务报告能够更真实地反映企业的经营状况。

二、资本市场将对企业投资进行重新估价

新准则要求计算基本每股收益和稀释每股收益两个指标，与以前相比，发生了较大变化，对上市公司的股价将可能产生一定影响（市盈率的计算基础发生了变化）。

三、潜在股本的稀释效应将引起投资者关注资本运作的实质

我国证券市场投资者往往将送红股等上市公司总股本将发生潜在变化的情形，当成一种炒作的题材，而忽视了类似股本潜在变化其实将“稀释”每股收益。新准则增加了稀释的每股收益这个指标，规定企业要在利润表中单独列示稀释的每股收益，即要反映出潜在普通股的影响，这使得财务报告更具有透明性，为投资者提供更准确的决策依据，也更为清晰地提醒投资者股价的风险。

第三十六章　分部报告

第一节　案例分析及操作实务

一、业务分部的列报

例 36-1　假设天鸿公司设定六个业务分部，分别是汽车制造业分部、彩电制造业分部、造纸业分部、石油开采业分部、食品生产业分部和金融业分部。这些分部的有关资料见表 36-1。

表 36-1　天鸿公司业务分部报告

单位：百万元

项　目	项目汽车制造业分部	彩电制造业分部	造纸业分部	石油开采业分部	食品生产业分部	金融业分部
销售收入——外部客户	700	150	150	450	60	0
销售收入——分部间销售	250	30	0	0	40	0
利息收入——分部客户	50	40	20	30	10	200
利息收入——分部间贷款	10	20	0	0	10	80
费用						
经营费用——外部客户	350	80	190	510	30	50
经营费用——分部间销售	200	40	0	0	20	20
利息费用	40	20	50	100	0	120
所得税费用	150	30	（30）	（60）	10	10
可辨认资产						
有形资产	200	20	20	200	20	200
无形资产	40	10	20	70	10	0
分部间贷款	20	40	0	0	10	100

（1）营业收入 10％的检验。在对该公司的业务分部进行营业收入检验时，必须注意，除了金融业分部营业收入外，其他业务分部营业收入不包括来自分部间的贷款利息收入。有关业务分部营业收入的检验见表 36–2。

表 36–2　业务分部营业收入检验表

单位：百万元

业 务 分 部	业务分部营业收入	符号	判定值（10%*2260）	是否应报告
汽车制造业分部	1 000	>	226	是
彩电制造业分部	220	<	226	否
造纸业分部	170	<	226	否
石油开采业分部	480	>	226	是
食品生产业分部	110	<	226	否
金融业分部	280	>	226	是
合　　计	2260			

（2）经营利润或亏损 10％的检验。表 36–2 已经将各业务分部的营业收入列明，这些业务分部的营业收入减去各相应的业务分部经营费用后，就是这些业务分部的经营利润或亏损。但是，需要注意的是，除了金融业分部营业费用外，其他业务分部的经营费用不包括利息费用；另外包括金融业分部在内的各个业务分部经营费用都不包括所得税。各业务分部经营利润或亏损的计算见表 36–3。

表 36–3　业务分部经营利润表

单位：百万元

业 务 分 部	分部营业收入	分部营业费用	分部经营利润	分部经营亏损
汽车制造业分部	1000	550	450	
彩电制造业分部	220	120	100	
造纸业分部	170	190		20
石油开采业分部	480	510		30
食品生产业分部	110	50	60	
金融业分部	280	190	90	
合　　计	2260	1610	700	50

有关各业务分部经营利润或亏损见表 36–4。

表 36–4　业务分部经营利润检验表

单位：百万元

业务分部	盈利分部的营业利润	亏损分部的营业亏损	符号	判定值（700×10%）	是否应报告
汽车制造业分部	450		>	70	是
彩电制造业分部	100		>	70	是
造纸业分部		20	<	70	否
石油开采业分部		30	<	70	否
食品生产业分部	60		<	70	否
金融业分部	90		>	70	是
合　　计	700	50			

（3）可辨认资产 10% 的检验。进行可辨认资产 10% 检验见表 36–5，必须注意的是，除了金融分部可辨认资产外，其他业务分部可辨认资产将不包括分部间贷款。

表 36–5　业务分部可辨认资产检验表

单位：百万元

业务分部	业务分部营业收入	符号	判定值（700×910%）	是否应报告
汽车制造业分部	240	>	91	是
彩电制造业分部	30	<	91	否
造纸业分部	40	<	91	否
石油开采业分部	270	>	91	是
食品生产业分部	30	<	91	否
金融业分部	300	>	91	是
合　　计	910			

（4）以上三种 10% 的检验结果的综合分析。三种 10% 的检验的结果汇总如表 36–6，其中满足各检验的画"√"，不满足各检验的画"×"。

业务分部	营业收入 10% 检验	经营利润或 亏损 10% 检验	可辨认资产 10% 检验
汽车制造业分部	√	√	√
彩电制造业分部	×	√	×
造纸业分部	×	×	×
石油开采业分部	√	×	√
食品生产业分部	×	×	×
金融业分部	√	√	√

根据三种检验的结果进行综合分析，可得出下列结论：汽车制造业分部、彩电制造业分部、石油开采业分部、金融业分部是应报告业务分部；而造纸业分部、食品生产业分部不是应报告业务分部，因为这两个业务分部不满足三种 10％的检验中的任何一个检验。因此对这两个业务分部的分解是不必要的，它们可以合在一起，以总额列报。

二、地区分部的列报

例 36-2　假设翔羽公司的经营涉及国内分部、国外地区分部 1 和国外地区分部 2，有关各分部的资料见表 36-7。

表 36-7　翔羽公司地区分部表

单位：百万元

项　目	国内分部	国外地区 分部 1	国外地区 分部 2	合　并
1．营业收入：	550	300	200	1050
2015 年地区分部间销售情况：①				
国内分部对国外地区分部 1 的销售收入	100			
国内分部对国外地区分部 1 的销售成本	60			
2．经营利润：	146	80	20	246
3．地区分部可辨认资产：	738	350	200	1288
当期分部间销售在期末未实现利润的抵销				（8）
公司一般资产				180
长期投资				320
总资产				1780

另外，国外地区分部1在2016年年初尚保留来自国外地区分部2上年度的分部间销售未对企业外部客户销售。其中该分部间销售的价格为2 400万元，成本为2 200万元，并假设期初分部间销售所包含的未实现利润在年末全部实现。同时表36-7注①所示的本年度分部间销售中，年末国外地区分部1尚有20％分部间销售未对企业外部客户出售。依据上述数据进行10％的检验见表36-8。

表36-8　地区分部分析表

单位：百万元

地区分部	对外部客户的销售	收入对外部客户销售收入／合并营业收入	可辨认资产	可辨认资产／合并总资产	是否为应列报地区分部
国内分部	450	47.37%	738	41.46%	是
国外地区分部1	300	31.58%	350	19.66%	是
国外地区分部2	200	21.05%	200	11．23％	是
合计	950		1 288	72．35％①	

① 72.35％与100％的差异原因在于，存在公司一般资产和合并子公司和其他权益法接受投资公司的长期股权投资。

根据上述资料，国内地区分部、国外地区分部1、国外地区分部2都是应列报地区分部，则所做的地区分部报告披露见表36-9所示。

表36-9　地区分部报告

单位：百万元

项　目	国内分部	国外地区分部1	国外地区分部2	调整或抵销	合　并
对外部客户销售	450	300	200		950
分部间销售	100				100
合　　计	550	300	200		1050
经营利润	146	80	20	（6）	240
投资收益					90
利息费				（20）	
公司一般费用				（20）	
税前经营利润					290
可辨认资产	738	350	200	（8）	1280
长期投资					320

（续表）

项　目	国内分部	国外地区分部 1	国外地区分部 2	调整或抵销	合　并
公司一般资产					180
总资产					1780

经营利润的抵销数是 6，其计算过程如下：

国外地区分部 1 在 2016 年年初尚保留来自国外地区分部 2 的 2015 年度分部间销售未对外部客户销售，其售价为 2 400 万元，成本为 2 200 万元，未实现内部销售损益为 200 万元在年末全部实现，故合并利润应调整增加 200 万元（2 400 － 2 200）。

由于 2016 年度国内经营分部对国外地区分部 1 分部间销售 10 000 万元，成本 6 000 万元，年末国外地区分部 1 尚有 20％未对企业外部客户销售，故存在 800 万元［（100 － 60）×20％］未实现内部销售损益，应抵减国外合并经营利润 800 万元，综合地区分部 1 和国外地区分部 2，合并经营利润应最终抵销 600 万元。

三、出口销售的披露

例 36-3　假设我国的飞羽公司 2016 年国内经营的出口销售有关资料和是否应披露外销金额如表 36-10 所示。

表 36-10　出口销售分析表

单位：百万元

项目	营业收入	符号	判定值（400×10％）	是否应披露外销
由中国直接销往：				
欧洲	50	＞	40	是②
北美洲	45	＞	40	是
大洋洲	12	＜	40	否③
非洲	10	＜	40	否
合　计	117	＞	40	是①
合并营业收入	400			

① 国内经营对外出口销售的总额 11 700 万元大于合并营业收入 40 000 万元的 10％即 4 000 万元，所以飞羽公司应披露国内经营出口销售的总额。

② 因为出口欧洲、北美洲的销售收入均大于合并营业收入 40 000 万元的 10％即 4 000 万元，所以应单独披露对欧洲、北美洲出口销售的金额。

③ 为出口大洋洲、非洲的销售收入均小于合并营业收入 40 000 万元的 10％即 4 000 万元，所以大洋洲和非洲应进行合并，披露其出口销售的合计金额。

四、主要客户披露

例 36-4 如果企业来自某一客户的营业收入等于或大于整个企业营业收入或合并营业收入的 10％，则该客户为主要客户。对于主要客户企业应披露相关的业务分部和来自主要客户的营业收入金额，但不得披露主要客户的名称。同理，对于国家、地区、国外政府机构的销售也视同对单一客户的销售，如满足检验也应加以披露。这里应加以注意的是：即使该公司不需披露业务分部和地区分部的信息，它仍然需要披露主要客户的信息。

五、分部报告分析案例

例 36-5 ABC 股份有限公司系大型跨行业经营公司，主要由家用电器、医疗卫生器械和汽车制造等三个业务分部组成。这些部门是公司报告其主要分部信息的基础。家用电器分部生产多种型号的电视机、高级音响、各种家用小电器；医疗卫生器械分部主要生产医疗器械、卫生消毒产品；汽车制造分部主要生产农用车、小型货车及经济型轿车；其他经营包括计算机软件以及房产出租等。该公司按业务分部披露分部报告。

1. 战略分析

（1）家用电器分部：由于家用电器市场趋于饱和，市场竞争激烈，因此行业平均利润率较低。该分部在同类市场中份额不大，在投入市场和产出市场均无较强的议价能力。在竞争策略上，该分部采用成本领先策略，强调产品设计以降低成本，因此可以预见该分部的资产利润率和毛利率将较低。

（2）医疗卫生器械分部：由于突发的公共卫生事件，2016 年医疗卫生行业呈现繁荣发展的态势，行业销售额为历史最高点。由于严格的卫生监测、审批制度，该行业只有两三家规模相当的竞争企业，且都握有较大的市场份额。在竞争策略上，该分部采用追求差异策略，由于其相对垄断地位，可以获得较高的超额利润。由以上分析可以看出，该分部今年的销售额增加是因为突发的公共卫生事件拉动了市场需求，而不是公司自身经营策略所致，可以预计当突发因素消除以后，公司销售额有可能下降，但在同类市场中仍能保持较大的市场份额。

（3）汽车制造分部：由于“私家车”经济的兴起，公司 2016 年年初已公开宣布将缩小农用车、货车的投资规模，加大对经济节能型轿车的投入，而市场上已有几家公司宣称要进入经济型轿车市场，现存市场上并无企业占据绝对优势。该分部实施兼顾成本和产品差异的战略。2016 年该分部已有两款轿车车型面世，但并未投入大规模生产，分部对该两款车型的市场预期良好。从以上分析可以看到，由于整个行业的增长速度迅猛，尽管存在着潜在的市场竞争，但企业仍有可能获得良好的投资回报。

2. 会计分析

ABC 公司的经营风险和收益主要来源于不同的公司业务，因此按照业务分部披露分部信息能揭示企业的经营风险和盈利能力，比较合适。该公司在分部划分上保持了会计政策的一贯性。公司内部各分部间的内部转移价格以市场价格为依据，因此分部报告基本公允地表达了各分部的经营状况。

3. 财务分析

（1）2016 年各分部收入对外依赖程度分析。

家用电器分部：110 ÷ 140 × 100％ = 78.57％
医疗卫生器械分部：220 ÷ 240 × 100％ = 91.67％
汽车制造分部：80 ÷ 100 × 100％ = 80％

可以看出，各分部收入对外部客户的依赖程度都较高，分部间虽存在一定的内部交易，但交易份额较小。其中，医疗卫生器械分部对外部客户依赖程度最高，因此受外部因素影响最大。

（2）各分部对公司的销售收入、利润总额的贡献分析。

2015 年公司整体销售收入为 284 百万元，其中：

家用电器分部贡献：100 ÷ 284 × 100％ = 35.21％
医疗卫生器械分部贡献：90 ÷ 284 × 100％ = 31.69％
汽车制造分部贡献：80 ÷ 284 × 100％ = 28.17％

2015 年公司整体营业利润为 49 百万元，其中：

家用电器分部贡献：（100-75-15）÷ 49 × 100％ = 20.41％
医疗卫生器械分部贡献：（90 － 52 － 12）÷ 49 × 100％ = 53.06％
汽车制造分部贡献：（80 － 55 － 7）÷ 49 × 100％ = 36.73％

注：在计算各分部对公司贡献时，只考虑各分部对外部销售对公司整体销售收入和营业利润的贡献。

从 2015 年的分析中可以看出，公司整体销售收入均衡来源于三个分部。其中家用电器分部对销售收入贡献最大，但由于其利润率相对较低，且其对内部交易的依赖程度相对较大，所以对公司整体利润贡献较低，这与该分部的产品性质和实施成本领先的经营战略相关。而医疗卫生器械分部对公司营业利润贡献最大，这与其对外部客户销售额较大和产品市场竞争结构相关。

2016 年公司整体销售收入为 424 百万元，其中：

家用电器分部贡献：110 ÷ 424 × 100％ = 25.94％
医疗卫生器械分部贡献：220 ÷ 424 × 100％ = 51.89％

汽车制造分部贡献：80 ÷ 424 × 100％ ＝ 18.87％

2016 年公司整体营业利润为 76 百万元，其中：

家用电器分部贡献：（110 － 9 － 15）÷ 76 × 100％ ＝ 6.58％
医疗卫生器械分部贡献：（220 － 145 － 15）÷ 76 × 100％ ＝ 78.95％
汽车制造分部贡献：（80 － 55 － 8）÷ 76 × 100％ ＝ 22.37％

从 2016 年的分析中可以看出，由于突发的公共卫生事件影响，医疗卫生器械的销售额大幅度增长，使其占公司整体的销售收入达到一半以上，同时由于医疗卫生器械的超高利润率，公司 2016 年的营业利润主要来自医疗卫生器械分部。而对于家用电器分部，其对公司整体营业利润的贡献进一步减小，说明其实施的成本领先战略只降低了产品价格，并未从根本上降低成本，从而使其产品的毛利率下降。该分部应重新考虑其战略的合理性和可行性。

（3）公司盈利增长分析。2016 年公司整体的销售收入和营业利润都有大幅度增长。销售收入从 284 百万元增至 424 百万元，增长为 140 百万元，其中来自医疗卫生器械分部的销售收入增长为 130 百万元（220-90）；公司营业利润从 49 百万元增至 76 百万元，增长为 27 百万元，其中来自医疗卫生器械分部的对外营业利润增长为 34 百万元 [（220 － 145 － 15）－（90 － 52 － 12）]，而与此同时家用电器分部对外营业利润有所减少，为 -5 百万元 [（110 － 90 － 15）－（100 － 75 － 15）]。应该看到，尽管 2016 年公司整体业绩增长，但其增长主要是由于突发的偶然因素，一旦该因素消除，公司可能很难保持强劲的增长势头。

（4）公司资产情况分析。

2015 年公司的资产分布情况：

家用电器分部：100 ÷ 326 × 100% ＝ 30.67%
医疗卫生器械分部：100 ÷ 326 × 100％ ＝ 30.67％
汽车制造分部：100 ÷ 326 × 100％ ＝ 30.67％

可以看出，2015 年公司的资产分布比较均衡，三个业务分部都占据相当的资产。

2016 年公司的资产分布情况：

家用电器分部：108 ÷ 448 × 100％ ＝ 24.11％
医疗卫生器械分部：110 ÷ 448 × 100％ ＝ 24.55％
汽车制造分部：200 ÷ 448 × 100％ ＝ 44.64％

可以看出，2016 年各个分部的资产都有所增加，但汽车制造分部增幅明显，达到 100%。这使得公司的资产分布失去平衡，相对集中于汽车制造分部。这说明公司加强了汽车制造分部的支持力度，这与公司加大对经济型家用轿车的开发和研制战略有关。

综合以上分析，ABC 公司 2016 年业绩良好，其增长速度较快，但主要受益于突发因素的拉动需求影响，其业绩增长主要来源于医疗卫生器械分部。会计信息使用者应充分考虑该因素的不确定性，对企业未来的发展趋势作出理性判断。公司家用电器分部经营业绩下滑，应适当缩小其规模或改变经营策略。汽车制造分部将成为 ABC 公司的发展重心，信息使用者可以结合该公司新研制的两款车型的市场预测，来分析公司未来的发展前景和经营风险。

以上简要分析了 ABC 公司的分部报告。应该说分部报告的分析在我国还处于不断摸索阶段，还需要广大会计理论与实务工作者的共同努力。

第二节　新准则对企业的影响

新准则要求企业集团内部以不同行业、不同地区的各个业务分部为单位报告财务信息的文件，其使用的会计概念、会计范畴与企业财务报告所涉及的有关范畴基本相同，只不过分部报告的主体与企业财务报告的主体不同，分部报告的主体是某一个经营分部单位，各个分部报告的总和构成了企业财务报告。因此，新准则的主要作用是对合并财务报表进行解释和补充，执行新准则不会对企业财务状况产生影响，但在其他方面会产生一些影响。

一、对企业运营、交易策略、公司治理等方面的影响

新准则的执行不会直接对企业运营、交易策略、公司治理等方面产生影响。但从长期来看，将会对企业的经营状况产生影响。因为对股东或潜在投资者而言，分部报告大大提高了其对企业未来现金流量及潜在盈利能力预测的准确性；对于债权人，可借助分部报告对未来现金流量的预测来评估企业短期变现能力和长期偿债能力，以确定信贷决策；对于宏观管理当局，分部信息有助于其了解、校正经济统计数据，修正产业政策和地区政策，评判企业在境内、境外的活动。从这个角度上讲，新准则的执行将对财务报表相关使用人的决策产生影响，这些必将对企业运营、公司治理等方面产生影响。

二、对企业内部会计控制的要求和影响

新准则要求除披露主体信息外，还应按规定披露对财务报表使用人有用的分部报告信息，这就要求企业在会计核算体系中合理体现业务分类、地区分类等分部业务信息，要求会计信息系统必须能采集到分部数据。另外，新

准则的执行对企业内部财务报告系统也将产生影响。

三、信息披露质量提高

执行新准则势必要求会计人员对报告分部的确定、分部信息的披露作出更多的专业判断。另外，对于监管方和其他报告使用者而言，分部报告提供了更多有价值的会计信息，从而影响他们的决策。

第三十七章　关联方披露

第一节　案例分析及操作实务

一、有关关联方关系和关联交易的判断

（1）正确地判断关联关系是正确地披露关联交易的前提条件，在判断关联关系的时候要注意控制、共同控制和重大影响的关系的实质，而不应该仅仅根据持股比例来作为区分关联关系的标准。

例如，甲公司拥有乙公司 40％的股份，丙公司拥有乙公司 60％的股份，在乙公司董事会的成员当中，甲公司有五名董事，丙公司有六名董事，但是董事长由甲公司的人员担任。这样，就要根据乙公司的董事会上甲公司是否拥有多数的表决权，其委派的董事长在公司的财务和经营决策上是否拥有决定权等，来判定甲公司是否对乙公司拥有控制权。

（2）在判断关联交易是否存在的时候要遵循实质重于形式的原则，综合起来加以考虑，有些交易表面上看来不是关联交易，但是实质上确实是关联交易，这就要看每一笔交易的本质是什么。

例如，甲上市公司拥有乙公司 40％的股份，甲公司又把这 40％的股份转交给了其占有 5％股份的丙公司，丙公司又把乙公司 40％的股份转交给了甲公司的子公司丁公司，表面上看甲公司和丙公司不存在关联关系，其交易也不是关联交易，丙公司和丁公司也不是关联关系，其交易也不是关联交易。但是从交易的实质上看，其实是甲公司把持有的乙公司股份转让给了其子公司丁公司，应该算是关联方交易。把股份转让给丙公司正是为了转让给其子公司丁公司。

二、有关关联关系的披露和关联交易的披露

（一）有关关联关系的披露

（1）存在控制关系的关联方，如表 37-1 所示。

（2）存在控制关系的关联方的注册资本及其变化，如表 37-2 所示。

（3）存在控制关系的关联方的持股比例和表决权比例，如表 37-3 所示。

（4）不存在控制关系的关联方关系的性质。当企业与非控制关系的关联企业存在关联交易时，需要披露其关联关系的性质，如表 37-4 所示。

表 37-1　存在控制关系的关联企业一览表

企业名称	注册地址	业务性质	与本企业的关系
甲企业	北京阜成路 28 号	工业加工	母公司
乙企业	北京知春路 18 号	工业加工	子公司
丙企业	北京长安街 16 号	商业批发	子公司

表 37-2　存在控制关系的关联企业的注册资本及其变化

单位：万元

企业名称	年初数	本年增加	本年减少	年末数
甲企业	100 000	0	0	100 000
乙企业	50 000	10 000	5 000	55 000
丙企业	60 000	5 000	10 000	55 000

表 37-3　存在控制关系的关联企业的持股比例和表决权比例

企业名称	持股比例（%）	表决权比例（%）
甲企业	60	60
乙企业	70	70
丙企业	80	70

表 37-4　不存在控制关系的关联企业性质

企业名称	与本企业的关系
丁企业	合营企业
戊企业	联营企业
己企业	与本企业共一个董事长

（二）有关关联交易的披露

例如，有关应收账款披露见表 37-5。

表 37–5　与关联企业形成的应收账款变动情况

单位：万元

企业名称	2016 年			2015 年		
	年期末金额	占全部应收账款比例（%）	坏账准备	期末金额	占全部应收账款比例（%）	坏账准备
甲企业	40000	20	2000	30000	15	1500
乙企业	60000	30	3000	50000	25	2500
丙企业	50000	25	2500	20000	10	1000

第二节　新准则对企业的影响

新准则的变化是明显的，会对企业产生两方面的影响。

一、对企业内部控制方面的影响

新准则扩大了关联方关系的外延，以控制、共同控制和重大影响（包括直接方式和间接方式）作为界定关联方的依据，强调实质重于形式原则，从制度规范上对企业目前通行的关联交易非关联化的做法予以遏制。这样，能促使企业明确披露公司的关联方关系，也有可能使企业在设计关联交易时采用更隐讳的形式，企业的股权结构和控制关系可能更加复杂。

新准则要求“企业只有在提供确凿证据的情况下，才能披露关联交易是公平交易”，能使企业的报表信息更加公允，但同时给企业带来取得证据的难度和披露成本。这可能使企业面临艰难的选择：披露所有可能涉及商业机密的关联交易，或者采取整合关联方的方式进行整体上市。

二、对企业会计工作的要求和影响

关联交易范围的扩大，如由按照重要性原则披露关联交易改为披露全部关联交易信息，合并报表增加关联交易披露信息，由披露直接控制关系的企业改为披露直接和间接控制、共同控制和重大影响关系的企业信息，将给企业带来较大的工作量和难度，尤其是多层组织体系的集团企业。

财务报告的信息质量得到提高，符合决策有用的目标。新准则对关联方关系及其交易的信息披露更反映实质，披露内容更加客观，为报表使用者提供更加真实、全面、可靠的企业关联交易信息。

新准则要求披露全部关联交易也可能分散财务报表使用者对重要关联方交易的关注程度。

第三十八章　金融工具列报

第一节　案例分析及操作实务

一、金融负债与权益工具的区分

（一）发行金融工具的企业是否承担以交付现金或其他金融资产履行合同的义务

1）如果企业不能无条件地避免以交付现金或其他金融资产来履行一项合同义务，则该合同义务符合金融负债的定义。在这种情况下，发行方应将该类合同义务归类为金融负债。有些金融工具虽然没有明确地包含交付现金或其他金融资产义务的条款和条件，但有可能通过其他条款和条件间接地形成合同义务。

实务中该类合同义务常见的情况有：

（1）发行企业不能无条件地避免赎回的金融工具。如果一项合同（除“金融工具列报准则”第三章分类为权益工具的金融工具外）使发行方承担了以现金或其他金融资产回购自身权益工具的义务，即使发行方的回购义务取决于合同对手方是否行使回售权，发行方应当在初始确认时将该义务确认为一项金融负债，其金额等于回购所需支付金额的现值（如远期回购价格的现值、期权行权价格的现值或其他回售金额的现值）。如果最终发行方无需以现金或其他金融资产回购自身权益工具，应当在合同到期时将该项金融负债按照账面价值重分类为权益工具。

（2）发行金融工具的企业被强制要求支付利息或股息的合同义务。发行金融工具的企业，若被强制要求支付利息或股息，则应当将该强制要求支付利息或股息的合同义务归类为金融负债。

例如，A 公司发行了一项永续债，此债没有还款期限且不可能赎回，每年需按 6% 的利率给该债券投资者支付利息，则 A 公司应当将该项支付利息的合同义务归类为金融负债。又如，B 公司发行了面值 5 000 万元的优先股股票，每年需按 6.5% 的利率给优先股股东支付股息，则 B 公司也应当将该项支付股息的合同义务归类为金融负债。

2）如果企业能够无条件地避免交付现金或其他金融资产，同时所发行的金融工具没有到期日且合同对方没有回售权或虽有固定期限但发行方有权无限期递延，则此类交付现金或其他金融资产的结算条款不能归类为金融负债。

（二）是否通过企业自身权益工具进行结算的金融工具

如果一项金融工具须用或可用企业自身权益工具进行结算，需要考虑用于结算该工具的企业自身权益工具，是作为现金或其他金融资产的替代品，还是为了使该工具持有方享有在发行方扣除所有负债后的资产中的剩余权益。如果是前者，该工具是发行方的金融负债；如果是后者，该工具是发行方的权益工具。

在某些情况下，一项金融工具合同规定企业需用或可用自身权益工具结算该金融工具，其中合同权利或合同义务的金额等于可获取或需交付的自身权益工具的数量乘以其结算时的公允价值，则无论该合同权利或合同义务的金额是固定的，还是完全或部分地基于除企业自身权益工具的市场价格以外变量（例如利率、某种商品的价格或某项金融工具的价格）的变动而变动，该合同应当分类为金融负债。

对于将来需用或可用企业自身权益工具结算的金融工具的分类，应当区分衍生工具还是非衍生工具。

（1）基于自身权益工具结算的非衍生工具。对于非衍生工具，如果发行方未来没有义务交付可变数量的自身权益工具进行结算，则该非衍生工具是权益工具；如果发行方未来有义务交付可变数量的自身权益工具进行结算，则该非衍生工具是金融负债。

例 38-1　某公司发行了面值为 100 元的可转换优先股股票，合同条款规定该公司在 5 年后将此优先股转换为普通股，转股价格为转股日前 30 个交易日该公司股票平均收盘价格。

本例实质可视为该公司将在 5 年后用自身普通股票并按平均市价支付优先股每股 100 元的义务。在此情况下，该可转换优先股整体归类为金融负债。

（2）基于自身权益工具结算的衍生工具。对于衍生工具，如果发行方只能通过以固定数量的自身权益工具交换固定金额的现金或其他金融资产进行结算，则该衍生工具是权益工具；如果发行方以固定数量自身权益工具交换可变金额现金或其他金融资产，或以可变数量自身权益工具交换固定金额现金或其他金融资产，或在转换价格不固定的情况下以可变数量自身权益工具交换可变金额现金或其他金融资产，则该衍生工具应当确认为金融负债或金融资产。由此可见，只有满足“固定换固定”条件，即以固定数量的自身权益工具交换固定金额的现金或其他金融资产进行结算的衍生工具，归类为权益工具；不满足“固定换固定”条件的衍生工具归类为金融负债或金融资产。

例 38-2　M 公司于 2015 年 12 月 1 日向 N 公司发行以自身普通股为标的的看涨期权。按合同规定，如果 N 公司行权（行权价为 103 元），N 公司有权以每股 103 元的价格从 M 公司购入普通股 1 000 股。其他有关资料如下：

（1）合同签订日 2015 年 2 月 1 日

（2）行权日（欧式期权）2016 年 1 月 31 日

（3）2015 年 2 月 1 日每股市价 100 元

（4）2015 年 12 月 31 日每股市价 105 元

（5）2016 年 1 月 31 日每股市价 105 元

（6）2016 年 1 月 31 日应支付的固定行权价格 103 元

（7）期权合同中的普通股数量 1 000 股

（8）2015 年 2 月 1 日股权的公允价值 5 000 元

（9）2015 年 12 月 31 日股权的公允价值 3 000 元

（10）2016 年 1 月 31 日股权的公允价值 3 000 元

假定不考虑其他因素，M 公司的会计处理如下：

情形 1：期权将以现金净额结算。

M 公司：2016 年 1 月 31 日，向 N 公司支付相当于本公司普通股 1 000 股市值的金额。

N 公司：同时向 M 公司支付 103 000 元（1 000×103）。

（1）2015 年 2 月 1 日，确认发生的看涨期权：

借：银行存款　　5 000

　　贷：衍生工具——看涨期权　　5 000

（2）2015 年 12 月 31 日，确认期权公允价值减少：

借：衍生工具——看涨期权　　2 000

　　贷：公允价值变动损益　　2 000

（3）2016 年 1 月 31 日，确认期权公允价值减少：

借：衍生工具——看涨期权　　1 000

　　贷：公允价值变动损益　　1000

在同一天，N 公司行使了该看涨期权，以合同的现金净额方式进行结算，M 公司有义务向 N 公司支付 105 000 元（105×1 000），并从 N 公司收取 103 000 元（103×1 000），M 公司实际支付净额 2 000 元，反映看涨期权结算的会计处理如下：

借：衍生工具——看涨期权　　2 000

　　贷：银行存款　　2 000

情形 2：期权将以普通股净额结算。

除期权的普通的净额结算外，其他资料与情形 1 相同。因此，除以下会计处理外，其他会计处理与情形 1 相同。

2016 年 1 月 31 日，M 公司有义务向 N 公司支付价值与 105 000 元（105×1 000）等值的本公司股票，N 公司有义务向 M 公司支付价值与 103 000 元（103×1 000）等值的 M 公司股票，两者相抵，M 公司有义务向 N 公司支付价值与 2 000 元等值的 M 公司股票 19.05 股（2 000 ÷ 105）。

借：衍生工具——看涨期权　　2 000.00

　　贷：股本　　19.05

　　　　资本公积——股本溢价　　1 980.95

情形 3：期权将以现金换普通股方式结算。

采用以现金换普通股方式结算，是指 N 公司如行使看涨期权，M 公司将支付固定数量的普通股，同时从 N 公司收取固定金额的现金。

（1）2015 年 2 月 10 日，发行看涨期权；确认该期权下，一旦 N 公司行权将导致 M 公司发行固定数量股份，并收到固定金额的现金。

借：银行存款　　5 000

　　贷：资本公积——股本溢价　　5 000

（2）2015 年 12 月 31 日，由于没有发生现金收付，不需进行账务处理。

（3）2016 年 1 月 31 日，反映 N 公司行权。该合同的总额进行计算，M 公司有义务向 N 公司支付 1 000 股本公司普通股，同时收取 103 000 元现金。

借：银行存款　　103 000

　　贷：股本　　1 000

　　　　资本公积——股本溢价　　102 000

例 38-3　2015 年 2 月 1 日，S 公司与 H 公司签订一项期权合同。该合同规定，S 公司有权要求 H 公司于 2016 年 1 月 31 日购入 S 公司普通股 1 000 股，对价为每股 96 元，共 96 000 元。因此，S 公司实际购入了以股份为标的看跌期权。

如 S 公司到时不行权，不需要作出任何支付。

其他有关资料如下：

（1）合同签订日	2015 年 2 月 10 日
（2）行权日（欧式期权，仅能在到期时行权）	2016 年 1 月 31 日
（3）2015 年 2 月 1 日，每股市价	100 元
（4）2015 年 12 月 31 日，每股市价	93 元
（5）2016 年 1 月 31 日，每股市价	93 元
（6）2016 年 1 月 31 日，应支付的固定行权价格	96 元
（7）期权合同中的普通股数量	1 000 股
（8）2015 年 2 月 1 日，期权的公允价值	5 000 元
（9）2015 年 12 月 31 日，期权的公允价值	4 000 元
（10）2016 年 1 月 31 日，期权的公允价值	2 000 元

假定不考虑其他因素，S 公司的会计处理如下：

情形 1：期权以现金净额结算。

（1）2015 年 2 月 1 日，确认购入看跌期权：

期权合同签订日，普通股的市场价格为 100 元；期权合同的初始公允价值为 5 000 元，此为 S 公司于合同签订日支付给 H 公司的金额。在合同签订日，期权的内在价值为零，仅有时间价值，因为其行权价格 96 元低于股票当时的市场价格 100 元。也就是说，对 S 公司而言，行权是“不经济”的，该期权属于价外期权。

借：衍生工具——看跌期权　　5 000

　　贷：银行存款　　5 000

（2）2015 年 12 月 31 日，确认期权的公允价值下降：

股票的公允价值下降为每股 93 元，看跌期权的公允价值下降为 4 000 元，其中 3 000 元［（96 — 93）×1 000］属于内在价值，1 000 元属于剩余的时间价值。

借：公允价值变动损益　　1 000

　　贷：衍生工具——看跌期权　　1 000

（3）2016 年 1 月 31 日，确认期权公允价值下降：

股票的公允价值仍然为每股 93 元，期权合同的公允价值下降为 3 000 元［（96-93）×1 000］，均属于内在价值，因为不再剩下时间价值。

借：公允价值变动损益　　1 000

　　贷：衍生工具——看跌涨期权　　1 000

在同日，H 公司行使了该看跌期权，合同以现金净额方式进行清算，H 公司有义务支付给 S 公司 96 000 元（96×1 000），S 公司有义务支付给 H 公司 93 000 元（93×1 000），S 公司实际收到净额为 3 000 元，确认期权合同的结算：

借：银行存款　　3 000

　　贷：衍生工具——看跌期权　　3 000

情形 2：期权以普通股净额结算。

除要求的普通股净额结算而不是以现金净额结算以外，其他资料如情形 1。因此，与情形 1 相比，只有 2016 年 1 月 31 日的会计处理不同。

2016 年 1 月 31 日，S 公司行权且以普通股净额结算，H 公司有义务支付给 S 公司 96 000 元（96×1 000）等值的 S 公司普通股，S 公司有义务支付给 H 公司 93 000 元（93×1 000）等值的 S 公司普通股，两者相抵，H 公司有义务支付给 S 公司 3 000 元等值的 S 公司普通股 32.3 股（3 000 ÷ 93）。

借：股本　　32.30

　　资本公积——股本溢价　　2 967.70

　　贷：衍生工具——看跌期权　　3 000.00

情形 3：期权的现金按普通股方式结算。

采用的现金换普通股方式结算，是指 S 公司如行权，H 公司将收到固定数量 S 公司普通股，同时向 S 公司支付固定金额的现金。除此结算方式外，其他资料与情形 1 和情形 2 相同。因此，S 公司的固定行权价为 96 元。如果 S 公司行权，将以每股 96 元的行权价向 H 公司出售本公司普通股 1 000 股。

（1）2015年2月1日，确认支付期权费，获得期权：

借：资本公积——股本溢价 5 000

贷：衍生工具 5 000

（2）2015年12月31日，因为没有现金收付，且期权合同符合S公司权益工具的定义，不需进行账务处理。

（3）2016年1月31日，反映S公司行权，以该合同的总额进行结算，H公司有义务从S公司购入1 000股S公司普通股，同时支付96 000元现金：

借：银行存款 96 000

贷：股本 1 000

资本公积 95 000

（三）附有或有结算条款的金融工具

附有或有结算条款的金融工具，指是否通过交付现金或其他金融资产进行结算，或者是否以其他导致该金融工具成为金融负债的方式进行结算，需要由发行方和持有方均不能控制的未来不确定事项（如股价指数、消费价格指数变动，利率或税法变动，发行方未来收入、净收益或债务权益比率等）的发生或不发生（或发行方和持有方均不能控制的未来不确定事项的结果）来确定的金融工具。

对于附有或有结算条款的金融工具，发行方不能无条件地避免交付现金、其他金融资产或以其他导致该工具成为金融负债的方式进行结算的，应当分类为金融负债。但是，满足下列条件之一的，发行方应当将其分类为权益工具：

（1）要求以现金、其他金融资产或以其他导致该工具成为金融负债的方式进行结算的或有结算条款几乎不具有可能性，即相关情形极端罕见、显著异常或几乎不可能发生。

（2）只有在发行方清算时，才需以现金、其他金融资产或以其他导致该工具成为金融负债的方式进行结算。

（3）按照“金融工具列报准则”第三章分类为权益工具的可回售工具。

例38-4 A公司发行2亿元优先股。按合同条款约定，A公司可根据相应的议事机制自主决定是否派发股利，如果A公司的控股股东发生变更（假设该事项不受A公司控制），A公司必须按面值赎回该优先股。

本例中，该或有事项（控股股东变更）不受A公司控制，属于或有结算事项。同时，该事项的发生也不是一定没有可能性。由于A公司不能无条件地避免赎回股份的义务，因此，该工具应当划分为一项金融负债。

（四）结算选择权

对于存在结算选择权的衍生工具（例如，合同规定发行方或持有方能选择以现金净额或以发行股份交换现金等方式进行结算的衍生工具），发行方应当将其确认为金融资产或金融负债，但所有可供选择的结算方式均表明该衍生工具应当确认为权益工具的除外。

（五）复合金融工具

企业应对发行的非衍生工具进行评估，以确定所发行的工具是否为复合金融工具。企业所发行的非衍生工具可能同时包含金融负债成分和权益工具成分。对于复合金融工具，发行方应于初始确认时将各组成部分分别分类为金融负债、金融资产或权益工具。

企业发行的一项非衍生工具同时包含金融负债成分和权益工具成分的，应于初始计量时先确定金融负债成分的公允价值（包括其中可能包含的非权益性嵌入衍生工具的公允价值），再从复合金融工具公允价值中扣除负债成分的公允价值，作为权益工具成分的价值。

在实务中，可转换债券是一种典型的复合金融工具。

例 38-5　A 公司于 2015 年 1 月 1 日按每份面值 1 000 元发行 2 000 份可转换债券，取得收入 200 万元，债券期限 3 年，票面年利率 6％，利息按年支付。每份债券均可在债券发行 1 年后的任何时候转换为 250 股普通股。A 公司发行债券时，二级市场上与此类似但没有转股权的市场利率为 9％。不考虑其他相关因素，A 公司将发行债券划分为以摊余成本计量的金融负债。

（1）先对负债部分进行计量，债券发行收入与负债部分的公允价值之间的差额则分配到所有者权益部分。负债部分的现值按 9％的折现率计算。

本金的现值：

2 000 000×（P/F，9％，3）＝ 2 000 000×0.772 2 ＝ 1 544 400（元）

利息的现值：

120 000×（P/A，9％，3）＝ 120 000×2.531 3 ＝ 303 756（元）

负债部分总额＝ 1 544 400+303 756 ＝ 1 848 156（元）

所有者权益部分＝ 2 000 000 － 1 848 156 ＝ 151 844（元）

（2）A 公司的账务处理：

2015 年 1 月 1 日，发行可转换公司债：

借：银行存款	2 000 000	
应付债券——利息调整	151 844	
贷：应付债券——总值		2 000 000
资本公积——其他资本公积（股份转换权）		151 844

2015 年 12 月 31 日，计提和实际支付利息：

计提债券利息时：

借：财务费用（1 848 156×9％）	166 334	
贷：应付利息（2 000 000×6％）		120 000
应付债券——利息调整		46 334

支付债券利息时：

借：应付利息　　　　　　　　　　　　　　　　　120 000

　　贷：银行存款　　　　　　　　　　　　　　　　120 000

2016 年 12 月 31 日，债券转换前，计提和实际支付利息：

计提债券利息时：

借：财务费用［（1 848 156+46 334）×9％］　　　170 504

　　贷：应付利息（2 000 000×6％）　　　　　　　120 000

　　　　应付债券——利息调整　　　　　　　　　　50 504

支付债券利息时：

借：应付利息　　　　　　　　　　　　　　　　　120 000

　　贷：银行存款　　　　　　　　　　　　　　　　120 000

至此，转换前应付债券的摊余成本为 1 944 994 元（1 848 156 ＋ 46 334 ＋ 50 504）。

假定，2016 年 12 月 31 日，A 公司股票上涨幅度较大，可转换债券持有方均于当日将持有的可转换债券转换为 A 公司的股票。由于 A 公司对应付债券采用摊余成本后续计量，因此，在转换日，转换前应付债券的摊余成本为 1 944 994 元，而权益部分的账面价值仍为 151 844 元。同样是在转换日，A 公司发行股票的数量为 500 000 股。对此，A 公司的账务处理如下：

借：应付债券——总值　　　　　　　　　　　　　2 000 000

　　贷：股本　　　　　　　　　　　　　　　　　　500 000

　　　　资本公积——股本溢价　　　　　　　　　　1 444 994

　　　　应付债券——利息调整　　　　　　　　　　55 006

借：资本公积——其他资本公积（股份转换权）　　151 844

　　贷：资本公积——股本溢价　　　　　　　　　　151 844

（六）合并财务报表中金融负债与权益工具的区分

在合并财务报表中对金融工具（或其组成部分）进行分类时，企业应当考虑集团成员和金融工具的持有方之间达成的所有条款和条件。如果集团作为一个整体，由于该工具承担了交付现金、其他金融资产或以其他导致该工具成为金融负债的方式进行结算的义务，则该工具应当分类为金融负债。

例 38-6　A 公司为 C 公司的母公司，A 公司向 C 公司的少数股东签出一份在未来 6 个月后以 C 公司普通股为基础的看跌期权，如果 6 个月后 C 公司股票价格下跌，C 公司少数股东有权要求 A 公司无条件地以固定价格购入 C 公司少数股东所持有的 C 公司股份。

此例中，在 A 公司个别报表中，由于该看跌期权的价值随着 C 公司股票价格的变动而变动，并将于未来约定日期进行结算，因此该看跌期权符合衍生工具的定义而确认为一项衍生金融负债。而在集团合并财务报表中，由于看跌期权使集团整体承担了不能无条件地避免以现金或其他金融资产回购 C 公司股票的合同义务，合并财务报表中应当将该义务确认为一项金融负债（尽管现金支付取决于持有方是否行使期权），其金额等于回购所需支付金额的现值。

二、特殊金融工具的区分

特殊金融工具，一般包括可回售工具和发行方仅在清算时才有义务向另一方按比例交付其净资产的金融工具。

（一）可回售工具

可回售工具，是指根据合同约定，持有方有权将该工具回售给发行方以获取现金或其他金融资产的权利，或者在未来某一不确定事项发生或者持有方死亡或退休时，自动回售给发行方的金融工具。

符合金融负债定义，但同时具有下列特征的可回售工具，应当分类为权益工具：

（1）赋予持有方在企业清算时按比例份额获得该企业净资产的权利。企业净资产，是指扣除所有优先于该工具对企业资产要求权之后的剩余资产。按比例份额是指清算时将企业的净资产分拆为金额相等的单位，并且将单位金额乘以持有方所持有的单位数量。

（2）该工具所属的类别次于其他所有工具类别，即该工具在归属于该类别前无须转换为另一种工具，且在清算时对企业资产没有优先于其他工具的要求权。

（3）该类别的所有工具具有相同的特征（例如它们必须都具有可回售特征，并且用于计算回购或赎回价格的公式或其他方法都相同）。

（4）除了发行方应当以现金或其他金融资产回购或赎回该工具的合同义务外，该工具不满足金融负债定义中的任何其他特征。

该工具在存续期内的预计现金流量总额，应当实质上基于该工具存续期内企业的损益、已确认净资产的变动、已确认和未确认净资产的公允价值变动（不包括该工具的任何影响）。

例 38-7 A 企业为一合伙企业。相关入股合同约定：新合伙人加入时按确定的金额和持股比例入股，合伙人退休或退出时以其持股的公允价值予以退还；合伙企业营运资金均来自合伙人入股，合伙人持股期间可按持股比例分得合伙企业的利润（但利润分配由合伙企业自主决定）；当合伙企业清算时，合伙人可按持股比例获得合伙企业的净资产。

在此例中，由于合伙企业在合伙人退休或退出时有向合伙人交付金融资产的义务，因而该可回售工具（合伙人入股合同）满足金融负债的定义。同时，其作为可回售工具具备了以下特征：①合伙企业清算时合伙人可按持股比例获得合伙企业的净资产；②该入股款属于合伙企业中最次级类别的工具；③所有的入股款具有相同的特征；④合伙企业仅有以金融资产回购该工具的合同义务；⑤合伙人持股期间可获得的现金流量总额，实质上基于该工具存续期内企业的损益、已确认净资产的变动、已确认和未确认净资产的公允价值变动。因而，该金融工具应当确认为权益工具。

（二）发行方仅在清算时才有义务向另一方按比例交付其净资产的金融工具

符合金融负债定义，但同时具有下列特征的发行方仅在清算时才有义务向另一方按比例交付其净资产的金融工具，应当分类为权益工具：

（1）赋予持有方在企业清算时按比例份额获得该企业净资产的权利；

（2）该工具所属的类别次于其他所有工具类别；

（3）在次于其他所有类别的工具类别中，发行方对该类别中所有工具都应当在清算时承担按比例份额交付其净资产的同等合同义务。

产生上述合同义务的清算确定将会发生并且不受发行方的控制（如发行方本身是有限寿命主体），或者发生与否取决于该工具的持有方。

例 38-8　A 企业为一中外合作经营企业，成立于 2015 年 1 月 1 日，经营期限为 20 年。按照相关合同约定，A 企业的营运资金及主要固定资产均来自双方股东的投入，经营期间 A 企业按照合作经营合同进行运营；经营到期时，该企业的净资产根据合同约定按出资比例向合作双方偿还。

在此例中，由于该合作企业依照合同，于经营期限届满时需将企业的净资产交付给双方股东，上述合作方的入股款符合金融负债的定义，但合作企业仅在清算时才有义务向合作双方交付其净资产且其同时具备下列特征：①合作双方在合作企业发生清算时可按合同规定比例份额获得企业净资产；②该入股款属于合作企业中最次级类别的工具。因而该金融工具应当确认为权益工具。

第二节　新准则对企业的影响

一、相关的规定

金融工具列报是金融工具会计处理的重要组成部分，包括金融工具在财务报表内列示（即金融工具列示）和在附注中的披露（即金融工具披露）。其中，金融工具列示所涉及的问题，主要包括权益工具和金融负债的区分、混合工具的分拆、金融资产和金融负债相互抵销的条件等，金融工具披露所涉及的问题，主要包括金融工具一般信息如何披露、金融工具风险如何披露等。

二、新准则对企业的要求

企业在披露金融工具信息时，应当根据所披露金融工具的性质和特征将金融工具进行恰当分类，同时还应提供足够的信息使之与财务报表内的项目反映的信息有机地联系起来。

此外，企业所披露的金融工具信息，应当有助于财务报告使用者就金融工具对企业财务状况和经营成果影响的重要程度作出合理评价，并且还应当使财务报告使用者清楚地了解企业所面临的金融工具风险以及管理这些风险所运用的策略和方法。

第三十九章　公允价值计量

第一节　案例分析及操作实务

一、公允价值的定义

新准则对公允价值重新进行了定义，公允价值，是指市场参与者在计量日发生的有序交易中，出售一项资产所能收到或者转移一项负债所需支付的价格。按照新准则的定义，公允价值是出售该项资产所能收到或者转移该项负债所需支付的价格（即“脱手价格”），不是“进入价格”。

二、相关资产或负债

新准则规定，企业以公允价值计量相关资产或负债时，应当考虑该资产或负债的特征。以公允价值计量的相关资产或负债可以是单项资产或负债（如一项金融工具、一项非金融资产等），也可以是资产组合、负债组合或者资产和负债的组合（如《企业会计准则第 8 号——资产减值》规范的资产组、《企业会计准则第 20 号——企业合并》规范的业务等）。企业是以单项还是以组合的方式对相关资产或负债进行公允价值计量，取决于该资产或负债的计量单元。

例 39-1　A 公司持有一项权益性工具，根据相关法律规定，该工具在特定时间不能对外转让。在特定时间不能转让是该项工具的特征。因此，在计量该项工具的公允价值时，可以采用不受转让限制的、相同的权益性工具的公开市场的报价作为计量基础，并对不能转让的法律限制的影响作出一定的调整。该项调整的大小取决于以下几个因素：①该限制的性质与期间；②该限制对购买者的影响大小；③与该项工具以及其发行者相关的其他因素。

三、有序交易与市场

新准则规定，企业以公允价值计量相关资产或负债时，应当假定市场参与者在计量日出售资产或者转移负债的交易，是在当前市场条件下的有序交易。有序交易，是指在计量日前一段时期内相关资产或负债具有惯常市场活动的交易。清算等被迫交易不属于有序交易。

企业以公允价值计量相关资产或负债时，应当假定出售资产或者转移负债的有序交易在相关资产或负债的主要市场进行。不存在主要市场的，企业应当假定该交易在相关资产或负债的最有利市场进行。主要市场，是指相关资产或负债交易量最大和交易活跃程度最高的市场。最有利市场，是指在考虑交易费用和运输费用后，能够以最高金额出售相关资产或者以最低金额转移相关负债的市场。

企业在识别主要市场（或最有利市场）时，应当考虑所有可合理取得的信息，但没有必要考察所有市场。主要市场（或最有利市场）应当是企业在计量日能够进入的交易市场，但不要求企业于计量日在该市场上实际出售资产或者转移负债。由于不同企业可以进入的市场不同，对于不同企业，相同资产或负债可能具有不同的主要市场（或最有利市场）。

企业应当以主要市场的价格计量相关资产或负债的公允价值。不存在主要市场的，企业应当以最有利市场的价格计量相关资产或负债的公允价值。企业不应当因交易费用对该价格进行调整。交易费用不属于相关资产或负债的特征，只与特定交易有关。交易费用不包括运输费用。相关资产所在的位置是该资产的特征，发生的运输费用能够使该资产从当前位置转移到主要市场(或最有利市场)的，企业应当根据使该资产从当前位置转移到主要市场(或最有利市场）的运输费用调整主要市场（或最有利市场）的价格。

当计量日不存在能够提供出售资产或者转移负债的相关价格信息的可观察市场时，企业应当从持有资产或者承担负债的市场参与者角度，假定计量日发生了出售资产或者转移负债的交易，并以该假定交易的价格为基础计量相关资产或负债的公允价值。

例 39-2 假定甲公司生产并销售一种产品，该产品存在 A、B、C 三个市场。甲公司均能在这三个市场上销售该种产品。在计量日，甲公司在这个市场上生产和销售了 100 个产品，具体数量如表 40-1。

表 40-1 A、B、C 三个市场销售比重表

市场类别	销售价格（元）	甲公司分别在各个市场的销售比重	该种产品在各个市场的整体销售比重
A	30 000	60%	15%
B	25 000	25%	75%
C	20 000	15%	10%

分析：根据上述信息，按照新准则的规定，B 市场是该种产品的主要市场，原因在于 B 市场为市场交易量最大的市场。因此，甲公司在计量该种产品的公允价值时，应当以单价 25 000 元作为公允价值。

例 39-3 假定 A 公司制造并销售甲产品，而甲产品存在两个市场：①出口市场。甲产品在出口市场上的售价比较高，但出口数量受到政府出口管制的限制，国内每个制造生产商每年需要向政府申请出口配额。②国内市场。

甲产品在国内市场的售价比较低，但销售数量不受政府的管制。A 公司制定的销售策略为：尽可能地获取出口配额，扩大出口销售，剩下的（大部分）销往国内市场。

分析：在该案例中，出口市场显然是最有利市场，原因在于出口市场对 A 公司来说获取的毛利更高。但是，A 公司的甲产品主要销往国内市场，国内市场是其主要市场。因此，A 公司应当以国内市场的价格来确定甲产品的公允价值。

四、市场参与者

新准则规定，企业以公允价值计量相关资产或负债，应当采用市场参与者在对该资产或负债定价时为实现其经济利益最大化所使用的假设。企业在确定市场参与者时，应当考虑所计量的相关资产或负债、该资产或负债的主要市场（或最有利市场）以及在该市场上与企业进行交易的市场参与者等因素，从总体上识别市场参与者。

例 39-4 假定甲公司拥有一项资产，该资产存在两个市场：A 市场和 B 市场。两个市场的交易量基本相同，只是价格有所不同。甲公司在计量日都能够进入这两个市场。该项资产没有主要市场。

	A 市场	B 市场
售价	27	25
运输费用	3	2
	24	23
交易费用	3	1
净额	21	22

分析：如果 A 市场是该项资产的主要市场（即交易量最大和活跃程度最大的市场），则该资产的公允价值为该市场的市场价格，如果再考虑运输费用的话，则其公允价值为 24 元。

如果该资产的主要市场不存在，则要考虑其最有利市场。如果考虑运输费用和交易费用的话，在 B 市场出售该项资产所获得的净额更高，因此，B 市场为最有利市场。但是，计量公允价值时不能考虑交易费用，因而该项资产的公允价值应该为 23 元。

五、公允价值初始计量

新准则规定，企业应当根据交易性质和相关资产或负债的特征等，判断初始确认时的公允价值是否与其交易价格相等。企业应当根据交易性质和相关资产或负债的特征等，判断初始确认时的公允价值是否与其交易价格相等。在企业取得资产或者承担负债的交易中，交易价格是取得该项资产所支付或者承担该项负债所收到的价格（即进入价格）。公允价值是出售该项资产所能收到或者转移该项负债所需支付的价格（即脱手价格）。

相关资产或负债在初始确认时的公允价值通常与其交易价格相等，但在下列情况中两者可能不相等：①交易发生在关联方之间。但企业有证据表明该关联方交易是在市场条件下进行的除外。②交易是被迫的。③交易价格所代表的计量单元与按照新准则确定的计量单元不同。④交易市场不是相关资产或负债的主要市场（或最有利市场）。

其他相关会计准则要求或者允许企业以公允价值对相关资产或负债进行初始计量，且其交易价格与公允价值不相等的，企业应当将相关利得或损失计入当期损益，但其他相关会计准则另有规定的除外。

六、估值技术

新准则规定，企业以公允价值计量相关资产或负债，应当采用在当前情况下适用并且有足够可利用数据和其他信息支持的估值技术。企业使用估值技术的目的，是为了估计在计量日当前市场条件下，市场参与者在有序交易中出售一项资产或者转移一项负债的价格。

企业以公允价值计量相关资产或负债，使用的估值技术主要包括市场法、收益法和成本法。企业应当使用与其中一种或多种估值技术相一致的方法计量公允价值。企业使用多种估值技术计量公允价值的，应当考虑各估值结果的合理性，选取在当前情况下最能代表公允价值的金额作为公允价值。

例 39-5 A 公司通过企业合并获得了一个资产组合，该资产组合包括一项由被并购企业内部研发而成的软件资产、相关互补性资产（比如相关的数据库）和相关负债。根据购买法，A 公司需要按照公允价值计量该项软件资产。A 公司认为，该软件资产与相关互补性资产及相关负债组合使用，能为市场参与者提供最大的价值。另外，没有证据表明，该软件资产的现行使用不是它的最佳用途。因此，该项资产的最佳使用为现行的使用。

A 公司认为，当前可以拥有足够的数据来运用收益法和成本法来确定公允价值，但市场法不能运用，原因在于当前无法获取类似软件资产的市场交易信息。收益法与成本法具体应用如下：

（1）采用现值技术运用收益法。现值技术所采用的现金流量为该软件资产在其寿命周期所能产生的净现金流（向客户收取的授权费）。根据该方法所计算出来的公允价值为 15 000 000 元。

（2）成本法是通过估算开发类似用途的替代软件资产（即考虑到功能性及经济性）所需要的支出来计算公允价值。运用该种方法所计算的公允价值为 10 000 000 元。

在运用成本法时，A 公司认为市场参与者并不能开发出类似用途的替代软件资产，该项软件资产的一些功能具有独特性，只有使用专有的信息才能被开发出来，并且不能容易地被复制。

综上，A公司认为，该项软件资产的公允价值为按照收益法计算出的15 000 000元。

七、公允价值层次

新准则规定，企业应当将公允价值计量所使用的输入值划分为三个层次，并首先使用第一层次输入值，其次使用第二层次输入值，最后使用第三层次输入值。

第一层次输入值为公允价值提供了最可靠的证据。在所有情况下，企业只要能够获得相同资产或负债在活跃市场上的报价，就应当将该报价不加调整地应用于该资产或负债的公允价值计量。

企业在使用第二层次输入值对相关资产或负债进行公允价值计量时，应当根据该资产或负债的特征，对第二层次输入值进行调整。这些特征包括资产状况或所在位置、输入值与类似资产或负债的相关程度、可观察输入值所在市场的交易量和活跃程度等。

企业只有在相关资产或负债不存在市场活动或者市场活动很少，导致相关可观察输入值无法取得或取得不切实可行的情况下，才能使用第三层次输入值，即不可观察输入值。

八、非金融资产的公允价值计量

新准则规定，企业以公允价值计量非金融资产，应当考虑市场参与者将该资产用于最佳用途产生经济利益的能力，或者将该资产出售给能够用于最佳用途的其他市场参与者产生经济利益的能力。企业确定非金融资产的最佳用途，应当考虑法律上是否允许、实物上是否可能以及财务上是否可行等因素。①企业判断非金融资产的用途在法律上是否允许，应当考虑市场参与者在对该资产定价时考虑的资产使用在法律上的限制。②企业判断非金融资产的用途在实物上是否可能，应当考虑市场参与者在对该资产定价时考虑的资产实物特征。③企业判断非金融资产的用途在财务上是否可行，应当考虑在法律上允许且实物上可能的情况下，使用该资产能否产生足够的收益或现金流量，从而在补偿使资产用于该用途所发生的成本后，仍然能够满足市场参与者所要求的投资回报。

新准则规定，企业以公允价值计量非金融资产，应当基于最佳用途确定下列估值前提：①市场参与者单独使用一项非金融资产产生最大价值的，该非金融资产的公允价值应当是将其出售给同样单独使用该资产的市场参与者的当前交易价格。②市场参与者将一项非金融资产与其他资产组合（或者其他资产或负债的组合）使用产生最大价值的，该非金融资产的公允价值应当是将其出售给以同样组合方式使用该资产的市场参与者的当前交易价格，并且该市场参与者可以取得组合中的其他资产和负债。其中，负债包括企业为筹集营运资金产生的负债，但不包括企业为组合之外的资产筹集资金所产生的负债。最佳用途的假定应当一致地应用于组合中所有与最佳用途相关的资产。

例 39-6 A公司拥有一项投资性房地产，具体为一块土地以及地上所建造的旧仓库。该块土地可用来重新建造一个休闲公园，其市场价值远高于其作为一个仓库的价值。A公司管理层不知道如何确定该项投资性房地产的公允价值。

分析：根据新准则的规定，企业在以公允价值计量非金融资产时，应当假定非金融资产的最佳用途。在该案例中，重新建造一个休闲公园显然是该项投资性房地产的最佳用途。但是，值得注意的是，重新建造休闲公园需要拆除现有的仓库，因此，在最佳用途假设下，该仓库的市场价值为零。

例 39-7 A公司收购了B公司，B公司有三块相邻的土地，都可以建造房屋建筑物，是作为企业合并的一部分。该三块土地可以单独出售，每块售价是500万元。

该三块土地也可以整体打包出售。由于该区域的停车资源非常稀缺，带有停车场的楼盘的售价要比没有停车场的楼盘售价高很多。如果在这三块土地中，两边的两块土地建造房屋建筑物，中间那块土地建造一个停车场，则三块土地的整体售价会更高，可以卖到2 000万元。

分析：显而易见，这三块土地的最佳用途是把其整体建造成一个带有停车场的楼群。因此，这三块土地的公允价值为2 000万元。

九、负债和企业自身权益工具的公允价值计量

新准则规定，企业以公允价值计量负债，应当假定在计量日将该负债转移给其他市场参与者，而且该负债在转移后继续存在，并由作为受让方的市场参与者履行义务。企业以公允价值计量负债，应当考虑不履约风险，并假定不履约风险在负债转移前后保持不变。

新准则规定，企业以公允价值计量自身权益工具，应当假定在计量日将该自身权益工具转移给其他市场参与者，而且该自身权益工具在转移后继续存在，并由作为受让方的市场参与者取得与该工具相关的权利、承担相应的义务。

十、公允价值披露

根据新准则的规定，企业应当根据相关资产或负债的性质、特征、风险以及公允价值计量的层次对该资产或负债进行恰当分组，并按照组别披露公允价值计量的相关信息。

新准则规定，在相关资产或负债初始确认后的每个资产负债表日，企业至少应当在附注中披露持续以公允价值计量的每组资产和负债的下列信息：①其他相关会计准则要求或者允许企业在资产负债表日持续以公允价值计量的项目和金额。②公允价值计量的层次。③在各层次之间转换的金额和原因，

以及确定各层次之间转换时点的政策。每一层次的转入与转出应当分别披露。④对于第二层次的公允价值计量，企业应当披露使用的估值技术和输入值的描述性信息。当变更估值技术时，企业还应当披露这一变更以及变更的原因。⑤对于第三层次的公允价值计量，企业应当披露使用的估值技术、输入值和估值流程的描述性信息。当变更估值技术时，企业还应当披露这一变更以及变更的原因。企业应当披露公允价值计量中使用的重要的、可合理取得的不可观察输入值的量化信息。⑥对于第三层次的公允价值计量，企业应当披露期初余额与期末余额之间的调节信息，包括计入当期损益的已实现利得或损失总额，以及确认这些利得或损失时的损益项目；计入当期损益的未实现利得或损失总额，以及确认这些未实现利得或损失时的损益项目（如相关资产或负债的公允价值变动损益等）；计入当期其他综合收益的利得或损失总额，以及确认这些利得或损失时的其他综合收益项目；分别披露相关资产或负债购买、出售、发行及结算情况。⑦对于第三层次的公允价值计量，当改变不可观察输入值的金额可能导致公允价值显著变化时，企业应当披露有关敏感性分析的描述性信息。这些输入值和使用的其他不可观察输入值之间具有相关关系的，企业应当描述这种相关关系及其影响，其中不可观察输入值至少包括本条第⑤项要求披露的不可观察输入值。对于金融资产和金融负债，如果为反映合理、可能的其他假设而变更一个或多个不可观察输入值将导致公允价值的重大改变，企业还应当披露这一事实、变更的影响金额及其计算方法。⑧当非金融资产的最佳用途与其当前用途不同时，企业应当披露这一事实及其原因。

新准则规定，在相关资产或负债初始确认后的资产负债表中，企业至少应当在附注中披露非持续以公允价值计量的每组资产和负债的下列信息：①其他相关会计准则要求或者允许企业在特定情况下非持续以公允价值计量的项目和金额，以及以公允价值计量的原因。②公允价值计量的层次。③对于第二层次的公允价值计量，企业应当披露使用的估值技术和输入值的描述性信息。当变更估值技术时，企业还应当披露这一变更以及变更的原因。④对于第三层次的公允价值计量，企业应当披露使用的估值技术、输入值和估值流程的描述性信息，当变更估值技术时，企业还应当披露这一变更以及变更的原因。企业应当披露公允价值计量中使用的重要不可观察输入值的量化信息。⑤当非金融资产的最佳用途与其当前用途不同时，企业应当披露这一事实及其原因。

第二节　新准则的衔接

新准则规定，新准则施行日之前的公允价值计量与新准则要求不一致的，企业不作追溯调整。

如果比较财务报表中披露的新准则施行日之前的信息与新准则要求不一致的，企业不需要按照新准则的规定进行调整。

第三节　新准则对企业的影响

在经历了颇多争议之后，我国关于公允价值计量的新准则终于正式出台了，这将极大地推动公允价值在会计实务中的规范应用，进一步提高会计信息对财务报表使用者的决策相关性。新准则进一步完善了非活跃市场情况下公允价值计量的规则指引，增加了对资产和负债（包括非金融资产和负债）公允价值计量的可操作性，提高了公允价值计量的披露要求。

第四十章　合营安排

第一节　案例分析及操作实务

一、区分共同经营与合营企业

例 40-1　公司 A 与公司 B 签订一项战略合作经营框架，双方同意按照条款 a——制造协议和条款 b——分销协议进行协作制造，在不同市场上销售产品 P，具体条款如下。

条款 a——制造协议：合营双方成立独立主体 M，专门用于生产产品 P，其法律形式规定主体 M 拥有 M 资产的所有权并承担相应的负债义务。合营双方约定按照各自的股权比例购买主体 M 的产品 P，双方再根据条款 b——分销协议销售产品 P；

条款 b——分销协议：合营双方成立独立主体 D，专门用于分销产品 P，其法律形式规定主体 D 拥有 D 资产的所有权并承担相应的负债义务。主体 D 根据不同的市场需求向合营双方下达销售订单指令。

此外，该战略合作经营框架还规定：

（1）主体 M 生产的产品 P 只用于满足主体 D 的销售需要；

（2）产品 P 的销售定价策略：销售价格要求覆盖所有生产成本并得到合营双方的同意；

（3）制造安排可能出现的任何现金短缺，由合营双方按照各自在主体 M 中所占股权比例补足。

分析:（1）框架协议规定了参与方 A 与参与方 B 制造和分销产品 P 的条款。这些活动通过合营安排进行，旨在制造和分销产品 P。

（2）参与方通过主体 M 执行制造安排，主体 M 的法律形式使其在自身立场上考虑问题，即主体 M 持有的资产和负债是其自身、而不是参与方的，主体 M 的法律形式区分了参与方和该主体。制造协议和合同安排都没有表明参与方拥有与制造活动有关的资产权利和负债义务。然而，当考虑以下事实和情况时，该制造安排是共同经营：

①参与方承诺按照各自的股权比例购买制造安排生产的所有产品 P。因此，参与方实质上拥有与该安排相关的资产的经济利益；

②制造安排生产的产品 P 只用于满足主体 D 的销售需要，参与方承诺当制造安排发生任何现金短缺时，按各自在主体 M 中所占股权比例提供资金，

这表明参与方对制造安排的负债承担义务，即参与方通过购买 M 的产品或直接提供资金支持来承担 M 的负债。

因此，制造安排属于共同经营。

（3）参与方通过主体 D 进行分销活动，主体 D 的法律形式使其在自身立场上考虑问题，即主体 D 持有的资产和负债是其自身、而不是参与方的，主体 D 的法律形式区分了参与方和该主体；并且，分销协议和合同安排都没有表明参与方拥有与分销活动相关的资产权利和负债义务；再者，没有其他需要考虑的因素指出在实际经济业务中，参与方仍然对其投入主体 D 的资产拥有所有权并承担相应的负债义务。因此，该合营安排是合营企业。

（4）参与方 A 和参与方 B 的会计处理：

① A 和 B 根据其在主体 M 中的所有者权益，各自在财务报表中确认由制造安排产生的资产（例如，不动产、厂房和设备，现金）的份额、负债（例如，对第三方的应付账款）的份额、生产产品 P 的费用份额，以及销售产品 P 给主体 D 的收入份额。

②参与方将其在主体 D 中对净资产的权利确认为投资，并以权益法进行会计处理。

假设参与方同意上述制造安排不仅负责生产产品 P 和直接销售产品 P 的分销安排，还负责向第三方客户销售；并同意建立与上述分销安排相似的专门销售产品 P 的销售安排，以帮助将产品 P 销售至其他特定市场。分销安排没有承诺购买或者保留规定比例的制造安排产量。

分析：上述变动既不影响从事制造活动的单独主体 M 的法律形式，也不影响参与方对制造活动相关的资产权利和负债义务的合同条款。然而，它使得制造安排成为一项自我融资的安排，因为它能出于自身利益的考虑与第三方客户进行交易销售产品 P，因此，该安排负责需求、存货和信用风险。在这种情况下，尽管制造安排还可以向分销安排销售产品 P，但制造安排不再依赖于那些能够在持续的基础上执行其活动的参与方。由此，该制造安排就是合营企业。

分销安排被分类为合营企业不受上述变动的影响。

参与方将其在制造安排中对净资产的权利和在分销安排中对净资产的权利确认为投资，并以权益法进行会计处理。

二、共同经营合营方的会计处理

新准则规定，合营方应当确认其与共同经营中利益份额相关的下列项目，并按照相关企业会计准则的规定进行会计处理：①确认单独所持有的资产，以及按其份额确认共同持有的资产；②确认单独所承担的负债，以及按其份额确认共同承担的负债；③确认出售其享有的共同经营产出份额所产生的收入；④按其份额确认共同经营因出售产出所产生的收入；⑤确认单独所发生的费用，以及按其份额确认共同经营发生的费用。

由于共同经营的本质是合营方享有合营安排的相关资产，且承担该安排的相关负债，因此，共同经营合营方在进行会计处理时，应将其在共同经营中拥有全部所有权的资产（合营方单独持有的共同经营资产）和部分所有权的资产（合营方按其份额确认的共同持有资产），按全部金额或合营方在共同经营中的份额，借记“原材料”等资产类科目，贷记“银行存款”或“应付账款”等负债类科目；共同经营中由合营方单独承担和由各参与方共同承担的负债，按全部金额或合营方在共同经营中的份额，借记相关账户，贷记“应付账款”或“应付职工薪酬”等负债类科目；合营方按其份额，确认其享有的共同经营产出，借记“库存商品”等科目，贷记“生产成本”等科目；等到合营方将其享有的共同经营产出出售时，借记“应收账款”等科目，贷记“主营业务收入”科目和“应交税费——应交增值税（销项税额）”科目；同时确认单独发生的费用，借记“主营业务成本”科目，贷记“库存商品”科目；合营方按其份额确认共同经营出售产出所产生的收入时，借记“应收账款”等科目，贷记“主营业务收入”账户和“应交税费——应交增值税（销项税额）”账户；同时按其份额确认共同经营发生的费用，借记“主营业务成本”账户，贷记“库存商品”账户；期末，合营方对其在共同经营中单独持有的资产和按其份额确认的共同持有的资产，进行减值测试，如果发生减值损失，应全部或者按其份额确认资产减值损失，计提资产减值准备；期末，合营方还应对其持有的固定资产和无形资产，采用一定的方法全额或者按其份额计提折旧和进行价值摊销。

例 40-2　A 公司和 B 公司各出资 50% 设立一个合营安排，该合营安排为共同经营。双方合同约定，各自按出资比例确认持有的共同经营资产。现共同经营用 A、B 公司投入的资金购入如下资产：材料物资 100 000 元，增值税额 17 000 元；生产用固定资产 350 000 元，增值税额 59 500 元；管理用固定资产 25 000 元，增值税额 4 250 元；无形资产 90 000 元。

本例中，共同经营合营方 A 公司按其出资比例确认持有的共同经营资产时，应根据相关凭据编制会计分录如下：

借：原材料（100 000×50%）　　50 000
　　固定资产（375 000×50%）　　187 500
　　无形资产（90 000×50%）　　45 000
　　应交税费——应交增值税（进项税额）（17 000×50%
　　　　+ 59 500×50% + 4 250×50%）　　40 375
　　贷：银行存款　　322 875

三、合营企业参与方的会计处理

新准则规定，合营方应当按照《企业会计准则第 2 号——长期股权投资》

的规定对合营企业的投资进行会计处理，对合营企业不享有共同控制的参与方，对该合营企业具有重大影响的，应当按照《企业会计准则第 2 号——长期股权投资》的规定进行会计处理。

例 40-3 A 公司与 B 公司于 2013 年年初共同出资设立一个单独主体，该合营安排被认定为合营企业。A 公司以 240 000 元的货币资金取得合营安排 50% 的表决权，合营安排 2013 年年初的所有者权益账面价值为 480 000 元，公允价值为 500 000 元。合营企业 2013 年至 2015 年各年净利润及利润分派记录如表 40-1。

表 40-1 合营企业 2013 年至 2015 年各年净利润及利润分派记录

单位：元

年份	净利润	分派利润
2013	320 000	0
2014	200 000	280 000
2015	(240 000)	40 000
2016	(240 000)	40 000
合计	40 000	360 000

根据以上资料，A 公司编制会计分录如下：

（1）2013 年年初的相关账务处理。

借：长期股权投资——投资成本　　250 000

　　贷：银行存款　　240 000

　　　　营业外收入　　10 000

（2）2013 年年末的相关账务处理。

应确认投资收益＝320 000×50%＝160 000（元）

借：长期股权投资——损益调整　　160 000

　　贷：投资收益　　160 000

（3）2014 年年末的相关账务处理。

应确认投资收益＝200 000×50%＝100 000（元）

收到的利润＝280 000×50%＝140 000（元）

借：长期股权投资——损益调整 100 000
　　贷：投资收益 100 000
借：银行存款 140 000
　　贷：长期股权投资——损益调整 140 000

（4）2015 年年末的相关账务处理。

应确认投资损失＝240 000×50%＝120 000（元）

收到的利润＝40 000×50%＝20 000（元）

借：投资收益 120 000
　　贷：长期股权投资——损益调整 120 000
借：银行存款 20 000
　　贷：长期股权投资——损益调整 20 000

（5）2016 年年末的相关账务处理。

应确认投资损失＝240 000×50%＝120 000（元）

收到的利润＝40 000×50%＝20 000（元）

借：投资收益 120 000
　　贷：长期股权投资——损益调整 120 000
借：银行存款 20 000
　　贷：长期股权投资——损益调整 20 000

第二节　新准则对企业的影响

为了适应社会主义市场经济发展的需要，进一步完善企业会计准则体系，我国财政部于 2014 年 2 月 17 日发布了《企业会计准则第 40 号——合营安排》，并自 2014 年 7 月 1 日起在所有执行企业会计准则的企业范围内施行，鼓励在境外上市的企业提前执行。该准则重点对“共同控制”以及相关的“共同经营”和“合营企业”重新进行了界定，并对相关会计处理作出了规定。存在合营安排的企业，以及计划参与合营安排的企业应根据修订后的合营安排分类标准，评估现有的以及计划参与的合营安排，从而确定适当的会计处理。企业需要注意考虑整个交易安排的全过程，而不仅仅是看其开始阶段存在的事实和情况。在某些情况下，是否存在合营安排的判断以及对合营安排类型的区分随着时间的推移可能会发生变化，因此，需要对相关的最初判断结论进行重新评价。

第四十一章　在其他主体中权益的披露

第一节　案例分析及操作实务

一、重大判断和假设的披露

企业应当披露对其他主体实施控制、共同控制或重大影响的重大判断和假设，以及这些判断和假设变更的情况，包括但不限于下列各项：

（1）企业持有其他主体半数或以下的表决权但仍控制该主体的判断和假设，或者持有其他主体半数以上的表决权但并不控制该主体的判断和假设。

（2）企业持有其他主体 20% 以下的表决权但对该主体具有重大影响的判断和假设，或者持有其他主体 20% 或以上的表决权但对该主体不具有重大影响的判断和假设。

（3）企业通过单独主体达成合营安排的，确定该合营安排是共同经营还是合营企业的判断和假设。

（4）确定企业是代理人还是委托人的判断和假设。

另外，企业应当披露按照《企业会计准则第 33 号——合并财务报表》被确定为投资性主体的重大判断和假设，以及虽然不符合《企业会计准则第 33 号——合并财务报表》有关投资性主体的一项或多项特征但仍被确定为投资性主体的原因。企业（母公司）由非投资性主体转变为投资性主体的，应当披露该变化及其原因，并披露该变化对财务报表的影响，包括对变化当日不再纳入合并财务报表范围子公司的投资的公允价值、按照公允价值重新计量产生的利得或损失以及相应的列报项目。企业（母公司）由投资性主体转变为非投资性主体的，应当披露该变化及其原因。

例 41-1　甲企业集团持有乙公司 40% 的股份，但甲集团认为其能够控制乙公司。甲集团在其 2×14 年报的合并财务报表附注中作出如下披露：

本集团持有乙公司 40% 的股权，对乙公司的表决权比例亦为 40%。虽然本集团持有乙公司的表决权比例未达到半数以上，但本集团能够控制乙公司，理由如下：①乙公司的其他股东的表决权比例均不超过 1%，且没有迹象表明其他股东会集体表决；②近 5 年来其他股东出席或通过代理人出席股东大会、行使表决权的比例未超过乙公司总表决权的 20%；③本集团有权任免乙公司董事会中的多数成员；④本集团有权主导乙公司的经营活动并享有可变回报。

例 41-2　甲企业集团持有乙公司 17% 的股份，但甲集团认为其能够对乙公司实施重大影响。甲集团在其 2×14 年年报的合并财务报表附注中作出如下披露：

本集团持有乙公司 17% 的股权，对乙公司的表决权比例亦为 17%。虽然该比例低于 20%，但由于本集团在乙公司董事会中派有代表并参与对乙公司财务和经营政策的决策，所以本集团能够对乙公司施加重大影响。

二、在子公司中权益的披露

（一）子公司基本信息的披露

企业应当在合并财务报表附注中披露企业集团的构成，包括子公司的名称、主要经营地及注册地、业务性质、企业的持股比例（或类似权益比例，下同）等。具体的披露格式如表 41-1 所示。

表 41-1　子公司基本信息

子公司名称	注册地	业务性质	注册资本	本企业合计持股比例	本企业合计享有的表决权比例
1.					
……					

（二）关于子公司少数股东的披露

子公司少数股东持有的权益对企业集团重要的，企业还应当在合并财务报表附注中披露下列信息：

（1）子公司少数股东的持股比例。子公司少数股东的持股比例不同于其持有的表决权比例的，企业还应当披露该表决权比例。

（2）当期归属于子公司少数股东的损益以及向少数股东支付的股利。

（3）子公司在当期期末累计的少数股东权益余额。

（4）子公司的主要财务信息。

（三）关于使用企业集团资产和清偿企业集团债务存在重大限制的披露

使用企业集团资产和清偿企业集团债务存在重大限制的，企业应当在合并财务报表附注中披露下列信息：

（1）该限制的内容，包括对母公司或其子公司与企业集团内其他主体相互转移现金或其他资产的限制，以及对企业集团内主体之间发放股利或进行利润分配、发放或收回贷款或垫款等的限制。

（2）子公司少数股东享有保护性权利，并且该保护性权利对企业使用企业集团资产或清偿企业集团负债的能力存在重大限制的，该限制的性质和程度。

（3）该限制涉及的资产和负债在合并财务报表中的金额。

例 41-3 甲企业集团主要从事金融业务，总部设在中国，并在多个国家设立了子公司。甲集团在其 2×15 年年报的合并财务报表附注中就集团成员企业使用企业集团资产和清偿企业集团债务受到的重大限制作出如下披露：

本集团在欧洲的子公司乙公司因当地法律中有关银行资本充足率的规定使乙公司向母公司转移现金或其他资产的能力受到重大限制，该项限制涉及的资产在合并财务报表中的金额为 73 亿元（2×14 年的金额为 71 亿元）。

本集团在欧洲的子公司丙公司需要遵循当地政府有关金融企业保持流动性的要求，根据该要求，丙公司不能使用已确认但未实现的收益进行利润分配。该限制涉及的金额为 350 万元（2×14 年的金额为 400 万元）。

本集团有多家投资基金，这些投资基金是纳入合并财务报表范围的结构化主体。投资基金持有的资产具有专门用途，按照相关合同约定，对这部分资产不得擅自改变用途并转移至本集团的其他成员企业。该限制涉及的资产在合并财务报表中的金额为 4.8 亿元（2×14 年的金额为 4.5 亿元）。

本集团在非洲的子公司丁公司需要遵循当地外汇管理政策，根据该政策，丁公司必须经过当地外汇管理局的批准才能向母公司及其他投资者支付现金股利。丁公司 2×15 年 12 月 31 日现金及现金等价物的金额为 500 万元（2×14 年的金额为 480 万元）。

（四）关于结构化主体的披露

企业存在纳入合并财务报表范围的结构化主体的，应当在合并财务报表附注中披露与该结构化主体相关的风险信息。新准则所指的“支持”不属于企业日常的经营活动，通常是由特定事项触发的交易。例如，当纳入合并财务报表范围的结构化主体流动性紧张或资产信用评级被降低时，企业作为母公司可能需要向结构化主体提供流动性支持，或与结构化主体进行资产置换来提高结构化主体的资产信用评级，使结构化主体恢复到正常的经营状态。

新准则所指的“财务支持”（即直接或间接地向结构化主体提供经济资源）通常包括：向结构化主体无偿提供资金；增加对结构化主体的权益投资；向结构化主体提供长期贷款；豁免结构化主体所欠的债务；从结构化主体购入资产，或购买结构化主体发行的证券；按照偏离市场公允价值的价格与结构化主体进行交易，造成企业资源的净流出；企业就结构化主体的经营业绩向第三方提供保证或承诺；其他情形。新准则所指的“其他支持”通常是非财务方面的支持，例如提供人力资源管理或其他管理服务等。

1. 有合同约定的情况

本准则规定，对纳入合并财务报表范围的结构化主体，合同约定企业或其子公司向该结构化主体提供财务支持的，应当披露提供财务支持的合同条款，包括可能导致企业承担损失的事项或情况。

例 41-4　甲公司是乙结构化主体的发起人，能够控制乙主体并将其纳入合并财务报表范围。甲公司在其 2×15 年年报的合并财务报表附注中对有关事项披露如下：甲公司与乙主体以合同方式约定，如果乙主体资产的信用评级降至 AAA 级以下，甲公司将同乙主体进行资产交换，甲公司用信用评级为 AAA 级资产换取乙主体相同公允价值但信用评级低于 AAA 级的资产，用于交换的资产的公允价值上限为 1 000 万元。

2. 没有合同约定的情况

本准则规定，对纳入合并财务报表范围的结构化主体，在没有合同约定的情况下，企业或其子公司当期向该结构化主体提供了财务支持或其他支持，企业应当披露所提供支持的类型、金额及原因，包括帮助该结构化主体获得财务支持的情况。其中，企业或其子公司当期对以前未纳入合并财务报表范围的结构化主体提供了财务支持或其他支持并且该支持导致企业控制了该结构化主体的，企业还应当披露决定提供支持的相关因素。

例 41-5　甲公司是乙结构化主体的发起人，能够控制乙主体并将其纳入合并财务报表范围。甲公司在其 2×15 年年报的合并财务报表附注中对有关事项披露如下：2×15 年 7 月，乙主体所持有的资产信用评级下降，由原先的 AAA 级下降至 AA 级，很有可能被迫回购其发行的中长期债券。为此，本公司在没有合同约定的情况下，仍将信用评级为 AAA 的资产按照该资产的公允价值 2 000 万换取乙主体相同公允价值但信用评级为 AA 级的资产，使乙主体资产的信用评级维持在 AAA 级。

3. 向结构化主体提供支持的意图

本准则规定，对纳入合并财务报表范围的结构化主体，企业存在向该结构化主体提供财务支持或其他支持的意图的，应当披露该意图，包括帮助该结构化主体获得财务支持的意图。本准则所指的“意图”是指企业基本决定将在未来期间向结构化主体提供财务支持或其他支持，具体表现为适当级别的企业高管批准了企业向结构化主体提供支持的计划或者方案。如果计划或者方案仅处于酝酿阶段，尚未获得企业高管批准，则不属于本准则所称的意图，也不需要进行披露。

（五）关于子公司控制权发生变化的披露

企业在其子公司所有者权益份额发生变化且该变化未导致企业丧失对子公司控制权的，应当在合并财务报表附注中披露该变化对本企业所有者权益的影响。企业丧失对子公司控制权的，应当在合并财务报表附注中披露下列信息：①由于丧失控制权而产生的利得或损失以及相应的列报项目。②剩余股权在丧失控制权日按照公允价值重新计量而产生的利得或损失。

例 41-6　甲公司持有乙公司 80% 的股权，能够对乙公司实施控制。2×14 年 1 月，甲公司将其持有的乙公司的部分股份对外出售（占乙公司股份的 20%），该项交易未导致甲公司丧失对乙公司的控制权。

甲公司在2×14年年报的合并财务报表附注中对该项交易的披露如下：甲公司于2×14年1月处置部分对乙公司的投资（占乙公司股份的20%），但未丧失对乙公司的控制权。处置股权取得的对价为2 600万元，该项交易导致少数股东权益增加2 400万元，资本公积增加200万元。

例41-7 甲公司持有乙公司60%的股权，能够对乙公司实施控制。2×14年6月，甲公司将其持有的乙公司的部分股份对外出售（占乙公司股份的40%），该项交易导致甲公司丧失了对乙公司的控制权，但仍对乙公司具有重大影响。

甲公司在2×14年年报的合并财务报表附注中对该项交易的披露如下：甲公司2×14年6月处置部分对乙公司的投资（占乙公司股份的40%），丧失了对乙公司的控制权。处置股权取得的对价为6 000万元，该项交易的收益为720万元，列示在合并财务报表的“投资收益”项目中。处置当日剩余股权的公允价值为3 000万元，剩余股权按照公允价值计量而产生的利得为200万元。

（六）关于未纳入合并范围的子公司的披露

企业是投资性主体且存在未纳入合并财务报表范围的子公司、并对该子公司权益按照公允价值计量且其变动计入当期损益的，应当在财务报表附注中对该情况予以说明。同时，对于未纳入合并财务报表范围的子公司，企业应当披露下列信息：

（1）子公司的名称、主要经营地及注册地。

（2）企业对子公司的持股比例。持股比例不同于企业持有的表决权比例的，企业还应当披露该表决权比例。企业的子公司也是投资性主体且该子公司存在未纳入合并财务报表范围的下属子公司的，企业应当按照上述要求披露该下属子公司的相关信息。

（七）关于未纳入投资性主体合并范围的子公司的披露

企业是投资性主体的，对其在未纳入合并财务报表范围的子公司中的权益，应当披露与该权益相关的风险信息：

（1）该未纳入合并财务报表范围的子公司以发放现金股利、归还贷款或垫款等形式向企业转移资金的能力存在重大限制的，企业应当披露该限制的性质和程度。

（2）企业存在向未纳入合并财务报表范围的子公司提供财务支持或其他支持的承诺或意图的，企业应当披露该承诺或意图，包括帮助该子公司获得财务支持的承诺或意图。在没有合同约定的情况下，企业或其子公司当期向未纳入合并财务报表范围的子公司提供财务支持或其他支持的，企业应当披露提供支持的类型、金额及原因。

（3）合同约定企业或其未纳入合并财务报表范围的子公司向未纳入合并财务报表范围，但受企业控制的结构化主体提供财务支持的，企业应当披露相关合同条款，以及可能导致企业承担损失的事项或情况。在没有合同约定的情况下，企业或其未纳入合并财务报表范围的子公司当期向原先不受企业控制且未纳入合并财务报表范围的结构化主体提供财务支持或其他支持，并且所提供的支持导致企业控制该结构化主体的，企业应当披露决定提供上述支持的相关因素。

三、在合营安排或联营企业中权益的披露

（一）关于重要的合营安排或联营企业的披露

存在重要的合营安排或联营企业的，企业应当披露下列信息：①合营安排或联营企业的名称、主要经营地及注册地。②企业与合营安排或联营企业的关系的性质，包括合营安排或联营企业活动的性质，以及合营安排或联营企业对企业活动是否具有战略性等。③企业的持股比例。持股比例不同于企业持有的表决权比例的，企业还应当披露该表决权比例。

对于重要的合营企业或联营企业，企业还应当披露对合营企业或联营企业投资的会计处理方法，从合营企业或联营企业收到的股利，以及合营企业或联营企业在其自身财务报表中的主要财务信息。企业对上述合营企业或联营企业投资采用权益法进行会计处理的，上述主要财务信息应当是按照权益法对合营企业或联营企业相关财务信息调整后的金额；同时，企业应当披露将上述主要财务信息按照权益法调整至企业对合营企业或联营企业投资账面价值的调节过程.企业对上述合营企业或联营企业投资采用权益法进行会计处理但该投资存在公开报价的，还应当披露其公允价值。

（二）关于在单个合营企业或联营企业中的权益不重要的披露

企业在单个合营企业或联营企业中的权益不重要的，应当分别就合营企业和联营企业两类披露下列信息：①按照权益法进行会计处理的对合营企业或联营企业投资的账面价值合计数。②对合营企业或联营企业的净利润、终止经营的净利润、其他综合收益、综合收益等项目，企业按照其持股比例计算的金额的合计数。

合营企业或联营企业以发放现金股利、归还贷款或垫款等形式向企业转移资金的能力存在重大限制的，企业应当披露该限制的性质和程度。企业对合营企业或联营企业投资采用权益法进行会计处理，被投资方发生超额亏损且投资方不再确认其应分担合营企业或联营企业损失份额的，应当披露未确认的合营企业或联营企业损失份额，包括当期份额和累积份额。企业应当单独披露与其对合营企业投资相关的未确认承诺，以及与其对合营企业或联营企业投资相关的或有负债。

例 41-8　甲公司持有乙公司 40% 的股权，能够对乙公司实施重大影响。2×14 年度，乙公司发生巨额亏损。甲公司在其 2×14 年年报的财务报表附注中对该事项披露如下：2×14 年度乙公司亏损 10 000 万元，本公司按照持股比例应分担损失 4 000 万元，但本公司对乙公司权益投资的账面价值仅为

3 500 万元，本公司不存在长期应收款等其他实质上构成对乙公司净投资的权益项目，本公司确认了 3 500 万元的投资损失，当期未确认的对乙公司投资的损失份额为 500 万元，本期期末累积未确认的对乙公司投资的损失份额为 500 万元。

甲公司也可以采用表格的形式披露（见表 41-2）。

表 41-2　甲公司联营损失份额

2×14 年　　　　　　　　单位：万元

项目	前期累积未确认的损失份额	本期未确认的损失份额	本期末累积未确认的损失份额
联营企业：			
乙公司	0	500	500
合计	0	500	500

例 41-9　2×14 年 7 月 1 日，甲公司、乙公司和丙公司共同出资设立丁企业，出资比例分别为 50%、40% 及 10%，各参与方的表决权比例与其出资比例相同。假设根据协议，甲公司和乙公司对丁企业具有共同控制，且该合营安排为合营企业。协议约定，乙公司承诺丙公司在丁企业成立届满 3 年后，丙公司可以选择将其在丁企业中的财产份额全部转让给乙公司，由乙公司一次性全额向丙公司支付丙公司初始投资成本的 120%。丙公司的初始投资成本为 150 万元，乙公司承担的未确认承诺为 180 万元。

乙公司在其 2×14 年年报的财务报表附注中对该项未确认承诺披露如下：本公司对丁企业（2×14 年 7 月成立）享有共同控制，表决权比例为 40%。根据协议，如果丁企业的参与方丙公司选择在丁企业成立届满 3 年后将其在丁企业中财产份额转让给本公司，本公司需要一次性全额向丙公司支付 180 万元。

例 41-10　甲公司在其 2×15 年年报的财务报表附注中对与联营企业相关的或有负债单独披露如下：2×15 年 12 月 31 日，本公司为联营企业提供财务担保的金额为 4 625 万元（2×14 年的金额为 4 519 万元），半数以上的财务担保将在 1 年内到期。上述金额代表联营企业违约将给本公司造成的最大损失。由于不符合预计负债确认条件，上述财务担保属于未确认或有负债。

四、在未纳入合并财务报表范围的结构化主体中权益的披露

对于未纳入合并财务报表范围的结构化主体，企业应当披露下列信息：

①未纳入合并财务报表范围的结构化主体的性质、目的、规模、活动及融资方式。②在财务报表中确认的与企业在未纳入合并财务报表范围的结构化主体中权益相关的资产和负债的账面价值及其在资产负债表中的列报项目。③在未纳入合并财务报表范围的结构化主体中权益的最大损失敞口及其确定方法。企业不能量化最大损失敞口的，应当披露这一事实及其原因。④在财务报表中确认的与企业在未纳入合并财务报表范围的结构化主体中权益相关的资产和负债的账面价值与其最大损失敞口的比较。

优先级债券列示在财务报表的“可供出售金融资产”项目中。最大损失敞口为优先级债券在资产负债表日的账面价值（公允价值）。次级债券列示在财务报表的“持有至到期投资”项目中。最大损失敞口为次级债券在资产负债表日的账面价值（摊余成本）。信用违约互换列示在财务报表的“衍生金融负债”项目中。最大损失敞口为相关贷款全部违约情况下企业需要偿付的本金和利息之和。

例 41-11 甲企业集团在其 2×15 年年报中就未纳入合并财务报表范围的结构化主体的基础信息披露如下：2×15 年 12 月 31 日，与本集团相关联、但未纳入本集团合并财务报表范围的结构化主体主要从事信贷资产证券化业务，从本集团成员企业购买信贷资产，以信贷资产产生的现金流为基础发行资产支持证券融资。这类结构化主体于 2×15 年 12 月 31 日的资产总额为 5 亿元（2×14 年的金额为 4.8 亿元）。

例 41-12 甲企业集团 2×15 年年报中，与在未纳入合并财务报表范围的结构化主体中权益相关的资产负债账面价值和最大损失敞口的信息披露如表 41-3 所示。

表 41-3 甲集团资产负债账面价值和最大损失敞口

2×15 年　　单位：万元

项　目	账面价值	最大损失敞口	账面价值	最大损失敞口
	2×15 年	2×15 年	2×14 年	2×14 年
优先级债券	430	430	400	400
次级债券	200	200	220	220
信用违约互换（负债）	（100）	（1 600）	（90）	（1 500）

在判断某一主体是否为结构化主体，以及判断该主体与企业的关系时，应当综合考虑结构化主体的定义和特征。结构化主体通常具有下列特征中的多项或全部特征：

（1）业务活动范围受限。通常情况下，结构化主体在合同约定的范围内开展业务活动，业务活动范围受到了限制。例如，从事信贷资产证券化业务的结构化主体，在发行资产支持证券募集资金和购买信贷资产后，根据相关合同，其业务活动是将来源于信贷资产的现金向资产支持证券投资者分配收益。

（2）有具体明确的目的，而且目的比较单一。结构化主体通常是为了特殊目的而设立的主体。

例如，有的企业发起结构化主体是为了将企业的资产转让给结构化主体以迅速回收资金，并改变资产结构来满足资产负债管理的需要；有的企业发起结构化主体是为了满足客户特定的投资需求，吸引到更多的客户；还有的企业发起结构化主体是为了专门从事研究开发活动，或开展租赁业务等。

（3）股本（如有）不足以支撑其业务活动，必须依靠其他次级财务支持。次级财务支持，是指承受结构化主体部分或全部预计损失的可变权益，其中的“次级”代表受偿顺序在后。股本本身就是一种次级财务支持，其他次级财务支持包括次级债权、对承担损失作出的承诺或担保义务等。

通常情况下，结构化主体的股本占资产规模的份额较小，甚至没有股本。当股本很少或没有股本，不足以支撑结构化主体的业务活动时，通常需要依靠其他次级财务支持来为结构化主体注入资金，支撑结构化主体的业务活动。

（4）通过向投资者发行不同等级的证券（如分级产品）等金融工具进行融资，不同等级的证券，信用风险及其他风险的集中程度也不同。例如，以发行分级产品的方式融资是对各级产品的受益权进行了分层配置。购买优先级的投资者享有优先受益权，购买次级的投资者享有次级受益权。

投资期满后，投资收益在逐级保证受益人本金、预期收益及相关费用后的余额归购买次级的投资者，如果出现投资损失，先由购买次级的投资者承担。由于不同等级的证券具有不同的信用风险、利率风险或流动性风险，发行分级产品可以满足不同风险偏好投资者的投资需求。

例 41-13 甲银行（发起人）委托某信托公司设立乙信托（结构化主体）。甲银行将其信贷资产转让给乙主体，以满足甲银行自身资产负债管理的需要，这是一种结构化设计。乙主体以信贷资产产生的现金流为基础通过承销商向投资者发行不同等级的资产支持证券筹集资金，并向甲银行支付信贷资产转让对价。信贷资产产生的现金流是资产支持证券投资者的收益来源，本例中，资产支持证券分为优先级和次级，其中优先级还分为优先 A 档、优先 B 档和优先 C 档，不同等级的证券对应着不同等级的受益权，这也是一种结构化设计。根据约定，甲银行持有乙主体发行的次级档资产支持证券，其持有规模为资产支持证券发行总规模的 5%。甲银行同时向乙主体提供资产管理服务，乙主体因此向甲银行支付服务费。

分析：本例中，乙主体在信托合同等相关合同或协议约定的范围内开展业务活动，由于权益结构比较分散，表决权或类似权力不作为确定乙主体的控制方的决定性因素。该信贷资产证券化的交易结构见图 41-1，资金流见图 41-2。

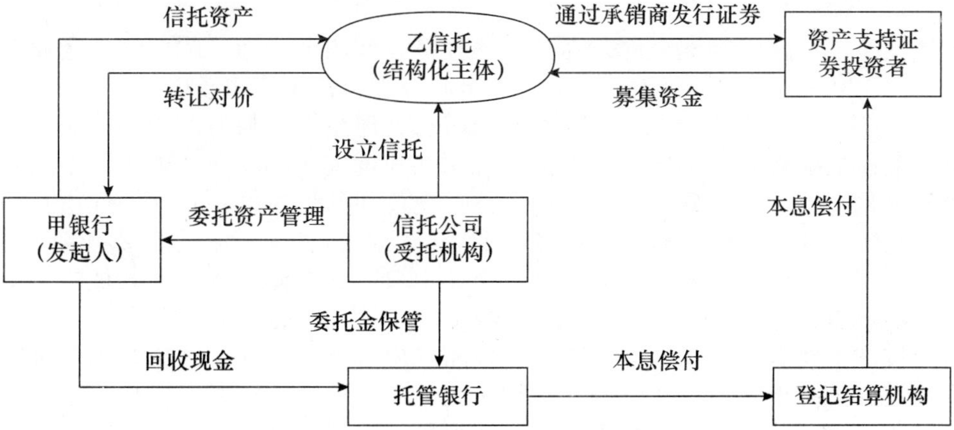

图 41-1　信贷资产证券化的交易结构

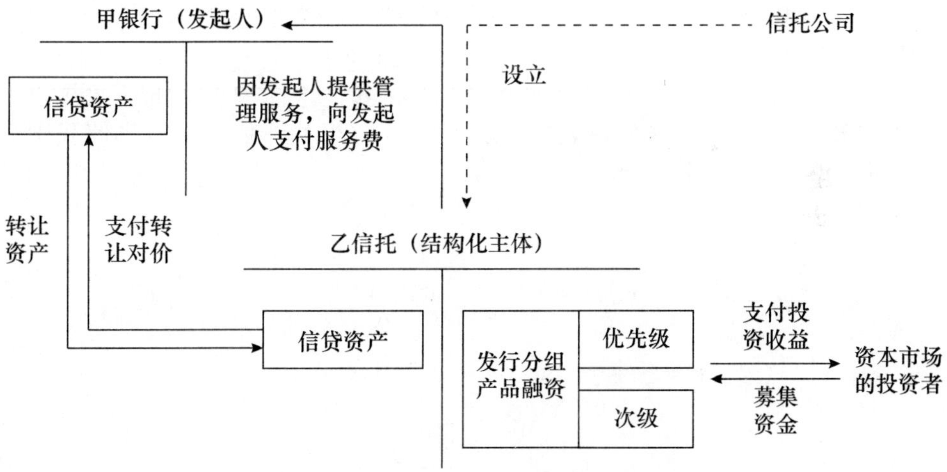

图 41-2　信贷资产证券化的资金流

第二节　新准则对企业的影响

为了规范企业在其他主体中权益的披露，提高会计信息质量，财政部于 2014 年发布了《企业会计准则第 41 号——在其他主体中权益的披露》，这对健全和完善会计制度是很有意义的，也是会计准则国际趋同的举措之一。

在新准则发布之前，我国会计准则对其他主体权益的披露的相关规定散见于部分准则中，比较分散；披露范围仅限于子公司、联营企业和合营企业，不包括有关共同经营和结构化主体的披露，不利于财务报告使用者了解表外主体风险；披露内容不全面，不利于财务报表使用者全面了解并评估企业在其他主体中权益的风险及其对本企业财务状况和经营业绩的影响。

新准则具有以下特点：①明确了披露在其他主体中权益的目的。与现行有关准则的披露要求不同，新准则首先明确地规定，披露在其他主体中权益的目的是有助于其财务报表的使用者评估企业在其他主体中权益的性质及相关风险，以及这些权益对企业财务状况、经营业绩和现金流量的影响。②整合并优化在子公司、联营企业、合营企业中权益的披露。统一在其他主体中权益的披露，要求拥有重要少数股东权益的子公司、合营企业和联营企业均需要披露主要财务信息，并优化有关披露的内容。③增加在结构化主体中权益的披露。对于纳入合并范围的结构化主体，要求企业披露向结构化主体提供财务支持或其他支持的意图、类型、金额，包括帮助结构化主体获得财务支持的情况及意图等。对于未纳入合并范围的结构化主体，则要求企业披露结构化主体的性质、目的、规模、活动及其融资方式、在财务报表中确认的相关资产和负债的账面价值、从结构化主体中获得的收益、收益类型等；提供财务支持或其他支持的，还应当披露支持的类型、数量及提供支持的原因、目的等。

综上，新准则主要是整合、优化了披露在其他主体中权益的相关规定，完善会计准则，有助于财务报表使用者对企业的相关评估，同时也使我国会计准则向国际趋同更进一步。

第四十二章　持有待售的非流动资产、处置组和终止经营

第一节　案例分析及操作实务

《企业会计准则第 42 号——持有待售的非流动资产、处置组和终止经营》第四条，终止经营，是指企业满足下列条件之一的、能够单独区分的组成部分，且该组成部分已经处置或划分为持有待售类别：

（一）该组成部分代表一项独立的主要业务或一个单独的主要经营地区；

（二）该组成部分是拟对一项独立的主要业务或一个单独的主要经营地区进行处置的一项相关联计划的一部分；

（三）该组成部分是专为转售而取得的子公司。

一、持有待售的非流动资产或处置组的分类

企业主要通过出售（包括具有商业实质的非货币性资产交换，下同）而非持续使用一项非流动资产或处置组收回其账面价值的，应当将其划分为持有待售类别。非流动资产或处置组划分为持有待售类别，应当同时满足下列条件：

（1）根据类似交易中出售此类资产或处置组的惯例，在当前状况下即可立即出售；

（2）出售极可能发生，即企业已经就一项出售计划作出决议且获得确定的购买承诺，预计出售将在 1 年内完成。有关规定要求企业相关权力机构或者监管部门批准后方可出售的，应当已经获得批准。

企业专为转售而取得的非流动资产或处置组，在取得日满足“预计出售将在 1 年内完成”的规定条件，且短期（通常为 3 个月）内很可能满足持有待售类别的其他划分条件的，企业应当在取得日将其划分为持有待售类别。

因企业无法控制的下列原因之一，导致非关联方之间的交易未能在一年内完成，且有充分证据表明企业仍然承诺出售非流动资产或处置组的，企业应当继续将非流动资产或处置组划分为持有待售类别：①买方或其他方意外

设定导致出售延期的条件，企业针对这些条件已经及时采取行动，且预计能够自设定导致出售延期的条件起 1 年内顺利化解延期因素；②因发生罕见情况，导致持有待售的非流动资产或处置组未能在 1 年内完成出售，企业在最初 1 年内已经针对这些新情况采取必要措施且重新满足了持有待售类别的划分条件。

企业因出售对子公司的投资等原因导致其丧失对子公司控制权的，无论出售后企业是否保留部分权益性投资，应当在拟出售的对子公司投资满足持有待售类别划分条件时，在母公司个别财务报表中将对子公司投资整体划分为持有待售类别，在合并财务报表中将子公司所有资产和负债划分为持有待售类别。

二、持有待售的非流动资产或处置组的计量

企业将非流动资产或处置组首次划分为持有待售类别前，应当按照相关会计准则规定计量非流动资产或处置组中各项资产和负债的账面价值。企业初始计量或在资产负债表日重新计量持有待售的非流动资产或处置组时，其账面价值高于公允价值减去出售费用后的净额的，应当将账面价值减记至公允价值减去出售费用后的净额，减记的金额确认为资产减值损失，计入当期损益，同时计提持有待售资产减值准备。

对于取得日划分为持有待售类别的非流动资产或处置组，企业应当在初始计量时比较假定其不划分为持有待售类别情况下的初始计量金额和公允价值减去出售费用后的净额，以两者孰低计量。除企业合并中取得的非流动资产或处置组外，由非流动资产或处置组以公允价值减去出售费用后的净额作为初始计量金额而产生的差额，应当计入当期损益。

对于持有待售的处置组确认的资产减值损失金额，应当先抵减处置组中商誉的账面价值，再根据处置组中适用本准则计量规定的各项非流动资产账面价值所占比重，按比例抵减其账面价值。

后续资产负债表日持有待售的非流动资产公允价值减去出售费用后的净额增加的，以前减记的金额应当予以恢复，并在划分为持有待售类别后确认的资产减值损失金额内转回，转回金额计入当期损益。划分为持有待售类别前确认的资产减值损失不得转回。后续资产负债表日持有待售的处置组公允价值减去出售费用后的净额增加的，以前减记的金额应当予以恢复，并在划分为持有待售类别后适用本准则计量规定的非流动资产确认的资产减值损失金额内转回，转回金额计入当期损益。已抵减的商誉账面价值，以及适用本准则计量规定的非流动资产在划分为持有待售类别前确认的资产减值损失不得转回。持有待售的处置组确认的资产减值损失后续转回金额，应当根据处置组中除商誉外适用本准则计量规定的各项非流动资产账面价值所占比重，按比例增加其账面价值。

持有待售的非流动资产或处置组中的非流动资产不应计提折旧或摊销，持有待售的处置组中负债的利息和其他费用应当继续予以确认。

三、持有待售的非流动资产或处置组的列报

企业应当在资产负债表中区别于其他资产单独列示持有待售的非流动资产或持有待售的处置组中的资产，区别于其他负债单独列示持有待售的处置组中的负债。持有待售的非流动资产或持有待售的处置组中的资产与持有待售的处置组中的负债不应当相互抵销，应当分别作为流动资产和流动负债列示。

企业应当在利润表中分别列示持续经营损益和终止经营损益。不符合终止经营定义的持有待售的非流动资产或处置组，其减值损失和转回金额及处置损益应当作为持续经营损益列报。终止经营的减值损失和转回金额等经营损益及处置损益应当作为终止经营损益列报。

例 42-1　某上市公司在其年报中关于持有待售的资产的披露。

表 42–1　划分为持有待售的资产

单位：万元

	2014 年 12 月 31 日				2013 年 12 月 31 日（经重列）			
	账面价值	公允价值	预计处置费用	预计处置时间	账面价值	公允价值	预计处置费用	预计处置时间
货币资金（a）	42 113	42 113	—	2015 年	27926	27926	—	2014 年
预付账款（a）	59 724	59 724	—	2015 年	104 256	104 256	—	2014 年
其他应收款（a）	114 781	114 781	—	2015 年	94 782	94 782	—	2014 年
存货（a）	7 884 564	7 884 564	—	2015 年	6 664 508	6 664 508	—	2014 年
长期应收款（a）	515 000	515 000	—	2015 年	315 518	315 518	—	2014 年
长期股权投资（b）	755 687	755 687	—	2015 年	—	—	—	
固定资产	680	680	—	2015 年	1 929	1 929	—	2014 年

（续表）

	2014 年 12 月 31 日				2013 年 12 月 31 日（经重列）			
	账面价值	公允价值	预计处置费用	预计处置时间	账面价值	公允价值	预计处置费用	预计处置时间
合计	9 372 549	9 372 549	—		7 208 919	7 208 919	—	

（1）于 2013 年 12 月 31 日，本集团所属子公司山西五盂高速公路有限公司（“山西五盂公司”）的资产及负债被划分为持有待售之资产及负债，是由于本集团已签订不可撤销之协议，于完成其 BT 建造合同后，将向一独立第三方移交于山西五盂公司的全部股权。其时，本集团预计该交易将于 2014 年年内完成，故于 2013 年 12 月 31 日将持有的山西五盂公司的资产及负债列报为划分为持有待售的资产及负债。然而，尽管本集团已作出持续努力以及采取所有必要行动以推动山西五盂公司全部股权的移交在 2014 年 12 月 31 日前完成，但是由于受到某些超出本集团控制范围之外的行政程序的影响，导致移交未能在 2014 年 12 月 31 日前完成。本集团仍未改变将股权移交给独立第三方的计划和意图，基于目前本集团所掌握的信息，本集团相信此交易可以在 2015 年年内完成。因此，于 2014 年 12 月 31 日，本集团仍将持有的山西五盂公司的资产及负债列报为划分为持有待售的资产及负债［附注四（31）］。

（2）于 2014 年度，本集团所属子公司中建国际建设有限公司与中国外运长航集团有限公司签订不可撤销的转让协议，将中建国际建设有限公司持有的北京奥城五合置业有限公司（“奥城五合”）的全部股权转让予中国外运长航集团有限公司。于 2014 年 9 月，中建国际建设有限公司完成了奥城五合 50% 股权的交割并失去了对奥城五合的控制权，实现处置收益人民币 290 687 千元。同时，本集团按处置当日的公允价值人民币 755 687 千元对奥城五合剩余 50% 的股权进行重新计量，确认相关投资收益人民币 290 687 千元。本集团预计奥城五合剩余 50% 的股权将于 2015 年年内完成交割。因此，于 2014 年 12 月 31 日，本集团将仍持有的对奥城五合 50% 的长期股权投资划分为持有待售的资产。

第二节　新准则对企业的影响

根据《企业会计准则——基本准则》，财政部制定了《企业会计准则第 42 号——持有待售的非流动资产、处置组和终止经营》，自 2017 年 5 月 28

日起在所有执行企业会计准则的企业范围内施行，对新准则施行日存在的持有待售的非流动资产、处置组和终止经营，应当采用未来适用法处理。此前发布的有关持有待售的非流动资产、处置组和终止经营的会计处理规定与新准则不一致的，以新准则为准。对于新准则施行日存在的持有待售的非流动资产、处置组和终止经营，应当采用未来适用法处理。

此前的企业会计准则中，有关持有待售的非流动资产、处置组和终止经营的会计处理要求分散在《企业会计准则第 2 号——长期股权投资》《企业会计准则第 4 号——固定资产》《企业会计准则第 30 号——财务报表列报》及相关应用指南、解释和讲解中，缺少对持有待售类别的后续计量、持有待售资产减值准备计提等问题的统一的细化规定或指引。